SACHENRECHT 1

Allgemeine Lehren
Bewegliche Sachen

2025

Dr. Till Veltmann
Rechtsanwalt und Notar
Fachanwalt für Arbeitsrecht

ALPMANN UND SCHMIDT Juristische Lehrgänge Verlagsges. mbH & Co. KG
48143 Münster, Alter Fischmarkt 8, 48001 Postfach 1169, Telefon (0251) 98109-0
AS-Online: www.alpmann-schmidt.de

Zitiervorschlag: Veltmann, Sachenrecht 1, Rn.

Dr. Veltmann, Till
Sachenrecht 1
Allgemeine Lehren
Bewegliche Sachen
25. Auflage 2025
ISBN: 978-3-86752-930-3

Verlag Alpmann und Schmidt Juristische Lehrgänge
Verlagsgesellschaft mbH & Co. KG, Münster

INHALTSVERZEICHNIS

LITERATURVERZEICHNIS

Baur/Stürner	Sachenrecht 18. Auflage 2009
Beck'scher Online-Kommentar BGB	70. Edition, Stand: 01.11.2023 zitiert: BeckOK/Bearbeiter
Erman	Kommentar zum Bürgerlichen Gesetzbuch Band 1 (§§ 1–758) Band 2 (§§ 759–2385 etc.) 17. Auflage 2023 zitiert: Erman/Bearbeiter
Grüneberg	Bürgerliches Gesetzbuch 83. Auflage 2024 zitiert: Grüneberg/Bearbeiter
Handkommentar	Handkommentar zum Bürgerlichen Gesetzbuch 12. Auflage 2024 zitiert: Hk-Bearbeiter
Hopt	HGB Kommentar 41. Auflage 2022
Jauernig	Bürgerliches Gesetzbuch 19. Auflage 2023 zitiert: Jauernig/Bearbeiter
Medicus/Petersen	Bürgerliches Recht 29. Auflage 2023 zitiert: Medicus BR

Münchener Kommentar	Bürgerliches Recht Band 1: Allgemeiner Teil §§ 1–240 9. Auflage 2021 Band 2: Schuldrecht Allgemeiner Teil §§ 241–432 9. Auflage 2022 Band 6: Schuldrecht Besonderer Teil IV §§ 705–853 9. Auflage 2023 Band 8: Sachenrecht §§ 854–1296 9. Auflage 2023 Band 9: Familienrecht I §§ 1297–1588 9. Auflage 2022 zitiert: MünchKomm/Bearbeiter
Oetker	HGB Kommentar 8. Auflage 2024 zitiert: Oetker/Bearbeiter
Staudinger	J. v. Staudingers Kommentar zum Bürgerlichen Gesetzbuch §§ 90–124; §§ 130-133 (2021) §§ 134-138, ProstG (2021) §§ 139-163 (2020) §§ 164-240 (2019) §§ 854–882 (2018) §§ 883–888 (2020) §§ 889–902 (2019) §§ 903-924 (2020) §§ 925-984 (2020) §§ 985-1011 (2023) §§ 1204–1296 (2019) zitiert: Staudinger/Bearbeiter
Thomas/Putzo	ZPO Kommentar 44. Auflage 2024

Westermann/Gursky/Eickmann	Sachenrecht 8. Auflage 2011 zitiert: Westermann
Wieling	Sachenrecht 6. Auflage 2020
Zöller	ZPO Kommentar 35. Auflage 2024 zitiert: Zöller/Bearbeiter

Überblick

Das Sachenrecht ist umfassend und zusammenhängend in den §§ 854–1296[1] geregelt. Nur Regelungen zu der Frage, was eine „Sache" i.S.d. BGB ist, finden sich im Allgemeinen Teil (§§ 90–100), weil dieser Begriff für alle Rechtsgebiete des BGB gleichermaßen gilt. 1

- In diesem Band werden das Entstehen der Rechte sowie die Rechtsänderung an **beweglichen Sachen** behandelt. 2
- Im **AS-Skript Sachenrecht 2 (2024)** sind das Entstehen der **Grundstücksrechte** sowie die Rechtsänderung an diesen Rechten dargestellt.
- Außerdem gibt es Vorschriften, die für alle Sachen – bewegliche Sachen und Grundstücke – gelten. In diesem Band werden dargestellt der **Besitz** einschließlich der Selbsthilferechte des Besitzers und der Besitzschutzansprüche und das **Eigentümer-Besitzer-Verhältnis** (EBV). Wegen der praktisch größeren Bedeutung im Grundstücksrecht wird der negatorische Eigentumsschutz aus § 1004 ausführlich im **AS-Skript Sachenrecht 2 (2024)** behandelt.

Die Darstellung des Sachenrechts im Überblick:

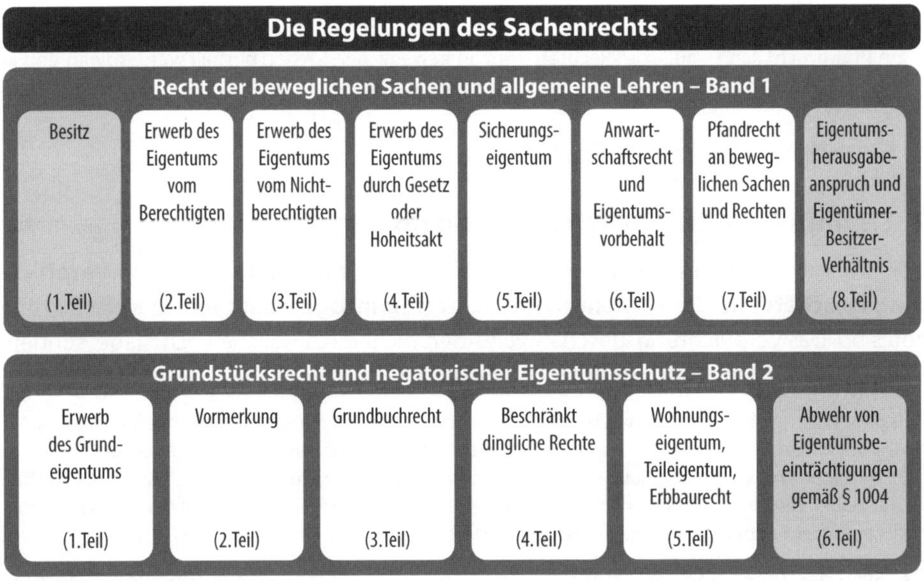

I. Sachen

Sachen i.S.d. BGB sind gemäß **§ 90 körperliche Gegenstände**, also alles, was sinnlich wahrnehmbar und räumlich abgegrenzt ist. 3

- **Nicht** zu den Sachen gehören elektrischer **Strom** und fließendes **Wasser**, da es an einer festen Begrenzung fehlt. Auch **geistige Werke** und **Rechte**, z.B. Forderungen, sind keine Sachen.
- **Tiere** sind keine Sachen, die für Sachen geltenden Vorschriften werden auf sie jedoch entsprechend angewandt, § 90a.

---

1 §§ ohne Gesetzesangabe sind solche des BGB.

- Nicht zu den Sachen zählt ferner der **Körper des lebenden Menschen**. Abgetrennte und damit verselbstständigte Körperteile, wie Haare, gezogene Zähne, gespendetes Blut, Eizellen, Samen oder auch Organe, können jedoch als Sachen Eigentumsobjekte sein. Sie werden aber durch das Persönlichkeitsrecht des Menschen überlagert, solange die Person, von der der Körperteil stammt, diese nicht in den Verkehr gelangen lassen will.

4 Sachen werden in **bewegliche Sachen** und **unbewegliche Sachen** eingeteilt.

- **Unbewegliche Sachen** sind **Grundstücke und ihre wesentlichen Bestandteile** (Einzelheiten im AS-Skript Sachenrecht 2 [2024], Rn. 2 ff. Siehe zur Verbindung beweglicher Sachen mit einem Grundstück unten Rn. 250 f.).
- **Bewegliche Sachen** sind alle anderen Sachen.

Zwischen Grundstücken und beweglichen Sachen bestehen erhebliche Unterschiede. Beispiele:

- Die rechtsgeschäftliche Übertragung beweglicher Sachen erfolgt nach den **§§ 929 ff.**, die Übertragung von Grundstücken nach **§§ 873 ff.**
- Ein gutgläubiger Erwerb vom Nichtberechtigten ist nach **§§ 932 ff.** möglich, der gutgläubige Erwerb eines Grundstücks nach **§ 892**.
- Ein **Pfandrecht** kann – außer an Rechten – nur an beweglichen Sachen bestellt werden, während an Grundstücken **Grundpfandrechte** (Hypothek, Grundschuld, Rentenschuld) bestellt werden können.

II. Grundprinzipien des Sachenrechts

1. Trennungs- und Abstraktionsprinzip

5 Der Grundgedanke des **Trennungsprinzips** ist, dass das **schuldrechtliche Verpflichtungsgeschäft** und das **sachenrechtliche Verfügungsgeschäft** voneinander zu trennen sind. Das Verpflichtungsgeschäft verändert nicht die dingliche Rechtslage, sondern es ist ein getrenntes Verfügungsgeschäft erforderlich.

Beispiel: Will man eine Sache erwerben, muss man zunächst einen Kaufvertrag schließen. Nach § 433 Abs. 1 S. 1 ist der Verkäufer dann „verpflichtet", die Kaufsache zu übereignen. Eine Rechtsänderung an der Kaufsache wird durch den Kaufvertrag aber noch nicht herbeigeführt. Anschließend muss der Verkäufer seiner Verpflichtung nachkommen, also das Eigentum an der Kaufsache auf den Käufer übertragen. Dies macht er bei einer beweglichen Sache durch eine Übereignung nach § 929 S. 1.

Der **Sinn des Trennungsprinzips** besteht in Folgendem: Der Gesetzgeber wollte, dass immer ganz klar ist, wer Eigentümer einer Sache ist. Deshalb gilt für Verfügungsgeschäfte der **Bestimmtheitsgrundsatz** (dazu gleich unten Rn. 10). Durch den Bestimmtheitsgrundsatz sollte der Abschluss von Verpflichtungsgeschäften aber nicht erschwert werden.

Beispiel: K bestellt bei V im Internet ein neues iPhone. V hat 20 iPhones vorrätig. Der Kaufvertrag kommt wirksam zustande, ohne dass die Parteien – z.B. anhand der Seriennummer – bestimmen müssen, welches der 20 iPhones K kauft. Es handelt sich um einen Gattungskauf (§ 243), sodass V gemäß § 243 Abs. 1 ein iPhone mittlerer Art und Güte an K übereignen muss. Wären Verpflichtungs- und Verfügungsgeschäft nicht getrennt, müsste aber schon im Zeitpunkt des Kaufvertrags feststehen, welches konkrete iPhone K erhält – der Abschluss eines Kaufvertrags wäre unnötig kompliziert.

Das Trennungsprinzip erleichtert also den Abschluss schuldrechtlicher Verträge. Nur wegen des Trennungsprinzips kann z.B. auch eine noch gar nicht hergestellte Sache verkauft werden.

Aufbauend auf dem Trennungsprinzip regelt das **Abstraktionsprinzip**[2] die rechtliche Unabhängigkeit der schuldrechtlichen und dinglichen Rechtsgeschäfte. Fehler des Verpflichtungsgeschäfts wirken sich grundsätzlich nicht auf die Wirksamkeit des Verfügungsgeschäfts aus und umgekehrt. Die Rechtsgeschäfte sind daher stets getrennt auf ihre Wirksamkeit zu überprüfen. **6**

Zweck des Abstraktionsprinzips ist es vor allem, einen hinreichenden Verkehrsschutz zu gewährleisten. Insbesondere ist es so möglich, dass der Erwerber ungeachtet des unwirksamen Kausalgeschäfts als Berechtigter über die Sache verfügen und ein Dritter den Verfügungsgegenstand selbst dann erwerben kann, wenn er um die Unwirksamkeit des ursprünglichen Kausalgeschäfts weiß.

Wenn das Verfügungsgeschäft trotz Unwirksamkeit des Verpflichtungsgeschäfts wirksam ist, erfolgt der Ausgleich der damit einhergehenden Vermögensverschiebungen über das **Bereicherungsrecht** (§§ 812 ff.).

2. Absolutheit

Anders als schuldrechtliche Ansprüche, die gemäß § 241 nur gegenüber dem Schuldner eine Rechtsposition einräumen, wirken die **dinglichen Rechte gegenüber jedermann** und sind gegen jeden rechtswidrigen Eingriff geschützt. **7**

Beispiel: Wenn A und B einen Kaufvertrag schließen, geht dies nur A und B etwas an. Dingliche Rechte wirken demgegenüber gegen jedermann. Wenn A dem B die Kaufsache übereignet hat, B also Eigentümer geworden ist, ist das Eigentum absolut – also gegenüber jedermann und nicht nur gegenüber A – geschützt. Wenn ein beliebiger Dritter die Sache beschädigt, steht B jetzt ein Schadensersatzanspruch nach § 823 Abs. 1 zu, nimmt ein beliebiger Dritter die Sache unberechtigt weg, kann B Herausgabe nach § 985 verlangen.

3. Numerus clausus und Typenzwang

Da Sachenrechte gegenüber jedermann gelten, muss auch für jedermann vorhersehbar sein, welchen Ansprüchen er ausgesetzt sein kann. Deshalb lässt das BGB nur eine **begrenzte Anzahl von dinglichen Rechtstypen** zu. Es können auch keine neuen Rechtstypen durch Vereinbarung geschaffen werden **(Numerus clausus der Sachenrechte)**. Auch bei der Begründung und Ausgestaltung eines solchen Rechts sind die Parteien nicht frei, sondern an den im **Gesetz bestimmten Inhalt** gebunden **(Typenzwang)**. Insoweit ist die Vertragsfreiheit eingeschränkt. **8**

4. Publizitätsprinzip (Offenkundigkeitsprinzip)

Da die Übertragung eines dinglichen Rechts wegen seiner Absolutheit nicht lediglich Wirkung für den Veräußerer und Erwerber des Rechts hat, sondern auch für Dritte, muss die Übertragung, wie auch die **Bestellung dinglicher Rechte, nach außen erkennbar** sein (Publizitätsgrundsatz). Anknüpfungspunkt für die tatsächliche, die vermutete (§§ 1006, 891) oder zumindest die den Rechtsschein der Rechtsinhaberschaft begründende (§§ 932 f., 892) Rechtsstellung ist bei beweglichen Sachen der Besitz und bei Grundstücksrechten das Grundbuch. Dem Besitz bzw. der Eintragung im Grundbuch kommen drei Funktionen zu: Die **Übertragungswirkung** (vgl. § 929 für die Übereig- **9**

2 S. zum Trennungs- und Abstraktionsprinzip AS-Skript BGB AT 1 (2023), Rn. 25 ff.

nung: „Übergabe"), die **Vermutungswirkung** (vgl. § 1006 bzw. § 891) und die **„Gutglaubenswirkung"** (vgl. § 932 bzw. §§ 892, 893).

5. Bestimmtheitsgrundsatz (Spezialitätsgrundsatz)

10 Wenn dingliche Rechte gegenüber jedermann wirken, ist erforderlich, dass die Sache, um die es geht, eindeutig bestimmt ist. Anders als im Schuldrecht, wo es ausreicht, dass die Leistung/Gegenleistung anhand der von den Parteien festgelegten Maßstäbe oder subsidiär durch das Gesetz (vgl. z.B. §§ 315 ff.) bestimmbar ist, ist eine Einigung über eine Verfügung über eine Sache nur dann wirksam, wenn der **Gegenstand, an dem sich die Rechtsänderung vollziehen soll, im Zeitpunkt der von den Parteien vorgestellten Vollendung des Rechtserwerbs allein anhand der (Verfügungs-)Einigung bestimmt ist**. Bestimmbarkeit reicht nicht aus. Dingliche Rechte können immer nur an konkreten, einzelnen Sachen, nicht aber an Sachgesamtheiten oder einem Vermögen bestehen. Zwar kann man sich zur Übertragung von Sachgesamtheiten, wie z.B. eines Unternehmens, verpflichten, die Erfüllung erfolgt jedoch durch einzelne Verfügungen hinsichtlich der einzelnen Sachen.

III. Klausurtechnik im Mobiliarsachenrecht

11 In Klausuren aus dem Bereich Mobiliarsachenrecht geht es meist um das **Eigentum** an einer beweglichen Sache. Insofern sind jedoch ganz unterschiedliche Fragestellungen in einer Klausur denkbar:

- Denkbar ist zunächst die ganz allgemeine – wenn auch in Klausuren seltene – Frage: „Wer ist Eigentümer der Sache?" In einem solchen Fall empfiehlt sich ein streng **chronologischer Aufbau** der Klausur, beginnend mit einer Person, von der laut Sachverhalt feststeht, dass sie zu einem bestimmten Zeitpunkt Eigentümer war.

  Formulierungsbeispiel: „Ursprünglich war E Eigentümer. Er könnte sein Eigentum jedoch durch Übereignung an K gemäß § 929 S. 1 verloren haben. (...) Somit ist K Eigentümer geworden. Er könnte sein Eigentum jedoch durch eine Verfügung des N an G verloren haben. ..."

- Praktisch viel häufiger sind aber Ansprüche zu prüfen. Eine sachenrechtliche Prüfung kann hier ganz unterschiedlich eingeleitet werden:
  - Eine Person verlangt unter Berufung auf ihr Eigentum Herausgabe – zu prüfen ist in erster Linie ein Herausgabeanspruch aus **§ 985**.
  - Der (angebliche) Eigentümer verlangt Schadensersatz wegen einer Beschädigung seiner Sache. Voraussetzung für einen Anspruch aus **§ 823 Abs. 1** ist, dass er Eigentümer ist. Oder er verlangt Unterlassung einer Störung aus **§ 1004** – auch hier ist das Eigentum des Gestörten Anspruchsvoraussetzung.
  - Ein Nichtberechtigter verfügt über eine Sache und der Eigentümer verlangt von dem Verfügenden den Veräußerungserlös nach **§ 816 Abs. 1**.
  - Ein beliebter prozessualer „Klausuraufhänger" für eine Prüfung der Eigentumsverhältnisse ist auch die **Drittwiderspruchsklage** gemäß **§ 771 ZPO**: Eine bewegliche Sache wird bei einer Person gepfändet und ein angeblicher Eigentümer wendet sich mit der Drittwiderspruchsklage gegen die Vollstreckung in diese Sache.[3] Die Drittwiderspruchsklage ist begründet, wenn dem Kläger ein die Veräußerung hinderndes Recht zusteht. Dies ist das Eigentum an der Sache.

3 S. zur Drittwiderspruchsklage AS-Skript ZPO (2022), Rn. 520.

- Schließlich sind auch sehr verschachtelte „Inzidentprüfungen" denkbar: **Erlangtes Etwas** i.S.d. §§ 812 ff. kann das Eigentum sein, ein **fremdes Geschäft** i.S.d. §§ 677 ff. liegt vor, wenn der Geschäftsführer über eine fremde Sache verfügt, ein **Werkunternehmerpfandrecht** nach § 647 entsteht an „Sachen des Bestellers" etc.

Allen genannten Fällen ist jedoch eines gemeinsam: Es wird nicht allgemein gefragt, **wer** Eigentümer ist, sondern es muss begutachtet werden, ob eine **ganz bestimmte Person** Eigentümer ist. **12**

Vielfach wird auch in diesen Fällen empfohlen, die Eigentumsverhältnisse chronologisch zu prüfen. Dies führt allerdings oft zu einem etwas merkwürdigen Klausuraufbau, insbesondere bei mehreren denkbaren Erwerbsvorgängen.

Beispiel: A übereignet an B, B an C. C verliert die Sache. D findet sie und übereignet an E. Gefragt ist, ob C Ansprüche gegen E hat.

In einer Klausur sind zwei Aufbaumöglichkeiten denkbar:

A. Chronologischer Aufbau **13**

„I. C könnte einen Anspruch aus § 985 gegen E haben. Dies setzt voraus, dass C Eigentümer und E unberechtigter Besitzer ist.

1. Ursprünglich war A Eigentümer. Er könnte sein Eigentum jedoch auf B übertragen haben…"

Bereits an dieser Stelle fällt auf: Gefragt ist, ob C Eigentümer der Sache ist. Trotzdem wird die Prüfung der Eigentumsverhältnisse mit einer Übereignung des A an B eingeleitet, sodass der Leser sich fragen muss: Was hat das mit dem Eigentum des C zu tun?

Überzeugender ist daher folgender Aufbau:

B. Personenbezogener Aufbau **14**

„I. C könnte einen Anspruch aus § 985 gegen E haben. Dies setzt voraus, dass C Eigentümer und E unberechtigter Besitzer ist.

1. C könnte das Eigentum an der Sache von B gemäß § 929 S. 1 erworben haben. Die Parteien haben sich geeinigt und B hat die Sache dem C übergeben. Fraglich ist, ob B zur Verfügung berechtigt war. Dies ist dann der Fall, wenn er seinerseits das Eigentum von A erhalten hat.

2. A und B haben sich über den Eigentumsübergang geeinigt und A hat B die Sache übergeben. A war als verfügungsbefugter Eigentümer auch Berechtigter. B hat daher das Eigentum von A erworben, sodass er berechtigt war, an C zu übereignen.

C ist daher zunächst Eigentümer geworden. Er könnte jedoch …"

Der personenbezogene Aufbau führt zwar zu einer inzidenten Prüfung der Übereignung A an B, gibt aber auf die aufgeworfene Frage, ob C Eigentümer der Sache ist, die gutachtlich sauberere Antwort. Natürlich gilt es auch innerhalb dieses Aufbaus, die Chronologie strikt einzuhalten: Wenn C auf verschiedene Arten von B das Eigentum erworben haben kann (durch Verfügung, gesetzlich durch Einbau oder durch gutgläubigen Erwerb von einem Dritten), müssen diese Erwerbstatbestände in zeitlich chronologischer Folge geprüft werden. Dies ist z.B. wenn es um eine etwaige Übertragung von Anwartschaftsrechten und deren Erstarken zum Vollrecht Eigentum geht, ganz besonders wichtig (dazu Rn. 390 ff.). **15**

Wenn der Fall sehr unübersichtlich ist und viele Übertragungen stattgefunden haben, kann es ausnahmsweise trotzdem ratsam sein, den chronologischen Aufbau zu wählen, um zu viele Inzidentprüfungen zu vermeiden.

1. Teil: Besitz

A. Überblick

16 Besitzer ist, wer nach der Verkehrsanschauung die **tatsächliche Gewalt über eine Sache** ausübt oder für sich ausüben lässt. Besitzer kann jede natürliche oder juristische Person sein. Bei der juristischen Person muss die tatsächliche Gewalt durch Organe, einen Besitzdiener oder Besitzmittler ausgeübt werden.

B. Besitzerwerb und -verlust

I. Unmittelbarer Besitz

17 Der **unmittelbare Besitz** kann erworben werden, indem der bisherige Besitzer die Sache willentlich auf den Erwerber oder dessen Besitzdiener im Einverständnis überträgt **(abgeleiteter oder derivativer Erwerb)**, oder indem der Erwerber einseitig die tatsächliche Gewalt über die Sache erlangt **(originärer Erwerb)**.

1. Erwerb der tatsächlichen Sachherrschaft, § 854 Abs. 1

18 Für einen Erwerb des unmittelbaren Besitzes gemäß § 854 Abs. 1 muss der Erwerber die tatsächliche Gewalt (tatsächliche Sachherrschaft) über die Sache erlangen. Dies setzt Folgendes voraus:

Aufbauschema: Besitzerwerb nach § 854 Abs. 1
I. **Räumliche Beziehung** des Erwerbers zur Sache, die es ihm unter Berücksichtigung der **Verkehrsanschauung** ermöglicht, auf die Sache einzuwirken
II. Gewisse **Dauerhaftigkeit** der räumlichen Beziehung
III. (Natürlicher) **Besitzwille** des Erwerbers

a) Räumliche Beziehung des Erwerbers zur Sache

19 Zwischen dem Erwerber und der Sache muss eine **räumliche Beziehung** hergestellt werden, die es dem Erwerber unter Berücksichtigung der **Verkehrsanschauung** ermöglicht, tatsächlich auf die Sache einzuwirken. Die für die Gewaltausübung erforderliche räumliche Beziehung zur Sache besteht, wenn die Sache dem Erwerber persönlich ausgehändigt wird oder in den Herrschaftsbereich des Erwerbers gelangt, der von Dritten gewöhnlich beachtet wird.

Beispiele: Die Sache wird in das Haus, die Wohnung, die Geschäftsräume, das Fabrikgebäude gebracht oder auf das Betriebsgelände geschafft. Sachherrschaft besteht auch, wenn Ware vor der Ladentür abgelegt wird.

Nicht erforderlich ist, dass andere von jeglicher Einwirkungsmöglichkeit auf die Sache ausgeschlossen sind. Besitz erfordert auch keine jederzeitige Zugriffsmöglichkeit auf die Sache.

Beispiel: Der Bauer bleibt auch Besitzer seines Pfluges, wenn er diesen über Nacht auf seinem Acker stehen lässt.[4]

b) Gewisse Dauerhaftigkeit der räumlichen Beziehung

Die räumliche Beziehung der Person zur Sache muss nach h.M. von **gewisser Dauer** sein, sodass eine nur vorübergehende Sachberührung bzw. Entgegennahme der Sache nicht ausreicht (arg. e contrario § 856 Abs. 2). 20

Beispiele: Wer im Kaufhaus Waren aus dem Regal zur Prüfung entnimmt, wird nicht Besitzer. Der Kaufinteressent, der auf dem Fahrrad im Hof des Verkäufers zur Probe fährt, erlangt keinen Besitz. Besitzer wird aber der Patient an einer probeweise eingesetzten Zahnkrone und der Hauseigentümer an einer probeweise eingebauten Heizung.

c) Besitzwille

Eine Person erwirbt nach h.M. über den Gesetzeswortlaut hinaus an den in ihren Herrschaftsbereich gelangten Sachen nur dann den Besitz, wenn sie den Willen zur tatsächlichen Beherrschung der Sachen hat **(Besitzwille)**. Dieser Besitzwille muss aber nicht auf eine konkrete Sache gerichtet sein. Es genügt vielmehr der allgemeine **Beherrschungswille**. 21

- Der allgemeine Beherrschungswille eines Gastwirts, eines Kaufhausinhabers, eines Festveranstalters erstreckt sich **auch** auf die Sachen der Gäste, der Kunden, der Festteilnehmer, die von diesen vergessen worden sind.
- Der allgemeine Beherrschungswille fehlt bei solchen Sachen, die einer Person heimlich zugesteckt worden sind, z.B. einem Fluggast werden zollpflichtige oder verbotene Waren wegen drohender Zollkontrolle untergeschoben.[5]

Der im Falle der Übertragung des unmittelbaren Besitzes geäußerte Besitzübertragungs- und Besitzerwerbswille ist **kein rechtsgeschäftlicher Wille**, sondern ein **natürlicher Wille**, sodass auch der nicht voll Geschäftsfähige, der über die gebotene Einsichtsfähigkeit verfügt, wirksam den Besitz erwerben und übertragen kann. 22

2. Besitzerwerb durch Besitzdiener, § 855

Der Erwerber erlangt gemäß § 855 den unmittelbaren Besitz, wenn ein Besitzdiener die tatsächliche Sachherrschaft erlangt. Besitzdiener ist, wer **im Rahmen eines sozialen Abhängigkeitsverhältnisses die tatsächliche Gewalt über die Sache ausübt**. Die bloße **wirtschaftliche** Abhängigkeit reicht nicht.[6] 23

Typische Besitzdiener sind alle Mitarbeiter, Angestellte, Arbeiter eines Betriebs, der Prokurist, der Ein- und Verkäufer, der Ladenangestellte usw. Die im Haushalt angestellten Personen sind Besitzdiener des Hausherrn, aber auch dessen minderjährige Kinder. Keine Besitzdiener sind Vorstandsmitglieder juristischer Personen, Ehegatten oder Lebensgefährten im Verhältnis untereinander und andere erwachsene Familienmitglieder.

Für das Vorliegen eines **sozialen** Abhängigkeitsverhältnisses ist die **Weisungsgebundenheit** maßgebend. Die Rechtsbeziehung, die zur Erteilung der Weisungen berechtigt, braucht nicht wirksam zu sein. Es ist aber eine tatsächliche Unterordnung erforderlich. 24

4 Baur/Stürner § 7 Rn. 16.

5 Vgl. MünchKomm/Schäfer § 854 Rn. 26; Grüneberg/Herrler § 854 Rn. 4.

6 Grüneberg/Herrler § 855 Rn. 2; Erman/Elzer § 855 Rn. 3 m.w.N.; a.A. OLG Köln MDR 2000, 152.

Nach überwiegender Auffassung muss das soziale Abhängigkeitsverhältnis nach außen erkennbar sein.[7]

25 Die weisungsgebundene Person muss **im Rahmen des sozialen Abhängigkeitsverhältnisses tätig** werden. Solange sie die tatsächliche Sachherrschaft im übertragenen Aufgabenbereich ausübt, ist der Geschäftsherr Besitzer, unabhängig davon, ob der Besitzdiener für ihn besitzen will oder nicht. Der Besitz des Geschäftsherrn endet aber dann, wenn der Besitzdiener sich der Weisungsgebundenheit des Geschäftsherrn entzieht und seinen entgegenstehenden Willen erkennbar nach außen betätigt hat.[8] Der Besitzdiener begeht dann verbotene Eigenmacht (§ 858) und wird zum unrechtmäßigen Besitzer.

Beispiel 1: Eine Haushälterin, die ihren Arbeitgeber in dessen Wagen zum Krankenhaus bringt und mit diesem Wagen auch zu den Besuchen ins Krankenhaus fährt, tritt damit noch nicht aus ihrer vorgegebenen Rolle als Besitzdienerin heraus und nimmt das Auto dadurch noch nicht in eigenen Besitz.[9]

Beispiel 2: Anders jedoch, wenn die Haushälterin vier Tage nach dem Tod des Arbeitgebers unter Vorlage der Fahrzeugpapiere bei der Zulassungsstelle das Auto auf sich ummeldet. Dadurch wird den Erben der ursprünglich durch §§ 857, 1922 begründete Besitz entzogen.[10]

Sehr examensrelevant sind die Besitzverhältnisse bei der Probefahrt mit einem Kraftfahrzeug. Unmittelbarer Besitzer ist in der Regel, wer die Herrschaft über den Fahrzeugschlüssel ausübt. Nach früherer Ansicht ist bei einer Probefahrt eines Kaufinteressenten dieser nur Besitzdiener.[11]

Nach der Gegenauffassung erlangt der Kaufinteressent den unmittelbaren Besitz an dem Fahrzeug, da es an einem sozialen Abhängigkeitsverhältnis fehlt. Nehme der Verkäufer an der Probefahrt nicht teil, habe er keine Einwirkungsmöglichkeit mehr auf das Fahrzeug.[12] Der BGH hat die Frage für Probefahrten im Rahmen eines Ankaufs lange offen gelassen,[13] verneint inzwischen aber die Besitzdienerschaft.[14] Für eine Probefahrt nach einer Reparatur eines Kraftfahrzeugs lehnt der BGH ein soziales Abhängigkeitsverhältnis ebenfalls ab.[15]

Der Besteller ist in diesem Fall auch während der Reparatur jedenfalls noch mittelbarer Besitzer. Dies schließt aus, ihn zwischenzeitlich als Besitzdiener anzusehen. Große Auswirkungen hat dies für die Möglichkeit eines gutgläubigen Erwerbs (s. dazu Fall 10).

26 Rechtsfolge der Besitzdienerschaft ist, dass unmittelbarer Besitzer **„nur der andere"**, also der Geschäftsherr ist. Der Besitzdiener übt die tatsächliche Sachherrschaft für den Geschäftsherrn als sein „verlängerter Arm" aus, hat selbst aber keinen Besitz. Die genaue Abgrenzung erfolgt gemäß der Verkehrsanschauung. So wird die tatsächliche Gewalt über Gegenstände, die sich in den Räumen des Arbeitgebers befinden im Zweifel diesem als Besitzherrn zugeordnet und der Arbeitnehmer besitzt lediglich seinen offen-

---

7 BGH RÜ 2017, 632.

8 H.M.: BGHZ 8, 130, 133 f.; BeckOK/Fritzsche § 855 Rn. 21; Erman/Elzer § 855 Rn. 11; a.A. MünchKomm/Schäfer § 855 Rn. 13.

9 OLG Koblenz NJW-RR 2000, 1606.

10 OLG Koblenz NJW-RR 2000, 1606.

11 OLG Köln NZV 2006, 260; Grüneberg/Herrler § 855 Rn. 7.

12 OLG Düsseldorf OLG-Report 1992, 180; Westermann/Thole § 9 Rn. 14.

13 BGH NJW 2014, 1524; RÜ 2017, 632.

14 BGH RÜ 2020, 754.

15 RÜ 2017, 632.

kundig persönlichen Besitz, z.B. private Kleidung.[16] Dies hat vor allem folgende Konsequenzen:

- Dem Besitzdiener steht kein Besitzschutz gegenüber dem Besitzherrn zu. Er darf aber dessen Besitz gegen Dritte verteidigen, § 860.
- Verliert der Besitzdiener die Sache, so kommt sie dem Besitzherrn abhanden i.S.v. § 935. Aber auch wenn der Besitzdiener die Sache willentlich weggibt, stellt dies für den Besitzherrn ein Abhandenkommen dar, da es nur auf den Willen des Besitzherrn ankommt.[17] In diesen Fällen ist ein gutgläubiger Eigentumserwerb eines Dritten gemäß § 935 nicht möglich.[18]
- Die Eigentumsvermutung des § 1006 spricht nicht für den Besitzdiener, sondern für den Besitzherrn als Eigentümer.

3. Erwerb des unmittelbaren Besitzes durch rechtsgeschäftliche Einigung, § 854 Abs. 2

Die Sache, die sich im Besitz einer Person befindet, die aber allgemein zugänglich ist und bei der somit eine Zugriffsmöglichkeit anderer Personen besteht, kann durch bloße rechtsgeschäftliche Einigung übertragen werden. Der Erwerb gemäß § 854 Abs. 2 setzt voraus: 27

- Der bisherige Besitzer und der Erwerber müssen sich darüber **einigen**, dass nunmehr der Erwerber berechtigt sein soll, den Besitz auszuüben.

  Für diese Einigung gelten die §§ 104 ff. Insbesondere ist – anders als bei § 854 Abs. 1 – eine Stellvertretung (§§ 164 ff.) möglich.

- Der Erwerber muss sofort in der Lage sein, die **Sachherrschaft** auszuüben und
- der bisherige Besitzer muss im Umfang der Besitzübertragung die Sachherrschaft tatsächlich **aufgeben** (wird Alleinbesitz übertragen, muss er jeglichen Besitz aufgeben; räumt er nur Mitbesitz ein, kann er selbst Mitbesitzer bleiben).[19]

4. Besitzerwerb juristischer Personen und Gesamthandsgemeinschaften

Juristische Personen üben den Besitz durch ihre Organe aus. 28

Organe sind bei der Aktiengesellschaft und dem Verein der Vorstand und bei der GmbH der Geschäftsführer.

Wenn die Organe die tatsächliche Sachherrschaft innehaben, ist die juristische Person Besitzer (sog. Organbesitz); die juristische Person erwirbt durch ihre Organe selbst Besitz, ohne dass die Organe Besitzdiener oder Besitzmittler sind.[20]

---

16 BGH NJW 2015, 1678, 1679.
17 BeckOK/Fritzsche § 855 Rn. 22.
18 S.u. Rn. 222.
19 Grüneberg/Herrler § 854 Rn. 7.
20 BGHZ 57, 166, 167; Grüneberg/Herrler § 854 Rn. 10, § 935 Rn. 10.

29 Ob **Gesamthandsgemeinschaften** als solche Besitzer sein können, ist umstritten und hängt davon ab, inwieweit eine Verselbstständigung der jeweiligen Gemeinschaft von ihren Mitgliedern bejaht wird.[21] Danach sind jedenfalls die OHG und KG im Hinblick auf §§ 105 Abs. 2, 161 HGB als besitzfähig anzusehen,[22] ebenso der nicht rechtsfähige Verein[23] und die BGB-Außengesellschaft.[24] Bei den Gesamthandsgemeinschaften (z.B. Miterbengemeinschaft, Eheleute in Gütergemeinschaft) liegt Mitbesitz aller Beteiligten vor.

5. Verlust des unmittelbaren Besitzes, § 856

30 Der unmittelbare Besitz wird dadurch beendet, dass der Besitzer die tatsächliche Gewalt über die Sache aufgibt oder in anderer Weise, insbesondere durch Besitzergreifung eines anderen, verliert.

- Die Besitzaufgabe erfordert eine äußerlich erkennbare Aufgabehandlung, die vom Besitzaufgabewillen getragen wird.
- Besitzverlust in anderer Weise bedeutet: Unfreiwilliger Besitzverlust, der dadurch eintreten kann, dass dem Besitzer der Besitz entzogen wird oder der Besitzer die Sache verliert oder vergisst.
- Die vorübergehende Entfernung von der Sache hat keinen Besitzverlust zur Folge.

  Beispiel: Wer seinen Wagen auf einem öffentlichen Parkplatz abstellt, bleibt weiterhin Besitzer.

II. Mittelbarer Besitz, § 868

31 Der Erwerb des **mittelbaren Besitzes** setzt voraus, dass zwischen dem Besitzmittler – dem unmittelbaren Besitzer – und dem Erwerber ein Besitzmittlungsverhältnis i.S.d. § 868 begründet wird. Der mittelbare Besitzer lässt also die Sachherrschaft durch einen anderen aufgrund eines Rechtsverhältnisses für sich ausüben.

Beim mittelbaren Besitz sind also stets (mindestens) **zwei Besitzer** vorhanden:

- Der **unmittelbare** Besitzer, der die tatsächliche Sachherrschaft nicht für sich – nicht als Eigenbesitzer –, sondern für einen anderen ausübt, sodass er **Besitzmittler** ist, und
- der **mittelbare** Besitzer, für den aufgrund eines – wirksamen oder vermeintlichen – Rechtsverhältnisses die Sachherrschaft ausgeübt wird.

*Der **Besitzmittler** und der **Besitzdiener** unterscheiden sich dadurch, dass der Besitzdiener in einem sozialen Abhängigkeitsverhältnis zum Geschäftsherrn steht und dessen Weisungen unterworfen ist, während der Besitzmittler im Rahmen des Rechtsverhältnisses einer beschränkten Kontrolle des mittelbaren Besitzers unterliegt. Der Besitzdiener hat selbst keinen Besitz; Besitzer ist allein der Geschäftsherr. Der Besitzmittler ist hingegen selbst unmittelbarer Besitzer und mittelt seinem „Oberbesitzer" den mittelbaren Besitz.*

---

21 Grüneberg/Herrler § 854 Rn. 12.

22 Ganz h.M., vgl. BGHZ 86, 340, 343 f.; Grüneberg/Herrler § 854 Rn. 12.

23 Grüneberg/Herrler § 854 Rn. 10.

24 Grüneberg/Herrler § 854 Rn. 12; a.A. noch BGHZ 86, 300, 307.

1. Erwerb des mittelbaren Besitzes

Der Erwerb des mittelbaren Besitzes gemäß § 868 setzt Folgendes voraus: 32

Aufbauschema: Erwerb des mittelbaren Besitzes nach § 868
I. Unmittelbarer Besitz des (letzten) Besitzmittlers
II. Besitzmittlungsverhältnis i.S.d. § 868
III. Wirksamer Herausgabeanspruch gegen den Besitzmittler
IV. Erkennbarer Fremdbesitzerwille des Besitzmittlers

a) Unmittelbarer Besitz des (letzten) Besitzmittlers

Der Besitzmittler muss unmittelbarer Besitzer sein. Gemäß § 871 ist jedoch auch ein gestufter mittelbarer Besitz möglich, sodass jedenfalls der letzte Besitzmittler unmittelbaren Besitz haben muss.[25] 33

Beispiel: V vermietet seine Wohnung an M, der sie vorübergehend an U untervermietet. U ist unmittelbarer Besitzer und mittelt M den Besitz, der wiederum V den Besitz mittelt.

b) Besitzmittlungsverhältnis i.S.d. § 868

Es muss zwischen dem unmittelbaren Besitzer und dem mittelbaren Besitzer ein – wirkliches oder vermeintliches – Rechtsverhältnis i.S.d. § 868 bestehen, nach dem der unmittelbare Besitzer zum Besitz berechtigt oder verpflichtet ist. Neben rechtsgeschäftlich vereinbarten Besitzmittlungsverhältnissen kommen auch gesetzliche Besitzmittlungsverhältnisse in Betracht, wie z.B. die eheliche Lebensgemeinschaft[26] oder die elterliche Vermögenssorge.[27] Nicht ausreichend ist nach noch h.M. ein sog. abstraktes Besitzmittlungsverhältnis, das nur in der Erklärung besteht, für einen anderen besitzen zu wollen.[28] Zunehmend wird das Erfordernis eines konkreten Besitzmittlungsverhältnisses jedoch für entbehrlich gehalten.[29] 34

Anerkannt ist allerdings mittlerweile, dass eine **Sicherungsabrede** – etwa im Rahmen einer **Sicherungsübereignung**[30] – ein hinreichend konkretes Besitzmittlungsverhältnis darstellt, ohne dass die Parteien zusätzlich noch eine Leihe vereinbaren müssen.

c) Wirksamer Herausgabeanspruch gegen den Besitzmittler

Dem mittelbaren Besitzer muss gegen den unmittelbaren Besitzer ein Herausgabeanspruch zustehen. Er ergibt sich in der Regel aus dem Besitzmittlungsverhältnis. Bei dessen Unwirksamkeit genügt aber auch ein sonstiger Herausgabeanspruch (z.B. aus § 985, § 812 oder aus GoA).[31] 35

---

25 BeckOK/Fritzsche § 868 Rn. 5.
26 BGH NJW 1992, 1162, 1163.
27 BGH NJW 1989, 2542, 2543.
28 Grüneberg/Herrler § 868 Rn. 6; MünchKomm/Oechsler § 930 Rn. 14 ff.
29 BeckOK/Kindl § 930 Rn. 5; Staudinger/Heinze-Heinze § 930 Rn. 18; der BGH ZIP 1998, 2160 erwähnt das Merkmal nicht mehr.
30 BGH NJW-RR 2005, 280, 281; Grüneberg/Herrler § 930 Rn. 9.
31 MünchKomm/Schäfer § 868 Rn. 16.

36 Auch ein **künftiger** oder **bedingter** Herausgabeanspruch ist ausreichend. So ist z.B. der Herausgabeanspruch des Vermieters aus § 546 ein künftiger Anspruch, da er erst nach Beendigung des Mietverhältnisses durch Kündigung fällig wird. Es ist auch nicht erforderlich, dass die Sache in jedem Fall irgendwann an den mittelbaren Besitzer herauszugeben ist.

Beispiel 1: Wird eine Sache zur Sicherheit übereignet, steht dem Sicherungsnehmer ein Herausgabeanspruch aus dem Sicherungsvertrag erst bei Verwertungsreife zu. Sofern der Sicherungsgeber die gesicherte Forderung erfüllt, wird es zu einer Herausgabe nie kommen.

Beispiel 2: Beim Eigentumsvorbehalt steht dem Vorbehaltsverkäufer ein Herausgabeanspruch aus §§ 323, 346 zu (vgl. § 449 Abs. 2). Dieser besteht allerdings nur dann, wenn der Vorbehaltskäufer die Kaufpreisraten nicht mehr zahlt und der Vorbehaltsverkäufer nach Fristsetzung wirksam vom Vertrag zurückgetreten ist.

d) Erkennbarer Fremdbesitzerwille des Besitzmittlers

37 Der unmittelbare Besitzer muss seinen Fremdbesitzerwillen erkennbar zum Ausdruck bringen. Es muss der Wille geäußert werden, zeitlich begrenzt und in Anerkennung des Herausgabeanspruchs zu besitzen. Der innere Wille ist unbeachtlich.[32]

Äußerst umstritten ist, ob der unmittelbare Besitzer gleichzeitig zwei verschiedenen Personen den Besitz mitteln kann (gleichstufiger mittelbarer Nebenbesitz). Die h.M. lehnt dies ab und sieht den zuletzt begründeten mittelbaren Besitzer als alleinigen mittelbaren Besitzer an.[33] *Dies ist vor allem für den gutgläubigen Eigentumserwerb nach § 934 Var. 2 und die Sicherungsübereignung von Anwartschaftsrechten nach § 930 relevant.*[34]

2. Verlust des mittelbaren Besitzes

38 Der mittelbare Besitz endet, wenn eine seiner Voraussetzungen entfällt:

- Mit **Beendigung des Besitzmittlungsverhältnisses** unter gleichzeitigem **Erlöschen des aus dem Rechtsverhältnis herrührenden Herausgabeanspruchs**

  Solange der Herausgabeanspruch fortbesteht, wird die Beziehung zur Sache nicht gelöst und das Besitzmittlungsverhältnis besteht fort. Beispiel: Der Mieter behält nach Ablauf des Mietvertrags die Sache weiter.

- Der Besitzmittler **verliert** mit oder ohne seinen Willen den **unmittelbaren Besitz** durch Verbrauch, Veräußerung oder endgültigen Verlust der Sache.

- Durch einseitige, aber nach außen erkennbare **Aufgabe des Fremdbesitzerwillens**, sei es, dass der Besitzer die Sache nunmehr als Eigenbesitzer oder dass er sie als Fremdbesitzer für einen anderen besitzen will. Eine geheime Willensänderung reicht nicht aus, doch braucht die Willensänderung nicht für den mittelbaren Besitzer erkennbar zu sein.[35]

---

32 BGH NJW 1955, 499; BGHZ 85, 263, 265 ff.; MünchKomm/Schäfer § 868 Rn. 17.

33 BGHZ 28, 16, 27 f.; MünchKomm/Schäfer § 868 Rn. 20.

34 S. dazu unten Rn. 133, 361.

35 Grüneberg/Herrler § 868 Rn. 17.

III. Erbenbesitz, § 857

Durch die Vorschrift des § 857 geht auch der Besitz als tatsächliches Verhältnis auf die Erben über. Allerdings erlangt der Erbe nicht die tatsächliche Sachherrschaft, sondern er rückt nur in die besitzrechtliche Stellung des Erblassers ein. Es handelt sich um einen Besitz ohne Sachherrschaft.[36] 39

Der Erbe erlangt ohne besondere Erwerbshandlung den Besitz in der Form, wie ihn der Erblasser innehatte. Je nachdem, welche Besitzart beim Erblasser vorlag, tritt beim Erben Allein- oder Mitbesitz, Eigen- oder Fremdbesitz, unmittelbarer oder mittelbarer Besitz oder eine andere Besitzart ein.

- Der Erbe wird also auch ohne Kenntnis der Besitzverhältnisse des Erblassers Besitzer. Besondere Besitzergreifungsmaßnahmen sind nicht erforderlich.
- Verliert der Erbe seine Stellung als Erbe, so tritt auch der Besitzverlust ein.
  - Schlägt der Erbe die Erbschaft aus (§ 1953), so fällt der Besitz des vorläufigen Erben rückwirkend weg, und es wird der infolge der Ausschlagung berufene Erbe rückwirkend Besitzer.
  - Das Gleiche gilt im Falle der Anfechtung, §§ 1957, 2078, und der Erbunwürdigerklärung, § 2344.[37]

C. Arten des Besitzes

Nach der **Nähe zur Sache** ist zu unterscheiden zwischen dem 40

- **unmittelbaren Besitz** gemäß §§ 854 Abs. 1, 854 Abs. 2, 855 und dem
- **mittelbaren Besitz** gemäß § 868.

Je nach der **Willensrichtung des Besitzers** ist zu unterscheiden zwischen dem 41

- **Eigenbesitzer**, der die Sache als ihm gehörend besitzt, § 872, und
- dem **Fremdbesitzer**, der die Sache in Anerkennung fremden Eigentums besitzt.

  Die Unterscheidung zwischen Fremd- und Eigenbesitz ist in folgenden Fällen von Bedeutung:
  - Nur der Eigenbesitzer kann gemäß § 973 als **Finder** das Eigentum erwerben.
  - Nach § 955 erwirbt der Eigenbesitzer der Muttersache das Eigentum an den **Früchten**.
  - Eine **herrenlose Sache** kann nur durch Begründung des Eigenbesitzes zu Eigentum erworben werden, § 958.
  - Nur wer eine bewegliche Sache zehn Jahre in Eigenbesitz hat, erwirbt das Eigentum (§ 937 – **Ersitzung**).
  - Im Rahmen der Haftung des **unrechtmäßigen Besitzers** muss zwischen dem Eigen- und Fremdbesitz unterschieden werden, vgl. § 991.
  - Nach § 836 Abs. 3 haftet nur der Eigenbesitzer bei **Gebäudeeinsturz**.
  - Die **Eigentumsvermutung** des § 1006 wirkt nur für den Eigenbesitzer.
  - Nach h.M. ist der Eigenbesitz kein Recht i.S.d. § 771 ZPO, sodass eine **Drittwiderspruchsklage** nicht möglich ist.[38]

---

36 Grüneberg/Herrler § 857 Rn. 1.

37 MünchKomm/Schäfer § 857 Rn. 12.

38 Zöller/Herget § 771 Rn. 14; Thomas/Putzo § 771 Rn. 21; s. auch AS-Skript ZPO (2022), Rn. 523.

42 Nach dem **Umfang der Berechtigung** kann unterschieden werden zwischen

- dem Allein- und Mitbesitz, § 866;

Der Mitbesitz ist dadurch gekennzeichnet, dass mehrere eine Sache gemeinsam besitzen. Er kommt vor als einfacher oder qualifizierter Mitbesitz. Ein qualifizierter Mitbesitz liegt vor, wenn der Mitbesitz nur von allen gemeinschaftlich ausgeübt werden kann (z.B. Mitbesitz der Gesellschafter einer GbR an der Gesellschaft überlassenen Sachen), während beim schlichten Mitbesitz jeder Mitbesitzer Inhaber der tatsächlichen Sachherrschaft ist.

Beispiel: Verfügt ein Schließfach in einer Bank über zwei verschiedene Schlösser, so liegt qualifizierter Mitbesitz vor, da nur beide Schlüsselinhaber gemeinsam die Sachherrschaft über die im Schließfach befindlichen Sachen ausüben können. Verfügt das Schließfach nur über ein Schloss, zu dem aber zwei gleiche Schlüssel bestehen, so hat jeder Schlüsselinhaber schlichten Mitbesitz am Schließfachinhalt.

Nach h.M. ist Mitbesitz in der Regel nur bei gleichstufigem Besitz möglich; andernfalls liegt eher ein Besitzmittlungsverhältnis i.S.v. § 868 vor.[39]

- dem Besitz der ganzen Sache und dem Teilbesitz, § 865.

Der Unterschied zwischen Teilbesitz und Mitbesitz besteht darin, dass der Teilbesitz die tatsächliche Sachherrschaft über einen realen Teil der Sache darstellt, während der gewöhnliche Mitbesitz die ganze Sache erfasst. Der Teilbesitz ist in jeder Art möglich, also als Eigen- bzw. Fremdbesitz, unmittelbarer oder mittelbarer Besitz sowie als Teilmitbesitz. An einem ideellen Teil der Sache kann aber weder Teilbesitz noch überhaupt Besitz bestehen.[40]

Der Teilbesitz ist auch an wesentlichen Bestandteilen möglich, wenn er selbstständig ausgeübt werden kann. So ist z.B. der Mieter einer Wohnung in einem Mehrfamilienhaus bzgl. der gemieteten Räume Teilbesitzer, dagegen hinsichtlich der von anderen mitbenutzten Räume – Treppenflur, Waschküche – Mitbesitzer.

43 Nach der **Art der Besitzerlangung** kennt das Gesetz den

- fehlerhaften Besitz und den
- nicht fehlerhaften Besitz.

Fehlerhafter Besitzer ist derjenige, der selbst die verbotene Eigenmacht begangen hat und jetzt noch Besitzer ist (§ 858 Abs. 2 S. 1), und dessen Nachfolger im Besitz, wenn dieser den Besitz als Erbe erlangt hat oder wenn er die Fehlerhaftigkeit des Besitzes seines Vorgängers beim Besitzerwerb positiv kannte (§ 858 Abs. 2 S. 2).

44 Nach der **Berechtigung zum Besitz** unterscheidet man zwischen

- dem rechtmäßigen Besitzer und
- dem unrechtmäßigen Besitzer.

Dies hat u.a. Bedeutung für die Ansprüche aus den §§ 985 ff.

D. Besitzschutz

45 Im Interesse der Erhaltung des Rechtsfriedens ist der Besitzer unabhängig davon, ob er den Besitz rechtmäßig oder unrechtmäßig innehat, geschützt:

- Nach § 859 darf sich der Besitzer verbotener Eigenmacht mit Gewalt erwehren und sich wieder in den Besitz setzen. Es steht ihm ein Recht zur **Selbsthilfe** zu.

---

39 BGHZ 85, 263, 265.

40 BGHZ 85, 263, 264 f.

- Im Falle der Vorenthaltung des Besitzes kann der Besitzer gemäß §§ 861, 862 die **possessorischen Besitzansprüche** geltend machen.
- Unter den Voraussetzungen des § 1007 Abs. 1 und Abs. 2 kann er die **petitorischen Herausgabeansprüche** geltend machen.

I. Selbsthilferechte des Besitzers, § 859 Abs. 1–4

Die Selbsthilferechte des Besitzers umfassen 46

- das Recht zur **Besitzwehr** gemäß § 859 Abs. 1 und
- das Recht der **Besitzkehr** gemäß § 859 Abs. 2 und Abs. 3.

Achtung: *Bei Besitzkehr und Besitzwehr handelt es sich um* ***Selbsthilferechte*** *und nicht um Ansprüche! Für eine Klausur bedeutet das: Aus § 859 kann man nicht „Herausgabe" der Sache oder „Unterlassen der Störung" verlangen, sondern die entsprechenden Handlungen selbst vornehmen. Ist nicht ausdrücklich danach gefragt, ob z.B. die Wegnahme rechtmäßig war, sind Besitzkehr und Besitzwehr daher regelmäßig* ***inzidenter*** *(z.B. als Rechtfertigungsgründe i.S.d. § 823 oder als Ausschlussgründe eines Anspruchs aus §§ 861, 862) zu prüfen.*

1. Besitzwehr, § 859 Abs. 1

Der Besitzer darf sich verbotener Eigenmacht unter folgenden Voraussetzungen mit Gewalt erwehren: 47

Aufbauschema: Besitzwehr, § 859 Abs. 1
I. **Drohende Besitzentziehung** oder **drohende/andauernde Besitzstörung** durch **verbotene Eigenmacht**
II. **Abwehrbefugnis** ▪ Besitzer, § 859 ▪ Besitzdiener, § 860 ▪ Mittelbarer Besitzer (str.)
III. **Richtiger Abwehrgegner, § 859 Abs. 1 u. 4**
IV. **Zulässiges Gewaltmittel**, durch das das erforderliche Maß nicht überschritten wird

a) Drohende Besitzentziehung oder drohende/andauernde Besitzstörung durch verbotene Eigenmacht

Verbotene Eigenmacht i.S.d. § 858 Abs. 1 begeht, wer dem **unmittelbaren Besitzer** ohne dessen Willen den **Besitz entzieht** oder ihn im **Besitz stört**, ohne dass das Gesetz die Entziehung oder die Störung gestattet. 48

Entscheidend ist allein die objektive Widerrechtlichkeit der Besitzbeeinträchtigung, sodass fehlendes Verschulden sowie guter Glaube an die Zustimmung des Besitzers unerheblich sind.[41]

41 MünchKomm/Schäfer § 858 Rn. 2.

Die Besitzbeeinträchtigung muss ohne, nicht zwingend gegen den Willen des unmittelbaren Besitzers erfolgen, sodass auch die unbemerkte Beeinträchtigung verbotene Eigenmacht darstellen kann.[42]

49 **Besitzentziehung** ist die **vollständige** und dauerhafte Beseitigung des unmittelbaren Besitzes. Sie kann durch physische (z.B. Wegnahme, Zugangsverhinderung) oder psychische (z.B. Besitzaufgabe durch Drohung) Einwirkung erfolgen. Demgegenüber ist eine **Besitzstörung** die Beeinträchtigung des unmittelbaren Besitzes durch **ausschnittsweisen** Entzug der durch den Besitz eröffneten Gebrauchs- oder Nutzungsmöglichkeit einer Sache.

Beispiele für Besitzstörungen: Über fremdes Grundstück schwenkender Baukran,[43] Lärm,[44] Zuparken des Garagentors[45]

Fall 1: Sibirische Räumung

M hat von V Räume zum Betrieb einer Gaststätte gemietet. Warmwasser und Heizleistung bezog M nicht direkt vom Versorgungsunternehmen, sondern von V als Vermieter. M zahlte seit einem Jahr keine Miete mehr, sodass V den Mietvertrag wirksam kündigte. Daraufhin stellte V die Versorgung der Mieträume mit Warmwasser und Heizung ein. Kann M weitere Belieferung verlangen?

50 **A.** M könnte gegen V einen Anspruch auf Weiterbelieferung mit Warmwasser und Heizleistung gemäß **§ 535 Abs. 1 S. 1** aus dem zwischen M und V geschlossenen Mietvertrag haben. Das Mietverhältnis ist jedoch durch die Kündigung des V wirksam beendet worden.

B. M könnte gegen V jedoch einen Weiterbelieferungsanspruch haben, wenn eine **nachvertragliche Pflicht** des V zur Belieferung mit Heizenergie aus **§ 242 i.V.m. § 535** besteht. Nachvertragliche Pflichten können sich im Einzelfall aus besonderen Belangen des Mieters (z.B. Gesundheitsgefährdung oder durch eine Versorgungssperre drohender, besonders hoher Schaden) ergeben. Eine solche Verpflichtung lässt sich aber nur rechtfertigen, wenn sie den berechtigten Interessen des Vermieters nicht in einer Weise zuwiderläuft, die ihm die weitere Leistung unzumutbar macht. Dies ist hier angesichts des bereits erheblichen Mietrückstandes und der für den Vermieter bestehenden Gefahr, weitere Schäden durch die Belieferung mit Heizenergie und Warmwasser zu erleiden, der Fall. M steht daher kein Anspruch wegen einer nachvertraglichen Pflicht des V zu.

C. M könnte gegen V jedoch einen Anspruch auf Weiterbelieferung aus **§ 862 Abs. 1 S. 1** haben, wenn die Einstellung der Versorgung eine **Besitzstörung durch verbotene Eigenmacht** darstellt, § 858 Abs. 1.

Der Besitz umfasst den Bestand der tatsächlichen Sachherrschaft. Eine verbotene Eigenmacht i.S.d. § 858 setzt daher voraus, dass in die tatsächliche Sachherrschaft eingegriffen worden ist. Ein Eingriff liegt nur vor, wenn der Besitzer in dem Bestand seiner tatsächlichen Sachherrschaft beeinträchtigt wird.

42 BeckOK/Fritzsche § 858 Rn. 18.
43 OLG Zweibrücken OLGR 1998, 100.
44 OLG München NJW-RR 1992, 1097.
45 Grüneberg/Herrler § 862 Rn. 3.

I. Überwiegend ist bisher in Rspr. und Lit. angenommen worden, eine Versorgungssperre durch den Vermieter stelle eine Besitzstörung i.S.d. § 858 dar. Zur Begründung wird angeführt, jede Beeinträchtigung des Besitzers bei der Ausübung des Besitzes stelle eine Besitzstörung dar und es dürfe nicht zu einer „Selbstvollstreckung" des Räumungsanspruchs des Vermieters durch eine Einstellung der Versorgung kommen.[46]

II. Nach Auffassung des BGH und Teilen der Literatur[47] stellt eine Unterbrechung der Versorgung demgegenüber keine verbotene Eigenmacht dar: Zwar werde der ungestörte **Gebrauch** der Mietsache beeinträchtigt, dies sei jedoch von einer Besitzstörung zu unterscheiden. Die Einstellung der Versorgungsleistungen beeinträchtige weder den Zugriff des Besitzers auf die Mieträume, noch schränke sie die sich **aus dem bloßen Besitz ergebende Nutzungsmöglichkeit** ein. Versorgungsleistungen führten vielmehr dazu, dass die im Besitz liegende Gebrauchsmöglichkeit erweitert werde. Die Gewährleistung der Versorgungsleistungen könne sich demnach allein aus dem ihnen zugrunde liegenden Vertragsverhältnis ergeben. Der Besitzschutz nach §§ 858 ff. gewähre dagegen nur Abwehrrechte und keine Leistungsansprüche. Anders verhält es sich allerdings, wenn durch einen digitalen Eingriff gezielt die Sachnutzung verhindert wird (etwa bei Fernsperrung einer Autobatterie).[48]

III. Der letztgenannten Auffassung ist zuzustimmen: Der Besitz an Räumen vermittelt nicht die Möglichkeit, Wasser und Heizleistung zu nutzen, sodass die Einstellung der Belieferung auch keine Störung des Besitzes darstellen kann. Deutlich wird dies in dem Fall, dass die Versorgung nicht durch den Vermieter, sondern durch das Versorgungsunternehmen eingestellt wird. Dies beeinträchtigt nicht den Besitz des Mieters, sodass dies durch eine Versorgungssperre durch den Vermieter auch nicht der Fall sein kann. Auch kommt es zu keiner „Selbstvollstreckung" des Räumungsanspruchs des Vermieters, da in den Besitz des Mieters nicht eingegriffen wird.

Ergebnis: M hat gegen V keinen Anspruch auf Weiterbelieferung mit Warmwasser und Heizleistung.

Im Einzelfall kann die **Abgrenzung von Besitzentzug und Besitzstörung** Probleme bereiten. Insbesondere beim Besitz an Grundstücken ist die Abgrenzung teilweise fließend. 51

Beispiel: Das Parken auf einem fremden Grundstück stellt hinsichtlich der Fläche, auf der das Fahrzeug steht, eine (Teil-)Besitzentziehung dar, während es im Hinblick auf das übrige Grundstück Besitzstörung sein kann (z.B. weil die Zufahrt blockiert wird).[49]

Bedeutung hat die Abgrenzung von Besitzstörung und Besitzentzug insbesondere wegen § 859 Abs. 3: Bei einer Besitzentziehung muss der Grundstücksbesitzer seine Gewaltrechte „sofort" ausüben, bei einer Besitzstörung sieht das Gesetz keine zeitlichen Schranken vor.

Nach § 859 Abs. 1 darf der Besitzer bewegliche und unbewegliche Sachen mit Gewalt verteidigen, wenn die verbotene Eigenmacht noch nicht zur Besitzentziehung geführt

46 KG ZMR 2005, 951; OLG Köln NJW-RR 2001, 301.

47 BGH RÜ 2009, 416 ff.; zustimmend und ausführlich dazu: Leroy NJ 2013, 441, 445.

48 BGH RÜ 2023, 287 ff.

49 BGH RÜ 2009, 490 ff.

hat. Dann stehen ihm nur die Rechte aus § 859 Abs. 2 und Abs. 3 zu. Der Besitzer kann sich nicht nur gegen eine drohende Besitzentziehung, sondern auch gegen eine drohende oder andauernde Besitzstörung nach § 859 Abs. 1 wehren.[50]

b) Abwehrbefugnis

52 Die Abwehrbefugnis steht zunächst dem **unmittelbaren Besitzer** selbst zu.

Nach § 860 darf auch der **Besitzdiener** für den unmittelbaren Besitzer die Gewaltrechte des § 859 ausüben. Ihm steht kein selbstständiges Recht zu, sondern es ist ihm lediglich die Befugnis zur Ausübung des dem Besitzherrn zustehenden Selbsthilferechts eingeräumt.[51]

Dem **mittelbaren Besitzer** stehen dagegen nach dem Wortlaut der gesetzlichen Regelung nicht die Gewaltrechte des § 859 zu. Nach § 869 kann der mittelbare Besitzer nur die Rechte aus §§ 861 und 862 geltend machen. Umstritten ist, ob dem mittelbaren Besitzer **analog §§ 869, 859** die Gewaltrechte zuzubilligen sind.

Nach wohl h.M. wird die analoge Anwendung bejaht, damit ein **lückenloser** Gesetzesschutz des mittelbaren Besitzers gewährleistet ist. Durch die Störung oder Entziehung des unmittelbaren Besitzes wird auch der mittelbare Besitz betroffen, weil dadurch der unmittelbare Besitzer an der Ausübung des Besitzes für den mittelbaren Besitzer behindert wird.[52]

c) Richtiger Abwehrgegner, § 859 Abs. 1 und Abs. 4

53 Gemäß **§ 859 Abs. 1** darf Gewalt gegenüber demjenigen geübt werden, der selbst die verbotene Eigenmacht begeht. Gemäß **§ 859 Abs. 4** bestehen die Selbsthilferechte aber auch gegenüber demjenigen, der die Fehlerhaftigkeit des Besitzes gegen sich gelten lassen muss, § 858 Abs. 2 S. 2. Dies ist der Besitznachfolger, der die Fehlerhaftigkeit des Besitzes positiv kannte oder der Erbe des fehlerhaften Besitzers (§ 857), da dieser in die konkrete Besitzposition des Erblassers einrückt. Die Erweiterungen des § 858 Abs. 2 S. 2 spielen allerdings nur bei der Besitz**kehr** eine Rolle, da bei der Besitz**wehr** gerade noch kein fehlerhafter Besitz begründet worden ist.

Praktische Bedeutung hat dies – wenn überhaupt – bei der Besitzwehr gegen andauernde Störungen, da es in den anderen Fällen des § 859 wegen der zeitlichen Restriktionen regelmäßig nicht zu einer Besitznachfolge kommen kann.[53]

d) Zulässiges Gewaltmittel

54 Anders als für das Selbsthilferecht nach §§ 229, 230 ist für die **Besitzwehr** nicht erforderlich, dass es unmöglich ist, rechtzeitig polizeilichen oder gerichtlichen Schutz zu erlangen.[54]

Beispiel 1: Der Pächter P eines Grundstücks verbietet dem Nachbarn N, einen Weg über das Pachtgrundstück, den dieser zur Abkürzung benutzt, weiter zu benutzen. Als N dennoch den Weg begeht, stellt sich P in den Weg und droht Gewalt an.

---

50 BeckOK/Fritzsche § 859 Rn. 10.

51 Erman/Elzer § 860 Rn. 1; Grüneberg/Herrler § 860 Rn. 1.

52 Baur/Stürner § 9 Rn. 23; a.A. MünchKomm/Schäfer § 869 Rn. 7.

53 BeckOK/Fritzsche § 859 Rn. 19.

54 Erman/Elzer § 859 Rn. 3 m.w.N.

Beispiel 2: Der Mieter des Wohnhauses verbietet den Kindern des Nachbarn das Spielen in seinem Garten unter Androhung von Strafe.

Die Gewaltanwendung zur Abwehr der verbotenen Eigenmacht darf **das erforderliche Maß** nicht überschreiten. 55

Beispiel: Die Wanderer W und V wollten zur Abkürzung über eine eingezäunte Weide des Bauern B gehen. Als B dies verbot, ließen sie keinen Zweifel daran, dass sie trotz seines Verbots an ihm vorbei weitergehen würden. B holte ein Schrotgewehr und zielte auf W. Daraufhin schlug V dem B mit seinem Wanderstock das Gewehr aus der Hand. B verlangt wegen Beschädigung der Flinte Schadensersatz.

I. V hat objektiv den Tatbestand des § 823 Abs. 1 durch Eigentumsverletzung verwirklicht.
II. Er handelte nicht widerrechtlich, wenn er in Notwehr handelte (§ 227). Das ist der Fall, wenn V einen gegenwärtigen rechtswidrigen Angriff des B abwehrte.
Der Angriff des B könnte wegen **Besitzwehr** (§ 859 Abs. 1) gerechtfertigt sein. Das unbefugte Betreten seiner Weide durch W und V war eine widerrechtliche **Störung** seines Besitzes. Dieser durfte sich B mit Gewalt erwehren (§ 859 Abs. 1). B ist aber über das „erforderliche" Maß der Abwehr hinausgegangen; der Waffengebrauch stellt ein unangemessenes und daher unzulässiges Mittel der **Selbsthilfe** nach § 859 dar.[55] Der Angriff des B war daher nicht durch § 859 gedeckt. Das Handeln des V war durch § 227 gerechtfertigt.

Die Besitzwehr unterliegt keinen zeitlichen Beschränkungen. Umstritten ist allerdings, ob die zeitliche Grenze von **§ 859 Abs. 3 analog** anzuwenden ist, wenn der Besitz an einem Grundstücksteil entzogen wird, diese Besitzentziehung aber zugleich eine Besitzstörung des Gesamtgrundstücks ist (s. das Beispiel Rn. 59).[56] 56

2. Besitzkehr, § 859 Abs. 2 und Abs. 3

Der Besitzer ist nicht nur berechtigt, die bevorstehende verbotene Eigenmacht abzuwehren – Besitzwehr zu üben –, sondern er darf sich auch dann, wenn ihm der Besitz durch verbotene Eigenmacht **entzogen worden ist**, in dem gesetzlich bestimmten Zeitraum mit angemessenen Mitteln wieder in Besitz setzen – **Besitzkehr** üben. 57

Aufbauschema: Besitzkehr, § 859 Abs. 2 u. 3

I. Besitzentziehung durch **verbotene Eigenmacht**

II. Abwehrbefugnis
- Ehemaliger Besitzer, § 859
- Ehemaliger Besitzdiener, § 860
- Ehemaliger mittelbarer Besitzer (str.)

III. Richtiger Abwehrgegner, § 859 Abs. 1 u. 4
- Derjenige, der selbst verbotene Eigenmacht verübt
- Besitznachfolger bei Erbschaft, §§ 859 Abs. 4, 858 Abs. 2 S. 2 Var. 1
- Besitznachfolger bei positiver Kenntnis der Fehlerhaftigkeit des Besitzes, §§ 859 Abs. 4, 858 Abs. 2 S. 2 Var. 2

IV. Einhaltung der **zeitlichen Grenzen**
1. Bei **beweglichen Sachen**: Täter auf frischer Tat betroffen oder Täter unmittelbar verfolgt (Nacheile)
2. Bei **Grundstücken**: „Sofortige" Entsetzung des Täters

55 BayObLG NJW 1965, 163 f.
56 BGH NJW 1967, 46; Grüneberg/Herrler § 859 Rn. 4.

a) Bewegliche Sachen

58 Beim Entzug **beweglicher** Sachen muss der Täter auf **frischer Tat** ertappt oder unmittelbar **verfolgt** worden sein (sog. **Nacheile**).

Beispiel 1: Dem E ist ein wertvolles Bild gestohlen worden. Als er später dieses Bild in der Kunsthandlung des B sieht, nimmt er das Bild an sich und verlässt das Geschäft. B verfolgt ihn und entreißt ihm das Bild. Dabei wird der Anzug des E erheblich beschädigt. Er verlangt Schadensersatz von B. Anspruch aus § 823 Abs. 1?

I. B hat das Eigentum – den Anzug – des E beschädigt.
II. Rechtswidrig? B handelte nicht rechtswidrig, wenn er gemäß § 859 Abs. 2 zur Besitzkehr berechtigt war.
1. E hat B ohne dessen Willen den Besitz entzogen, also eine verbotene Eigenmacht gegenüber B begangen.
2. B durfte sich den Besitz wieder beschaffen, weil er E auf frischer Tat ertappt hat. Zwar war E noch Eigentümer des Bildes, weil niemand, auch nicht B, gutgläubig Eigentum erwerben konnte (§ 935), doch auch der Eigentümer, dem die Sache durch verbotene Eigenmacht entzogen worden ist, darf nach dem in § 859 Abs. 2 bestimmten Zeitpunkt gegenüber dem Besitzer keine verbotene Eigenmacht mehr ausüben.

Beispiel 2: Großmarkt G bietet einen Computer 1.000 € unter dem üblichen Preis an. K ergattert den letzten Computer und packt ihn auf seinen Einkaufswagen. A, der bei der Schnäppchenjagd erfolglos war, nimmt kurz entschlossen den Computer vom Wagen des K. Als K ihm den Computer entreißt, verstaucht sich A einen Finger und verlangt Schadensersatz und Schmerzensgeld von K. Zu Recht? Ein Schadensersatzanspruch könnte sich aus § 823 Abs. 1 ergeben.

I. K hat den Körper des A verletzt.
II. K handelte nicht rechtswidrig, wenn er gemäß § 859 Abs. 2 zur Besitzkehr berechtigt war. Die Besitzstellung des Kunden an der in den Einkaufswagen gelegten Ware ist nicht unproblematisch. Gegen einen Besitzwechsel auf ihn spricht, dass seine Sachherrschaft vom Ladeninhaber bzw. dessen Angestellten abhängig ist. Andererseits soll und darf er die Ware aber an sich nehmen. Als Besitzdiener (§ 855) kann er nicht angesehen werden, da es an dem erforderlichen Abhängigkeitsverhältnis zwischen ihm und dem Ladeninhaber fehlt. In der Lit.[57] wird davon ausgegangen, dass zwischen Kunde und Ladeninhaber aufgrund eines vorvertraglichen Schuldverhältnisses konkludent ein Besitzmittlungsverhältnis begründet wird und der Kunde unmittelbarer Fremdbesitzer ist. Da K der unmittelbare Besitz durch verbotene Eigenmacht entzogen wurde, war er zur Besitzkehr berechtigt, und A hat keinen Anspruch auf Schadensersatz.

b) Grundstücke

59 Bei **Grundstücken** muss die Wiederinbesitznahme sofort nach dem Entzug erfolgen. Dabei ist zu beachten, dass vom Grundstücksbegriff auch die **Gebäude**, die Teile des Gebäudes und die Erzeugnisse (§§ 93, 94) umfasst werden.

Beispiel:[58] B ist Eigentümer eines Garagenhofes. Auf diesem befindet sich eine Freifläche, auf der E abends seinen Pkw parkte. B bemerkte dies erst am nächsten Morgen und bestellte um 7.40 Uhr einen Abschleppunternehmer, der um 9.00 Uhr eintraf. Zeitgleich kam E hinzu und entfernte seinen Wagen. Kann B von E die Kosten für die Leerfahrt des Abschleppunternehmers (88,97 €) nach § 823 Abs. 2 ersetzt verlangen? (Ansprüche aus GoA oder § 823 Abs. 1 sind nicht zu prüfen.)
Anspruch aus §§ 823 Abs. 2, 858 Abs. 1, 859 Abs. 3?

I. § 858 ist Schutzgesetz i.S.d. § 823 Abs. 2.
II. Das Schutzgesetz ist verletzt, wenn E verbotene Eigenmacht verübt hat. Das unberechtigte Parken auf fremden Grundstücken stellt eine Teilentziehung des Besitzes dar; das Schutzgesetz ist demnach verletzt.
III. Fraglich ist jedoch, ob B wegen der zwischen Abstellen des Fahrzeugs und Einleitung der Abschlepp-

---

57 Schulze NJW 2000, 2876.

58 Fall nach LG Frankfurt NJW-RR 2003, 311; vgl. zum Abschleppen auf einem Supermarktparkplatz und dem Ersatz der Abschleppkosten BGH RÜ 2009, 490 ff. und AS-Skript Schuldrecht BT 4 (2023), Rn. 67 f.; Koch NJW 2014, 3696.

maßnahmen verstrichenen Zeit noch zur Selbsthilfe gemäß § 859 Abs. 3 berechtigt war. Eine Selbsthilfe gegen Entziehung von Grundstücken ist nur „sofort" möglich.

1. Es besteht keine Einigkeit darüber, wann genau eine Handlung „sofort" i.S.d. § 859 Abs. 3 vorgenommen wird. Die strengste Ansicht verlangt „eine noch warme Motorhaube".[59] Akzeptiert wurden seitens der Rspr. „wenige Stunden",[60] „2–3 Stunden"[61] und „noch am gleichen Tage".[62]

2. Berücksichtigt man, dass der Grundstückseigentümer in der Lage sein muss, die verbotene Eigenmacht zu entdecken und Abhilfemaßnahmen einzuleiten,[63] ist die Entfernung eines am Abend geparkten Fahrzeugs am nächsten Morgen aber auch noch „sofort" i.S.d. § 859 Abs. 3.[64]

IV. E handelte auch rechtswidrig und schuldhaft, sodass B ein Anspruch gemäß §§ 823 Abs. 2, 858 Abs. 1, 859 Abs. 3 zusteht.

V. Als Rechtsfolge muss der Falschparker dem Grundstücksbesitzer gemäß §§ 249 ff. den aus der Rechtsverletzung resultierenden Schaden ersetzen. Dieser Schaden besteht in den vom Grundstücksbesitzer aufgrund seiner vertraglichen Vereinbarung mit dem Abschleppunternehmer zu tragenden Abschleppkosten.

Das Abschleppen eines Fahrzeugs beseitigt die Besitzstörung, sodass Abschleppkosten ersatzfähig sind. Erstattungsfähig sind gemäß § 249 Abs. 1 neben den Kosten des reinen Abschleppens auch die Kosten, die im Zusammenhang mit der Vorbereitung des Abschleppens entstanden sind, so zum Beispiel die Überprüfung des unberechtigt abgestellten Fahrzeugs, um den Halter ausfindig zu machen, und die Anforderung eines geeigneten Abschleppfahrzeugs.[65] Das „Zuparken" eines fremden Fahrzeugs beseitigt hingegen die Besitzstörung nicht, sondern stellt selbst eine verbotene Eigenmacht an dem auf dem fremdem Grundstück abgestellten Fahrzeug dar, sodass der „Falschparker" den „Zuparker" abschleppen lassen darf.

II. Possessorische Besitzschutzansprüche, §§ 861, 862, 867

Die Ansprüche aus §§ 861 ff. werden possessorisch genannt, weil sie unmittelbar aus dem Besitz folgen und unabhängig von einem Recht zum Besitz sind. Auch ein Dieb kann – wird ihm die Sache von einem Dritten weggenommen – mit Erfolg den Anspruch aus § 861 geltend machen. 60

1. Ansprüche im Falle des Entzugs und der Störung, §§ 861, 862

Aufbauschema: Herausgabe bei Besitzentzug, § 861

I. Anspruchsteller = Ehemaliger Besitzer (auch mittelbarer Besitzer, § 869 S. 1)

II. Anspruchsgegner = Fehlerhafter Besitzer

- Derjenige, der selbst verbotene Eigenmacht verübt, § 858 Abs. 2 S. 1
- Besitznachfolger bei Erbschaft, § 858 Abs. 2 S. 2 Var. 1
- Besitznachfolger bei positiver Kenntnis der Fehlerhaftigkeit des Besitzes, § 858 Abs. 2 S. 2 Var. 2

III. Kein Ausschluss des Anspruchs

1. Besitzentzug war erlaubte Besitzkehr, § 859 Abs. 2 u. 3
2. Entzogener Besitz war fehlerhaft, § 861 Abs. 2
3. Erlöschen ein Jahr nach Verüben der verbotenen Eigenmacht, § 864

Alle anderen Einwendungen sind ausgeschlossen, § 863.

59 Schünemann DAR 1997, 267 ff.
60 LG Frankfurt NJW 1984, 183.
61 AG München DAR 1993, 30 f.
62 AG Braunschweig NJW-RR 1986, 1414.
63 Röthel/Sparmann Jura 2005, 456, 458; Kollhosser JuS 1992, 567, 568 f.
64 LG Frankfurt NJW-RR 2003, 311.
65 BGH RÜ 2012, 147 ff.

Aufbauschema: Unterlassung/Beseitigung bei Besitzstörung, § 862

I. Anspruchsteller = Besitzer (auch mittelbarer Besitzer, § 869 S. 1)

II. Anspruchsgegner = Störer

III. Kein Ausschluss des Anspruchs

1. Besitzstörung ist erlaubte Besitzwehr, § 859 Abs. 1
2. Besitzer besitzt dem Störer gegenüber selbst fehlerhaft, § 862 Abs. 2
3. Erlöschen ein Jahr nach Verüben der verbotenen Eigenmacht, § 864

Alle anderen Einwendungen sind ausgeschlossen, § 863.

61 **Anspruchsberechtigter** ist derjenige, dem der Besitz durch verbotene Eigenmacht entzogen (§ 861) oder dessen Besitz gestört (§ 862) wird. Der Anspruch besteht unabhängig davon, ob dem Besitzer ein Recht zum Besitz zusteht oder nicht.

62 **Anspruchsgegner** ist derjenige, der die verbotene Eigenmacht begangen hat – der fehlerhafte Besitzer (§ 861) oder der Störer (§ 862) –; von ihm kann Herausgabe des Besitzes oder Beseitigung/Unterlassung der Störung verlangt werden.

63 Keine verbotene Eigenmacht liegt vor, wenn das Gesetz die Entziehung oder die Störung **gestattet**. Dies kann insbesondere bei erlaubter Besitzwehr (§ 859 Abs. 1) oder Besitzkehr (§ 859 Abs. 2 und Abs. 3) der Fall sein.

Weitere gesetzliche Gestattungen:

- §§ 227–229 (Notwehr, Notstand, Selbsthilfe)
- § 562b Abs. 1 S. 2 (Selbsthilferecht bei Vermieterpfandrecht)
- § 592 S. 4 (Selbsthilferecht bei Verpächterpfandrecht)
- §§ 677 ff. (berechtigte GoA)
- § 904 (Notstand)
- § 910 (Überhang)
- § 962 (Verfolgungsrecht des Eigentümers)
- §§ 758, 808 ff., 883 ff. ZPO (Zwangsvollstreckungsrecht)
- Weitere Gestattungen enthalten die StPO oder öffentlich-rechtliche Gesetze.

64 **Fehlerhafter Besitzer** ist nicht nur derjenige, der selbst die verbotene Eigenmacht verübt hat, sondern gemäß § 858 Abs. 2 S. 2 auch der Besitznachfolger, der die Fehlerhaftigkeit des Besitzes positiv kannte oder der Erbe des fehlerhaften Besitzers, da dieser in die konkrete Besitzposition des Erblassers einrückt.

65 Die Geltendmachung des bestehenden Anspruchs ist gemäß § 861 Abs. 2, § 862 Abs. 2 **ausgeschlossen**, wenn der Besitz des Anspruchstellers gegenüber dem des Anspruchsgegners fehlerhaft war und in dem letzten Jahr vor der Entziehung oder Störung erlangt worden ist.

66 Der Anspruch **erlischt**, wenn er nicht binnen Jahresfrist nach Verübung der verbotenen Eigenmacht geltend gemacht wird (§ 864).

67 Nach **§ 863** kann gegenüber den Ansprüchen aus §§ 861, 862 nur geltend gemacht werden, dass die Entziehung oder Störung des Besitzes keine verbotene Eigenmacht sei.

Andere Einwendungen als die in § 863 genannten sind ausgeschlossen, um die rasche Wiederherstellung eines durch verbotene Eigenmacht beeinträchtigten Besitzstandes zu ermöglichen.[66] Im Übrigen soll ein „Faustrecht" verhindert werden: Auch wer einen Anspruch auf eine Sache hat, soll sie nicht selbst wegnehmen, sondern notfalls die Gerichte bemühen.

Zulässig sind folgende Einwendungen:

- Es liege überhaupt keine verbotene Eigenmacht vor, denn der Anspruchsteller sei mit der Ergreifung des Besitzes bzw. der Störung einverstanden gewesen;
- der Anspruchsteller sei überhaupt nicht Besitzer gewesen.

Unzulässig sind – beispielsweise – folgende Einwendungen:

- Der Anspruchsgegner sei Eigentümer oder schuldrechtlich zum Besitz berechtigt (Mieter, Entleiher, Pächter);
- der Anspruchsteller habe einen Anspruch auf Einräumung des Besitzes (aus Kaufvertrag, Werkvertrag).

Der Anspruchsteller trägt die **Beweislast** für seinen bisherigen Besitz und die Verübung der verbotenen Eigenmacht. Für die Rechtfertigung einer Besitzentziehung trägt hingegen der Anspruchsgegner die Beweislast.[67]

Die h.M. lässt jedoch gegen die possessorische Besitzschutzklage die **petitorische Widerklage** gemäß § 33 ZPO wegen eines Rechts zum Besitz oder eines Anspruchs auf Verschaffung des Besitzes zu.[68] 68

Es ist daher möglich, dass derjenige, der den Besitz entzogen hat, wegen der Eigenmächtigkeit seines Vorgehens hinsichtlich der Besitzschutzklage des ehemaligen Besitzers unterliegt, dann aber aufgrund der begründeten Widerklage die Sache zurückfordern kann.

Die Regelung des § 863 verliert dadurch nicht die praktische Bedeutung, weil über die in der Regel zunächst entscheidungsreife Besitzschutzklage durch Teilurteil (§ 301 ZPO) zu entscheiden ist. Umstritten ist, ob in den Fällen, in denen die Besitzschutzklage und die Widerklage gleichzeitig entscheidungsreif sind, die Besitzschutzklage zur Vermeidung widersprechender Verurteilungen entsprechend § 864 Abs. 2 abzuweisen ist.[69]

Beispiel: V hat dem K notariell ein Grundstück verkauft. K will darauf einen Fertigkiosk errichten. Es kommt zu Unstimmigkeiten. V bestreitet die Wirksamkeit des Kaufvertrags. K nimmt dennoch das Grundstück in Besitz und errichtet darauf einen Fertigkiosk. V verlangt Beseitigung.

A. Die Besitzschutzklage des V gegen K gemäß § 861 ist begründet.
I. Dem Anspruchsteller V ist der Besitz durch verbotene Eigenmacht entzogen worden.
II. K, der die verbotene Eigenmacht begangen hat, besitzt fehlerhaft.
Ihm stehen keine Einwendungen zu. Dass K ein Anspruch aus dem Kaufvertrag auf Besitzüberlassung zustehen kann, ist in der Besitzschutzklage unerheblich, § 863.
B. K kann gemäß § 33 ZPO Widerklage erheben.
Ihm steht – die Wirksamkeit des Kaufvertrags unterstellt – gemäß § 433 Abs. 1 S. 1 ein Anspruch auf Besitzübertragung und Übereignung zu.

Während gegenüber possessorischen Ansprüchen die petitorische Widerklage von der ganz h.M. anerkannt wird, ist streitig, ob auch gegenüber possessorischen Besitzschutzansprüchen, die im **einstweiligen Rechtsschutz** geltend gemacht werden, petitorische Einwendungen möglich sind. Die h.M. verneint dies. Das Verfügungsverfahren sei ohne- 69

66 BGH NJW 1979, 1358; BeckOK/Fritzsche § 863 Rn. 1.
67 OLG Saarbrücken NJW-RR 2003, 1717.
68 BGH NJW 1979, 1358, 1359; Grüneberg/Herrler § 863 Rn. 3.
69 So BGH NJW 1979, 1358; a.A. MünchKomm/Schäfer § 863 Rn. 11.

hin nicht geeignet, endgültige Klärung zu bringen, sodass der von §§ 863, 864 Abs. 2 gewährte Schutz umgangen würde.[70] Dagegen wird vorgebracht, dass dem ehemaligen Besitzer im einstweiligen Verfügungsverfahren keine weitergehenden Rechte als im Hauptsacheverfahren zugebilligt werden könnten.[71]

70 Bei Streitigkeiten getrennt lebender Ehegatten werden die allgemeinen Besitzschutzvorschriften durch die speziellere Regelung des § 1361a verdrängt.[72]

2. Abholungsanspruch nach § 867

71 Der Abholungsanspruch aus § 867 setzt voraus,

- dass die Sache aus der Gewalt des unmittelbaren Besitzers auf ein im Besitz eines anderen befindliches Grundstück gelangt ist und
- der Grundstückseigentümer oder ein Dritter noch keinen Besitz an der Sache ergriffen hat.

Der Anspruch auf Gestattung der Abholung muss notfalls im Klagewege durchgesetzt werden. Der Abholungsberechtigte hat kein Recht auf eigenmächtiges Betreten des Grundstücks.

Nach der Besitzergreifung durch einen Dritten oder den Grundstückseigentümer ist der bisherige Besitzer auf Herausgabeansprüche gemäß §§ 1007, 985 beschränkt, insbesondere wegen § 856 Abs. 2. Ein Herausgabeanspruch gemäß § 861 ist gegeben, wenn die Besitzergreifung durch den Dritten oder Grundstückseigentümer eine verbotene Eigenmacht darstellt. Dies ist nicht der Fall, wenn die Besitzergreifung ausnahmsweise gesetzlich gestattet ist, z.B. § 859 Abs. 2, §§ 227 ff.[73]

III. Petitorische Ansprüche des früheren Besitzers beweglicher Sachen gemäß § 1007 Abs. 1 und Abs. 2

72
- Die Vorschrift des § 1007 Abs. 1 regelt die Herausgabepflicht des gegenwärtigen Besitzers beweglicher Sachen, der beim Besitzerwerb **bösgläubig** war.
- Nach § 1007 Abs. 2 kann auch der **gutgläubige** gegenwärtige Besitzer zur Herausgabe verpflichtet sein, wenn die Sache dem früheren Besitzer abhandengekommen ist.

Bzgl. der ratio legis des § 1007 und seiner Bedeutung im System des Eigentums- und Besitzschutzes besteht keine Klarheit. Die Vorschrift gilt als misslungen.[74] Das ist insbesondere darauf zurückzuführen, dass die einzelnen Voraussetzungen nur schwer dem Gesetz entnommen werden können.[75]

Zum Verständnis muss man sich verdeutlichen, dass § 1007 Abs. 1 und Abs. 2 jeweils eine eigenständige Anspruchsgrundlage enthalten und in Abs. 3 gemeinsame Ausschlussgründe, Nebenrechte und Gegenansprüche normiert wurden.

Einigkeit besteht aber darüber, dass die Ansprüche aus § 1007 Abs. 1 und Abs. 2 nicht voraussetzen, dass der frühere Besitzer rechtmäßiger Besitzer war. Entscheidend ist vielmehr, dass der frühere Besitzer

70 MünchKomm/Schäfer § 863 Rn. 12; OLG Köln MDR 2000, 152; OLG Koblenz RdL 2000, 236.
71 Ausführlich: Lehmann-Richter NJW 2003, 1717, 1718; OLG Rostock OLG-NL 2001, 279, 281.
72 OLG Oldenburg NJW-RR 1994, 581.
73 MünchKomm/Schäfer § 867 Rn. 3.
74 BeckOK/Fritzsche § 1007 Rn. 1.
75 Staudinger/Thole § 1007 Rn. 3–6.

gegenüber dem gegenwärtigen Besitzer, der in Anspruch genommen wird, eine „bessere" Besitzposition hatte. Die praktische Bedeutung der Norm ist gering, da zumeist § 861 und/oder § 985 eingreift.

1. Herausgabeanspruch gemäß § 1007 Abs. 1 und Abs. 3

Aufbauschema: Herausgabe des bösgläubigen Besitzers, § 1007 Abs. 1 u. 3

I. Anspruchsteller = Ehemaliger Besitzer (auch mittelbarer Besitzer)

II. Anspruchsgegner = Gegenwärtiger Besitzer

III. Besitzer im Zeitpunkt des Besitzerwerbs bösgläubig in Bezug auf fehlendes Besitzrecht

IV. Kein Ausschluss, § 1007 Abs. 3

1. Anspruchsteller war bei Besitzerwerb **selbst bösgläubig**
2. Anspruchsteller hatte Besitz **freiwillig aufgegeben**
3. Gegenwärtiger Besitzer hat **Recht zum Besitz**, §§ 1007 Abs. 3 S. 2, 986

Bei der Beurteilung dieses Herausgabeanspruchs sind die beiden Vorschriften des 73
§ 1007 Abs. 1 und des § 1007 Abs. 3 **zusammen zu lesen**. Deshalb gilt:

Der **Anspruchsteller** muss **früherer Besitzer** – gleich welcher Art – gewesen sein, sodass es gleichgültig ist, ob der frühere Besitzer Eigen- oder Fremdbesitzer, rechtmäßiger oder unrechtmäßiger, unmittelbarer oder mittelbarer Besitzer war.[76]

Der **Anspruchsgegner** muss **gegenwärtiger Besitzer** – gleich welcher Art – sein.

Der gegenwärtige Besitzer muss im Zeitpunkt des Besitzerwerbs **bösgläubig** gewesen sein, also positiv gewusst haben, dass er kein Recht zum Besitz hat oder dies grob fahrlässig nicht gewusst haben (vgl. § 932 Abs. 2).

Ausschlussgründe ergeben sich aus **§ 1007 Abs. 3:**

Der Anspruch ist ausgeschlossen, wenn der **Anspruchsteller** im Zeitpunkt des eigenen Besitzerwerbs **bösgläubig** war, § 1007 Abs. 3 S. 1 Hs. 1, oder er den Besitz **freiwillig aufgegeben** hat, § 1007 Abs. 3 S. 1 Hs. 2.

Ausgeschlossen ist der Anspruch auch, wenn dem Anspruchsgegner ein gegenwärtiges **Recht zum Besitz** gegenüber dem Anspruchsteller zusteht, § 1007 Abs. 3 S. 2 i.V.m. § 986.

Als Grundlage für diesen Ausschlussgrund gemäß § 986 kommen dingliche Rechte oder obligatorische Berechtigungen gegenüber dem Eigentümer oder dem früheren Besitzer in Betracht. Erforderlich ist aber stets, dass das Besitzrecht gerade auch gegenüber dem Anspruchsteller wirkt. Dies ist z.B. der Fall, wenn der Anspruchsgegner aus einem Pfandrecht dem Anspruchsteller gegenüber zum Besitz berechtigt ist.[77]

*Damit ist der Anspruch aus § 1007 Abs. 1 gegenüber dem **gegenwärtigen Eigentümer** immer ausgeschlossen.*

---

76 MünchKomm/Raff § 1007 Rn. 23.

77 Staudinger/Thole § 1007 Rn. 18.

74 Es kann nach § 1007 Abs. 1 grundsätzlich nur Einräumung der früheren Rechtsposition verlangt werden.

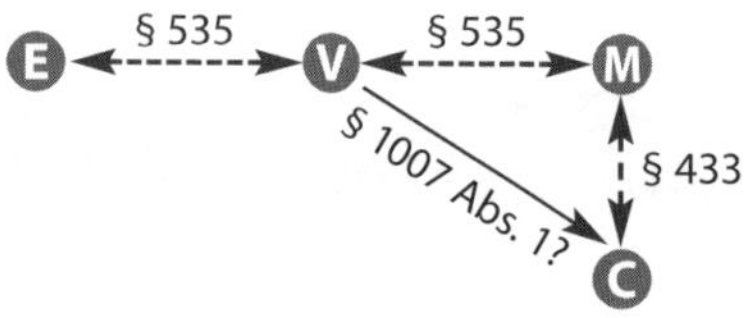

Beispiel für § 1007 Abs. 1:

Eigentümer E vermietet einen Gebrauchtwagen an V. V vermietet ihn an M weiter. M veräußert den Wagen an C, der von den Mietverhältnissen Kenntnis hatte.

Herausgabeanspruch des V?

Ein Anspruch des V gegen C aus **§ 985** scheidet aus, da V nicht Eigentümer ist. Ein Anspruch aus **§ 861** steht nur dem unmittelbaren Besitzer zu. Auch ein Anspruch aus **§§ 869, 861** des V gegen C scheidet aus, da C gegenüber M keine verbotene Eigenmacht begangen hat.

I. Voraussetzungen des § 1007 Abs. 1
1. V war früherer Besitzer, und zwar mittelbarer Besitzer; M war sein Besitzmittler.
2. C ist unmittelbarer Eigenbesitzer.
II. Ausschlussgründe gemäß § 1007 Abs. 3
1. In der Person des Anspruchstellers V: V war beim Erwerb des Besitzes in gutem Glauben und er hat den Besitz nicht aufgegeben, sodass ein Ausschlussgrund nicht gegeben ist. Die Weggabe der Sache an einen Besitzmittler ist keine Aufgabe, da V der mittelbare Besitz verbleibt.[78]
2. In der Person des gegenwärtigen Besitzers gemäß § 986: C steht weder ein dingliches Recht zu noch besteht eine schuldrechtliche Beziehung zu V, die C ein Recht zum Besitz gewährt.
III. Rechtsfolge: V kann nach h.M. nicht Herausgabe an sich, sondern nur an den früheren unmittelbaren Besitzer (M) verlangen.[79] Begründet wird diese Lösung mit einer analogen Anwendung des § 869 S. 2. Nur wenn der frühere unmittelbare Besitzer den Besitz nicht übernehmen kann oder will, kann der frühere mittelbare Besitzer Herausgabe an sich verlangen.

Als Begründung für die Herausgabe nur an den früheren mittelbaren Besitzer kann man wohl auch auf § 1007 Abs. 3 S. 2 abstellen, der auf § 986 und damit auch auf § 986 Abs. 1 S. 2 verweist.

2. Herausgabeanspruch gemäß § 1007 Abs. 2 und Abs. 3

75

Aufbauschema: Herausgabe bei Abhandenkommen, § 1007 Abs. 2 u. 3

I. Anspruchsteller = Ehemaliger Besitzer (auch mittelbarer Besitzer)

II. Anspruchsgegner = Gegenwärtiger Besitzer

III. Anspruchsteller ist die Sache abhandengekommen

IV. Anspruchsgegner ist nicht Eigentümer und ihm ist Sache nicht selbst abhandengekommen und es handelt sich nicht um Geld oder Inhaberpapiere

V. Kein Ausschluss, § 1007 Abs. 3

1. Anspruchsteller war bei Besitzerwerb **selbst bösgläubig**
2. Anspruchsteller hatte Besitz **freiwillig aufgegeben**
3. Gegenwärtiger Besitzer hat **Recht zum Besitz**, §§ 1007 Abs. 3 S. 2, 986

78 Grüneberg/Herrler § 1007 Rn. 7.
79 Vgl. h.M., Staudinger/Thole § 1007 Rn. 27; Grüneberg/Herrler § 1007 Rn. 2.

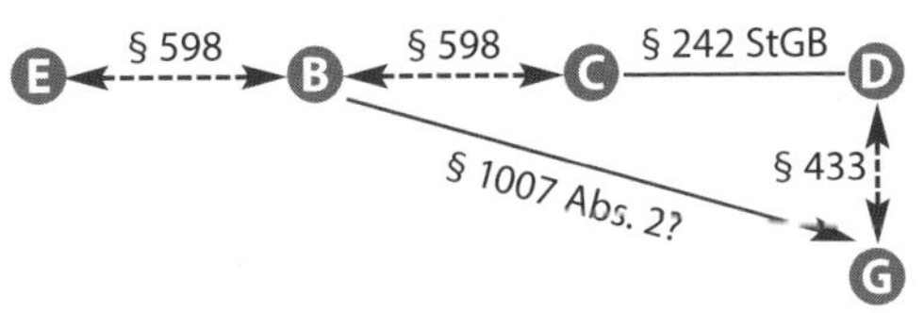

Beispiel für § 1007 Abs. 2: 76

Eigentümer E leiht B ein Buch. B leiht es C. Bei C wird das Buch von D gestohlen, der es an den gutgläubigen G veräußert. Herausgabeanspruch des B?

Ein Anspruch des B gegen G aus **§ 985** scheidet aus, da B nicht Eigentümer ist. Ein Anspruch aus **§ 861** steht nur dem ehemaligen unmittelbaren Besitzer zu. Auch ein Anspruch aus **§§ 869, 861** des B gegen G scheidet aus, da G nicht fehlerhaft besitzt; G wusste nichts von der verbotenen Eigenmacht des D (vgl. § 858 Abs. 2 S. 2).

I. Die Voraussetzungen des § 1007 Abs. 2

1. Der Anspruchsteller muss Besitzer gewesen sein, und die Sache muss ihm gestohlen worden, verloren gegangen oder sonst abhandengekommen sein.

B hat zwar seinen unmittelbaren Besitz freiwillig auf C übertragen, dies steht jedoch der Annahme des Abhandenkommens bei B nicht entgegen, da eine Sache dem mittelbaren Besitzer auch dann abhandenkommt, wenn sie – wie hier – dem unmittelbaren Besitzer abhandengekommen ist.[80] Der Anspruch ist auch nicht ausgeschlossen, da G nicht Eigentümer geworden ist (vgl. § 935 Abs. 1) und ihm die Sache selbst nicht abhandengekommen ist.

2. G ist gegenwärtiger Besitzer.

II. Ausschlussgründe gemäß § 1007 Abs. 3 sind nicht ersichtlich.

III. Rechtsfolge: G muss die Sache an den unmittelbaren Besitzer C herausgeben. Auch bei dem Herausgabeanspruch aus § 1007 Abs. 2 kann der frühere mittelbare Besitzer nur Herausgabe an den früheren unmittelbaren Besitzer verlangen. Etwas anderes gilt dann, wenn dieser den Besitz nicht übernehmen kann oder will.

3. Sonstige Ansprüche gemäß § 1007 Abs. 3 S. 2 i.V.m. §§ 986–1003

Das Verhältnis zwischen dem früheren und jetzigen Besitzer richtet sich gemäß der Verweisung des § 1007 Abs. 3 S. 2 nach den Vorschriften des EBV. Neben einem Herausgabeanspruch können daher Schadensersatz- bzw. Nutzungsherausgabeansprüche des früheren Besitzers und Verwendungsersatzansprüche des jetzigen Besitzers bestehen.[81] 77

Ist der jetzige Besitzer allerdings Eigentümer der Sache, stehen ihm die Ansprüche gemäß § 1007 Abs. 3 S. 2 selbst dann nicht zu, wenn er den Besitz durch verbotene Eigenmacht erlangt hat.[82] Wie der Verweis auf § 986 zeigt, sind petitorische Einwendungen gegen den Anspruch aus § 1007 Abs. 3 S. 2 erheblich.

IV. Schutz des Besitzes nach allgemeinen Vorschriften

1. § 823 Abs. 1: Besitz als sonstiges Recht

Der **Besitz** genießt nach h.M. als **„sonstiges Recht"** i.S.d. § 823 Abs. 1 jedenfalls insoweit Deliktsschutz, als er gleich einem ausschließlichen Recht gegenüber jedermann geschützt ist und dem Besitzer eine „eigentumsähnliche" Stellung gibt: 78

- Der **unmittelbare berechtigte Besitz** ist als geschütztes Recht anerkannt, da er mit Nutzungs- und Abwehrrechten (vgl. §§ 859 ff.) verbunden ist und daher dem recht-

80 Grüneberg/Herrler § 1007 Rn. 2.
81 Vgl. dazu auch unten Rn. 524 ff.
82 BGH NJW-RR 2005, 280 f.

mäßigen Besitzer eine eigentumsähnliche Rechtsposition verschafft. Soll der berechtigte Besitz gerade dazu dienen, eine bestimmte Nutzung der Sache zu ermöglichen, so stellt es eine Rechtsverletzung i.S.d. § 823 Abs. 1 dar, wenn der Besitzer an eben dieser Nutzung durch einen Eingriff gehindert wird.[83]

79 ■ Der **mittelbare Besitzer** hat den Schutz nach § 823 Abs. 1 nicht gegenüber dem unmittelbaren Besitzer, denn diesem gegenüber ist er auch nicht nach §§ 861 ff. geschützt.[84]

80 ■ Der (berechtigte) **Mitbesitz** ist als „sonstiges Recht" i.S.v. § 823 Abs. 1 geschützt, und zwar nicht nur im Verhältnis des Mitbesitzers gegenüber Dritten, sondern auch im Verhältnis von Mitbesitzern untereinander.[85]

81 ■ Umstritten ist, ob auch der **rechtswidrige Besitz** ein sonstiges Recht i.S.v. § 823 Abs. 1 ist:

- Nach h.M. ist der rechtswidrige Besitz kein sonstiges Recht i.S.d. § 823 Abs. 1, da er dem Besitzer keine eigentumsähnliche Stellung verschafft: Der rechtswidrige Besitzer hat lediglich Abwehrrechte gemäß §§ 859 ff., aber kein Nutzungsrecht.[86]
- Ein Teil des Schrifttums dehnt den deliktsrechtlichen Schutz des Besitzes auf den unrechtmäßigen entgeltlichen redlichen Besitzer vor Rechtshängigkeit aus, da dieser Besitzer sogar im Verhältnis zum Eigentümer die gezogenen Nutzungen gemäß §§ 987, 988, 990, 993 Abs. 1 behalten dürfe.[87]
- Dem kann man entgegenhalten, dass sich auch aus den §§ 987 ff. kein Nutzungsrecht für den unrechtmäßigen Besitzer ableiten lässt. Die EBV-Regeln gewähren dem unrechtmäßigen entgeltlichen redlichen unverklagten Besitzer lediglich das Recht, die gezogenen Nutzungen zu behalten. D.h. der Gesetzgeber hält im Nachhinein betrachtet diesen unrechtmäßigen Besitzer im Hinblick auf das Behaltendürfen der gezogenen Nutzungen für schutzwürdig. Die §§ 987 ff. treffen aber keine Aussage darüber, ob er die Nutzungen überhaupt hätte ziehen dürfen.[88]

Im Hinblick auf den durch Besitzverletzung zu ersetzenden Schaden ist zu beachten, dass mit dem Besitzer und dem Eigentümer zwei Gläubiger vorhanden sein können:

82 ■ **Grundsätzlich** ist der Schädiger bei einer Besitzverletzung dem Besitzer gegenüber nur zum Ersatz der entgangenen Nutzungen verpflichtet, sog. **Nutzungsschaden** (= Einbuße, die in der Beeinträchtigung der Möglichkeit liegt, die Sache zu gebrauchen). Ersatz für die Beschädigung an der Sachsubstanz, sog. **Substanzschaden**, kann in der Regel nicht der Besitzer, sondern nur der Eigentümer verlangen, da der Besitzer für eine ihm nicht zurechenbare Beschädigung der Sache im Verhältnis zum Eigentümer nicht verantwortlich ist.

83 ■ Wenn der Besitzer im Verhältnis zum Eigentümer für eine ihm nicht zurechenbare Beschädigung der Sache durch einen Dritten verantwortlich ist, kann der rechtmäßige Besitzer vom Schädiger **ausnahmsweise Ersatz des Substanzschadens** verlangen:

---

83 BGHZ 137, 89, 98 = NJW 1998, 377, 380; dazu Emmerich JuS 1998, 459 u. Medicus EWiR 1998, 595: Blockade von Baumaschinen.

84 BGHZ 32, 194, 205.

85 BGHZ 62, 243, 248.

86 Grüneberg/Sprau § 823 Rn. 13; Hk-BGB/Staudinger § 823 Rn. 35 m.w.N.

87 Röthel/Sparmann Jura 2005, 456, 461.

88 Offenlassend bisher BGHZ 79, 232, 236 m.w.N.

- **Haftungsschaden**, der sich daraus ergibt, dass der Besitzer selbst infolge einer Besitzverletzung, die ein Dritter begangen hat, gegenüber dem Eigentümer aufgrund vertraglicher Abrede schadensersatzpflichtig wird, so z.B., wenn ein Mieter oder Leasingnehmer für die Beschädigung oder Zerstörung der Sache dem Vermieter oder dem Leasinggeber nach vertraglicher Vereinbarung ersatzpflichtig wird.[89]
- **Erfüllungsschaden**, so z.B. der Schaden eines Werkunternehmers, wenn das noch in seinem Besitz in Arbeit befindliche Werk durch einen Dritten beschädigt wird und er wegen der Gefahrtragungsregeln verpflichtet ist, das Werk erneut zu erstellen, um seine Vertragspflicht zu erfüllen.[90]

2. § 823 Abs. 2: § 858 als Schutzgesetz

Wer schuldhaft eine verbotene Eigenmacht begeht, haftet nach h.M. aus § 823 Abs. 2 i.V.m. § 858.[91] Würde man allerdings § 858 ohne weitere Voraussetzungen als Schutzgesetz anerkennen, wäre letztlich auch der unrechtmäßige Besitzer geschützt, der den Schutz über § 823 Abs. 1 gerade nicht genießen soll. Anerkannt ist, dass § 858 jedenfalls Schutzgesetz zugunsten eines berechtigten Besitzers ist.[92] **84**

3. § 812: Besitz als erlangtes „Etwas"

Wer ohne rechtlichen Grund den Besitz erlangt hat, muss diesen unter den Voraussetzungen des § 812 herausgeben. **85**

Im Verhältnis zu einer **Eingriffskondiktion** wird in den §§ 861, 1007 teilweise eine den §§ 812 ff. vorgehende Sonderregelung gesehen, soweit es sich um den reinen Besitz als solchen handelt. Als Gegenstand der Eingriffskondiktion wird aber jedenfalls der berechtigte Besitz allgemein anerkannt.[93]

4. Besitzschutz in der Zwangsvollstreckung

- Nach h.M. steht dem berechtigten mittelbaren oder unmittelbaren Besitzer in der Einzelzwangsvollstreckung kein Interventionsrecht gemäß **§ 771 ZPO** zu.[94] **86**
- Der Anspruch auf Wiedereinräumung des Besitzes aufgrund der Besitzansprüche, §§ 861, 862, 1007, gewährt ein Aussonderungsrecht nach **§ 47 InsO**.

---

89 BGH NJW 1984, 2569, 2570; vgl. zum Haftungsschaden RÜ 2007, 191.

90 BGH NJW 1984, 2569: Beschädigung einer im Bau befindlichen Uferwand; OLG Frankfurt NJW-RR 1994, 23: Beschädigung einer Brückenwaage.

91 BGH RÜ 2009, 490 ff.; BGHZ 20, 169, 171; 79, 232, 235; Grüneberg/Sprau § 823 Rn. 63.

92 BGH NJW 1979, 1358; BGH NJW 1981, 865.

93 BGH WM 1987, 181; Staudinger/Gutzeit § 861 Rn. 29; Grüneberg/Herrler § 861 Rn. 2.

94 Zöller/Herget § 771 Rn. 14; Thomas/Putzo § 771 Rn. 21, vgl. auch AS-Skript ZPO (2022), Rn. 524.

Besitz

Erwerb des unmittelbaren Besitzes

- **Erwerb des unmittelbaren Besitzes, § 854 Abs. 1**
  - **Willentliche Übertragung** durch bisherigen Besitzer (abgeleiteter oder derivativer Erwerb) oder **einseitige Erlangung der tatsächlichen Sachherrschaft** (originärer Erwerb)
  - In beiden Fällen ist erforderlich, dass der Erwerber nach der Verkehrsanschauung die **tatsächliche Sachherrschaft** ausübt. Dazu ist erforderlich:
    - Zwischen Erwerber und Sache muss eine **räumliche Beziehung** bestehen, die ein Einwirken auf die Sache erlaubt.
    - Die räumliche Beziehung muss **von gewisser Dauer** sein (arg. e § 856 Abs. 2).
    - Der Erwerber muss **Besitzwillen** (natürlichen Willen zur tatsächlichen Beherrschung einer Sache) haben.
- **Erwerb gemäß § 854 Abs. 2 durch Einigung**
  - Eine Sache, die sich nach der Verkehrsanschauung im Besitz einer Person befindet, aber allgemein zugänglich ist, kann gemäß § 854 Abs. 2 durch **rechtsgeschäftliche Einigung** erworben werden.
  - **Voraussetzungen:**
    - Rechtsgeschäftliche **Einigung** über den Übergang des Besitzes
    - Erwerber muss in der Lage sein, die **Sachherrschaft** auszuüben
    - Bisheriger Besitzer muss Sachherrschaft tatsächlich **aufgeben**
- **Erwerb gemäß § 855 durch Sachherrschaft eines Besitzdieners**
  - Besitzdiener ist, wer im Rahmen eines **sozialen** und nicht bloß wirtschaftlichen **Abhängigkeitsverhältnisses** die tatsächliche Gewalt über eine Sache ausübt.
  - Übt ein Besitzdiener die Sachherrschaft aus, ist nur der Geschäftsherr unmittelbarer Besitzer.
- **Erwerb gemäß § 857 im Wege der Gesamtrechtsnachfolge**

Verlust des unmittelbaren Besitzes

- **Verlust gemäß § 856 durch dauerhafte Aufgabe der tatsächlichen Gewalt**
  Der Besitz wird dadurch beendet, dass der Besitzer die tatsächliche Gewalt aufgibt oder in anderer Weise, insbesondere durch Besitzergreifung eines anderen, verliert, § 856 Abs. 1.
- **Verlust des Besitzes gemäß § 855 bei Sachherrschaft eines Besitzdieners**
  - Bei Verlust der tatsächlichen Sachherrschaft des Besitzdieners verliert Geschäftsherr den Besitz.
  - Besitz des Geschäftsherrn endet auch, wenn Besitzdiener eigenen Besitzwillen erkennbar nach außen betätigt.
- **Verlust des Besitzes gemäß § 857 durch Wegfall der Erbenstellung**

Besitz

Erwerb und Verlust des mittelbaren Besitzes

- **Erwerb gemäß § 868 durch Begründung eines Besitzmittlungsverhältnisses (= Besitzkonstitut)**
  - **Besitzmittler** muss **unmittelbarer Besitzer** sein (gemäß § 871 auch gestufter mittelbarer Besitz möglich; jedenfalls der letzte Besitzmittler muss unmittelbaren Besitz haben).
  - Zwischen Besitzmittler und mittelbarem Besitzer muss ein (vermeintliches) **Rechtsverhältnis i.S.v. § 868** bestehen.
    - Gesetzlich benannte Rechtsverhältnisse: Nießbrauch, Pfandrecht, Pacht, Miete, Verwahrung
    - Ähnliche Rechtsverhältnisse müssen ein **Besitzrecht** i.S.v. § 986 begründen und einen **Herausgabeanspruch** beinhalten, z.B. Sicherungsabrede (nicht ausreichend ist abstraktes Besitzmittlungsverhältnis).
  - Mittelbarer Besitzer muss einen **wirksamen Herausgabeanspruch** gegen Besitzmittler haben.
  - Unmittelbarer Besitzer muss **Fremdbesitzerwillen** erkennbar zum Ausdruck bringen.
- **Verlust des mittelbaren Besitzes**

  Der mittelbare Besitz endet, wenn eine seiner Voraussetzungen entfällt.

Arten des Besitzes

Unmittelbarer Besitz, §§ 854 Abs. 1, 854 Abs. 2, 855	<——>	Mittelbarer Besitz, § 868
Eigenbesitz, § 872	<——>	Fremdbesitz
Alleinbesitz	<——>	Mitbesitz, § 866
Besitz der ganzen Sache	<——>	Teilbesitz, § 865
Fehlerhafter Besitz, § 858 Abs. 2	<——>	Nicht fehlerhafter Besitz
Rechtmäßiger Besitz(er)	<——>	Unrechtmäßiger Besitz(er)

Schutz des Besitzes

- Deliktsrecht (Schadensersatz bei Besitzentziehung)
  - § 823 Abs. 1
  - § 823 Abs. 2 i.V.m. § 858
- Bereicherungsrecht (Besitz als erlangtes „Etwas"), §§ 812 ff.
- Sachenrecht
  - Selbsthilferechte
    - Besitzwehr, § 859 Abs. 1
    - Besitzkehr, § 859 Abs. 2 u. 3
  - Ansprüche
    - Herausgabe, § 861
    - Unterlassung, § 862
    - § 1007
- Zivilprozessrecht
  - § 771 ZPO (str.)
  - § 47 InsO

2. Teil: Erwerb des Eigentums vom Berechtigten

87 Gemäß § 903 S. 1 ist Eigentum das **Recht, mit einer Sache nach Belieben verfahren und andere von jeder Einwirkung ausschließen zu können**.

Zivilrechtliches Eigentum kann nur an Sachen bestehen. Die Eigentumsfreiheit des Art. 14 Abs. 1 GG erstreckt sich hingegen auf jedes vermögenswerte, dem Einzelnen zur ausschließlichen privaten Nutzung zugewiesene Recht. Hierzu zählen – neben dem zivilrechtlichen Eigentum an Sachen – etwa auch Forderungen, das Urheberrecht, gewisse öffentlich-rechtliche Positionen (Ansprüche gegen Sozialversicherungen, nicht aber Ansprüche auf Sozialleistungen), das Recht am eingerichteten und ausgeübten Gewerbebetrieb und zumindest der Besitz des Mieters einer Mietwohnung.[95]

Der Berechtigte kann das Eigentum an beweglichen Sachen gemäß §§ 929 ff. übertragen. Grundtatbestand ist § 929 S. 1. Danach sind eine **Einigung** zwischen dem berechtigten Veräußerer und dem Erwerber erforderlich sowie die **Übergabe** der Sache (dazu im 1. Abschnitt). Die Übergabe kann nach den §§ 929 S. 2 bis 931 durch **Übergabesurrogate** ersetzt werden (dazu im 2. Abschnitt).

1. Abschnitt: Übereignung gemäß § 929 S. 1 durch Einigung und Übergabe

88 § 929 S. 1 bestimmt: Zur Übertragung des Eigentums an beweglichen Sachen ist erforderlich, dass der **Eigentümer** die Sache dem Erwerber **übergibt** und beide darüber **einig sind**, dass das Eigentum übergehen soll.

Aufbauschema: Übereignung nach § 929 S. 1 durch Einigung und Übergabe

I. Der Veräußerer und der Erwerber müssen sich über den Eigentumswechsel **einigen**. Wird die Einigung vor der Übergabe erzielt, darf sie bis zur Übergabe **nicht widerrufen** sein.

II. In Vollziehung der Einigung muss die **Übergabe** erfolgen.

III. Der Veräußerer muss **Berechtigter** sein. Es genügt entgegen dem Wortlaut des § 929 S. 1 nicht, dass der Veräußerer Eigentümer ist.

A. Einigung

89
- Die Einigungserklärungen müssen zum Ausdruck bringen, dass ein Eigentumswechsel an bestimmten Sachen erstrebt wird. Für den **Inhalt** der Erklärungen gilt der **Bestimmtheitsgrundsatz**.
- Die **Art und Weise** des Zustandekommens der Einigung bestimmt sich nach den Regeln über Rechtsgeschäfte, §§ 104 ff.
- Die Einigung kann bei Geschäften des täglichen Lebens **konkludent** erklärt werden.

95 Vgl. AS-Skript Grundrechte (2023), Rn. 541 ff.

I. Inhalt der Einigungserklärungen

Jede Partei muss mit ihrem Verhalten zum Ausdruck bringen, dass sie den Eigentumswechsel an bestimmten Sachen will. Der Inhalt der Erklärungen erschöpft sich darin, die **Rechtsänderung an bestimmten Sachen** herbeizuführen. 90

*Der Inhalt der Einigungserklärungen unterscheidet sich also wesentlich vom Inhalt der Verpflichtungserklärungen, durch die die Pflicht zur Übereignung begründet wird: Im **Verpflichtungsvertrag** können die Parteien bestimmen, an welchen **bestimmbaren** Sachen das Eigentum übertragen werden und/oder nach welchen gesetzlichen Regeln die Übereignung erfolgen soll, ob nach § 929 oder § 930 oder § 931; wo und wann die Übereignung erfolgen und/oder in welchem Zustand die Sache sein soll; welche weiteren Nebenleistungen erbracht werden sollen, damit die geschuldete Sache sachgerecht verwendet werden kann.*

Der **Bestimmtheitsgrundsatz** der sachenrechtlichen Einigung ist nur gewahrt, wenn allein unter Zugrundelegung der Einigung bestimmt werden kann, an welchen Sachen der Eigentumswechsel eintreten soll. Jeder, der die Vereinbarung kennt, muss in der Lage sein, die zu übereignenden Sachen zu bestimmen. Einigen sich die Parteien zeitlich, bevor das Eigentum übergehen soll (vorweggenommene oder antizipierte Einigung), muss die Bestimmtheit im Zeitpunkt des Eigentumsübergangs gegeben sein.[96] 91

Bei einer Übereignung nach § 929 S. 1 ist die Wahrung des Bestimmtheitsgrundsatzes unproblematisch, da spätestens bei der Übergabe bestimmt wird, an welchen konkreten Sachen sich der Eigentumswechsel vollziehen soll.

Zum Bestimmtheitsgrundsatz bei der Übereignung nach §§ 929, 930 – insbesondere bei der **Sicherungsübereignung** – vgl. unten Rn. 313 ff.

II. Art und Weise des Zustandekommens der Einigung

Wie die Willensübereinstimmung über den Eigentumswechsel zu erzielen ist, kann der Regelung des § 929 nicht entnommen werden. Es gelten die allgemeinen Regeln über Rechtsgeschäfte, §§ 104 ff., die grundsätzlich für jede Einigung Gültigkeit haben. 92

- Die **Einigungserklärung** jeder Partei muss den Erfordernissen einer Willenserklärung genügen: Der äußere Erklärungstatbestand muss auf den Willen, den Eigentumswechsel herbeizuführen, schließen lassen, und der Erklärende muss zumindest mit potenziellem Erklärungsbewusstsein gehandelt haben.
- Die Erklärungen müssen durch **Abgabe** und **Zugang** wirksam geworden sein, § 130 – Ausnahme: Der Zugang der Annahmeerklärung kann gemäß § 151 entbehrlich sein.
- Die durch Abgabe und Zugang wirksam gewordenen Willenserklärungen müssen inhaltlich miteinander korrespondieren.
- Es gelten die Regeln über die **Stellvertretung**, insbesondere die §§ 164 ff.

*Die Regeln über die Stellvertretung gelten nur für Willenserklärungen, also nur für die dingliche Einigung und nicht für die Übergabe als Realakt. Wie eine Übereignung unter Einschaltung eines Vertreters funktioniert, wird ausführlich im **3. Abschnitt** dargestellt.*

---

96 BGH NJW 1994, 133; 1996, 2654, 2655; NJW-RR 1994, 1537.

- Die Einigung kann den Eigentumswechsel nur herbeiführen, wenn keine **Unwirksamkeits- bzw. Nichtigkeitsgründe** (z.B. §§ 104 ff., 119 ff., 138) vorliegen.[97]
- Die Einigung kann **bedingt** oder **befristet** erklärt werden, §§ 158, 163.

*Hauptanwendungsfall einer aufschiebend bedingten Einigung ist die Übereignung unter **Eigentumsvorbehalt** (§ 449 Abs. 1) – dazu unten Rn. 349 ff.*

Eine Einigung kann auch in AGB erfolgen, wobei zu prüfen ist, ob diese überraschend und/oder den Vertragspartner unangemessen benachteiligen.

Beispiel: Versicherungsbedingungen sehen häufig einen Eigentumsübergang auf die Versicherung nach einem Diebstahl und Zahlung der Versicherungssumme vor. Dies benachteiligt den Eigentümer eines Oldtimers unangemessen.[98]

1. Konkludente Einigung

93 Anders als die Einigung über die Übertragung des Eigentums an Grundstücken – die gemäß § 925 sogar formbedürftig ist – wird die Einigung zur Übertragung des Eigentums an beweglichen Sachen bei Geschäften des täglichen Lebens in aller Regel nicht ausdrücklich erklärt. Es liegen konkludente Erklärungen vor, bei denen im Wege der Auslegung gemäß §§ 133, 157 zu ermitteln ist, ob die Beteiligten den Eigentumswechsel wollen. Dabei sind der von den Beteiligten verfolgte Zweck sowie die beiderseitige Interessenlage von maßgeblicher Bedeutung.[99]

Die Einigungserklärung kann insbesondere in nachstehenden Fällen konkludent erklärt worden sein:

a) Die konkludente Einigung bei der Übergabe

94 Wird die Sache vom Veräußerer übergeben, um eine – wirksame oder vermeintliche – **Verpflichtung** zur Übereignung zu erfüllen, kommt mit der vorbehaltlosen Entgegennahme der Sache die Einigung über den Eigentumswechsel zustande.

Fall 2: Zu spät

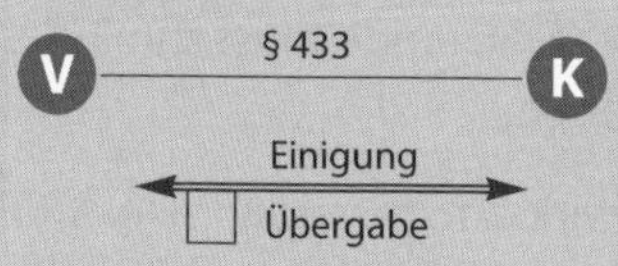

V verkauft K eine Maschine für 27.000 €. Als K mit seinem Fahrzeug die Maschine abholt, stellt er die Zahlung spätestens in einer Woche in Aussicht. Da K die Zahlungsfrist versäumt, verlangt V die Maschine zurück. Hat V einen Anspruch aus § 985?

95 Anspruch des V gegen K auf Herausgabe der Maschine gemäß § 985

Ursprünglich war V Eigentümer der Sache. Er könnte das Eigentum jedoch gemäß § 929 S. 1 durch Übereignung an K verloren haben.

---

97 Zu den Regeln über Rechtsgeschäfte vgl. AS-Skript BGB AT 1 (2023).

98 OLG Karlsruhe, Beschl. v. 15.11.2017 – 9 W 30/17, BeckRS 133585.

99 BGH WM 1990, 847, 848.

I. Einigung V–K: Als V die Maschine an K übergab, brachte er zum Ausdruck, dass er seiner Eigentumsverschaffungspflicht aus § 433 Abs. 1 S. 1 nachkommen wollte, sodass er mit der Übergabe konkludent ein **Angebot** zur Übereignung geäußert hat. Wer nämlich zum Zwecke der Erfüllung einer bestehenden unbedingten Eigentumsübertragungspflicht die geschuldete Sache vorbehaltlos übergibt, bringt damit konkludent seinen Eigentumsübertragungswillen zum Ausdruck.[100]

Dieses Übereignungsangebot des V hat K konkludent mit der Entgegennahme der Maschine **angenommen**. K hat seinen Eigentumserwerbswillen geäußert. Daher ist eine Einigung erzielt worden.

Allein der Umstand, dass K den Kaufpreis nicht zahlt, lässt nicht den Schluss zu, V habe nur bedingt Eigentum übertragen wollen. Wer einen Kaufvertrag auf unbedingte Eigentumsübertragung abgeschlossen hat, muss, wenn die Übergabe nicht als Einigungsangebot zur Übertragung des Volleigentums gewertet werden soll, seinen abweichenden – inneren – Willen dem Partner gegenüber deutlich erkennbar zum Ausdruck bringen.[101]

Nach der Gegenansicht kann ein Erwerber redlicherweise nicht davon ausgehen, der Verkäufer wolle unbedingtes Eigentum übertragen, wenn er nicht im Gegenzug auch den Kaufpreis erhält.[102] In derartigen Fällen bestehe ein konkludenter Eigentumsvorbehalt.[103]

Dem ist jedoch entgegen zu halten, dass es sich bei der nachträglichen einseitigen Eigentumsvorbehaltserklärung um ein vertragswidriges Verhalten des Verkäufers handelt, mit dem der Käufer üblicherweise nicht rechnen muss. Der Verkäufer muss daher einen etwaigen Eigentumsvorbehalt ausdrücklich erklären.[104] Ausführlich zur Problematik des nachträglichen Eigentumsvorbehalts noch Rn. 358.

Ein konkludenter Eigentumsvorbehalt wird jedoch bei der Übereignung eines Kfz angenommen, wenn der Veräußerer den Kfz-Brief zurückhält. In diesem Fall bringt er durch Zurückbehalten des Kfz-Briefs deutlich zum Ausdruck, das Eigentum noch nicht auf den Erwerber übertragen zu wollen.[105]

II. Übergabe: Der Erwerber K hat von V in Vollziehung der Einigung unmittelbaren Besitz an der zu übereignenden Maschine übertragen erhalten mit der Folge, dass V keine besitzrechtliche Position mehr an der Maschine hat.

III. Berechtigung: Als verfügungsbefugter Eigentümer war V Berechtigter.

IV. Ergebnis: Kein Herausgabeanspruch des V, da K wirksam Eigentum nach § 929 S. 1 erworben hat.

Abwandlung:

V hat K eine Zahlungsfrist von 10 Tagen gesetzt und angedroht, dass er die Maschine nach fruchtlosem Ablauf der Frist zurücknehme. K zahlt nicht. V tritt vom Vertrag zurück und verlangt die Maschine heraus.

---

100 Erman/Bayer § 929 Rn. 2.

101 BGHZ 64, 395.

102 MünchKomm/Oechsler § 929 Rn. 27.

103 Schulte BB 1977, 269, 273.

104 Grüneberg/Weidenkaff § 449 Rn. 11.

105 BGH NJW 2006, 3488.

96 **I.** Ein Anspruch aus § 985 kommt auch hier nicht in Betracht, weil K auch nach Ausübung des gesetzlichen Rücktrittsrechts aus § 323 Abs. 1 Eigentümer bleibt. Der Rücktritt erfasst nur das schuldrechtliche Rechtsgeschäft und nicht die sachenrechtliche Übereignung.

II. V hat gemäß §§ 323, 346 Abs. 1 Var. 1 einen schuldrechtlichen Rückübereignungsanspruch aus dem infolge des Rücktritts entstandenen Rückabwicklungsschuldverhältnis. Damit der V sein Eigentum erhält, muss K in Erfüllung dieses Rückabwicklungsanspruchs das Eigentum gemäß § 929 S. 1 zurückübertragen.

Beachte: *Die aufgrund eines Verpflichtungsgeschäfts erfolgte Eigentumsübertragung bleibt wirksam, wenn das der Eigentumsübertragung zugrunde liegende Rechtsgeschäft rückabzuwickeln oder unwirksam ist. Die Wirksamkeit der Übereignung ist von dem zugrunde liegenden Kausalgeschäft unabhängig (Abstraktionsprinzip).*

---

97 Mit der Übergabe wird aber nur dann konkludent ein Eigentumsübertragungswille geäußert, wenn eine – wirksame bzw. vermeintliche – **Verpflichtung zur Eigentumsübertragung** erfüllt werden soll.

Beispiel: A hat ihrer Freundin B ein Schmuckstück geliehen. B erwirbt, nachdem sie den Schmuck der A verloren hat, ein auffallend ähnliches Schmuckstück und gibt es A „zurück“. Als B erfährt, dass der ihr von A überlassene Schmuck unecht war, verlangt sie von A ihren – echten – Schmuck zurück.

In diesem Fall hat B gegen A bzgl. des echten Schmuckstücks einen Herausgabeanspruch gemäß § 985, denn das bloße Zurückgeben des Schmucks kann gemäß §§ 133, 157 aus der Sicht eines objektiven Empfängers kein Angebot auf Übereignung des Schmuckstücks darstellen. A ihrerseits hatte im Übrigen auch keinen Eigentumserwerbswillen. B ist daher Eigentümerin des echten Schmuckstücks geblieben.

98 Der Erwerber äußert seinen **Eigentumserwerbswillen** konkludent mit der vorbehaltlosen Besitzergreifung. Will der Erwerber insbesondere beim Gattungskauf die Sache nach der Lieferung noch überprüfen, vollzieht sich der Eigentumswechsel nicht mit der Besitzergreifung.

99

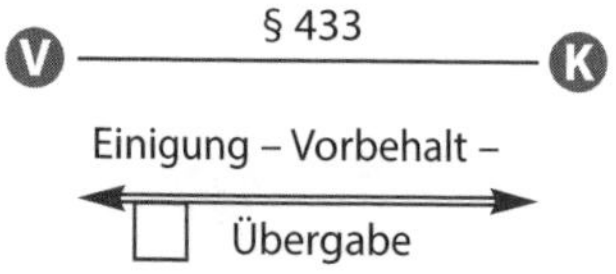

Beispiel: V sendet K die aufgrund eines Musters bestellten 200 Röcke zu. K bestätigt per E-Mail den Eingang und erklärt, er nehme die Sendung nur unter dem Vorbehalt fehlerfreier Beschaffenheit an.

Einigung über den Eigentumsübergang?

I. Mit dem Übersenden der Röcke brachte V für K erkennbar zum Ausdruck, dass er das Eigentum daran in Erfüllung des Kaufvertrags auf K übertragen wollte.
II. Das Angebot hat K nur unter dem Vorbehalt fehlerfreier Beschaffenheit angenommen. Er hat somit zwar den Besitz begründet, aber keinen unbedingten Eigentumserwerbswillen geäußert.

Es muss insbesondere beim Gattungskauf, bei dem der Käufer in der Regel die gelieferte Sache überprüfen will, zwischen der **Abnahme** gemäß § 433 Abs. 2 und der **Annahme** des Einigungsangebots gemäß § 929 unterschieden werden.[106] Der Käufer nimmt das Einigungsangebot, das in dem Zusenden

106 Staudinger/Heinze-Heinze § 929 Rn. 114.

der Ware enthalten ist, nur an, wenn er die gelieferten Sachen vorbehaltlos auf sein Lager nimmt und damit seinen Eigentumserwerbswillen bekundet. Wenn hingegen der Käufer die Sache nur unter dem Vorbehalt fehlerfreier Beschaffenheit annimmt, bringt er damit zum Ausdruck, dass er noch nicht das Eigentum erwerben will.[107] Eine Abnahme i.S.d. § 433 Abs. 2 liegt hingegen – ungeachtet eines Eigentumserwerbs des Käufers – allein durch Übernahme des Besitzes vom Verkäufer vor.[108]

b) Die konkludente Einigung bei Abschluss des Verpflichtungsvertrags

Die Einigung kann bereits bei Abschluss des Verpflichtungsgeschäfts erzielt werden. Es 100
liegt dann eine **vorweggenommene (antizipierte)**[109] **Einigung** vor, die den Eigentumswechsel mit der späteren Übergabe auslöst, wenn die Parteien bei Abschluss des Verpflichtungsgeschäfts davon ausgehen, die Übereignung werde sich **ohne zusätzliche Einigung** vollziehen. Dies kann insbesondere der Fall sein, wenn die Übergabe ohne persönliche Mitwirkung des Erwerbers erfolgen soll.

Beispiel: K aus Hamburg kauft bei V in Garmisch ein Snowboard und bezahlt es. V verspricht, das Snowboard in die 8 km entfernt liegende Skihütte des K zu bringen. V erhält den Schlüssel und bringt am nächsten Tag das Snowboard in die Skihütte. Einige Tage darauf wird bei einem Einbruch auch das Snowboard gestohlen. Der Einbrecher E wird gefasst; das Snowboard ist verschwunden. Wer kann wegen Eigentumsverletzung gemäß § 823 Abs. 1 von E Schadensersatz verlangen?

K steht ein Schadensersatzanspruch gegen E aus § 823 Abs. 1 zu, wenn er Eigentum von V erworben hat. V könnte das Eigentum an dem Snowboard gemäß § 929 S. 1 übertragen haben.

I. Einigung: Bei Abschluss des Kaufvertrags haben sich die Parteien über den Eigentumsübergang geeinigt. Sie gingen davon aus, dass sich der Eigentumswechsel ohne weitere Erklärung vollziehen soll, wenn V das Snowboard in die Skihütte des K bringt.
II. Übergabe: Der Erwerber K hat in Vollziehung der Einigung den unmittelbaren Besitz erlangt. Er übt über alle in seiner Skihütte – seinem Herrschaftsbereich – befindlichen Sachen, also auch an dem Snowboard, die tatsächliche Sachherrschaft aus. V als Veräußerer hat den Besitz völlig verloren.
Da K im Zeitpunkt des Einbruchs Eigentümer war, kann er von E Schadensersatz gemäß § 823 Abs. 1 verlangen.

c) Die konkludente Einigung bei tatsächlichen Warenangeboten

Werden Waren tatsächlich für den Kunden bereitgestellt, werden **zwei Angebote** gemacht: 101

- Ein unbedingtes Kaufangebot und
- ein bedingtes Angebot zur Eigentumsübertragung. Bedingung für den Eigentumserwerb ist die Annahme des Kaufangebots.

aa) Zusenden unbestellter Ware

Beim Zusenden unbestellter Ware ist nach den beteiligten Personen danach zu differen- 102
zieren, ob ein Unternehmer (§ 14) Ware an einen Verbraucher (§ 13) schickt, oder ob es sich um eine sonstige Vertragsbeziehung handelt (z.B. Unternehmer–Unternehmer, Verbraucher–Verbraucher).

107 Staudinger/Heinze-Heinze § 929 Rn. 114.

108 Grüneberg/Weidenkaff § 433 Rn. 43.

109 Teilweise wird auch der Begriff „antezipiert“ verwendet. Beide Schreibweisen sind richtig (antizipiert von lat. anticipare = vorwegnehmen oder „antezipiert“ von lat. ante = vor).

103 Wird die unbestellte Ware nicht von einem Unternehmer an einen Verbraucher geschickt, sondern z.B. von einem **Unternehmer an einen Unternehmer**, so stellt dies eine sog. **Realofferte** mit dem Inhalt dar, dass das Eigentum übergehen soll, wenn der Kaufvertrag zustande kommt.

In der Zusendung der Ware liegt das Kaufvertragsangebot des Verkäufers. Der Kaufvertrag wird in diesem Fall nicht bereits mit der Entgegennahme der Ware geschlossen. Schweigen bedeutet keine Annahme, auch dann nicht, wenn der Antragende erklärt, der Vertrag gelte bei der Nichtablehnung oder Nichtzurücksendung als geschlossen.[110] Erforderlich ist vielmehr, dass der Käufer konkludent zum Ausdruck bringt, dass er die Ware behalten will, z.B. durch Verbrauch oder Benutzung. Lediglich der Zugang dieser konkludenten Annahmeerklärung ist gemäß § 151 S. 1 entbehrlich. In der Übersendung der Ware liegt zugleich das Übereignungsangebot des Verkäufers. Dieses ist allerdings bedingt dadurch, dass der Kaufvertrag geschlossen wird, denn der Verkäufer will sein Eigentum nur dann verlieren, wenn er einen Anspruch aus § 433 Abs. 2 erhält. Das Angebot des Verkäufers auf Eigentumsübertragung nimmt der Käufer ebenfalls an, wenn er zum Ausdruck bringt, dass er die Ware behalten will.

104 *Teilweise wird abweichend angenommen, dass das Übereignungsangebot nicht nur unter der aufschiebenden Bedingung des Zustandekommens des Kaufvertrages, sondern zusätzlich unter der aufschiebenden Bedingung vollständiger Kaufpreiszahlung stehe. Bevor der Veräußerer die Gegenleistung nicht erlangt habe, könne der Erwerber redlicher Weise nicht auf einen Eigentumsübertragungswillen schließen.*[111] *Dem ist entgegenzuhalten, dass es Sache des Veräußerers ist, (ausdrücklich) zum Ausdruck zu bringen, dass ein Eigentumsvorbehaltskaufvertrag (vgl. § 449) zustande kommen soll und dass er nur aufschiebend bedingt übereignen will.*

105 Werden unbestellte Waren **an einen Verbraucher** geliefert, so werden Ansprüche des Unternehmers dadurch nicht begründet, **§ 241a Abs. 1**. Auch die **Ingebrauchnahme der Sache** soll **nicht** – i.V.m. § 151 – zur **konkludenten Annahme des Vertragsangebots** des Unternehmers führen.[112] Der Vertrag kommt nur zustande, wenn der Verbraucher ausdrücklich die Annahme erklärt. Allerdings erwirbt der Verbraucher an den gelieferten Waren kein Eigentum, da das Übereignungsangebot auch hier unter der aufschiebenden Bedingung des Zustandekommens des Kaufvertrags steht.

106 Gesetzliche Ansprüche auf Herausgabe, auf Schadensersatz und Nutzungsersatz werden bei Lieferung unbestellter Sachen gemäß § 241a Abs. 2 nur in zwei Fällen nicht ausgeschlossen: Wenn die **Leistung nicht für den Empfänger bestimmt** war oder in der **irrigen Vorstellung einer Bestellung** erfolgte und der Empfänger dies erkannt hat oder bei Anwendung der im Verkehr erforderlichen Sorgfalt hätte erkennen können. Auch die Lieferung einer anderen als der bestellten Sache **(aliud-Lieferung)** fällt unter den Wortlaut des § 241a. Nach h.M. geht jedoch das kaufrechtliche Gewährleistungsrecht § 241a vor, sodass der Verkäufer die Sache nach § 439 Abs. 4 zurückverlangen kann, wenn der Käufer Nacherfüllungsansprüche geltend macht.

bb) Das Warenangebot durch Aufstellen eines Automaten

107 Mit dem Bereitstellen von Waren in Automaten bringt der Aufsteller zum Ausdruck, dass er ein Angebot zum Kauf und ein Angebot zur Übereignung machen will. Beide Angebote sind aber bedingt durch das Vorhandensein der Ware, Funktionieren des Automaten und Einwerfen des richtigen Geldbetrags.[113] Beide Angebote werden mit dem Ein-

110 Grüneberg/Grüneberg § 241a Rn. 6.

111 MünchKomm/Oechsler § 929 Rn. 27.

112 Grüneberg/Grüneberg § 241a Rn. 6.

113 Jauernig/Berger § 929 Rn. 4.

werfen des Geldes angenommen. Die Übergabe erfolgt in der Weise, dass der Erwerber mit der Entnahme der Sache den Besitz erlangt; der Veräußerer – Aufsteller – ist mit dieser Besitzergreifung einverstanden, sodass der Erwerber den Besitz auf Veranlassung des Veräußerers erlangt. Der Veräußerer verliert jede besitzrechtliche Position.

cc) Das Warenangebot in Selbstbedienungsläden

Ob das Bereitstellen der Ware im **Selbstbedienungsladen** bereits als verbindliches Angebot anzusehen ist, ist umstritten. 108

- Die früher wohl h.M. hat darin lediglich eine Aufforderung gesehen, ein Angebot abzugeben. Das rechtlich verbindliche Angebot gebe der Kunde erst an der Kasse ab, das Buchen des Preises sei die Annahme.[114] Der Geschäftsinhaber wolle ersichtlich an der Kasse noch eine Liquiditätsprüfung vornehmen.
- Heute wird überwiegend angenommen, dass das Auslegen der Ware bereits ein verbindliches Angebot jedenfalls für den Abschluss des Kaufvertrags ist. Die Annahme erfolgt mit dem Vorlegen an der Kasse.[115] Dafür spricht, dass der Verkäufer – anders als z.B. bei der Auslage im Schaufenster – seine Leistungsfähigkeit nicht mehr überprüfen muss.
- In Bezug auf das Übereignungsgebot spricht die Vergleichbarkeit der Interessenlage dafür, dass die dingliche Einigungserklärung zeitgleich, aber unter der Bedingung der vollständigen Kaufpreiszahlung erfolgt (vgl. die Situation an Selbstbedienungstankstellen Rn. 109).

Die für die Übereignung erforderliche **Übergabe** erfolgt im Zeitpunkt der Entgegennahme der Ware auf Veranlassung des Verkäufers.

dd) Das Angebot an Selbstbedienungstankstellen[116]

Es ist äußerst umstritten, ob der Kaufvertrag und die dingliche Einigung erst im Laden bei der Bezahlung erfolgen, oder ob das Zustandekommen des Kaufvertrags und die Übereignung sich bereits an der Zapfsäule vollziehen. 109

- Teilweise wird angenommen, dass beim Tanken ein gesetzlicher Eigentumserwerb durch Vermischung des getankten mit dem noch vorhandenen Benzin nach §§ 948 Abs. 1, 947 Abs. 2 in Betracht komme. Da aber der Eigentümer der Hauptmenge Eigentum erwerben würde, wird dies im Regelfall nicht der Kunde sein, der nur noch einen Rest Benzin im Tank hat.
- In der Lit. wird verbreitet die Auffassung vertreten, dass sich die Übereignung an dem getankten Benzin erst nach der Bezahlung vollziehe.[117]

114 Erman/Armbrüster § 145 Rn. 10.

115 Grüneberg/Grüneberg § 145 Rn. 8; BeckOK/Eckert § 145 Rn. 43; Staudinger/Bork § 145 Rn. 7; a.A. MünchKomm/Busche § 145 Rn. 12.

116 Die Frage des Eigentumsübergangs an einer Selbstbedienungstankstelle hat eine sehr große Bedeutung für die Strafbarkeit des Tankens, ohne zu bezahlen; dazu AS-Skript Strafrecht BT 1 (2021), Rn. 41 ff.

117 Grüneberg/Grüneberg § 145 Rn. 8.

- Nach der Rspr.[118] und einem Teil der Lit.[119] wird bereits mit dem Einfüllen in den Kraftfahrzeugtank der Kaufvertrag i.S.d. § 433 geschlossen. Überwiegend wird angenommen, auch die dingliche Einigung komme bereits in diesem Moment zustande. Teilweise wird dies jedoch dahingehend eingeschränkt, die dingliche Einigung sei aufschiebend bedingt bis zur vollständigen Bezahlung des Kaufpreises.[120]

2. Unwirksamkeit der Einigung

110 Weil es sich bei der Einigung um einen (dinglichen) Vertrag handelt, finden die Vorschriften des AT über Willenserklärungen und Verträge Anwendung. Im Einzelnen ist Folgendes zu beachten:

a) Keine Form erforderlich

111 Die dingliche Einigung im Rahmen der Übereignung einer beweglichen Sache ist – anders als die Einigung im Rahmen der Übereignung eines Grundstücks (Auflassung, § 925) **formlos** möglich. Die rechtsgeschäftliche Vereinbarung einer bestimmten Form nach § 127 ist im Rahmen dinglicher Verträge nicht möglich, da es sich um eine rechtsgeschäftliche Beschränkung der Verfügungsmöglichkeit des Eigentümers handeln würde, welche jedoch gemäß § 137 S. 1 verboten ist.[121]

b) Geschäftsfähigkeit

112 Erwerber und Veräußerer müssen nach Maßgabe der §§ 104 ff. (beschränkt) **geschäftsfähig** sein.

Gemäß § 107 bedarf der beschränkt geschäftsfähige Minderjährige der Einwilligung seines gesetzlichen Vertreters für jede Willenserklärung, durch die er nicht lediglich einen rechtlichen Vorteil erlangt. Rechtlich **nachteilig** sind die Rechtsgeschäfte, durch die der Minderjährige über ein ihm zustehendes Recht verfügt, indem er es überträgt, belastet, inhaltlich ändert oder aufgibt.

Verfügt der Minderjährige über eine ihm nicht gehörende Sache, handelt es sich nach h.M. um ein für ihn ***neutrales*** *Geschäft, das ebenfalls ohne Einwilligung wirksam ist. Nach h.M. ist in diesem Fall ein gutgläubiger Erwerb vom Minderjährigen nach den §§ 932 ff. (dazu ausführlich im 3. Teil, Rn. 214) möglich.[122] Dies wird in der Lit. kritisiert: Nach §§ 932 ff. solle der Erwerber nur so gestellt werden, wie er stünde, wenn seine Vorstellung, dass der Veräußerer Eigentümer sei, richtig gewesen wäre. Stelle sich der Erwerber aber vor, die veräußerte Sache stehe im Eigentum des Minderjährigen, wäre die Verfügung gemäß § 107 schwebend unwirksam. Daher sei die Möglichkeit eines gutgläubigen Erwerbs auf die Fälle zu begrenzen, in denen der Gutgläubige auch vom Berechtigten Eigentum erworben hätte; anderenfalls sei er nicht schutzwürdig.[123]*

---

118 BGH NJW 2011, 2871; OLG Düsseldorf NStZ 1982, 249.
119 Jauernig/Mansel § 145 Rn. 7.
120 OLG Hamm NStZ 1982, 266, 267; a.A. OLG Düsseldorf NStZ 1982, 249; Jauernig/Mansel § 145 Rn. 7.
121 MünchKomm/Oechsler § 929 Rn. 23.
122 Erman/Bayer § 932 Rn. 1.
123 BeckOK/Kindl § 932 Rn. 5; Staudinger/Heinze § 932 Rn. 10 f.

Lediglich rechtlich **vorteilhaft** ist demgegenüber grundsätzlich der Erwerb von Rechten, insbesondere des Eigentums. Ein auf den Erwerb eines Gegenstands gerichtetes Rechtsgeschäft ist aber dann nicht lediglich rechtlich vorteilhaft, wenn der Minderjährige mit Verpflichtungen belastet wird, für die er nicht nur dinglich mit dem erworbenen Gegenstand, sondern auch persönlich mit seinem sonstigen Vermögen haftet. Problematisch ist dies vor allem bei Erwerb eines Grundstücks durch einen Minderjährigen.[124]

Umstritten ist, ob die Geschäftsfähigkeit der Beteiligten nur im Zeitpunkt einer (vorweg- **113**
genommenen) **Einigung** oder auch noch im Zeitpunkt der nachfolgenden **Übergabe** vorliegen muss. Teilweise wird angenommen, es sei eine Geschäftsfähigkeit auch noch im Zeitpunkt der Übergabe erforderlich. Sofern vor Abschluss des Erwerbsvorgangs die rechtsgeschäftlichen Voraussetzungen für die Einigung entfielen, könne es zu einem Eigentumserwerb nicht mehr kommen.[125] Nach der herrschenden Gegenansicht kommt es auf eine nach wirksamer Einigung eintretende Geschäftsunfähigkeit nicht an. Gemäß § 130 Abs. 2 bleibt eine Willenserklärung wirksam, wenn der Erklärende nach der Abgabe stirbt oder geschäftsunfähig wird.[126] Allerdings kann der gesetzliche Vertreter den Widerruf erklären.

c) Anfechtung

Wie jede Willenserklärung kann auch eine dingliche Einigungserklärung **angefochten** **114**
werden mit der Folge, dass die dingliche Einigung gemäß § 142 Abs. 1 von Anfang an nichtig ist. Der Anfechtungsgrund muss dann aber im Hinblick auf die dingliche Einigung bestehen und nicht nur hinsichtlich des schuldrechtlichen Grundgeschäftes.

Beispiel: Kunsthändler V verkaufte dem begeisterten Privatsammler K ein Gemälde für 3.000 € und gab es ihm sofort mit. Dabei ging V davon aus, es handele sich um das Werk eines unbedeutenden Surrealisten, während K erkannte, dass es sich um einen späten Picasso handelte. Kann V die Übereignung nach Entdeckung des Irrtums anfechten?

V könnte die Übereignung nach **§ 119 Abs. 2** anfechten, wenn er sich im **Irrtum über eine verkehrswesentliche Eigenschaft** des Gemäldes befand.

I. Eigenschaften i.S.d. § 119 Abs. 2 sind alle natürlichen Beschaffenheitsmerkmale sowie alle gegenwärtigen, tatsächlichen oder rechtlichen Verhältnisse und Beziehungen zur Umwelt von gewisser Dauer, die in der Sache selbst ihren Grund haben, also alle gegenwärtigen wertbildenden Merkmale von gewisser Dauer. Die Urheberschaft eines Bildes ist eines seiner tatsächlichen Verhältnisse. Diese bestimmt maßgeblich seinen Wert und ist folglich eine Eigenschaft des Bildes.
II. Die Eigenschaft müsste verkehrswesentlich sein. Verkehrswesentlich ist eine Eigenschaft dann, wenn sie bei abstrakter Betrachtung für ein Rechtsgeschäft dieses Typs wesentlich ist. Bilder werden, abhängig davon, von welchem Künstler sie stammen, unterschiedlich bewertet und auf dem Kunstmarkt gehandelt. Bei einem Bilder**kauf** ist folglich die Herkunft des Bildes für das Rechtsgeschäft von entscheidender Bedeutung. Fraglich ist, ob dies auch für die **Übereignungs**erklärung im Rahmen des § 929 S. 1 gilt.
1. Beschränkt man den Inhalt des Verfügungsgeschäfts wegen des Abstraktionsprinzips darauf, die Verfügungswirkungen herbeizuführen und den Verfügungsgegenstand und die an der Verfügung beteiligten Personen zu bestimmen, dann ist der Irrtum über die Urheberschaft des Bildes für die Anfechtung des Verfügungsgeschäfts nicht verkehrswesentlich.[127]

---

124 Dazu ausführlich AS-Skript BGB AT 2 (2023), Rn. 30 ff.

125 Staudinger/Heinze § 929 Rn. 81.

126 Grüneberg/Herrler § 929 Rn. 9.

127 Vgl. Grigoleit AcP 199 (1999) 379, 396.

2. Andererseits ist nicht zu verkennen, dass die mit der Verfügung gewollte Erfüllung des Kaufvertrages sich auf die geschuldete Leistung bezieht (§ 362 Abs. 1). Jedenfalls bei engem zeitlichen Zusammenhang zwischen Verpflichtungs- und Verfügungsgeschäft bestimmt der Irrtum über die verkehrswesentlichen Eigenschaften beim Kaufvertrag auch die nachfolgende Erfüllung in Form des Verfügungsgeschäfts.[128]
Demnach kann V (auch) die Übereignung anfechten.

Selbstverständlich kann V (auch) den Kaufvertrag anfechten. Dann kann er das Bild zwar nicht nach § 985 herausverlangen, wohl aber aus § 812 Abs. 1 S. 1. Wichtig ist in derartigen Fällen aber, dass sorgfältig zwischen Verpflichtungs- und Verfügungsgeschäft unterschieden wird. Verstöße gegen das Abstraktionsprinzip sind im Examen Todsünden.

d) Verstoß gegen ein Verbotsgesetz/Sittenwidrigkeit

115 Die Einigung i.S.d. § 929 S. 1 kann gemäß **§ 134** wegen Verstoßes gegen ein **Verbotsgesetz** nichtig sein. Dies kann insbesondere der Fall sein, wenn gesetzliche Verbote den Verkehr mit bestimmten Gegenständen verbieten.

Beispiel: Das Besitzen und der Erwerb von Betäubungsmitteln sind gemäß § 29 BtMG strafbar; die Übereignung von Betäubungsmitteln ist deshalb nach § 134 nichtig.[129]

116 Nach allgemeiner Ansicht kann eine Übereignung nach **§ 138 Abs. 2** wegen **Wuchers** unwirksam sein. Eine **Sittenwidrigkeit** nach **§ 138 Abs. 1** kommt grundsätzlich nicht in Betracht, da die Übereignung als solche wertneutral ist.[130] Eine Ausnahme besteht, wenn der sittenwidrige Zweck sich gerade durch die Rechtsübertragung verwirklicht.[131]

Beispiele: Durch eine Sicherungsübereignung wird der Schuldner in seiner wirtschaftlichen Bewegungsfreiheit extrem eingeschränkt oder andere Gläubiger werden durch eine Übersicherung gefährdet.[132]

e) Vereinbarung von Geschäftseinheit nach § 139 zwischen Verpflichtungs- und Verfügungsgeschäft

117 Das Verpflichtungs- und das Verfügungsgeschäft bilden eine **wirtschaftliche** Einheit, sind aber rechtlich strikt getrennt. Umstritten ist, ob Veräußerer und Erwerber Verpflichtungsgeschäft und Verfügungsgeschäft zu einer **Geschäftseinheit gemäß § 139** verbinden können, mit der Wirkung, dass die Unwirksamkeit des Verpflichtungsgeschäfts auch die Unwirksamkeit des Verfügungsgeschäfts zur Folge hat. Dies wird von der h.M. für zulässig erachtet,[133] da sie ebenso gut die Wirksamkeit des Grundgeschäfts als (auflösende) Bedingung der Einigung vereinbaren könnten. Teile der Lit. lehnen dies jedoch als Umgehung des Abstraktionsprinzips ab.[134]

Schuldrechtliches Grundgeschäft und dingliche Einigung stellen aber in keinem Fall automatisch eine Geschäftseinheit i.S.d. § 139 dar. Dann gäbe es nämlich faktisch gar kein Abstraktionsprinzip.

---

128 Grüneberg/Ellenberger Vor § 104 Rn. 23.
129 BGH NJW 1983, 636.
130 BeckOK/Kindl § 929 Rn. 15.
131 BGH NJW-RR 2006, 888, 889; BGH RÜ 2023, 160.
132 BGH NJW 1996, 2786.
133 BGH NJW-RR 1992, 593, 594; BeckOK/Kindl § 929 Rn. 11.
134 MünchKomm/Oechsler § 929 Rn. 59.

III. Widerruf der Einigung (Einigsein)

118 Gemäß § 130 Abs. 1 wird eine Willenserklärung grundsätzlich mit ihrem Zugang wirksam. Ein Widerruf ist nur möglich, wenn dieser **vorher** oder **gleichzeitig** mit der Willenserklärung zugeht. Im Sachenrecht wird dieser Grundsatz durchbrochen. Aus dem Wortlaut des § 929 S. 1 („... und beide darüber **einig sind** ...") ist zu entnehmen, dass die der Übergabe zeitlich vorangegangene Einigung zu diesem Zeitpunkt noch fortbestehen muss. Darauf deutet auch ein Umkehrschluss zu § 873 Abs. 2 bzw. § 956 Abs. 1 S. 2 hin, wonach ausnahmsweise eine Bindung an die Einigung und damit eine Unwiderruflichkeit besteht. Nach h.M. sind daher dingliche Einigungserklärungen bis zur Vollendung des Rechtserwerbs durch Übergabe bzw. Übergabesurrogate grundsätzlich **frei widerruflich**.[135]

*Oft wird der fehlende Widerruf der Einigung als gesonderter Prüfungspunkt **„Einigsein im Zeitpunkt der Übergabe"** verstanden. Eine solche Prüfung wirkt aber in Fällen, in denen kein Anhaltspunkt für einen Widerruf der Einigung besteht, eher gekünstelt. Auf den Widerruf der Einigung können und sollten Sie daher besser im Rahmen der Einigung eingehen – natürlich nur soweit konkrete Anhaltspunkte dafür bestehen.*

119 An einem „Einigsein" fehlt es allerdings nicht schon deshalb, weil dem Veräußerer im Zeitpunkt der Übergabe der Wille zur Übereignung fehlt.[136] Ist eine Einigung erzielt worden, wird vermutet, dass diese auch bei der Übergabe noch besteht.[137] Nur wenn die Einigung – ausdrücklich oder konkludent – widerrufen wird, fehlt es an einem Einigsein. Bei einem Widerruf handelt es sich um eine empfangsbedürftige Willenserklärung, sodass ein Widerruf erst mit **Zugang** beim Erklärungsempfänger wirksam wird.[138] Ein Widerruf ist also nur wirksam, wenn er vor Übergabe bzw. vor Erlangung eines Übergabesurrogates zugeht.

120 Erklärt der Veräußerer, der sich vor der Übergabe mit dem Erwerber über den Eigentumsübergang geeinigt hat, dem Erwerber bei der nachfolgenden Übergabe, dass er nur bedingtes Eigentum übertragen wolle, so widerruft er wirksam die unbedingte Einigung, sodass der Erwerber nach der Übergabe nur bedingtes Eigentum erlangt.[139]

121 Haben sich die Parteien hingegen **aufschiebend bedingt** geeinigt und die Sache bereits übergeben (wie typischerweise in Fällen eines Eigentumsvorbehaltes – dazu Rn. 342 ff.), soll der Übergang des Eigentums nur noch vom Eintritt der Bedingung abhängig sein. Ein Widerruf ist auch bei einer bedingten Einigung also nur bis zur Übergabe an den Erwerber möglich.

*Es ist also zu unterscheiden: Die Einigungserklärungen können einerseits nach § 130 Abs. 1 S. 2 widerrufen werden. Voraussetzung ist, dass der Widerruf dem Erklärungsempfänger vor oder gleichzeitig mit der **Einigungserklärung** selbst zugeht. Unabhängig davon kann eine bereits durch Zugang wirksam gewordene Einigungserklärung widerrufen werden, sofern es*

135 Staudinger/Heinze § 929 Rn. 84.
136 So allerding das RG im Bonifatius-Fall RGZ 83, 223 ff.
137 BGH NJW 1992, 1162, 1163.
138 Staudinger/Heinze § 929 Rn. 42.
139 Dazu im Einzelnen beim Anwartschaftsrecht Rn. 342 ff.

*noch nicht zu einer Übergabe bzw. einem Übergabesurrogat gekommen ist. Erforderlich ist insoweit allerdings, dass der Widerruf dem Erklärungsempfänger vor der **Übergabe** bzw. dem Übergabesurrogat zugeht.*

Fall 3: Unwillentlich

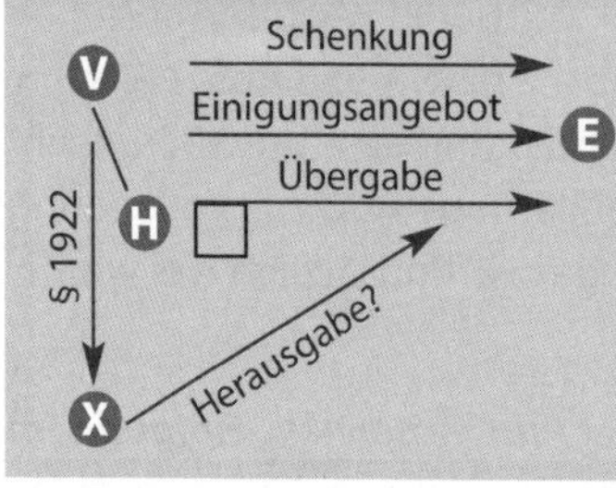

V übergibt H ein Gemälde von Dali mit der Bitte, es seinem Freund E zu überbringen. Er wolle es E schenken, weil dieser ihm gefällig gewesen sei. V erleidet einige Tage später einen Herzinfarkt und stirbt. H überbringt nun E das Bild. Als der Erbe X später davon hört, verlangt er das Bild von E heraus.

122 **A. Anspruch des X gegen E aus § 985?**

I. X ist gemäß § 1922 mit dem Tode des V Eigentümer des Bildes geworden, weil der Erblasser V noch Eigentümer war. Das Eigentum war im Zeitpunkt des Erbfalls noch nicht auf E übertragen worden.

II. X kann gemäß § 929 S. 1 das Eigentum an E nach dem Erbfall verloren haben:

1. Einigung V–E, die auch nach dem Tod des V dem X gegenüber wirkt.

a) Der Erblasser V hat ein Einigungsangebot abgegeben, das H an E als Bote überbringen sollte.

b) Dieses Einigungsangebot ist mit dem Tode des V nicht erloschen, § 130 Abs. 2 Var. 1, sodass das Einigungsangebot des V für den Erben X fortwirkt. X hat das Angebot nicht vor dessen Zugang bei E widerrufen, § 130 Abs. 1 S. 2. Demnach hat H ein Einigungsangebot des V an E überbracht. Dieses Angebot ist gemäß § 153 auch nach dem Tod des V noch annahmefähig und ist von E angenommen worden. Auf den Zugang der Annahmeerklärung war gemäß § 151 S. 1 verzichtet worden, es liegt also eine Einigung V–E vor, an die X gebunden ist.

Klausurhinweis: *Wenn die Einigung für den Erwerber rechtlich vorteilhaft ist und er sie nicht durch eine nach außen erkennbare Willensäußerung ablehnt, liegt regelmäßig eine Einigung vor. Auf den Zugang der Annahmeerklärung wird in diesen Fällen meist gemäß § 151 S. 1 verzichtet worden sein (Gedanke des § 516 Abs. 2 S. 2).*

c) Die Einigung ist auch nicht vor Vollendung des Rechtserwerbs durch Übergabe widerrufen worden. Da hier die Einigung zeitgleich mit der Übergabe zustande kommt, stellt sich die Frage des **Widerrufs der Einigung** nicht, sondern lediglich die bereits unter b) erörterte Frage des **Widerrufs des Einigungsangebots** des V.

2. Übergabe:

a) Der Erwerber E hat den Besitz an dem Bild erlangt.

b) Der Veräußerer X hat den Besitzerwerb des E veranlasst. Die Veranlassung durch den Erblasser V muss nach dessen Tod dem X ebenso zugerechnet werden wie das Einigungsangebot.

Ob diese Veranlassung wie bei der Wegnahmeermächtigung (s. Rn. 140) widerrufbar ist, kann offenbleiben. X hat den Widerruf nicht erklärt. Wenn er widerrufen hätte, würde dies schon das Einigungsangebot erfassen und eine wirksame Einigung nicht vorliegen.[140]

c) Es besteht kein Besitz mehr auf Veräußererseite. X ist gemäß § 857 in die Besitzposition des V als mittelbarer Besitzer eingetreten. Nach Übertragung des unmittelbaren Besitzes von H auf E hat er diese besitzrechtliche Position jedoch wieder verloren.

3. Da X mit dem Tod des V auch Berechtigter geworden ist, ist der Eigentumswechsel gemäß § 929 S. 1 eingetreten.

B. Anspruch des X gegen E aus § 812 Abs. 1 S. 1 Var. 1

I. E hat das Eigentum und den Besitz durch Leistung des Erben, dem die Erklärungen des Erblassers zugerechnet werden, erlangt.

II. Als Rechtsgrund für den Erwerb kommt ein Schenkungsvertrag in Betracht.

1. Da der Erbe X mangels Widerrufs an das vom Erblasser entgegen § 518 Abs. 1 abgegebene Schenkungsversprechen gebunden ist (§ 130 Abs. 2) und E das Angebot angenommen hat, ist zwischen X und E ein Schenkungsvertrag abgeschlossen worden.

2. Das Schenkungsversprechen des Erblassers, das den Erben X bindet, ist entgegen § 518 Abs. 1 **formlos** erteilt. Doch der Formmangel ist gemäß § 518 Abs. 2 durch Bewirkung der versprochenen Leistung, nämlich durch Übereignung, geheilt.

3. Weil E das Bild mit Rechtsgrund erworben hat, scheidet ein Anspruch aus § 812 Abs. 1 S. 1 Var. 1 aus.

Hinweis: *Diesem Fall liegt der sog. Bonifatius-Fall zugrunde.*[141] *Doch ist er in einem Punkt erheblich abgeändert. Während in dem Fall des Reichsgerichts die Schenkung im Hinblick auf den bevorstehenden Tod erfolgte und somit § 2301 anwendbar sein konnte, ist in unserem Fall die Schenkung unabhängig vom Eintritt des Todes vorgenommen worden.*[142]

IV. Einigung zugunsten Dritter?

Im Schuldrecht ist es möglich, einen Vertrag zugunsten Dritter zu schließen.[143] Beim (echten) Vertrag zugunsten Dritter erhält durch den schuldrechtlichen Verpflichtungsvertrag zwischen Gläubiger und Schuldner (den Vertragspartnern) ein Dritter einen eigenen Anspruch auf die Leistung des Schuldners. **123**

Es ist umstritten, ob auch eine dingliche Einigung i.S.d. §§ 929 ff. zugunsten Dritter möglich ist.

140 Vgl. Staudinger/Heinze § 929 Rn. 69.

141 RGZ 83, 223 ff.

142 Zum Bonifatius-Fall vgl. die Besprechungen von Otte Jura 1993, 643 und umfassend Martinek/Röhrborn JuS 1994, 473 ff., 564 ff.

143 Einzelheiten s. AS-Skript Schuldrecht AT 2 (2024), Rn. 279 ff.

Beispiel: K hat bei V für seinen Neffen N ein Buch als Geburtstagsgeschenk gekauft. N soll dieses – sobald lieferbar – unmittelbar von V erhalten. Wenige Tage später ruft V den K an und teilt ihm mit, das Buch sei nun vorrätig. K bittet V, das Geschenk unmittelbar an N zu senden. Hat N – sobald das Buch bei ihm angekommen ist – das Eigentum **unmittelbar von V** erworben?

I. Eine Übereignung des V unmittelbar an N nach **§ 929 S. 1** hat nicht stattgefunden; V und N haben sich nicht persönlich über den Eigentumsübergang geeinigt und K ist auch nicht als Vertreter des N aufgetreten.
II. Möglicherweise hat N jedoch unmittelbar von V Eigentum erworben, wenn K und V sich gemäß **§§ 929 S. 1, 328** zu seinen Gunsten über den Eigentumsübergang geeinigt haben.

Die h.M.[144] lehnt eine Übereignung zugunsten Dritter ab: Die Anwendung der Vorschrift des § 328 sei systemwidrig, da sie im Schuld- und nicht im Sachenrecht geregelt sei. Dem Dritten – der an der Einigung zu seinen Gunsten nicht beteiligt ist – stünde zudem ein Zurückweisungsrecht nach § 333 zu. Dadurch entsteht ein Schwebezustand, der – anders als bei vollmachtloser Vertretung – nicht nach § 177 Abs. 2 rasch beseitigt werden kann. Eine Auflassung zugunsten Dritter wäre daher nach § 925 Abs. 2 sowieso undenkbar. Nichts anderes könne dann aber für eine Übereignung nach §§ 929 ff. gelten.

Danach hat N das Eigentum nicht unmittelbar von V erworben.

Natürlich kann N dennoch das Eigentum erworben haben: Durch eine Übereignung des V an K und des K an N (z.B. durch Einschaltung von Geheißpersonen – dazu Rn. 129 ff.). Der Unterschied besteht darin, dass dann das Eigentum zunächst (für mindestens eine juristische Sekunde) auf K übergeht und erst dann auf N. In dieser Sekunde kann das Eigentum bei K z.B. mit Pfandrechten Dritter belastet worden sein.

B. Übergabe

124

Aufbauschema: Übergabe
I. Besitzerwerb auf Erwerberseite
II. Vollständiger Besitzverlust auf Veräußererseite
III. Veranlassung oder Duldung durch den Veräußerer zum Zwecke der Eigentumsübertragung

Die **Übergabe** setzt eine Änderung der tatsächlichen Besitzverhältnisse voraus. Dazu ist jedoch nicht erforderlich, dass dem Erwerber persönlich der unmittelbare Besitz vom Veräußerer übertragen wird, sondern für den Erwerber und den Veräußerer können **Besitzdiener, Besitzmittler** und **Geheißpersonen** eingeschaltet werden.

I. Besitzerwerb auf Erwerberseite

125 Der erforderliche Besitzerwerb aufseiten des Erwerbers kann sich in der Weise vollziehen, dass

- der Erwerber den **unmittelbaren** Besitz erlangt,
- der Erwerber den **mittelbaren** Besitz erlangt oder
- auf Geheiß des Erwerbers der Besitz auf einen Dritten – die Geheißperson des Erwerbers – übertragen wird.

144 BGHZ 41, 95 f.; BGH NJW 1993, 2617, 2618; Staudinger/Heinze § 929 Rn. 44; Erman/Bayer-Bayer § 929 Rn. 6.

1. Erwerb des unmittelbaren Besitzes

Der Erwerb des unmittelbaren Besitzes[145] kann sich vollziehen, indem 126

- der **Erwerber selbst** die tatsächliche Sachherrschaft erlangt, **§ 854 Abs. 1**,
- ein **Besitzdiener** des Erwerbers die tatsächliche Sachherrschaft ergreift, **§ 855**,
- oder der Erwerber den Besitz **rechtsgeschäftlich** nach **§ 854 Abs. 2** erhält.

Beispiel 1: V verkauft E eine Maschine. D, der Fahrer des E, holt bei V die Maschine ab. Auf der Rückfahrt verunglückt D durch ein Verschulden des S. Wer kann Ersatzansprüche wegen Eigentumsverletzung gegen S geltend machen?

E hat gemäß § 929 S. 1 von V das Eigentum erworben. Mit der Aushändigung der Maschine an D hat V das von D überbrachte Einigungsangebot des E angenommen und D als **Besitzdiener** des E die Sachgewalt übertragen, sodass E den unmittelbaren Besitz erlangt hat (§ 855). Ersatzansprüche gegen S stehen somit E zu.

Beispiel 2: V verkauft E im Wald gestapeltes Holz und gestattet E, nach Zahlung das Holz abzufahren. E zahlt. Wird er Eigentümer?

E könnte Eigentum nach § 929 S. 1 erworben haben.
I. Einigung: V und E haben sich darüber verständigt, dass sich nach der Zahlung der Eigentumswechsel vollziehen soll.
II. Übergabe: V und E haben sich geeinigt, dass E nach Zahlung das Holz abtransportieren darf. E ist zudem in der Lage, über das im Wald frei zugänglich gestapelte Holz die tatsächliche Sachherrschaft auszuüben, **§ 854 Abs. 2**. V hat willentlich jede Besitzposition aufgegeben. Bereits mit der Einigung (und nicht erst mit dem Abtransport des Holzes) ist E unmittelbarer Besitzer und damit Eigentümer des Holzes geworden.

*Bei einer Übereignung nach §§ 929 S. 1, 854 Abs. 2 sind also zwei rechtsgeschäftliche Einigungen erforderlich: Die Einigung über den **Eigentumsübergang** und die Einigung über den **Besitzübergang**. Meistens werden die beiden Einigungen – wie in Beispiel 2 – aber zeitlich zusammenfallen. Für beide Einigungen gelten die Vorschriften über Rechtsgeschäfte.*

*Nicht zu verwechseln ist die Übereignung nach §§ 929 S. 1, 854 Abs. 2 mit der Übereignung nach **§ 929 S. 2**: In letzterem Fall ist der Erwerber bereits im Besitz der Sache, sodass es für den Rechtserwerb zu keiner Übergabe mehr kommen muss (sog. Übereignung „kurzer Hand"), während bei einer Übereignung nach §§ 929 S. 1, 854 Abs. 2 eine Übergabe erfolgt, wenn auch durch bloße rechtsgeschäftliche Einigung.*

2. Erwerb des mittelbaren Besitzes gemäß § 868

Der für die Übergabe erforderliche Erwerb des Besitzes kann auch dadurch erfolgen, 127
dass der Erwerber mittelbarer Besitzer wird. Eine Übergabe nach § 929 S. 1 liegt vor, wenn der Erwerber mittelbarer Besitzer wird, indem ein Dritter den unmittelbaren Besitz erhält und zwischen ihm und dem Erwerber die Voraussetzungen des § 868 vorliegen.

Für eine Übergabe nach § 929 S. 1 muss das Besitzmittlungsverhältnis zwischen dem Erwerber und einem Dritten bestehen. Bei einem Besitzkonstitut zwischen dem Erwerber und dem Veräußerer kommt nur eine Übereignung nach §§ 929, 930 in Betracht (dazu Rn. 153 ff.).

145 S. ausführlich schon oben Rn. 17 ff.

128

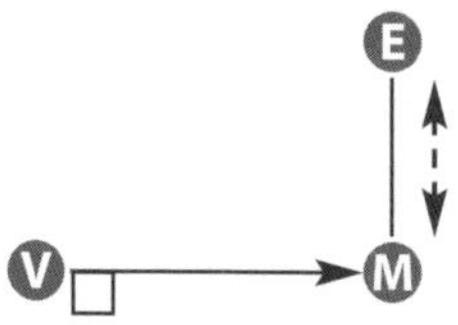

Beispiel: V verkauft E ein Wohnmobil. E bezahlt und bittet V, dieses Wohnmobil an den Mieter M zu liefern. Wird E nach Auslieferung an M Eigentümer?

I. Die Parteien haben sich über den Eigentumsübergang von V an E geeinigt. E sollte nach Zahlung des Kaufpreises die dafür versprochene Leistung, das Eigentum, erhalten.
II. Übergabe: E hat den mittelbaren Besitz in Vollziehung der Einigung erworben:
1. Zwischen E und M bestand ein Rechtsverhältnis i.S.d. § 868, nämlich der Mietvertrag.
2. E steht nach Ablauf des Mietvertrags ein Herausgabeanspruch aus § 546 Abs. 1 zu.
3. Der unmittelbare Besitzer M hatte Fremdbesitzerwillen. Er wollte für E besitzen.
4. V hat nach der Auslieferung des Wagens jegliche Besitzposition verloren.

E ist gemäß § 929 S. 1 Eigentümer geworden.

3. Besitzerwerb durch eine Geheißperson des Erwerbers

129 Für den Besitzerwerb aufseiten des Erwerbers ist nicht unbedingt erforderlich, dass der Erwerber den (unmittelbaren oder mittelbaren) Besitz erlangt. Ausreichend ist es, wenn der Besitz **auf Geheiß des Erwerbers an einen Dritten** (seine Geheißperson) übertragen wird. Die Geheißperson des Erwerbers ist weder Besitzdiener noch Besitzmittler.[146] Zwischen dem Erwerber und der Geheißperson besteht keine besitzrechtliche Beziehung. Da aber die Geheißperson auf Weisung (Geheiß) des Erwerbers den Besitz erlangt, ist ein Besitzerwerb aufseiten des Erwerbers zu bejahen (vgl. zur Geheißperson ausführlich Fall 5, Rn. 135).

Dabei erlangt der Erwerber aber eigentlich gerade keinen – mittelbaren oder unmittelbaren – Besitz; zwischen ihm und der Geheißperson besteht ja keine besitzrechtliche Beziehung. Er wird aber so behandelt, als habe er Besitz erworben.

II. Besitzverlust auf Veräußererseite

130 Eine Übergabe erfordert vollständige Besitzlosigkeit des Veräußerers. Dies folgt aus einem Umkehrschluss zu § 930: Wenn der Veräußerer eine besitzrechtliche Position behält, kann es sich nur um eine Übereignung nach § 930 handeln, für die insbesondere beim gutgläubigen Erwerb andere Voraussetzungen gelten als bei einer Übereignung nach § 929 S. 1. Der erforderliche Besitzverlust aufseiten des Veräußerers tritt ein, wenn

- der Veräußerer oder sein Besitzdiener die Sachherrschaft aufgibt,
- der Besitzmittler seinen unmittelbaren Besitz überträgt oder mit dem Erwerber ein neues Besitzmittlungsverhältnis abschließt oder
- jemand auf Geheiß des Veräußerers den Besitz überträgt (Geheißperson auf Veräußererseite).

Erforderlich ist, dass jegliche besitzrechtliche Position aufgegeben wird, also bei Veräußerung an einen Mitbesitzer (§ 866) auch der Mitbesitz.

146 Vgl. BGH NJW 1999, 425.

Beispiel: V und K wohnen zusammen in einer WG und nutzen beide das Fahrrad des V. Als V in Geldschwierigkeiten kommt, veräußert er das Fahrrad an K; beide verabreden jedoch, dass V auch weiterhin das Fahrrad nutzen darf und einen eigenen Fahrradschlüssel behält.

I. V und K haben sich über den Eigentumsübergang von V an K geeinigt.
II. K konnte das Fahrrad bereits vor der Veräußerung nutzen, sodass er Mitbesitz (§ 866) an dem Fahrrad hatte.
III. V hat jedoch nicht jede besitzrechtliche Position an dem Fahrrad verloren. Er bleibt auch nach der Veräußerung Mitbesitzer.
IV. Bleibt der Veräußerer im (Mit-)Besitz der Sache, kommt nur eine Übereignung gemäß §§ 929 S. 1, 930 in Betracht.

1. Übertragung des mittelbaren Besitzes

Gibt der Veräußerer seinen mittelbaren Besitz auf, und begründet der Erwerber mit dem unmittelbaren Besitzer ein neues Besitzmittlungsverhältnis, liegt nach h.M. eine Übergabe i.S.d. § 929 S. 1 vor. Eine derartige Übereignung bietet sich an, wenn eine „körperliche" Übergabe problematisch ist. Sie ist von einer Übereignung durch Abtretung des Herausgabeanspruchs gemäß §§ 929 S. 1, 931 zu unterscheiden. 131

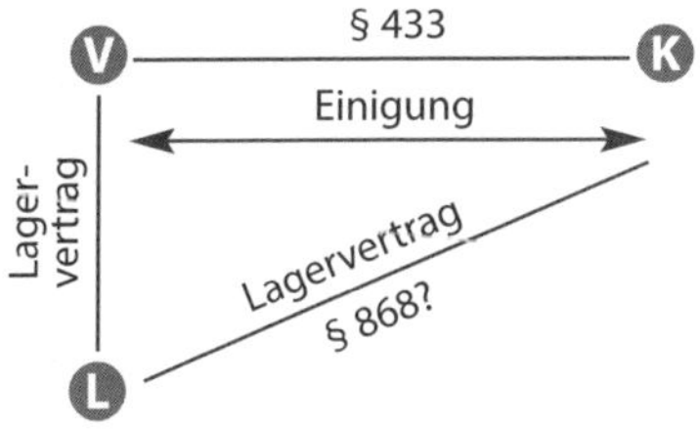

Beispiel: V verkauft K 50 Kisten Ölsardinen, die bei L eingelagert sind. K zahlt. Es wird vereinbart, dass K mit L einen Lagervertrag abschließt und der Lagervertrag V – L aufgehoben werden soll. L wird von V entsprechend informiert. Hat K mit Abschluss des neuen Lagervertrags mit L das Eigentum erworben?

K könnte das Eigentum durch eine Übereignung von V gemäß § 929 S. 1 erworben haben.
I. K und V haben sich (konkludent) über den Eigentumsübergang geeinigt.
II. Übergabe?
1. K hat mit Abschluss des Lagervertrags mit L den mittelbaren Besitz erlangt. Der Lagerverwalter L besitzt aufgrund des neuen Lagervertrags für K.
2. Dieser Besitzerwerb ist durch V zum Zweck der Eigentumsübertragung veranlasst worden, indem er L „angewiesen" hat, mit K einen neuen Lagervertrag zu schließen.
3. Der Veräußerer V hat seinen Besitz völlig verloren, nachdem der Lagerverwalter L nunmehr aufgrund des mit K abgeschlossenen Lagervertrags für K den Besitz ausübt. Der mittelbare Besitzer verliert seinen Besitz, wenn der Besitzmittler – unmittelbarer Besitzer – erkennbar nicht mehr für ihn besitzen will.
4. Fraglich ist jedoch, ob von einer Übergabe die Rede sein kann, weil L auch nach Abschluss des neuen Lagervertrags unverändert unmittelbarer Besitzer geblieben ist, also **kein Wechsel in der Person des unmittelbaren Besitzers stattgefunden hat**.
a) Dies ist nach h.A. unschädlich. Die Übergabe setzt keinen Wechsel in der Person des unmittelbaren Besitzers voraus.[147]
b) Die Gegenansicht verlangt für die Übergabe einen Wechsel des unmittelbaren Besitzes.[148] Nach dieser Auffassung vollzieht sich der Eigentumswechsel nach §§ 929, 931. Der Fall, dass der mittelbare Besitz neu begründet werde, sei der Abtretung des Herausgabeanspruchs gleichzustellen.
c) Der h.M. ist zuzustimmen. Die Übergabe erfordert keine Erkennbarkeit.[149] Der Zweck der Übergabe liegt nicht darin, dass die Übereignung gegenüber Dritten publiziert wird, wie die Übereignungstatbestände des § 930 und § 931 belegen.
K hat das Eigentum von V gemäß § 929 S. 1 erhalten.

147 Staudinger/Heinze § 929 Rn. 48 f.
148 Hager WM 1980, 666, 671.
149 MünchKomm/Oechsler § 929 Rn. 58.

132 Problematisch ist eine derartige Übergabe durch Verschaffung des mittelbaren Besitzes, wenn sich der **unmittelbare Besitzer nicht eindeutig verhält,** sondern zum Ausdruck bringt, einerseits für den Veräußerer besitzen zu wollen, andererseits für den Erwerber.

Fall 4: Unentschlossenes Atomlager (nach BGH RÜ 2010, 356 ff.)

E betreibt ein Kernkraftwerk. Er hat 11 Zylinder mit angereichertem Uran in einem Lager für Kernbrennstoffe des L eingelagert. E schloss mit K einen Sachdarlehensvertrag über die 11 Zylinder, nach dem das Eigentum sofort auf K übergehen sollte. E wies L an, die Zylinder dem „Materialkonto" des K gutzuschreiben. Daraufhin teilte L dem K mit: „Die 11 Zylinder haben wir weisungsgemäß Ihrem Konto gutgeschrieben." Nur wenige Tage später schickte L an E eine Rechnung über die zukünftigen Lagerkosten für die Uranzylinder. Ist K Eigentümer der Uranzylinder geworden?

133 Eigentumserwerb des K von E gemäß § 929 S. 1

I. K und E müssten sich über den Eigentumsübergang geeinigt haben. K und E haben einen Sachdarlehensvertrag über die Uranzylinder geschlossen. Gemäß § 607 Abs. 1 S. 1 ist bei einem Sachdarlehen der Darlehensgeber verpflichtet, dem Darlehensnehmer die vereinbarten Sachen zu „überlassen". Eine Überlassung in diesem Sinne setzt eine Übergabe und auch Übereignung der Sachen voraus, da der Darlehensnehmer bei Fälligkeit nicht die gleiche Sache, sondern nur Sachen gleicher Art, Güte und Menge zurückerstatten muss.[150] Eine Einigung über den Eigentumsübergang kann bereits bei Abschluss des Verpflichtungsgeschäfts erzielt werden. Es liegt dann eine vorweggenommene **(antizipierte) Einigung**[151] vor, die den Eigentumswechsel mit der späteren Übergabe auslöst, wenn die Parteien bei Abschluss des Verpflichtungsgeschäfts davon ausgehen, die Übereignung werde sich ohne zusätzliche Einigung vollziehen. Hier haben die Parteien ausdrücklich bereits eine (antizipierte) Einigung über den Eigentumsübergang erzielt.

II. Weiterhin müsste E dem K die Uranzylinder übergeben haben. Eine **Übergabe** setzt Besitzerwerb auf Erwerberseite, vollständigen Besitzverlust auf Veräußererseite und eine Veranlassung oder Duldung durch den Veräußerer zum Zwecke der Eigentumsübertragung voraus.

1. Der erforderliche **Besitzerwerb aufseiten des Erwerbers** kann sich in der Weise vollziehen, dass der Erwerber unmittelbaren oder mittelbaren Besitz erlangt.

Unmittelbaren Besitz an den Uranzylindern hat K vorliegend zu keinem Zeitpunkt erlangt.

Der für die Übergabe erforderliche Erwerb des Besitzes kann aber auch dadurch erfolgen, dass der Erwerber **mittelbarer Besitzer** wird. Der Erwerb des mittelbaren Besitzes setzt voraus, dass zwischen dem Besitzmittler – dem unmittelbaren Besitzer – und dem Erwerber ein Besitzmittlungsverhältnis i.S.d. § 868 begründet wird, der mittelbare Besitzer einen Herausgabeanspruch gegen den unmittelbaren Besitzer hat und der unmittelbare Besitzer für den mittelbaren Besitzer besitzt (sog. Fremdbesitzerwille). Indem L

150 Grüneberg/Weidenkaff § 607 Rn. 6.

151 S. dazu bereits oben Rn. 100.

dem K mitteilte, dass die Uranzylinder auf sein Materialkonto übertragen worden seien, brachte L als unmittelbarer Besitzer zum Ausdruck, die Zylinder für K besitzen zu wollen. Andererseits stellte L die weiteren Kosten der Lagerung E in Rechnung. Somit war nicht eindeutig, ob L ab sofort K oder weiterhin E den Besitz mitteln wollte. Verhält sich der Besitzmittler nicht eindeutig, ist umstritten, welche Rechtsfolgen dies auslöst:

a) In der Lit. wird zum Teil vertreten, dass in den Fällen, in denen der Besitzmittler den Besitz in zweifacher Richtung mittle, der bisherige mittelbare Besitzer und der Erwerber **gleichstufigen mittelbaren Nebenbesitz** erlangen. Dies gelte jedenfalls dann, wenn der Besitzmittler seine besitzrechtliche Beziehung zum bisherigen mittelbaren Besitzer nicht eindeutig aufgegeben habe, sich also doppeldeutig verhalte.[152] Demnach läge ein Besitzerwerb durch K vor.

b) Die h.M. erkennt die Figur des Nebenbesitzes nicht an. Sowohl die Eigentumsvermutung (§ 1006) als auch der Eigentumserwerb durch Ersitzung (§ 937) könnten sinnvollerweise nur auf eine Person bezogen werden. Beim Nebenbesitz würde diese klare Zuordnung aber fehlen. Mit der Begründung eines neuen Besitzmittlungsverhältnisses erlischt daher das bisherige Besitzmittlungsverhältnis.[153] Ein etwaiger, davon abweichender innerer und nach diesem Zeitpunkt geäußerter Wille des Besitzmittlers ist unbeachtlich.[154]

Durch den Abschluss des Lagervertrags mit L hat K den (alleinigen mittelbaren) Besitz erlangt. Ein Besitzrecht des E besteht nicht mehr.

2. Für eine Übergabe ist jedoch ebenfalls erforderlich, dass der **Veräußerer jegliche besitzrechtliche Position verloren** hat. Da L nur noch dem K den Besitz mittelte, hat E auch jegliche besitzrechtliche Position verloren.

Hinweis: *Der BGH verneint in der Originalentscheidung einen Besitzverlust des E, da sich ein wirklicher Wechsel des Besitzmittlungswillens – anders als hier – im Originalfall zu keinem Zeitpunkt sicher feststellen ließ.*[155]

3. Dieser Besitzerwerb ist durch E zum Zweck der Eigentumsübertragung veranlasst worden, da er L „angewiesen" hat, die Zylinder dem „Materialkonto" des K gutzuschreiben, die Zylinder also ab sofort für K zu besitzen.

Ergebnis: K hat von E das Eigentum an den Uranzylindern gemäß § 929 S. 1 erworben.

---

2. Einschaltung einer Geheißperson auf Veräußerer- und Erwerberseite (doppelter Geheißerwerb)

In den Fällen, in denen eine Sache weiterverkauft wird und unter den Beteiligten Einver- **134**
ständnis darüber besteht, dass der Erstverkäufer die Sache unmittelbar an den Letztkäu-

152 Weber JuS 1999, 1, 4.

153 S. BGH NJW 2005, 359 ff. im sog. Flowtex-Fall; a.A. MünchKomm/Oechsler § 934 Rn. 8, der genau im Gegensatz dazu wegen des Prioritätsgrundsatzes das erste Besitzmittlungsverhältnis für wirksam erachtet.

154 BGH NJW 1979, 2037, 2038; Tiedtke Jura 1983, 460, 465, 468; RGZ 135, 75, 79; 138, 265, 267; Schreiber Jura 2003, 684.

155 BGH RÜ 2010, 356.

fer ausliefern soll, spricht man vom sog. „Streckengeschäft", „Kettenhandel", von der „Durchlieferung" oder der „abgekürzten Lieferung". In diesen Fällen erfolgen in aller Regel mehrere Übereignungen entsprechend den jeweiligen Kaufverträgen. Es werden dann sowohl auf Veräußererseite als auch auf Erwerberseite Geheißpersonen tätig.[156]

Fall 5: Abgekürzte Lieferung

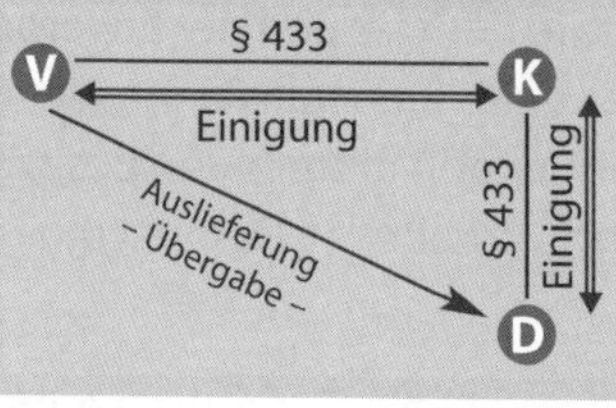

V verkauft dem Maschinenhändler K eine Spezialwerkzeugmaschine. K verkauft diese Maschine an D weiter und bittet V, die Maschine direkt an D auszuliefern. Wie vollzieht sich der Eigentumswechsel?

135 **A.** Grundsätzlich vollzieht sich der Eigentumswechsel entsprechend den **Kausalbeziehungen**. Da mit der Lieferung zwei Kaufverträge erfüllt werden sollen, finden auch zwei Übereignungen statt. V übereignet an K, und K übereignet an D.

I. Der Eigentumswechsel V an K gemäß § 929 S. 1

1. Einigung: Mit der Aufforderung des K an V, die Maschine an D auszuliefern, hat K ein Einigungsangebot abgegeben – seinen Eigentumserwerbswillen geäußert –, und V hat dieses Angebot mit der Auslieferung angenommen – er hat seinen Eigentumsübertragungswillen konkludent geäußert.

2. Übergabe:

a) Der Erwerber K hat zwar keinen Besitz an der zu übereignenden Werkzeugmaschine erlangt, weil D als Abkäufer des K weder Besitzmittler noch Besitzdiener des K ist. Doch hat V auf Weisung des Erwerbers K den Besitz auf D übertragen, sodass **D als Geheißperson des Erwerbers K** Besitz erlangt hat. Der für die Übergabe nach § 929 S. 1 erforderliche Besitzerwerb auf der Erwerberseite ist somit gegeben.[157]

b) Der Besitzerwerb durch die Geheißperson des Erwerbers K ist vom Veräußerer V veranlasst worden, und

c) der Veräußerer V hat nach der Übertragung an D keine besitzrechtliche Position mehr.

3. K hat vom Berechtigten V Eigentum erworben.

II. Die Eigentumsübertragung K an D gemäß § 929 S. 1

1. Einigung: K und D haben sich bei Abschluss des Kaufvertrags nicht ausdrücklich über den Eigentumsübergang geeinigt. Doch als die Maschine an D ausgeliefert wurde, konnte D als objektiver Empfänger davon ausgehen, dass K in Erfüllung der Verpflichtung aus § 433 Abs. 1 S. 1 das Eigentum auf ihn übertragen wollte. Dieses Einigungsangebot überbrachte V dem D mit der Auslieferung als Bote des Veräußerers K. Mit der Ent-

---

156 Masloff JA 2000, 503.

157 BGH NJW 1973, 141; 1982, 2371, 2372; 1986, 1166; 1999, 425; MünchKomm/Oechsler § 929 Rn. 67 f.; Thole JZ 1984, 604, 606.

gegennahme hat D das Angebot angenommen; ein Zugang der Annahmeerklärung war gemäß § 151 S. 1 entbehrlich.

2. Übergabe:

a) Der Erwerber D hat den unmittelbaren Besitz an der zu übereignenden Maschine erlangt.

b) Der Veräußerer K hat diesen Besitzerwerb veranlasst, indem auf sein Geheiß V die Maschine an D ausgeliefert hat. Bzgl. der Übereignung K an D ist V also **Geheißperson des Veräußerers K**.

c) K hat keine besitzrechtliche Beziehung (mehr) zur Sache.

3. D hat das Eigentum vom Berechtigten K erworben.

Es liegt also ein Eigentumswechsel gemäß § 929 S. 1 von V an K und ein Eigentumswechsel gemäß § 929 S. 1 von K an D vor.

B. Weitere Möglichkeiten des Eigentumswechsels:

I. Direkter Eigentumserwerb des D von V gemäß § 929 S. 1

Einigung V–D: Dann muss V dem D gegenüber erklären, dass er unmittelbar das Eigentum auf ihn übertragen will.

Diese Erklärung kann dem Verhalten des Veräußerers grundsätzlich nicht entnommen werden, denn der Veräußerer weiß in der Regel nicht, ob der Dritte Eigentum erwerben soll oder die Sache lediglich als Mieter, Entleiher usw. in Empfang nimmt. Außerdem kann es sein, dass K und D einen Eigentumsvorbehalt vereinbart haben, der durch eine Übereignung V an D umgangen würde. Ein direkter Eigentumsübergang von V an D kommt daher nur in Betracht, wenn die rechtlichen Beziehungen zwischen den Parteien offenliegen und alle Beteiligten einen Eigentumswechsel ohne Zwischenerwerb des K vollziehen wollen.[158]

II. Eigentumsübertragung K an D gemäß § 929 S. 1 mit Einwilligung bzw. Genehmigung des V gemäß § 185

Eine Übereignung ist auch derart denkbar, dass K als Nichtberechtigter die Sache an D mit Zustimmung des Eigentümers V gemäß §§ 929, 185 übereignet.

Diese Konstruktion wird von der h.M. zu Recht abgelehnt, da sie dem Parteiwillen widerspricht. Die Parteien haben ein Interesse daran, die Übereignung innerhalb der bestehenden Kausalverhältnisse zu vollziehen, um insbesondere einen Eigentumsvorbehalt mit ihrem Vertragspartner vereinbaren zu können.[159]

---

158 Hager ZIP 1993, 1446, 1447.

159 Baur/Stürner § 51 Rn. 17.

3. Kettenlieferung

136 Eine abgekürzte Lieferung kann auch unter mehr als drei Beteiligten erfolgen. Es liegt dann eine Kette von Kaufverträgen vor, die durch die Übertragung der Sache an den Letztkäufer erfüllt werden sollen. Wie im vorausgehenden Fall finden in diesen Fällen in aller Regel mehrere Eigentumsübertragungen gemäß § 929 S. 1 zwischen den jeweiligen Vertragspartnern der **Kaufverträge** statt: so viele Übereignungen wie Kaufverträge.

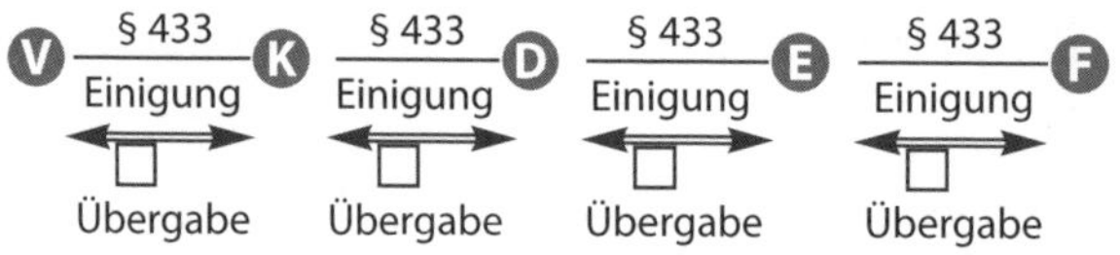

Beispiel: V verkauft an K, K an D, D an E und E an F. Unter den Beteiligten besteht Einigkeit darüber, dass V direkt an F ausliefern soll.

Die Eigentumsübertragungen:

I. Jeder Verkäufer will mit der Auslieferung an F seine Verpflichtung aus dem Kaufvertrag gemäß § 433 Abs. 1 S. 1, nämlich das Eigentum durch Einigung und Übergabe zu übertragen, erfüllen. Daher einigen sich die einzelnen Kaufvertragsparteien bei Abschluss des Vertrags über den Eigentumswechsel.
II. Die Übergabe erfolgt in diesen Fällen unter Einschaltung von Geheißpersonen.
1. Der **Letzterwerber** der Ware ist die jeweilige Geheißperson der Zwischenerwerber K, D und E, sodass also an K, D, E die Ware übergeben wird, indem F als ihre Geheißperson den unmittelbaren Besitz erlangt.
2. Der **Erstveräußerer** V überträgt auf Geheiß – Anordnung – der jeweiligen Zwischenveräußerer K, D und E den unmittelbaren Besitz an F, sodass durch V als Geheißperson der Zwischenveräußerer die Übergabe erfolgt. Der Besitzerwerb zum Zwecke der Eigentumsübertragung wird also vom jeweiligen Verkäufer veranlasst, indem der Erstverkäufer auf deren Geheiß die Sache dem Letzterwerber übergibt.

Es ist also eine Übergabe i.S.d. § 929 S. 1 möglich, ohne dass der Veräußerer oder der Erwerber Besitz erlangt.

III. Auf Veranlassung oder Duldung des Veräußerers zum Zwecke der Eigentumsübertragung

137 Keine Übergabe liegt vor, wenn sich der Erwerber eigenmächtig in Besitz der Sache bringt. Der Erwerber muss den Besitz auf Veranlassung des Veräußerers erlangt haben. Diese Veranlassung ist rein tatsächlicher Natur. Die §§ 164 ff. sind auf sie **nicht** anwendbar (vgl. unten Rn. 162). Der Veräußerer hat den Besitzerwerb auf Erwerberseite aber dann veranlasst, wenn auf seine Weisung hin sein Besitzdiener, Besitzmittler oder seine Geheißperson den Besitz überträgt.

138 Handelt ein Besitzdiener ohne oder gegen die Weisung des Veräußerers, ist ihm die Weggabe nur zuzurechnen, wenn der Besitzdiener generell zur Weitergabe befugt ist und nur im Einzelfall weisungswidrig handelt.[160]

Beispiel: Autohändler V hat seinem Angestellten H untersagt, ein bestimmtes Auto zu verkaufen, da er es selbst nutzen möchte. Als Kunde K aber einen hohen Preis bietet, verkauft und übereignet H das Auto an K. Ist K Eigentümer geworden?

I. K und V, dieser vertreten durch H, haben sich über den Eigentumsübergang **geeinigt**, §§ 929 S. 1, 164 Abs. 1. Fraglich ist allerdings, ob H Vertretungsmacht hatte. Gemäß § 56 HGB gelten Ladenangestellte zu „Verkäufen" ermächtigt. Die Rechtsscheinsvollmacht nach § 56 HGB umfasst neben dem Abschluss des schuldrechtlichen Grundgeschäftes auch die Übereignung.[161]

160 Staudinger/Gutzeit § 855 Rn. 28; Baur/Stürner § 52 Rn. 39.
161 Hopt § 56 Rn. 4.

II. Übergabe: K hat an dem Auto unmittelbaren Besitz erlangt. V hat – nachdem sein Besitzdiener H die Sachherrschaft über das Auto verloren hat – jede besitzrechtliche Position verloren. Fraglich ist, ob die Besitzübertragung auf Veranlassung des Veräußerers V erfolgt. V hat H sogar ausdrücklich angewiesen, das Auto nicht zu verkaufen und deshalb auch nicht zu übereignen bzw. den Besitz zu übertragen. Der von § 56 HGB beabsichtigte Schutz des Erwerbers wäre aber unvollständig, wenn ein Ladenangestellter zwar zum Verkauf und auch zur Einigung als ermächtigt gilt, dem Geschäftsherrn die Übergabe aber nicht zuzurechnen wäre.[162]
III. Die Einigung ist nicht widerrufen worden und V war als verfügungsbefugter Eigentümer auch verfügungsberechtigt.

K hat Eigentum an dem Auto erworben.

Umstritten ist, ob eine Veranlassung des Veräußerers auch dann gegeben ist, wenn der Übertragende keine wirkliche Geheißperson ist, sondern nur als solche erscheint **(zur Rechtsscheinsgeheißperson vgl. Fall 9, Rn. 197)**. 139

Der Veräußerer hat den Besitzerwerb des Erwerbers auch dann veranlasst, wenn er dem Erwerber die Besitzergreifung gestattet hat **(Wegnahmeermächtigung)**. 140

Beispiel: V verkauft K drei Kompressoren, die sich auf einer umzäunten Baustelle befinden. Er gestattet K, die Geräte dort abzuholen.

I. Mit der Vereinbarung, dass K die Kompressoren abholen soll, haben sich V und K konkludent über den Eigentumsübergang geeinigt.
II. Es liegt kein Fall des § 854 Abs. 2 vor, da die Baustelle nicht frei zugänglich ist. Ein Besitzerwerb ist daher nur nach § 854 Abs. 1 durch Erlangung der tatsächlichen Gewalt über die Sache möglich.
III. Für § 929 S. 1 ist erforderlich, dass die Übergabe auf Veranlassung des Veräußerers erfolgt. Die vorliegende Besitzergreifung durch K ist mit Zustimmung des V verfolgt und wird daher der Übergabe gleichgestellt.[163]

Das vom Veräußerer erklärte Einverständnis muss allerdings bei der Besitzergreifung noch vorliegen. Hat der Veräußerer die Gestattung widerrufen, führt die Inbesitznahme durch den Erwerber nicht zu einer Übergabe i.S.d. § 929 S. 1. Der Widerruf muss dem Erwerber zugehen.[164]

In der Regel beinhaltet der Wille, das Eigentum zu übertragen auch das Einverständnis des Veräußerers zur Aufhebung seiner Sachherrschaft. Sobald daher die besitzrechtliche Gestattung widerrufen wird, entfällt auch die Einigung.[165]

Die Veranlassung des Veräußerers muss **zum Zwecke der Eigentumsübertragung** erfolgen. Danach scheidet ein Eigentumserwerb aus, wenn die Sache z.B. zur Miete oder Leihe übergeben wird.[166] Dem wird allerdings teilweise entgegengehalten, in einer Überlassung zur Miete läge bereits – für den Erwerber erkennbar – ein Widerruf der Einigung.[167] 141

162 Baur/Stürner § 52 Rn. 39.
163 Staudinger/Heinze § 929 Rn. 67.
164 Grüneberg/Herrler § 929 Rn. 9; MünchKomm/Oechsler § 929 Rn. 42.
165 Ausführlich Staudinger/Heinze § 929 Rn. 69.
166 H.M.: BGH NJW 2014, 2790, 2791; Grüneberg/Herrler § 929 Rn. 13; a.A. BeckOK/Kindl § 929 Rn. 30.
167 Staudinger/Heinze § 929 Rn. 86.

C. Berechtigung des Veräußerers

142 Nach dem **Wortlaut** der §§ 929–931 tritt der Eigentumswechsel nur ein, wenn sich der **Eigentümer** mit dem Erwerber geeinigt und der Eigentümer die Sache dem Erwerber übergeben oder ein Übergabesurrogat vereinbart hat. Diese Formulierung ist einerseits zu eng und andererseits zu weit:

143 Berechtigt ist der **verfügungsbefugte Eigentümer**. Der Eigentümer ist nicht zur Eigentumsübertragung berechtigt, wenn ein gesetzliches bzw. behördliches Veräußerungsverbot i.S.d. §§ 135, 136 (relatives Verfügungsverbot) besteht oder er sonst kraft Gesetzes in seiner Verfügungsbefugnis beschränkt ist.

Beispiel 1: E verkauft und übergibt eine Maschine an K, nachdem bereits das Insolvenzverfahren über das Vermögen des E eröffnet worden ist. Hat K Eigentum erworben?

I. E und K haben sich bei der Übergabe der Maschine konkludent geeinigt.
II. Eine Übergabe i.S.d. § 929 S. 1 liegt vor.
III. Berechtigter: E ist auch nach Eröffnung des Insolvenzverfahrens Eigentümer geblieben. Doch ist er nicht mehr zur Verfügung befugt. Gemäß § 80 Abs. 1 InsO geht die Verfügungsbefugnis mit Eröffnung des Insolvenzverfahrens auf den Insolvenzverwalter über. Verfügungen des Schuldners sind nach § 81 Abs. 1 S. 1 InsO unwirksam.
IV. Ein gutgläubiger Erwerb vom Nichtberechtigten gemäß § 932 scheidet aus, weil E Eigentümer ist und § 932 nur das mangelnde Eigentum überwindet (vgl. den Wortlaut: „... nicht dem Veräußerer **gehört** ..."). Die Vorschrift kann auch nicht über § 135 Abs. 2 entsprechend angewandt werden. § 81 Abs. 1 InsO ordnet ausdrücklich die **absolute Unwirksamkeit** von Verfügungen des Schuldners über bewegliche Sachen an.
K hat somit kein Eigentum erworben.

Gemäß § 81 Abs. 1 S. 2 InsO gilt Abweichendes bei unbeweglichen Sachen. Dazu ausführlich AS-Skript Sachenrecht 2 (2024), Rn. 100 ff.

Beispiel 2: E hat ein Bild an K verkauft. Die Übereignung soll nach Zahlung des Kaufpreises erfolgen. E verkauft bald darauf das Bild noch einmal an X. K erwirkt eine einstweilige Verfügung gegen E. Darin wird E untersagt, das Bild zu übereignen.

E ist zwar Eigentümer des Bildes. Er ist aber aufgrund des Veräußerungsverbots nicht mehr zur Eigentumsübertragung berechtigt. Nimmt E dennoch die Übereignung an X vor, kann X im Falle der Gutgläubigkeit gemäß §§ 136, 135 Abs. 2 i.V.m. § 932 das Eigentum gutgläubig vom Nichtberechtigten erwerben. Um die Gutgläubigkeit auszuschalten, wird daher K den X von der einstweiligen Verfügung verständigen.

144 Examensrelevant sind bei beweglichen Sachen folgende **Beschränkungen der Verfügungsmacht** des Eigentümers:

- Behördliches (gerichtliches) oder gesetzliches **Verfügungsverbot**, §§ 135, 136
  - Einstweilige Verfügungen (dazu unten Fall 10)
  - Pfändung von Forderungen und Rechten, §§ 829, 857 ZPO
- Gesetzliche **Verfügungsbeschränkungen**
  - **Schuldner** bei **Insolvenzverwaltung**, § 81 Abs. 1 InsO
  - **Ehegatten** bzw. **Lebenspartner** bei Verfügung über das Vermögen im Ganzen oder bei Haushaltsgegenständen, **§§ 1365, 1369** bzw. **§ 6 S. 2 LPartG**
  - **Eltern** bei **genehmigungsbedürftigen Geschäften**, §§ 1643 ff.
  - **Betreuer** bei **genehmigungsbedürftigen Geschäften**, §§ 1849 ff.
  - **Erbe** bei **Nachlassverwaltung**, § 1984 Abs. 1
  - **Erbe** bei **Testamentsvollstreckung**, § 2211

- Auch der **Bedingungseintritt bei Verfügungen in der Schwebezeit, § 161 Abs. 1,** und der **Eintritt des Nacherbfalls, § 2113 Abs. 1**, führen zur Unwirksamkeit der Verfügungen. Diese tritt allerdings erst ex-nunc ein; bis dahin bleibt der Eigentümer verfügungsberechtigt.

Der Unterschied zwischen einem Verfügungsverbot i.S.d. §§ 135, 136 und einer Verfügungsbeschränkung besteht in Folgendem: Bei einem Verfügungsverbot ***darf*** *der Rechtsinhaber nicht verfügen. §§ 135, 136 ordnen die Unwirksamkeit einer solchen Verfügung an. Besteht eine gesetzliche Verfügungsbeschränkung fehlt dem Rechtsinhaber die für die Verfügung erforderliche Rechtsmacht, er* ***kann*** *nicht verfügen. Im Prüfungsaufbau empfiehlt sich die Prüfung im Rahmen der „Berechtigung", wobei gerade bei absoluten Verfügungsbeschränkungen auch eine Prüfung im Rahmen der Wirksamkeit der Einigung möglich ist.*

Unterschiede bestehen auch bei der Möglichkeit eines ***gutgläubigen Erwerbs****: Teilweise werden die §§ 932 ff. für entsprechend anwendbar erklärt (z.B. § 135 Abs. 2, § 161 Abs. 3 und § 2211 Abs. 2). Demgegenüber ist eine gegen § 81 Abs. 1 InsO verstoßende Verfügung über Mobilien absolut unwirksam; ein gutgläubiger Erwerb ist gemäß § 81 Abs. 1 S. 2 InsO nur bei Immobilien gemäß §§ 892, 893 möglich. Besteht eine Verfügungsbeschränkung oder ein Verfügungsverbot müssen Sie aber in jedem Fall prüfen, ob ein gutgläubiger Erwerb möglich ist.*

Berechtigt ist auch der **Nichteigentümer**, sofern die **Verfügungsberechtigung kraft Gesetzes** auf ihn übertragen worden ist. 145

Der Insolvenzverwalter kann das Eigentum an den beweglichen Sachen, die seiner Verwaltung unterliegen, gemäß §§ 929 ff. i.V.m. § 80 Abs. 1 InsO auf einen anderen übertragen. Er ist zur Eigentumsübertragung berechtigt.

Dasselbe gilt gemäß § 1985 Abs. 1 für den Nachlassverwalter und gemäß § 2205 i.V.m. § 2211 für den Testamentsvollstrecker sowie gemäß § 1204 Abs. 1 i.V.m. § 1228 Abs. 2 bei der Verwertung eines Pfandes.

Fraglich ist, ob der **Nichteigentümer**, der mit **Zustimmung des Berechtigten** verfügt (§ 185), als Berechtigter verfügt. Dabei ist zwischen der vorherigen **Einwilligung** i.S.d. § 185 Abs. 1 und der nachträglichen **Genehmigung** i.S.d. § 185 Abs. 2 zu unterscheiden: 146

- Verfügt der Nichteigentümer mit **vorheriger Zustimmung (= Einwilligung)** des Berechtigten, ist die Verfügung als Verfügung des **Berechtigten** zu behandeln.

  Beispiele: Der Vorbehaltsverkäufer ermächtigt den Vorbehaltskäufer bei einem verlängerten Eigentumsvorbehalt, über die Vorbehaltsware zu verfügen; der Sicherungsnehmer ermächtigt den Sicherungsgeber bei einer Sicherungsübereignung eines Warenlagers, über die Ware im ordnungsgemäßen Geschäftsgang zu verfügen.

- Wer ohne Einwilligung des Berechtigten eine Verfügung getroffen hat, ist **Nichtberechtigter**. Durch die **nachträgliche Zustimmung (= Genehmigung)** wird die Verfügung trotz der Rückwirkung gemäß § 184 Abs. 1 nicht zu einer Verfügung des Berechtigten.[168]

168 Grüneberg/Sprau § 816 Rn. 7.

Für den Eigentumsübergang nach den §§ 929 ff. ist diese Differenzierung nicht entscheidend. Hat der Berechtigte seine Zustimmung erklärt, erlangt der Erwerber in jedem Fall Eigentum gemäß § 929 S. 1 i.V.m. § 185 Abs. 1 oder § 185 Abs. 2, unabhängig davon, ob man den Verfügenden als Berechtigten oder Nichtberechtigten bezeichnet. Für einen Anspruch aus ***§ 816 Abs. 1 S. 1*** *spielt die Differenzierung jedoch eine Rolle. Der Eigentümer kann nur von einem* ***„Nichtberechtigten"*** *die Herausgabe „des durch die Verfügung Erlangten" verlangen.*

Nach dem Wortlaut des § 185 Abs. 1 ist die Verfügung des Nichtberechtigten zwar auch im Falle der vorherigen Zustimmung eine Verfügung des Nichtberechtigten, die dem Berechtigten gegenüber kraft der Einwilligung wirksam wird. Doch ist mit Rücksicht auf § 816 Abs. 1 eine Korrektur geboten: § 816 Abs. 1 gewährt eine Eingriffskondiktion, die einen widerrechtlichen Eingriff in fremde Rechtszuständigkeit voraussetzt. Daran fehlt es aber, wenn eine Befugnis zu dem Eingriff besteht.[169] *Es empfiehlt sich deshalb, den mit Einwilligung Verfügenden als „Berechtigten" und den mit Genehmigung Verfügenden als „Nichtberechtigten" zu bezeichnen.*

147 Gemäß § 185 Abs. 2 S. 1 Var. 2 wird eine Verfügung ebenfalls wirksam, wenn der Nichtberechtigte den Gegenstand erwirbt oder gemäß § 185 Abs. 2 S. 1 Var. 3, wenn er vom Berechtigten beerbt wird und dieser für die Nachlassverbindlichkeiten unbeschränkt haftet. Nach § 184 Abs. 1 gilt die Rückwirkung jedoch nur für die Genehmigung. In den beiden anderen Fällen des § 185 Abs. 2 tritt die Wirksamkeit der Verfügung daher nur ex nunc ein, sodass der Verfügende als „Nichtberechtigter" verfügt.

Daraus ergibt sich für das Merkmal „Berechtigter" folgende **Definition**:

148

Berechtigter i.S.d. § 929 ist der verfügungsbefugte Eigentümer oder der Nichteigentümer, dem kraft Gesetzes das Verfügungsrecht zusteht oder der mit Einwilligung des Berechtigten i.S.d. § 185 Abs. 1 handelt.

2. Abschnitt: Übergabesurrogate gemäß §§ 929 S. 2, 930, 931

149 Die Eigentumsübertragung kann auch in der Weise erfolgen, dass sich die Parteien über den **Eigentumsübergang einigen** und anstelle der Übergabe ein **Übergabesurrogat** vereinbaren. Für die Vereinbarung gelten die Regeln über Rechtsgeschäfte. Die Erklärungen, die zum Zustandekommen der Vereinbarung abgegeben werden, sind **Willenserklärungen**.

- Ist der **Erwerber** bereits **Besitzer**, kann die Übereignung gemäß **§ 929 S. 2** erfolgen.
- **Soll** der **Veräußerer** Besitzer bleiben (egal ob unmittelbarer oder mittelbarer (Mit-) Besitzer), muss zwischen dem Veräußerer und Erwerber ein **Besitzmittlungsverhältnis** gemäß § 868 begründet werden; die Übereignung erfolgt nach **§ 930**.
- Ist der **Veräußerer mittelbarer Besitzer**, kann er seinen **Herausgabeanspruch** gegen den unmittelbaren Besitzer **abtreten**; die Übereignung erfolgt nach **§ 931**.

169 Vgl. OLG Hamm ZIP 1995, 50, 52.

A. Übereignung „kurzer Hand" nach § 929 S. 2

Wenn der Erwerber schon im Besitz der Sache ist, dann genügt für die Übereignung die Einigung über den Eigentumsübergang. Der Veräußerer muss jedoch wie bei einer Übergabe jegliche besitzrechtliche Position verlieren. 150

Aufbauschema: Übereignung nach § 929 S. 2
I. Einigung über den Eigentumsübergang
II. Übergabesurrogat § 929 S. 2
1. Besitz des Erwerbers
2. Besitzlosigkeit des Veräußerers
III. Berechtigung des Veräußerers

I. Besitz des Erwerbers

- Von wem der Erwerber den Besitz erlangt hat, ist für den Eigentumserwerb nach § 929 S. 2 gleichgültig (darauf kommt es nur für einen gutgläubigen Erwerb nach § 932 Abs. 1 S. 2 an). Er kann also den Besitz vom Veräußerer oder von einem Dritten durch Übergabe oder durch einseitige Ergreifung erlangt haben. 151
- Auch **mittelbarer Besitz** des Erwerbers genügt, sofern der unmittelbare Besitzer den Besitz für den Erwerber ausübt.

II. Besitzlosigkeit des Veräußerers

- Der **Veräußerer** darf nach der Einigung **keinerlei besitzrechtliche Beziehung** mehr zur Sache haben. 152
- Ist der Veräußerer **mittelbarer Besitzer** und der Erwerber unmittelbarer Fremdbesitzer, geht das Eigentum nur dann gemäß § 929 S. 2 über, wenn der mittelbare Besitz des Veräußerers beendet wird und der Erwerber fortan für sich besitzt, also Eigenbesitz ausübt.
- Ist der Veräußerer **unmittelbarer Besitzer** (auch nur Mitbesitzer), greift § 929 S. 2 nicht ein.[170]

Beispiel: A will der Hausgehilfin B das Fahrrad, das diese bisher immer benutzt hat, übereignen.

I. Nach § 929 S. 2 kann A der B das Eigentum an dem Fahrrad nur übertragen, wenn B Besitzerin ist. Als Hausangestellte ist sie jedoch nur Besitzdienerin (§ 855), und der Geschäftsherr A ist Besitzer. Damit ist eine Übereignung nach § 929 S. 2 nicht möglich.[171]
II. Die Einigung über den Eigentumsübergang kann jedoch gemäß § 929 S. 1 durch Übergabe vollzogen werden, indem der Übereignende A seine besitzrechtliche Beziehung zur Sache völlig aufgibt und B Eigenbesitz begründet. Die Übergabe kann durch Übertragung des Besitzes nach § 854 Abs. 2 erfolgen.[172] Nach h.M. reicht auch die Aufhebung des gemäß § 855 bestehenden Herrschaftsverhältnisses.[173]

---

170 Vgl. schon oben das Beispiel, Rn. 130.
171 Baur/Stürner § 51 Rn. 16–18, 20; Staudinger/Heinze § 929 Rn. 125; a.A. MünchKomm/Oechsler § 929 Rn. 84.
172 Grüneberg/Herrler § 929 Rn. 18.
173 Baur/Stürner § 51 Rn. 14.

B. Ersatz der Übergabe durch ein Besitzkonstitut, § 930

153 **Will** oder **soll** der Veräußerer auch noch nach der Eigentumsübertragung **Besitzer bleiben**, kann er sein Eigentum gemäß §§ 929 S. 1, 930 durch Einigung über den Eigentumsübergang und Begründung eines Besitzmittlungsverhältnisses gemäß § 868 übertragen; der Veräußerer muss also seinen bisherigen Eigenbesitz in Fremdbesitz umwandeln.

Aufbauschema: Übereignung nach § 930
I. Einigung über den Eigentumsübergang
II. Übergabesurrogat § 930
1. (Unmittelbarer oder mittelbarer) Besitz des Veräußerers
2. Besitzmittlungsverhältnis zwischen Veräußerer und Erwerber
III. Berechtigung des Veräußerers

Das Besitzmittlungsverhältnis braucht nicht wirksam zu sein; auch ein vermeintliches Besitzmittlungsverhältnis reicht für eine Übereignung nach §§ 929 S. 1, 930 aus (s. schon Rn. 34 f.). Allerdings muss ein wirksamer Herausgabeanspruch des Erwerbers gegen den Veräußerer bestehen (wenn nicht aus dem wirksamen Besitzmittlungsverhältnis, dann wenigstens aus GoA oder § 812) und der Veräußerer muss Fremdbesitzerwillen haben.

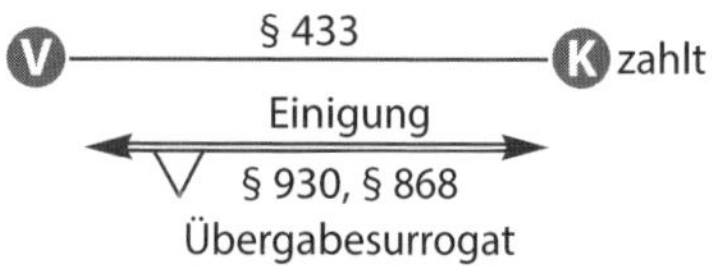

Beispiel: V verkauft einen im Schaufenster stehenden handgearbeiteten Bücherschrank für 9.000 € an K. Der Schrank soll bis zur Umdekorierung im Schaufenster bleiben und sodann auf Kosten des V an K versandt werden. K zahlt. Ist er Eigentümer geworden?

I. Einigung: Wird ein Einrichtungsgegenstand vom Käufer nach der Bezahlung absprachegemäß im Ausstellungsraum des Verkäufers stehen gelassen, so ist nach den Umständen eine konkludente Einigung über den Eigentumsübergang bereits im Zeitpunkt der Zahlung anzunehmen.[174]
Grundsätzlich sind die Pflichten aus einem Kaufvertrag nämlich Zug um Zug zu erfüllen, § 320. Bezahlt der Käufer, erwartet er, dass die im Gegenseitigkeitsverhältnis stehende Übereignung der Kaufsache ebenfalls sofort erfolgt. Gegenteilige Absprachen sind zwischen V und K nicht getroffen worden, sodass eine Einigung vorliegt.
II. Übergabesurrogat gemäß § 930
1. Der Veräußerer V ist unmittelbarer Besitzer geblieben.
2. Es ist ein Besitzmittlungsverhältnis zwischen V und K vereinbart worden.
a) V sollte den Schrank bis zur Umdekorierung als Schaufensterdekoration behalten dürfen. Gleichzeitig sollte er den Schrank sorgfältig behandeln und vor Schaden bewahren. Ob man diese Vereinbarung wegen der Nutzung als Dekoration als Leihvertrag oder wegen der Aufbewahrungspflicht als Verwahrungsvertrag ansieht, ist nicht entscheidend. Jedenfalls ist V auf Zeit zum Besitz berechtigt. Es ist ein Rechtsverhältnis i.S.d. § 868 vereinbart worden.
b) Aus diesem Vertrag ergab sich ein Herausgabeanspruch aus § 604 (Leihe) bzw. ein Rückforderungsanspruch aus § 695 (Verwahrung).
c) V wollte für K besitzen. Er hatte den erforderlichen Fremdbesitzerwillen.
K ist Eigentümer geworden.

174 OLG Köln OLGR 2004, 394 ff., VuR 2005, 38.

Eine Übereignung nach § 930 kommt auch in Betracht, wenn der **Veräußerer nur mittelbarer Besitzer** der Sache ist. 154

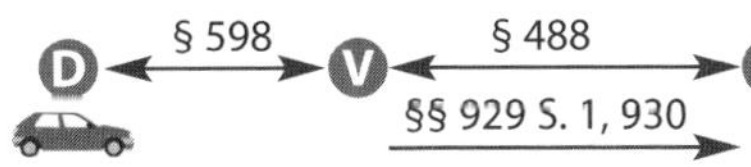

Beispiel: V hat sein Auto an D verliehen. Mit seiner Bank B vereinbart er, dass diese das Auto zur Sicherheit für einen Ratenkredit übereignet bekommen soll. Ist B Eigentümerin geworden?

I. V und B haben sich über den Eigentumsübergang an dem Auto geeinigt.
II. Übergabesurrogat gemäß § 930
1. Der Veräußerer V ist mittelbarer Besitzer des Autos geblieben. D – der von den Vereinbarungen mit B nichts weiß – mittelt unverändert V den Besitz.
2. V und B haben mit dem Sicherungsvertrag ein hinreichend konkretes Besitzmittlungsverhältnis vereinbart. V besitzt jetzt für B, sodass mehrstufiger mittelbarer Besitz i.S.d. § 871 entsteht (D besitzt für V, V besitzt für B).
3. V hatte auch Fremdbesitzerwillen für B.
B ist Eigentümerin geworden.

I. Vorweggenommene Einigung und vorweggenommenes Besitzkonstitut

Will der Veräußerer eine Sache verkaufen und übereignen, die er selbst erst noch von einem Dritten erwerben muss, können Veräußerer und Erwerber eine Übereignung durch eine vorweggenommene Einigung und ein vorweggenommenes Besitzkonstitut vornehmen. Veräußerer und Erwerber vereinbaren dazu, dass 155

- die vom Veräußerer noch zu erwerbende Sache sofort auf den Erwerber übergehen soll **(vorweggenommene Einigung)** und
- dass der Veräußerer die Sache für den Erwerber besitzen soll, z.B. aufgrund einer Leihe oder eines Sicherungsvertrages **(vorweggenommenes Besitzkonstitut)**.

*Oft werden Einigung und Besitzkonstitut auch als „anti**z**ipiert" (von lat. anticipare = vorwegnehmen) oder „ant**e**zipiert" (von lat. ante = vor) bezeichnet.*

Der angestrebte Eigentumswechsel nach §§ 929, 930 vollzieht sich dann „von selbst", sobald der Veräußerer seinerseits Eigentum und Besitz an der veräußerten Sache erlangt. Es tritt in diesem Moment ein doppelter Eigentumswechsel ein:

- Zunächst erwirbt der Veräußerer das Eigentum von dem Dritten (z.B. gemäß § 929 S. 1 durch Einigung und Übergabe).
- Sodann erwirbt der Erwerber vom Veräußerer gemäß §§ 929 S. 1, 930 das Eigentum.

Der Veräußerer wird also für eine juristische Sekunde Eigentümer. Es tritt ein **Durchgangserwerb** ein.

Praktisch werden eine antizipierte Einigung und ein antizipiertes Besitzkonstitut häufig bei der Sicherungsübereignung wechselnder Waren- oder Lagerbestände oder noch nicht hergestellter Waren vereinbart oder bei der mittelbaren Stellvertretung (dazu Rn. 173, 312 ff.).

Fall 6: Oldtimer-Kauf

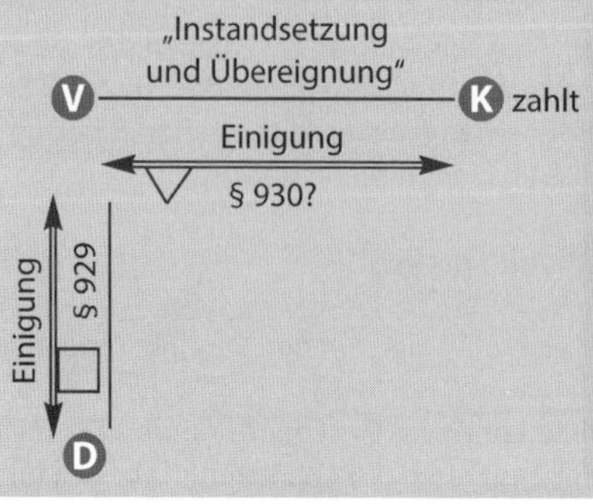

Der Kfz-Händler V kauft Oldtimer, setzt sie instand und verkauft sie. Er verhandelt mit D über den Erwerb eines Mercedes 220 Baujahr 1961. K, der am Erwerb dieses Fahrzeugs interessiert ist, schließt mit V einen Vertrag. Darin verpflichtet sich V, den von ihm instand gesetzten Mercedes für 18.000 € zu übereignen. K zahlt schon, damit V an D bar zahlen kann. Wann wird K Eigentümer des Fahrzeugs?

156 **A.** Nach dem Inhalt der abgegebenen Erklärungen sollte K das Eigentum von V und nicht von D erwerben.

B. Eigentumserwerb K von V gemäß **§§ 929 S. 1, 930** im Zeitpunkt des Eigentumserwerbs durch V

I. Vorweggenommene Einigung V–K: Die Parteien waren sich bei Kaufabschluss einig, dass K, der den Kaufpreis zahlte, zum frühestmöglichen Zeitpunkt – vor der Instandsetzung des Mercedes – das Eigentum erwerben sollte. Das war der Zeitpunkt des Erwerbs des Eigentums durch V. Die Einigung darf bis zu dem Zeitpunkt, in dem das Eigentum auf den Erwerber übergehen soll, **nicht widerrufen** worden sein. Ein etwaiger Widerruf muss jedoch dem Erwerber zugehen. Ein Widerruf des V ist nicht erfolgt, sodass die Einigung auch im Zeitpunkt der Besitzergreifung durch V fortbesteht.

II. Die Übergabe könnte durch ein **vorweggenommenes Besitzkonstitut** ersetzt worden sein.

1. Wenn D dem V das Fahrzeug aushändigt, wird der Veräußerer V Besitzer.

2. Zwischen V und K müsste im Zeitpunkt des Erwerbs durch V ein Besitzmittlungsverhältnis gemäß § 868 bestehen.

a) K und V haben ein Rechtsverhältnis vorweggenommen (antizipiert) vereinbart. V sollte nach dem Erwerb von D den Wagen für K instand setzen und danach an K aushändigen, also zeitlich begrenzt Fremdbesitzer für K sein.

b) Aus diesem Rechtsverhältnis ergab sich ein Herausgabeanspruch: V war verpflichtet, den Wagen nach Instandsetzung an K herauszugeben.

c) V hatte im Zeitpunkt der Besitzergreifung den Willen, für K zu besitzen – Fremdbesitzerwillen.

Bei einem vorweggenommenen Besitzkonstitut wird vermutet, dass der bei Abschluss des Rechtsverhältnisses i.S.d. § 868 geäußerte Fremdbesitzerwille im Zeitpunkt der Besitzergreifung fortbesteht. Es ist also für die Wirksamkeit des vorweggenommenen Besitzkonstituts nicht erforderlich, dass noch eine besondere Ausführungshandlung vorgenommen wird.[175] Will der Veräußerer im Zeitpunkt der Besitzergreifung den Eigen-

175 Staudinger/Heinze § 930 Rn. 32.

tumserwerb verhindern, muss er dieses zum Ausdruck bringen, also eine „negative" Ausführungshandlung vornehmen.[176]

III. Mit der Übereignung des D an V ist V verfügungsbefugter Eigentümer geworden.

Damit ist im Zeitpunkt der Übergabe des Oldtimers von D an V – genau genommen eine juristische Sekunde später – auch der Eigentumswechsel von V auf K eingetreten.

*Eine andere Möglichkeit der Übertragung des Eigentums besteht in einem solchen Fall durch ein zulässiges **In-sich-Geschäft des Veräußerers** (dazu Beispiel, Rn. 174).*

II. Gesetzliche Besitzmittlungsverhältnisse

Eine Übereignung nach §§ 929, 930 kann auch ohne rechtsgeschäftliche Vereinbarung 157
eines Besitzmittlungsverhältnisses erfolgen, wenn zwischen Veräußerer und Erwerber ein **gesetzliches Besitzmittlungsverhältnis** besteht. Für eine nach § 930 erforderliche Vereinbarung genügt der übereinstimmende Parteiwille, dass der Veräußerer aufgrund des gesetzlichen Besitzmittlungsverhältnisses Besitzmittler sein soll.[177]

1. Eheliche Lebensgemeinschaft, § 1353

Fall 7: Der Hochzeitsperser

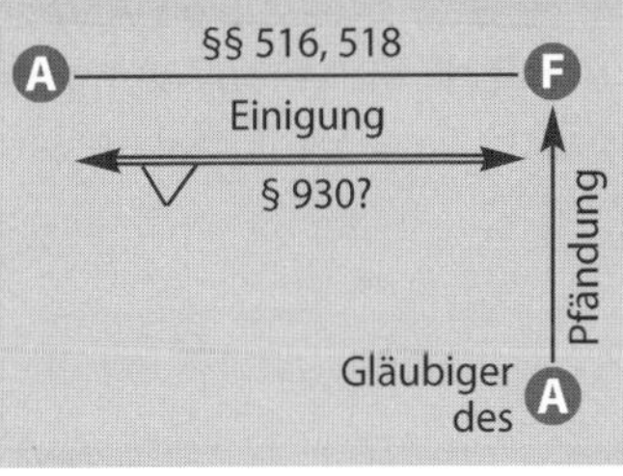

Der Ehemann A möchte seiner Frau F zum 10-jährigen Hochzeitstag den bisher ihm gehörenden Perserteppich schenken, der das Wohnzimmer ziert. A erklärt seiner Frau, ab jetzt solle der Teppich ihr gehören. Ein Gläubiger des A pfändet fünf Jahre später den Teppich. F möchte dagegen vorgehen.

F kann gemäß § 771 ZPO die **Drittwiderspruchsklage** erheben, wenn sie Eigentümerin 158
des Teppichs und somit Inhaberin eines die Veräußerung hindernden Rechts ist.

A. Eine Übereignung des Teppichs von A an F nach **§ 929 S. 1** kommt nicht in Betracht, da der Veräußerer A Mitbesitzer des Teppichs bleibt und nicht, wie es für eine Übergabe erforderlich ist, den Besitz vollständig verliert. Beide Ehegatten sind nach der Verkehrsauffassung an Gegenständen der gemeinschaftlichen Wohnung Mitbesitzer und bleiben es auch, wenn Veräußerungsgeschäfte zwischen ihnen getätigt werden.[178]

B. Das Eigentum kann F gemäß **§§ 929 S. 1, 930** vom Ehemann A erworben haben.

I. Eine Einigung über den Eigentumsübergang ist erzielt worden.

II. Es muss ein Besitzkonstitut zwischen A und F vereinbart worden sein.

---

176 MünchKomm/Oechsler § 930 Rn. 25.

177 BGHZ 73, 253, 258; BGH NJW 1998, 2542; 1992, 1162.

178 BGHZ 73, 253, 256.

1. Der Veräußerer A ist Besitzer des Teppichs. Der Mitbesitz ist für § 930 ausreichend.[179]

2. Zwischen A und F muss ein Besitzmittlungsverhältnis bestehen.

a) Einen Verwahrungsvertrag oder ein ähnliches Rechtsverhältnis haben die Eheleute nicht vereinbart. Doch aus dem Gebot der ehelichen Lebensgemeinschaft (§ 1353) ergibt sich die Pflicht der Ehegatten, sich gegenseitig die Benutzung der ehelichen Wohnung und des darin befindlichen Hausrats zu gestatten. Ferner muss der Ehegatte, der nicht Eigentümer ist, im Hinblick auf die Sachen, die dem anderen Ehegatten gehören, Sorgfaltspflichten beachten. Daher ist die kraft Gesetzes aufgrund der ehelichen Lebensgemeinschaft bestehende Rechtsbeziehung ein Rechtsverhältnis i.S.d. § 868.

Für eine nach § 930 erforderliche Vereinbarung eines Besitzmittlungsverhältnisses genügt der übereinstimmende Parteiwille, dass der Veräußerer aufgrund eines gesetzlichen Besitzmittlungsverhältnisses Besitzmittler sein soll.[180]

Nach einer Gegenansicht soll die Konstruktion des Besitzmittlungsverhältnisses gezwungen sein und die bloße Einigung für den Eigentumswechsel genügen.[181]

b) Aus diesem Rechtsverhältnis ergibt sich nach Beendigung der Ehe ein Herausgabeanspruch.

c) Der Ehemann hat seinen Fremdbesitzerwillen geäußert.

III. Die Ehefrau hat somit gemäß §§ 929 S. 1, 930 von dem veräußernden Mitbesitzer das Eigentum erworben.

C. Der Eigentumserwerb liegt auch länger als vier Jahre zurück, sodass kein Anfechtungsrecht besteht, vgl. § 4 Abs. 1 AnfechtungsG. F steht damit ein die Veräußerung hinderndes Recht i.S.v. § 771 ZPO zu, sodass die Drittwiderspruchsklage Erfolg haben wird.

---

2. Elterliche Vermögenssorge, § 1626

159 **Beispiel:** Die Eltern wollen ihrem 10-jährigen Sohn K den im Arbeitszimmer aufgestellten Computer übereignen.

Die Eigentumsübertragung erfolgt gemäß §§ 929 S. 1, 930:

I. Für die Einigung bestehen zwei Möglichkeiten:
1. Wird K an der Übereignung beteiligt, kann er das Einigungsangebot der Eltern konkludent annehmen. Die Erklärung des K ist gemäß § 107 wirksam, da die Übereignung für K lediglich rechtlich vorteilhaft ist.
2. Die Einigung kann auch vom gesetzlichen Vertreter durch In-sich-Geschäft getätigt werden. Die Vorschriften der §§ 1629 Abs. 2 S. 1, 1824 Abs. 2, 181 stehen dem nicht entgegen, weil das Rechtsgeschäft lediglich rechtlich vorteilhaft für K ist.
II. Die Vereinbarung eines vertraglichen Besitzmittlungsverhältnisses ist nicht erforderlich, da zwischen Eltern und Kind ein gesetzliches Besitzmittlungsverhältnis besteht (§ 1626) und es dem Willen der Beteiligten entspricht, dass dieses Verhältnis sich auf die übereigneten Gegenstände erstreckt.[182] Die El-

---

179 BGHZ 73, 253; Grüneberg/Herrler § 930 Rn. 7.

180 BGHZ 73, 253, 257; BGH NJW 1992, 1162; Grüneberg/Herrler § 868 Rn. 7 f.; MünchKomm/Schäfer § 868 Rn. 43.

181 Baur/Stürner § 51 Rn. 25.

182 BGH NJW 1989, 2042, 2043; OLG Düsseldorf OLG-Report 1998, 190.

tern müssen allerdings ihren Willen, den bisherigen Eigenbesitz in Fremdbesitz umzuwandeln, nach außen hin erkennbar machen. Dies kann z.B. durch eine schriftliche Vereinbarung geschehen.

C. Ersatz der Übergabe durch Abtretung des Herausgabeanspruchs, § 931

Ist ein **Dritter unmittelbarer** oder **mittelbarer** Besitzer der Sache und steht dem Veräußerer ein **Herausgabeanspruch gegen den Dritten** zu, kann er die Sache an den Erwerber übereignen, indem er sich mit dem Erwerber über den Eigentumsübergang einigt und an ihn den Herausgabeanspruch gegen den Dritten gemäß § 398 abtritt. **160**

§ 931 dient vor allem der Vereinfachung. Sachen im Besitz dritter Personen sollen ohne unnötiges Hin- und Hergeben übereignet werden können. Außerdem soll eine Übereignung ermöglicht werden, wenn der Dritte die Sache im Augenblick noch nicht herauszugeben braucht (z.B., weil er sie vom Veräußerer für bestimmte Zeit gemietet hat) oder wo er freiwillig nicht zur Herausgabe bereit ist.

Aufbauschema: Übereignung nach § 931
I. Einigung über den Eigentumsübergang
II. Übergabesurrogat § 931
1. Dritter ist im Besitz der Sache
2. Veräußerer tritt Herausgabeanspruch gegen Dritten an Erwerber ab, § 398
III. Berechtigung des Veräußerers

Welcher Herausgabeanspruch dem Erwerber abgetreten werden muss, richtet sich nach dem besitzrechtlichen Verhältnis zwischen Veräußerer und Drittem. Es ist zu unterscheiden:

- Ist der **Veräußerer mittelbarer Besitzer**, kann die Übergabe durch die Abtretung des Herausgabeanspruchs erfolgen. Dabei genügt nach heute fast einhelliger Ansicht die Abtretung des aus dem Besitzmittlungsverhältnis folgenden Anspruchs.[183]

- Ist der Veräußerer **nicht mittelbarer Besitzer**, hat er aber gegen den besitzenden Dritten einen sonstigen Herausgabeanspruch, ist dieser Anspruch abzutreten. In Betracht kommen Ansprüche aus §§ 812 ff.,[184] 823,[185] aber auch aus §§ 861 ff., 1007, 687 Abs. 2, 681 S. 2, 667.

- Ist der Veräußerer nicht mittelbarer Besitzer und ist auch kein Anspruch aus § 812 oder § 823 etc. gegeben, sondern hat der **Veräußerer** gegen den Dritten **nur den Anspruch aus § 985**, ist umstritten, ob dieser Herausgabeanspruch aus § 985 abgetreten werden kann oder ob hier die bloße Einigung genügt.

  Nach heute h.M. genügt die bloße Einigung, da der Anspruch aus § 985 grundsätzlich untrennbar mit dem Eigentum verbunden sei. Der Anspruch aus § 985 folge dem Eigentum und nicht umgekehrt und könne daher nicht abgetreten werden.[186]

183 BGH NJW 1959, 1536 f.; Grüneberg/Herrler § 931 Rn. 3.
184 Grüneberg/Herrler § 931 Rn. 3.
185 Grüneberg/Herrler § 931 Rn. 3.
186 Vgl. z.B. BGH NJW 1959, 1536 f.; WM 1964, 426, 427; Grüneberg/Herrler § 931 Rn. 3.

Bei einem gutgläubigen Eigentumserwerb nach §§ 929, 931, 934 ***Var. 2*** *reicht – anders als beim Erwerb vom Berechtigten – sogar ein nur* ***behaupteter Herausgabeanspruch.***[187] *Andernfalls wäre ein gutgläubiger Erwerb in diesem Fall gar nicht möglich (s. dazu ausführlich unten Rn. 204). Schon bei der Prüfung des § 931 sollte man in der Klausur daher stets bedenken, ob ein gutgläubiger Erwerb nach § 934 in Betracht kommt: Ansonsten läuft man Gefahr, die Prüfung mangels tatsächlich bestehenden Herausgabeanspruchs schon auf der Ebene „Übergabe" bzw. „Übergabesurrogat" abzubrechen und einen etwaigen gutgläubigen Erwerb gar nicht mehr zu prüfen.*

Der **besitzende Dritte** wird durch die §§ 404 ff. und durch § 986 Abs. 2 **geschützt**:

- Tritt der Veräußerer einen Herausgabeanspruch aus einem Besitzmittlungsverhältnis oder einen anderen schuldrechtlichen Herausgabeanspruch an den Erwerber ab, kann der Dritte dem Erwerber nach **§ 404** diejenigen Einwendungen entgegenhalten, die dem früheren Eigentümer gegenüber bestanden.
- Dieser Schutz versagt aber gegenüber dem Anspruch aus § 985: Da dieser in der Person des neuen Eigentümers neu entsteht, besteht kein Schutz aus § 404. In dieser Situation greift § 986 Abs. 2 ein, der Einwendungen aus der Rechtsbeziehung zum bisherigen Eigentümer auch gegenüber dem neu entstandenen Eigentumsherausgabeanspruch zulässt.

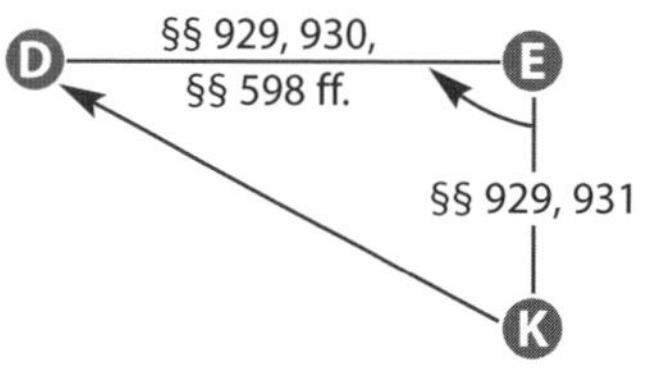

Beispiel: D hat eine Maschine zur Sicherheit an E übereignet; zwischen D und E wurde eine Leihe als Besitzkonstitut vereinbart. E veräußert diese Maschine an K unter Abtretung seines Herausgabeanspruchs aus der Leihe. Als K von D Herausgabe der Maschine verlangt, beruft sich dieser darauf, dass der Sicherungsfall nicht eingetreten sei.

I. Ein Herausgabeanspruch des K gegen D kann sich aus **§§ 604, 398** ergeben.
1. E und K haben sich über die Abtretung eines Herausgabeanspruchs aus Leihe geeinigt.
2. Als Verleiher war E auch Forderungsinhaber und daher zur Abtretung des Anspruchs aus § 604 berechtigt.
3. D stand gegenüber E jedoch eine Einwendung aus dem Sicherungsvertrag zu. Danach besteht eine Verpflichtung des Sicherungsgebers zur Herausgabe des Sicherungsgegenstandes erst bei Eintritt des Sicherungsfalles. Gemäß § 404 kann D diese Einwendung auch gegenüber dem Erwerber K geltend machen, sodass ein Anspruch aus §§ 604, 398 ausscheidet.
II. Ein Herausgabeanspruch des K gegen D kann sich jedoch aus **§ 985** ergeben.
1. E und K haben sich über den Eigentumsübergang geeinigt, E hat K seinen Herausgabeanspruch aus § 604 abgetreten und E war als Eigentümer auch zur Verfügung berechtigt, sodass das Eigentum an der Maschine gemäß §§ 929 S. 1, 931 auf K übergegangen ist.
2. D ist unmittelbarer Besitzer der Maschine, § 854 Abs. 1.
3. Ein dingliches Besitzrecht steht D an der Maschine nicht zu. Ein obligatorisches Besitzrecht stand D aus der Sicherungsabrede allerdings gegenüber E zu. Dieses Besitzrecht kann er K jedoch nicht nach § 404 entgegenhalten, da E ja nicht den Anspruch aus § 985, sondern den Anspruch aus § 604 abgetreten hat. Der Herausgabeanspruch aus § 985 ist im Moment der Übereignung in der Person des K vielmehr neu entstanden. In diesem Fall greift allerdings **§ 986 Abs. 2** ein. Danach kann D auch gegenüber dem Anspruch aus § 985 die Einwendungen geltend machen, die ihm gegenüber dem Anspruch aus § 604 zustehen, sodass er die Herausgabe unter Berufung auf die Sicherungsabrede zu Recht verweigert.[188]

187 BGH NJW 1978, 696, 697; BeckOK/Kindl § 934 Rn. 6.
188 Vgl. Staudinger/Thole § 986 Rn. 54.

Bei einer Veräußerung nach § 930 gilt § 986 Abs. 2 analog, da der Besitzer ebenso schutzwürdig ist.[189]

Ist der **Veräußerer mittelbarer Besitzer** der Sache, bestehen **drei Möglichkeiten zur Eigentumsübertragung**: 161

- Wenn der Veräußerer das Besitzmittlungsverhältnis mit dem unmittelbaren Besitzer beendet und auf seine Veranlassung ein Besitzmittlungsverhältnis zwischen dem Erwerber und dem unmittelbaren Besitzer vereinbart wird, liegt nach h.M. eine **Übergabe i.S.d. § 929 S. 1** vor (vgl. oben Rn. 131).
- Der Veräußerer kann das Besitzmittlungsverhältnis mit dem unmittelbaren Besitzer bestehen lassen und seinerseits ein Besitzmittlungsverhältnis mit dem Erwerber vereinbaren. Es wird dann mehrstufiger mittelbarer Besitz begründet. Das Eigentum wird gemäß **§§ 929 S. 1, 930** auf den Erwerber übertragen (vgl. oben Rn. 154).
- Schließlich kann der Veräußerer seinen Herausgabeanspruch aus dem Besitzmittlungsverhältnis an den Erwerber abtreten und damit eine Übereignung nach **§§ 929, 931** vornehmen.

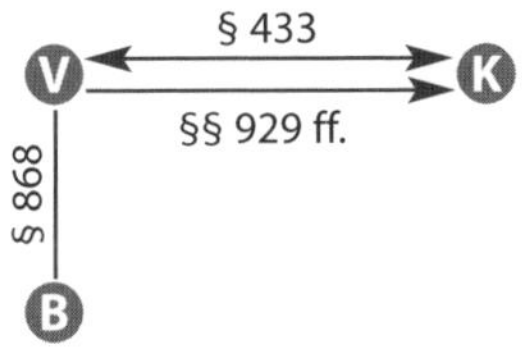

Beispiel: V ist Eigentümer einiger Kälber, die er dem Bauern B zur Aufzucht übergeben hat. V verkauft die Kälber an K. Wie kann V die Kälber an K übereignen, wenn sie bei B verbleiben sollen?

I. Es kommt eine Übereignung nach **§ 929 S. 1** in Betracht.
1. V und K müssen sich über den Eigentumsübergang einigen.
2. Die Übergabe kann dadurch vorgenommen werden, dass V seinen Vertrag mit B auflöst und B anweist, mit dem K einen Vertrag über die weitere Aufzucht der Kälber zu schließen.
a) Der Erwerber K erwirbt den mittelbaren Besitz, wenn er den Vertrag mit B schließt.
b) Dieser Besitzerwerb geschieht auf Veranlassung des Veräußerers V.
c) Mit Auflösung des Vertrags zwischen V und B verliert V jeglichen Besitz an den Kälbern.
d) Einer Übergabe nach § 929 S. 1 steht nicht entgegen, dass B nach wie vor unmittelbarer Besitzer ist. Nach h.A. setzt die Übergabe keinen Wechsel des unmittelbaren Besitzes voraus (vgl. oben Rn. 131).
II. V kann die Kälber auch gemäß **§§ 929 S. 1, 930** übereignen.
1. V ist mittelbarer Besitzer der Kälber. Der Vertrag mit B über die Aufzucht der Kälber ist ein Rechtsverhältnis i.S.d. § 868; aus dem Vertrag hat V einen Herausgabeanspruch, und B besitzt mit Fremdbesitzerwillen.
2. Das gemäß § 930 für den Eigentumserwerb von K erforderliche Besitzmittlungsverhältnis zwischen V und K kann in der Weise begründet werden, dass V und K ein Rechtsverhältnis i.S.d. § 868 vereinbaren, aufgrund dessen V für K als Fremdbesitzer besitzt und K gegen V einen Herausgabeanspruch hat. Es entsteht dann mehrstufiger mittelbarer Besitz, § 871.[190]
III. Schließlich besteht auch die Möglichkeit der Übereignung nach **§§ 929, 931**. V muss dafür seinen Herausgabeanspruch gegen B aus dem Besitzmittlungsverhältnis an K abtreten.[191]

---

189 BGHZ 111, 142, 146; Erman/Ebbing § 986 Rn. 34.
190 BGH ZIP 1998, 2160; Krüger JuS 1993, 12, 13.
191 BGH ZIP 1998, 2160.

3. Abschnitt: Eigentumsübertragung unter Einschaltung eines Vertreters

162 Für den Veräußerer und Erwerber können bei der Eigentumsübertragung Vertreter tätig werden. Dabei ist zu beachten:

- Die **rechtsgeschäftliche** Einigungserklärung des Vertreters wird gemäß §§ 164 ff. dem Vertretenen zugerechnet. Die Offenkundigkeit – das Handeln im fremden Namen – ist nicht geboten, wenn es dem Veräußerer nicht darauf ankommt, wer das Eigentum erwirbt. Dies ist insbesondere der Fall, wenn ein „Geschäft an den, den es angeht" vorliegt.
- Für den Vollzug der Einigung gilt:
  - Bei der **Übergabe**, die eine **tatsächliche** Änderung der Besitzverhältnisse voraussetzt, gelten die §§ 164 ff. **nicht**, sondern die besitzrechtlichen Regeln der §§ 855 und 868. Der Vertreter wird als Hilfsperson/Geheißperson, als **Besitzdiener** (§ 855) oder **Besitzmittler** (§ 868) tätig.
  - Sofern der Besitz gemäß § 854 Abs. 2 durch bloße **Einigung** übertragen werden kann oder der Vollzug der Einigung durch **Vereinbarung** eines Übergabesurrogats gemäß §§ 930 und 931 erfolgt, gelten für diese **rechtsgeschäftlichen** Erklärungen die Regeln der Vertretung.

A. Vertretung des Veräußerers

I. Offene Vertretung

163 Handelt der Vertreter im Namen und mit **Einverständnis des Veräußerers**, vollzieht sich der Eigentumswechsel unmittelbar zwischen dem Veräußerer und dem Erwerber.

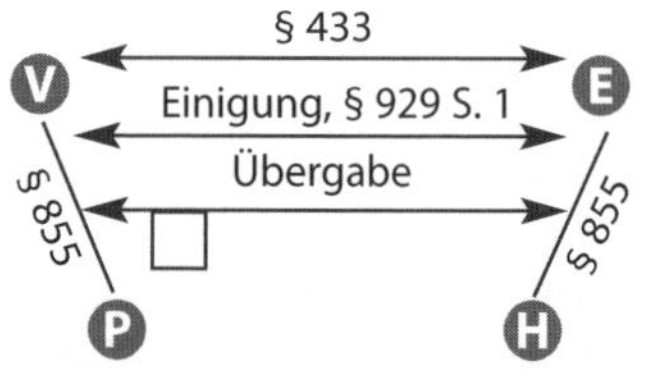

Beispiel: Der Verkäufer P der V-AG verkauft und überträgt an den Einkäufer H der E-GmbH einen Motor, den H auch in Empfang nimmt. Ist die E-GmbH Eigentümerin geworden?

I. Die von den Vertretern P und H abgegebenen Einigungserklärungen wirken für und gegen die Geschäftsherrn, sodass eine Einigung zwischen V und E zustande gekommen ist.
II. Übergabe:
1. E hat als Erwerberin den unmittelbaren Besitz erlangt, als H, der Besitzdiener der E, die tatsächliche Sachherrschaft ergriff (§ 855).
2. Die Veräußerin V hat den Besitz in Vollziehung der Einigung auf E übertragen, indem ihr Besitzdiener P mit ihrem Einverständnis die tatsächliche Sachherrschaft auf H übertragen hat.

Bei einer offenen Vertretung kommt es auch nicht darauf an, ob der Vertreter Besitzdiener oder Besitzmittler des Vertretenen ist: Der Vertretene verliert in jedem Fall seine besitzrechtliche Position und solange er mit der Weggabe einverstanden ist, liegt auch eine genügende „Veranlassung" der Besitzübertragung vor.

Problematisch ist der Fall, dass der vertretungsberechtigte Vertreter **ohne oder gegen den tatsächlichen Willen des Veräußerers** handelt. Eine Einigung kommt wirksam zustande. Der abweichende innere Wille des Veräußerers hat nur für das Innenverhältnis Bedeutung. Auch die Weggabe durch seinen Vertreter muss sich der Veräußerer jedoch zurechnen lassen. Der rechtsgeschäftliche Wille umfasst in diesem Fall den tatsächlichen Willen. 164

Fall 8: Der Antiquitätenhändler auf Weltreise

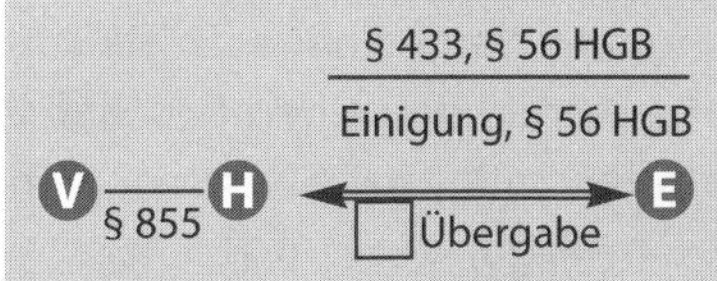

Der Antiquitätenhändler V ist im Besitz zweier Bilder, die er als Tizian-Kopien gekauft hat. Er hat seinen Ladenangestellten H angewiesen, diese Bilder nicht zu verkaufen, da er vermutet, dass sie echt sind. Als sich V auf einer Weltreise befindet, veräußert H eines der Bilder an E, da H nicht an die Echtheit glaubt, und E einen für eine Kopie guten Preis bietet. Hat E das Eigentum erworben?

E kann das Eigentum nach § 929 S. 1 erworben haben. 165

I. Eine Einigung zwischen V, vertreten durch H, und E ist wirksam zustande gekommen. H handelte konkludent im Namen des V. Nach § 56 HGB **gilt der Ladenangestellte als ermächtigt**, die gewöhnlichen Geschäfte zu tätigen. Die Veräußerung der im Geschäft des V vorhandenen Gegenstände stellt ein solches Geschäft dar. Daher hatte H Vertretungsmacht, das Bild zu verkaufen und die Einigungserklärung abzugeben. Die entgegenstehende Weisung des V hat lediglich im Innenverhältnis V–H Bedeutung.

II. Das Bild müsste E **übergeben** worden sein. E hat den unmittelbaren Besitz erworben. Dies müsste auf Veranlassung, d.h. **mit Willen des Veräußerers** V, geschehen sein. V selbst hat die Besitzübertragung auf E nicht veranlasst. Er hat den Besitzdiener H nicht angewiesen, den Besitz auf E zu übertragen; vielmehr hat V den Besitz gegen seinen Willen verloren. Allerdings war H als Ladenangestellter i.S.d. § 56 HGB zur Vertretung des V bei der Eigentumsübertragung befugt.

1. Da es sich bei der Übergabe um einen Realakt handelt, sind die Vertretungsregeln grundsätzlich nicht anwendbar.[192]

2. Eine Ausnahme ist jedoch zu machen, wenn der Vertreter berechtigt ist, ein Veräußerungsgeschäft zu tätigen, er also **Veräußerungsvollmacht** hat. In diesem Fall umfasst der rechtsgeschäftliche Wille den tatsächlichen Willen, sodass derjenige, der zur Veräußerung befugt ist, nicht nur den erforderlichen rechtsgeschäftlichen Willen, sondern auch den tatsächlichen Willen mit Wirkung für und gegen den Geschäftsherrn äußern kann.[193]

Demnach muss sich V die willentliche Besitzübertragung des H zurechnen lassen.

Die hier aufgezeigte Problematik wird häufig bei der Frage des Abhandenkommens i.S.d. § 935 erörtert.[194] Richtigerweise handelt es sich aber in den Fällen, in denen sich der Vertre-

192 Grüneberg/Herrler § 929 Rn. 23; OLG Frankfurt NJW-RR 1986, 470.
193 Baur/Stürner § 52 Rn. 39; Staudinger/Gutzeit § 855 Rn. 28.
194 BeckOK/Kindl § 935 Rn. 6.

tungsberechtigte im Namen seines Geschäftsherrn einigt, nicht erst um die Frage des Abhandenkommens (§ 935), sondern es betrifft die notwendigerweise vorhergehende Frage, ob überhaupt eine Übergabe erfolgt ist.

E hat also gemäß § 929 S. 1 das Eigentum erworben.

II. Mittelbare Vertretung

166 Wer nach außen nicht im fremden Namen, sondern im eigenen Namen handelt, ist nicht Vertreter i.S.d. §§ 164 ff. Will der im eigenen Namen Handelnde für seinen Geschäftsherrn das Eigentum übertragen, ist er **mittelbarer** Vertreter. Tätigt der mittelbare Vertreter im Einverständnis mit dem Veräußerer – also mit Einwilligung i.S.d. § 185 Abs. 1 – das Übereignungsgeschäft gemäß §§ 929 ff., dann geht das Eigentum **unmittelbar** vom Veräußerer auf den Erwerber gemäß §§ 929, 185 Abs. 1 über.

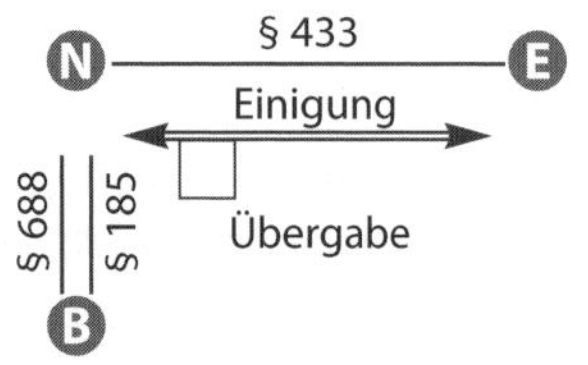

Beispiel: Der Kunsthändler N hat für B einen wertvollen Teppich in Aufbewahrung. Als B in Geldschwierigkeiten gerät, beauftragt er N, den Teppich zu veräußern. N verkauft und übergibt im eigenen Namen den Teppich an E für 32.000 €. Hat E Eigentum erworben?

I. N, der im eigenen Namen handelt, und E haben sich über den Eigentumswechsel geeinigt.
II. Der Erwerber E hat von N den unmittelbaren Besitz erlangt. Der Veräußerer N hat diese Besitzübertragung veranlasst und hat jegliche besitzrechtliche Position verloren.
III. N war zwar Nichteigentümer, aber der Berechtigte B hat eingewilligt, sodass die Verfügung des N an E gemäß § 185 Abs. 1 wirksam ist.

167 Fehlt es an einer Einwilligung des Veräußerers kann die Verfügung nur entweder nach § 185 Abs. 2 wirksam werden oder es findet ein gutgläubiger Eigentumserwerb gemäß §§ 932 ff. statt.

B. Vertretung des Erwerbers

I. Offene Vertretung

168 Wird der Erwerber durch einen **Besitzdiener** vertreten, erwirbt er mit Übergabe an diesen unmittelbar das Eigentum. Gibt der Besitzdiener des Erwerbers die Einigungserklärungen im Namen des Vertretenen ab, will aber **für sich erwerben, ohne** dies **nach außen zum Ausdruck** zu bringen, steht sein innerer Wille einem Eigentumserwerb des Vertretenen nicht entgegen.

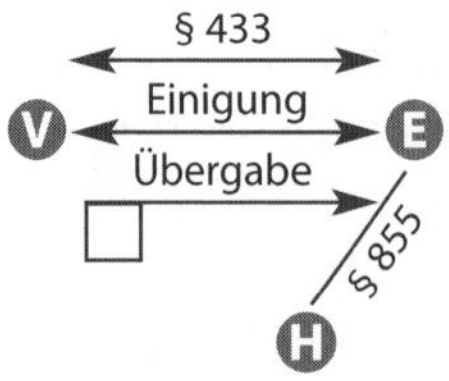

Beispiel: V verkauft E, dieser vertreten durch den Angestellten H, äußerst preisgünstig eine Computeranlage. Bereits bei den Verhandlungen mit V entschließt H sich, die Anlage für sich zu erwerben. Er nimmt die Anlage mit nach Hause. E verlangt sie nach § 985 heraus.

E kann die Anlage von H gemäß § 985 herausverlangen, wenn er Eigentümer geworden ist. Das Eigentum kann E von V nach § 929 S. 1 erworben haben.

I. Einigung V – E? H ist im Namen und mit Vertretungsmacht des E aufgetreten und hat die Einigungserklärungen gegenüber V für E abgegeben. Sein innerer entgegenstehender Wille ist unbeachtlich.
II. Übergabe?
1. E hat den Besitz erlangt, als H als Besitzdiener die tatsächliche Sachherrschaft ergriff (§ 855). Dass H für sich und nicht für E die tatsächliche Sachherrschaft erwerben wollte, ist unbeachtlich.[195] Maßgebend ist, wie er nach außen aufgetreten ist.
2. V hat als Veräußerer willentlich den Besitz verloren.
E hat das Eigentum vom Berechtigten V erworben. Er kann von H nach § 985 die Herausgabe der Anlage verlangen.

Handelt es sich bei dem Vertreter des Erwerbers nicht um einen Besitzdiener, können Erwerber und Vertreter ein antizipiertes Besitzkonstitut vereinbaren. Andernfalls erwirbt der Erwerber das Eigentum erst, wenn ihm der Vertreter die Sache übergibt. **169**

In allen Fällen der offenen Vertretung des Erwerbers findet ein ***Direkterwerb des Erwerbers*** *statt: Die Einigung über den Eigentumsübergang ist unmittelbar zwischen Veräußerer und Erwerber (dieser vertreten durch den Vertreter) zustande gekommen. Der Vertreter erwirbt also nicht – auch nicht für eine juristische Sekunde – das Eigentum an der Sache. Von der besitzrechtlichen Stellung des Vertreters hängt nur der Zeitpunkt des Eigentumsübergangs ab.*

II. Mittelbare Vertretung

Tritt der „Vertreter" in **eigenem Namen** auf, will er aber das Eigentum nicht für sich, sondern für den Erwerber erlangen, kann sich der Eigentumswechsel vom Veräußerer auf den Erwerber wie folgt vollziehen: **170**

- Ist es dem Veräußerer **gleichgültig**, wer Eigentümer wird, gibt er ein Einigungsangebot an den ab, **den es angeht**. Dieses Angebot nimmt der mittelbare Vertreter für den Erwerber an, sodass eine Einigung zwischen Veräußerer und Erwerber vorliegt. Außerdem besteht zwischen Vertreter und Erwerber ein antizipiertes Besitzkonstitut, sodass sich mit der Übergabe der Eigentumswechsel **unmittelbar** zwischen Erwerber und Veräußerer vollzieht.

  Deswegen gehört diese Fallgruppe, die herkömmlich als mittelbare Stellvertretung bezeichnet wird, eigentlich zu den Fällen unmittelbarer Vertretung auf Erwerberseite.[196]

- Will der Veräußerer mit dem mittelbaren Vertreter, der im eigenen Namen auftritt, das Veräußerungsgeschäft tätigen, dann kommt die Einigung zwischen dem Veräußerer und mittelbaren Vertreter zustande; der Eigentumswechsel vollzieht sich mit der Übergabe der Sache an den mittelbaren Vertreter. Das Eigentum muss dann vom mittelbaren Vertreter auf den Erwerber übertragen werden,
  - indem die Einigung und das Besitzkonstitut **vorweggenommen** erklärt worden sind oder
  - die Einigung und Übergabe später erfolgen, insbesondere durch ein **In-sich-Geschäft** gemäß § 181.

195 BGHZ 8, 130, 133; a.A. MünchKomm/Schäfer § 855 Rn. 13.
196 BeckOK/Kindl § 929 Rn. 16.

1. Übereignung durch ein Geschäft an den, den es angeht

171

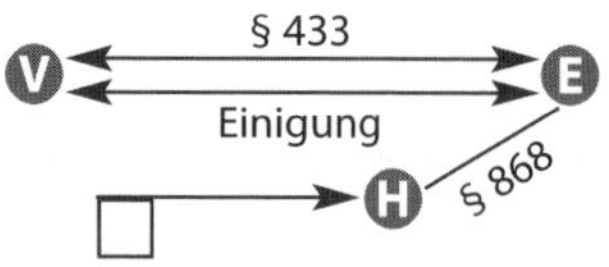

Beispiel: E bittet H, für ihn ein gebrauchtes Fahrrad für 50 € zu kaufen, und übergibt ihm den Kaufpreis. H erwirbt bei V ein Fahrrad im eigenen Namen und erhält das Fahrrad ausgehändigt. Das Fahrrad wird bei H gepfändet. Kann E erfolgreich die Drittwiderspruchsklage gemäß § 771 ZPO erheben, weil er Eigentümer ist?

Eigentumserwerb des E gemäß §§ 929, 164, 868

I. Einigung V – E: V, der den Kaufpreis bekommen hat, hat ein Einigungsangebot an den abgegeben, den es angeht. Es war ihm gleichgültig, ob der Handelnde H oder ein Dritter Eigentümer wurde. Dieses Einigungsangebot hat H nicht für sich, sondern für E angenommen, weil er E gegenüber aufgrund des Auftrags zur Eigentumsübertragung verpflichtet war und daher für E erwerben wollte. H hat das Einigungsangebot mit Vollmacht des E angenommen.
Dass H nicht im fremden Namen die Annahme erklärt hat, ist unschädlich.
II. Die **Übergabe** ist erfolgt: Der Erwerber E hat mit der Aushändigung des Fahrrads an H den mittelbaren Besitz gemäß § 868 erworben – der zwischen E und H bestehende Auftrag i.S.v. § 662 ist ein Rechtsverhältnis i.S.d. § 868. Daraus ergab sich ein Herausgabeanspruch. H hatte auch Fremdbesitzerwillen.[197]

Der Veräußerer V hat den Besitzerwerb durch Übertragung des unmittelbaren Besitzes an H veranlasst und damit jegliche Besitzposition willentlich verloren.

Da E Eigentum erworben hat, kann er erfolgreich Drittwiderspruchsklage gemäß § 771 ZPO erheben.

***Beachte:** Auch in diesem Fall der „mittelbaren Stellvertretung" findet ein **Direkterwerb** des E von V statt. H wird auch nicht für eine juristische Sekunde Eigentümer, da die Einigung unmittelbar zwischen V und E wirkt.*

172 Die Grundsätze über das Geschäft an den, den es angeht, greifen auch bei der Übereignung von Sachen an **Ehegatten** ein. Nach § 1357 Abs. 1 werden bei Geschäften zur angemessenen Deckung des Lebensbedarfs grundsätzlich beide Ehegatten berechtigt und verpflichtet. Diese Regelung hat allerdings nach heute ganz h.M. keine dingliche Wirkung. Der Eigentumserwerb der Eheleute erfolgt nach den §§ 929 ff. Dabei ist grundsätzlich davon auszugehen, dass die Eheleute Miteigentum zu gleichen Teilen erwerben.[198]

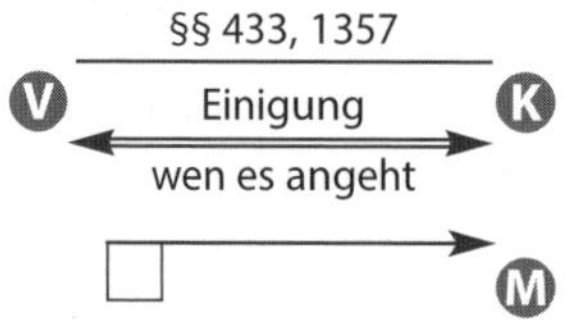

Beispiel: Frau K erwirbt mit ihrem Geld ein 12-teiliges Geschirrservice für 1.100 €. Ein Gläubiger des Ehemannes M möchte den Miteigentumsanteil des M pfänden.

I. Ein Erwerb des Miteigentums des M gemäß §§ 929 S. 1, 1357 scheidet aus, da § 1357 keine dingliche Wirkung hat.
II. M könnte gemäß § 929 S. 1 Miteigentum von V erworben haben.
1. Einigung?
a) Bei Bargeschäften des täglichen Lebens, wie hier bei dem bar bezahlten Erwerb von Haushaltsgegenständen, ist es dem Veräußerer gleichgültig, wer von den Eheleuten das Eigentum erwirbt. Die Erklä-

197 Vgl. Weber JuS 1998, 577, 582.

198 BGHZ 114, 74; OLG Köln NJW-RR 1996, 904; Grüneberg/Brudermüller § 1357 Rn. 20.

rung des Veräußerers ist deshalb dahin zu verstehen, dass er ein Übereignungsangebot an den abgibt, den es angeht.

b) Die Annahme dieses Einigungsangebots durch K:

Mit der Entgegennahme des Geschirrs brachte K konkludent zum Ausdruck, dass sie dieses Geschirr für den gemeinsamen Haushalt, also nicht nur für sich, sondern unabhängig davon, mit welchen Mitteln der Hausrat bezahlt worden ist, für die Eheleute erwerben will.[199]

2. Die Übergabe ist dadurch erfolgt, dass M auf Veranlassung des V Mitbesitz i.S.d. § 866 erlangt hat. M hat gemäß § 929 S. 1 Miteigentum erworben.

Werden Haushaltsgegenstände für eine nichteheliche Lebensgemeinschaft erworben, gelten ebenfalls die allgemeinen Regeln der §§ 929 ff. Ein Erwerb nach den Grundsätzen des Geschäfts, wen es angeht, setzt auf der Erwerberseite den entsprechenden Erwerbswillen voraus. Im Gegensatz zur Ehe wird hier überwiegend angenommen, dass ein Partner, wenn er die Gegenstände mit eigenen Mitteln anschafft, im Zweifel Alleineigentum erwerben will.[200] **173**

2. Veräußerer übereignet an den mittelbaren Stellvertreter

Übereignet der Veräußerer hingegen an den mittelbaren Vertreter, findet ein Direkterwerb des Vertretenen, für den der mittelbare Vertreter tätig wird, nicht statt, sodass der mittelbare Vertreter das Eigentum durch ein selbstständiges Rechtsgeschäft auf den Vertretenen übertragen muss. Diese Übereignung kann erfolgen **174**

- aufgrund einer vorweggenommenen Einigung und eines vorweggenommenen Besitzmittlungsverhältnisses oder
- durch Vornahme eines In-sich-Geschäfts gemäß § 181.

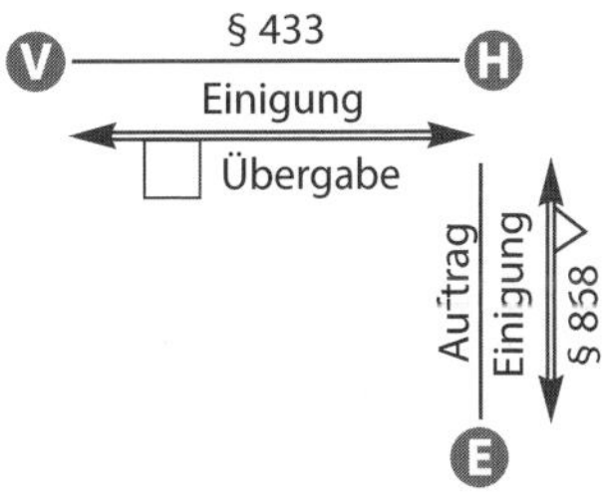

Beispiel: E beauftragt den ihm bekannten Kunsthändler H, für ihn einen bemalten Schrank für die Diele zu kaufen. E zahlt einen Vorschuss i.H.v. 8.000 €. H erwirbt bei V einen Schrank für 8.000 € und stellt ihn in seinem Lager unter.

Hat E schon vor der Benachrichtigung durch H das Eigentum erworben?

I. E könnte das Eigentum **unmittelbar von V** erworben haben. Dann müsste eine Einigung zwischen V und E zustande gekommen sein. H hat nicht zum Ausdruck gebracht, für E zu handeln, sodass die Willenserklärung des H dem E nicht gemäß § 164 Abs. 1 zuzurechnen ist. Auch handelt es sich bei der Übereignung eines teuren Schrankes nicht um ein Bargeschäft des täglichen Lebens, sodass V auch kein Angebot an den, den es angeht, abgegeben hat. E hat kein Eigentum unmittelbar von V erworben.

II. E könnte das Eigentum aber **von H** gemäß §§ 929 ff. erworben haben.

1. Einigung: Bei der Auftragserteilung bestand bereits Einigkeit darüber, dass E das Eigentum an dem von H zu erwerbenden Schrank erhalten sollte, zumal E dem H auch bereits den Kaufpreis von 8.000 € gezahlt hatte.

Die diesbezügliche Einigung müsste sich auch auf den konkreten Schrank beziehen. Zum Zeitpunkt der Auftragserteilung war dies zwar noch nicht der Fall, ausreichend ist aber eine hinreichende Bestimmtheit im Zeitpunkt des Rechtserwerbs.

199 BGHZ 114, 74, 80; OLG Koblenz FamRZ 1992, 1303, 1304; Grüneberg/Brudermüller § 1357 Rn. 20.

200 OLG Hamm NJW 1989, 909; OLG Köln MDR 1995, 1235; a.A. OLG Düsseldorf NJW 1992, 1706, 1707, wonach es auf die Umstände des Einzelfalles ankomme.

2. Übergabe bzw. **Übergabesurrogat**
a) Eine Übergabe nach § 929 ist nicht erfolgt, weil der Veräußerer H (unmittelbarer) Besitzer geblieben ist.
b) Besitzkonstitut, § 930: H ist im Besitz der Sache. Der Auftrag des E an H ist ein Rechtsverhältnis i.S.d. § 868, aus dem sich ein Herausgabeanspruch ergibt. Mit der Durchführung des Auftrags hat H zum Ausdruck gebracht, dass er für E besitzen will und zwar den konkreten bei ihm eingelagerten und damit hinreichend bestimmten Schrank.

Wenn auch das Rechtsverhältnis, dass das Besitzmittlungsverhältnis begründet, vorweggenommen werden kann, kommt das Besitzmittlungsverhältnis bzgl. der Sachen erst dann zustande, wenn der Besitzmittler an den Sachen Besitz ergreift.

Nach überwiegender Auffassung ist mit der Durchführung des Auftrags der Fremdbesitzerwille hinreichend zum Ausdruck gebracht. Eine besonders erkennbare Ausführungshandlung nach dem Besitzerwerb ist **nicht** erforderlich.[201]

E ist Eigentümer geworden, als H den Schrank in sein Lager gestellt hat.

Abwandlung des Beispielsfalls: H ist von mehreren Kunden gebeten worden, einen bemalten Schrank für sie zu erwerben. Auf einer Geschäftsreise kauft H bei V einen Schrank und stellt diesen in seinem Lager unter, sodann verständigt er E. Wann wird E Eigentümer?

Es bestehen zwei Möglichkeiten der Eigentumsübertragung:

I. Übertragung gemäß **§§ 929 S. 1, 930** durch **In-sich-Geschäft des mittelbaren Vertreters**
1. H einigt sich mit sich als Vertreter des E spätestens zu dem Zeitpunkt, als er E verständigt (§ 181). Damit hat er zum Ausdruck gebracht, dass er den Schrank für E erwerben will. Dieses In-sich-Geschäft ist wirksam, weil H der Abschluss des Geschäfts gestattet war.
2. H schließt als Vertreter des E mit sich ein Rechtsverhältnis i.S.d. § 868, nämlich einen Verwahrungsvertrag, aus dem sich ein Herausgabeanspruch ergibt.
Allerdings müssen sowohl die Einigungserklärung i.S.v. § 929 S. 1 als auch der Abschluss des Besitzmittlungsverhältnisses **nach außen erkennbar** sein.[202] Dies kann durch gesonderte Aufbewahrung, Kennzeichnung oder Anzeigen bzw. Vermerke geschehen.[203] Mit der Verständigung des E bringt H seinen Fremdbesitzerwillen nach außen erkennbar zum Ausdruck.
II. Übertragung gemäß **§§ 929 S. 1, 930** durch **Vereinbarung zwischen mittelbarem Stellvertreter und Erwerber**
1. H macht mit der Verständigung E ein Angebot zur Übereignung, das E dann spätestens mit dem Abholen des Schranks bei H annimmt.
2. Mit der Verständigung des E macht H auch ein Angebot zum Abschluss des Verwahrungsvertrags. E nimmt dieses Angebot an. Aus dem Verwahrungsvertrag ergibt sich ein Herausgabeanspruch, und H will für E besitzen.

Welche dieser beiden Konstruktionen im Einzelfall gewollt ist, muss durch Auslegung ermittelt werden.

In beiden Konstellationen liegt kein Direkterwerb des Erwerbers vom Veräußerer vor. Vielmehr hat der mittelbare Stellvertreter jedenfalls für eine juristische Sekunde Eigentum erworben. Dieses kann daher in diesem Moment mit einem Pfandrecht belastet werden, in den Haftungsverband einer Hypothek fallen oder in ähnlicher Weise belastet auf den Erwerber übergehen.

201 Staudinger/Heinze § 930 Rn. 32.
202 BeckOK/Schäfer § 181 Rn. 41 ff.
203 Staudinger/Heinze § 930 Rn. 35.

Eigentumsübertragung gemäß §§ 929–931

Einigung

Inhalt	Zustandekommen	Einigsein (kein Widerruf)

▪ Veräußerer muss **Eigentumsübertragungswillen** zum Ausdruck bringen
▪ Erwerber muss **Eigentumserwerbswillen** zum Ausdruck bringen
▪ **Bestimmtheitsgrundsatz:** Nach dem Inhalt der Einigung muss feststehen, an welchen Sachen sich im Zeitpunkt der Vollendung des Rechtserwerbs der Eigentumswechsel vollziehen soll
	▪ Willenserklärungen müssen durch Abgabe und Zugang wirksam werden, § 130 (Ausnahme: § 151)
	▪ Konkludente Einigung möglich
	▪ Stellvertretung möglich, §§ 164 ff.
	▪ Bedingte oder befristete Einigung möglich, §§ 158, 163
	▪ Keine Unwirksamkeit
	  ▪ Keine Form erforderlich
	  ▪ Geschäftsfähigkeit, §§ 104 ff.
	  ▪ Anfechtung, §§ 119 ff., 142 Abs. 1
	  ▪ §§ 134, 138, 139
		▪ Einigung bis zur Übergabe/Übergabesurrogat frei widerruflich
		▪ Widerruf muss zugehen (Willenserklärung)
		▪ Bei Tod/Geschäftsunfähigkeit: Widerruf durch Erben/gesetzliche Vertreter möglich

Übergabe oder Übergabesurrogate

Übergabe, § 929 S. 1	Übereignung kurzer Hand, § 929 S. 2	Besitzkonstitut, § 930	Abtretung d. Herausgabeanspruchs, § 931
▪ Erwerber oder Geheißperson muss Besitz erlangen (auch mittelbarer Besitz oder Übergabe an Besitzdiener genügt) ▪ Veräußerer muss jede besitzrechtliche Position verlieren ▪ Besitzerwerb auf Veranlassung des Veräußerers zum Zwecke der Eigentumsübertragung	▪ Erwerber ist bereits im Besitz der Sache (mittelbar oder unmittelbar) ▪ Veräußerer hat keine besitzrechtliche Position mehr ▪ Abgrenzung zur Übergabe durch § 854 Abs. 2	▪ Veräußerer bleibt Besitzer ▪ Erwerber wird mittelbarer Besitzer (auch gesetzliches Besitzmittlungsverhältnis möglich) ▪ Auch antizipiertes Besitzkonstitut möglich ▪ Bei In-sich-Geschäft Ausführungshandlung erforderlich	▪ Veräußerer ist mittelbarer Besitzer: Abtretung des Herausgabeanspruchs aus dem Besitzmittlungsverhältnis ▪ Veräußerer hat keinen Besitz: Abtretung eines sonstigen Herausgabeanspruchs (§§ 812, 823) oder – sofern nur Anspruch aus § 985 – bloße Einigung

Berechtigung des Veräußerers

Eigentümer	Nichteigentümer

Grundsätzlich (+), es sei denn
▪ behördliches oder gesetzliches Verfügungsverbot, §§ 135, 136
▪ gesetzliche Verfügungsbeschränkungen
	Grundsätzlich (–), es sei denn
	▪ Verfügungsberechtigung kraft Gesetzes, z.B.
	  ▪ Insolvenzverwalter
	  ▪ Nachlassverwalter
	  ▪ Testamentsvollstrecker
	▪ Verfügungsberechtigung kraft Rechtsgeschäfts (§ 185 Abs. 1: Einwilligung des Berechtigten)

3. Teil: Erwerb des Eigentums vom Nichtberechtigten

175 Verfügt ein Nichtberechtigter über eine Sache, so besteht für den Erwerber trotzdem die Möglichkeit eines Eigentumserwerbs vom Nichtberechtigten:

- Die Verfügung kann nach **§ 185 Abs. 2** wirksam werden oder
- der Erwerber kann **gutgläubig** das Eigentum erwerben.

1. Abschnitt: Wirksamwerden der Verfügung gemäß § 185 Abs. 2

176 § 185 Abs. 2 regelt drei Fälle des nachträglichen Wirksamwerdens der Verfügung eines Nichtberechtigten:

- Nach der ersten – und praktisch wichtigsten – Variante wird eine Verfügung wirksam, wenn der Berechtigte sie **genehmigt**,
- nach der zweiten Variante wird eine Verfügung wirksam, wenn der Nichtberechtigte den Gegenstand **erwirbt** und
- nach der dritten Variante wird die Verfügung wirksam, wenn der Nichtberechtigte von dem Berechtigten **beerbt** wird.

Bei einer Genehmigung nach § 185 Abs. 2 Var. 1 tritt ein Wirksamwerden ex-tunc, also mit Rückwirkung ein (§ 184 Abs. 1). Den beiden anderen Varianten ist gemeinsam, dass die Verfügung erst ex-nunc, also nicht rückwirkend wirksam wird. Anders als im Fall des § 185 Abs. 1 bleibt der Verfügende aber in allen Fällen „Nichtberechtigter" i.S.d. § 816 Abs. 1.

A. Genehmigung, § 185 Abs. 2 S. 1 Var. 1

177 Verfügt ein Nichtberechtigter über einen Gegenstand, kann der Berechtigte die Verfügung genehmigen. Dadurch wird die Verfügung ihm gegenüber wirksam, sodass er gemäß § 816 Abs. 1 S. 1 den durch die Verfügung erlangten Erlös vom Nichtberechtigten herausverlangen kann.

Beispiel: E gehört ein wertvoller Füller. Er verliert ihn versehentlich in einem Café. N findet den Füller und veräußert ihn für 600 € in bar an D, obwohl der Füller tatsächlich nur 400 € wert ist. Anspruch des E gegen D?

I. E könnte gegen D einen Anspruch auf Herausgabe des Füllers gemäß **§ 985** haben. Dies würde voraussetzen, dass E Eigentümer und D unrechtmäßiger Besitzer des Füllers ist.
1. Ursprünglich war E Eigentümer des Füllers. Er könnte das Eigentum jedoch durch eine Übereignung des N an D verloren haben, §§ 929 S. 1, 932.
a) N und D haben sich über den Eigentumsübergang geeinigt und N hat D den Füller übergeben.
b) N verfügte jedoch als Nichtberechtigter über den Füller. Ein gutgläubiger Erwerb des D scheidet jedoch aus, da dem wahren Berechtigten, E, der Füller abhandengekommen ist, § 935. Damit ist E Eigentümer geblieben.
2. D ist unrechtmäßiger Besitzer des Füllers.
II. Ergebnis: E kann den Füller von D gemäß § 985 herausverlangen.

Abwandlung: Kann E statt des Füllers von N den Veräußerungserlös von 600 € herausverlangen?

I. E könnte gegen N einen Anspruch auf Herausgabe des Veräußerungserlöses von 600 € gemäß § 816 Abs. 1 S. 1 haben.
1. N hat von D für den Füller 600 € in bar erhalten.
2. N müsste verfügt haben. Eine Verfügung ist ein Rechtsgeschäft, durch welches ein bestehendes Recht mit unmittelbarer Wirkung aufgehoben, übertragen, belastet oder inhaltlich verändert wird. N hat Eigentum an dem Bargeld auf D übertragen, also verfügt. Allerdings hat er die 600 € streng genommen

nicht „durch die Verfügung" erlangt, sondern „durch das der Verfügung zugrunde liegende Verpflichtungsgeschäft".
a) Teilweise wird daher wortgetreu angenommen, durch die Verfügung habe der Verfügende nur die Befreiung von einer Verbindlichkeit erlangt. Zu ersetzen sei nur der objektive Wert des Verfügungsgegenstandes.[204]
b) Nach h.M.[205] ist die tatsächlich empfangene Gegenleistung herauszugeben. § 816 Abs. 1 S. 1 trete als sog. Rechtsfortwirkungsanspruch an die Stelle des untergegangenen Vindikationsanspruchs (§ 985). Der unrechtmäßige Besitzer muss aber – auch wenn er gutgläubig ist – sogar Übermaßfrüchte gemäß § 993 Abs. 1 Hs. 1 herausgeben. Außerdem besteht kein Grund, dem nichtberechtigt Verfügenden die Vorteile eines guten Geschäfts zu belassen.
3. Es müsste – wie im Umkehrschluss aus § 816 Abs. 1 S. 2 folgt – eine entgeltliche Verfügung gewesen sein; dies war – wie aufgezeigt – der Fall.
4. Die Verfügung des N müsste E gegenüber wirksam sein. Wie im Ausgangsfall dargestellt, war die Verfügung des N an D dem E gegenüber wegen § 935 nicht wirksam; E kann die Sache von D herausverlangen. Allerdings kann E die Verfügung auch genehmigen, mit der Folge, dass sie ex-tunc auch ihm gegenüber wirksam ist (§§ 185 Abs. 2 S. 1 Var. 1, 184 Abs. 1). In dem Verlangen des Veräußerungserlöses liegt konkludent die Genehmigung, die gemäß § 182 Abs. 1 beiden an der Verfügung Beteiligten gegenüber erklärt werden kann.
5. Schließlich müsste N als Nichtberechtigter verfügt haben. Obwohl die Genehmigung des E rückwirkende Kraft hat, wird N als Nichtberechtigter i.S.d. § 816 Abs. 1 S. 1 behandelt; die Genehmigung dient gerade dazu, den Veräußerungserlös zu erlangen.
II. Ergebnis: E steht gegen N daher ein Anspruch auf Herausgabe des Veräußerungserlöses von 600 € gemäß § 816 Abs. 1 S. 1 zu.

Genehmigt der Berechtigte die Verfügung, besteht allerdings die Gefahr, dass er den Erlös von dem Verfügenden nicht herauserhält, sein Eigentum aber durch die Genehmigung bereits verliert. Teilweise wird daher angenommen, die Genehmigung stehe unter der **aufschiebenden Bedingung der tatsächlichen Herausgabe**, teilweise wird eine **Herausgabe Zug um Zug gegen Genehmigung** für möglich erachtet.[206] **178**

Nach dem Wortlaut des § 185 Abs. 2 S. 1 Var. 1 ist erforderlich, dass der **„Berechtigte"** die Verfügung genehmigt. Seine Berechtigung muss daher im Zeitpunkt der Genehmigung noch vorliegen.[207] **179**

Ein Wirksamwerden der Verfügung gemäß § 185 Abs. 2 kommt nur in Betracht, wenn der Nichtberechtigte in eigenem Namen verfügt hat. Verfügt ein Nichtberechtigter in fremdem Namen, fehlt es bereits an einer wirksamen Einigung zwischen dem Erwerber und dem Nichtberechtigten. Hier kommt eine Genehmigung des Berechtigten gemäß § 177 Abs. 1 in Betracht.

B. Nachträglicher Erwerb, § 185 Abs. 2 S. 1 Var. 2

Nach § 185 Abs. 2 S. 1 Var. 2 wird eine Verfügung wirksam, wenn der Nichtberechtigte den Gegenstand erwirbt. Die Verfügung wird aber, da § 184 Abs. 1 ausdrücklich nur auf die Genehmigung Bezug nimmt, nur mit ex-nunc Wirkung wirksam. Es findet allerdings ein **Durchgangserwerb** statt, d.h. der Nichtberechtigte wird für eine juristische Sekunde Eigentümer bevor das Eigentum auf den Erwerber übergeht.[208] **180**

---

204 MünchKomm/Schwab § 816 Rn. 42.
205 BGHZ 29, 157, 159 f.; BeckOK/Wendehorst § 816 Rn. 15.
206 Vgl. Erman/Buck-Heeb § 816 Rn. 9.
207 BGHZ 107, 340, 341 f.; a.A. BeckOK/Bub § 185 Rn. 11.
208 BGHZ 20, 88, 89.

181 *Eine Heilung der Verfügung nach § 185 Abs. 2 S. 1 Var. 2 ist von der Übertragung eines Anwartschaftsrechts und dessen Erstarken zum Vollrecht abzugrenzen (ausführlich noch unten Rn. 390 f.): Überträgt Eigentümer E sein Eigentum aufschiebend bedingt an N und überträgt dieser sein Anwartschaftsrecht an D, findet bei Bedingungseintritt nach h.M. – anders als nach § 185 Abs. 2 S. 1 Var. 2 – ein* ***Direkterwerb*** *des Eigentums bei D statt. Der Vorteil eines Direkterwerbs liegt in Folgendem: Hat ein Gläubiger des N (nur) die Sache bei diesem gepfändet, kann D Drittwiderspruchsklage erheben.*[209] *Dieser Vorteil besteht allerdings dann nicht, wenn das Anwartschaftsrecht als solches belastet worden ist. Anerkannt ist inzwischen z.B., dass an einem Anwartschaftsrecht ein Vermieterpfandrecht i.S.d. § 562 oder ein Werkunternehmerpfandrecht i.S.d. § 647 entstehen oder das Anwartschaftsrecht in den Haftungsverband einer Hypothek oder Grundschuld fallen kann.*

C. Beerbung des Berechtigten, § 185 Abs. 2 S. 1 Var. 3

182 Schließlich tritt eine Heilung – praktisch selten – ein, wenn der Nichtberechtigte von dem Berechtigten beerbt wird. Die Formulierung der 3. Variante kann leicht missverstanden werden: Sie meint den Fall, dass der **Nichtberechtigte** (der über eine Sache verfügt hat) **stirbt** und der **Berechtigte sein Erbe** wird. Der umgekehrte Fall (der Berechtigte stirbt und Erbe wird der Nichtberechtigte) fällt bereits unter § 185 Abs. 2 S. 1 Var. 2, da der Nichtberechtigte in diesem Moment Eigentümer gemäß § 1922 wird.

183 Voraussetzung ist allerdings, dass der Erbe für die Nachlassverbindlichkeiten unbeschränkt haftet. Dies ist grundsätzlich der Fall, jedoch kann der Erbe seine Haftung jederzeit auf den Nachlass beschränken. Eine „Haftung" i.S.d. § 185 Abs. 2 S. 1 Var. 3 tritt daher erst ein, wenn der Erbe unbeschränkbar haftet.[210]

2. Abschnitt: Gutgläubiger Erwerb

184 Der Erwerber kann in der Regel nicht überprüfen, ob der Veräußerer **zur Eigentumsübertragung berechtigt** ist. Wäre nur der Erwerb vom verfügungsbefugten Eigentümer möglich, würde die Sicherheit und Leichtigkeit des Rechtsverkehrs nicht unerheblich beeinträchtigt, weil der Erwerber befürchten müsste, dass er für seine erbrachte Gegenleistung das Eigentum nicht erwirbt. Andererseits soll nicht der Effekt eintreten, dass der Eigentümer durch die Verfügung eines Nichtberechtigten in jedem Falle sein Eigentum verliert. Ist der Veräußerer nicht selbst Eigentümer der Sache oder nicht verfügungsbefugt, so kollidiert das Interesse des Eigentümers, sein Eigentum nicht zu verlieren (Beharrungsinteresse), mit dem Interesse des gutgläubigen Erwerbers (Erwerbsinteresse).

Der Gesetzgeber hat diese Interessenkollision in den §§ 932 ff. für bewegliche Sachen so geregelt, dass das Erwerbsinteresse des Dritten in der Regel dann überwiegt, wenn der Eigentümer die Sache selbst aus der Hand gegeben hat. Der Eigentümer ist nicht schutzwürdig, wenn er den unmittelbaren Besitz auf eine Person übertragen hat, die somit den Eindruck erwecken kann, selbst Eigentümer zu sein. Ein gutgläubiger Dritter soll sich in diesem Fall darauf verlassen können, dass der Besitzer auch Eigentümer ist.

---

209 Anders natürlich, wenn das Anwartschaftsrecht durch „Doppelpfändung" nach den Vorschriften der Sach- und Forderungspfändung gepfändet wurde; dazu AS-Skript ZPO (2022), Rn. 478.

210 BeckOK/Bub § 185 Rn. 16; Einzelheiten AS-Skript Erbrecht (2023), Rn. 507 ff.

Anders verhält es sich hingegen, wenn dem Eigentümer insoweit kein „Vorwurf" zu machen ist, er also den Rechtsschein des Besitzes bei dem Dritten selbst nicht veranlasst hat. Deshalb überwiegt in Fällen, in denen der Eigentümer den Besitz nicht willentlich aufgegeben hat, sein Beharrungsinteresse (§ 935).

- Nach den **§§ 932 ff.** ist ein Erwerb des Eigentums vom Nichteigentümer daher möglich, wenn der Erwerber **gutgläubig bzgl. des Eigentums** des Veräußerers ist und der **Rechtsschein des Besitzes** den Verfügenden legitimiert. **185**
- **§ 366 HGB** ermöglicht darüber hinaus einen gutgläubigen Erwerb vom Nichteigentümer, wenn der Erwerber **gutgläubig bzgl. der Verfügungsbefugnis** des kaufmännischen Veräußerers ist.
- Ist der Veräußerer Eigentümer, aber in seiner **Verfügungsmacht beschränkt**, kann in den gesetzlich bestimmten Fällen entsprechend §§ 932 ff. ein Erwerb vom Nichtberechtigten eintreten.
- Ist der Veräußerer Eigentümer, aber ist dieses Eigentum mit dem Recht eines Dritten belastet, ist gemäß § 936 ein **lastenfreier** Eigentumserwerb möglich.
- Ist dem Eigentümer die Sache abhandengekommen, scheidet ein gutgläubiger (lastenfreier) Erwerb aus, § 935.

Das mangelnde Eigentum des Veräußerers kann nach den §§ 932 ff. unter folgenden Voraussetzungen überwunden werden: **186**

Aufbauschema: Gutgläubiger Erwerb gemäß §§ 932 ff.

I. Rechtsgeschäft im Sinne eines Verkehrsgeschäfts

II. Legitimation des Veräußerers durch den **Rechtsschein des Besitzes**:

1. §§ 929 S. 1, 932 Abs. 1 S. 1: Übereignung durch **Übergabe** – Gutglaubenserwerb durch **Erlangung des Besitzes**
2. §§ 929 S. 2, 932 Abs. 1 S. 2: Übereignung **„kurzer Hand"** – Gutglaubenserwerb durch **vorherige Erlangung des Besitzes von dem Veräußerer**
3. §§ 929, 930, 933: Übereignung durch **Besitzkonstitut** – Gutglaubenserwerb im Zeitpunkt der **Erlangung des unmittelbaren Besitzes von dem Veräußerer**
4. §§ 929, 931, 934 Var. 1: Übereignung durch **Abtretung des Herausgabeanspruchs** – Gutglaubenserwerb im Zeitpunkt der **Abtretung**, wenn Veräußerer tatsächlich mittelbarer Besitzer ist
5. §§ 929, 931, 934 Var. 2: Übereignung durch **Abtretung des Herausgabeanspruchs** – Gutglaubenserwerb im Zeitpunkt der **Herausgabe** der Sache durch den Dritten

III. Gutgläubigkeit des Erwerbers bzgl. des Eigentums des Veräußerers

IV. Kein Abhandenkommen der Sache beim Berechtigten, § 935

Ein gutgläubiger Erwerb setzt zunächst voraus, dass die **normalen Erwerbsvoraussetzungen** (Einigung und Übergabe bzw. Übergabesurrogat) mit Ausnahme der Berechtigung des Veräußerers vorliegen müssen. Weiterhin müssen die besonderen Voraussetzungen gegeben sein, die das Gesetz in den §§ 932–935 an die Überwindung des feh- **187** lenden Eigentums stellt. Liegen die Voraussetzungen für einen gutgläubigen Erwerb vor, erlangt der Erwerber durch die Verfügung des Nichtberechtigten das Eigentum.

*Durch die §§ 932 ff. wird **nur** der **Mangel** des **Eigentums** überwunden. Auch der nichtberechtigte Veräußerer muss seinen Eigentumsübertragungswillen dem Erwerber gegenüber äußern. Für die Einigungserklärungen gelten die Regeln über Rechtsgeschäfte, §§ 104 ff.*

A. Rechtsgeschäft im Sinne eines Verkehrsgeschäfts

188 Die §§ 932 ff. sind nur anwendbar, wenn ein **rechtsgeschäftlicher** Erwerb erstrebt wird und es sich bei diesem Rechtsgeschäft um ein **Verkehrsgeschäft** handelt.

I. Keine Anwendung der §§ 932 ff. beim gesetzlichen Erwerb

189 Sinn und Zweck der Gutglaubensvorschriften ist der Schutz der Sicherheit und Leichtigkeit des Rechtsverkehrs. Daher kommt ein Gutglaubenserwerb grundsätzlich nur bei einem rechtsgeschäftlichen und nicht bei einem gesetzlichen Erwerb in Betracht.

Ein gesetzlicher Erwerb ist insbesondere beim Erwerb im Wege der Universalsukzession gemäß § 1922 gegeben. Der Erbe kann nur an den Sachen Eigentum erwerben, die dem Erblasser gehörten. Beim Erwerb gemäß § 1922 handelt es sich auch dann um einen gesetzlichen Erwerb, wenn der Erblasser durch Verfügung von Todes wegen – Rechtsgeschäft – den Erben bestimmt hat.[211]

Beispiel: Der E hat seine Söhne durch Testament zu Erben eingesetzt. Nach dem Tode meldet sich X und verlangt von den Erben ein wertvolles Gemälde heraus, das X dem E geliehen hatte. Auch wenn die Erben E gutgläubig für den Eigentümer gehalten haben, sind sie nicht Eigentümer geworden, weil sie gemäß § 1922 nur an den dem Erblasser gehörenden Sachen Eigentum erworben haben.

Ferner findet ein gutgläubiger Erwerb nicht statt beim Erwerb kraft Hoheitsakts oder bei den Erwerbstatbeständen der §§ 937 ff., 946 ff., 953 ff.

Das Merkmal „Rechtsgeschäft" hat eigentlich keine eigenständige Bedeutung: Im Falle eines gesetzlichen Erwerbs oder eines Erwerbs kraft Hoheitsakts fehlt es schon an einer Einigung i.S.d. § 929, sodass die §§ 932 ff. nicht eingreifen können (vgl. den Wortlaut von § 932 Abs. 1 S. 1: „Durch eine nach § 929 erfolgte Veräußerung ..."). Trotzdem sollte man sich einprägen, dass ein gutgläubiger Erwerb nur rechtsgeschäftlich möglich ist.

II. Verkehrsgeschäft

190 Nach dem Normzweck der §§ 932 ff. muss es sich bei dem Rechtsgeschäft um ein **Verkehrsgeschäft** handeln.[212] Ein Verkehrsgeschäft liegt nicht vor bei

- Rechtsgeschäften, die eine Vorwegnahme der Erbfolge darstellen;
- (wirtschaftlicher) Personenidentität auf Veräußerer- und Erwerberseite.

211 Staudinger/Thole § 892 Rn. 82.

212 BGH RÜ 2007, 634 zu § 892; kritisch MünchKomm/Oechsler § 932 Rn. 34 f.

Der rechtsgeschäftliche Erwerb im Wege einer **vorweggenommenen Erbfolge**[213] oder einer **Erbauseinandersetzung** ist wie der Erwerb im Wege der Universalsukzession zu behandeln, sodass ein gutgläubiger Erwerb gemäß § 932 ausscheidet.[214] 191

Wenn im vorhergehenden Beispiel E im Wege einer vorweggenommenen Erbfolge das gesamte Vermögen auf einen seiner Söhne übertragen hätte, hätte dieser nicht gemäß § 932 das Eigentum an dem Gemälde erworben. Ein gutgläubiger Erwerb nach §§ 929, 932 scheidet auch dann aus, wenn die Söhne als Miterben die Erbauseinandersetzung durchgeführt hätten und einem von ihnen das Eigentum an dem Gemälde zugewiesen worden wäre.

Ein Verkehrsgeschäft liegt nur dann vor, wenn Veräußerer und Erwerber nicht nur bei rechtlicher, sondern auch bei wirtschaftlicher Betrachtungsweise **personenverschieden** sind. Es muss also mit dem Rechtsgeschäft ein Rechtssubjektswechsel erstrebt werden. Daran fehlt es, wenn auf der Erwerberseite nur Personen stehen, die, wirtschaftlich betrachtet, zugleich auch Veräußerer sind. 192

Beispiel: Die A-GmbH hat Maschinen unter Eigentumsvorbehalt erworben. Der Geschäftsführer V veräußert diese dem alleinigen Gesellschafter der GmbH, dem A.

Mangels eines Verkehrsgeschäfts hat A nicht gutgläubig Eigentum an den Maschinen erworben, selbst wenn die Voraussetzungen des § 932 im Übrigen vorliegen sollten. Etwas anderes gilt allerdings dann, wenn auf der Erwerberseite noch eine weitere Person – wenn auch nur mit einem verhältnismäßig geringfügigen Anteil – beteiligt ist.[215]

Das Erfordernis eines Rechtsgeschäfts im Sinne eines Verkehrsgeschäfts darf aber nicht dahingehend missverstanden werden, dass es sich um einen entgeltlichen Erwerbsvorgang gehandelt hat. Auch wenn der Rechtsgrund für eine Übereignung eine Schenkung war, erwirbt der Beschenkte unter den Voraussetzungen der §§ 932 ff. Eigentum. Allerdings muss er dieses ggf. nach § 816 Abs. 1 S. 2 wieder herausgeben. Findet ein gutgläubiger Erwerb statt, so muss normalerweise der als nichtberechtigt Verfügende nach § 816 Abs. 1 S. 1 den Veräußerungserlös herausgeben. Da es bei einer Schenkung keinen Veräußerungserlös gibt – und der unentgeltlich Erwerbende nicht schutzwürdig ist – muss er den geschenkten Gegenstand (obwohl er an diesem Eigentum erworben hat) wieder herausgeben. Hier zeigt sich die „Schwäche des unentgeltlichen Erwerbs". 193

B. Rechtsschein des Besitzes

Die Tatbestände der §§ 932 ff. stellen weitere verschiedene Anforderungen an einen gutgläubigen Erwerb. Diesen weiteren Voraussetzungen liegt aber das gemeinsame Prinzip zugrunde, dass der Veräußerer grundsätzlich durch den **Rechtsschein des Besitzes** legitimiert sein muss. Damit ist allerdings nicht eine Besitzlage beim Veräußerer gemeint. Entscheidend ist vielmehr die Rechtsmacht des Verfügenden, dem Erwerber den Besitz zu verschaffen – **Besitzverschaffungsmacht**.[216] 194

Welche „Besitzlage" für einen gutgläubigen Erwerb erforderlich ist, hängt von dem jeweiligen Übereignungstatbestand ab:

213 BeckOK/Kindl § 932 Rn. 3.

214 MünchKomm/Oechsler § 932 Rn. 36.

215 Staudinger/Thole § 892 Rn. 88 f.

216 BGHZ 56, 123, 129 f.; MünchKomm/Oechsler § 932 Rn. 6.

Gutgläubiger Erwerb		
Übereignungstatbestand	Erwerb vom Berechtigten	Erwerb vom Nichtberechtigten
Übergabe	§ 929 S. 1	§ 932 Abs. 1 S. 1
Übereignung kurzer Hand	§ 929 S. 2	§ 932 Abs. 1 S. 2
Besitzkonstitut	§ 930	§ 933
Abtretung Herausgabeanspruch	§ 931	§ 934

I. § 932 Abs. 1 S. 1

195 Die Übergabe nach § 929 S. 1 setzt voraus, dass der Erwerber den Besitz auf Veranlassung des Veräußerers erlangt. Wenn aber der Veräußerer durch sein Veranlassen dem Erwerber den Besitz verschaffen kann, beweist er seine Besitzverschaffungsmacht schon dadurch, dass er in der Lage ist, eine Übergabe i.S.d. § 929 S. 1 vorzunehmen. Es fragt sich daher, ob im Rahmen des § 932 Abs. 1 S. 1 eine besondere Prüfung des Rechtsscheins des Besitzes (d.h. der Besitzverschaffungsmacht) überhaupt erforderlich ist.

- Überwiegend wird im Rahmen des § 932 Abs. 1 S. 1 eine besondere Prüfung des Rechtsscheins des Besitzes nicht für erforderlich gehalten. Wenn der Veräußerer zur Übergabe nach § 929 S. 1 in der Lage sei, legitimiere ihn in jedem Fall der dadurch bestehende Rechtsschein.[217]

- Nach der Gegenansicht ist bei § 932 Abs. 1 S. 1 das Merkmal des Rechtsscheins des Besitzes gesondert zu prüfen. Der Begriff der Übergabe habe beim Gutglaubenserwerb einen erweiterten Aufgabenbereich – zur reinen Übertragungsfunktion komme die Rechtsscheinsfunktion hinzu.[218]

- Für die h.M. spricht der Wortlaut des Gesetzes. Anders als § 932 Abs. 1 S. 2 (mit der Besitzerlangung vom Veräußerer), § 933 (Übergabe) oder § 934 Var. 2 (Besitzerlangung vom Dritten) enthält § 932 Abs. 1 S. 1 keine zusätzlichen Voraussetzungen, die auf das Prinzip des Rechtsscheins des Besitzes zurückzuführen sind. Seine Besitzverschaffungsmacht dokumentiert der Veräußerer dadurch, dass er eine Übergabe i.S.d. § 929 S. 1 vornimmt.

196 Da der Veräußerer seine Besitzverschaffungsmacht auch dadurch beweist, dass er den Besitz auf seine Weisung hin durch eine Geheißperson überträgt, reicht auch die **Übertragung durch Geheißpersonen des Veräußerers** für den gutgläubigen Eigentumserwerb gemäß §§ 929 S. 1, 932 Abs. 1 S. 1.[219]

---

217 MünchKomm/Oechsler § 932 Rn. 13; Weber JuS 1999, 1, 2.

218 Musielak JuS 1992, 713, 717.

219 Musielak JuS 1992, 713, 716; BGHZ 36, 56, 60/61 a.E.; Medicus Jura 2001, 295.

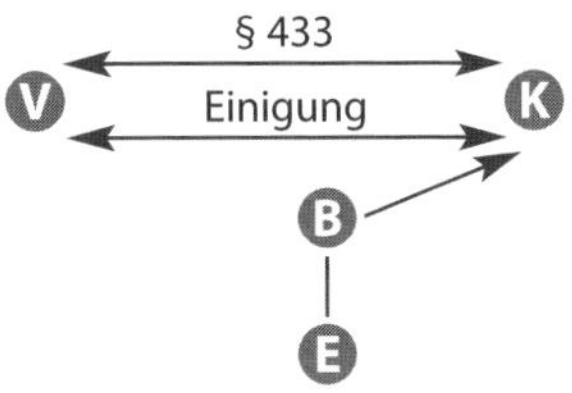

Beispiel: V hat an K ein wertvolles Bild verkauft, das B vom Eigentümer E zur Aufbewahrung erhalten hat. K hatte zuvor bei B das Bild besichtigt. B, der die Veräußerung des V billigt, überbringt das Bild K, nachdem dieser den Kaufpreis an V überwiesen und V daraufhin um Überbringung gebeten hatte.

K hat gemäß §§ 929 S. 1, 932 Abs. 1 S. 1 gutgläubig das Eigentum am Bild erworben.

Zweifelhaft ist, ob eine Übergabe auch dann vorliegt, wenn der besitzende Dritte dem Erwerber **nicht** auf Geheiß des Veräußerers die Sache ausgehändigt hat, der Erwerber jedoch gutgläubig annimmt, der besitzende Dritte sei Geheißperson des Veräußerers, wenn der Dritte also **Scheingeheißperson** ist.

Fall 9: Hemdenlieferung (nach BGH NJW 1974, 1132)

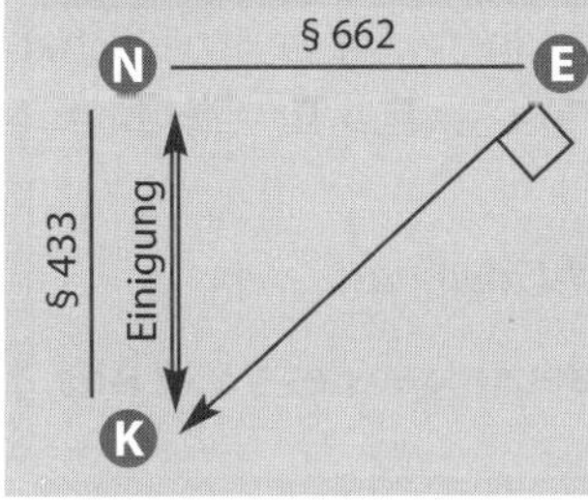

E stellt Hemden her. Er bittet N, für ihn Hemden zu veräußern. N verkauft in eigenem Namen einen größeren Posten Hemden an K. K holt die Hemden bei E ab. Dabei geht E davon aus, dass N die Hemden in seinem Namen – des E – verkauft hat. K zahlt den Kaufpreis an N. Später verlangt E Zahlung von K oder Herausgabe der Hemden.

A. Anspruch des E gegen K auf Zahlung aus § 433 Abs. 2? 197

Da N den Kaufvertrag in eigenem Namen und nicht im Namen des E abgeschlossen hat, ist zwischen E und K kein Kaufvertrag zustande gekommen.

B. Anspruch des E gegen K auf Herausgabe der Hemden gemäß § 985?

E hat sein Eigentum an den Hemden verloren, wenn eine Übereignung der Hemden zwischen **E und K** stattgefunden hat. E ging zwar davon aus, die Hemden selbst an K zu übereignen; aus der maßgeblichen Sicht des Erklärungsempfängers K stellte sich das Verhalten des E jedoch nicht als Übereignungsangebot, sondern als reine Auslieferung der Hemden dar. Eine Einigung über den Eigentumsübergang ist zwischen E und K nicht zustande gekommen.

E hat sein Eigentum an den Hemden jedoch verloren, wenn **N** als Nichtberechtigter die Hemden gemäß §§ 929 S. 1, 932 Abs. 1 S. 1 wirksam **an K** übereignet hat.

I. Die **Einigung** zwischen N und K über den Eigentumswechsel ist bereits anlässlich des Abschlusses des Kaufvertrags K – N zustande gekommen. N hat sich verpflichtet, unbedingtes Eigentum an den Hemden zu übertragen. Um dieser Eigentumsübertragungspflicht nachzukommen, sollte K in der Weise mitwirken, dass er die Hemden von E abholte. Die Übereignung sollte sich also mit der tatsächlichen Auslieferung – der Übergabe – vollziehen, ohne dass sich die Parteien nochmals einigen wollten.

II. Die Hemden müssten K von N **übergeben** worden sein. K hat den unmittelbaren Besitz erlangt, und N hat keinen Besitz an den Hemden. Fraglich ist aber, ob K den Besitz auf Veranlassung des Veräußerers N erlangt hat.

1. Nach seiner eigenen Vorstellung hat E dem K nicht auf Geheiß des N den Besitz übertragen. E wollte mit der Auslieferung der Hemden eine vermeintlich eigene Verpflichtung gegenüber K erfüllen. Nach der überwiegend in der Lit. vertretenen Auffassung hat der Veräußerer den Besitzerwerb aber nur dann veranlasst, wenn sich die Geheißperson tatsächlich und bewusst dem Willen des Veräußerers unterordnet. Wenn der Übertragende nur als Geheißperson erscheint **(Scheingeheißperson)**, liegt keine Übergabe i.S.d. § 929 S. 1 vor.[220]

2. Nach der Rspr. ist allerdings nicht der innere Wille des Übertragenden entscheidend, sondern der Empfängerhorizont des Erwerbers. Aus der Sicht des K hat E die Zuwendung der Hemden vorgenommen, damit die Eigentumsübertragungspflicht des N ihm gegenüber erfüllt werde. Vom Empfängerhorizont des K aus war E Geheißperson des N. Eine von N veranlasste Übergabe ist danach zu bejahen.[221]

Für diese Ansicht spricht, dass rein tatsächlich N die Übertragung des Besitzes auf K veranlasst hat, auch wenn sich E dem Willen des N nicht unterordnete. Die Besitzverschaffung erfolgte auch zum Zwecke der Eigentumsübertragung, sodass die Hemden K durch eine „Scheingeheißperson" übergeben worden sind.

Hinweis: *Der Veräußerer muss seine „Besitzverschaffungsmacht" demonstrieren.*

III. Die fehlende Berechtigung des N wird unter den Voraussetzungen des **§ 932 Abs. 1 S. 1** überwunden.

1. Ein Rechtsgeschäft im Sinne eines Verkehrsgeschäfts liegt vor.

2. Fraglich ist, ob der Rechtsschein des Besitzes zu prüfen und ob er ggf. zu bejahen ist.

a) Nach der h.M. ist eine gesonderte Prüfung des Rechtsscheins des Besitzes im Rahmen des § 932 Abs. 1 S. 1 nicht erforderlich. Der Veräußerer beweist seine Besitzverschaffungsmacht dadurch, dass er eine Übergabe i.S.d. § 929 S. 1 vornimmt.

Danach hat man bei einer Bejahung der Übergabe zugleich den erforderlichen Rechtsschein bejaht und muss ihn im Rahmen des § 932 Abs. 1 S. 1 nicht mehr prüfen. Hat man dagegen die Übergabe verneint, ist die Prüfung bereits bei § 929 S. 1 beendet, der gute Glaube an das Vorliegen der Übergabe ist nicht geschützt.[222]

b) Nach der Gegenansicht hat die Übergabe neben der Übertragungsfunktion noch eine Rechtsscheinsfunktion, was eine gesonderte Prüfung des Rechtsscheins bei § 932 Abs. 1 S. 1 erforderlich macht. Dabei wird überwiegend angenommen, dass die Übertragung durch eine Scheingeheißperson den Rechtsschein des Besitzes (d.h. der Besitzverschaffungsmacht) für den Veräußerer begründet.[223]

3. K war im Zeitpunkt der Besitzergreifung gutgläubig, sodass der Eigentumserwerb gemäß §§ 929 S. 1, 932 Abs. 1 S. 1 eingetreten ist. Ein Anspruch aus § 985 scheidet aus.

---

220 Grüneberg/Herrler § 932 Rn. 4; Jauernig/Berger § 932 Rn. 15.

221 BGHZ 36, 56, 60, 61; BGH NJW 1974, 1132, 1134.

222 Schreiber/Burbulla Jura 1999, 150, 153.

223 BGHZ 36, 56, 60, 61; BGH NJW 1974, 1132, 1134.

C. E kann von K auch nicht gemäß § 812 Abs. 1 S. 1 Var. 1 Herausgabe der Hemden verlangen, weil K diese Hemden durch Leistung des N erlangt hat.[224]

E kann sich natürlich an N halten und von ihm gemäß § 816 Abs. 1 S. 1 den erzielten Veräußerungserlös herausverlangen.

II. § 932 Abs. 1 S. 2

Ist der **Erwerber bereits im Besitz** der Sache und erfolgt die Veräußerung nach § 929 S. 2 durch **bloße Einigung**, dann hat der Erwerb vom Nichtberechtigten – außer dem normalen Erwerbstatbestand des § 929 S. 2 – zur Voraussetzung, dass „der Erwerber den Besitz von dem Veräußerer erlangt hatte" und im Augenblick der Einigung noch gutgläubig ist (§ 932 Abs. 1 S. 2). **198**

Die Vorschrift setzt eine Besitzlage voraus, die das Vertrauen des Erwerbers auf das Eigentum des Veräußerers rechtfertigt. Erforderlich ist deshalb über den Wortlaut hinaus, dass der Erwerber den Besitz durch eine „Übergabe" i.S.v. § 929 S. 1 erlangt hat: entweder unmittelbar durch den Veräußerer oder durch eine (Schein-)Geheißperson.[225]

Beispiel: (Abwandlung des Hemdenfalles – oben Fall 9)
E, der Hemden herstellt, bittet N, für ihn Hemden zu verkaufen. N nimmt Kontakt mit K auf. Dieser möchte vor Abschluss des Kaufvertrags einen Posten Hemden begutachten. N veranlasst E, dem K Hemden zur Ansicht zu liefern. K gefallen die Hemden. Er ruft N an und schließt mit diesem einen entsprechenden Kaufvertrag über die bereits angelieferten Hemden.

Hier erfolgt die Einigung über den Eigentumsübergang gemäß § 929 S. 2 zwischen N und K anlässlich des Telefonats. K ist bereits im Besitz der Hemden. N ist Nichtberechtigter, sodass die fehlende Verfügungsbefugnis nach § 932 Abs. 1 S. 2 überwunden werden kann. Dazu ist erforderlich, dass K den Besitz „von dem Veräußerer" N erlangt hat. K hat unmittelbaren Besitz erlangt und N hat keinen Besitz an den Hemden. Auch wenn K den Besitz unmittelbar von E erlangt hat, so geschah dies jedoch „auf Veranlassung des N". Eine Besitzerlangung von N als Veräußerer liegt also auch hier vor.

III. § 933

Nach § 933 genügen der normale Erwerbstatbestand des § 930 und die Gutgläubigkeit nicht für den Eigentumserwerb, sondern es ist zudem erforderlich, dass die **Übergabe** der Sache an den Erwerber nachträglich erfolgt. Der Begriff der Übergabe in § 933 ist mit dem des § 929 S. 1 identisch.[226] **199**

Ausreichend ist daher auch bei § 933 die Erlangung des mittelbaren Besitzes – sofern der Veräußerer jede besitzrechtliche Position verliert. Weil bei einer Übereignung nach § 930 daher die gleiche Besitzlage wie bei einer Übereignung nach § 929 eintreten muss, hat der Erwerbstatbestand des § 933 nur geringe praktische Bedeutung.

---

224 Alternativität der Kondiktionen, BGHZ 40, 272, 278.

225 BeckOK/Kindl § 932 Rn. 10.

226 BGH NJW 1996, 2654, 2655; Grüneberg/Herrler § 933 Rn. 4.

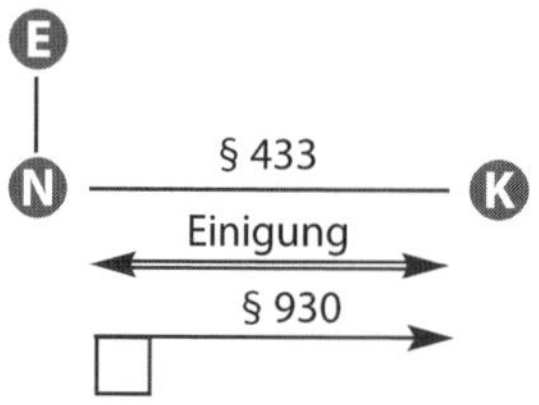

Beispiel: N verkauft K einen wertvollen Orientteppich, der E gehört. K zahlt und bittet N, den Teppich für ihn bis zum Einzug in eine neue Wohnung aufzubewahren. Später streiten K und E um das Eigentum.

E hat sein Eigentum im Falle der wirksamen Übereignung des Teppichs durch N an K gemäß §§ 929 S. 1, 930, 933 verloren.

I. N und K haben sich konkludent über den Eigentumsübergang bei der Zahlung geeinigt und mit Abschluss des Verwahrungsvertrags ein Besitzkonstitut gemäß § 930 begründet.
II. Der gutgläubige K hat von dem Nichteigentümer N gemäß § 933 das Eigentum erworben, wenn ihm die Sache **übergeben** worden ist. Eine Übergabe liegt hier nicht vor, weil der Veräußerer N weiterhin Besitzer geblieben ist.[227]

200 Eine Übergabe i.S.d. § 929 liegt grundsätzlich auch dann vor, wenn der Veräußerer dem Erwerber die Besitzergreifung gestattet hat **(Wegnahmeermächtigung)**. Umstritten ist allerdings, ob für eine Übergabe i.S.d. § 933 die einseitige Wegnahme der Sache durch den Erwerber ausreicht, wenn der Veräußerer – der von der Besitzergreifung des Erwerbers nichts weiß – den Erwerber zuvor zur Wegnahme der Sache ermächtigt hatte.

Beispiel: N übereignet K zur Sicherung von Forderungen drei auf einer umzäunten Baustelle befindliche Kompressoren des E und ermächtigt K, diese Kompressoren an sich zu nehmen, falls N in Zahlungsverzug gerät. Da N nicht zahlt, nimmt K die Kompressoren ohne Wissen des N an sich. E verlangt von K die Kompressoren heraus.

E hat gegen K einen Herausgabeanspruch aus § 985, wenn E noch Eigentümer ist.
E kann sein Eigentum durch das Veräußerungsgeschäft N an K verloren haben.
I. N und K haben sich über den Eigentumswechsel geeinigt und mit Abschluss des Sicherungsvertrags ein Besitzkonstitut begründet, §§ 929 S. 1, 930.
II. Da N nicht Eigentümer war, hat der gutgläubige K das Eigentum nur dann erworben, wenn N ihm die Kompressoren **übergeben** hat.
1. Die Rspr. lässt eine im Voraus erteilte Wegnahmeermächtigung nicht genügen. Diese schließe lediglich eine verbotene Eigenmacht aus. Die Besitzlage werde allein durch die tatsächlichen Verhältnisse und den tatsächlichen Willen der Beteiligten und nicht durch rechtsgeschäftliche Abreden beeinflusst.[228]
2. Nach der Lit. genügt für eine Übergabe ein Besitzaufgabewille zur Zeit der Besitzentziehung. Sei das Einverständnis im Voraus erteilt worden, spräche nichts gegen den Fortbestand dieses Willens, solange kein Widerruf des ursprünglichen Besitzers erfolgt sei.[229]
3. Der letztgenannten Auffassung ist zu folgen. Lässt man eine Wegnahmeermächtigung für eine Übergabe i.S.d. § 929 S. 1 – und damit auch für einen gutgläubigen Erwerb nach § 932 Abs. 1 S. 1 – genügen, kann bei § 933 nichts anderes gelten.
K hat Eigentum an den Kompressoren erworben, sodass E keinen Herausgabeanspruch aus § 985 gegen ihn hat.

IV. § 934

201 Veräußert der Nichtberechtigte die Sache an einen Gutgläubigen mittels Abtretung eines Herausgabeanspruchs, unterscheidet § 934 danach, ob der Veräußerer mittelbarer Besitzer war oder nicht.

227 Vgl. auch OLG Saarbrücken OLG-Report 1997, 227, 228.
228 BGHZ 67, 207, 209.
229 Staudinger/Heinze § 933 Rn. 21 f.

1. Veräußerer ist mittelbarer Besitzer, § 934 Var. 1

Hatte der **Veräußerer mittelbaren Besitz**, geht unmittelbar mit der Einigung und Abtretung des Herausgabeanspruchs das Eigentum auf den Gutgläubigen über, **§ 934 Var. 1**. **202**

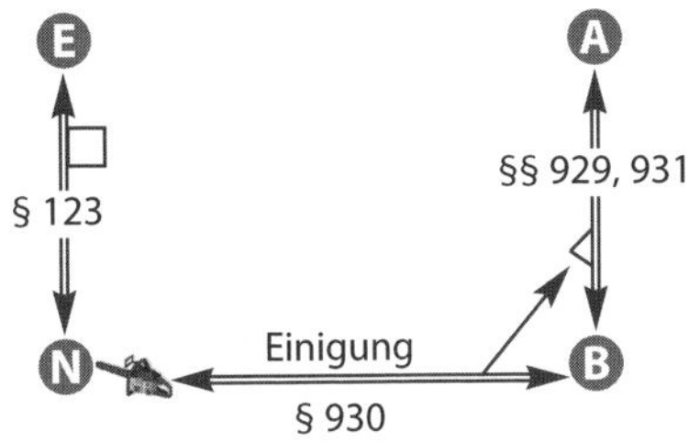

Beispiel: E hat eine Motorsäge an N übereignet, die Übereignung aber wegen arglistiger Täuschung angefochten. N übereignet die Säge zur Sicherheit an B und B überträgt diese zur Erfüllung einer Kaufverpflichtung an A, indem er (B) den Herausgabeanspruch aus dem Sicherungsvertrag mit N an A abtritt. Hat A das Eigentum erworben?

Eigentumserwerb des A von B gemäß §§ 929 S. 1, 931, 934 Var. 1?

I. B und A haben sich über den Eigentumswechsel geeinigt, und B hat seinen Herausgabeanspruch aus dem Sicherungsvertrag an A abgetreten.
II. B war jedoch nicht Eigentümer. Er hat kein Eigentum von N gemäß §§ 929 S. 1, 930, 933 erworben, weil N aufgrund des Sicherungsvertrags weiterhin im Besitz der Sache geblieben ist und daher keine Übergabe i.S.d. § 933 erfolgt ist.
III. A hat jedoch vom Nichtberechtigten B das Eigentum gemäß § 934 Var. 1 erworben, weil zwischen B und N ein wirksames Besitzmittlungsverhältnis bestand und A gutgläubig war.
Vergleicht man die beiden Übereignungsvorgänge N an B und B an A, ergeben sich gegen dieses Ergebnis Bedenken, weil in beiden Fällen die Erwerber nur mittelbaren Besitz erlangen, sie aber unterschiedlich behandelt werden. Denn nur A und nicht B hat das Eigentum erlangt.
1. Daher wird zum Teil gefordert, diese Inkonsequenz zwischen § 933 und § 934 Var. 1 durch eine einschränkende Auslegung des § 934 Var. 1 zu beseitigen.[230]
2. Nach h.M. ist dagegen eine einschränkende Auslegung des § 934 Var. 1 gesetzwidrig.[231] Die unterschiedliche Behandlung des mittelbaren Besitzes beim gutgläubigen Erwerb in § 933 und in § 934 Var. 1 rechtfertige sich aus unterschiedlichen Besitzlagen: Im Falle der Übertragung gemäß §§ 929 S. 1, 930, 933 bleibe der Veräußerer Besitzer, während im Falle der Übertragung gemäß §§ 929 S. 1, 931, 934 Var. 1 der Veräußerer jede besitzrechtliche Position zur Sache verliere.

Da der Veräußerer B mit der Abtretung des Herausgabeanspruchs aus dem Besitzmittlungsverhältnis mit N jede besitzrechtliche Position an der Sache verliert, hat A gemäß §§ 929 S. 1, 931, 934 Var. 1 gutgläubig das Eigentum erworben.

Ein gutgläubiger Erwerb nach § 934 Var. 1 ist trotz mittelbaren Besitzes des Veräußerers **ausgeschlossen**, wenn der **Eigentümer im Besitz der Sache** bleibt. Dies folgt aus einer **analogen Anwendung des § 936 Abs. 3.**[232] Nach § 936 Abs. 3 ist ein gutgläubiger lastenfreier Erwerb ausgeschlossen, wenn bei einer Veräußerung nach § 931 das Recht dem besitzenden Dritten zusteht. Wenn sich beschränkt dingliche (§ 936 Abs. 3) und sogar schuldrechtliche (§ 986 Abs. 2) Rechte des Besitzers gegen einen gutgläubigen Erwerb durchsetzen, dann muss erst recht der besitzende Eigentümer geschützt werden.[233] **203**

230 Musielak JuS 1992, 713, 722; Weber JuS 1999, 1, 5.
231 BGHZ 50, 45, 51 f.; Lange JuS 1969, 162, 165 ff.
232 BeckOK/Kindl § 934 Rn. 3; MünchKomm/Oechsler § 934 Rn. 9; Erman/Bayer § 934 Rn. 2.
233 MünchKomm/Oechsler § 936 Rn. 14.

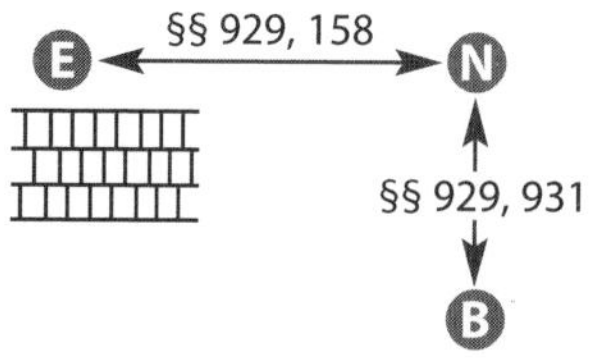

Beispiel: N hat bei E Baustoffe unter Eigentumsvorbehalt gekauft. Auf Bitten des N verwahrt E die Baustoffe getrennt von seinen sonstigen Waren für N. N übereignet die Baustoffe unter Abtretung seines Herausgabeanspruchs an den gutgläubigen Bauunternehmer B, der von E die Baustoffe herausverlangt.

Eigentumserwerb des B von N gemäß §§ 929 S. 1, 931, 934 Var. 1?

I. N und B haben sich über den Eigentumswechsel geeinigt, und N hat seinen Herausgabeanspruch aus dem Verwahrungsvertrag mit E an B abgetreten.
II. N war – wegen des mit E vereinbarten Eigentumsvorbehalts – jedoch nicht Eigentümer.
III. B könnte jedoch vom Nichtberechtigten N das Eigentum gemäß § 934 Var. 1 erworben haben, weil N wegen des Verwahrungsvertrages mit E mittelbarer Besitzer und B im Zeitpunkt der Abtretung gutgläubig war.
1. Ein gutgläubiger Erwerb des B scheidet nach h.M. jedoch aufgrund von **§ 936 Abs. 3 analog** aus: Wenn das beschränkt dingliche Recht eines Besitzers durch einen Gutglaubenserwerb nicht erlischt, darf erst recht das Eigentum des Besitzers nicht erlöschen. Der Erwerber ist zudem nicht schutzwürdig: Er traut weniger dem Schein des Besitzes, als dem Wort des Verfügenden.
2. Nach der Gegenansicht verbietet sich eine analoge Anwendung von § 936 Abs. 3: Dem Inhaber eines nur beschränkt dinglichen Rechts sei der Rechtsschein des mittelbaren Besitzes des Eigentümers nicht zurechenbar. Der Eigentümer hat es demgegenüber selbst veranlasst, dass ein anderer mittelbaren Besitz hatte und deshalb über die Sache verfügen konnte.[234]

Mit der h.M. hat B das Eigentum nicht gutgläubig von N erworben, sodass ein Herausgabeanspruch ausscheidet.

Die Vorschrift des § 936 Abs. 3 entfaltet besondere Bedeutung im Zusammenhang mit dem gutgläubigen „anwartschaftsrechtsfreien" Erwerb. Dazu ausführlich Rn. 416.

2. Veräußerer ist nicht mittelbarer Besitzer, § 934 Var. 2

204 Hatte der **Veräußerer keinen mittelbaren Besitz** findet ein gutgläubiger Erwerb gemäß § 934 Var. 2 statt, wenn der gutgläubige Erwerber den **Besitz von dem Dritten erlangt** hat. Dabei reicht auch der Erwerb des **mittelbaren Besitzes.**[235] Der Dritte muss dem Erwerber den Besitz aber gerade aufgrund der Veräußerung verschafft haben; er darf nicht auf einem anderen Rechtsgrund beruhen, z.B. Leihe, oder eigenmächtig sein. Entscheidend ist letztlich, dass durch die Besitzverschaffung durch den Dritten der Veräußerer seine Besitzverschaffungsmacht dokumentiert.[236]

Von § 934 Var. 2 werden einerseits Fälle erfasst, in denen kein Besitzmittlungsverhältnis, sondern nur ein Herausgabeanspruch (z.B. aus §§ 812, 823) besteht. Zum anderen kommt ein gutgläubiger Erwerb aber auch in Betracht, wenn der Veräußerer nur einen Herausgabeanspruch behauptet.[237] Voraussetzung hierfür ist die Gutgläubigkeit hinsichtlich des Herausgabeanspruchs.

234 Staudinger/Heinze § 934 Rn. 7.
235 BGH NJW 1978, 696, 697; Baur/Stürner § 52 Rn. 22.
236 MünchKomm/Oechsler § 934 Rn. 11.
237 BGH NJW 1978, 696; Grüneberg/Herrler § 934 Rn. 4; BeckOK/Kindl § 934 Rn. 6.

205

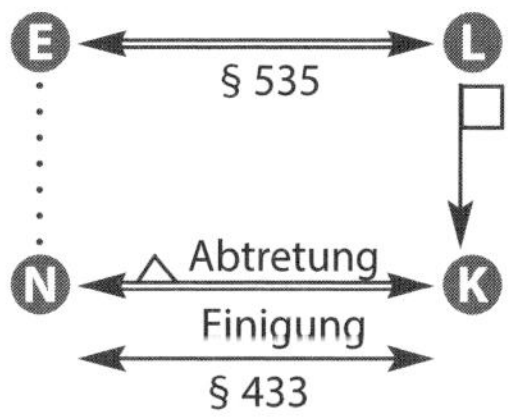

Beispiel: E hat seinen Trecker an L vermietet. N, der Sohn des E, ist in Geldverlegenheit und veräußert den Trecker an K unter Abtretung „seines" Herausgabeanspruchs aus Miete gegen L. L gibt den Trecker an K heraus. Hat K das Eigentum von N erworben?

Eigentumserwerb des K von N gemäß §§ 929 S. 1, 931, 934 Var. 2?

I. Die Einigung N – K ist erzielt.
II. N hat sich mit K über die Abtretung eines Herausgabeanspruchs aus Miete geeinigt. Tatsächlich bestand dieser Anspruch nicht, da N nicht der Vermieter war. Für den Tatbestand des §§ 929, 931, 934 Var. 2 reicht jedoch die Abtretung eines angeblichen Herausgabeanspruchs.[238]
III. N war nicht Eigentümer. K hat aber unter den Voraussetzungen des § 934 Var. 2 gutgläubig das Eigentum erworben.
1. § 934 Var. 2 setzt voraus, dass der Erwerber von dem Dritten den Besitz erlangt. L hat den Trecker an K übergeben.
2. Da K sowohl hinsichtlich des Eigentums des N als auch hinsichtlich des Herausgabeanspruchs des N gegen L aus § 546 Abs. 1 gutgläubig war und der Trecker E nicht i.S.d. § 935 Abs. 1 abhandengekommen ist, hat K von N das Eigentum gemäß §§ 929, 931, 934 Var. 2 erworben.

Auch hier würde für einen gutgläubigen Erwerb die Einräumung des mittelbaren Besitzes durch den dritten Besitzer ausreichen, während dies bei Verschaffung des mittelbaren Besitzes allein durch den Veräußerer nicht ausreicht (§ 933, dazu oben Rn. 199). Auch hier wird deutlich, dass es nach der gesetzlichen Konstruktion für den gutgläubigen Erwerb nicht in erster Linie auf eine rechtfertigende Besitzlage beim Veräußerer, sondern auf den Verlust jeder besitzrechtlichen Position des Veräußerers ankommt. Dies mag man mit der Lit. kritisieren (der Erwerber kann häufig gar nicht feststellen, ob der Veräußerer jede besitzrechtliche Position verliert und ist deshalb eigentlich nicht schutzwürdiger als im Fall des § 933), doch es ist nun einmal die geltende gesetzliche Regelung zum gutgläubigen Erwerb.

C. Gutgläubigkeit des Erwerbers

Ein Eigentumserwerb vom Nichtberechtigten nach den §§ 932 ff. findet nur statt, wenn der Erwerber gutgläubig ist. Diese Formulierung ist eigentlich nicht ganz exakt. Die Gutgläubigkeit ist nicht Tatbestandsvoraussetzung, sondern nach der Formulierung von § 932 Abs. 2 ist die Bösgläubigkeit des Erwerbers **rechtshindernde Einwendung**, die von demjenigen, der sich darauf beruft, der Erwerber sei nicht gutgläubig gewesen, darzulegen und zu beweisen ist.[239] 206

Für die Klausur bedeutet dies: Wenn der Sachverhalt keine Anhaltspunkte für eine Gut- oder Bösgläubigkeit liefert, können Sie von Gutgläubigkeit ausgehen. Nur wenn Umstände mitgeteilt werden, aus denen sich eine Bösgläubigkeit des Erwerbers ergeben könnte, muss die Gutgläubigkeit thematisiert werden.

238 BGH NJW 1978, 696; Grüneberg/Herrler § 934 Rn. 4; BeckOK/Kindl § 934 Rn. 6.
239 BGH RÜ 2022, 767.

I. Zeitpunkt

207 Der Erwerber muss im Zeitpunkt der **letzten Erwerbshandlung** gutgläubig sein. Haben sich die Parteien **aufschiebend bedingt** geeinigt und die Sache bereits übergeben (wie typischerweise in Fällen eines Eigentumsvorbehaltes – dazu Rn. 349 f.), soll der Übergang des Eigentums nur noch vom Eintritt der Bedingung abhängig sein. Alle erforderlichen Erwerbshandlungen liegen bereits vor; eine **Gutgläubigkeit im Zeitpunkt des Bedingungseintritts ist nicht erforderlich**.

Beispiel: Erfährt ein Eigentumsvorbehaltskäufer erst zwei Monate nach Abschluss des Kaufvertrags und Abholung der Kaufsache, aber noch vor Zahlung der letzten Kaufpreisrate, dass der Veräußerer nicht Eigentümer war, kann er trotzdem noch Eigentümer werden, sobald er den Restkaufpreis bezahlt hat.

II. Kenntnis oder grob fahrlässige Unkenntnis

208 Das Gesetz bestimmt in § 932 Abs. 2 die Gutgläubigkeit negativ: Bösgläubig ist derjenige, der **positive Kenntnis** oder **grob fahrlässige Unkenntnis** vom Nichteigentum des Veräußerers hat.

209 Grob fahrlässige Unkenntnis des Erwerbers liegt nach allgemeinen Grundsätzen vor, wenn er die im Verkehr erforderliche Sorgfalt in ungewöhnlich hohem Maße verletzt und das unbeachtet lässt, was im gegebenen Fall jedem hätte einleuchten müssen.[240] Über das gebotene Maß an Sorgfalt entscheiden immer die Umstände des Einzelfalles.[241]

- Der Erwerber ist grundsätzlich nicht verpflichtet, Erkundigungen hinsichtlich der Berechtigung des Veräußerers einzuziehen; eine **allgemeine Nachforschungspflicht besteht nicht**.[242]
- Wenn sich jedoch dem Erwerber **Verdachtsgründe** bzgl. der fehlenden Berechtigung des Veräußerers aufdrängen, muss er diesen nachgehen.
  - Ein **auffälliges Missverhältnis zwischen Verkehrswert und Kaufpreis** kann eine Nachforschungspflicht des Erwerbers begründen.[243]
  - Erhöhte Anforderungen an die Gutgläubigkeit des Erwerbers ergeben sich, wenn der Veräußerer erkennbar **außerhalb seines Geschäftskreises** tätig wird.[244]
  - Ebenso können es die **Umstände des Geschäftsabschlusses**, z.B. die Unüblichkeit des Ortes für einen Handel mit derartigen Sachen, erfordern, sich zusätzlich die Befugnis des Veräußerers glaubhaft machen zu lassen.[245]
  - Der Erwerber eines Pkw handelt beispielsweise trotz Vorlage von Zulassungsunterlagen grob fahrlässig, wenn er einen hochpreisigen Sportwagen eines in Spanien ansässigen Eigentümers durch Vertreter nachts auf einem Parkplatz gegen Inzahlungnahme seines eigenen Fahrzeugs erwirbt.[246]
- Die Frage der Gut- bzw. Bösgläubigkeit stellt sich sowohl in der Praxis, als auch in Klausuren häufig im Zusammenhang mit der Veräußerung von **Kraftfahrzeugen** und bei **Eigentumsvorbehalten bzw. Sicherungsübereignungen**.

---

240 BGH NJW 1994, 2022, 2023; BGH ZIP 2000, 146 ff.
241 Baur/Stürner § 52 Rn. 26.
242 BGH NJW 1966, 1959, 1960; OLG Koblenz OLG Report 1998, 19; Grüneberg/Herrler § 932 Rn. 10; Musielak JuS 1992, 713, 715.
243 BGH NJW 1996, 314.
244 BGH DB 1999, 428; Medicus EWiR 1999, 215.
245 OLG München NJW 2003, 673.
246 OLG Oldenburg RÜ 2023, 263.

1. Gutgläubiger Erwerb von Kraftfahrzeugen

Beim gutgläubigen Erwerb von Kraftfahrzeugen ist einerseits zwischen dem Erwerb von Neu- und Gebrauchtfahrzeugen und andererseits zwischen dem Erwerb vom Händler oder von einer Privatperson zu unterscheiden.[247] **210**

- Beim Erwerb eines **Gebrauchtwagens von einer Privatperson** ist grobe Fahrlässigkeit anzunehmen, wenn sich der Erwerber den Fahrzeugbrief[248] nicht vorlegen lässt oder der Fahrzeugbrief keinen bzw. einen vom Veräußerer verschiedenen Halter ausweist und der Erwerber keine Nachforschungen über die Berechtigung des Veräußerers anstellt.[249] Grob fahrlässig handelt auch, wer bei zureichender Prüfung hätte erkennen können, dass der Fahrzeugbrief gefälscht war.[250] Nicht erforderlich ist jedoch, die Identität des Veräußerers auch noch anhand eines Personalausweises zu überprüfen.[251] Wer von einer in den Fahrzeugpapieren als Halterin eingetragenen juristischen Person ein Kfz kaufen will, muss die Berechtigung der für diese handelnden Person vor allem dann sorgfältig prüfen, wenn ungewöhnliche Umstände – hier das Drängen des Verkäufers auf schnelle Abwicklung des Geschäfts an einem Sonntag, auf der Straße und zu einem sehr günstigen Preis – hinzutreten.[252]

- Bei Erwerb eines **Gebrauchtwagens von einem Händler** muss sich der Erwerber grundsätzlich ebenfalls den Fahrzeugbrief vorlegen lassen. Allerdings schadet es in diesem Fall nicht, wenn statt des Händlers eine andere Person als Halter eingetragen ist, da ein Händler nur selten seine eigene Zwischeneintragung bewirkt.[253] Allerdings liefert der Brief in diesem Fall keine Rechtsscheinsbasis für das Eigentum des Händlers, sondern vielmehr für seine **Verfügungsbefugnis**, sodass insbesondere ein Gutglaubensschutz nach § 366 Abs. 1 HGB besteht (dazu unten Rn. 232 ff.). [254]

- Beim Erwerb eines **Neuwagens** oder eines **Vorführwagens** von einem autorisierten Vertragshändler darf ein **Privatkäufer** regelmäßig auch ohne Vorlage des Fahrzeugbriefs darauf vertrauen, dass der Händler zumindest verfügungsbefugt ist.[255]

- Im kaufmännischen Geschäftsverkehr liegt grobe Fahrlässigkeit jedoch vor, wenn die üblichen Gepflogenheiten und vertraglichen Absprachen zwischen Hersteller und Händler – z.B. das Bestehen eines Eigentumsvorbehaltes – nicht beachtet werden.[256]

  Beispiel: Eine gewerbliche Leasinggesellschaft, zu deren üblichen Geschäften die Finanzierung von Lastkraftwagen mit einem erheblichen wirtschaftlichen Wert gehört, erwirbt beim Kauf eines solchen Fahrzeugs von einem Vertragshändler des Herstellers nicht gutgläubig das Eigentum an dem Fahrzeug, wenn der Vertragshändler den Kraftfahrzeugbrief nicht übergibt und die Leasinggesell-

---

247 Ausführlich Frahm/Würdinger JuS 2008, 14, 16.

248 Seit 01.01.2005 gibt es eigentlich keinen Fahrzeugbrief mehr, sondern die Zulassungsbescheinigung Teil II (§ 12 Fahrzeug-Zulassungsverordnung); wegen des bislang beibehaltenen Sprachgebrauchs wird hier auch weiterhin der Begriff Fahrzeugbrief verwendet.

249 BGH NJW 1996, 314; 1994, 2022, 2023.

250 KG MDR 2003, 1350.

251 OLG Karlsruhe, Urt. v. 29.03.2012 – 9 U 143/10, BeckRS 2012, 15535.

252 OLG Schleswig NJW 2007, 3007 ff.

253 BGH RÜ 2014, 225 ff.

254 BGH WM 1959, 138, 140.

255 OLG Frankfurt NJW-RR 1999, 927; LG München EWiR 2004, 649 f.; vgl. zu den Erweiterungen des Gutglaubenserwerbs unten Rn. 232 ff.

256 BGH NJW-RR 2004, 555.

schaft aufgrund ihrer zahlreichen einschlägigen Geschäfte weiß oder wissen müsste, dass sich der Hersteller das Eigentum an dem Fahrzeug bis zur vollständigen Weiterleitung des Kaufpreises an ihn vorbehält.[257]

2. Eigentumsvorbehalt und Sicherungsübereignung

211 ■ Der Erwerber muss grundsätzlich nicht damit rechnen, dass der Veräußerer die Sache seinerseits unter Eigentumsvorbehalt erworben hat. Im Hinblick auf einen möglichen **Eigentumsvorbehalt** ergeben sich jedoch weitreichende Nachforschungspflichten des Erwerbers:

- Den Erwerber trifft eine Erkundigungspflicht, wenn ein Gerät, das typischerweise unter Eigentumsvorbehalt geliefert wird, vor Ablauf der üblichen Ratenlaufzeit weiterveräußert wird.[258]
- Eine Nachprüfungspflicht besteht auch, wenn die wirtschaftliche Gesamtlage oder bekannte Zahlungsschwierigkeiten des Veräußerers das Bestehen eines Eigentumsvorbehalts als besonders naheliegend erscheinen lassen.[259]
- Muss der Erwerber nach den Umständen mit einem verlängerten Eigentumsvorbehalt des Vorlieferanten seines Vertragspartners rechnen, so handelt er grob fahrlässig, wenn er die Abtretung der Kaufpreisforderung vertraglich (wirksam) ausschließt und keine Erkundigungen über das Verfügungsrecht und/oder die Eigentumsverhältnisse an der Kaufsache einzieht.[260]

■ Weniger streng sind die Anforderungen an den Erwerber im Hinblick auf etwaige **Sicherungsübereignungen**: Es besteht grundsätzlich **kein Erfahrungssatz**, dass bestimmte Waren regelmäßig als zur Absicherung eines Kredits sicherungsübereignet sind.[261]

212 Handelt der Erwerber nur **leicht fahrlässig**, ist er nach § 932 Abs. 2 nicht bösgläubig, sodass ein gutgläubiger Eigentumserwerb in Betracht kommt. Der Erwerber muss dann allerdings auch vor Schadensersatzansprüchen des früheren Eigentümers aus §§ 823, 249 geschützt werden, die letztlich auch zur Herausgabe der Sache führen würden. Teilweise wird angenommen, dass bereits keine tatbestandsmäßige Eigentumsverletzung i.S.v. § 823 vorliege.[262] Soweit dies bejaht wird, wird den §§ 932 ff. als spezialgesetzlicher Regelung jedoch der Vorrang eingeräumt.[263] Andernfalls wäre die Begrenzung der Bösgläubigkeit in § 932 Abs. 2 auf Vorsatz und grobe Fahrlässigkeit ohne Sinn, da dann im Ergebnis der Erwerber auch bei leichter Fahrlässigkeit zur Rückübereignung nach §§ 823, 249 verpflichtet wäre.

III. Bezugspunkt des guten Glaubens

213 Bezugspunkt des guten Glaubens ist grundsätzlich nur das **Eigentum** des Veräußerers.[264] Eine klausurwichtige Erweiterung besteht gemäß **§ 142 Abs. 2:** Wer die Anfechtbarkeit eines Rechtsgeschäfts kannte oder kennen musste, muss sich so behandeln lassen, als hätte er dessen Nichtigkeit gekannt.

---

257 BGH NJW 2005, 1365.
258 BGH JZ 1973, 27, 28.
259 Erman/Bayer § 932 Rn. 10.
260 BGH NJW 1999, 425; zum verlängerten Eigentumsvorbehalt ausführlich noch unten Rn. 359 ff.
261 BGH BB 1970, 150.
262 Grüneberg/Sprau § 823 Rn. 8.
263 BeckOK/Kindl § 932 Rn. 8.
264 Zu Erweiterungen des Gutglaubensschutzes s.u. Rn. 232 ff.

Beispiel: K droht A mit einer Vergiftung seines Hundes, falls dieser ihm nicht sein Auto zu einem Sonderpreis verkauft und übereignet. In Sorge um seinen Hund leistet A der Drohung des K Folge. Wenige Tage später verkauft und übereignet K den Wagen seinem Bruder B, der von der Drohung des K weiß. Wie ist die Eigentumslage, wenn A Kaufvertrag und Übereignung wenig später erfolgreich anficht?

I. Ursprünglich war A Eigentümer. Er hat das Eigentum an dem Wagen gemäß § 929 S. 1 auf K übertragen. A hat seine auf Übereignung gerichtete Willenserklärung jedoch gemäß § 123 Abs. 1 wirksam angefochten, sodass sie gemäß § 142 Abs. 1 von Anfang an unwirksam ist. Mangels dinglicher Einigung ist A damit zunächst Eigentümer geblieben.
II. B könnte jedoch Eigentum von K erlangt haben, § 929 S. 1. K und B haben sich über den Eigentumsübergang geeinigt, und K hat B den Wagen sofort übergeben. Allerdings war K nicht verfügungsberechtigt, da sein Eigentum in Folge der Anfechtung durch A ex tunc entfallen ist.
III. B könnte unter den Voraussetzungen der §§ 929 S. 1, 932 Abs. 1 S. 1 gutgläubig Eigentum erworben haben. Im Zeitpunkt der Übereignung hielt B den K noch für den Eigentümer, da die Anfechtung durch A noch nicht erfolgt war. Allerdings wusste B, dass K dem A gedroht hatte, und kannte daher die Anfechtbarkeit der Übereignung. Gemäß § 142 Abs. 2 muss sich derjenige, der die Anfechtbarkeit eines Rechtsgeschäfts kannte, so behandeln lassen, als hätte er dessen Nichtigkeit gekannt. Unterstellt, B hätte die Nichtigkeit der Übereignung gekannt, hätte er gewusst, dass K nicht Eigentümer des Wagens war. B war daher nicht gutgläubig i.S.v. § 932 Abs. 2.

A ist Eigentümer des Wagens geblieben.

Umstritten ist, ob ein gutgläubiger Eigentumserwerb möglich ist, wenn ein **Minderjähriger** über eine ihm nicht gehörende Sache verfügt. 214

Verfügt ein Minderjähriger über eine ihm gehörende Sache, ist die Einigung und damit die Verfügung wegen ihrer rechtlichen Nachteile gemäß § 107 schwebend unwirksam. Verfügt ein Minderjähriger jedoch über eine fremde Sache, liegt für ihn ein **neutrales** Geschäft vor, sodass noch ein Gutglaubenserwerb möglich sein soll.[265]

Dies wird in der Lit. teilweise kritisiert: Nach §§ 932 ff. solle der Erwerber nur so gestellt werden, wie er stünde, wenn seine Vorstellung, dass der Veräußerer Eigentümer sei, richtig gewesen wäre. Stelle sich der Erwerber aber vor, die veräußerte Sache stehe im Eigentum des Minderjährigen, wäre die Verfügung gemäß § 107 schwebend unwirksam. Daher sei die Möglichkeit eines gutgläubigen Erwerbs auf die Fälle zu begrenzen, in denen der Gutgläubige auch vom Berechtigten Eigentum erworben hätte; anderenfalls sei er nicht schutzwürdig.[266]

Ein ähnliches Problem stellt sich bei der Veräußerung eines **Haushaltsgegenstandes** durch einen Ehegatten, **§ 1369**. 215

Veräußert der Ehegatte einen ihm selbst gehörenden Haushaltsgegenstand ist die Veräußerung nach § 1369 ohne die Zustimmung des anderen Ehegatten unwirksam.

Veräußert der Ehegatte einen Haushaltsgegenstand, der jedoch einem Dritten gehört, ist § 1369 nicht anwendbar, sodass ein gutgläubiger Erwerb nach den §§ 932 ff. möglich wäre. Auch hier stellt sich die Frage, ob der Erwerber schutzwürdig ist: Wäre nämlich seine Vorstellung richtig gewesen – und hätte der Haushaltsgegenstand dem veräußernden Ehegatten gehört – käme ein gutgläubiger Erwerb wegen § 1369 nicht in Betracht.[267]

---

265 Erman/Bayer § 932 Rn. 1.

266 BeckOK/Kindl § 932 Rn. 5; MünchKomm/Oechsler § 932 Rn. 10 f.; Staudinger/Heinze § 932 Rn. 10, 11.

267 BeckOK/Kindl § 932 Rn. 5.

IV. Zurechnung der Bösgläubigkeit

216 Wenn bei der **Einigung** für den Erwerber ein **Vertreter** handelt, kommt es auf die Gutgläubigkeit des Vertreters an, § 166 Abs. 1.[268] Handeln **mehrere** Vertreter, schadet bereits die Bösgläubigkeit eines Vertreters.

Beliebter Merksatz: „Ein faules Ei verdirbt den Brei."

Wenn der Vertreter jedoch nach bestimmten **Weisungen** handelt, ist bei der rechtsgeschäftlichen Vertretung sowohl die Gutgläubigkeit des Vertreters als auch die des Vertretenen erforderlich, § 166 Abs. 2. Der Begriff der Weisungen ist weit auszulegen. Für die Anwendung des § 166 Abs. 2 reicht es aus, wenn der Bevollmächtigte im Rahmen der Vollmacht ein bestimmtes Rechtsgeschäft abschließt, zu dessen Vornahme ihn der Vollmachtgeber veranlassen wollte.[269]

Auf die **gesetzliche Vertretung** ist § 166 Abs. 2 grds. nicht anwendbar, weil der Vertretene nicht weisungsberechtigt ist.[270] Ausnahmsweise ist § 166 Abs. 2 aber auch auf die gesetzliche Vertretung entsprechend anzuwenden, wenn nach Sinn und Zweck des Gesetzes eine gleiche Behandlung dieser Fälle mit denen der rechtsgeschäftlichen Vertretung geboten ist (Weisung an einen Betreuer, wenn der Betreute voll geschäftsfähig ist).[271]

217 Beim Erwerb durch eine **juristische Person** ist deren Bösgläubigkeit schon dann anzunehmen, wenn ein Organ die Nichtberechtigung des Veräußerers kennt. Darauf, ob die handelnde Organperson bösgläubig ist, kommt es nicht an.[272]

218 Werden für den Erwerber **beim Besitzerwerb** Hilfspersonen tätig, ist nach h.A. deren Gut- oder Bösgläubigkeit ohne Belang. Diesen obliegt auch keine Erkundigungspflicht.[273]

D. Kein Abhandenkommen, § 935

219 Der Eigentümer soll sein Eigentum grundsätzlich nur dann verlieren, wenn er den **Rechtsschein** des Besitzes aufseiten des nichtberechtigten Veräußerers zurechenbar veranlasst hat. Denn nur dann ist es gerechtfertigt, den Erwerber – durch Eigentumserwerb – mehr zu schützen als den Eigentümer, der in diesem Fall sein Eigentum verliert.

Zurechenbar ist der Rechtsschein dann veranlasst, wenn der Eigentümer die Sache **willentlich** aus der Hand gegeben hat. Ein Abhandenkommen liegt also nach § 935 Abs. 1 S. 1 vor, wenn der Eigentümer den unmittelbaren Besitz **ohne seinen Willen** verloren hat. Anknüpfungspunkt für ein Abhandenkommen ist stets der unmittelbare Besitz. Falls der Eigentümer lediglich mittelbarer Besitzer ist, ist erforderlich, dass dem unmittelbaren Besitzer der Besitz ohne seinen Willen entzogen worden ist, § 935 Abs. 1 S. 2.[274]

---

268 BGH NJW 1999, 425, 426; 1982, 38, 39; Staudinger/Heinze § 932 Rn. 97.
269 BGHZ 38, 65, 68; 50, 364, 368; 51, 141, 147; Baur/Stürner § 52 Rn. 32.
270 Staudinger/Heinze § 932 Rn. 97; Staudinger/Schilken § 166 Rn. 30.
271 BGHZ 38, 65, 67.
272 Staudinger/Schilken § 166 Rn. 32.
273 Staudinger/Heinze § 932 Rn. 98; Erman/Bayer § 932 Rn. 7.
274 Baur/Stürner § 52 Rn. 37; Staudinger/Heinze § 935 Rn. 4.

Daraus ergibt sich für das Merkmal „Abhandenkommen" folgende **Definition**:

> Eine Sache ist abhandengekommen i.S.d. § 935, wenn der unmittelbare Besitzer den Besitz unfreiwillig verloren hat. Unfreiwillig ist der Verlust schon, wenn er sich **ohne den Willen des Besitzers** vollzieht; ein Besitzverlust gegen seinen Willen ist nicht erforderlich. **220**

Wenn ein vertretungsberechtigtes Organ einer **juristischen Person** den Besitz unbefugt weggibt, liegt kein Abhandenkommen vor.[275] Die juristische Person übt den Besitz durch ihre Organe aus. Wenn die Organe die tatsächliche Sachherrschaft innehaben, ist die juristische Person Besitzer (sog. Organbesitz); die juristische Person erwirbt durch ihre Organe selbst Besitz, ohne dass die Organe Besitzdiener oder Besitzmittler sind.[276] **221**

Umstritten ist, ob ein Abhandenkommen vorliegt, wenn der **Besitzdiener** die Sache ohne Einverständnis des Geschäftsherrn in eigenem Namen weggibt, aber nach den gesamten Umständen vom Erwerber als unmittelbarer Besitzer der Sache angesehen werden darf. **222**

- Die h.M. behandelt die Veruntreuung durch den Besitzdiener als **unfreiwilligen Besitzverlust** des unmittelbaren Besitzers und damit als Abhandenkommen.[277] Zur Begründung wird angeführt, das Gesetz stelle bei der Ermittlung der wahren Besitzlage nirgends darauf ab, ob man im Rechtsverkehr jemanden nach dem äußeren Anschein für den Besitzer halten könne; es komme immer auf die **objektive Besitzlage** an.

- Ein Teil der Lit. geht hingegen davon aus, dass ein Abhandenkommen im Falle der Veruntreuung der Sache durch den Besitzdiener nicht vorliege, wenn der Besitzdiener nach außen durch nichts von einem Besitzer zu unterscheiden sei und tatsächlich auf die Sache einwirken könne. In diesem Falle stehe der Besitzdiener dem Besitzmittler gleich. Wenn der Besitzmittler als unmittelbarer Besitzer den Besitz willentlich aufgebe, sei dem Eigentümer die Sache nicht abhandengekommen. Dasselbe müsse für den Besitzdiener gelten, wenn er wie ein Besitzmittler aufgetreten sei.[278]

Sehr umstritten war lange, ob der Fahrer bei einer Probefahrt Besitzer oder Besitzdiener ist (vgl. dazu oben Rn. 25). Dazu der nachfolgende Fall:

Fall 10: Die unehrliche Probefahrt

Bei K, die ein Autohaus betreibt, erschien X, der vorgab, sich für ein als Vorführwagen genutztes Kraftfahrzeug zu interessieren und mit diesem eine Probefahrt unternehmen zu wollen. Tatsächlich beabsichtigte X von Anfang an, das Fahrzeug für sich zu behalten. Nach der vereinbarten Zeit von einer Stunde kehrte X mit dem Fahrzeug nicht mehr zurück. B erwarb das Fahrzeug später von X unter Vorlage einer gefälsch-

275 Baur/Stürner § 52 Rn. 39; Grüneberg/Herrler § 854 Rn. 10, § 935 Rn. 10.

276 BGHZ 57, 166, 167; Grüneberg/Herrler § 854 Rn. 10, § 935 Rn. 10.

277 OLG Köln OLGR 2005, 395; Grüneberg/Herrler § 935 Rn. 8.

278 Erman/Bayer § 935 Rn. 6; MünchKomm/Schäfer § 855 Rn. 23; Staudinger/Heinze § 935 Rn. 14.

ten Zulassungsbescheinigung, die er als Fälschungen nicht erkannte und nicht erkennen konnte. Hat K gegen B einen Anspruch auf Herausgabe des Fahrzeugs?

(Fall in Anlehnung an BGH, Urt. v. 18.09.2020 – V ZR 8/19, RÜ 2020, 754 [Update zu RÜ 2017, 632; RÜ 2019, 225 u. 281] mit RÜ-Video 12/2020 unter t1p.de/owyi)

223 Ein Anspruch auf Herausgabe des Fahrzeugs der K gegen B kann sich aus § 985 BGB ergeben. Ursprünglich war K Eigentümerin. Sie könnte es verloren haben, wenn X das Fahrzeug an B gemäß §§ 929 ff. übereignet hat.

I. X und B haben sich über den Eigentumsübergang i.S.d. § 929 S. 1 geeinigt.

II. Zugleich verlor X auf seine eigene Veranlassung die tatsächliche Gewalt an B, sodass es gemäß §§ 854 Abs. 1, 856 Abs. 1 zu einem Übergang des unmittelbaren Besitzes und mithin i.S.d. § 929 S. 1 zu einer Übergabe bei gleichzeitigem Einigsein gekommen ist.

III. X war weder Eigentümer noch nach § 185 Abs. 1 oder kraft Gesetzes zur Übereignung ermächtigt und daher nicht berechtigt, das Fahrzeug zu übereignen.

IV. B könnte jedoch gutgläubig Eigentum nach §§ 932, 935 erworben haben.

1. Der Eigentumsübergang an B sollte durch ein Rechtsgeschäft mit echtem Rechtssubjektswechsel, also durch ein Verkehrsgeschäft, erfolgen.

2. Durch die Besitzverschaffung an B durch Übergabe bestand ein nach § 932 Abs. 1 S. 1 Hs. 1 hinreichender Rechtsschein, der X zur Übereignung legitimierte.

3. Gleichwohl hat B gemäß § 932 Abs. 1 S. 1 Hs. 2 das Eigentum nicht erworben, wenn er im Zeitpunkt des Eigentumserwerbs – also bei Übergabe – nicht in gutem Glauben war. Nach § 932 Abs. 2 ist der Erwerber nicht in gutem Glauben, wenn ihm bekannt oder infolge grober Fahrlässigkeit unbekannt ist, dass die Sache nicht dem Veräußerer gehört. Hier hat sich B die Zulassungsbescheinigung vorlegen lassen. Dass diese gefälscht war, konnte er nicht erkennen, sodass er gutgläubig war.

4. Nach § 935 Abs. 1 S. 1 tritt ein gutgläubiger Erwerb trotzdem nicht ein, wenn die Sache dem Eigentümer gestohlen worden, verloren gegangen oder sonst abhandengekommen war. Der unfreiwillige Besitzverlust entwertet nämlich den unmittelbaren Besitz und die an ihn anknüpfende Eigentumsvermutung (§ 1006) als Grundlage des gutgläubigen Erwerbs. Eine bewegliche Sache kommt ihrem Eigentümer abhanden, wenn dieser den Besitz an ihr unfreiwillig verliert.

a) Zweifelhaft ist zunächst, ob K ihren Besitz bereits mit Aushändigung des Fahrzeugs an X aufgegeben hat. Wäre hierin hingegen eine bloße Besitzlockerung zu sehen, dann wäre erst in der späteren Übergabe an B der Besitzverlust der K zu sehen.

aa) Nach §§ 854 Abs. 1, 856 Abs. 1 deckt sich der unmittelbare Besitz grundsätzlich mit der tatsächlichen Gewalt über eine Sache. Nach § 856 Abs. 2 sind dabei vorübergehende Gewahrsamslockerungen unbeachtlich. Entscheidend für den Besitzverlust der K ist hiernach, ob sie bei Überlassung des Fahrzeugs an X einen nicht nur vorübergehenden Gewahrsamsverlust erlitten hat.

Für die Besitzverhältnisse an einem KfZ kommt es in der Regel darauf an, wer die tatsächliche Sachherrschaft über die Fahrzeugschlüssel ausübt. Die Übergabe eines Schlüssels bewirkt allerdings nur dann einen Besitzübergang, wenn der Übergeber die tatsächliche Gewalt an der Sache willentlich und erkennbar aufgegeben und der Empfänger des Schlüssels sie in gleicher Weise erlangt hat. Hieran fehlt es etwa, wenn der Schlüssel zwecks bloßer Besichtigung des Fahrzeugs in Anwesenheit des Eigentümers übergeben wird. Wird der Schlüssel für eine kurze Probefahrt ausgehändigt, kann dies gegen eine Übertragung des unmittelbaren Besitzes und für eine bloße Besitzlockerung sprechen, weil nur die auf eine gewisse Dauer angelegte Sachherrschaft als Besitz angesehen wird.

Für eine unbegleitete und auch nicht durch technische Vorrichtungen, die einer Begleitung vergleichbar sind, gesicherte Probefahrt von einer Stunde kann das indessen nicht gelten. Denn in diesem Fall bleibt der Verkäufer weder in einer engen räumlichen Beziehung zu dem Fahrzeug noch ist die Sachherrschaft des Probefahrers so flüchtig, dass ihm die Einwirkungsmöglichkeit auf die Sache nach der Verkehrsanschauung abzusprechen wäre. Vielmehr kann dieser während der Probefahrt beliebig auf das Fahrzeug einwirken, während dem Verkäufer schon wegen der Distanz, die in einer Stunde zurückgelegt werden kann, jede Kontrolle über das Fahrzeug fehlt.

Also hat K mit Fahrzeugüberlassung an X die tatsächliche Gewalt und nach § 856 Abs. 1 grundsätzlich zugleich den unmittelbaren Besitz verloren.

bb) Ausnahmsweise ist K aber trotz Verlustes der tatsächlichen Gewalt unmittelbare Besitzerin geblieben, wenn X ihr Besitzdiener i.S.d. § 855 (analog) ist. Ein unfreiwilliger Besitzverlust kann auch durch das eigenmächtige Handeln eines Besitzdieners eintreten. Besitzdiener ist nach § 855, wer die tatsächliche Gewalt über eine Sache für einen anderen in dessen Haushalt oder Erwerbsgeschäft oder in einem ähnlichen Verhältnis ausübt, vermöge dessen er den sich auf die Sache beziehenden Weisungen des Anderen Folge zu leisten hat.

(1) Eine Ansicht verneint dies, weil es an dem nach § 855 vorausgesetzten sozialen Abhängigkeitsverhältnis zwischen dem potenziellen Käufer und dem Verkäufer fehle. Dieser habe – jedenfalls wenn die Probefahrt ohne seine Begleitung durchgeführt werde – keine Möglichkeit, auf das Fahrzeug bzw. den Kaufinteressenten einzuwirken.[279]

(2) Andere Stimmen differenzieren nach den Umständen des Einzelfalls und nehmen insbesondere bei einer nur kurzzeitigen Probefahrt (20 Minuten) mit roten Kennzeichen und ohne Übergabe von Fahrzeugpapieren eine Besitzdienerschaft an.[280]

(3) Wiederum andere nehmen generell eine Besitzdienerschaft an.[281] Verwiesen wird dabei darauf, dass § 855 nicht notwendig das Vorliegen eines Abhängigkeits- oder sozialen Über-/Unterordnungsverhältnisses voraussetze, sondern lediglich eine Beziehung, welche den Besitzherrn zur jederzeitigen Weisung bzw. zum Eingreifen, etwa zum Abbruch der Fahrt berechtige.[282]

---

279 MünchKomm/Oechsler § 935 Rn. 11

280 KG, Beschl. v. 04.10.2018 – 26 U 159/17, BeckRS 2018, 28236 Rn. 3 ff.

281 MünchKomm/Schäfer § 855 Rn. 14; Grünebeger/Herrler § 855 Rn. 7.

282 OLG Köln MDR 2006, 90.

(4) Zuzustimmen ist der erstgenannten Ansicht, die den Wortlaut nicht als erfüllt ansieht: Besitzdiener ist nicht jeder, der Weisungen des Eigentümers der Sache zu befolgen hat, sondern nur derjenige, demgegenüber der Eigentümer die Einhaltung seiner Weisungen im Nichtbefolgungsfall aufgrund eines Direktionsrechts oder vergleichbarer Befugnisse unmittelbar selbst durchsetzen kann. Die Überlassung eines Kraftfahrzeugs durch den Verkäufer zu einer unbegleiteten und auch nicht anderweitig überwachten Probefahrt eines Kaufinteressenten auf öffentlichen Straßen für eine gewisse Dauer führt daher zu einem Besitzverlust.[283]

Mithin ist § 855 nicht heranzuziehen. X war nicht Besitzdiener der K, sodass K bereits bei Überlassung des Fahrzeugs an X ihren unmittelbaren Besitz verlor.

b) Die Besitzaufgabe müsste zudem freiwillig gewesen sein. Eine Besitzaufgabe ist nicht unfreiwillig, wenn sie durch Täuschung bestimmt worden ist.[284] Die Überlassung geschah demnach freiwillig, sodass kein Abhandenkommen vorliegt.

Die Voraussetzungen des § 935 Abs. 1 S. 1 sind nicht erfüllt.

Somit hat B das Eigentum von X erworben. Bereits mangels Eigentums hat K gegen B daher keinen Anspruch aus § 985 auf Herausgabe des Fahrzeugs.

---

224 Dem **wahren Erben** kommt die Sache, die ohne sein Wissen aus dem Nachlass entfernt wird, abhanden, sofern der Erblasser unmittelbarer Besitzer war. Nach § 857 geht der Besitz ohne Weiteres auf den Erben über.[285] Ist hingegen derjenige, der als Nichtberechtigter über den Nachlassgegenstand verfügt, aufgrund eines Erbscheins als Erbe ausgewiesen, erlangt der Erwerber das Eigentum. Auch wenn die bewegliche Sache dem wahren Erben abhanden gekommen ist (§ 935), ist der Erwerber nach § 2366 geschützt.[286]

I. Abgrenzung Besitzentzug und willentliche Besitzübertragung

225 Ob ein **Entzug oder eine willentliche Übertragung** des Besitzes vorliegt, bestimmt sich grundsätzlich danach, ob der Besitzer bei der Übertragung des Besitzes einen **tatsächlichen Besitzübertragungswillen** hatte.

- Eine willentliche Übertragung des Besitzes liegt auch dann vor, wenn der Besitzer sich **bei der Übergabe** der Sache **geirrt** hat oder **getäuscht** wurde, solange er im Zeitpunkt der Weggabe tatsächlichen Besitzübertragungswillen hatte. Eine Anfechtung dieses nicht rechtsgeschäftlichen Besitzübertragungswillens gemäß §§ 119 ff. scheidet aus.[287]

---

283 So auch OLG Celle RÜ 2023, 353.

284 Grüneberg/Herrler § 935 Rn. 5.

285 Baur/Stürner § 52 Rn. 40.

286 Grüneberg/Weidlich § 2366 Rn. 6.

287 BGHZ 4, 10, 34 ff.; Grüneberg/Herrler § 935 Rn. 5.

- Eine willentliche Besitzübertragung ist abzulehnen, wenn der Besitz aufgrund **unwiderstehlicher** physischer **Gewalt** oder eines gleichwertigen psychischen Zwangs entzogen wird.[288]

- Ist die Weggabe durch eine **widerrechtliche Drohung** veranlasst worden, ist streitig, ob die Sache dem Besitzer abhandengekommen ist.
  - Die h.M. in der Lit. nimmt einen unfreiwilligen Besitzverlust an, da dem Besitzer die Zwangslage und daher auch die Unfreiwilligkeit bewusst gewesen sei.[289]
  - Die Rspr. lehnt einen unfreiwilligen Besitzverlust ab, wenn dem Bedrohten die Möglichkeit eines Abwägens des Für und Wider der Besitzaufgabe trotz der Intensität der Drohung verbleibt.[290]

- Die Weggabe der Sache durch einen **Geschäftsunfähigen** ist nach h.M. unfreiwillig.[291]

- Ob dem Besitzer, der als **beschränkt Geschäftsfähiger** die Sache weggegeben hat, diese abhandengekommen ist, ist umstritten. Die wohl h.M.[292] stellt darauf ab, ob im Einzelfall die Fähigkeit bestanden hat, sich über die Bedeutung der Besitzweggabe ein zutreffendes Bild zu machen.

- Die Sache ist nicht abhandengekommen, wenn sie dem unmittelbaren Besitzer aufgrund eines staatlichen Hoheitsakts weggenommen wird. Abhandenkommen kann aber vorliegen, wenn der Hoheitsakt nichtig ist.

- Ein gutgläubiger Erwerb des Alleineigentums ist ausgeschlossen, wenn der Erwerber den Besitz von einem Mitbesitzer ohne Wissen und Wollen der anderen Mitbesitzer erlangt. Dies gilt allerdings nur, soweit die Mitbesitzer auch Miteigentümer sind.[293]

  Steht die Sache hingegen im Alleineigentum des Mitbesitzers und gibt er diese **ohne Willen des eigentumslosen Mitbesitzers** freiwillig auf, liegt kein Abhandenkommen vor.

  Beispiel:[294] E ist Alleineigentümer eines BMW, seine Frau F ist Mitbesitzerin. E benötigt dringend einen Kredit. Zu diesem Zweck erteilt er N den Auftrag, das Fahrzeug bei der Bank zwecks Vereinbarung einer Sicherungsübereignung vorzuführen. N übereignet das Fahrzeug jedoch an die gutgläubige S.

  Ein gutgläubiger Erwerb der S ist möglich, da § 935 Abs. 1 nicht anwendbar ist. F hat zwar ihren (Mit-)Besitz verloren, sie war jedoch weder Eigentümerin des BMW (Abs. 1 S. 1) noch hat sie E den Besitz vermittelt (Abs. 1 S. 2).

Fraglich ist, ob eine Sache i.S.d. § 935 Abs. 1 abhandenkommt, wenn einem **unmittelbaren Besitzer** die Sache entzogen wird, der **nicht** für den **Eigentümer besitzt**. 226

Beispiel: M hat von E ein Boot geleast. Nach Ablauf des Leasingvertrags erklärt M dem E, dass er das Boot für sich behalte. E widerspricht. Bald darauf wird M das Boot gestohlen. Der Dieb D veräußert das Boot an den gutgläubigen G. Hat G gemäß §§ 929, 932 das Eigentum erworben, wenn die Eigenbesitzbegründung des M unzulässig war?

---

288 BGH NJW 1953, 1506, 1507.

289 Baur/Stürner § 52 Rn. 43; Westermann/Thole § 49 I 3; Staudinger/Heinze § 935 Rn. 11; Grüneberg/Herrler § 935 Rn. 5.

290 BGH NJW 1953, 1506, 1507.

291 OLG München NJW 1991, 2571; Staudinger/Heinze § 935 Rn. 9 f.

292 Baur/Stürner § 52 Rn. 42; Grüneberg/Herrler § 935 Rn. Rn. 5; Staudinger/Heinze § 935 Rn. 10; Erman/Bayer § 935 Rn. 4.

293 Grüneberg/Herrler § 935 Rn. 9.

294 Nach BGH RÜ 2014, 225 ff.

I. D und G haben sich über den Eigentumsübergang geeinigt.
II. Eine Übergabe von D an G ist erfolgt.
III. D ist nicht berechtigt. Fraglich ist, ob G gutgläubig vom Nichtberechtigten erwerben kann gemäß §§ 932 ff.?
1. Es handelt sich um ein Verkehrsgeschäft i.S. eines Rechtsgeschäfts und der Rechtsschein des Besitzes spricht angesichts der Übergabe für D. G war zudem gutgläubig im Zeitpunkt der Besitzbegründung.
2. Ein gutgläubiger Erwerb wäre jedoch gemäß § 935 Abs. 1 ausgeschlossen, wenn das Boot abhandengekommen ist.
a) Nach dem Wortlaut des § 935 Abs. 1 S. 1 liegt kein Abhandenkommen vor, weil der Eigentümer E nicht unmittelbarer Besitzer war; auch ein Abhandenkommen i.S.d. § 935 Abs. 1 S. 2 liegt nicht vor, da der unmittelbare Besitzer M, dem die Sache entzogen worden ist, nicht (mehr) für den Eigentümer besaß, also nicht dessen Besitzmittler war.
b) Fraglich ist, ob § 935 analog anzuwenden ist.
aa) Die h.M. lehnt in derartigen Fällen eine analoge Anwendung und damit ein Abhandenkommen ab.[295] Danach hat G mangels Abhandenkommens gutgläubig das Eigentum erworben.
bb) Nach der Gegenansicht kommt eine analoge Anwendung von § 935 in Betracht: Es ist danach zu differenzieren, ob sich das in der Person des unmittelbaren Besitzers liegende und vom Eigentümer aus freien Stücken eingegangene Loyalitätsrisiko realisiert.[296] Hier hatte sich die typische Gefahr des Eigentümers der Unterschlagung der Sache durch den Leasenden (M) zum Zeitpunkt des Diebstahls bereits verwirklicht. Der Diebstahl, der zum unfreiwilligen Besitzverlust des M führte, geschah zu einem Zeitpunkt, zu dem M bereits freiwillig entschieden hatte, seinen Besitz nicht mehr für E auszuüben. In einem solchen Fall ist der Eigentümer nicht schutzwürdig, sodass eine analoge Anwendung des § 935 Abs. 1 S. 2 nicht gerechtfertigt ist.
Auch danach hat G – trotz des Diebstahls – gutgläubig Eigentum erworben.

Eine analoge Anwendung des § 935 Abs. 1 S. 2 kann aber beispielsweise in Betracht kommen, wenn der Erwerber, der den Besitz aufgrund einer nichtigen Veräußerung vom Eigentümer erhalten hat, die Sache verliert.[297]

II. Unbeachtlichkeit des Abhandenkommens, § 935 Abs. 2

227 Der Gesetzgeber hat dem Beharrungsinteresse des Eigentümers zwar grundsätzlich den Vorrang vor dem Erwerbsinteresse eingeräumt, wenn der Eigentümer die Sache nicht willentlich aus der Hand gegeben hat. Dieser Grundsatz wird allerdings in § 935 Abs. 2 durchbrochen: Das Erwerbsinteresse – und damit vor allem die Umlauffähigkeit – von **Geld** und **Inhaberpapieren** genießt Vorrang vor einem Schutz des Eigentümers. Dass zudem ein Erwerb von abhandengekommenen Sachen möglich ist, die in einer **öffentlichen Versteigerung** veräußert werden, hat vor allem historische Gründe.[298]

228 **Geld** ist alles in Umlauf befindliche, staatlich anerkannte Geld (Scheine und Münzen), also auch ausländische Währungen.[299] Bei Sammlermünzen, die im Umlauf zum Zahlungsverkehr weder bestimmt noch geeignet sind, handelt es sich allerdings auch dann nicht um Geld i.S.v. § 935 Abs. 2, wenn sie als Zahlungsmittel zugelassen sind. In diesem Fall tritt das Interesse an der Umlauffähigkeit, das Zweck der Vorschrift ist, hinter das Bestandsinteresse des Eigentümers zurück.[300] **Inhaberpapiere** sind vor allem Inhaberschuldverschreibungen (§ 793) und Inhaberaktien (§ 10 Abs. 1 AktG). Ihnen gleichge-

295 Grüneberg/Herrler § 935 Rn. 3.
296 BeckOK/Kindl § 935 Rn. 5; MünchKomm/Oechsler § 935 Rn. 9.
297 BeckOK/Kindl § 935 Rn. 5.
298 Staudinger/Heinze § 935 Rn. 23.
299 LG Köln NJW-RR 1991, 868.
300 BGH NJW 2013, 2888.

stellt sind Inhabermarken und -karten i.S.d. § 807, also z.B. Biermarken oder Theaterkarten. Dagegen gilt bei Orderpapieren – auch wenn sie blanko indossiert sind – der besondere wertpapierrechtliche Gutglaubensschutz (Art. 16 Abs. 2 WG, Art. 21 ScheckG, § 365 HGB).

Nach § 935 Abs. 2 schadet aber nur das Abhandenkommen einem gutgläubigen Erwerb nicht – die übrigen Voraussetzungen (insbesondere die Gutgläubigkeit des Erwerbers) müssen vorliegen.

Öffentliche Versteigerung i.S.d. § 935 Abs. 2 ist eine Versteigerung gemäß § 383 Abs. 3, **229**
die von einem zur Versteigerung befugten Beamten oder öffentlich bestellten Versteigerer durchgeführt wird. § 935 Abs. 2 findet keine Anwendung auf öffentlich-rechtliche Versteigerungen, bei denen der Ersteher kraft Hoheitsakt das Eigentum erwirbt und ein rechtsgeschäftlicher (gutgläubiger) Eigentumserwerb gar nicht erforderlich ist.

Hauptanwendungsfälle für öffentliche Versteigerungen i.S.d. § 383 Abs. 3:

- Fundversteigerung, §§ 966 Abs. 2 S. 1, 979 Abs. 1;
- Pfandversteigerung, § 1235 Abs. 1;
- Versteigerung hinterlegungsunfähiger Sachen, § 383.

Keine öffentliche Versteigerung i.S.d. § 383 Abs. 3 ist die Versteigerung durch einen Gerichtsvollzieher im Rahmen der Zwangsvollstreckung, **§ 814 ZPO**.[301]

III. Sonderproblem: Rückerwerb durch den Nichtberechtigten

Veräußert ein Nichtberechtigter eine Sache an einen gutgläubigen Erwerber und über- **230**
trägt dieser das Eigentum auf ihn zurück, so kann der ursprüngliche Nichtberechtigte eigentlich vom Berechtigten Eigentum erwerben.

Ein solches Ergebnis begegnet in folgenden Fällen Bedenken:

- Die Rückübertragung dient lediglich der **Rückabwicklung des Kausalgeschäfts** (z.B. wegen Rücktritts- oder nach Bereicherungsrecht).
- Die Rückübertragung war **von Anfang an bereits vorgesehen** (z.B. bei einer Sicherungsübereignung).
- Die Rückübertragung war vom Nichtberechtigten in der Absicht geplant, die Sache vom gutgläubigen Erwerber zurückzuerwerben (sog. **mittelbar bösgläubiger Erwerb**).

Bei einer kollusiven Hin- und Herübereignung, die letztlich dazu dienen soll, dass der zuvor Nichtberechtigte das Eigentum vom Berechtigten erwirbt, wird es aber vielfach bereits an der Gutgläubigkeit des Zwischenerwerbers fehlen.

In diesen Fällen soll der ursprüngliche Eigentümer das Eigentum nach h.M. „automatisch" zurückerwerben.[302] Die Begründung dieses Ergebnisses bereitet allerdings dogmatische Schwierigkeiten:[303]

301 Vgl. zur Verwertung einer gepfändeten Sache AS-Skript ZPO (2022), Rn. 437 ff.

302 Erman/Bayer § 932 Rn. 14.

303 Zum Streitstand ausführlich Staudinger/Heinze § 932 Rn. 114 ff.

- Teilweise wird angenommen, bei der Rückübertragung könne über die Grundsätze des Geschäftes für den, den es angeht, ein Eigentumserwerb des ursprünglichen Eigentümers erreicht werden; allerdings wird hier meist der Wille, für den ursprünglichen Eigentümer zu erwerben, fehlen.
- Auch eine teleologische Reduktion der §§ 932 ff. – z.B. die Verneinung eines Verkehrsgeschäftes, wenn es zu einem Rückerwerb kommt – ist bedenklich; ein eigentlich eingetretener gutgläubiger Erwerb würde durch den „Rückerwerb" ex-nunc entfallen; eine solche Folge ist im Gesetz nicht vorgesehen.
- Das Ergebnis wird daher zum Teil lediglich mit Sinn und Zweck des gutgläubigen Erwerbs und dem „Rechtsgefühl" begründet.[304]
- Andere lehnen es deswegen als „nicht konstruierbar" ab.[305] Im Übrigen bestehe kein praktisches Bedürfnis, da der Nichtberechtigte, der Eigentum erworben habe, dem ursprünglichen Eigentümer schuldrechtlich aus §§ 823 Abs. 1, 249 oder §§ 280 Abs. 1, 249 bzw. §§ 812 ff. zur Rückübertragung verpflichtet sei.[306]

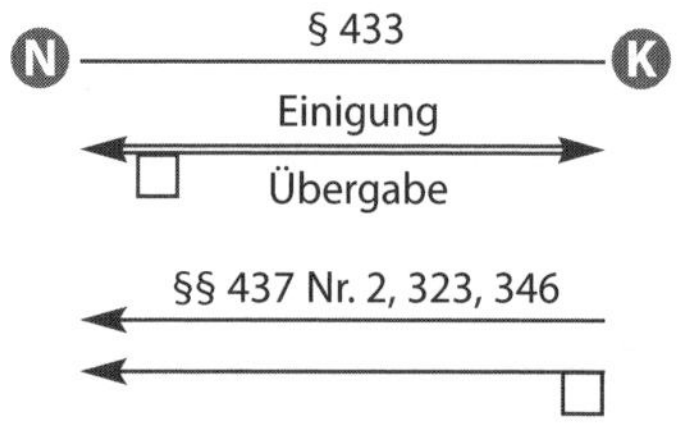

Beispiel: N verkauft und übereignet dem gutgläubigen K eine Maschine, die E gehört. Wegen eines Mangels erklärt K den Rücktritt vom Kaufvertrag und gibt die Maschine an N zurück.

I. K hat von N gemäß §§ 929 S. 1, 932 zum Zwecke der Erfüllung des Kaufvertrags das Eigentum an der Maschine gutgläubig erlangt.
II. Nach dem Rücktritt hat K den Besitz an N zurückübertragen (§§ 437 Nr. 2, 323, 346). Nach h.M. hat der ursprüngliche Eigentümer E das Eigentum zurückerworben. Es ist nicht auf N übertragen worden.
III. Nach a.A. ist N Eigentümer geworden, muss E jedoch das Eigentum gemäß §§ 823, 249 zurückübertragen.

304 Baur/Stürner § 52 Rn. 34.
305 Grüneberg/Herrler § 932 Rn. 17.
306 Jauernig/Berger § 932 Rn. 2.

Erwerb vom Nichtberechtigten

Wirksamwerden der Verfügung

- Genehmigung durch den Berechtigten, § 185 Abs. 2 Var. 1
- Nachträglicher Erwerb durch den Nichtberechtigten, § 185 Abs. 2 Var. 2
- Berechtigter wird Erbe des Nichtberechtigten, § 185 Abs. 2 Var. 3

Gutgläubiger Erwerb gemäß §§ 932 ff.

„normale" Erwerbsvoraussetzungen

- Einigung: Nach h.M. kann auch der nichtberechtigte Minderjährige das Eigentum übertragen, da für ihn kein rechtlicher Nachteil entsteht.
- Übergabe oder Übergabesurrogat: Für den gutgläubigen Erwerb gemäß §§ 929, 931, 934 Var. 2 reicht die Abtretung eines vermeintlichen Herausgabeanspruchs.

Rechtsgeschäft i.S.e. Verkehrsgeschäfts

- Keine Anwendung der §§ 932 ff. beim gesetzlichen Erwerb.
- Es muss sich um ein **Verkehrsgeschäft** handeln. Dies liegt nicht vor
  - bei vorweggenommener Erbfolge;
  - wenn Veräußerer und Erwerber bei wirtschaftlicher Betrachtungsweise personenidentisch sind.

Rechtsschein des Besitzes

Es müssen die besonderen Voraussetzungen der einzelnen Tatbestände der §§ 932 ff. gegeben sein.

- **§ 932 Abs. 1 S. 1:** Nach h.M. reicht die schon im normalen Erwerbstatbestand geprüfte Übergabe.
- **§ 932 Abs. 1 S. 2:** Der Erwerber muss den Besitz vom Veräußerer erlangen.
- **§ 933:** Es ist eine Übergabe der Sache an den Erwerber erforderlich. Der Begriff der Übergabe i.S.d. § 933 ist mit dem des § 929 S. 1 identisch.
- **§ 934 Var. 1:** Einigung und Abtretung sind ausreichend; Schutz des besitzenden Eigentümers gemäß § 936 Abs. 3 analog.
- **§ 934 Var. 2:** Der Erwerber muss den Besitz vom Dritten erlangen. Der Erwerb des mittelbaren Besitzes reicht. Bestehen mehrere Besitzmittlungsverhältnisse, gilt nach h.M. das zuletzt vereinbarte; ein Nebenbesitz wird nicht anerkannt.

Gutgläubigkeit

Der Erwerber muss im Zeitpunkt der Vollendung des Rechtserwerbs gutgläubig sein. Nach § 932 Abs. 2 ist derjenige bösgläubig, der Kenntnis oder grob fahrlässige Unkenntnis vom Nichteigentum des Veräußerers hat.

- Grob fahrlässige Unkenntnis des Erwerbers liegt vor, wenn er die im Verkehr erforderliche Sorgfalt in ungewöhnlich hohem Maße verletzt und das unbeachtet lässt, was im gegebenen Fall jedem unmittelbar hätte einleuchten müssen.
- Handelt bei der Einigung für den Erwerber ein Vertreter, kommt es grundsätzlich auf dessen Gutgläubigkeit an (§ 166 Abs. 1).
- Kenntnis der Anfechtbarkeit reicht für Bösgläubigkeit aus, § 142 Abs. 2.

Kein Abhandenkommen i.S.d. § 935

- Abhandenkommen ist der unfreiwillige Verlust des unmittelbaren Besitzes.
- Die Veruntreuung durch den Besitzdiener führt nach h.M. zum Abhandenkommen, da der Besitzherr den unmittelbaren Besitz unfreiwillig verliert (anders wenn Besitzdiener zur Weitergabe generell befugt).

3. Abschnitt: Erweiterter Gutglaubenserwerb

231
- Ist der Veräußerer **nicht Eigentümer** und ist dem Erwerber dies bekannt, kann er dennoch unter den Voraussetzungen des § 366 HGB das Eigentum vom Nichtberechtigten erlangen, wenn er an dessen **Verfügungsbefugnis** glaubt.
- Nach **§ 1244** kann der Erwerber einer Pfandsache Eigentum erwerben, wenn er davon ausgeht, dass dem Veräußerer ein **Pfandrecht** zusteht.
- Ist der Veräußerer zwar Eigentümer, aber nicht zur Verfügung befugt, können die Vorschriften der §§ 932 ff. entsprechend anwendbar sein, und der gutgläubige Erwerber kann das Eigentum erlangen.

A. Guter Glaube an die Verfügungsmacht des Kaufmanns, § 366 HGB

232 Wenn ein Kaufmann Waren im Betriebe seines Handelsgewerbes veräußert, die ihm nicht gehören, und der Erwerber dieses weiß, kann der Erwerber dennoch das Eigentum an diesen Waren vom **Nichtberechtigten** gemäß § 366 Abs. 1 HGB erwerben, wenn er an die **Verfügungsmacht des Veräußerers** glaubt, d.h. daran, dass der Eigentümer der Verfügung gemäß § 185 Abs. 1 zugestimmt hat.

Beispiel: K kauft bei dem Elektrohändler V ein Autoradio. Im Verlauf des Verkaufsgesprächs teilt ihm V mit, bei dem Gerät handele es sich um Kommissionsware, die E gehöre. Er – V – sei aber berechtigt, die Ware in eigenem Namen zu veräußern. Tatsächlich hatte E einen Tag zuvor wegen Zahlungsschwierigkeiten des V die Ermächtigung zur Weiterveräußerung widerrufen.

Erwerb des Eigentums durch K gemäß §§ 929 S. 1, 932, § 366 Abs. 1 HGB?

I. Eine Einigung ist konkludent erfolgt und die Sache ist K übergeben worden.
II. V war Nichtberechtigter, da er weder Eigentümer noch nach § 185 Abs. 1 ermächtigt war, über das Gerät zu verfügen. K kann daher nur gutgläubig das Eigentum erworben haben.
1. Ein Rechtsgeschäft i.S.e. Verkehrsgeschäfts liegt vor.
2. K wusste aber, dass V nicht Eigentümer des Gerätes war, sodass ein Erwerb nach §§ 929 S. 1, 932 mangels Gutgläubigkeit ausscheidet.
K ging jedoch – gutgläubig – davon aus, dass V nach § 185 Abs. 1 ermächtigt war, die Ware zu veräußern. Da V als Kaufmann (§ 1 HGB) im Betriebe seines Handelsgewerbes die Sache veräußerte, wird der gute Glaube des K an die Verfügungsmacht des V geschützt: Er erwirbt gemäß §§ 929 S. 1, 932 i.V.m. § 366 Abs. 1 HGB das Eigentum.

Auch im Falle des § 366 HGB bleiben die §§ 932 ff. die Grundlage des gutgläubigen Erwerbs, denn § 366 HGB erweitert lediglich den Anwendungsbereich der §§ 932 ff. Insbesondere gilt also auch § 935.[307]

I. Abgrenzung zum guten Glauben an das Eigentum eines Dritten

233 Die Regelung des § 366 HGB ist nicht mit dem Fall, in dem ein Dritter als vermeintlicher Eigentümer der Veräußerung gemäß § 185 Abs. 1 zustimmt, zu verwechseln. Dort nämlich glaubt der Erwerber an das **Eigentum eines Dritten**, der **tatsächlich sein Einverständnis zu der Verfügung erklärt**. Sein guter Glaube wird geschützt, wenn der Dritte in einer besitzrechtlichen Position zu der Sache steht. § 366 HGB schützt dagegen den guten **Glauben an eine tatsächlich nicht bestehende Verfügungsmacht**.

307 Oetker/Maultzsch § 366 Rn. 22.

Beispiel: K übereignet zur Sicherheit an Bank B unter Vereinbarung eines Besitzkonstituts einen Bagger, der sich im unmittelbaren Besitz von C befand. B geht davon aus, Eigentümer des Baggers sei C und bittet C um seine Zustimmung, die er auch erteilt. Tatsächlich stand das Eigentum an dem Bagger jedoch E zu. Ist B Eigentümerin des Baggers geworden?

Bank B könnte das Eigentum gemäß §§ 929, 930 von K erworben haben.
I. K und B haben sich über den Eigentumsübergang **geeinigt** und ein **Besitzkonstitut** vereinbart.
II. K war allerdings nicht zur Übereignung **berechtigt**, da das Eigentum an dem Bagger in Wahrheit E zustand.
III. B könnte jedoch gutgläubig gemäß **§§ 929, 930, 933** das Eigentum an dem Bagger erworben haben. Die Bank B ging davon aus, dass der Verfügende K nicht Eigentümer des Baggers war, sodass § 933 nicht unmittelbar einschlägig ist. Allerdings hielt sie fälschlicherweise C für den wahren Eigentümer. C hat der Übereignung zugestimmt. Auch in dieser Situation muss jedoch ein gutgläubiger Erwerb möglich sein; es macht aus Sicht des Erwerbers keinen Unterschied, ob der zustimmende Dritte unmittelbar verfügt (dann wäre ein gutgläubiger Erwerb ohne Weiteres möglich) oder ob er der Verfügung eines anderen zustimmt. Wäre der Veräußerer nicht in eigenem Namen, sondern im Namen des zustimmenden Dritten aufgetreten, wäre ein gutgläubiger Erwerb ebenfalls möglich gewesen.[308]
IV. Nach § 933 ist jedoch ferner erforderlich, dass der Veräußerer dem Erwerber die Sache **übergibt**. Die Erwerberin B hat mittelbaren Besitz erlangt; der Veräußerer müsste jegliche besitzrechtliche Position verloren haben. Auch insofern ist jedoch nicht auf den Veräußerer K, sondern den zustimmenden Dritten C abzustellen. Der maßgebliche Rechtsschein wird durch den zustimmenden Dritten C verursacht, der sich im unmittelbaren Besitz des Baggers befand. Er muss zugunsten des Erwerbers jede besitzrechtliche Position verlieren, damit ein gutgläubiger Erwerb nach § 933 möglich ist. C ist jedoch im unmittelbaren Besitz des Baggers geblieben, sodass ein gutgläubiger Erwerb der B ausscheidet.

II. Voraussetzungen

§ 366 HGB überwindet nur das Fehlen der Verfügungsmacht gemäß § 185 Abs. 1. Auf 234
gesetzliche Verfügungsbeschränkungen ist § 366 Abs. 1 HGB unanwendbar. Ferner muss es sich um die Veräußerung einer **beweglichen** Sache handeln, die im Betrieb des Handelsgewerbes erfolgt. Ob es sich um ein **betriebsbezogenes** Geschäft handelt, bestimmt sich nach den §§ 343 ff. HGB, insbesondere gilt die Vermutung des § 344 Abs. 1 HGB. Handelt es sich um ein Geschäft, das außerhalb des **gewöhnlichen Geschäftsbetriebs** erfolgt, findet § 366 HGB zwar Anwendung, es gelten jedoch erhöhte Anforderungen an den guten Glauben.[309]

III. Gutgläubigkeit

Die **Gutgläubigkeit** i.S.d. § 366 HGB beurteilt sich in entsprechender Anwendung des 235
§ 932 Abs. 2. Sie liegt daher nicht vor, wenn dem Erwerber die fehlende Verfügungsmacht bekannt oder grob fahrlässig unbekannt war. Dies ist der Fall, wenn die Veräußerung berufsuntypisch war oder wenn sie außerhalb des gewöhnlichen Geschäftsbetriebs erfolgt.

Beispiel 1: Grobe Fahrlässigkeit ist zu bejahen, wenn der Erwerber nach den Umständen mit einem verlängerten Eigentumsvorbehalt des Vorlieferanten rechnen musste, selbst aber weiß, dass durch seine

308 BGHZ 56, 123 ff.
309 BGH NJW 1999, 425.

vorherige Zahlung an seinen Vertragspartner die für das Bestehen der Verfügungsbefugnis erforderliche Vorausabtretung ins Leere geht.[310]

Beispiel 2: Beim Handel mit gebrauchten Kfz muss sich der Erwerber mindestens die Zulassungsbescheinigung Teil II vorlegen lassen. Beim Erwerb von einem Gebrauchtwagenhändler braucht dieser aber nicht zwingend voreingetragen sein, da derartige Fahrzeuge häufig auf Kommission veräußert werden.[311]

Die Prüfung, ob es infolge grober Fahrlässigkeit am guten Glauben beim Erwerb einer beweglichen Sache gefehlt hat, kann bei Anwendung von § 932 und § 366 HGB zu unterschiedlichen Ergebnissen führen; denn der gute Glaube an die Verfügungsbefugnis eines Kaufmanns kann gerechtfertigt sein, selbst wenn ein guter Glaube an sein Eigentum durch grobe Fahrlässigkeit ausgeschlossen ist.[312]

236 Streitig ist, ob § 366 HGB auch für den Fall gilt, dass der Kaufmann **in fremdem Namen** handelt.

- Die wohl h.M. im Schrifttum bejaht dies und überwindet mithilfe des § 366 HGB auch die **mangelnde Vertretungsmacht.**[313] Nach dieser Ansicht gilt § 366 HGB dann allerdings nur für das dingliche Erfüllungsgeschäft, nicht für das Grundgeschäft. Das hat zur Folge, dass der gutgläubige Erwerber dem Bereicherungsanspruch des Eigentümers ausgesetzt bleibt.

  Der gute Glaube an die Vertretungsmacht sei im Interesse der Sicherheit des Handelsverkehrs nur im Hinblick auf den Eigentumserwerb, also das dingliche Geschäft, zu schützen. Im Schuldrecht werde der gute Glaube an die Vertretungsmacht dagegen grundsätzlich nicht geschützt (Ausnahme: Duldungs- und Anscheinsvollmacht). Hier verbleibe es bei der Regelung des § 177.[314]

  Nach der Gegenansicht muss die gesetzliche Regelung des § 366 Abs. 1 HGB als Rechtsgrund i.S.v. § 812 angesehen werden, da dem Erwerber ansonsten das wieder genommen werde, was ihm durch analoge Anwendung des § 366 Abs. 1 HGB gegeben wurde.[315]

- Nach a.A. ist die **Ausdehnung** des § 366 HGB **auf Mängel der Vertretungsmacht** des Veräußerers, also auf Veräußerungen in fremdem Namen, generell **abzulehnen.**

  Für das Handelsrecht typisch und nach § 366 HGB auch schutzwürdig sei nur das Handeln im eigenen Namen. In den typischen Fällen des Handelsvertreters oder Handelsmaklers sei ein Handeln in fremdem Namen gut erkennbar. Im Übrigen genügten bei Mängeln der Vertretungsmacht die Regeln über Anscheins- und Duldungsvollmacht sowie § 56 HGB.[316]

237 Streitig ist ferner, ob § 366 HGB auch beim Erwerb vom „Scheinkaufmann" analog § 5 HGB, § 242 anwendbar ist. Von der h.M. wird dies abgelehnt, da der von dem Scheinkaufmann veranlasste Rechtsschein nicht in die Rechtsposition unbeteiligter Dritter, hier des wahren Eigentümers, eingreifen könne.

Dementsprechend kann nach h.M. auch unter den Voraussetzungen des § 15 Abs. 1 HGB ein Schutz des gutgläubigen Erwerbers nicht stattfinden.

310 BGH NJW-RR 2004, 555; BGH NJW 2005, 1365 f.
311 OLG Stuttgart RÜ 2021, 703.
312 BGH NJW 1975, 735, 736; K. Schmidt JuS 1988, 74.
313 Hopt § 366 Rn. 5.
314 Hopt § 366 Rn. 5.
315 Oetker/Maultzsch § 366 Rn. 28.
316 Vgl. eingehender zur vorstehenden Problematik AS-Skript Handelsrecht (2022), Rn. 257 ff.

Beispiel: Der noch als Kaufmann eingetragene Privatmann K veräußert nach Einstellung des Gewerbebetriebes eine Sache des E an den gutgläubigen D. D weiß zwar, dass K nicht Eigentümer ist, hält ihn aber mit Rücksicht auf die Eintragung im Handelsregister für einen Kaufmann.

K ist kein Kaufmann nach § 2 HGB, da er seinen Betrieb eingestellt hat und kein Gewerbe mehr betreibt. Auch § 5 HGB setzt den Betrieb eines Gewerbes voraus. § 15 Abs. 1 HGB greift nicht ein, weil diese Vorschrift nur zulasten desjenigen wirkt, in dessen Angelegenheit die Tatsache einzutragen war. Das ist hier allein der Kaufmann K als Verkäufer und nicht der wahre Eigentümer E.

B. Gutgläubiger Erwerb einer Pfandsache, § 1244

Nach § 1244 kann der Erwerber einer Pfandsache gutgläubig das Eigentum erwerben, **238** selbst wenn dem Veräußerer kein wirksames Pfandrecht zusteht. Auch in diesem Fall weiß der Erwerber, dass der Veräußerer nicht Eigentümer der Sache ist. Er glaubt allerdings daran, dass dem Veräußerer ein Pfandrecht zusteht und der Veräußerer zur Verwertung des Pfandes befugt ist. § 1244 verweist für den gutgläubigen Erwerb auf die §§ 932 ff. Ausdrücklich ausgenommen ist allerdings § 935, sodass auch ein Erwerb abhandengekommener Sachen möglich ist.

C. Erwerb bei Beschränkungen der Verfügungsmacht

Die Verfügungsmacht des Eigentümers kann durch Verfügungsverbote oder Verfü- **239** gungsbeschränkungen eingeschränkt sein. Der Unterschied zwischen einem Verfügungsverbot und einer Verfügungsbeschränkung besteht darin, dass bei einem Verfügungsverbot der Rechtsinhaber nicht verfügen **darf**, während bei einer gesetzlichen Verfügungsbeschränkung dem Rechtsinhaber die für die Verfügung erforderliche Rechtsmacht fehlt, er **kann** nicht verfügen.

Folgende Fallgruppen können unterschieden werden:

- **Besteht eine absolute Verfügungsbeschränkung**, also eine Verfügungsbeschränkung, die gegenüber jedermann wirkt, ist die Verfügung unwirksam. Besteht ein **absolutes Verfügungsverbot**, ergibt sich aus § 134 ebenfalls die Unwirksamkeit der Verfügung.
- Besteht ein **relatives Verfügungsverbot**, ergibt sich aus §§ 135, 136, dass die Verfügung nur diesen Personen gegenüber unwirksam sein soll. Auch bei einer **relativen Verfügungsbeschränkung** ist die Übereignung nur im Verhältnis zum geschützten Personenkreis unwirksam, im Übrigen – gegenüber Dritten – aber wirksam.

I. Relative Verfügungsbeschränkung und relatives Verfügungsverbot

Im Fall der relativen Verfügungsbeschränkung[317] und des relativen Verfügungsverbo- **240** tes kann der Eigentümer das Eigentum an der Sache gemäß §§ 929 ff. übereignen. Doch ist diese Übereignung dem geschützten Personenkreis gegenüber unwirksam, es sei denn, der Erwerber war im Hinblick auf die Verfügungsbeschränkung gutgläubig.

---

317 Zu den relativen Verfügungsbeschränkungen s.o. Rn. 143 ff.

Fall 11: Doppelverkauf

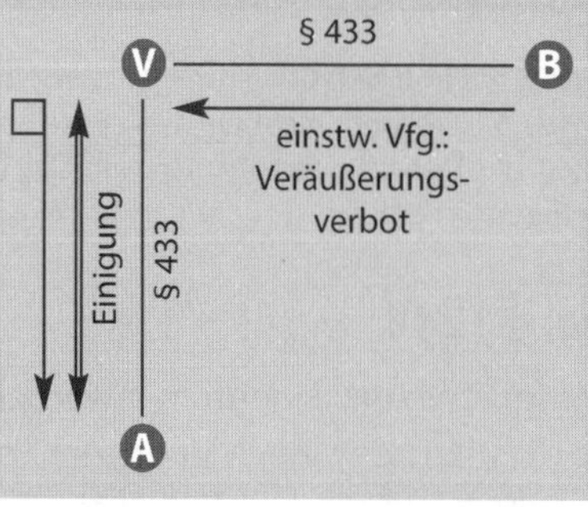

V hat B einen Pkw für 2.500 € verkauft. Da A dem V 3.000 € bietet, verkauft V an A. Als B davon erfährt, erwirkt er im Wege der einstweiligen Verfügung gegen V ein Veräußerungsverbot gemäß §§ 935, 938 ZPO. Die einstweilige Verfügung wird V und auch A zugestellt. Dennoch überträgt V, nachdem A den Kaufpreis von 3.000 € gezahlt hat, an A den Wagen. Ansprüche des B?

241 **A. Ansprüche des B gegen A**

I. Vertragliche Ansprüche des B gegen A kommen nicht in Betracht, da zwischen A und B keine rechtsgeschäftlichen Beziehungen bestehen.

II. Ein Anspruch aus § 985 besteht nicht, da B nicht Eigentümer geworden ist. Es fehlt schon an einer Einigung zwischen V und B über den Eigentumsübergang.

242 **B. Anspruch des B gegen V aus § 433 Abs. 1**

I. V und B haben einen wirksamen Kaufvertrag geschlossen.

II. Die Übereignung könnte V unmöglich geworden sein, da V den Pkw an A übertragen hat.

1. A hat gemäß § 929 S. 1 vom Berechtigten V das Eigentum an dem Pkw erworben.

2. Der Eigentumserwerb des A führt nicht zur Unmöglichkeit des Anspruchs des B gegen V, wenn die Verfügung des V an A dem B gegenüber gemäß §§ 935, 938 Abs. 2 ZPO, §§ 136, 135 relativ unwirksam ist.

a) Die Voraussetzungen für ein Veräußerungsverbot liegen vor.

Weil V den Pkw auch an A verkauft hat, bestand die Gefahr, dass V an A übereignete und B seinen Anspruch aus § 433 Abs. 1 auf Übereignung des Wagens nicht mehr durchsetzen konnte. Sein Anspruch war somit gefährdet und es lag ein Grund für die einstweilige Verfügung gemäß § 935 ZPO vor.

b) Rechtsfolge ist die relative Unwirksamkeit der Verfügung, es sei denn, der Erwerber hat gutgläubig gemäß §§ 135 Abs. 2, 932 ff. uneingeschränktes Eigentum erworben.

Ein gutgläubiger Erwerb des A hätte zur Folge, dass die Verfügung von V an A dem B gegenüber wirksam wäre. Dann hätte B gegen V keinen Anspruch aus § 433 Abs. 1, da die Übereignung V unmöglich geworden wäre. B könnte von V nur Schadensersatz statt der Leistung gemäß §§ 280 Abs. 1 u. 3, 283 oder den Veräußerungserlös gemäß § 285 verlangen.

Da A, dem die Verfügung ebenfalls zugestellt worden ist, bösgläubig ist, ist die Verfügung von V an A dem B gegenüber unwirksam. Die Übereignung ist V nicht unmöglich geworden.

3. Fraglich ist allerdings, wie V seine Verpflichtung zur Übertragung des Eigentums erfüllen kann.

Eine Übereignung nach § 929 S. 1 scheidet aus, weil V den Pkw nicht übergeben kann.

Eine Übereignung nach §§ 929, 930 kommt nicht in Betracht, weil V nicht (unmittelbarer oder mittelbarer) Besitzer ist und daher B den Besitz nicht mitteln kann.

Eine Übereignung nach §§ 929, 931 scheitert daran, dass V keinen Herausgabeanspruch gegen A hat.

Da die Verfügung von V an A dem B gegenüber unwirksam ist, hat V dem B gegenüber nach den §§ 135, 136 noch die Rechtsmacht eines Eigentümers. Diese „Rechtsmacht" muss V dem B übertragen. Allein schon durch eine solche Erklärung erlangt der geschützte Gläubiger das Recht, die Sache nach § 985 von dem bösgläubigen Erwerber herauszuverlangen.[318]

Kraft ausdrücklicher **gesetzlicher Verweisung** sind die §§ 932 ff. auch auf folgende Verfügungen des in der Verfügungsmacht beschränkten Eigentümers für anwendbar erklärt: **243**

- Vom Vorerben, der gemäß §§ 2113 ff. in der Verfügung beschränkt ist, kann gemäß § 2113 Abs. 3 i.V.m. §§ 932 ff. gutgläubig erworben werden.
- Vom Erben, der durch Einsetzung eines Testamentsvollstreckers in der Verfügung beschränkt ist, kann gemäß § 2211 Abs. 2 unter den Voraussetzungen der §§ 932 ff. gutgläubig erworben werden.
- Wenn der Eigentümer bereits unter einer aufschiebenden Bedingung über die Sache verfügt, also einem anderen bedingtes Eigentum übertragen hat, sind weitere Verfügungen zwar wirksam – es besteht also keine Verfügungsbeschränkung –. Doch werden gemäß § 161 Abs. 1 die weiteren Verfügungen unwirksam, wenn die Bedingung eintritt. Der gutgläubige Erwerber kann aber gemäß § 161 Abs. 3 i.V.m. §§ 932 ff. das Eigentum „anwartschaftsrechtsfrei" erwerben, sodass er auch dann Eigentümer bleibt, wenn die Bedingung eintritt. Dazu Näheres beim Anwartschaftsrecht, Rn. 416.

II. Absolute Verfügungsbeschränkung und absolutes Verfügungsverbot

Wenn der Eigentümer aufgrund einer absoluten Verfügungsbeschränkung oder eines **absoluten Verfügungsverbots** in der Verfügungsmacht beschränkt ist, dann ist ein gutgläubiger Erwerb ausgeschlossen. Rechtsgeschäfte, die gegen absolute Verfügungsverbote verstoßen, sind, soweit die Genehmigungsfähigkeit durch den geschützten Personenkreis vorgesehen ist, schwebend unwirksam, im Übrigen gemäß § 134 nichtig.[319] **244**

- Die Verfügungsbeschränkung gegen den Schuldner im Insolvenzverfahren stellt gemäß §§ 80, 81 InsO eine absolute Beschränkung dar, demzufolge ist ein gutgläubiger Erwerb nicht möglich. Gemäß § 81 Abs. 1 S. 2 InsO gilt aber § 892 bei Immobilien.
- Zu den absoluten Verfügungsbeschränkungen zählen die Verfügungsbeschränkungen des Ehegatten nach §§ 1365 ff., da diese Vorschriften nicht nur einen Ehegatten, sondern die materielle Grundlage des Familienlebens schützen.[320] Ein Rechtsgeschäft, das gegen § 1365 verstößt, ist unwirksam, wenn der andere Ehegatte die Genehmigung verweigert, vgl. § 1366 Abs. 4.
- Die Verfügungsbeschränkungen der Eltern gemäß § 1643 und des Betreuers gemäß § 1850 zählen ebenfalls zu den absoluten Verfügungsbeschränkungen.[321] Diese Rechtsgeschäfte erlangen nur mit Genehmigung des Familien- bzw. Betreuungsgerichts Wirksamkeit.

---

318 BGHZ 111, 364, 369; BeckOK/Wendtland § 135 Rn. 8.1; a.A. Kohler Jura 1991, 349 und ihm folgend MünchKomm/Armbrüster § 135 Rn. 39, die eine Übereignung nach §§ 929, 931 befürworten. V sei im Verhältnis zu A noch als Eigentümer anzusehen und müsse seinen Anspruch aus § 985 an A abtreten.

319 Grüneberg/Ellenberger §§ 135, 136 Rn. 2.

320 BGH NJW 1964, 347; Grüneberg/Brudermüller § 1365 Rn. 1.

321 Grüneberg/Ellenberger §§ 135, 136 Rn. 2a.

4. Abschnitt: Gutgläubiger lastenfreier Erwerb gemäß § 936

245 Wenn das Eigentum an der Sache mit dem Recht eines Dritten belastet ist, ist der Eigentümer nicht berechtigt, lastenfreies Eigentum zu übertragen. Er ist insoweit Nichtberechtigter.

Es sind mindestens zwei dinglich Berechtigte vorhanden, nämlich der Eigentümer (als Inhaber des Vollrechts) und der Inhaber des beschränkt dinglichen Rechts (Pfandrecht, Nießbrauch und nach h.A. auch das Pfändungspfandrecht[322]). Nicht anwendbar ist § 936 auf den Haftungsverband von Hypothek und Grundschuld. Hier bestehen mit den §§ 1120, 1121 Sonderregelungen, die § 936 vorgehen.[323]

A. Voraussetzungen

246
- Der Erwerber muss Eigentum erlangen. Dabei ist es gleichgültig, ob er es vom Eigentümer oder gutgläubig vom Nichtberechtigten erwirbt.
- Für einen lastenfreien Erwerb nach § 936 muss der Erwerber **dieselbe Besitzposition erhalten, wie bei einem Erwerb des Eigentums vom Nichtberechtigten** nach §§ 932–934, und zwar auch dann, wenn das Eigentum vom Berechtigten erworben wird, § 936 Abs. 1 S. 2 und 3.[324] § 936 wird daher auch als „Miniatur" der §§ 932 ff. bezeichnet.[325]

Für die Fallprüfung in der Klausur bedeutet dies: Findet ohnehin ein Eigentumserwerb vom Nichtberechtigten statt, erwirbt der Erwerber nach § 936 auch lastenfrei – für den Erwerb des Eigentums und für die Lastenfreiheit ist dieselbe Besitzposition erforderlich. Erwirbt der Erwerber das Eigentum vom Berechtigten (unterbleibt also eine Prüfung der §§ 932–934), muss nach § 936 gründlich geprüft werden, ob ein lastenfreier Erwerb möglich ist.

Insoweit ergibt sich für § 936 folgendes Schema:

Lastenfreier Erwerb, § 936

Übereignungstatbestand	Erwerb vom Berechtigten	Erwerb vom Nichtberechtigten	Lastenfreier Erwerb
Übergabe	§ 929 S. 1	§ 932 Abs. 1 S. 1	§ 936 Abs. 1 S. 1
Übereignung kurzer Hand	§ 929 S. 2	§ 932 Abs. 1 S. 2	§ 936 Abs. 1 S. 2
Besitzkonstitut	§ 930	§ 933	§ 936 Abs. 1 S. 1, 3 Var. 2
Abtretung Herausgabeanspruch	§ 931	§ 934	§ 936 Abs. 1 S. 1, 3 Var. 3

322 Baur/Stürner § 52 Rn. 54.
323 Röthel Jura 2009, 241.
324 BGH WM 2005, 1860.
325 Röthel Jura 2009, 241, 242; Wiegand JuS 1974, 209, 210.

- Der Erwerber muss in Ansehung der Lastenfreiheit **gutgläubig** sein, § 936 Abs. 2.
- Die Sache darf dem dinglich Berechtigten **nicht abhandengekommen** sein. Die Vorschrift des § 935 gilt entsprechend.[326]

Ist also die Sache dem Inhaber des beschränkt dinglichen Rechts, z.B. dem Nießbraucher oder Pfandgläubiger, abhandengekommen, erhält der gutgläubige Erwerber zwar Eigentum, aber kein lastenfreies Eigentum.

B. Ausnahme gemäß § 936 Abs. 3

Wenn die Veräußerung durch Abtretung des Herausgabeanspruchs erfolgt (§§ 929 S. 1, 931, 934) und der Inhaber des dinglichen Rechts die Sache im – unmittelbaren oder mittelbaren – Besitz hat, bleibt sein beschränkt dingliches Recht erhalten. Ist der Rechtsinhaber allerdings nur mittelbarer Besitzer, bleibt sein Recht nur dann bestehen, wenn der unmittelbare Besitzer ihm den Besitz weiterhin vermittelt. **Ein mit Sachbesitz verbundenes Sachenrecht braucht dem guten Glauben des Erwerbers nicht zu weichen.**[327] **247**

Beispiel: E hat seine Uhr bei dem Uhrmacher U reparieren lassen. Bevor er die Reparaturkosten von 17 € bezahlt, veräußert er die Uhr an K, indem er ihm seinen Herausgabeanspruch gegenüber U abtritt. E versteht es unter Vorlage einer gefälschten Quittung, die über eine andere Uhrreparatur von U ausgestellt war, K glaubhaft zu machen, die Reparatur der Uhr sei bereits bezahlt. Er habe die Uhr noch nicht mitgenommen, weil ihr genauer Gang noch zwei Tage überprüft werden sollte.

I. K hat von E gemäß § 929 S. 1 i.V.m. § 931 das Eigentum erlangt.
II. Die Uhr war jedoch mit dem Unternehmerpfandrecht des U gemäß § 647 belastet. Da hier die Veräußerung gemäß §§ 929 S. 1, 931 erfolgt ist, konnte K trotz Gutgläubigkeit nach § 936 Abs. 3 kein lastenfreies Eigentum erwerben, weil der Pfandrechtsinhaber U unmittelbarer Besitzer geblieben ist.

§ 936 Abs. 3 wird entsprechend auf den gutgläubigen Erwerb des Eigentums angewandt: Wenn sich beschränkt dingliche Rechte des Besitzers gegen einen gutgläubigen Erwerb durchsetzen, dann muss auch der besitzende Eigentümer geschützt werden. Das stärkste Recht kann nicht schlechter gestellt werden als schwächere Rechte.

326 Baur/Stürner § 52 Rn. 52; Grüneberg/Herrler § 936 Rn. 3.

327 Staudinger/Heinze § 936 Rn. 15; zum lastenfreien Erwerb bei Bestehen eines Anwartschaftsrechts s. noch unten Fall 19, Rn. 416.

Erweiterter Erwerb vom Nichtberechtigten

Erwerb vom **verfügungsbeschränkten Eigentümer**

- **Absolute Verfügungsbeschränkungen**, bei denen **kein gutgläubiger Erwerb** möglich ist:
  - **§ 81 Abs. 1 InsO**, (Ausnahme: § 81 Abs. 1 S. 2 InsO i.V.m. § 892)
  - **§§ 1365, 1369** (Ehegatten), **§ 6 S. 2 LPartG** (Lebenspartner) bei Verfügungen über das Vermögen im Ganzen oder bei Haushaltsgegenständen
  - **§ 1643:** Eltern für Verfügungen über das Kindesvermögen
  - **§§ 1814 ff.:** Betreuer bei Verfügungen über Vermögen des Betreuten
  - **§ 1949 Abs. 1:** Erbe bei Nachlassverwaltung
- **Absolute Verfügungsbeschränkungen**, bei denen die **§§ 932 ff. entsprechend** gelten:
  - **§ 161 Abs. 1:** Bedingungseintritt bei Verfügung in Schwebezeit
  - **§ 2113 Abs. 1:** Eintritt des Nacherbfalls
  - **§ 2211 Abs. 1:** Verfügungen des Erben trotz Testamentsvollstreckung
- **Verfügungsverbote**, bei denen **relative Unwirksamkeit** eintritt und die §§ 932 ff. entsprechend anwendbar sind, §§ 135, 136:
  - Einstweilige Verfügung
  - §§ 829, 857 ZPO: Pfändung von Forderungen

Erwerb vom **Kaufmann, § 366 HGB**

- Wer vom Kaufmann eine Sache erwirbt und weiß, dass dieser nicht Eigentümer ist, kann dennoch gemäß § 366 Abs. 1 HGB das Eigentum vom Nichtberechtigten erlangen, wenn er an die Verfügungsmacht des Kaufmanns glaubt, d.h. daran, dass der Eigentümer der Verfügung gemäß § 185 Abs. 1 zugestimmt hat.
- Nach h.M. schützt § 366 HGB auch den guten Glauben an die Vertretungsmacht. § 366 HGB gilt allerdings nur für die Eigentumsübertragung. Ein Mangel der Vertretungsmacht beim schuldrechtlichen Grundgeschäft (in der Regel Kaufvertrag) wird nicht überwunden.

Lastenfreier Erwerb, § 936

- Erwerb des Eigentums
- Hat der Erwerber das Eigentum vom Berechtigten erlangt, dann ist für den lastenfreien Erwerb erforderlich, dass der Erwerber dieselbe Besitzposition erhält wie beim Erwerb vom Nichtberechtigten, §§ 932–934.
  - Der Erwerber muss in Ansehung der Lastenfreiheit gutgläubig sein.
  - Die Sache darf dem dinglich Berechtigten nicht abhandengekommen sein, § 935 gilt entsprechend.
  - Kein lastenfreier Erwerb vom Nichtberechtigten unter den Voraussetzungen des § 936 Abs. 3.

4. Teil: Erwerb des Eigentums durch Gesetz oder Hoheitsakt

Im Interesse der Rechtsklarheit und des Verkehrsschutzes ist der **gesetzliche Erwerb** 248 des Eigentums in nachstehenden Fällen geregelt:

- Wer Eigentümer wird, wenn Sachen verschiedener Eigentümer **verbunden, vermischt** oder **verarbeitet** werden (§§ 946–950);
- wer Eigentümer wird, wenn **Erzeugnisse** oder **Bestandteile** von einer Sache, insbesondere einem Grundstück, getrennt werden (§§ 953–957);
- dass derjenige, der eine fremde Sache zehn Jahre im **Eigenbesitz** gehabt hat, das Eigentum erlangt (§§ 937–945);
- wer Eigentümer wird, wenn eine **herrenlose** oder **verloren gegangene Sache** in Besitz genommen wird (§§ 958–984).

Eigentumserwerb kraft Gesetzes

Aus mehreren Sachen wird eine einheitliche Sache	Aus einer einheitlichen Sache werden mehrere Sachen	Klarstellung von Eigentümerpositionen
■ **Verbindung** einer beweglichen Sache mit einem Grundstück, § 946 dazu Rn. 249 ff. ■ **Verbindung** von zwei beweglichen Sachen, § 947 dazu Rn. 260 ff. ■ **Vermischung** und **Vermengung** beweglicher Sachen, § 948 dazu Rn. 264 f. ■ **Verarbeitung** einer beweglichen Sache, § 950 dazu Rn. 266 ff.	■ **Trennung** von Erzeugnissen und Bestandteilen, §§ 953–957 dazu Rn. 288 ff.	■ **Ersitzung** einer beweglichen Sache, §§ 937 ff. dazu Rn. 297 ff. ■ **Ersitzung** eines Grundstücks, § 900 dazu Rn. 298 ■ **Aneignung, §§ 958 ff.** dazu Rn. 300 f. ■ **Fund, §§ 965 ff.** dazu Rn. 303 ff.

Durch die §§ 937 ff. wird in der Regel nur die Eigentumslage geregelt. Das Behaltendürfen oder etwaige Ausgleichs- oder Entschädigungsansprüche sind gesondert zu prüfen und bestimmen sich nach allgemeinen Regeln.

In der Zwangsvollstreckung erwirbt der Ersteher **kraft Hoheitsakts** das Eigentum. 249

1. Abschnitt: Aus mehreren Sachen wird eine einheitliche Sache, §§ 946–951

A. Grundstücksverbindung gemäß § 946

Wenn eine bewegliche Sache so mit dem **Grundstück** verbunden wird, dass sie **wesentlicher Bestandteil** des Grundstücks wird, erstreckt sich das Eigentum am Grundstück auf die bewegliche Sache. Das Eigentum und dingliche Rechte an der (ehemals) beweglichen Sache gehen unter, da sie nicht Gegenstand besonderer Rechte sein kann, §§ 93, 949 S. 1. Die wesentlichen Bestandteile teilen das Schicksal des Grundstücks, d.h. 250

sie werden beispielsweise nach den Regeln der §§ 873 ff. gemeinsam mit dem Grundstück übereignet.

251 Es ist unerheblich, wie es zu dieser Verbindung gekommen ist, wem die Sachen gehören und ob die Sachen abhandengekommen sind. Da die Verbindung ein **Realakt** ist, braucht der Verbindende nicht geschäftsfähig zu sein. Entscheidend ist allein, dass die bewegliche Sache **wesentlicher Bestandteil** des Grundstücks geworden ist.[328]

Wesentliche Bestandteile, §§ 93 ff.

I. Bestandteile sind **Teile einer einheitlichen Sache**.

II. Ein Teil ist **wesentlich**, wenn die Trennung zur Zerstörung oder Wesensänderung führen würde.

Bei **Grundstücken** Erweiterung durch § 94:

- Gebäude sind immer Grundstücksbestandteil, § 94 Abs. 1.
- Zur Herstellung in ein Gebäude eingefügte Sachen sind wesentliche Bestandteile des Gebäudes, § 94 Abs. 2.

III. Ein Teil ist **kein Scheinbestandteil**, § 95.

I. Bestandteile einer Sache

252 Bestandteile sind alle Stücke einer Sache, die nach der Verkehrsanschauung **Teile** einer **einheitlichen** Sache sind. Auf die Festigkeit der Verbindung kommt es insoweit nicht an.

Beispiele: Bestandteile eines Autos sind nach der Verkehrsanschauung der Motor, die Lenkung, die Sitze, das Autoradio usw.

Bestandteile einer Maschine sind die Teile, die die Funktionsfähigkeit der Maschine gewährleisten, wie Laufräder, Ketten oder Schalter.

Bestandteile des Hauses sind die Dachziegel, die Heizungsanlage, die Einbauschränke usw.

II. Wesentlichkeit, §§ 93, 94

253 Nach § 93 ist ein Bestandteil **wesentlicher** Bestandteil nicht etwa, wenn er für die Sache von besonderer Bedeutung ist. Maßgeblich ist, ob durch die Trennung der abgetrennte oder zurückbleibende Teil zerstört oder in seinem Wesen verändert wird.

- Eine **Zerstörung** setzt die Veränderung der bisherigen körperlichen Beschaffenheit der einen oder anderen Sache voraus.
- Eine **Wesensänderung** tritt dann ein, wenn die eine oder andere Sache **nach** der Trennung nicht mehr so verwendet werden kann wie vor ihrer Zusammenfügung. Eine Sache ist daher wesentlicher Bestandteil i.S.v. § 93, wenn sie im Falle der Trennung wertlos wird oder nur noch Schrottwert hat.[329] Unerheblich ist hingegen, welche Wirkung die Trennung auf die **Gesamtsache** hat.[330]

---

328 Grüneberg/Herrler § 946 Rn. 1 f.

329 BGH, Urt. v. 22.10.2021 – V ZR 225/29, BeckRS 2021, 33343.

330 Grüneberg/Ellenberger § 93 Rn. 3; Staudinger/Stieper § 93 Rn. 17.

Bei einem Auto sind also nicht die Teile, die die Funktionsfähigkeit gewährleisten, als wesentliche Bestandteile anzusehen, sondern nur die Teile, die im Falle der Trennung zur Zerstörung der einen oder anderen Sache führen oder nach der Trennung nicht mehr wie vor der Zusammenfügung verwendet werden können. Ein Kfz-Motor ist daher kein wesentlicher Bestandteil,[331] wohl aber die Karosserie.[332]

Es sind also diejenigen Bestandteile als wesentlich anzusehen, die mit dem Einbau vollständig in dem Ganzen aufgehen und somit keine eigene Bedeutung mehr haben, wie Schrauben, Hebel, Schläuche.[333]

Bei **Grundstücken** wird der Begriff „wesentlicher Bestandteil" gemäß § 94 nicht unerheblich **erweitert**. Danach sind nicht nur die mit dem Grundstück **fest verbundenen** Teile – Gebäude und Erzeugnisse, § 94 Abs. 1 –, sondern darüber hinaus auch die zur **Herstellung** des Gebäudes eingefügten Sachen wesentliche Bestandteile, § 94 Abs. 2. **254**

Beispielsweise nicht wesentlicher Bestandteil eines Grundstücks wird eine Bronzeskulptur, die der kommunale Sacheigentümer versehentlich auf fremdem Grund und Boden hat aufstellen lassen.[334]

Zur Herstellung eines Gebäudes dienen solche Sachen, die zur **Fertigstellung** des Gebäudes erforderlich sind. Im Gegensatz zu § 94 Abs. 1 ist eine feste Verbindung nicht erforderlich. Maßgebend ist die Zweckbestimmung des errichteten Gebäudes. Dabei ist der besondere Charakter in die Wertung einzubeziehen, sodass alle Sachen, die eingefügt worden sind, um dem Gebäude das besondere Gepräge zu geben, wesentliche Bestandteile werden.[335]

Beim Hotel zählen zu den wesentlichen Bestandteilen nicht nur das Gebäude, sondern auch die Fenster, Türen, Installationen, die Heizung, die Einbauschränke, die Beleuchtungskörper.

III. Scheinbestandteile gemäß § 95

Die Bestandteile eines Grundstücks einschließlich der Gebäude, die nur zu einem **vorübergehenden** Zweck eingebaut worden sind, gehören zu den **Scheinbestandteilen** i.S.d. § 95 und werden vom Regelungsgehalt der §§ 93 und 94 nicht erfasst. **255**

Die Verbindung oder Einfügung geschieht zu einem vorübergehenden Zweck, wenn der Wegfall der Verbindung von vornherein **beabsichtigt** ist. Maßgebend ist grundsätzlich die **Willensrichtung** des Einfügenden im **Zeitpunkt der Verbindung**, sofern dieser Wille mit dem nach außen in Erscheinung tretenden Sachverhalt vereinbar ist.[336] Die Festigkeit der Verbindung und Massivität der verbundenen Sachen sprechen nicht ohne Weiteres gegen einen vorübergehenden Zweck.[337] **256**

Bedeutung hat die Vorschrift des § 95 insbesondere in den Fällen, in denen ein – dinglicher oder schuldrechtlicher – **Nutzungsberechtigter** auf fremdem Grund und Boden Gebäude errichtet bzw. zur Fertigstellung des Gebäudes bewegliche Sachen einfügt. **257**

---

331 BGHZ 18, 226; 61, 80.

332 Grüneberg/Ellenberger § 93 Rn. 6.

333 BGHZ 20, 154, 157, 158.

334 OLG Zweibrücken RÜ 2016, 351 ff.

335 BGHZ 53, 324, 325; BGH NJW 1987, 3178; Grüneberg/Ellenberger § 94 Rn. 6; Staudinger/Stieper § 94 Rn. 25 ff.

336 BGHZ 23, 57, 59 ff.; 54, 208, 210; Grüneberg/Ellenberger § 95 Rn. 2; Staudinger/Stieper § 95 Rn. 14.

337 BGH NJW 1996, 916, 917; Grüneberg/Ellenberger § 95 Rn. 3.

Ein Wille, die Verbindung nur zu einem vorübergehenden Zweck vorzunehmen, ist in der Regel zu bejahen, wenn der Verbindende in Ausübung eines zeitlich begrenzten Nutzungsrechts handelt.[338] Beispiele:

- Mobilheim auf Campingplatz,[339]
- Jagdpächter baut Jagdhütte,[340]
- Mieter pflanzt Bäume und Sträucher,[341]
- Nießbrauchsberechtigter errichtet Windkraftanlage.[342]

Auch wenn die Anlage für ihre gesamte Lebensdauer auf dem Grundstück verbleiben soll, schließt dies die Verbindung nur zu einem vorübergehenden Zweck nicht aus.[343]

Ist mit dem Grundeigentümer vereinbart worden, dass dieser nach Ablauf des Nutzungsrechts die Gebäude **übernimmt** bzw. ist diesem ein Wahlrecht eingeräumt, die Gebäude zu übernehmen oder die Entfernung zu verlangen, handelt es sich dabei nicht um Scheinbestandteile, weil sie im Zeitpunkt der Einfügung nicht zu einem vorübergehenden Zweck, sondern – möglicherweise – auf Dauer eingefügt worden sind.[344]

Besteht **kein Übernahmerecht**, dann erfolgt die Einfügung regelmäßig zu einem vorübergehenden Zweck. Es handelt sich dann unabhängig von der Festigkeit und der tatsächlichen Dauer der Verbindung um **Scheinbestandteile** nach § 95.

Die Scheinbestandteile werden nicht schon dadurch zu wesentlichen Bestandteilen, dass der Eigentümer nachträglich und einseitig eine – nach außen nicht erkennbare – **Zweckänderung** vornimmt.[345]

Erforderlich ist vielmehr, dass sich der Eigentümer der Scheinbestandteile mit dem Grundstückseigentümer über den Eigentumsübergang einigt[346] und zusätzlich die Zweckänderung vornimmt. Ist der Eigentümer der Sache zugleich Eigentümer des Grundstücks, ist also eine Einigung entsprechend § 929 S. 1 mit niemandem möglich, reicht der nach außen erkennbare Wille, den Zweck zu ändern.[347] Dadurch werden dann ursprüngliche Scheinbestandteile zu (wesentlichen) Bestandteilen. Gleiches gilt umgekehrt für die Umwandlung wesentlicher Bestandteile in Scheinbestandteile.[348]

Fall 12: Nicht bezahlte eingebaute Heizung

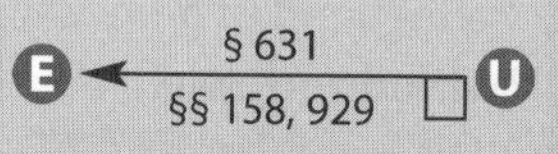

E ist Eigentümer eines Mehrfamilienhauses, das im Jahre 1955 errichtet worden ist. Nachdem die steuerlichen Abschreibungsmöglichkeiten für die Renovierung von Altbauten erhöht wurden, lässt er das Haus instandsetzen und u.a. von U eine Heizung einbauen. E und U vereinbaren: „Bis zur vollständigen Zahlung des Gesamtauftrags erfolgen die Materiallieferungen, insbesondere die Lieferung der Heizkörper, unter

338 Grüneberg/Ellenberger § 95 Rn. 3.
339 OLG Koblenz MDR 1999, 1059.
340 BGHZ 92, 70.
341 OLG Düsseldorf NJW-RR 1999, 160.
342 OLG Schleswig WM 2005, 1909.
343 BGH BeckRS 2017, 10553.
344 BGHZ 104, 298, 301; BGH NJW-RR 1990, 411, 412; Grüneberg/Ellenberger § 95 Rn. 3.
345 BGHZ 23, 57, 59 ff.; Thole JZ 1991, 496, 502; MünchKomm/Stresemann § 95 Rn. 13 f.; Grüneberg/Ellenberger § 95 Rn. 4.
346 Rechtsgedanke aus § 929 S. 1; BGH NJW 1987, 774.
347 BGH NJW 1980, 771, 772.
348 BGH NJW 2006, 990.

Eigentumsvorbehalt. Der Auftraggeber als Grundeigentümer erkennt an, dass die aufgrund des Auftrags eingebauten Teile als nur vorübergehend eingebaut gelten." Da E nach dem Einbau der Heizung nicht zahlt und das Zwangsversteigerungsverfahren droht, möchte U wissen, wer Eigentümer der Heizung ist.

U hat sein Eigentum an der Heizung gemäß § 946 verloren, wenn die Heizung wesentlicher Bestandteil des Grundstücks geworden ist. **258**

I. Die Heizung ist Teil des Gebäudes und damit zugleich auch Teil des Grundstücks. Die Heizung und das Gebäude bilden eine Einheit, sodass die Heizung **Bestandteil** des Gebäudes und damit des Grundstücks geworden ist.

II. Die Heizung ist unter den Voraussetzungen des § 94 **wesentlicher** Bestandteil des Gebäudes und damit des Grundstücks geworden.

1. Da die Heizung und das Restgebäude durch die Trennung nicht zerstört werden würden und wieder so verwendet werden könnten wie vor der Zusammenfügung, ist die Heizung gemäß §§ 93, 94 Abs. 1 nicht wesentlicher Bestandteil geworden.

2. Doch ist die Heizung zur Herstellung des Gebäudes eingefügt worden (§ 94 Abs. 2). Mit der Umgestaltung des alten Hauses sollte ein modernes Mehrfamilienhaus geschaffen werden, und dieser Zweck konnte nur durch den Einbau der Heizungsanlage erreicht werden, sodass der Tatbestand des § 94 Abs. 2 verwirklicht ist.

III. Da E und U vereinbart haben, dass die Heizung als vorübergehend eingebaut gelte, könnte es sich bei dieser Anlage um einen Scheinbestandteil i.S.d. § 95 handeln. Doch diese Vereinbarung steht mit den tatsächlichen Gegebenheiten in Widerspruch. Unter Berücksichtigung der Verkehrsanschauung baut der Heizungsinstallateur die vom Hauseigentümer bestellte Heizung auf Dauer ein. Die Heizung soll – für den Heizungsinstallateur erkennbar – bis zu ihrem Verschleiß mit dem Haus verbunden bleiben. Allein die vertragliche Abrede vermag die Bestandteilseigenschaft nicht aufzuheben, denn § 946 ist zwingendes Recht.[349]

Danach ist die Heizungsanlage wesentlicher Bestandteil des Grundstücks geworden. Eigentümer der Heizungsanlage ist E.[350]

Es kommt jedoch ein Anspruch des U gegen E auf Entschädigung gemäß § 951 i.V.m. § 812 oder die Geltendmachung eines Wegnahmerechts gemäß § 951 Abs. 2 S. 2 in Betracht (dazu unten Rn. 275 ff.).

---

349 BGH NJW 2006, 990; BGHZ 53, 324, 327; Grüneberg/Herrler § 946 Rn. 1.

350 Zu den Ansprüchen desjenigen, der nach §§ 946 ff. einen Rechtsverlust erleidet unten Rn. 275 ff.

Abwandlung:

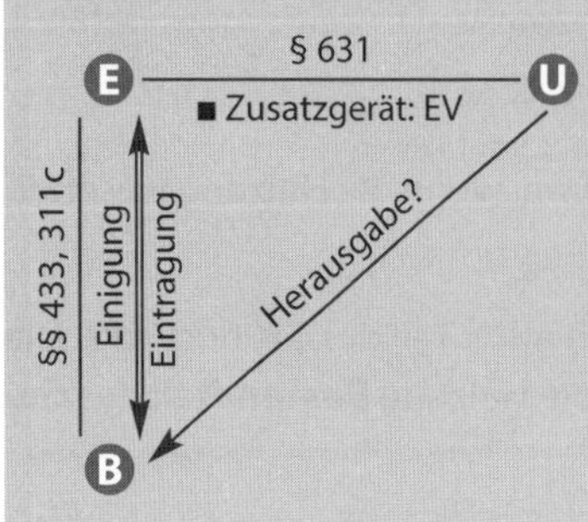

In dem Mehrfamilienhaus befand sich bereits eine Koksheizung. E und U vereinbaren, dass ein Zusatzgerät eingebaut werden solle, um die Koksheizung ohne Weiteres auf Ölheizung umstellen zu können. Dieses Zusatzgerät wird unter Eigentumsvorbehalt geliefert und aufgeschraubt. Als E kein Geld mehr hat, verkauft er das Haus an B und lässt es auf. Über das Zusatzgerät wird keine besondere Vereinbarung getroffen. B wird als Eigentümer eingetragen. U verlangt nunmehr von B das Zusatzgerät heraus.

259 Anspruch des U gegen den Besitzer B gemäß § 985 auf Herausgabe?

Dann müsste U noch Eigentümer des Zusatzgerätes sein.

I. U hat sein Eigentum an dem Zusatzgerät nicht gemäß § 946 an E verloren, weil das Zusatzgerät nicht gemäß § 94 Abs. 2 wesentlicher Bestandteil geworden ist. Die Heizungsanlage ist zwar als Ganzes wesentlicher Bestandteil eines Wohnhauses, doch das Zusatzgerät für die Umstellung auf Ölheizung ist nicht notwendig für die Herstellung der Heizung bzw. des Wohnhauses.

II. U kann das Eigentum am Zusatzgerät als Bestandteil entsprechend § 926 verloren haben, als E sein Grundstück an B veräußerte. Gemäß § 926 Abs. 1 S. 2 wird vermutet, dass sich eine Grundstücksveräußerung auch auf das Zubehör bezieht.

Beachte: *Für den schuldrechtlichen Kaufvertrag gilt gemäß* ***§ 311c*** *ebenfalls die Vermutung, dass sich die Verpflichtung auch auf das Zubehör erstreckt.*

1. Die Vorschrift des § 926 ist über ihren Wortlaut hinaus nicht nur auf Zubehör, sondern auch auf einfache Bestandteile des Grundstücks anwendbar.[351]

2. Entsprechend § 926 Abs. 1 geht daher das Eigentum an nicht wesentlichen Bestandteilen mit dem Eigentum am Grundstück über, wenn sich die Veräußerung des Grundstücks nach dem **Willen** der Parteien auf die nicht wesentlichen Bestandteile erstrecken soll. Dieser Wille wird entsprechend § 926 Abs. 1 S. 2 vermutet. Doch da das Zusatzgerät im Zeitpunkt der Veräußerung des Grundstücks nicht im Eigentum des Veräußerers E stand, kommt ein Eigentumserwerb durch B entsprechend § 926 Abs. 1 S. 1 nicht in Betracht.

3. Nicht wesentliche Bestandteile und Zubehörstücke, die dem Veräußerer nicht gehören, können gutgläubig nach § 926 Abs. 2 i.V.m. §§ 932 ff. wie im Falle der selbstständigen Veräußerung beweglicher Sachen erworben werden.[352]

Dazu ist jedoch abweichend von § 926 Abs. 1 erforderlich, dass die Erwerbsvoraussetzungen der §§ 929 ff. vorliegen. Es gilt also in den Fällen des § 926 Abs. 2 nicht die Ver-

351 Staudinger/Pfeifer/Diehn § 926 Rn. 6.

352 Staudinger/Pfeifer/Diehn § 926 Rn. 17.

mutung des § 926 Abs. 1 S. 2. Da die Veräußerung fremden Eigentums nach der Gesamtrechtsordnung rechtswidrig ist, kann nicht unterstellt werden, die Vertragsschließenden hätten in der Regel den Willen, einen Gesetzesverstoß zu begehen.[353] Das bedeutet, dass die Einigung i.S.d. § 929 ff. **positiv** festgestellt werden muss. Da E und B aber über das Zusatzgerät keine Abrede getroffen haben, kommt ein gutgläubiger Erwerb des B gemäß §§ 926 Abs. 2, 932 ff. nicht in Betracht.

U ist Eigentümer des Zusatzgerätes geblieben.

Ein Recht zum Besitz i.S.v. § 986 steht B im Verhältnis zu U nicht zu.

U kann gemäß § 985 Herausgabe verlangen.

B. Fahrnisverbindung gemäß § 947

Werden mehrere bewegliche Sachen verschiedener Eigentümer zu einer einheitlichen Sache verbunden, tritt kraft Gesetzes die in § 947 angeordnete Eigentumslage ein, falls die verbundenen Sachen wesentliche Bestandteile der einheitlichen Sache geworden sind. **260**

Gehören die Teile der zusammengesetzten beweglichen Sache verschiedenen Eigentümern und sind diese Teile **wesentliche Bestandteile der zusammengesetzten Sache** geworden, werden die Eigentümer gemäß § 947 Abs. 1 **Bruchteilseigentümer** im Verhältnis des Wertes der Sachen zueinander. Sie bilden eine Gemeinschaft gemäß §§ 1008 ff., 741 ff. **261**

Gemäß § 747 kann jeder über seinen Anteil verfügen, d.h. er kann den Anteil gemäß §§ 929 ff. auf einen anderen übertragen. Die Miteigentümer verwalten die Sache gemeinschaftlich (§§ 744, 745). Jeder kann gemäß § 749 jederzeit Aufhebung der Gemeinschaft verlangen. Die Auseinandersetzung erfolgt mangels Teilbarkeit gemäß § 753 durch Verkauf, nicht durch Teilung in Natur gemäß § 752.[354]

Rechte Dritter an einer der ursprünglichen Sachen setzen sich an dem Miteigentumsanteil fort, **§ 949 S. 2**. Umstritten sind die Folgen der Weiterveräußerung einer Sache, die durch **Verbindung mit einer gestohlenen Sache** entstanden ist. Ist keine der Sachen als Hauptsache anzusehen, erwerben der Dieb und der Bestohlene durch die Verbindung Miteigentum an der neuen Sache. Verfügt der Dieb nun über die neue Sache an einen gutgläubigen Dritten, erwirbt dieser jedenfalls den Miteigentumsanteil des Diebes. Teilweise wird angenommen, es finde auch ein Erwerb des anderen Miteigentumsanteils statt, da dies für Rechtsklarheit sorge.[355] Demgegenüber wird zu Recht angenommen, ein gutgläubiger Erwerb des anderen Miteigentumsanteils scheide gemäß § 935 Abs. 1 aus. Der Makel des Abhandenkommens setze sich an dem Miteigentumsanteil ebenso fort wie Rechte Dritter.[356] **262**

---

353 BeckOK/Grün § 926 Rn. 6.

354 Wieling § 11 II 2b; Baur/Stürner § 53 Rn. 10.

355 Grüneberg/Herrler § 949 Rn. 3; Gehrlein MDR 1995, 16.

356 MünchKomm/Füller § 949 Rn. 3; BeckOK/Kindl § 947 Rn. 6; Staudinger/Heinze § 949 Rn. 5.

263 Ist eine Sache als **Hauptsache** anzusehen, wird der Eigentümer der Hauptsache **Alleineigentümer** (§ 947 Abs. 2). Die Eigentümer der eingefügten Sachen, die ihr Eigentum verlieren, erwerben gemäß § 951 unter den Voraussetzungen des § 812 einen Ausgleichsanspruch. **Rechte Dritter** erlöschen gemäß **§ 949 S. 1**. Ob eine Sache Hauptsache ist, ist nach der Verkehrsauffassung zu beurteilen. Maßgeblich sind nicht die Wertunterschiede, da diese bereits gemäß § 947 Abs. 1 berücksichtigt werden und zu unterschiedlichen Miteigentumsanteilen führen.[357] Eine Hauptsache liegt deshalb nach der Rspr. nur vor, wenn die übrigen Bestandteile fehlen könnten, ohne dass das Wesen der Sache dadurch beeinträchtigt würde.[358] Dem wird teilweise entgegengehalten, dass danach für die Beurteilung einer Sache als „Nebensache" praktisch nur dann Raum bestehe, wenn es sich um ein schmückendes Beiwerk handele.[359]

Beispiele: Das Gehäuse eines technischen Gerätes ist dann nicht Nebensache, wenn das Gerät ohne das Gehäuse praktisch nicht benutzt werden kann.[360]

Nebensachen sind dagegen ein Plakat im Verhältnis zur Litfaßsäule[361] oder ein Einband im Verhältnis zum Buch.[362]

C. Vermischung und Vermengung beweglicher Sachen gemäß § 948

264 Wenn mehrere bewegliche Sachen verschiedener Eigentümer miteinander untrennbar vermischt (Flüssigkeit) oder vermengt (feste Sachen) werden, gilt § 947 entsprechend.

Ist keine der Mengen Hauptsache, tritt Miteigentum nach Bruchteilen gemäß § 948 Abs. 1 i.V.m. § 947 Abs. 1 ein. Ist eine Menge Hauptsache, erwirbt der Eigentümer der Hauptsache das Eigentum an der gesamten Menge gemäß § 948 Abs. 1 i.V.m. § 947 Abs. 2.

Untrennbarkeit liegt vor, wenn die Sachen künftig unlösbar und ununterscheidbar sind oder wenn ihre Trennung nur mit unverhältnismäßigen Kosten möglich ist (wirtschaftliche Untrennbarkeit), § 948 Abs. 2.

265 Grundsätzlich finden die **§§ 948, 947** auch auf **Geld** Anwendung, d.h. bei Vermengung entsteht **Miteigentum** am gesamten Betrag.[363]

Zweifelhaft ist, ob über § 948 Abs. 1 auch die Vorschrift des **§ 947 Abs. 2** auf **Geld** und die Vermischung anderer gleichartiger Sachen anwendbar ist, weil begrifflich von einer Haupt- und Nebensache nur gesprochen werden kann, wenn es sich um ungleichartige Sachen handelt. Ein Teil der Lehre verneint daher die Anwendbarkeit des § 947 Abs. 2, sodass immer Miteigentum entsprechend den Wertverhältnissen entsteht.[364] Die Gegenmeinung befürwortet die entsprechende Anwendung des § 947 Abs. 2, wenn ein außergewöhnliches zahlenmäßiges Übergewicht besteht.[365] Bei einer **Geschäftskasse mit schwankendem Bestand** soll nach einer Ansicht diese stets Hauptsache und ihr Ei-

---

357 Erman/Ebbing § 947 Rn. 4; BeckOK/Kindl § 947 Rn. 5.

358 BGHZ 20, 159, 163.

359 Baur/Stürner § 53 Rn. 9.

360 BGHZ 20, 159, 163.

361 OLG Oldenburg NJW 1982, 1166.

362 BeckOK/Kindl § 947 Rn. 5.

363 Staudinger/Thole § 985 Rn. 78 f.; Staudinger/Heinze § 948 Rn. 9; Medicus JuS 1983, 897, 900.

364 OVG NRW RÜ 2017, 319, 322; MünchKomm/Füller § 948 Rn. 7; BeckOK/Kindl § 949 Rn. 7.

365 Erman/Ebbing § 948 Rn. 6; Grüneberg/Herrler § 948 Rn. 4; Staudinger/Heinze § 948 Rn. 8; Wieling § 11 II 3b.

gentümer daher Alleineigentümer des gesamten Geldes sein.[366] Dem ist aber entgegenzuhalten, dass der Eigentümer des in die Kasse gelegten Geldes dann bei Insolvenz des Kasseninhabers schutzlos wäre, weil sein Anspruch aus §§ 951 Abs. 1, 812 gegen die Insolvenzmasse praktisch keinen Wert hat.[367]

Wendet man § 947 Abs. 2 an, steht dem Eigentümer der Mindermenge nur ein Entschädigungsanspruch gemäß § 951 zu. Entsteht ungeachtet der Wertverhältnisse Miteigentum, kann jeder Miteigentümer **Aufhebung der Gemeinschaft und Teilung** verlangen, §§ 749, 752. Dies ist jedoch zu umständlich, sodass nach ganz h.M. bei Geld dem besitzenden Miteigentümer ein **einseitiges Teilungsrecht** analog § 469 Abs. 3 HGB zusteht.[368]

D. Verarbeitung gemäß § 950

Wenn jemand aus einem fremden Stoff eine **neue Sache herstellt**, regelt sich die Eigentumslage nach § 950. Diese Vorschrift soll den Interessenkonflikt zwischen dem Stoffeigentümer und dem Verarbeiter entscheiden und bestimmt den gesetzlichen Eigentumserwerb des Herstellers, es sei denn der Wert seiner Verarbeitungsleistung bleibt erheblich hinter dem Stoffwert zurück. 266

Verarbeitung, § 950
I. Ergebnis der Verarbeitung = Neue Sache
II. Verarbeitungswert nicht erheblich geringer als Stoffwert (–), bei Verhältnis Verarbeitungswert zu Stoffwert von 60:100 oder weniger
III. Rechtsfolgen:
1. Hersteller erwirbt Eigentum an verarbeiteten Sachen
2. Ehemaliger Stoffeigentümer hat Entschädigungsanspruch, § 951

I. Neue Sache

Nach § 950 ist erforderlich, dass eine neue Sache hergestellt wird. Ob es sich um eine neue Sache handelt, muss nach der Verkehrsanschauung unter Berücksichtigung wirtschaftlicher Gesichtspunkte festgestellt werden.[369] 267

Im Einzelfall können als **Abgrenzungskriterien** in Betracht kommen:

- Die hergestellte Sache wird unter einer **anderen Bezeichnung** in den Verkehr gebracht. Die aus dem Ausgangsstoff hergestellte Sache erhält also einen neuen Namen.
- Der Ausgangsstoff wird völlig **umgestaltet**, sodass er schon der Form nach als andere Sache erscheint, oder – ohne Formveränderung – eine erhebliche **Wesensveränderung** erfährt.

366 Medicus JuS 1983, 897, 900.
367 BGH NJW 2010, 3578; OVG NRW RÜ 2017, 319, 322.
368 Grüneberg/Herrler § 948 Rn. 3; Baur/Stürner § 53 Rn. 11.
369 Staudinger/Heinze § 950 Rn. 9 ff.

- Eine neue Sache liegt vor, wenn das Produkt der Verarbeitung eine eigenständige, gegenüber den einzelnen Sachen **weitergehende Funktion** erfüllt, oder auf sonstige Weise die wirtschaftliche Bedeutung der hergestellten Sache eine völlig andere ist.[370]

Beispiel: Aus einer Leinwand und Farbe wird von einem Künstler ein Bild hergestellt. Ein fertiges Kunstwerk ist nach der Verkehrsanschauung im Vergleich zu den „Materialien" eine neue Sache.

Gegenbeispiel: Wird lediglich ein Pkw lackiert, spricht die Verkehrsanschauung nicht von einer „neuen" Sache. Allein das bestimmungsgemäße Aufzeichnen eines Gesprächs auf einem Tonband lässt das Tonband noch nicht zu einer neuen Sache i.S.v. § 950 werden.[371]

II. Verhältnis von Verarbeitungs- und Stoffwert

268 Der Wert der Verarbeitung darf nicht erheblich geringer sein als der Stoffwert. Der Verarbeitungswert ist nicht nur der effektive Kostenaufwand für die Arbeitsleistung, sondern der Wert der geleisteten Arbeit, wie er sich im Sachwert der hergestellten Sache verkörpert. Um ihn zu ermitteln, muss vom **Wert** der **neuen** Sache der **Wert aller**, also auch der dem Verarbeitenden gehörenden Ausgangsstoffe abgezogen werden. Es kommt also nicht auf den tatsächlichen Arbeitsaufwand an, sondern auf den Differenzbetrag, der sich aus dem Vergleich des Wertes der neuen Sache mit dem Wert des verarbeiteten Ausgangsstoffs vor der Herstellung ergibt. Nach der Rspr. liegt ein erheblich geringerer Wert der Verarbeitung vor, wenn er **60 % des Stoffwertes** beträgt.[372]

Fall 13: Der unvollständige Motor (nach BGH NJW 1995, 2633)

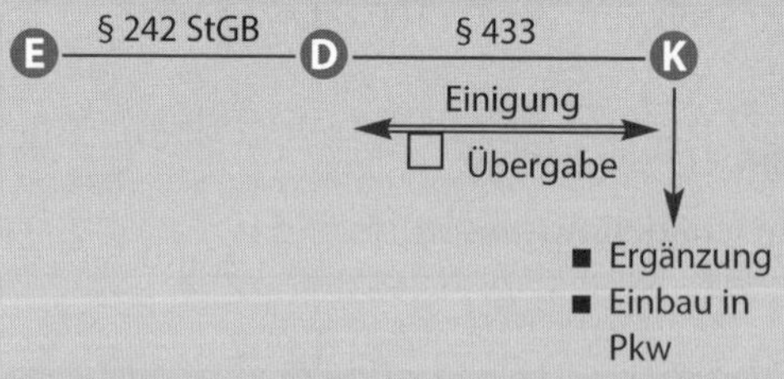

D hat bei dem Autohersteller E einen Motorblock entwendet, den er an den gutgläubigen K veräußert. K ergänzt den Motorblock in seinem Betrieb zu einem Komplettmotor und baut ihn in seinen Pkw ein. Der Wert der Ergänzungsteile (Auspuffkrümmer, Lichtmaschine, Kupplung u.a.) beträgt 2.000 €, der Wert des Motorblocks 3.000 € und der Wert des Komplettmotors 9.000 €. E verlangt von K die Herausgabe des Motors.

269 E kann den Motor nach § 985 von dem Besitzer K herausverlangen, wenn er Eigentümer geblieben ist.

I. E hat sein Eigentum nicht durch rechtsgeschäftliche Übertragung des D an K gemäß §§ 929 S. 1, 932 verloren. Zwar haben D und K sich über den Eigentumsübergang geeinigt und in Vollziehung dieser Einigung ist der Besitz an den gutgläubigen K übertragen worden. Doch der Motor ist ohne Willen des E aus seinem unmittelbaren Besitz gekommen, sodass § 935 eingreift. Ein gutgläubiger Erwerb ist ausgeschlossen.

II. E könnte sein Eigentum kraft Gesetzes gemäß § 950 verloren haben. Dann müsste K durch die Ergänzung des Motorblocks eine neue Sache hergestellt haben, und der Wert

370 BGH NJW 1995, 2633; Baur/Stürner § 53 Rn. 17–19.

371 BGH RÜ 2016, 10 (Kanzler Kohls Tonbänder).

372 OLG Düsseldorf OLG-Report 1999, 219 ff.; BGH NJW 1995, 2633; JZ 1972, 165 ff.; Baur/Stürner § 53 Rn. 19; Grüneberg/Herrler § 950 Rn. 5.

der zur Herstellung aufgewendeten Arbeit dürfte nicht erheblich geringer sein als der Stoffwert.

1. Im Unterschied zu einem bloßen Motorblock ist der Komplettmotor in der Lage, ein Fahrzeug anzutreiben. Der Komplettmotor erfüllt also eine weitergehende Funktion als die einzelnen verarbeiteten Teile und wird daher von der Verkehrsauffassung als neue Sache angesehen.[373]

2. Der Verarbeitungswert beträgt im vorliegenden Fall 4.000 €: Wert der neuen Sache (9.000) – Stoffwert (3.000 + 2.000 = 5.000) = 4.000. Er ist daher zwar geringer als der Stoffwert i.H.v. 5.000 €, aber es liegt keine erhebliche Differenz vor, da die Abweichung nur 20 % beträgt.

3. Da K den Motor im eigenen Betrieb für sich hergestellt hat, ist er auch Hersteller.

4. Dass der Motorblock E abhandengekommen ist, hindert den Rechtserwerb nach § 950 nicht, da § 935 auf den gesetzlichen Eigentumserwerb des § 950 nicht anwendbar ist.[374] Damit hat K gemäß § 950 Eigentum erworben.

III. K könnte auch nach § 947 Eigentümer geworden sein.

Ob durch die Verbindung der Ergänzungsteile mit dem Motorblock die Voraussetzungen des § 947 erfüllt wurden, kann offenbleiben, denn § 950 ist, sofern eine neue Sache hergestellt wurde, **gegenüber § 947 lex specialis** und scheidet daher hier aus.[375]

Da K gemäß § 950 Eigentum erworben hat, kann E den Motor nicht nach § 985 herausverlangen.

IV. Es kommt jedoch ein Anspruch auf Entschädigung gemäß § 951 i.V.m. § 812 in Betracht (dazu unten Rn. 275 ff.).

III. Rechtsfolge: Hersteller wird Eigentümer

Bei der Verarbeitung wird der Hersteller Eigentümer. Hersteller i.S.d. § 950 ist grundsätzlich derjenige, in dessen Namen und wirtschaftlichem Interesse die Herstellung erfolgt; dem somit nach der Verkehrsanschauung die **Herstellung zuzurechnen** ist.[376] Es ist also nicht darauf abzustellen, wer die Sache tatsächlich hergestellt hat. Entscheidend ist, wem die Herstellung rechtlich zuzurechnen ist. Hersteller kann demnach nicht nur derjenige sein, der die Sache für sich hergestellt hat, sondern auch derjenige, der die Sache durch einen Dritten für sich hat herstellen lassen. 270

- Wird die Sache in einem Betrieb hergestellt, ist der **Unternehmer** der Hersteller und nicht etwa die mit der Herstellung befassten Arbeiter.

---

373 BGH NJW 1995, 2633.

374 Grüneberg/Herrler § 950 Rn. 4.

375 Vgl. MünchKomm/Füller § 950 Rn. 31.

376 BGHZ 14, 114, 117; BGH NJW 1991, 1480, 1481.

- Falls die Herstellung der Sache im Auftrag des **Bestellers** und mit von ihm gelieferten Stoffen vorgenommen wird, ist nach überwiegender Auffassung der Besteller der Hersteller, weil er sich die Arbeitskraft des Unternehmers dienstbar macht und weisungsbefugt ist.[377] Für diese Ansicht spricht die Existenz des Werkunternehmerpfandrechts gemäß § 647, das sonst weitgehend überflüssig wäre. Nach § 651 Abs. 1 S. 1 i.V.m. § 433 Abs. 1 S. 1 ist der Unternehmer allerdings verpflichtet, dem Besteller das Eigentum an der Sache zu verschaffen. Daraus wird teilweise abgeleitet, dass dann aber der Unternehmer zunächst (gesetzlich) Eigentümer werden müsse.[378] Der Verweis in § 651 Abs. 1 S. 1 soll jedoch primär die Anwendung der zwingenden Regeln über den Verbrauchsgüterkauf sicherstellen; er ist im Falle der Herstellung einer Sache aus vom Besteller gelieferten Stoffen teleologisch auf eine Pflicht zur Besitzverschaffung zu reduzieren.[379]

271 Wenn jemand die Herstellung neuer Sachen für einen anderen vornimmt und dieser aufgrund einer **Vereinbarung** Eigentümer werden soll, ist zweifelhaft, ob für den Eigentumserwerb die Regeln des Rechtsgeschäfts gemäß §§ 929 ff. eingreifen oder ob § 950 anwendbar ist.

Fall 14: Ziegenlämmer-Handschuhe

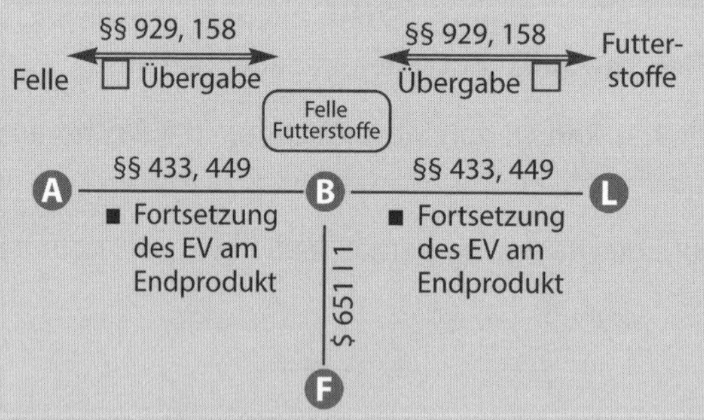

A liefert B Felle von Ziegenlämmern, die dieser zu Damenhandschuhen verarbeitet. L liefert B zu dem gleichen Zweck feinste Futterstoffe. Sowohl A als auch L haben mit B vereinbart, dass die gelieferte Ware bis zur restlosen Bezahlung Eigentum des Lieferanten bleibt, dass das Eigentumsrecht des Lieferanten auch durch Verarbeitung, Fertigstellung des Endprodukts nicht aufgehoben wird und dass sich das vorbehaltene Eigentum am Endprodukt in Höhe des Wertes der Rohwarenlieferung fortsetzt. Die im Verhältnis zu den Rohmaterialien wesentlich teureren Näharbeiten werden im Auftrag des B von dem Fabrikanten F ausgeführt. Wer ist nach Herstellung Eigentümer der Damenhandschuhe?

272 Da B die Handschuhe für sich von F hat herstellen lassen, könnte **B als Besteller** des mit F abgeschlossenen Werkvertrags gemäß **§ 950** kraft Gesetzes **Eigentümer** geworden sein.

I. Es muss eine neue Sache hergestellt worden sein. Damenhandschuhe sind im Verhältnis zum Ziegenleder und zum Futterstoff nach der Verkehrsauffassung eine neue Sache aufgrund des anderen Namens, der anderen Form und einer anderen wirtschaftlichen Bedeutung.

---

377 BGHZ 20, 159, 163, 164; Grüneberg/Herrler § 950 Rn. 7; Baur/Stürner § 53 Rn. 21.

378 Röthel NJW 2005, 625, 627.

379 BeckOK/Kindl § 950 Rn. 12; Klinck JR 2006, 1.

II. Der Verarbeitungswert darf nicht erheblich geringer sein als der Stoffwert. Wenn man hier vom Gesamtwert der fertigen Handschuhe den bloßen Stoffwert abzieht, verbleibt ein diesem gegenüber erheblich höherer Verarbeitungswert.

III. B müsste **Hersteller** der Handschuhe sein.

1. Hersteller i.S.d. § 950 ist grds. derjenige, in dessen Namen und wirtschaftlichem Interesse die Herstellung erfolgt; dem Besteller im Rahmen eines Werk- oder Werklieferungsvertrags ist nach der Verkehrsanschauung die **Herstellung zuzurechnen.**[380] Auf dieser Grundlage wäre B als Hersteller anzusehen, da F aufgrund eines Werklieferungsvertrags mit B tätig wird (§ 651 Abs. 1 S. 1), die Herstellung also rechtlich B zuzurechnen ist.

2. Fraglich ist aber, ob die Abrede zwischen B und seinen Lieferanten A und L über die Fortsetzung des EV an dem Endprodukt einem (alleinigen) Eigentumserwerb des B entgegensteht. Ein (Mit-)Eigentumserwerb durch A und L läge jedenfalls dann vor, wenn von **§ 950** durch Parteivereinbarung abgewichen werden kann, die Vorschrift also **dispositiven Charakter** hat. Dies ist nach h.M. aber nicht der Fall.[381]

3. Es könnten jedoch für die **Auslegung des Begriffs „Hersteller“** die vertraglichen Abreden zwischen B, A und L maßgeblich sein.

a) In der Lit. wird überwiegend die Auffassung vertreten, dass nur derjenige das Eigentum gemäß § 950 kraft Gesetzes erlange, der nach der Verkehrsanschauung unter Zugrundelegung **objektiver Kriterien** Hersteller sei. Es widerspreche der Zuordnungsfunktion des § 950, durch Vereinbarung mit dinglicher Wirkung den Hersteller zu bestimmen.[382]

Danach ergibt sich für die Eigentumsverhältnisse folgendes Bild:

aa) Da B die Handschuhe von F aufgrund eines Werkvertrags als Besteller für sich hat fertigstellen lassen, ist er gemäß § 950 kraft Gesetzes Eigentümer der Handschuhe geworden.

bb) Doch wird in der Vereinbarung zwischen B und seinen Lieferanten – A und L – der Wille der Parteien deutlich, einen Teil des Eigentums auf A und L zu übertragen. Der Abrede ist im Wege der Auslegung eine Sicherungsübereignung durch antizipierte Einigung und ein antizipiertes Besitzkonstitut zu entnehmen.[383] B besitzt als unmittelbarer Besitzer auch für A und L als Besitzmittler. A und L erwerben daher – eine juristische Sekunde nach dem originären Eigentumserwerb durch B – gemäß § 930 Eigentum, und zwar entsprechend der Abrede Bruchteilseigentum in Höhe des Wertes ihrer Rohwarenlieferung.

- A hat in Höhe des Wertes der Felle,
- L in Höhe des Wertes der gelieferten Futterstoffe und
- B in Höhe des Wertes seiner geleisteten Arbeit – Zuschneiden, Aufarbeiten der Materialien, Entwurf der Handschuhe usw. – Eigentum erworben.

Danach sind B, A und L Bruchteilseigentümer kraft **Rechtsgeschäfts** gemäß §§ 929, 930.

---

380 BGHZ 14, 114, 117; BGH NJW 1991, 1480, 1481.

381 Staudinger/Heinze § 950 Rn. 20 ff.

382 Grüneberg/Herrler § 950 Rn. 6; Erman/Ebbing § 950 Rn. 10.

383 BeckOK/Kindl § 950 Rn. 14.

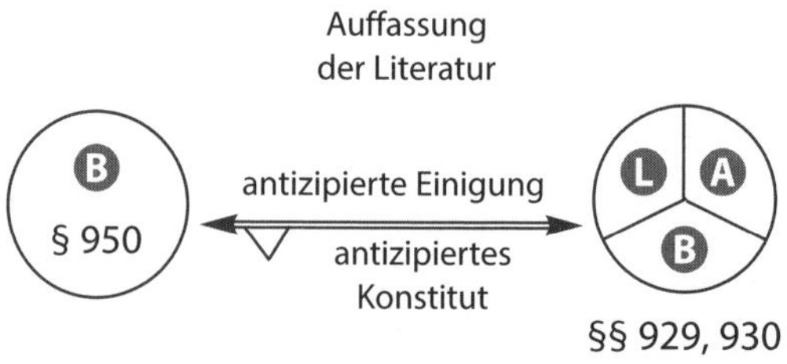

b) Die Rspr. und ein Teil der Lit. gehen davon aus, dass die **Vereinbarungen** der vom Herstellungsprozess betroffenen Personen über die Herstellereigenschaft i.S.v. § 950 entscheiden können. Derjenige, der das Eigentum nicht erwerben wolle, solle dieses auch nicht kraft Gesetzes erhalten.[384]

Einschränkungen werden jedoch insoweit gemacht, als Personen, die weder Stoffeigentümer noch Stoffbesitzer sind und auch sonst mit dem Herstellungsvorgang weder im natürlichen noch im wirtschaftlichen Sinne etwas zu tun haben, nicht ohne Weiteres in den Kreis der Hersteller einbezogen werden.

Da B mit den Stofflieferanten A und L vereinbart hat, dass sich ihr Eigentum am Fertigprodukt in Höhe des Wertes ihrer Lieferungen fortsetzen soll, sind B, A und L hiernach als **„Mithersteller"** i.S.v. § 950 anzusehen. Sie erwerben damit **kraft Gesetzes** Bruchteilseigentum, wobei A und L Miteigentümer im Verhältnis ihrer Beiträge werden und B den „freien Bruchteil" erlangt.[385]

Auffassung der Rspr. und eines Teils der Lit.

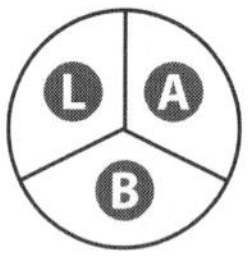

Direkterwerb der Mithersteller gemäß § 950

Nach beiden Auffassungen sind L, A und B Miteigentümer geworden. Ein Streitentscheid ist daher entbehrlich.

---

273 *Sowohl bei **Vereinbarung der Herstellereigenschaft** des Vorbehaltsverkäufers als auch bei einer **Sicherungsübereignung** erlangt der Vorbehaltsverkäufer das Sicherungseigentum an der neu hergestellten Sache. Der Unterschied besteht darin, dass bei Vereinbarung der Herstellereigenschaft nach § 950 ein originärer Erwerb direkt beim Vorbehaltsverkäufer eintritt, während bei einer Sicherungsübereignung der Vorbehaltskäufer für eine juristische Sekunde selbst Eigentümer wird. In dieser juristischen Sekunde kann das Eigentum belastet oder auf einen anderen übertragen worden sein.[386] Außerdem ist die Rechtsstellung von Eigentümer und Sicherungseigentümer in der Insolvenz unterschiedlich.[387]*

384 BGH NJW 1991, 1480 f.; BGHZ 14, 114, 117; 20, 159, 163 f.; 46, 117, 118 f.; Staudinger/Heinze § 950 Rn. 20 ff.

385 MünchKomm/Füller § 950 Rn. 26.

386 Zur Kollision von Eigentumsvorbehalt mit Verarbeitungsklausel und Sicherungsübereignung s. noch unten Fall 16, Rn. 362 ff.

387 Dazu Rn. 338 ff.

Vielfach wird – ähnlich wie in Fall 16 – ein **verlängerter Eigentumsvorbehalt mit Verarbeitungsklausel** vereinbart. Wenn der Vorbehaltskäufer dem Vorbehaltsverkäufer lediglich die Ansprüche aus der Weiterveräußerung abtritt, ist der Vorbehaltsverkäufer in dem Zeitraum zwischen der Verarbeitung (die den Eigentumserwerb des Vorbehaltskäufers gemäß § 950 bewirkt) und der Weiterveräußerung (mit der die vorweggenommene Abtretung wirksam wird) ungesichert. Mangels Eigentums erhält er im Insolvenzverfahren des Vorbehaltskäufers kein Aussonderungsrecht gemäß § 47 InsO und kann in der Einzelvollstreckung nicht mit Erfolg die Drittwiderspruchsklage (§ 771 ZPO) erheben. Indem der Vorbehaltsverkäufer die Verarbeitungsklausel vereinbart und somit gemäß § 950 zumindest Bruchteilseigentum erwirbt, sichert er sich auch für diesen Zeitraum ab. Ein durch eine Verarbeitungsklausel verlängerter Eigentumsvorbehalt kann insbesondere mit einer **Sicherungsübereignung** der neu hergestellten Waren kollidieren (dazu ausführlich Fall 16). 274

E. Entschädigung für Rechtsverlust nach § 951

- Wer nach den §§ 946 bis 950 einen Rechtsverlust erleidet, dem steht ein **Bereicherungsanspruch** aus §§ 812 ff. gegen den Eigentümer zu **(Rechtsgrundverweisung)**. 275
- Die **Wiederherstellung des früheren Zustands**, also der Ausbau oder die Trennung der Sache, kann gemäß § 951 Abs. 1 S. 2 nicht verlangt werden. § 951 schließt jedoch **gesetzliche Wegnahmerechte**[388] nicht aus, § 951 Abs. 2 S. 1. Umstritten ist, ob § 951 Abs. 2 S. 2 ein eigenständiges Wegnahmerecht begründet.

I. Entschädigung nach § 951 Abs. 1 S. 1 i.V.m. §§ 812 ff.

Die §§ 946–950 enthalten lediglich Regelungen über die **sachenrechtliche Zuordnung** von Sachen. Sie enthalten keine Aussage darüber, wem der **Substanzwert** an einer Sache zusteht, die infolge Verbindung, Vermischung oder Verarbeitung ihre rechtliche Selbstständigkeit verliert. Deshalb enthält § 951 Abs. 1 S. 1 für den Fall des Rechtsverlustes einen **Rechtsgrundverweis auf das Bereicherungsrecht**.[389] 276

Verliert ein Eigentümer das Eigentum an einer Sache nach den §§ 946–950 durch Verbindung, Vermischung, Verarbeitung und erhält er als Ausgleich Miteigentum nach § 947 Abs. 1, so erleidet er keinen **Rechtsverlust** i.S.d. § 951. In diesem Fall besteht kein Entschädigungsanspruch. 277

Gegenüber dem Ausgleichsanspruch aus §§ 951, 812 sind folgende Ausgleichsansprüche **vorrangig:** 278

- **Vertragliche Ausgleichsansprüche**, da diese einen Rechtsgrund i.S.d. § 812 begründen.
- Nach der Rspr. schließen auch **Verwendungsersatzansprüche nach den §§ 994 ff.** einen Anspruch nach §§ 951, 812 ff. aus. Dies sogar dann, wenn es sich nach dem en-

388 Einzelheiten s.u. Rn. 285 ff.

389 Grüneberg/Herrler § 951 Rn. 2; ausführlich zum Anspruch aus §§ 951, 812 daher im AS-Skript Schuldrecht BT 3 (2024), Rn. 223 ff.

gen Verwendungsbegriff der Rspr. gar nicht um Verwendungen gehandelt hat.[390] Die Lit. lässt demgegenüber Ansprüche des Besitzers gegen den Eigentümer aus §§ 951, 812 teilweise auch bei Vorliegen eines EBV zu.[391]

- Schadensersatzansprüche aus §§ 823 ff. bestehen demgegenüber neben dem Entschädigungsanspruch, wie § 951 Abs. 2 S. 1 klarstellt.

279 Unstreitig verweist § 951 auf die **Nichtleistungskondiktion** gemäß § 812 Abs. 1 S. 1 Var. 2. Wird der Rechtsverlust also **durch den Erwerber** ohne Einverständnis des Berechtigten herbeigeführt, besteht ein Entschädigungsanspruch.

Beispiel: N baut entwendete Baumaterialien des E in sein Haus ein. Anspruch des E gegen N aus §§ 951, 812 Abs. 1 S. 1 Var. 2.

280 Führt der (ehemalige) **Eigentümer** selbst den Rechtsverlust herbei, ist umstritten, ob ein Bereicherungsanspruch aus § 951 unter Verweis auf die **Leistungskondiktion** folgt, oder das Bereicherungsrecht unmittelbare Anwendung findet. Dieser Streit hat daher im Zweipersonenverhältnis praktisch keine Bedeutung.

Beispiel: Handwerker H baut Baumaterialien aufgrund eines nichtigen Vertrags in das Haus des E ein. Anspruch des H gegen E aus §§ 951, 812 Abs. 1 S. 1 Var. 1 oder aus § 812 Abs. 1 S. 1 Var. 1 unmittelbar.

281 *In diesem Fall ist allerdings umstritten, ob überhaupt eine **„Leistung"** i.S.d. § 812 Abs. 1 S. 1 Var. 1 vorliegt, da der Eigentumswechsel ja gesetzlich eingetreten ist. Nach h.M. liegt eine Leistung trotzdem vor, wenn sich der **Eigentumswechsel aufgrund eines Vertrags** vollzieht, der gerade **auf die Tätigkeit gerichtet ist, die unmittelbar den Rechtswechsel herbeiführt**.*

282 Probleme kann ein **Rechtsverlust im Drei-Personen-Verhältnis** bereiten (sog. **Einbaufälle**):[392] Baut ein Dritter (Bauunternehmer) beispielsweise fremde Baumaterialien in ein Gebäude ein, hängt ein Bereicherungsanspruch des (früheren) Eigentümers der Baumaterialien (z.B. Baustoffhändler) gegen den Erwerber aus Nichtleistungskondiktion davon ab, ob zwischen dem Bauunternehmer und dem Erwerber ein (vorrangiges) Leistungsverhältnis besteht. Dies ist regelmäßig der Fall, da der Bauunternehmer in aller Regel den Einbau auf Grundlage eines Werkvertrags vornimmt. Nach h.Lit. ist in diesen Fällen zusätzlich eine Wertung anhand der **§§ 932 ff., 935, 816** vorzunehmen:[393]

Der Anspruch aus § 951 tritt als **Rechtsfortwirkungsanspruch** an die Stelle des Anspruchs aus § 985. Wäre eine vor Einbau erfolgte Übereignung an den Erwerber wirksam gewesen, sodass kein Anspruch des Eigentümers aus § 985 mehr bestanden hätte, soll der Erwerber auch vor einem Entschädigungsanspruch geschützt werden.

Wäre ein rechtsgeschäftlicher Eigentumserwerb fehlgeschlagen, sodass auch der Anspruch aus § 985 gegen den Erwerber bestanden hätte, besteht ein Anspruch aus §§ 951, 812 Abs. 1 S. 1 Var. 2 des ehemaligen Eigentümers. Dies bedeutet:

---

390 BGHZ 41, 147 ff.; Einzelheiten unten in Teil 8, Rn. 607 ff.

391 Canaris JZ 1996, 344, 346; Medicus BR Rn. 897.

392 S. dazu AS-Skript Schuldrecht BT 3 (2024), Rn. 230.

393 Staudinger/Thole § 951 Rn. 14; offenlassend BGH NJW-RR 1991, 343.

- Erfolgt der Einbau fremder Materialien in einem Drei-Personen-Verhältnis **mit Einverständnis des Eigentümers** oder ist der Erwerber **gutgläubig** i.S.d. §§ 932 ff., scheidet ein Bereicherungsanspruch des Eigentümers gegen den Erwerber aus.

- Erfolgt der Einbau ohne Einverständnis des Eigentümers und sind diesem die eingebauten Sachen **abhandengekommen** (§ 935 Abs. 1) oder ist der Erwerber **bösgläubig**, besteht ein Entschädigungsanspruch, da auch ein rechtsgeschäftlicher Erwerb ausgeschlossen gewesen wäre.

Ein gesetzlicher Eigentumserwerb in einem Drei-Personen-Verhältnis ist also kondiktionsfest, wenn dem Rechtserwerb eine ***Leistung*** *zugrundeliegt* ***und*** *die* ***Voraussetzungen eines (hypothetischen) rechtsgeschäftlichen Eigentumserwerbs*** *ebenfalls vorliegen.* **283**

Rechtsfolge eines Anspruchs aus §§ 951, 812 ist ein **Wertersatzanspruch** nach § 818 Abs. 2. Eine Herausgabe der Bereicherung „in Natur" ist gemäß § 951 Abs. 1 S. 2 ausgeschlossen. In Drei-Personen-Verhältnissen stellt sich regelmäßig die Frage, ob der Erwerber eine an einen Dritten gezahlte Vergütung nach **§ 818 Abs. 3** als Entreicherung geltend machen kann. Nach dem Wertungsmodell der §§ 932 ff., 816 ist dies nicht der Fall: Wäre eine rechtsgeschäftliche Übereignung an den Erwerber mangels Gutgläubigkeit oder bei Abhandenkommen gescheitert, könnte dieser eine von ihm an einen Dritten geleistete Zahlung dem Anspruch des Eigentümers aus § 985 auch nicht entgegenhalten. Einem Wertersatzanspruch können zudem die Grundsätze der **aufgedrängten Bereicherung** entgegenstehen.[394] **284**

II. Wegnahmerechte

Bestehen gesetzliche Wegnahmerechte kann der (ehemalige) Eigentümer diese gemäß § 951 Abs. 2 S. 1 auch nach einem Eigentumsverlust ausüben. Als Wegnahmerechte kommen in Betracht: **285**

- § 539 Abs. 2 (Wegnahmerecht des Mieters),
- § 601 Abs. 2 S. 2 (Wegnahmerecht des Entleihers),
- § 997 (Wegnahmerecht des unrechtmäßigen Besitzers),
- § 1049 Abs. 2 (Wegnahmerecht des Nießbrauchers),
- §§ 1093 Abs. 1 S. 2, 1049 Abs. 2 (Wegnahmerecht des Wohnungsberechtigten),
- § 1216 S. 2 (Wegnahmerecht des Pfandgläubigers),
- § 2125 Abs. 2 (Wegnahmerecht des Vorerben).

Wegnahmerechte scheinen im Widerspruch zu § 951 Abs. 1 S. 2 zu stehen, wonach die **Wiederherstellung des früheren Zustands** gerade nicht verlangt werden können soll. Gemäß **§ 258** hat der Wegnahmeberechtigte die Sache jedoch gerade wieder in den ursprünglichen Zustand zurückzuversetzen. § 951 Abs. 1 S. 2 soll jedoch nur verhindern, dass nach §§ 951, 812 ein **Anspruch** gegen den Erwerber auf Herausgabe der Bereicherung in Natur besteht, mit der Folge, dass dieser die Trennung vornehmen und die Kosten der Wiederherstellung tragen müsste. Nach § 258 S. 2 steht dem Wegnahmeberech- **286**

394 Dazu AS-Skript Schuldrecht BT 3 (2024).

tigten gegen den Eigentümer jedoch nur ein **Duldungsanspruch** zu. Er muss die Wegnahme selbst bewirken und die Kosten der Wiederherstellung des ursprünglichen Zustands tragen.

287 § 951 Abs. 2 S. 2 erweitert das Wegnahmerecht des § 997 auf den Fall, dass die den Rechtsverlust bewirkende Verbindung nicht durch den unrechtmäßigen Besitzer der Hauptsache bewirkt worden ist.[395] Umstritten ist, ob § 951 Abs. 2 S. 2 darüber hinaus ein **selbstständiges Wegnahmerecht** für jeden begründet, der nach §§ 946, 947 einen Rechtsverlust erlitten hat. Dies ist nach heute wohl h.M. der Fall.[396] Die Verweisung auf § 997 hat lediglich die Bedeutung, auf das Aneignungsrecht nach § 997 Abs. 1 S. 1 hinzuweisen und die Ausschlussgründe des § 997 Abs. 2 für anwendbar zu erklären. Dem Eigentümer steht deshalb gemäß § 997 Abs. 2 insbesondere das Recht zu, die Wegnahme durch Wertersatz abzuwenden.[397]

2. Abschnitt: Aus einer einheitlichen Sache werden mehrere Sachen, §§ 953 ff.

288 Während die §§ 946 ff. regeln, wer Eigentümer wird, wenn aus mehreren Sachen eine einheitliche Sache gebildet wird, ist in den §§ 953 ff. bestimmt, wer das Eigentum erwirbt, wenn **Erzeugnisse** oder **Bestandteile** von einer Sache – der Haupt- bzw. Muttersache – **getrennt** werden und dadurch zwei oder mehrere Sachen **entstehen.**

- **Erzeugnisse** sind die organischen, von der Muttersache getrennten körperlichen Gegenstände wie Jungtiere, Milch, Eier, Pflanzen, geschlagenes Holz usw.[398]
- **Bestandteile** sind alle unselbstständigen Teile einer Sache.[399]

289 Nach §§ 953 ff. gilt ein **„Schachtelprinzip"**:

- Gemäß § 953 erwirbt der **Eigentümer der Mutter- bzw. Hauptsache** das Eigentum an den Erzeugnissen und Bestandteilen, soweit sich aus den §§ 954–957 nicht etwas anderes ergibt.
- Der Erwerb tritt nicht ein, wenn nach § 954 ein **dinglich Nutzungsberechtigter** vorhanden ist.
- Weder der Eigentümer noch der dinglich Nutzungsberechtigte erwerben, wenn nach § 955 der **gutgläubige Eigenbesitzer** der Mutter- bzw. Hauptsache erwirbt.
- Weder der Eigentümer, der Nutzungsberechtigte noch der gutgläubige Eigenbesitzer erlangen das Eigentum, wenn nach § 956 ein **schuldrechtlich Aneignungsberechtigter vorhanden** ist. Dieser erwirbt auch dann Eigentum, wenn er sein Recht gutgläubig von einem Nichtberechtigten herleitet (§ 957).

---

395 BGHZ 40, 272, 280; Erman/Ebbing § 951 Rn. 18.

396 Grüneberg/Herrler § 951 Rn. 24; BeckOK/Kindl § 951 Rn. 26; MünchKomm/Füller § 951 Rn. 40; Staudinger/Thole § 951 Rn. 67; Baur/Stürner § 53 Rn. 36.

397 Baur/Stürner § 53 Rn. 36.

398 HK/Eckert § 953 Rn. 1.

399 MünchKomm/Stresemann § 93 Rn. 2.

Eigentumserwerb an Erzeugnissen und Bestandteilen, §§ 953 ff.

Der Erwerb getrennter Erzeugnisse und Bestandteile richtet sich nach einem **„Schachtelprinzip"** ***von innen nach außen:***

- **§ 956 (§ 957):** Eigentumserwerb durch **Aneignungsgestattung**
- **§ 955:** Eigentumserwerb an den **Früchten** der Sache durch den **gutgläubigen Eigen- oder Nutzungsbesitzer**
- **§ 954:** Eigentumserwerb durch **dinglich Nutzungsberechtigten**
- **§ 953:** Eigentumserwerb durch **Eigentümer** der Mutter- bzw. Hauptsache

A. Eigentumserwerb durch Gestattung der Aneignung, § 956

Der Nutzungsberechtigte kann einem Dritten gestatten, sich Erzeugnisse oder sonstige Bestandteile anzueignen. Unter folgenden Voraussetzungen erwirbt der Dritte Eigentum: 290

- Es muss eine **schuldrechtliche Aneignungsberechtigung** (Gestattung) bestehen.

  Umstritten ist die Rechtsnatur der Aneignungsgestattung:

  - Nach der sog. **Aneignungstheorie**[400] ist die Gestattung ein einseitiges Rechtsgeschäft, das durch empfangsbedürftige Willenserklärung, §§ 104 ff., zustande kommt. Der Gestattende verfügt hiernach nicht antizipiert über künftige Sachen, sondern über sein eigenes Fruchtziehungsrecht.
  - Nach der **Übertragungstheorie**[401] muss der Erwerber künftiger Sachen das in der Gestattung enthaltene Übereignungsangebot annehmen, was in der Regel konkludent durch Besitzergreifung geschieht.[402] § 956 enthält demnach nur eine Sonderregelung gegenüber den §§ 929 ff. für die rechtsgeschäftliche Übereignung künftiger Sachen.

- Es muss zu einer **Trennung** der Erzeugnisse oder sonstigen Bestandteile von der Muttersache kommen.
- Der Erwerber muss im **Besitz der Muttersache** sein oder den **Besitz an den Erzeugnissen bzw. sonstigen Bestandteilen ergreifen**.
- Der Gestattende muss **Berechtigter**, also entweder Eigentümer der Muttersache oder künftiger Eigentümer der Erzeugnisse und sonstigen Bestandteile sein.
- Ist der Gestattende **Nichtberechtigter**, kann der vermeintlich Aneignungsberechtigte gutgläubig gemäß **§ 957** erwerben.

B. Eigentumserwerb an Früchten durch den Eigen- und Nutzungsbesitzer, § 955

Der Eigentumserwerb nach § 955 an den Früchten geht einem Erwerb nach § 953 oder § 954 vor. Unter den Fruchterwerb gemäß § 955 fallen einmal die Erzeugnisse, zum anderen solche weiteren Bestandteile, die zu den Früchten der Sache (§ 99) gehören, ins- 291

400 Baur/Stürner § 53 Rn. 57; Erman/Ebbing § 956 Rn. 3; so auch Staudinger/Thole § 956 Rn. 11 ff., der jedoch die Gestattung als zweiseitiges Rechtsgeschäft ansieht.

401 RGZ 78, 35, 36; Grüneberg/Herrler § 956 Rn. 2.

402 A.A. Wieling § 11 III 4a, wonach die Annahme bereits konkludent anlässlich der Gestattung erfolgen soll.

gesamt also alle Gegenstände, die aus der Sache bestimmungsgemäß gewonnen werden, wie z.B. Kies, Steine und Erde aus ordnungsgemäß ausgebeuteten Lagerstätten.[403]

292 Der **berechtigte Eigenbesitzer** der Muttersache erwirbt – ebenso wie der Nutzungsberechtigte (§ 955 Abs. 2) – gemäß § 955 Abs. 1 S. 1 das Eigentum an den Sachfrüchten mit der Trennung.

Beispiel: Bei einer Grundstücksveräußerung ist die Auflassung erfolgt und das Grundstück bereits übergeben worden. Es ist aber aus formellen Gründen noch nicht zur Eintragung im Grundbuch gekommen. Hier fallen das Eigentum an der Muttersache und die Berechtigung, die Muttersache als eigene zu besitzen, auseinander. Nach § 955 erwirbt der berechtigte Besitzer der Muttersache bereits vor seiner Eintragung als Grundstückseigentümer die Früchte des Grundstücks.

293 Der **unrechtmäßige gutgläubige Eigenbesitzer** erwirbt gemäß § 955 Abs. 1 S. 2 das Eigentum an den Früchten mit der Trennung. Das Gleiche gilt für den unrechtmäßigen gutgläubigen Nutzungsberechtigten (§ 955 Abs. 2). Voraussetzung des Fruchterwerbs sind also die **Gutgläubigkeit** und der **Eigen- oder Nutzungsbesitz** an der Muttersache im Zeitpunkt der Trennung – Ausnahme §§ 955 Abs. 3, 940 Abs. 2. Der gute Glaube muss sich auf das entstehende Erwerbsrecht, also auf das eigene Eigentum an der Muttersache, oder auf das dingliche Fruchtziehungsrecht beziehen.[404] Nach überwiegender Auffassung erwirbt der redliche Besitzer der Muttersache an den Früchten auch dann das Eigentum gemäß § 955, wenn die Muttersache **abhandengekommen** ist; § 935 ist also nicht entsprechend anwendbar (s. Beispiel unten).[405] Andernfalls würde die Wertung des § 993 Abs. 1 Hs. 2, nach dem der gutgläubige und unverklagte Besitzer gezogene Früchte grundsätzlich behalten darf, unterlaufen werden.

294 In § 955 ist nur die **dingliche Zuordnung** geregelt. Ob der Besitzer die getrennten Früchte endgültig behalten darf, richtet sich nach den allgemeinen Regeln, vor allem nach den §§ 987 ff.

Beispiel: K hat von D auf dem Markt eine hochtragende Kuh erworben, die D einen Tag zuvor von der Weide des Bauern E gestohlen hatte. Nach der Geburt des Kalbes meldet sich E und verlangt von K die Kuh und das Kalb heraus.

I. E kann vom Besitzer K gemäß § 985 die Kuh herausverlangen. E ist wegen § 935 Eigentümer der Kuh geblieben.
II. Ein Anspruch auf Herausgabe des Kalbes gemäß § 985 besteht nicht, weil der gutgläubige Eigenbesitzer K trotz Abhandenkommens der Kuh gemäß § 955 das Eigentum an dem Kalb erworben hat.
III. K ist auch aus gesetzlichem Schuldverhältnis gegenüber E nicht zur Herausgabe verpflichtet. Es kommt weder ein Anspruch aus §§ 989, 990 – mangels Bösgläubigkeit – noch ein Anspruch aus § 988 in Betracht, weil K die Muttersache entgeltlich erworben hat. Ein Herausgabeanspruch gemäß §§ 992, 823, 249 scheitert daran, dass sich K die Muttersache weder durch verbotene Eigenmacht noch durch eine Straftat verschafft hat.

C. Eigentumserwerb durch Hauptsacheeigentümer oder dinglich Nutzungsberechtigten, §§ 953, 954

295 Der **Eigentümer** der Mutter- bzw. Hauptsache oder der **dinglich Nutzungsberechtigte** erwerben gemäß § 953 oder § 954 das Eigentum an den Erzeugnissen und Bestand-

403 Grüneberg/Herrler § 955 Rn. 1.
404 Baur/Stürner § 53 Rn. 51.
405 Staudinger/Thole § 955 Rn. 9; differenzierend bzgl. Früchten und Bestandteilen: Grüneberg/Herrler § 955 Rn. 4.

teilen mit der **Trennung**. Es kommt nicht darauf an, wer die Trennung vorgenommen hat, wie sie im Einzelnen erfolgt oder warum sie geschehen ist. Auch ist die Besitzergreifung an den getrennten Erzeugnissen und Bestandteilen nicht notwendig.

Beispiel 1: Hühner des Bauern A finden ein Loch im Zaun und legen in der Scheune des Nachbarn B 20 Eier.

Beispiel 2: Die hochtragende Kuh des Nießbrauchsberechtigten N (§§ 1030 ff.) wird von der Weide gestohlen. Beim Dieb D wird das Kalb geboren.

A als Eigentümer und N als dinglich Nutzungsberechtigter der Muttersache werden Eigentümer der getrennten Erzeugnisse – der Eier bzw. des Kalbes –, da ein Berechtigter gemäß §§ 955–957 nicht vorhanden ist.

Die Vorschrift des § 953 greift ausnahmsweise nicht ein, wenn Früchte von einem Baum oder einem Strauch auf ein Nachbargrundstück hinüberfallen. Sie gelten dann als Früchte des Grundstücks, auf das sie fallen, § 911.

Fall 15: Apfelernte

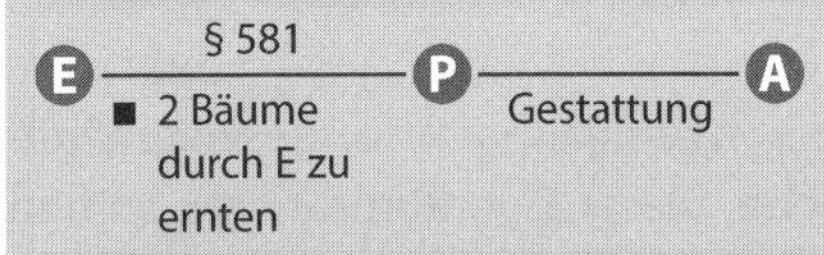

E hat P einen Garten mit der Abrede verpachtet, dass er – E – weiterhin befugt sei, im Herbst zwei bestimmte Apfelbäume abzuernten. Kurz bevor E die Bäume abernten will, werden die Äpfel von A, dem P dies gestattet hat, gepflückt und mitgenommen. A war bekannt, dass P den Garten von E gepachtet hat. Er wusste aber nicht, dass E sich das Abernten der Bäume vorbehalten hatte.

E kann von A **gemäß § 985** die **Herausgabe der Äpfel** verlangen, wenn er Eigentümer **296**
ist.

E kann das Eigentum an den Äpfeln gemäß § 953 mit der Trennung erworben haben, falls diese Bestimmung nicht durch die §§ 954 ff. ausgeschlossen ist. Da A gestattet worden ist, die Äpfel zu pflücken, könnten zu seinen Gunsten die Vorschriften der §§ 956 oder 957 eingreifen.

I. § 956 kommt nicht zur Anwendung, denn § 956 setzt die Gestattung durch den Nutzungsberechtigten voraus. P war jedoch hinsichtlich der beiden Bäume, die A abgeerntet hat, nicht nutzungsberechtigt.

II. Nach § 957 wird der gute Glaube des Gestattungsempfängers an das in Wahrheit nicht bestehende Erwerbsrecht des Gestattenden geschützt.

1. Es muss eine Aneignungsgestattung vorliegen, d.h., es müssen alle Tatbestandsvoraussetzungen einer Aneignungsgestattung gegeben sein. Der Mangel darf sich nur darauf beziehen, dass der Gestattende „nicht Rechtsinhaber" ist. Es ist also immer zu prüfen: Läge eine wirksame Aneignungsgestattung gemäß § 956 vor, wenn der Gestattende Fruchtziehungsberechtigter i.S.d. § 956 gewesen wäre? Diese Frage ist hier zu bejahen.

2. Der Gestattende muss Besitzer der Muttersache oder Teilbesitzer der ungetrennten Erzeugnisse oder sonstigen Bestandteile gewesen sein. Zwar ist dieses Erfordernis im

§ 957 nicht enthalten, doch jeder gutgläubige Erwerb ist Folge eines Rechtsscheins. Daher ist entgegen dem Wortlaut des § 957 Besitz des Gestattenden als Vertrauensgrundlage erforderlich.[406]

P war im Besitz der Muttersache – des Grundstücks.

3. Der Gestattungsempfänger muss im guten Glauben gewesen sein, d.h. er muss ohne grobe Fahrlässigkeit angenommen haben, dass der Gestattende berechtigt sei, auf ihn das Aneignungsrecht zu übertragen. Auch diese Voraussetzung ist hier erfüllt; mit dem Fortbestehen des Aneignungsrechts des Eigentümers musste A nicht rechnen.

Ein Herausgabeanspruch des E nach § 985 besteht nicht.

---

3. Abschnitt: Ersitzung, Aneignung und Fund (§§ 937 ff., 958 ff., 965 ff.)

A. Ersitzung gemäß §§ 937 ff.

297 Die Ersitzung ist der originäre Eigentumserwerb durch zehnjährigen, fortgesetzten gutgläubigen Eigenbesitz an einer **beweglichen Sache**. Dieser Eigentumserwerb kommt insbesondere dann in Betracht, wenn der rechtsgeschäftliche Eigentumserwerb gemäß §§ 104 ff. wegen Nichtigkeit der Einigung oder gemäß § 935 wegen des Abhandenkommens der Sache gescheitert ist.

298 Die **Voraussetzungen** der Ersitzung:

- **Gutgläubiger Eigenbesitz** des Ersitzenden. Er muss die Sache als ihm gehörend besitzen (§ 872) und in Bezug auf sein vermeintliches Eigentum gutgläubig sein.[407] Der verklagte Besitzer trägt allerdings nur die Beweislast für den Eigenbesitz sowie den Zeitablauf. Der fehlende gute Glaube des verklagten Besitzers ist vom früheren Besitzer dazulegen und zu beweisen.[408]

  Hinweis: *Die Beweislastverteilung folgt aus der Formulierung „die Ersitzung ist ausgeschlossen, wenn (…)" in § BGB § 937 Abs. 2.*

- **Zehnjähriger** ununterbrochener Eigenbesitz. Nur unter den Voraussetzungen des § 943 kann eine Anrechnung der Ersitzungszeit des Vorbesitzers erfolgen. Die Voraussetzungen einer Fristenhemmung und -unterbrechung sind in den §§ 939–941 bestimmt.

299 Die **Rechtsfolgen** der Ersitzung:

Der Ersitzende erlangt das **Eigentum**. Es handelt sich um einen originären Eigentumserwerb, der z.B. auch an gestohlenen Sachen stattfindet. Früher war sehr umstritten, ob die Ersitzung schuldrechtliche Ansprüche des ursprünglichen Berechtigten gegenüber

406 RGZ 108, 269, 271; Baur/Stürner § 53 Rn. 66; Erman/Ebbing § 957 Rn. 2; Staudinger/Thole § 957 Rn. 3.

407 Übungsfall zur Gutgläubigkeit des Erben: Finkenauer JuS 2009, 934; zu den Sorgfaltsanforderungen bei der Ersitzung eines wertvollen Gemäldes: OLG Celle RÜ 2010, 685 ff.

408 BGH RÜ 2020, 16.

dem Ersitzenden aus Vertrag ausschließt und ob die Ersitzung zugleich auch Rechtsgrund i.S.d. § 812 war, sodass auch keine Bereicherungsansprüche mehr bestanden.[409] Diese Frage hat heute aber kaum noch praktische Relevanz: Derartige Ansprüche verjähren gemäß § 199 Abs. 4 spätestens nach zehn Jahren, sodass mit Ablauf der Ersitzungszeit etwaige Rückgewähransprüche jedenfalls verjährt sind.[410]

Dies gilt auch für Schuldverhältnisse, die vor dem 01.01.2002 entstanden sind. Nach der Überleitungsvorschrift des Art. 229 § 6 Abs. 4 EGBGB beginnt die Frist am 01.01.2002.

Die Ersitzung nach § 937 findet nur an beweglichen Sachen statt. Bei Grundstücken kommt eine Buchersitzung nach § 900 in Betracht. Die Buchersitzung setzt keine Gutgläubigkeit des Ersitzers voraus; die Ersitzungszeit beträgt dafür jedoch 30 Jahre.

B. Aneignung gemäß §§ 958 ff.

Sachen, die herrenlos sind oder herrenlos werden, können durch Aneignung zu Eigentum erworben werden. Ein freies Aneignungsrecht besteht jedoch nur, wenn nicht ein Dritter aneignungsberechtigt und die Aneignung nicht gesetzlich ausgeschlossen ist. **300**

Die **Voraussetzungen** der Aneignung: **301**

- Die Sache muss **herrenlos** sein. Das ist sie, wenn bisher noch kein Eigentum an der Sache bestanden hat (z.B. bei wilden Tieren) oder vorhandenes Eigentum durch **Dereliktion** gemäß § 959 aufgegeben worden ist oder wenn gemäß § 960 Abs. 2 u. 3 der Eigentümer an gefangenen wilden Tieren unfreiwillig den Besitz verliert.
- Der Aneignende muss **Eigenbesitz begründen**, also die Sache als eigene besitzen.
- Der Eigentumserwerb ist **ausgeschlossen**, wenn das Aneignungsrecht eines Dritten nach den Regeln des Pacht-, Fischerei- oder Bergrechts besteht oder die Aneignung aufgrund des Naturschutzgesetzes gesetzlich verboten ist (§ 958 Abs. 2).

Für die Dereliktion einer beweglichen Sache sieht § 959 vor, dass der Eigentümer in der Absicht, auf das Eigentum zu verzichten, den Besitz an der Sache aufgeben muss. Anerkannt ist, dass eine Dereliktion einen dahin gehenden **rechtsgeschäftlichen Willen** auf das Eigentum zu verzichten erfordert (sog. Entschlagungswille). **302**

Insoweit wird diskutiert, ob das Stellen von Abfall an die Straße am Tag der kommunalen Müllabfuhr eine unwiderrufliche Dereliktion, eine widerrufliche Aneignungsgestattung oder sogar ein Übereignungsangebot i.S.d. § 929 S. 1 darstellt.[411]

Eine Dereliktion kann auch nichtig sein, z.B. bei Verstoß gegen das Tierschutzgesetz.[412]

Ein entsprechender **Entschlagungswille** muss in jedem Fall bei allen Miteigentümern, z.B. bei allen Mitgliedern einer Bruchteilsgemeinschaft, vorliegen.[413]

---

409 Nachweise bei Grüneberg/Herrler Vor § 937 Rn. 2.

410 BeckOK/Kindl § 937 Rn. 9.

411 BGH RÜ 2016, 86 ff.

412 BVerwG RÜ 2018, 663.

413 So im Kronkorken-Fall: LG Arnsberg RÜ 2017, 276.

C. Fund gemäß §§ 965 ff.

303 Dem Finder einer Sache fällt nach gewisser Zeit das Eigentum an der gefundenen Sache zu (originärer Eigentumserwerb). Bis zu diesem Zeitpunkt legt das Gesetz dem Finder im Interesse des Verlierers Pflichten auf, die denen aus einer GoA entsprechen (§§ 677 ff.). Es besteht vom Auffinden der Sache bis zum Eigentumserwerb ein gesetzliches Schuldverhältnis. Sonderregeln gelten für den Verkehrsfund und den Schatzfund.

304 Die **Voraussetzungen** des Eigentumserwerbs durch Fund:

- Die Sache muss **verloren** sein. Verloren ist die Sache, die besitzlos, aber nicht herrenlos ist.[414]

  Beispiel: E verliert im Supermarkt des S einen 500 €-Schein. Nach Geschäftsschluss findet die Putzfrau diesen Schein, für dessen Fund sie den üblichen Finderlohn verlangt.

  Da der 500 €-Schein nicht besitzlos war, scheidet ein Fund i.S.d. § 965 aus. Nach der Rspr. und einem Teil der Lit. erwirbt der Geschäftsinhaber des Supermarktes an den im Geschäft verloren gegangenen Sachen den Besitz. Auch die verloren gegangenen Sachen befinden sich im Herrschaftsbereich des S, den Dritte respektieren und auf den sich der allgemeine Beherrschungswille erstreckt.[415]

- Der Finder muss die verlorene Sache an sich nehmen. Es kommt nicht auf das Entdecken des verlorenen Gegenstands an, sondern allein auf das **Ansichnehmen**, das Erlangen des unmittelbaren Besitzes.

  Das Ansichnehmen ist wie die Besitzergreifung kein Rechtsgeschäft, sondern Realakt. An Sachen, die der Besitzdiener im Rahmen des sozialen Abhängigkeitsverhältnisses an sich nimmt, erlangt der Geschäftsherr den Besitz.[416]

- Der Eigentumserwerb tritt gemäß § 973 Abs. 1 S. 1 mit Ablauf von **sechs Monaten** nach der Anzeige des Fundes bei der zuständigen Behörde ein, es sei denn, dass vorher ein Empfangsberechtigter dem Finder bekannt geworden ist oder sein Recht bei der zuständigen Behörde angemeldet hat.

- Wer das Eigentum nach § 973 verloren hat, kann von dem Finder die Herausgabe nach den bereicherungsrechtlichen Vorschriften fordern (§ 977 S. 1). Der Anspruch erlischt in der Regel **drei Jahre** nach dem Übergang des Eigentums (§ 977 S. 2).

  Der Eigentumserwerb ist originär, wobei es gleichgültig ist, ob der Verlierer auch Eigentümer der Sache war. Beschränkt dingliche Rechte an der Sache erlöschen.

Die **Sonderregeln** für den Fund:

305 Werden Sachen in den Räumen einer **Behörde**, in Beförderungsmitteln einer Behörde oder in den dem öffentlichen **Verkehr** dienenden Verkehrsmitteln gefunden, sind diese Sachen bei der Behörde bzw. bei der Verkehrsanstalt abzuliefern, § 978 Abs. 1. Einen Finderlohn erhält der Finder nur, wenn die gefundene Sache mindestens 50 € wert ist, § 978 Abs. 2.

---

414 Grüneberg/Herrler Vor § 965 Rn. 1.

415 BGHZ 101, 186, 188 ff.

416 BGHZ 8, 130 ff. für Platzanweiserin im Kino. Dabei hat der BGH ausdrücklich offen gelassen, ob nicht der Inhaber des Theaters ohnehin schon Besitz hatte, bevor die Angestellte den von der Besucherin verlorenen Ring an sich nahm.

Der **Schatzfund** ist in § 984 geregelt. Danach ist ein Schatz „eine Sache, die so lange verborgen gelegen hat, dass der Eigentümer nicht mehr zu ermitteln ist". Wird der Schatz entdeckt und infolge der Entdeckung in Besitz genommen, fällt das Eigentum an dem Schatz kraft Gesetzes je zur Hälfte an den Entdecker und an den Eigentümer der Sache, in der der Schatz verborgen war. Als Entdecker ist dabei derjenige anzusehen, der die Sache wahrnimmt. Geschieht dieses im Rahmen eines Arbeitsverhältnisses zufällig – also nicht bei gezielter Schatzsuche –, ist der Arbeitnehmer als Entdecker anzusehen und nicht etwa der Arbeitgeber.[417] **306**

Beispiel: Der Baggerführer F des Abbruchunternehmens A entdeckt bei Abbrucharbeiten eines Hauses eine Kiste wertvoller Münzen.

F und nicht A ist Entdecker.

Wird allerdings bei Tiefbauarbeiten in einem historischen Stadtkern unter archäologischer und denkmalpflegerischer Aufsicht ein Schatz entdeckt, ist der ausgrabende Baggerführer nicht Entdecker.[418]

4. Abschnitt: Eigentumserwerb kraft Hoheitsakts

- Wenn ein Gläubiger gegen seinen Schuldner einen **vollstreckbaren Titel** erwirkt hat, kann er in das gesamte Vermögen des Schuldners vollstrecken. **307**

  Er kann die beweglichen Sachen durch den Gerichtsvollzieher pfänden und verwerten lassen. Im Rahmen der Verwertung überträgt der Gerichtsvollzieher kraft Hoheitsakts das Eigentum an der Sache an den Meistbietenden[419] – Ablieferung nach § 817 Abs. 2 ZPO.

  Dazu im Einzelnen AS-Skript ZPO (2022).

- Im **Zwangsversteigerungsverfahren** über Grundstücke erwirbt der Ersteher mit dem Zuschlag gemäß § 90 Abs. 1 ZVG das Eigentum an dem versteigerten Grundstück einschließlich der wesentlichen Bestandteile kraft Hoheitsakts. Mit dem Eigentum am Grundstück erwirbt er auch das Eigentum an den beweglichen Sachen, auf die sich die Versteigerung erstreckt, §§ 90 Abs. 2, 55 ZVG.

  - Gemäß § 55 Abs. 1 ZVG erstreckt sich die Versteigerung auf die beschlagnahmten Gegenstände. Dies sind gemäß § 20 Abs. 2 ZVG auch diejenigen Gegenstände, die in den Haftungsverband der Hypothek nach § 1120 fallen, also unter anderem auch das Zubehör, welches im Eigentum des Grundstückseigentümers steht.

  - Gemäß § 55 Abs. 2 ZVG erstreckt sich die Versteigerung allerdings auch auf Zubehörstücke, die im Eigentum eines Dritten stehen, soweit sie im Besitz des Schuldners standen und der Dritte sein Recht nicht nach § 37 Nr. 5 ZVG geltend macht.

  Dazu im Einzelnen AS-Skripten ZPO (2022), Rn. 484 ff. und Sachenrecht 2 (2024), Rn. 147 ff.

---

417 BGHZ 103, 101, 107; Thole JZ 1991, 496, 502, 503.

418 OLG Nürnberg OLG-Report 1999, 325 ff.

419 BGH WM 1992, 1626.

Eigentumserwerb kraft Gesetzes

Grundstücksverbindung, § 946

Bestandteil

Ein Bestandteil ist Teil einer einheitlichen Sache; maßgebend ist die Verkehrsauffassung, unerheblich ist die Art und Weise der Verbindung.

- Kann Gegenstand besonderer Rechte sein. Der Verpflichtungsvertrag kann durch Übereignung gemäß §§ 929 ff. erfüllt werden.
- Fehlt eine Einigung, wird analog § 926 Abs. 1 S. 2 der Eigentumsübertragungswille vermutet.
- Gehört der Bestandteil nicht dem Eigentümer der Sache, ist gemäß § 926 Abs. 2 ein Erwerb vom Nichtberechtigten gemäß §§ 932 ff. möglich.

Wesentlicher Bestandteil, §§ 93, 94

Ein (einfacher) Bestandteil wird zum wesentlichen Bestandteil gemäß

- **§ 93,** wenn
  - die eine oder andere Sache durch die Trennung **zerstört** wird,
  - eine **Wesensänderung** eintritt, d.h. die eine oder andere Sache nach der Trennung nicht mehr wie vor der Zusammenfügung verwendet werden kann.
- **§ 94 Abs. 1**, wenn
  - der Bestandteil mit dem Grund und Boden fest verbunden ist,
  - es sich um Erzeugnisse handelt, soweit sie mit dem Grund und Boden verbunden sind.
- **§ 94 Abs. 2**
  - Die Sache – der Bestandteil – ist zur Herstellung des Gebäudes eingefügt worden.
  - Es ist der besondere Charakter des Gebäudes zu berücksichtigen.
- Nach § 93 können wesentliche Bestandteile **nicht Gegenstand besonderer Rechte sein.** Sie können also nicht selbstständig übereignet werden.
- Doch können über die nach der Trennung entstehenden Sachen wirksame – künftige – Verpflichtungsverträge abgeschlossen werden, und nach der Trennung kann die Übereignung nach §§ 929 ff. erfolgen.

Scheinbestandteil, § 95

Keine (wesentlichen) Bestandteile sind:

- Sachen, die nur zu einem **vorübergehenden Zweck** eingefügt worden sind
  - vom Eigentümer des Grundstücks oder
  - vom – vertraglichen oder dinglichen – **Nutzungsberechtigten** – Mieter, Pächter, Nießbraucher
- Maßgebend ist der Wille des Einfügenden im Zeitpunkt der Einfügung nur dann, wenn dieser Wille mit dem nach außen in Erscheinung tretenden Sachverhalt vereinbar ist.
  - Ist im Nutzungsvertrag bestimmt, dass der Eigentümer nach Ablauf des Vertrags die Gebäude übernimmt, ist im Zeitpunkt der Einfügung davon auszugehen, dass diese auf Dauer erfolgt.
  - Das Gleiche gilt, wenn dem Grundeigentümer ein Wahlrecht eingeräumt worden ist, das Gebäude zu übernehmen oder die Entfernung zu verlangen.
- Die Scheinbestandteile werden nicht allein dadurch zu wesentlichen Bestandteilen, dass der Eigentümer **nachträglich** und **einseitig** eine – nach außen nicht erkennbare – Zweckänderung vornimmt.
- Es gelten die Regeln über bewegliche Sachen, also nicht § 311c und § 926.

Verbindung beweglicher Sachen, § 947

- Bei Verbindung **mehrerer beweglicher Sachen zu wesentlichen Bestandteilen einer einheitlichen Sache** erwerben die bisherigen Eigentümer Miteigentum an der einheitlichen Sache.
- Die **Miteigentumsanteile** bestimmen sich nach dem **Wertverhältnis** der einzelnen Sachen.
- Ist eine der Sachen **Hauptsache**, erwirbt ihr Eigentümer das Alleineigentum, § 947 Abs. 2.

Vermischung, Vermengung, § 948

- Untrennbare **Vermischung** (Flüssigkeiten) oder **Vermengung** (feste Sachen)
- Untrennbarkeit: Sachen sind **unlösbar, ununterscheidbar** oder eine Trennung wäre mit unverhältnismäßigen Kosten verbunden, § 948 Abs. 2.
- Bei Untrennbarkeit gilt § 947 entsprechend, d.h. Eigentümer erlangen **Miteigentum nach Bruchteilen** entsprechend ihrer Mengen, es sei denn, eine Sache ist (mengenmäßig) **Hauptsache**.
- Umstritten ist die Behandlung von **Geld**:
  - Nach h.M. sind die §§ 947, 948 auf Geld anwendbar, sodass bei Vermengung **Miteigentum am Gesamtbetrag** entsteht.
  - Nach der sog. **Geldwerttheorie** kann **Herausgabe** eines entsprechenden Geldbetrags gemäß § 985 trotz Vermengung verlangt werden, da nicht der Sachwert der Münzen bzw. Scheine, sondern der dadurch verkörperte Wert maßgeblich sei.

Verarbeitung, § 950

- Bei Herstellung einer neuen Sache aus einem fremden Stoff erwirbt der Hersteller das Eigentum an der neuen Sache.
- Voraussetzungen des Eigentumserwerbs:
  - Herstellung einer **neuen Sache** (Ermittlung nach der Verkehrsanschauung unter Berücksichtigung wirtschaftlicher Kriterien)
  - Verarbeitender muss **Hersteller** sein
    - Hersteller ist, wem die Herstellung nach der Verkehrsanschauung objektiv zuzurechnen ist.
    - Nach h.Lit. ist der **Herstellerbegriff** in § 950 **nicht dispositiv**, nach der Rspr. sind vertragliche Vereinbarungen über die Herstellereigenschaft möglich. In der Herstellerklausel liegt aber jedenfalls die konkludente Rückübertragung der hergestellten Sache durch antizipierte Einigung und antizipiertes Besitzkonstitut. Auf die Wirksamkeit einer Herstellerklausel kommt es also nur an, wenn ein Durchgangserwerb zu einer Belastung der neuen Sache (z.B. mit einem Pfandrecht) führen würde.
  - **Verarbeitungswert** nicht **erheblich** geringer als **Stoffwert**
    Dabei kommt es nicht etwa auf den Arbeitsaufwand an, sondern auf die Differenz des Wertes der neuen Sache zu dem Wert der verarbeiteten Ausgangsstoffe:

Sachwert der neuen Sache	–	Sachwert aller Ausgangsstoffe = **Stoffwert** (auch derjenigen, die dem Hersteller gehörten)	=	**Verarbeitungswert**

    Erheblich geringer ist der **Verarbeitungswert**, wenn er nur **60 % des Stoffwerts** beträgt (Grund: Schutz des Verarbeitenden. Auch wenn der Wert der Verarbeitung niedriger ist als der Stoffwert, erwirbt der Verarbeitende Eigentum. Erst wenn der Verarbeitungswert **erheblich** geringer ist, bleibt es bei der bisherigen Eigentumssituation.).

Trennung von Erzeugnissen und Bestandteilen, §§ 953 ff.

- **§ 956 (§ 957):** Eigentumserwerb durch Aneignungsgestattung
- **§ 955:** Eigentumserwerb an den Früchten der Sache durch den gutgläubigen Eigen- oder Nutzungsbesitzer
- **§ 954:** Eigentumserwerb durch dinglich Nutzungsberechtigten
- **§ 953:** Eigentumserwerb durch Eigentümer der Mutter- bzw. Hauptsache

Ersitzung beweglicher Sachen, §§ 937 ff.

- **Voraussetzungen**
  - **Gutgläubiger Eigenbesitz** (§ 872) des Ersitzenden.
  - Ununterbrochene Besitzdauer von **zehn Jahren** (gemäß § 943 kann die Ersitzungszeit des Vorbesitzers angerechnet werden).
- **Rechtsfolge**
  Der Ersitzende erlangt das Eigentum.

Aneignung, §§ 958 ff.

- **Herrenlosigkeit der beweglichen Sache**
- **Begründung von Eigenbesitz (§ 872) durch den Aneignenden**
- **Kein Ausschluss des Aneignungsrechts, § 958 Abs. 2**
  - Durch Bestehen eines Aneignungsrechts eines Dritten nach Pacht-, Fischerei- oder Bergrecht
  - Verbot einer Aneignung aufgrund Naturschutzgesetz

Fund, §§ 965 ff.

- **Voraussetzungen**
  - Die Sache muss **verloren** (besitzlos, aber nicht herrenlos) sein.
  - Der Finder muss die Sache an sich nehmen, d.h. **unmittelbaren Besitz begründen** (Entdeckung alleine reicht nicht aus).
  - Der Finder muss den Fund der **zuständigen Behörde anzeigen**.
- **Rechtsfolgen**
  - Gemäß § 973 Abs. 1 S. 1 erlangt der Finder mit Ablauf von sechs Monaten nach Anzeige des Fundes das Eigentum an der Sache, es sei denn, dass vorher ein Empfangsberechtigter dem Finder bekannt geworden ist oder sein Recht bei der zuständigen Behörde angemeldet hat.
  - Sonderregeln gelten gemäß § 984 für den **Schatzfund:** Das Eigentum fällt zur Hälfte an den Entdecker und den Eigentümer der Sache, in der der Schatz verborgen war.

Eigentumserwerb kraft Hoheitsakts

Ablieferung, § 817 Abs. 2 ZPO

- Bei **Zwangsvollstreckung** in das Vermögen eines Schuldners aufgrund eines vollstreckbaren Titels werden **bewegliche Sachen** durch den Gerichtsvollzieher gepfändet und verwertet.
- Im Rahmen der Verwertung überträgt der Gerichtsvollzieher kraft Hoheitsakts das Eigentum an der Sache an den Meistbietenden.

Zuschlag, § 90 ZVG

- Im **Zwangsvollstreckungsverfahren** über **Grundstücke** erwirbt der Ersteher mit dem Zuschlag gemäß § 90 Abs. 1 ZVG das Eigentum.
- Gleichzeitig erwirbt er das Eigentum an den Sachen, auf die sich die Versteigerung erstreckt, § 90 Abs. 2 ZVG.
  - Gemäß § 55 Abs. 1 ZVG erstreckt sich die Versteigerung auf die beschlagnahmten Gegenstände; dies sind gemäß § 20 Abs. 2 ZVG auch diejenigen Gegenstände, die in den Haftungsverband der Hypothek nach § 1120 fallen, also u.a. auch das Zubehör, welches im Eigentum des Grundstückseigentümers steht.
  - Gemäß § 55 Abs. 2 ZVG erstreckt sich die Versteigerung allerdings auch auf Zubehörstücke, die im Eigentum eines Dritten stehen, soweit sie im Besitz des Schuldners standen und der Dritte sein Recht nicht nach § 37 Nr. 5 ZVG geltend macht.

5. Teil: Sicherungseigentum

*Um das Sicherungseigentum und die weiteren Sicherungsmittel zu durchdringen, müssen gewisse **Eckpfeiler im Kreditsicherungsrecht** bekannt sein. Jedes Sicherungsmittel hat zwar seine Besonderheiten. Zunächst müssen Sie sich aber die Grundlagen der jeweiligen Sicherheit erarbeiten, und dies können Sie am besten tun, indem Sie die jeweiligen Sicherheiten miteinander vergleichen und vernetzen. Sie werden Gemeinsamkeiten und Gegensätze erkennen und feststellen, dass es mit den Sicherheiten wie mit Fremdsprachen ist: Je mehr man bereits kennt, umso leichter fällt das Erlernen jeder weiteren.* 308

*Diese **Grundlagen, Gemeinsamkeiten und Gegensätze** werden zusammengefasst dargestellt im AS-Skript Schuldrecht BT 2 (2023), zu Beginn des 9. Teils (Bürgschaft). Die einzelnen Kreditsicherungsmittel sowie die mit ihnen verwandten Institute stellen wir entsprechend ihrer **systematischen Stellung** in folgenden Skripten dar:*

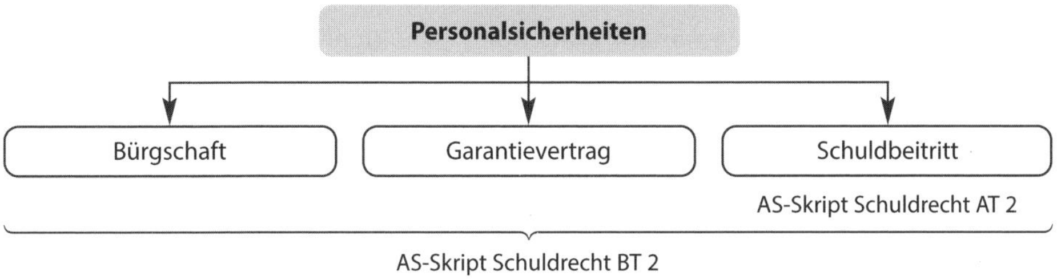

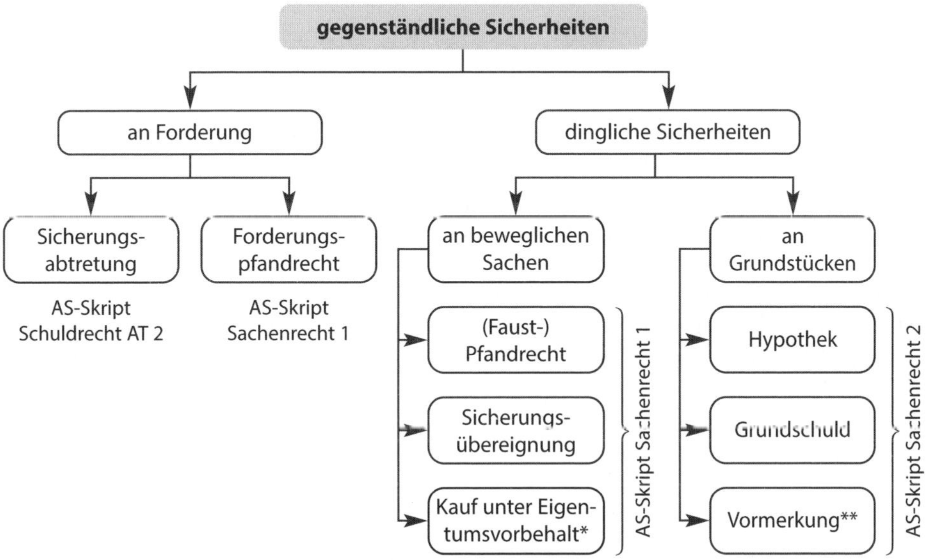

*Der Eigentumsvorbehalt ist im weiteren Sinn eine Sicherheit. Zwar lässt sich der Verkäufer für seinen Anspruch aus § 433 Abs. 2 keine zusätzliche Sicherheit gewähren, aber er bewahrt sich das Eigentum an der verkauften Sache selbst als Sicherheit.

** Die Vormerkung ist keine Sicherheit, die für den Gläubiger wirtschaftlich an die Stelle des ausgefallenen Anspruchs tritt. Sie sichert vielmehr unmittelbar den bedrohten Anspruch rechtlich ab, indem sie seinen Untergang durch Unmöglichkeit gemäß § 275 Abs. 1 verhindert.

309 Wenn der Schuldner einen Kredit in Anspruch nimmt oder fällige Forderungen nicht begleichen kann, drängt der Gläubiger auf die Bestellung von Sicherheiten, damit gewährleistet ist, dass er im Falle der Zahlungsunfähigkeit sein Geld dennoch erhält. Die gesetzliche Regelung zur Sicherung von Forderungen wird den Bedürfnissen der Praxis jedenfalls nicht in vollem Umfang gerecht:

- Die Bestellung einer Hypothek gemäß §§ 1113 ff. oder einer Grundschuld gemäß §§ 1191 ff. zur Sicherung von Forderungen scheitert, wenn der Schuldner über kein **Grundstück** verfügt und ein dritter Grundeigentümer nicht bereit ist, sein Grundstück zu Sicherungszwecken zur Verfügung zu stellen.
- Die Bestellung eines Pfandrechts an beweglichen Sachen gemäß §§ 1204 ff. setzt voraus, dass der Verpfänder den Besitz an seiner Sache verliert. Da aber der Schuldner regelmäßig die Sache weiterhin zweckentsprechend nutzen will, kommt eine **Pfandrechtsbestellung** nicht in Betracht.
- Die Einräumung eines **Personalkredits** durch Schuldbeitritt oder Bürgschaft scheitert in der Praxis häufig daran, dass kein Dritter bereit ist, für fremde Schulden einzustehen.

310 Die **Sicherungsübereignung** trägt den wirtschaftlichen Interessen der Beteiligten Rechnung:

- Der Schuldner übereignet die bewegliche Sache im Regelfall gemäß §§ 929 S. 1, 930, sodass er im unmittelbaren **Besitz** der Sache bleibt und diese wirtschaftlich seinen Interessen gemäß nutzen kann.
- Ist der Schuldner zahlungsunfähig, kann der Gläubiger als Sicherungs**eigentümer** die Sache veräußern und sich aus dem Erlös befriedigen.
- Wird die Forderung des Gläubigers vom Schuldner getilgt, muss das Eigentum auf ihn zurückübertragen werden; im Falle der auflösend bedingten Übertragung des Sicherungseigentums fällt das Eigentum automatisch an den Schuldner zurück.

*Eine andere – im Gesetz ebenfalls nicht ausdrücklich geregelte – Möglichkeit der Sicherheitsleistung ist die **Sicherungsabtretung**, also die sicherungsweise Abtretung von Forderungen. Die Sicherungsabtretung wird in der Praxis ebenfalls der gesetzlich vorgesehenen Verpfändung von Forderungen vorgezogen, da die Verpfändung nach § 1280 dem Schuldner offengelegt werden muss. Zur Sicherungsabtretung AS-Skript Schuldrecht AT 2 (2024), Rn. 370 ff.*

Die Sicherungsübereignung ist als **Rechtsinstitut** in der Praxis allgemein **anerkannt**.

Die früher in der Rechtslehre erhobenen Einwände, das Sicherungseigentum zähle nicht zu den gesetzlich geregelten Sachenrechten und seine Anerkennung als solches verstoße gegen den Grundsatz des numerus clausus der Sachenrechte, werden nicht mehr erhoben: Der Sicherungseigentümer ist Volleigentümer, der schuldrechtlich durch den Sicherungsvertrag gebunden ist.

Bei einer Sicherungsübereignung bestehen folgende **Rechtsverhältnisse**: **311**

Rechtsverhältnisse bei einer Sicherungsübereignung
I. Das **Schuldverhältnis** zwischen Gläubiger und Schuldner, aus dem sich die **zu sichernde Forderung** ergibt (z.B. Darlehen)
II. Die rechtsgeschäftliche **Übertragung des Eigentums** gemäß §§ 929 ff. Im Regelfall überträgt der Schuldner sein Eigentum auf den Gläubiger. Notwendig ist das nicht. Es kann auch ein Dritter sein Eigentum für den Schuldner auf den Gläubiger (Sicherungsnehmer) übertragen.
III. Der schuldrechtliche **Sicherungsvertrag**, der von dem Eigentümer mit dem Gläubiger abgeschlossen und in dem **vereinbart** wird, welche Rechte und Pflichten die Parteien haben. Dieser verknüpft die Übereignung schuldrechtlich mit der zu sichernden Forderung und stellt den Rechtsgrund für die Übereignung dar.

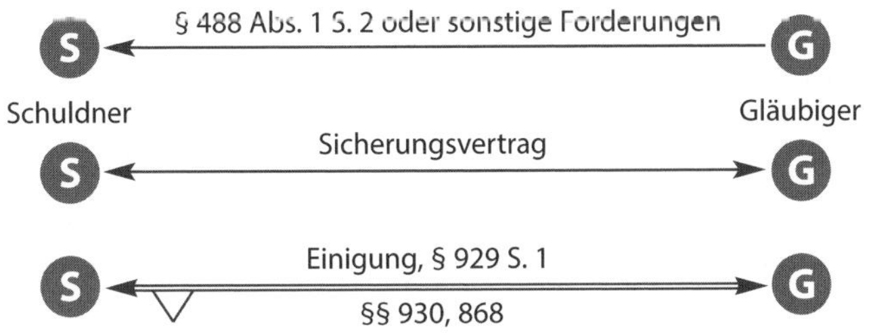

A. Sicherungsübereignung

Die Sicherungsübereignung erfolgt regelmäßig nach §§ 929 S. 1, 930. **312**

- Erforderlich ist eine wirksame **Einigung** über den Eigentumsübergang.
  - Die zur Sicherung übereigneten Sachen bleiben im unmittelbaren Besitz des Sicherungsgebers. Sie müssen von den in seinem Eigentum verbleibenden Sachen unterschieden werden können. Bei der Sicherungsübereignung ist die Wahrung des **Bestimmtheitsgrundsatzes** von besonderer Wichtigkeit.
  - Die Sicherungsübereignung ist grundsätzlich **nicht auflösend bedingt** durch die Erfüllung der gesicherten Forderungen.
  - Auch wenn die Einigung zur Übertragung des Eigentums grundsätzlich wertneutral ist, kann eine Übereignung zur Sicherheit **sittenwidrig** i.S.d. § 138 Abs. 1 wegen Knebelung oder anfänglicher Übersicherung sein.
- Das für eine Übereignung gemäß §§ 929 S. 1, 930 erforderliche **Besitzmittlungsverhältnis** ergibt sich regelmäßig aus dem Sicherungsvertrag.
- Der Sicherungsgeber muss **Berechtigter** sein.

I. Einigung

1. Bestimmtheitsgrundsatz

313 Werden mehrere Sachen, insbesondere künftig noch zu erwerbende Sachen, zur Sicherheit übereignet, kann das Eigentum nur übergehen, wenn allein unter Zugrundelegung der Einigung im Zeitpunkt des Eigentumsübergangs bestimmt werden kann, an welchen Sachen der Eigentumswechsel eintritt. Jeder, der die Vereinbarung kennt, muss in der Lage sein, die zu übereignenden Sachen zu bestimmen.[420]

Es kommen insbesondere nachstehende Sicherungsklauseln in Betracht.

a) Raumsicherung

314 Die Übereignung gemäß §§ 929, 930 ist wirksam, wenn die Parteien einen **Raumsicherungsvertrag** abschließen, d.h., wenn gewollt ist, dass das Eigentum an **allen in einem Raum** befindlichen Sachen übergehen soll.[421]

Beispiel: E übereignet seiner B-Bank zur Sicherung in einem schriftlichen Vertrag alle „im Katalograum" befindlichen Handbücher der Kunst. Da alle Bücher, die sich in dem Katalograum befanden, zur Sicherheit übereignet werden sollten, ist die hinreichende Bestimmtheit gegeben: Die Einigung und das Besitzkonstitut – begründet durch ein Besitzmittlungsverhältnis gemäß § 868 – umfassen die bestimmten Sachen.[422]

Die erfolgte Übereignung an den in einem Raum befindlichen Sachen bleibt wirksam, auch wenn später andere Sachen in den Raum gebracht werden und sich nunmehr nicht mehr allein anhand der Einigung feststellen lässt, an welchen Sachen das Eigentum übergegangen ist.[423]

Abwandlung des Beispielsfalls:
E hat später weitere Kunstbände erworben und diese in dem Katalograum aufgestellt.

Da die Übereignung aller im Zeitpunkt der Einigung in dem Katalograum befindlichen Kunstbände wirksam erfolgt ist, bleibt dieser Eigentumserwerb bestehen. Dass jetzt nicht mehr allein anhand der Einigung festgestellt werden kann, welche der im Raum befindlichen Bücher übereignet worden sind, ändert daran nichts. Es ist zwischen Bestimmtheit und Beweisbarkeit zu unterscheiden. Spätere Ereignisse können eine im Zeitpunkt des Eigentumserwerbs bestehende Bestimmtheit nicht nachträglich unbestimmt machen.

Allerdings muss im Zeitpunkt der Übereignung allein aus der Vereinbarung ersichtlich sein, an welchen Sachen Sicherungseigentum begründet werden soll.

Beispiel: E übereignet seiner B-Bank zur Sicherung in einem schriftlichen Vertrag alle in den Geschäftsräumen befindlichen EDV-Geräte mit Ausnahme der durch ihn selbst benutzten Hardware und der im Kundeneigentum stehenden Geräte. Hier ist nicht alleine anhand der Einigung zu bestimmen, welche Geräte im Eigentum des E stehen bzw. durch ihn selbst benutzt werden, sodass die Vereinbarung zu unbestimmt ist.[424]

Eine Raumsicherung kann auch dergestalt vereinbart werden, dass alle in einem Raum befindlichen und später dorthin verbrachten Sachen übereignet werden sollen.[425]

420 BGH ZIP 2000, 1895, 1886; NJW 1991, 2144, 2146; 1995, 2348, 2350; WM 1992, 398, 399.
421 BGH NJW 1996, 2654, 2655; BGH WM 1992, 398, 399.
422 BGH WM 1992, 398, 399.
423 BGHZ 73, 253, 255.
424 OLG Düsseldorf WM 2012, 1715.
425 BeckOK/Kindl § 930 Rn. 19.

b) Markierungsübereignung

Soll das Eigentum nur an einzelnen Sachen einer **Sachgesamtheit** übertragen werden, ist die Einigung hinreichend bestimmt, wenn die zu übereignenden Sachen gekennzeichnet sind. Dies kann durch **Markierung**[426] von Sachen geschehen (z.B. durch Anbringen von Aufklebern) oder auch durch einen **Markierungsvertrag**,[427] nach dem alle zu übereignenden Sachen unter Angabe individueller Merkmale (z.B. Seriennummern) in ein Verzeichnis aufgenommen werden. 315

c) Übereignung von in einem Inventarverzeichnis aufgeführten Sachen

Möglich ist es auch, die zur Sicherheit übereigneten Sachen durch ein **Inventarverzeichnis** zu konkretisieren. Dieses muss nicht mit dem Sicherungsvertrag zu einer Urkunde verbunden werden, da selbst mündliche und stillschweigende Ergänzungen die Bestimmtheit gewährleisten können. Ausreichend ist, dass über die Einbeziehung der Inventarliste zwischen den Parteien Einigkeit besteht. Die Inventarliste muss allerdings ihrerseits die Gegenstände hinreichend bestimmt bezeichnen.[428] 316

d) Übereignung aller Sachen einer bestimmten Gattung

Nach der Rspr. ist die hinreichende Bestimmtheit der Sicherungsübereignung auch dann gegeben, wenn alle Sachen aus einer Gattung übereignet werden sollen. Nicht ausreichend ist hingegen die Bezugnahme auf ein rechtliches Unterscheidungsmerkmal, z.B. das Eigentum des Übertragenden. Sollen bei einer Übereignung einer Vielzahl von Gegenständen unter einer Sammelbezeichnung solche Gegenstände von der Übereignung ausgenommen werden, die zwar der Sammelbezeichnung unterfallen, aber nicht dem Veräußerer gehören, ist der Bestimmtheitsgrundsatz nicht gewahrt. Ein außenstehender Dritter kann nämlich nicht ohne außervertragliche Erkenntnisquellen (Warenbücher, Rechnungen) bestimmen, welche der Sammelbezeichnung unterfallenden Gegenstände dem Veräußerer gehören 317

Beispiel: V veräußert alle von ihm an Kunden überlassenen Flüssiggastanks an K.

Die hinreichende Bestimmtheit für die Übereignung ist nicht gegeben. Ein Dritter kann, weil die Tanks nicht räumlich zusammengefasst sind, der Gattungsbezeichnung „Flüssiggastanks" allein nicht entnehmen, welche Flüssiggastanks von der Übereignung erfasst werden sollen. Die Überlassung der Flüssiggastanks an Kunden der V ist kein bestimmtes Merkmal, mit dem die zu übereignende Menge der Flüssiggastanks qualitativ beschrieben wird. Für einen Dritten ist nämlich ohne Weiteres weder ersichtlich, ob es sich bei den unmittelbaren Besitzern von Flüssiggastanks um Kunden der V handelt, noch, ob die Tanks von der V überlassen worden sind. Insoweit ist die Vereinbarung vergleichbar mit derjenigen, die ein rechtliches Unterscheidungsmerkmal verwendet, was nicht ausreichend.[429]

426 BGH NJW 1992, 1161, 1162.
427 BGH NJW 1991, 2144, 2146.
428 BGH NJW 2008, 3142 ff.
429 BGH NJW 2023, 1053.

e) Übertragung aller Rechte

318 Überträgt der Eigentümer alle Rechte an seinen Sachen – Anwartschaftsrechte und Eigentum –, die sich in einem bestimmten Raum befinden, dann ist die Einigung hinreichend bestimmt, auch wenn dem Inhalt der Einigung nicht zu entnehmen ist, an welchen Sachen das Anwartschaftsrecht oder das Eigentumsrecht besteht. Anhand der Parteivereinbarung ist festzustellen, welche körperlichen Sachen nunmehr dem Sicherungsnehmer zugeordnet sein sollen, unabhängig davon, ob es sich dabei um das Eigentums- oder Anwartschaftsrecht an den Sachen handelt.

Beispiel: S hat der B-Bank zur Sicherung einer Darlehensforderung die Waren im Lager 1 übereignet und dabei darauf hingewiesen, dass er an einigen Sachen nur ein Anwartschaftsrecht habe.

I. Die Einigung ist bestimmt. Sie bezieht sich auf alle Sachen und alle Rechte, die dem Sicherungsgeber zustehen.
II. Es ist ein wirksames Besitzkonstitut vereinbart: Der Sicherungsvertrag ist ein Rechtsverhältnis i.S.d. § 868. Daraus ergibt sich ein Herausgabeanspruch. B ist mehrstufiger mittelbarer Besitzer an den von S unter Eigentumsvorbehalt erworbenen Sachen:
Der Sicherungsgeber S besitzt als unmittelbarer Besitzer

- aufgrund des Sicherungsvertrags für B und
- aufgrund des Eigentumsvorbehaltskaufs für den Vorbehaltsverkäufer und Eigentümer.[430]

III. Die Gegenstände, deren Eigentümer S war, sind zur Sicherheit an die B-Bank übertragen worden. Soweit er nur Anwartschaftsberechtigter war, ist nur das Anwartschaftsrecht zur Sicherheit übergegangen.

f) Keine Bestimmtheit bei bloßer Mengen- und Wertangabe

319 Die bloße mengen- oder wertmäßige Bezeichnung des Sicherungsguts reicht für die Übereignung selbst dann nicht aus, wenn die Parteien ausdrücklich den Eigentumsübergang wollen.

Beispiel 1: Das Warenlager des A hat einen Bestand im Wert von 80.000 €. Zwischen A und B wird schriftlich vereinbart, dass zur Sicherung des Darlehens Sachen im Wert von 20.000 € übereignet werden.

Beispiel 2: V hat in einem Getreidesilo 500 Tonnen Weizen eingelagert. Er übereignet dem B fünf Tonnen zur Sicherheit.

In beiden Fällen ist keine Übereignung erfolgt, weil allein anhand der Einigung nicht festgestellt werden kann, an welchen bestimmten Sachen das Eigentum übergehen soll.

Um den Eigentumsübergang zu bewirken, hätte entweder eine Übergabe vorgenommen werden müssen mit der Folge, dass der Veräußerer den Besitz an den bestimmten Sachen verliert, oder die Parteien hätten ein wirksames Übergabesurrogat vereinbaren müssen. Dazu hätten sie eine Absonderung oder Markierung vereinbaren und vornehmen müssen.

2. Grundsätzlich keine auflösend bedingte Sicherungsübereignung

320 Zwar können die Parteien vereinbaren, dass die Einigung aufschiebend bedingt vom Entstehen der Forderung und auflösend bedingt vom Erlöschen der Forderung sein soll. Doch in den Fällen, in denen mehrere Forderungen, insbesondere künftige Forderungen, gesichert werden, haben die Parteien nicht den Willen, dass mit der Tilgung einer Forderung ein entsprechender Teil des Eigentums an den Sicherungsgeber zurückfallen soll, sodass eine bedingte Einigung nur in den Fällen in Betracht kommt, in denen bestimmte, bereits entstandene Forderungen gesichert werden sollen.

430 BGHZ 28, 16, 27 f.

Allein die Abrede, dass die Übereignung zur Sicherung von Forderungen erfolgt, reicht für die Annahme einer bedingten Übereignung nicht aus. Die bedingte Übereignung muss ausdrücklich vereinbart werden.[431]

3. Nichtigkeit der Einigung nach § 138 Abs. 1

Der Inhalt der sachenrechtlichen Einigung erschöpft sich darin, das Eigentum zu über- **321**
tragen. Die Einigung ist wertneutral und kann grundsätzlich nicht gemäß § 138 Abs. 1 nichtig sein. Auch die Sittenwidrigkeit des schuldrechtlichen Grundgeschäfts erfasst in aller Regel nicht das abstrakte Verfügungsgeschäft, nämlich die Übereignung. Anders ist es, wenn die Sittenwidrigkeit gerade im Vollzug der Leistung liegt.[432] Es ist daher umstritten, ob eine Sittenwidrigkeit des Sicherungsvertrags auch zur Nichtigkeit der Sicherungsübereignung führt.

- Teilweise wird angenommen, die Sicherungsübereignung bleibe wirksam. Der Sicherungsnehmer sei nur nach § 812 Abs. 1 S. 1 Var. 1 zur Rückübertragung der Sicherheiten verpflichtet.[433]
- Die h.M. nimmt an, die Unwirksamkeit des Sicherungsvertrags schlage auf die Sicherungsübereignung durch. Vielfach fehle es bei Unwirksamkeit des Sicherungsvertrags bereits an einem wirksamen Herausgabeanspruch, der für ein Besitzkonstitut i.S.d. § 930 erforderlich sei.[434] Im Übrigen liege die Sittenwidrigkeit gerade im Vollzug der Sicherungsübereignung.[435]

Die letztgenannte Auffassung dürfte vorzugswürdig sein: Würde die Nichtigkeit des Sicherungsvertrags nicht auf die Sicherungsübereignung durchschlagen, erhielte der Sicherungsnehmer die Sicherheit ohne die Begrenzungen des Sicherungsvertrags. Der Zweck, der mit der Nichtigkeit des Sicherungsvertrags verfolgt wird, nämlich andere Gläubiger oder den Sicherungsgeber zu schützen, würde vollständig verfehlt werden.

Die Rspr. hat verschiedene Fallgruppen entwickelt, die einerseits an einer besonderen **322**
Rücksichtslosigkeit gegenüber dem Schuldner und andererseits an einer Missachtung der Interessen anderer Gläubiger ansetzen.

Der Sicherungsvertrag und auch die Sicherungsübereignung sind sittenwidrig

- bei einer **Knebelung** des Sicherungsgebers und
- bei **anfänglicher Übersicherung**.

Maßgeblich ist eine Gesamtwürdigung des konkreten Sicherungsvertrags hinsichtlich seines subjektiven und objektiven Gehalts.[436]

---

431 BGH NJW 1984, 1184.
432 BGH ZIP 1997, 931; Grüneberg/Ellenberger § 138 Rn. 20.
433 MünchKomm/Oechsler Anh. §§ 929–936 Rn. 14; Baur/Stürner § 57 Rn. 15.
434 Jauernig/Berger § 930 Rn. 39; Grüneberg/Herrler § 930 Rn. 20; BeckOK/Kindl § 930 Rn. 28.
435 Grüneberg/Herrler § 930 Rn. 20; MünchKomm/Armbrüster § 138 Rn. 101.
436 BGH NJW 1991, 353, 354; 1955, 1272, 1273.

a) Knebelung (Schuldnergefährdung)

323 Die Sittenwidrigkeit kann sich aus der Beeinträchtigung der wirtschaftlichen Bewegungsfreiheit des Schuldners ergeben (Schuldnerschutz), indem der Einfluss des Gläubigers zu einer wirtschaftlichen Knebelung des Schuldners führt.[437]

Wird der Sicherungsgeber durch die Sicherungsübereignung in eine unerträgliche, die wirtschaftliche und soziale Lebensstellung vernichtende persönliche Abhängigkeit gebracht, liegt eine sittenwidrige Knebelung vor. Das ist insbesondere anzunehmen, wenn dem Sicherungsnehmer eine so weitgehende Einflussnahme auf die Betriebsführung des Schuldners zugestanden wird, dass in Wahrheit er die wesentlichen Entscheidungen im Betrieb des Schuldners trifft.

Beispiel: Der Hotelier B hat an seine Hausbank A zur Sicherung eines Kredites in Höhe von 120.000 € das Hotelinventar, das in einer Inventarliste aufgeführt ist, zur Sicherheit übereignet. Im Sicherungsvertrag ist bestimmt, dass B wöchentlich einen Geschäftsbericht einzureichen hat, dass ohne Zustimmung der A-Bank kein Personal eingestellt werden darf, dass bei nicht ausreichender Belegung Personal entlassen werden muss und dass Anschaffungen über 3.000 € der Zustimmung der A-Bank bedürfen.

b) Anfängliche Übersicherung (Gläubigergefährdung)

324 Die Sittenwidrigkeit kann sich aus der Gefährdung der übrigen ungesicherten Gläubiger ergeben, insbesondere daraus, dass im Zeitpunkt der Übereignung eine erhebliche Übersicherung erfolgt, also eine anfängliche (ursprüngliche) Übersicherung gegeben ist. Bei der Sicherungsübereignung von Waren erstrebt der Sicherungsnehmer eine möglichst große Sicherheit, und zwar auch unter Berücksichtigung des Risikos bei einer eventuellen Verwertung der Sicherheiten. Dem steht das schützenswerte Interesse des Schuldners und seiner anderen Gläubiger gegenüber, eine unangemessene Übersicherung zu vermeiden.

Nach anfänglichem Streit in der Lit. und zwischen verschiedenen Senaten des BGH hat sich durch die Entscheidung von Vorlagefragen[438] durch den Großen Senat für Zivilsachen inzwischen eine klare Linie entwickelt:[439]

- Eine **ursprüngliche Übersicherung** führt zur Nichtigkeit der Sicherungsabrede und der Sicherungsübereignung nach § 138 Abs. 1, wenn die Übersicherung auf einer verwerflichen Gesinnung des Sicherungsnehmers beruht.[440]

  Eine ursprüngliche Übersicherung liegt vor, wenn bereits **bei Vertragsschluss** gewiss ist, dass im noch ungewissen Verwertungsfall ein auffälliges Missverhältnis zwischen dem realisierbaren Wert der Sicherheit und der gesicherten Forderung besteht. Von der verwerflichen Gesinnung kann ausgegangen werden, wenn der Sicherungsnehmer „aus eigensüchtigen Gründen eine Rücksichtslosigkeit gegenüber den berechtigten Belangen des Sicherungsgebers an den Tag legt, die nach sittlichen Maßstäben unerträglich ist."

- Eine **nachträgliche Übersicherung** kann mit Rückführung des Kredits entstehen, wenn keine entsprechenden Freigabemechanismen für überschüssige Sicherheiten

---

437 BGHZ 19, 12, 17 f.; 26, 185, 190 f.; BGH NJW 1962, 102, 103; 1993, 1587, 1588.

438 Der IX. und der XI. Zivilsenat des BGH übermittelten mit Beschlüssen v. 06.03.1997 (WM 1997, 1197; ZIP 1997, 632) und v. 13.05.1997 (WM 1997, 1197; ZIP 1997, 1185) dem Großen Senat des BGH Vorlagefragen zur Entscheidung.

439 BGHZ 137, 212; BGH NJW 1998, 2047.

440 BGHZ 137, 212; BGH NJW 1998, 2047.

vereinbart wurden. Eine nachträgliche Übersicherung führt nicht zur Sittenwidrigkeit der Übereignung. Es besteht lediglich ein Freigabeanspruch des Sicherungsgebers (dazu unten Rn. 331 ff.).

Der BGH[441] hat eine Berechnungsmethode für die Ermittlung einer nachträglichen Übersicherung entwickelt. Diese gilt allerdings ausdrücklich nicht für die Feststellung einer ursprünglichen Übersicherung. Für die ursprüngliche Übersicherung ist der realisierbare Wert nach den ungewissen Marktverhältnissen im Falle einer Insolvenz entscheidend. Dieser Wert lässt sich nur anhand der Besonderheiten des Einzelfalls ermitteln.[442]

Weil bei einer anfänglichen Übersicherung eine größere Unsicherheit über die Entwicklung des Wertes und der Größe eines Warenlagers herrschen mag, wird die Grenze zu einer Übersicherung deutlich höher liegen als bei einer nachträglichen Übersicherung. Ist allerdings schon die Grenze der nachträglichen Übersicherung nicht erreicht, kann auch keine anfängliche Übersicherung vorliegen. Man wird daher die vom BGH entwickelte Übersicherungsgrenze jedenfalls als „Untergrenze" auch für eine anfängliche Übersicherung ansehen können.

Beispiel: Der Elektrogroßhändler B übereignet an die A-Bank zur Sicherung eines Kredits über 50.000 € alle im Lager 1 befindlichen Elektrogeräte, Fernseher, Kassettenrekorder usw.; Wert des Lagers etwa 130.000 €. Im Sicherungsvertrag wird vereinbart, dass die Forderungen aus dem Verkauf der Geräte im Lager 1 und die Forderungen aus dem Verkauf der Waren im Lager 2 – Wäschetrockner, Waschmaschinen usw. – auf die A-Bank übergehen sollen. Bei einem derart groben Missverhältnis, wie es hier besteht, kann von einer verwerflichen Gesinnung und damit von einer anfänglichen Übersicherung ausgegangen werden.

Nichtigkeit der Sicherungsübereignung nach § 138

	Knebelung	Anfängliche Übersicherung
Objektiver Tatbestand	Zwangslage des Sicherungsgebers, die vorliegt, wenn ihm keine wirtschaftliche Bewegungsfreiheit verbleibt.	Bereits im Zeitpunkt des Vertragsschlusses ist gewiss, dass im (noch ungewissen) Verwertungsfall ein auffälliges Missverhältnis zwischen realisierbarem Wert der Sicherheit und gesicherter Forderung besteht.
Subjektiver Tatbestand	Dem Sicherungsnehmer muss sich die Einengung des Sicherungsgebers aufdrängen.	Verwerfliche Gesinnung des Sicherungsnehmers, die vorliegt, wenn er aus eigensüchtigen Gründen eine Rücksichtslosigkeit gegenüber den berechtigten Belangen des Sicherungsgebers an den Tag legt, die nach sittlichen Maßstäben nur fraglich ist.
Rechtsfolge	▪ Nach h.M. Unwirksamkeit des Sicherungsvertrags und der Sicherungsübereignung. ▪ Nach a.A. nur Nichtigkeit des Sicherungsvertrags; die Sicherheit muss nach § 812 Abs. 1 S. 1 Alt. 1 zurückübertragen werden.	

441 BGHZ 137, 212; BGH NJW 1998, 2047.

442 Vgl. AS-Skript Schuldrecht AT 2 (2024).

c) Weitere Fallgruppen der Sittenwidrigkeit

325 Die Sittenwidrigkeit kann sich auch aus einer Insolvenzverschleppung oder anderweitigen Gläubigergefährdungen ergeben. Eine **Insolvenzverschleppung** liegt beispielsweise vor, wenn ein Kreditgeber im Eigeninteresse die letztlich unvermeidliche Insolvenz eines Unternehmens nur hinausschiebt, indem er Kredite gewährt, die nicht zur Sanierung, sondern nur dazu ausreichen, den Zusammenbruch des Unternehmens zu verzögern und hierdurch andere Gläubiger über die Kreditfähigkeit des Unternehmens getäuscht und dadurch geschädigt werden. Erforderlich ist in diesem Falle jedoch die Insolvenzreife des Sicherungsgebers und eine Kenntnis der tatsächlichen wirtschaftlichen Lage auf Seiten des Sicherungsgebers.[443]

II. Besitzmittlungsverhältnis

326 Das für die Übereignung gemäß §§ 929 S. 1, 930 erforderliche Besitzmittlungsverhältnis ergibt sich regelmäßig bereits konkludent aus der Sicherungsabrede. Auch wenn die Sicherungsabrede keine ausdrückliche Regelung über Rechte und Pflichten der Parteien enthält, ist ihr zu entnehmen, dass der Sicherungsgeber die Sache besitzen darf, bis der Sicherungsnehmer die Sache zur Befriedigung seiner Forderung herausverlangt.[444]

III. Berechtigung des Sicherungsgebers

327 Der Sicherungsgeber muss Berechtigter, d.h. verfügungsbefugter Eigentümer sein. Hat er an den von der Sicherungsübereignung erfassten Sachen nur ein Anwartschaftsrecht, wird dieses auf den Sicherungsnehmer übertragen (dazu ausführlich unten Rn. 342 ff.).

Ist der Sicherungsgeber Mieter oder Pächter, kann die Sicherungsübereignung mit dem Pfandrecht des Vermieters (§ 562 Abs. 1) oder Verpächters (§§ 581 Abs. 2, 562 Abs. 1) kollidieren. Dies ist insbesondere dann der Fall, wenn ein Raumsicherungsvertrag abgeschlossen wurde und der Sicherungsgeber Mieter dieses Raums ist. Nach h.M. geht das Vermieterpfandrecht vor, d.h., der Sicherungsnehmer erwirbt das Sicherungseigentum belastet mit dem Vermieterpfandrecht.[445]

B. Sicherungsvertrag

328 Der Sicherungsvertrag (auch Sicherungsabrede genannt) ist das schuldrechtliche Grundgeschäft der Sicherungsübereignung. Er enthält die Zweckvereinbarung, die besagt, dass die übereignete Sache zur Sicherung einer bestimmten Forderung dienen soll.

Die Sicherungsübereignung ist abstrakt und in ihrer Wirksamkeit von dem Sicherungsvertrag grundsätzlich unabhängig. Eine Ausnahme besteht dann, wenn der Sicherungsvertrag gemäß § 138 Abs. 1 wegen Knebelung oder anfänglicher Übersicherung sittenwidrig ist. In diesem Fall erfasst die Nichtigkeit des Sicherungsvertrags nach h.M. auch die Übereignung. Im Regelfall bleibt die Sicherungsübereignung bei einem nichtigen

443 BGH RÜ 2016, 625.
444 BGH NJW-RR 2005, 280 f.
445 BGH NJW 1992, 1156.

Sicherungsvertrag jedoch wirksam. Der Sicherungsgeber kann das Sicherungseigentum nach § 812 Abs. 1 S. 1 Var. 1 zurückverlangen. Dies gilt auch dann, wenn die gesicherte Forderung besteht, denn der Rechtsgrund der Sicherungsübereignung ist nicht die Forderung, sondern der Sicherungsvertrag.[446]

Im Sicherungsvertrag werden weiterhin die **Rechte und Pflichten** der Parteien geregelt. Vielfach vereinbaren die Parteien in der Praxis jedoch keinen ausdrücklichen Sicherungsvertrag. Auch in Klausuren wird ein bestimmter Inhalt des Sicherungsvertrags oft nicht mitgeteilt.

Grundsätzlich ist davon auszugehen, dass ein Sicherungsvertrag auch ohne ausdrückliche Regelung **mindestens folgenden Inhalt** hat: **329**

- Verpflichtung des Sicherungsgebers zur Bestellung bestimmter Sicherheiten = **Rechtsgrund für die Sicherungsübereignung**;
- Festlegung der **gesicherten Forderung**;
- Verpflichtung des Sicherungsgebers, das in seinem Besitz verbleibende **Sicherungsgut pfleglich zu behandeln** und ausreichend **zu versichern**;
- Verpflichtung des Sicherungsgebers, dem Sicherungsnehmer eine **Pfändung des Sicherungsgutes durch einen Dritten anzuzeigen**;
- Verpflichtung des Sicherungsgebers, das Sicherungsgut im Verwertungsfall an den Sicherungsnehmer **herauszugeben**;

  In einem ausdrücklichen Sicherungsvertrag sind meist auch die Voraussetzungen und die Art und Weise der Verwertung geregelt.

- Verpflichtung zur **Rückübereignung** bei endgültigem Wegfall des Sicherungszwecks;
- Verpflichtung zur **teilweisen Freigabe von Sicherheiten bei nachträglicher Übersicherung**.

Außerdem können die Parteien folgende **weitere Abreden** treffen, die aber nicht „automatisch" Inhalt eines Sicherungsvertrags sind: **330**

- Es können aufschiebende oder auflösende Bedingungen vereinbart werden, die das Sicherungseigentum von dem Entstehen und dem Fortbestand der gesicherten Forderung abhängig machen. Diese Bedingungen ergeben sich aber nicht ohne Weiteres aus dem Sicherungsvertrag. Sie müssen Gegenstand einer besonderen Vereinbarung sein.

  Ohne eine dahin gehende Vereinbarung ist die Übereignung nicht aufschiebend bedingt durch das Entstehen der gesicherten Forderung oder auflösend bedingt durch den Fortbestand der Forderung.

446 MünchKomm/Oechsler Anh. §§ 929–936 Rn. 35.

- Ist das Sicherungsgut zur **Weiterveräußerung** oder **Verarbeitung** bestimmt, kann Nachstehendes geregelt werden:

  - Der Sicherungsnehmer **ermächtigt** den Sicherungsgeber zur Weiterveräußerung, sodass der Sicherungsgeber seinen Abkäufern das Eigentum gemäß §§ 929, 185 übertragen kann.

    Dafür tritt der Sicherungsgeber die aus der Weiterveräußerung entstehenden Forderungen gegen den Abkäufer an den Sicherungsnehmer ab, doch wird er ermächtigt, die Forderungen einzuziehen (Einziehungsermächtigung). Nach Einziehung ist der Betrag dann an den Sicherungsnehmer abzuführen (vgl. Parallele zum verlängerten Eigentumsvorbehalt, s.u. Rn. 365).

  - Sofern das Sicherungsgut vom Sicherungsgeber **verarbeitet** wird, vereinbaren die Parteien, dass das Eigentum an den neu hergestellten Sachen auf den Sicherungsnehmer übergehen soll, sog. **Verarbeitungsklausel**.[447]

I. Ermessensunabhängiger Freigabeanspruch

331 Auch ohne ausdrückliche Vereinbarung ergibt sich aus dem Sicherungsvertrag ein **Freigabeanspruch** des Sicherungsgebers auf Rückgabe nicht mehr benötigter Sicherheiten **bei nachträglicher Übersicherung**.[448] Die Parteien können den Freigabeanspruch mit einer Freistellungsklausel zum Gegenstand einer vertraglichen Regelung machen. Der Anspruch besteht aber auch dann, wenn keine ausdrückliche Vereinbarung getroffen ist oder wenn die entsprechende Klausel unwirksam ist.[449]

332 Ein Freigabeanspruch besteht, sobald eine Übersicherung eintritt. Diese liegt aber nicht schon dann vor, wenn der Wert der übereigneten Sachen den Wert der gesicherten Forderung übersteigt. Es sind das Verwertungsrisiko und die Kosten der Verwertung zu berücksichtigen.

- Eine Übersicherung liegt vor, wenn der **realisierbare Wert** des Sicherungseigentums mehr als **110 % der gesicherten Forderung** beträgt.

  Der Zuschlag von 10 % ist als Pauschale für die Feststellungs-, Verwertungs- und Rechtsverfolgungskosten anzusehen.

- In entsprechender Anwendung des § 237 ist zu vermuten, dass nur 2/3 des Schätzwertes realisiert werden können. Es besteht daher eine widerlegliche Vermutung, dass eine Übersicherung gegeben ist, **wenn der Schätzwert des Sicherungsguts 150 % der gesicherten Forderung übersteigt**.[450]

  In den 150 % ist der oben genannte Anteil von 10% für die Kosten bereits enthalten. Die Deckungsgrenze von 110 % wirkt sich praktisch nur dann aus, wenn die Vermutung aus § 237 dahingehend widerlegt ist, dass kein nennenswertes Verwertungsrisiko besteht.[451]

---

447 Einzelheiten dazu beim Eigentumserwerb durch Verarbeitung gemäß § 950 Rn. 359 f.

448 BGHZ 137, 212.

449 BGHZ 137, 212, 219 ff.

450 BGHZ 137, 212, 234 ff.

451 BGHZ 137, 212, 235.

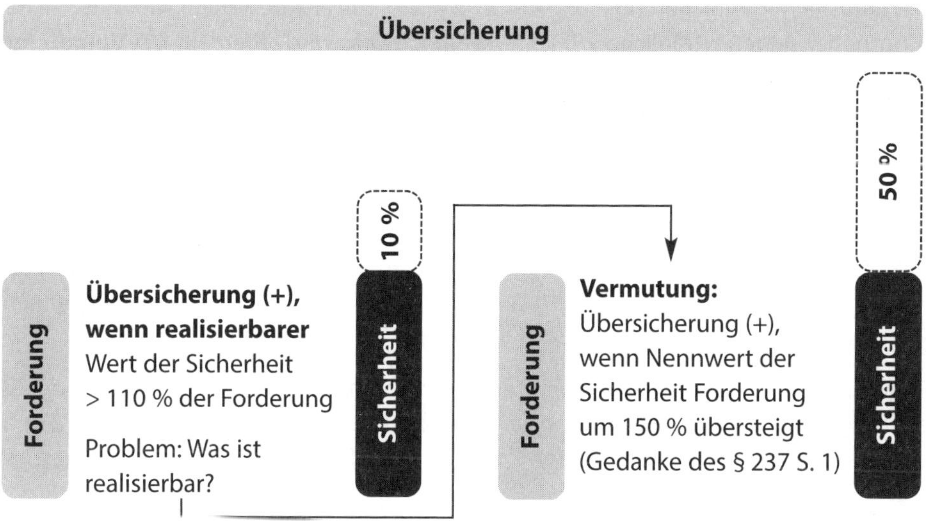

Beispiel: Die zu sichernde Forderung beträgt 100.000 €. Übersteigt der **realisierbare Wert** der zur Sicherheit übereigneten Sachen 110%, also 110.000 €, liegt eine Übersicherung vor. Fraglich ist aber, welcher Wert tatsächlich realisierbar ist. Hier kann nicht allein der aktuelle Schätzwert zugrunde gelegt werden, da sich z.B. die Marktverhältnisse ändern können. Von dem Schätzwert muss deshalb ein Abschlag vorgenommen werden. Dies wird von der Rspr. entsprechend § 237 S. 1 gemacht, wonach Sicherheit mit beweglichen Sachen nur in Höhe von 2/3 ihres Schätzwerts geleistet werden kann. Beträgt der Wert des Warenlagers 150.000 €, wird vermutet, dass der realisierbare Wert 100.000 € beträgt. Bei dieser Pauschalierung ist dann allerdings der 10 %-ige Sicherheitszuschlag nicht gesondert zu berücksichtigen.

Als Faustformel gilt also: Grundsätzlich tritt eine nachträgliche Übersicherung ein, wenn der Schätzwert 150 % der Forderung übersteigt. Besteht kein Verwertungsrisiko, handelt es sich also z.B. um Sachen, die jederzeit zu einem festen Preis veräußert werden können, liegt eine Übersicherung bereits vor, wenn der Schätzwert die Forderung um 110 % übersteigt. Diese Grundsätze gelten nicht nur für die Sicherungsübereignung, sondern ebenso für eine Sicherungsabtretung (dazu AS-Skript Schuldrecht AT 2 [2024], Rn. 438 ff.).

Soweit der Freigabeanspruch durch AGB beschränkt wird – insbesondere dadurch, dass die Freigabe in das Ermessen des Sicherungsnehmers gestellt wird –, ist die Beschränkung nach § 307 unwirksam. Die Unwirksamkeit der Klausel führt nicht zur Unwirksamkeit des gesamten Sicherungsvertrags; vielmehr tritt an die Stelle der unwirksamen Freigabeklausel der ermessensunabhängige Freigabeanspruch des Sicherungsgebers (§ 306 Abs. 2).[452] **333**

II. Verwertung des Sicherungsgutes

Wie die Verwertung des Sicherungsgutes zu erfolgen hat, richtet sich primär nach den Vereinbarungen, die die Parteien in dem Sicherungsvertrag getroffen haben. **Verwertungsreife** tritt frühestens mit **Fälligkeit der gesicherten Forderung** ein.[453] Ein Ver- **334**

452 S. zur Nichtigkeit von Sicherungsverträgen Übersicht, Rn. 324.

453 MünchKomm/Oechsler Anh. §§ 929–936 Rn. 48.

wertungsrecht des Sicherungsnehmers wird allerdings erst bestehen, wenn der Sicherungsgeber seine vertraglichen Pflichten verletzt. Dies wird jedenfalls bei **Verzug mit der Rückzahlung der gesicherten Forderung** der Fall sein.[454]

335 *Die Verwertbarkeit der Sicherheit hängt damit – verknüpft durch den Sicherungsvertrag – letztlich von der gesicherten Forderung ab. Bei einem **Verbraucherdarlehensvertrag** sind die Kündigungsvoraussetzungen in § 498 zu beachten. Danach kann ein Darlehen nur gekündigt und damit fällig gestellt werden, wenn der Darlehensnehmer mit einem bestimmten Betrag in Verzug ist und der Darlehensgeber dem Verbraucher eine Frist gesetzt hat. Erst danach ist die Verwertung einer Sicherheit – z.B. der Verkauf eines sicherungsübereigneten Pkw – zulässig.*

336 Fehlen im Sicherungsvertrag Vorschriften über die Art und Weise der Verwertung des Sicherungsgutes, können die Vorschriften über die Pfandverwertung gemäß §§ 1233 ff. entsprechend herangezogen werden[455] (dazu unten Rn. 441 ff.).

337 Demgegenüber steht dem Sicherungseigentümer **kein Nutzungsrecht** zu. Dementsprechend kann er auch nicht die nach Eintritt des Verwertungsfalls durch einen Dritten gezogenen Nutzungen herausverlangen, es sei denn, die Voraussetzungen eines Nutzungsersatzanspruchs aus EBV liegen vor.

Beispiel:[456] Der Mieter H eines Bowlingcenters übereignete eine von ihm angeschaffte und vorübergehend in das Bowlingcenter eingebaute Bowlingbahn der Sparkasse S zur Sicherheit. Der gutgläubige Vermieter B kündigte das Mietverhältnis mit H, nachdem dieser zahlungsunfähig geworden war, und vermietete das Bowlingcenter samt Bowlingbahn an G. Steht S gegen B ein Anspruch auf Herausgabe der Miete zu?

I. Ein Anspruch aus Geschäftsführung ohne Auftrag gemäß **§§ 677, 681 S. 2, 667** kommt nicht in Betracht, da die Vermietung der Bowlingbahn kein Geschäft der S war. Als Sicherungseigentümerin war sie weder zur Nutzung noch zur Vermietung der Sache befugt.
II. Ein Anspruch auf Herausgabe der durch B erzielten Miete gemäß **§§ 987 Abs. 1, 990 Abs. 1** scheidet ebenfalls aus, da B gutgläubig war.
III. In Betracht kommt ein Anspruch aus allgemeiner Eingriffskondiktion gemäß **§§ 812 Abs. 1 S. 1 Var. 2, 818 Abs. 1** auf Herausgabe der gezogenen Nutzungen.
Ungeachtet der Frage, ob ein solcher Anspruch hier nicht ohnehin von § 993 Abs. 1 a.E. gesperrt wäre, scheidet er aus, da B die Gebrauchsvorteile nicht „in sonstiger Weise auf Kosten" der S erlangt hat. B hat nicht in den Zuweisungsgehalt eines der S zustehenden Rechts eingegriffen. Dem Sicherungseigentümer steht auch nach Eintritt der Verwertungsreife kein Recht auf Inanspruchnahme der aus dem Sicherungsgut gezogenen Nutzungen zu.

S hat keinen Anspruch gegen B auf Herausgabe der Miete.

C. Sicherungseigentum in Zwangsvollstreckung und Insolvenz

I. Rechte des Sicherungsnehmers

338 Der Sicherungsnehmer ist Eigentümer der Sache. Im **Insolvenzverfahren** kann ein Dritter als Eigentümer einer Sache grundsätzlich Aussonderung gemäß § 47 InsO verlangen. Der Sicherungseigentümer hat jedoch im Insolvenzverfahren über das Vermögen

454 BeckOK/Kindl § 930 Rn. 36.
455 BeckOK/Kindl § 931 Rn. 37.
456 Nach BGH RÜ 2007, 5; NJW 2007, 216 f.

des Sicherungsgebers **kein Aussonderungsrecht**. Er kann gemäß § 51 Nr. 1 InsO lediglich abgesonderte Befriedigung verlangen, da das Sicherungseigentum die Funktion eines besitzlosen Pfandrechts hat.

Kein Aussonderungsrecht, sondern ebenfalls nur ein Recht zur Absonderung besteht auch, wenn der Vorbehaltsverkäufer einer Sache das vorbehaltene Eigentum an eine den Kaufpreis finanzierende Bank überträgt. Der Vorbehaltsverkäufer selbst wäre zwar zur Aussonderung berechtigt, doch kommt dem Eigentum nach Übergang auf die finanzierende Bank die Funktion von Sicherungseigentum zu, sodass nur ein Recht zur abgesonderten Befriedigung besteht.[457]

Die Rechte des Sicherungseigentümers in der **Einzelzwangsvollstreckung** sind umstritten. 339

- Teilweise wird angenommen, der Sicherungsnehmer könne lediglich **abgesonderte Befriedigung gemäß § 805 ZPO** verlangen. Ein Recht zur Erhebung der Drittwiderspruchsklage gemäß § 771 ZPO stehe ihm nicht zu. Das Sicherungseigentum sei im Grunde ein besitzloses Pfandrecht. Da es im Insolvenzverfahren nicht zur Aussonderung berechtige, sei auch in der Einzelzwangsvollstreckung die Drittwiderspruchsklage nicht der richtige Rechtsbehelf. Die Rechte des Sicherungseigentümers seien durch § 805 ZPO ausreichend geschützt.[458]
- Nach der h.M. kann der Sicherungsnehmer sein Eigentum im Wege der **Drittwiderspruchsklage gemäß § 771 ZPO** geltend machen. Der Sicherungsnehmer ist ohne Einschränkung Eigentümer der Sache, daher müssen ihm im Zwangsvollstreckungsverfahren auch die Rechte eines Eigentümers zustehen. Die besondere Behandlung des Sicherungseigentums in der Insolvenz beruht darauf, dass dem Sicherungseigentümer nicht gleichzeitig ein Anspruch auf Aussonderung und ein Anspruch auf Befriedigung aus der Masse wegen seiner gesamten Forderung zustehen soll. Diese Situation besteht in der Einzelzwangsvollstreckung nicht.[459]

II. Rechte des Sicherungsgebers

Im **Insolvenzverfahren über das Vermögen des Sicherungsnehmers** steht dem Sicherungsgeber ein Aussonderungsrecht aus § 47 InsO zu, obwohl er nicht Eigentümer ist. Der Anspruch auf Aussonderung besteht Zug um Zug gegen Tilgung der gesicherten Forderung. 340

Im **Zwangsvollstreckungsverfahren** hat der Sicherungsgeber bis zum Eintritt der Verwertungsreife das Recht zur Erhebung der Drittwiderspruchsklage gemäß § 771 ZPO, da bis zu diesem Zeitpunkt das Sicherungseigentum nur ein Treuhandvermögen darstellt. Das Recht aus § 771 ZPO besteht nicht mehr, wenn der Sicherungsnehmer mit Eintritt der Verwertungsreife zur Veräußerung der Sache befugt ist.[460] 341

457 BGH RÜ 2008, 429.

458 Reinicke/Tiedtke DB 1994, 2603.

459 BGHZ 12, 232, 234; 118, 201, 206; Baur/Stürner § 57 Rn. 32.

460 BGHZ 72, 141, 142.

Sicherungseigentum

Übereignung gemäß §§ 929, 930

- Der Inhalt der Einigung muss dem **Bestimmtheitsgrundsatz** genügen. Das ist gegeben durch
  - eine Raumsicherung,
  - eine Markierungssicherung,
  - ein Inventarverzeichnis,
  - die Übereignung aller Sachen einer bestimmten Gattung,
  - die Übertragung aller Rechte.
- Ohne eine besondere Vereinbarung ist die Sicherungsübereignung **nicht auflösend bedingt**.
- Die Einigung kann (zusammen mit dem Sicherungsvertrag) gemäß § 138 Abs. 1 nichtig sein bei einer **Knebelung** des Sicherungsgebers und bei **anfänglicher Übersicherung**.
- Das Sicherungseigentum wird regelmäßig gemäß §§ 929 S. 1, 930 übertragen. Das dafür erforderliche **Besitzmittlungsverhältnis** ist in dem Sicherungsvertrag zu sehen.
- Der Sicherungseigentümer muss **Berechtigter** sein. Hat er nur ein Anwartschaftsrecht am Sicherungsgut, wird dieses übertragen. Ist der Sicherungsgeber Mieter oder Pächter, wird bei einer Raumsicherung das Sicherungseigentum belastet mit einem Vermieter- bzw. Verpächterpfandrecht erworben.

Sicherungsvertrag

Der Sicherungsvertrag ist das schuldrechtliche Grundgeschäft (Rechtsgrund) der Sicherungsübereignung. Er verknüpft die gesicherte Forderung mit der Eigentumsübertragung und regelt Rechte und Pflichten der Parteien.

- Ohne besondere Abrede kann dem Sicherungsvertrag keine aufschiebende oder auflösende Bedingung für die Sicherungsübereignung entnommen werden.
- Auch ohne besondere Vereinbarung besteht ein **Freigabeanspruch**, wenn eine nachträgliche Übersicherung eintritt.
  - Eine Übersicherung liegt (unwiderleglich) vor, wenn der realisierbare Wert des Sicherungseigentums 110 % der gesicherten Forderung beträgt.
  - Entsprechend § 237 besteht eine widerlegliche Vermutung, dass eine Übersicherung gegeben ist, wenn der Schätzwert des Sicherungsgutes 150 % der gesicherten Forderung beträgt.

Zwangsvollstreckung und **Insolvenz**

- Im Insolvenzverfahren hat der Sicherungseigentümer kein Aussonderungsrecht, sondern gemäß § 51 Nr. 1 InsO ein Recht auf abgesonderte Befriedigung.
- In der Zwangsvollstreckung durch Gläubiger des Sicherungsgebers kann der Sicherungseigentümer nach h.M. Drittwiderspruchsklage gemäß § 771 ZPO erheben.
- Wird über das Vermögen des Sicherungsnehmers (Eigentümers) das Insolvenzverfahren eröffnet, hat der Sicherungsgeber ein Aussonderungsrecht gemäß § 47 InsO Zug um Zug gegen Tilgung der gesicherten Forderung.
- In der Einzelzwangsvollstreckung kann der Sicherungsgeber bis zum Eintritt der Verwertungsreife die Drittwiderspruchsklage gemäß § 771 ZPO erheben.

6. Teil: Anwartschaftsrecht und Eigentumsvorbehalt

A. Überblick

Ein **Anwartschaftsrecht** liegt dann vor, wenn von einem mehraktigen Erwerbstatbestand eines Rechts schon so viele Erfordernisse erfüllt sind, dass eine gesicherte Erwerbsposition des Erwerbers entsteht, die der Veräußerer nicht mehr durch einseitige Erklärung vernichten kann.[461] 342

Hauptfall ist das **Anwartschaftsrecht des Vorbehaltskäufers**. Haben Verkäufer und Käufer einen Eigentumsvorbehalt vereinbart und weigert sich der Vorbehaltsverkäufer, den Kaufpreis entgegenzunehmen, wird gemäß § 162 Abs. 1 der Bedingungseintritt fingiert, und der Käufer erwirbt das Volleigentum.[462] Der Vorbehaltsverkäufer kann also den Eintritt der Bedingung und damit den Eigentumserwerb nicht verhindern.

Bei einer **Sicherungsübereignung** entsteht ein Anwartschaftsrecht des Sicherungsgebers, wenn die Übereignung unter der auflösenden Bedingung der Tilgung der gesicherten Forderung vereinbart wird. Möglich ist auch eine aufschiebend bedingte Rückübereignung an den Sicherungsgeber.[463] Im Regelfall ist die Sicherungsübereignung aber nicht auflösend bedingt und es erfolgt auch keine aufschiebend bedingte Rückübereignung.

Ein Anwartschaftsrecht auf Erwerb des Eigentums an einem **Grundstück** entsteht nach h.M.,

- wenn die Auflassung erklärt ist und der Erwerber einen Antrag auf Eigentumsumschreibung gestellt hat oder
- wenn die Auflassung erklärt ist und eine Auflassungsvormerkung eingetragen wurde.[464]

Die rechtliche Einordnung des Anwartschaftsrechts ist im Einzelnen umstritten. Nach h.M. ist das Anwartschaftsrecht wegen des Numerus clausus der Sachenrechte **kein beschränkt dingliches Recht** wie z.B. das Pfandrecht, sondern eine **Vorstufe** des zu erwerbenden dinglichen Rechts, ein **wesensgleiches Minus** gegenüber dem zu erwerbenden **Eigentum**.[465] 343

Mangels einer gesetzlichen Einzelregelung für das **Anwartschaftsrecht** werden die Vorschriften über das **Vollrecht entsprechend** auf das Anwartschaftsrecht angewandt.[466]

Obwohl der Begriff „Anwartschaftsrecht" eigentlich nahe legt, auf die Übertragung die §§ 398, 413 anzuwenden, werden nach h.M. die Vorschriften über das Eigentum entsprechend angewandt: Die Übertragung eines Anwartschaftsrechts erfolgt also nach den §§ 929 ff.

B. Anwartschaftsrecht des Vorbehaltskäufers

Wenn der Käufer nicht über ausreichende Mittel für den Erwerb von Sachen verfügt, dann wird der Verkäufer im Regelfall nicht gewillt sein, das Eigentum an der Kaufsache vor vollständiger Bezahlung des Kaufpreises auf den Käufer zu übertragen. In einem solchen Fall können die Vertragspartner einen Eigentumsvorbehalt vereinbaren. 344

461 BGHZ 83, 395, 399.
462 Grüneberg/Ellenberger § 162 Rn. 4.
463 OLG Hamm,Urt. v. 20.06.2013 – 5 U 43/13, BeckRS 2013, 13028.
464 Einzelheiten AS-Skript Sachenrecht 2 (2024).
465 BGHZ 28, 16, 21; 35, 85, 89; BGH NJW 1982, 1639, 1640.
466 BGH NJW 1984, 1184, 1185.

I. Zwei Rechtsgeschäfte

1. Unbedingter Kaufvertrag

345 Die Parteien schließen einen unbedingten Kaufvertrag gemäß § 433. Der Verkäufer ist gemäß § 433 Abs. 1 S. 1 grundsätzlich verpflichtet, dem Käufer die Sache zu übergeben und unbedingtes Eigentum zu übertragen. Vereinbaren die Parteien einen Eigentumsvorbehalt gemäß § 449 Abs. 1, wird diese Pflicht dahingehend modifiziert, dass der Verkäufer das Eigentum nur aufschiebend bedingt durch vollständige Kaufpreiszahlung übertragen muss.[467] Anders als es die Formulierung des § 449 Abs. 1 nahe legt („hat sich das Eigentum ... vorbehalten"), genügt dazu nicht die einseitige Erklärung des Verkäufers. Vielmehr ist dazu eine Einigung der Parteien erforderlich, die allerdings auch konkludent oder durch AGB erfolgen kann. § 449 Abs. 1 ist jedoch nur eine Auslegungsregel: Denkbar ist auch, dass die Parteien vereinbaren, dass der Verkäufer das Eigentum unter der auflösenden Bedingung der Nichtzahlung des Kaufpreises auf den Käufer überträgt.

346 Ist der Käufer **Verbraucher**, können die Regeln über Finanzierungshilfen (§§ 506 ff.) eingreifen. Nach § 506 Abs. 3 fallen darunter insbesondere Teilzahlungsgeschäfte, deren häufigster Anwendungsbereich der Kauf unter Eigentumsvorbehalt ist. Für das Zustandekommen und die Abwicklung gelten besondere Vorschriften, die insbesondere die Form (§§ 507 Abs. 2, 492 Abs. 1), den Widerruf (§§ 508, 495 Abs. 1) sowie Folgen der Nichtzahlung durch den Verbraucher regeln.[468]

2. Bedingte Übereignung

347 Der Verkäufer übergibt dem Käufer die Sache und überträgt gemäß §§ 929 S. 1, 158 Abs. 1 das Eigentum unter der aufschiebenden Bedingung der vollständigen Kaufpreiszahlung. Er hat damit seine aus dem Kaufvertrag geschuldeten Leistungshandlungen bereits vollständig erbracht.

II. Zwei Berechtigte

348 Der **Verkäufer** ist weiter – auflösend bedingter – Eigentümer. Er verfügt im Falle der Übertragung des Eigentums als Berechtigter.

Der **Käufer** ist – aufschiebend bedingter – Eigentümer und er kann durch die Zahlung des Kaufpreises den Bedingungseintritt herbeiführen. Mit dem Eintritt der Bedingung erwirbt er dann das Volleigentum. Da der Verkäufer den Eintritt der Bedingung (die Kaufpreiszahlung) nicht verhindern kann (vgl. § 162 Abs. 1), hat der Käufer mit der Übertragung bedingten Eigentums eine rechtlich gesicherte Erwerbsposition und damit ein Anwartschaftsrecht auf Erwerb des Volleigentums erlangt.

---

467 Hk-BGB/Saenger § 449 Rn. 6.

468 Zu Einzelheiten vgl. AS-Skript Schuldrecht BT 2 (2023).

1. Abschnitt: Entstehen des Anwartschaftsrechts

Aufbauschema: Entstehen eines Anwartschaftsrechts
I. Bedingte Einigung über den Eigentumsübergang, §§ 929 S. 1, 158 Abs. 1
II. Übergabe bzw. Übergabesurrogat
III. Berechtigung des Veräußerers (wenn er verfügungsbefugter Eigentümer oder zur Verfügung ermächtigt ist) Falls (–), gutgläubiger Erwerb des Anwartschaftsrechts gemäß §§ 932 ff. analog möglich
IV. Möglichkeit des Bedingungseintritts

A. Bedingte Einigung

Für das Entstehen eines Anwartschaftsrechts ist zunächst eine **bedingte Einigung** erforderlich, d.h. eine Einigung über den Eigentumsübergang unter der aufschiebenden Bedingung vollständiger Kaufpreiszahlung. Diese Einigung kann auf verschiedene Weise erzielt werden: 349

- Die Parteien können sich schon **bei Abschluss des Kaufvertrags** darüber einigen, dass die Ware unter Eigentumsvorbehalt stehen soll. Der Verkäufer ist dann von vornherein nur zur aufschiebend bedingten Übereignung verpflichtet. Übergibt er die Kaufsache dem Käufer, bringt er damit zugleich zum Ausdruck, das Eigentum nur aufschiebend bedingt übertragen zu wollen.

- Vielfach schließen die Parteien aber auch einen Kaufvertrag, in dem ein **Eigentumsvorbehalt nicht vereinbart** worden ist. Übergibt der Verkäufer die Kaufsache, überträgt er das Volleigentum an den Käufer. Möchte er – abweichend zu seiner kaufvertraglichen Verpflichtung – nur aufschiebend bedingtes Eigentum übertragen, muss er dies spätestens im Rahmen der dinglichen Einigung – ausdrücklich oder konkludent – erklären. Eine solche Erklärung muss dem Käufer jedoch zugehen, § 130.

  Der Käufer hat dann die Möglichkeit, das Angebot des Verkäufers anzunehmen; damit erwirbt er zunächst nur ein Anwartschaftsrecht. In der Regel wird damit zugleich auch der ursprüngliche Kaufvertrag stillschweigend dahingehend geändert, dass der Verkäufer nur zur aufschiebend bedingten Eigentumsübertragung verpflichtet ist.

  Der Käufer kann das Angebot des Verkäufers aber auch ablehnen und vom Verkäufer unbedingte Übereignung verlangen, allerdings mit der Folge, dass er zunächst weder Eigentum noch Anwartschaftsrecht erwirbt.

I. Vereinbarung eines Eigentumsvorbehalts in AGB

Die Vereinbarung eines Eigentumsvorbehalts geschieht meist nicht individualvertraglich, sondern in AGB. Häufig enthalten AGB etwa folgende Formulierung: 350

„Die Ware bleibt bis zur vollständigen Bezahlung unser Eigentum."

Wenn die **AGB in den Kaufvertrag einbezogen** worden sind, liegt eine wirksame bedingte Einigung über den Eigentumsübergang vor.

- AGB werden grundsätzlich gemäß § 305 Abs. 2 dadurch Vertragsinhalt, dass der Verwender bei Vertragsschluss ausdrücklich oder durch Aushang auf sie hinweist, seinem Vertragspartner die Möglichkeit der Kenntnisnahme verschafft und dieser mit der Geltung der AGB einverstanden ist.
- Bei der Verwendung gegenüber einem Unternehmer findet § 305 Abs. 2 gemäß § 310 Abs. 1 keine Anwendung. Die AGB können ausdrücklich oder konkludent einbezogen werden. Die Einbeziehung durch schlüssiges Verhalten setzt voraus, dass der Verwender bei Vertragsschluss auf AGB verweist und der Vertragspartner zumindest in der Lage ist, sich über die Bedingungen ohne Weiteres Kenntnis zu verschaffen und sein Verhalten unter Berücksichtigung aller Umstände als Einverständnis gewertet werden kann.

1. Eigentumsvorbehalt in AGB, die nach Kaufabschluss, aber vor Übergabe ausgehändigt werden

351 Wenn die Parteien einen Kaufvertrag abgeschlossen haben, der zur unbedingten Eigentumsübertragung verpflichtet, und die AGB mit dem Eigentumsvorbehalt der späteren Lieferung beigefügt werden, dann bringt der Verkäufer zum Ausdruck, nur bedingtes Eigentum übertragen zu wollen.

Diese Erklärung erlangt nur dann Wirksamkeit, wenn

- die AGB einer zur **Vertragsgestaltung befugten Person** vor der Übergabe zugegangen sind und
- dieser Person die **Kenntnisnahme** von einem in dieser Form und unter diesen Umständen erklärten Eigentumsvorbehalt **zumutbar** ist.[469]

Fehlt es an diesen Voraussetzungen, dann wird gemäß der kaufvertraglichen Verpflichtung aus § 433 Abs. 1 S. 1 unbedingtes Eigentum übertragen.

Beispiel: V hat dem K Waren verkauft. Der späteren Lieferung fügt V seine AGB mit dem Eigentumsvorbehalt bei. Der Lagerverwalter des K nimmt die Ware und die AGB entgegen. Der Lagerverwalter ist keine zur Vertragsgestaltung befugte Person, sodass der Eigentumsvorbehalt nicht wirksam geworden ist.

Wird das bedingte Übereignungsangebot abgelehnt (etwa durch Zurückweisen der Lieferung), erlangt der Käufer weder das Eigentum noch ein Anwartschaftsrecht.

Nimmt der Käufer das bedingte Übereignungsangebot an, ist fraglich, welche Auswirkungen dies auf den Kaufvertrag hat.

- Nach einer Ansicht liegt in der Annahme eines bedingten Übereignungsangebots nicht zugleich auch eine schuldrechtliche Einigung über einen nachträglichen Eigentumsvorbehaltskauf. Vielmehr verletzt der Verkäufer, der zur unbedingten Übereignung verpflichtet ist, durch eine nur bedingte Übereignung seine Pflichten aus dem Kaufvertrag.[470] Der Käufer kann ihn in Verzug setzen oder nach §§ 281, 323 vorgehen. Ist allerdings im Kaufvertrag nicht ausdrücklich eine Vorleistungspflicht des Verkäufers vereinbart worden, kann dieser sich insoweit auf ein Zurückbehaltungsrecht nach § 320 berufen, bis die vollständige Zahlung des Kaufpreises erfolgt ist.
- Nach h.M. liegt in der Annahme der bedingten Übereignung konkludent zugleich eine nachträgliche Änderung des Kaufvertrags.[471] Praktisch werden die Unterschiede allerdings kaum Bedeutung haben, da regelmäßig eine Vorleistungspflicht des Verkäufers ohne entsprechenden Eigentumsvorbehalt nicht vereinbart sein wird.

469 BGH NJW 1979, 213, 214; 2199, 2200; 1982, 1749, 1750.
470 BeckOK/Faust § 449 Rn. 15.
471 BeckOK/Kindl § 929 Rn. 58; Baur/Stürner § 59 Rn. 10.

2. Eigentumsvorbehalt in einander widersprechenden AGB

Im geschäftlichen Verkehr verwenden oft sowohl Verkäufer als auch Käufer eigene AGB (Verkaufsbedingungen bzw. Einkaufsbedingungen). Probleme ergeben sich, wenn sich die AGB im Hinblick auf den Eigentumsvorbehalt widersprechen: **352**

Beispiel für widersprechende AGB bzgl. des Eigentumsvorbehalts:

Die Bestellung des **Käufers** enthält u.a. die Einkaufsbedingung: *„Der Käufer wird Eigentümer. Er kann uneingeschränkt über die gelieferte Ware verfügen. Er darf sie für sich verwenden bzw. weiterveräußern ..."*

Nach Zugang dieser Bestellung durch den Käufer bestätigt der **Verkäufer** unter Beifügung seiner AGB: *„Alle gelieferten Waren bleiben unser Eigentum (Vorbehaltsware) bis zur Erfüllung sämtlicher Forderungen. Der Käufer darf die Vorbehaltsware nur im gewöhnlichen Geschäftsverkehr zu seinen normalen Geschäftsbedingungen veräußern ..."*

Außerdem heißt es in den Verkaufsbedingungen: *„Die Einkaufsbedingungen des Käufers werden ausdrücklich zurückgewiesen. Es gelten alleine unsere Geschäftsbedingungen."*

a) Auswirkungen auf den Kaufvertrag

Die Auswirkungen kollidierender AGB auf den Kaufvertrag sind umstritten: **353**

- Die frühere Rspr. ging davon aus, dass die Annahme der Bestellung eines Käufers unter Beifügen abweichender AGB ein neues Angebot i.S.d. § 150 Abs. 2 darstellte. Dieses Angebot nahm der Käufer konkludent durch Entgegennahme der Ware an. Diese auch als **„Theorie des letzten Wortes"** bezeichnete Sichtweise führte dazu, dass – eher zufällig – diejenigen AGB Vertragsbestandteil wurden, auf die zuletzt verwiesen worden war.[472]
- Nach heute h.A. liegt bei kollidierenden AGB ein **offener Dissens** vor, § 154 Abs. 1. Der Vertrag ist „im Zweifel" nicht geschlossen. Wollen sich die Parteien trotzdem erkennbar vertraglich binden – z.B. weil sie den Kaufvertrag tatsächlich durchführen – kommt der Kaufvertrag gleichwohl zustande. Gemäß § 306 Abs. 2 tritt an die Stelle der kollidierenden AGB dispositives Recht, sodass ein Eigentumsvorbehalt nicht wirksam vereinbart ist.[473]

Dies gilt allerdings nur, sofern die AGB des Käufers tatsächlich eine kollidierende Regelung oder eine Abwehrklausel enthalten. Enthalten die Verkaufsbedingungen einen Eigentumsvorbehalt und schweigen die Einkaufsbedingungen zu diesem Thema, ist ein Eigentumsvorbehalt bei widerspruchsloser Entgegennahme der Ware schuldrechtlich vereinbart worden.[474]

b) Auswirkungen auf die sachenrechtliche Einigung

Von erheblich größerer Bedeutung als die schuldrechtliche Einigung ist jedoch die Frage, ob im Rahmen des dinglichen Geschäfts eine aufschiebende Bedingung vereinbart worden ist oder nicht. **354**

---

472 BGHZ 18, 212 ff.

473 BGH NJW 1991, 1604, 1606; BGH NJW 1985, 1838, 1840; Grüneberg/Ellenberger § 154 Rn. 3.

474 BGH NJW 1995, 1671, 1672.

- Nach h.M. können die AGB, auch wenn sie nicht Vertragsbestandteil des schuldrechtlichen Vertrags geworden sind, zur **Auslegung der sachenrechtlichen Einigung** herangezogen werden. Ein sorgfältiger Käufer kann in den Fällen der widersprechenden AGB bzgl. des Eigentumsübergangs nicht davon ausgehen, dass der Verkäufer unbedingtes Eigentum übertragen will.[475] Daher nimmt er das vom Verkäufer mit der Lieferung gemachte Einigungsangebot zur bedingten Eigentumsübertragung konkludent an und erwirbt gemäß §§ 929, 158 bedingtes Eigentum (Anwartschaftsrecht) unabhängig davon, ob der Eigentumsvorbehalt schuldrechtlich wirksam vereinbart worden ist oder nicht.[476]

- Nach der Gegenansicht können unwirksame AGB nicht als Auslegungshilfe für die dingliche Übereignung herangezogen werden. Könne der Verkäufer seinen Eigentumsvorbehalt schuldrechtlich nicht durchsetzen, müsse der Käufer mit einem vertragswidrigen Eigentumsvorbehalt nicht rechnen.[477]

Im Falle einer Abwehrklausel kommt es auch nach h.M. jedoch nur zu einem einfachen Eigentumsvorbehalt. Für einen verlängerten Eigentumsvorbehalt fehlt es an einer Einigung über die Vorausabtretung.[478]

***Beachte:** Der Verkäufer ist zwar gemäß § 433 Abs. 1 S. 1 zur unbedingten Eigentumsübertragung verpflichtet, weil der Eigentumsvorbehalt nicht Vertragsbestandteil geworden ist. Doch kann der Verkäufer auch in diesem Falle, falls keine Vorleistungspflicht besteht, gemäß § 320 die Eigentumsübertragung davon abhängig machen, dass ihm der Kaufpreis sofort gezahlt wird. Wenn der Käufer dieser Verpflichtung zur Kaufpreiszahlung nicht nachkommt, kann er nicht erwarten, dass unbedingtes Eigentum übertragen wird.*

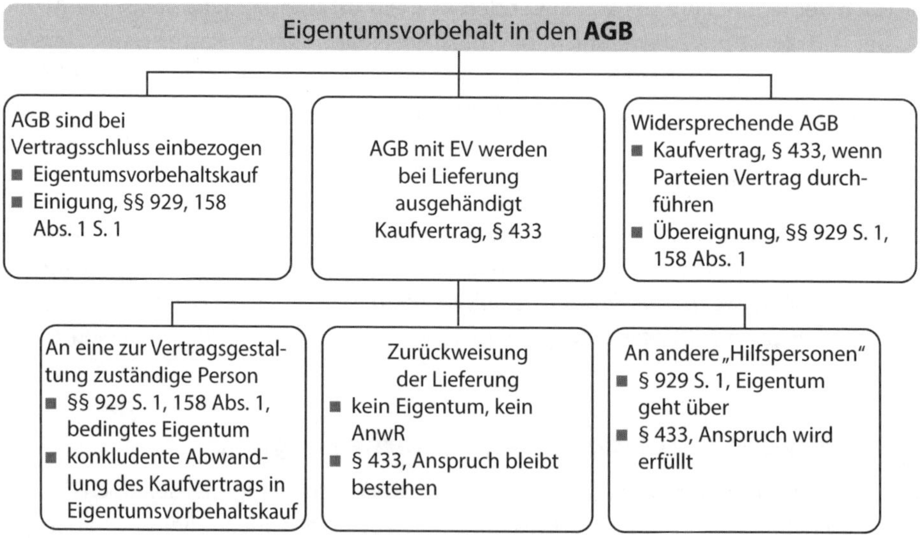

475 BGHZ 104, 136, 137.

476 BGH NJW 1988, 1774, 1776.

477 OLG Stuttgart ZIP 1981, 176, 178; Erman/Grunewald § 449 Rn. 3.

478 BGH NJW 1985, 1838, 1840.

II. Verschiedene Arten des Eigentumsvorbehalts

1. Einfacher Eigentumsvorbehalt

Haben die Parteien einen Eigentumsvorbehaltskauf gemäß §§ 433, 449 vereinbart, der den Verkäufer verpflichtet, das Eigentum erst nach der Zahlung des Kaufpreises zu übertragen, erwirbt der Käufer mit der Übergabe der Kaufsache gemäß §§ 929, 158 nur aufschiebend bedingtes Eigentum. Erst mit der Zahlung erlangt der Käufer dann das Eigentum. Da der Eigentumswechsel allein durch die Tilgung des Kaufpreises eintritt, handelt es sich um einen **einfachen Eigentumsvorbehalt**. 355

2. Erweiterter Eigentumsvorbehalt

Bei einem erweiterten Eigentumsvorbehalt geht das Eigentum nicht schon mit der Tilgung des Kaufpreises, sondern erst dann über, wenn **weitere Forderungen** erfüllt worden sind. Sicherungsfähig sind alle gegenwärtigen und künftigen Forderungen. Die gesicherten Forderungen brauchen im Zeitpunkt des Abschlusses der bedingten Einigung noch nicht bestimmt zu sein. 356

- Ein **Kontokorrentvorbehalt** ist gegeben, wenn nicht nur die Kaufpreisforderung, sondern alle Forderungen des Verkäufers aus der Geschäftsverbindung mit dem Käufer gesichert werden sollen.
- Beim **Konzernvorbehalt** werden nicht nur die Forderungen des Vorbehaltsverkäufers gegen den Vorbehaltskäufer gesichert, sondern auch die anderer Lieferanten des Vorbehaltskäufers, die dem gleichen Konzern angehören wie der Vorbehaltsverkäufer. Gemäß § 449 Abs. 3 ist die Vereinbarung eines Eigentumsvorbehalts nichtig, soweit der Eigentumsübergang davon abhängig gemacht wird, dass der Käufer Forderungen eines Dritten, insbesondere eines mit dem Verkäufer verbundenen Unternehmens, erfüllt. Der Konzernvorbehalt auf Verkäuferseite ist nach § 449 Abs. 3 also stets unwirksam. Allerdings bleibt der Eigentumsvorbehalt als einfacher Eigentumsvorbehalt wirksam.[479] Eine analoge Anwendung des § 449 Abs. 3 auf den umgekehrten Konzernvorbehalt, dass also der Eigentumsübergang von der Erfüllung von Forderungen gegen Dritte abhängig gemacht wird, wird überwiegend abgelehnt.[480] Eine solche Vereinbarung ist also wirksam.

3. Nachgeschalteter und weitergeleiteter Eigentumsvorbehalt

Der Vorbehaltskäufer, der die Sache an seinen Abkäufer unter Eigentumsvorbehalt veräußern will, ohne den Abkäufer davon zu verständigen, dass er die Sache unter Eigentumsvorbehalt erworben hat, kann mit seinem Abkäufer einen **nachgeschalteten Eigentumsvorbehalt** vereinbaren. Er übereignet seinerseits unter der aufschiebenden Bedingung der Zahlung des Kaufpreises, den der Abkäufer dem Vorbehaltskäufer schuldet. Es sind zwei Vorbehaltskäufe mit verschiedenen Bedingungen hintereinander geschaltet. 357

Das Eigentum an der Sache geht in diesem Fall auf den Vorbehaltskäufer über, wenn er den Kaufpreis zahlt. Es geht auf seinen Abkäufer über, wenn dieser den Kaufpreis zahlt.

Teilt der Vorbehaltskäufer seinem Abkäufer mit, dass er die Sache unter Eigentumsvorbehalt erworben hat, dann kann er einen **weitergeleiteten Eigentumsvorbehalt** vereinbaren. Der Abkäufer wird erst dann Eigentümer, wenn die Verbindlichkeiten aus dem

479 BGH NJW 2008, 1803.

480 Grüneberg/Weidenkaff § 449 Rn. 22; BeckOK/Faust § 449 Rn. 37.

ersten Eigentumsvorbehaltskauf getilgt sind. Denn in diesem Moment wird der Vorbehaltskäufer Eigentümer, sodass die Übereignung an den Abkäufer gemäß § 185 Abs. 2 S. 1 Var. 2 wirksam wird.

4. Nachträglicher Eigentumsvorbehalt

358 Hat der Veräußerer das Eigentum auf den Erwerber übertragen und kann der Erwerber den Kaufpreis nicht wie vereinbart zahlen, können die Parteien nach h.A. nachträglich wirksam einen Eigentumsvorbehalt vereinbaren, mit der Folge, dass der Veräußerer wieder Eigentümer und der Erwerber Anwartschaftsberechtigter wird.[481]

Beispiel: V verkauft K eine Wohnzimmereinrichtung, Zahlung ein Monat nach Lieferung. Da K auch nach einem Monat nicht zahlen kann, vereinbaren V und K einen „Eigentumsvorbehalt".

Im Ergebnis besteht weitgehend Übereinstimmung: V ist aufgrund der Vereinbarung wieder Eigentümer geworden und K ist Anwartschaftsberechtigter. Umstritten ist lediglich die rechtliche Begründung.

I. Nach einer Ansicht erfolgt eine Rückübertragung des Eigentums auf den Verkäufer nach §§ 929, 930 und eine neue aufschiebend bedingte Übereignung an den Käufer, §§ 929 S. 2, 158 Abs. 1.[482]
II. Die Gegenmeinung nimmt an, dass eine Rückübertragung des um das Anwartschaftsrecht gekürzten Eigentums erfolgt. Der Käufer behält ein Anwartschaftsrecht und der Verkäufer erwirbt gemäß §§ 929, 930, 158 Abs. 2 das um das Anwartschaftsrecht „gekürzte" Eigentum unter der auflösenden Bedingung vollständiger Kaufpreiszahlung zurück.[483]
In beiden Fällen können jedoch Rechte Dritter, die an der Sache in der Zwischenzeit begründet wurden, durch die Rückübereignung nicht beeinträchtigt werden.
III. Konstruktiv möglich ist ferner, dass es sich bei einem „nachträglichen Eigentumsvorbehalt" um eine auflösend bedingte Sicherungsübereignung an den Verkäufer handelt.[484] Eine solche Abrede wird von den Parteien in der Regel aber nicht gewollt sein, da Sicherungseigentum in der Insolvenz lediglich ein Absonderungs- und kein Aussonderungsrecht gewährt.[485]

5. Verlängerter Eigentumsvorbehalt mit Verarbeitungsklausel

359 Liefert der Verkäufer eine Sache unter Eigentumsvorbehalt, die zur **Weiterverarbeitung** bestimmt ist, besteht die Gefahr, dass er das Eigentum nach **§ 950** durch Verarbeitung oder Umbildung der Sache noch vor Kaufpreiszahlung verliert. Die Parteien können auch nicht mit dinglicher Wirkung ausschließen, dass ein Eigentumserwerb nach § 950 stattfindet. Der Eigentumserwerb nach § 950 ist originär; er vollzieht sich unabhängig vom rechtsgeschäftlichen Willen der Beteiligten.[486]

a) Verarbeitungsklausel

360 Das Sicherungsmittel des vorbehaltenen Eigentums an der Kaufsache muss deshalb ersetzt werden durch das Sicherungseigentum an der neu hergestellten Sache. Dazu kann der Eigentumsvorbehalt um eine „Verarbeitungsklausel" ergänzt werden:

- Die Parteien können sich vertraglich darüber verständigen, dass **Hersteller** nicht der Vorbehaltskäufer, sondern der **Vorbehaltsverkäufer** ist. Dies soll zur Folge haben,

481 BGH NJW 1953, 217 f.; Baur/Stürner § 51 Rn. 34; Staudinger/Beckmann § 449 Rn. 24 ff.
482 BGH NJW 1953, 217; ob daran festzuhalten ist, wurde offengelassen in BGHZ 42, 53, 58.
483 BeckOK/Kindl § 929 Rn. 60.
484 Staudinger/Beckmann § 449 Rn. 27 m.w.N.
485 Vgl. dazu Rn. 338 ff.
486 Ausführlich dazu oben Rn. 266 ff.

dass nicht der Vorbehaltskäufer durch die Verarbeitung nach § 950 das Eigentum an der neuen Sache erwirbt, sondern der Vorbehaltsverkäufer.

Es ist allerdings umstritten, ob der Begriff des „Herstellers" i.S.d. § 950 disponibel ist.

- Die Rspr. und ein Teil der Lit. gehen davon aus, dass die Vereinbarungen der vom Herstellungsprozess betroffenen Personen über die Herstellereigenschaft i.S.v. § 950 entscheiden können. Derjenige, der das Eigentum nicht erwerben wolle, solle dieses auch nicht kraft Gesetzes erhalten.[487]
- In der Lit. wird demgegenüber überwiegend die Auffassung vertreten, dass nur derjenige das Eigentum gemäß § 950 kraft Gesetzes erlange, der nach der Verkehrsanschauung unter Zugrundelegung **objektiver Kriterien** Hersteller sei. Es widerspreche der Zuordnungsfunktion des § 950, durch Vereinbarung mit dinglicher Wirkung den Hersteller zu bestimmen.[488] Eine Vereinbarung über den Hersteller könne in eine Sicherungsübereignung durch antizipierte Einigung und antizipiertes Besitzkonstitut umgedeutet werden.[489]

- Die Parteien können auch vereinbaren, dass das gesetzlich dem Vorbehaltskäufer nach § 950 zustehende Eigentum an der neu hergestellten Sache sicherungshalber auf den Vorbehaltsverkäufer nach **§§ 929, 930** durch antizipierte Einigung und antizipiertes Besitzkonstitut übertragen wird.

b) Kollision mit Sicherungsübereignung

Ein durch eine Verarbeitungsklausel verlängerter Eigentumsvorbehalt kann insbesondere mit einer **Sicherungsübereignung** an eine Bank kollidieren. Nach h.M. geht in der Regel der verlängerte Eigentumsvorbehalt vor. Unabhängig davon, ob der Vorbehaltsverkäufer wirksam als Hersteller vereinbart wurde oder ihm die neu hergestellten Sachen sicherungsübereignet werden, erlangt er das Eigentum. Im Falle mehrfacher Sicherungsübereignung geht die h.M. nämlich davon aus, dass der unmittelbare Besitzer nur für denjenigen besitzen will, mit dem er **zuletzt** eine Sicherungsübereignung vereinbart hat,[490] in der Regel also für den Vorbehaltsverkäufer. Selbst wenn die Sicherungsübereignung ausnahmsweise zuletzt mit der Bank vereinbart worden sein sollte, wäre eine solche Sicherungsübereignung sittenwidrig und damit nichtig, wenn die Bank mit einer Verarbeitungsklausel durch Warenlieferanten rechnen musste. **361**

Fall 16: Winzer kontra Bank (vereinfacht nach Geibel WM 2005, 962)

Winzer W verkauft seine gesamte Traubenernte des Jahrgangs 2008 an die Weinkellerei K. Dabei vereinbaren sie einen verlängerten Eigentumsvorbehalt dergestalt, dass W bis zur vollständigen Kaufpreiszahlung nicht nur Eigentümer der an K gelieferten Trauben, sondern auch nach Verarbeitung in seinem Namen an dem daraus

487 BGH NJW 1991, 1480 f.; BGHZ 14, 114, 117; 20, 159, 163 f.; 46, 117, 118 f.

488 Grüneberg/Herrler § 950 Rn. 6; Erman/Ebbing § 950 Rn. 10; Staudinger/Heinze § 950 Rn. 27 ff.; MünchKomm/Füller § 950 Rn. 20.

489 BeckOK/Kindl § 950 Rn. 14.

490 BGH WM 1960, 1223, 1227; 1965, 1248, 1249; Staudinger/Heinze, Anh. zu §§ 929–931 Rn. 279 ff.

hergestellten Wein sein soll. Zuvor hatte K zur Sicherung eines Betriebsmittelkredits allerdings alle derzeitigen und zukünftigen Trauben- und Weinbestände, die sich in den Produktionsräumen befinden, bereits an seine Hausbank B sicherungsübereignet. Nachdem der Wein von K hergestellt und in Flaschen abgefüllt worden ist, wird er Anfang 2009 insolvent. W fragt, ob er Eigentümer des Weins ist und was er gegebenenfalls unternehmen muss.

362 **A.** Eigentum des W

I. W war zunächst Eigentümer der Trauben. Diese hat er an K unter der aufschiebenden Bedingung vollständiger Kaufpreiszahlung übereignet, §§ 929 S. 1, 158 Abs. 1. K hat den Kaufpreis bislang noch nicht bezahlt, sodass ein rechtsgeschäftlicher Eigentumswechsel nicht eingetreten ist.

II. B könnte durch die antizipierte Sicherungsübereignung Eigentümerin der Trauben geworden sein. Sie hat sich mit K antizipiert über den Eigentumsübergang geeinigt und mit ihm ein antizipiertes Besitzkonstitut vereinbart, §§ 929 S. 1, 930. Allerdings war K nicht Berechtigter. Ein gutgläubiger Eigentumserwerb gemäß § 933 scheidet ebenfalls aus, da der B die Trauben nicht übergeben wurden.

In einer fehlgeschlagenen Übereignung liegt – als Minus – stets zumindest die Übertragung eines Anwartschaftsrechts. Insoweit war K auch Berechtigter, sodass B zunächst nur ein Anwartschaftsrecht an den Trauben erworben hat.

III. W könnte jedoch sein Eigentum – und B ihr Anwartschaftsrecht – durch Verarbeitung der Trauben zu Wein kraft Gesetzes gemäß § 950 verloren haben.

1. Bei Wein handelt es sich nach der Verkehrsauffassung im Verhältnis zu den Trauben um eine neue Sache. Auch liegen keine Anhaltspunkte dafür vor, dass der Verarbeitungswert erheblich geringer als der Stoffwert der Trauben ist, sodass der Hersteller Eigentum an dem Wein erlangt.

2. Fraglich ist jedoch, wer Hersteller des Weins ist. Die Weinherstellung erfolgte im wirtschaftlichen Interesse und in der Weinkellerei des K, sodass dieser objektiv als Hersteller anzusehen wäre. Allerdings haben W und K vereinbart, dass die Herstellung im Namen des W erfolgen soll.

a) Nach der Rspr. und Teilen der Lit. ist der Herstellerbegriff in § 950 nicht nur nach objektiven, sondern auch nach subjektiven Kriterien zu definieren.[491] Danach wäre W als Hersteller anzusehen, sodass er durch den Herstellungsprozess unmittelbar Eigentum erworben hätte.

b) Nach der überwiegenden Lit. kann § 950 weder abbedungen noch die Herstellereigenschaft subjektiv vereinbart werden.[492] Eigentum erlangt nur der objektive Hersteller, hier also K. Allerdings wird einer Hersteller- oder Verarbeitungsklausel regelmäßig

491 BGH NJW 1991, 1480 f.; BGHZ 14, 114, 117; 20, 159, 163 f.; 46, 117, 118 f.

492 Grüneberg/Herrler § 950 Rn. 6; Erman/Ebbing § 950 Rn. 10; Staudinger/Heinze § 950 Rn. 27 ff.; Wieling § 11 II 4e, f; MünchKomm/Füller § 950 Rn. 26 ff.

eine Sicherungsübereignung an den Warenlieferanten durch antizipierte Einigung und ein antizipiertes Besitzkonstitut entnommen.[493]

Fraglich ist daher, ob auf Grundlage der Literaturauffassung unmittelbar nach Herstellung W aufgrund des verlängerten Eigentumsvorbehalts oder B aufgrund der antizipierten Sicherungsübereignung Eigentum gemäß §§ 929 S. 1, 930 an den Weinflaschen erlangt hat.

aa) Eigentumserwerb der B

B könnte eine juristische Sekunde nach Herstellung des Weins gemäß §§ 929 S. 1, 930 Eigentum an den Weinflaschen erworben haben. B und K haben sich antizipiert über den Eigentumsübergang auch an allen neu hergestellten Weinen geeinigt und ein antizipiertes Besitzkonstitut geschlossen. K war – nach der hier maßgeblichen Literaturauffassung – auch Eigentümer des neu hergestellten Weins. Allerdings müsste K im Zeitpunkt der Herstellung noch für B besitzen wollen. Im Falle mehrfacher Sicherungsübereignung geht die h.M. davon aus, dass der unmittelbare Besitzer nur für denjenigen besitzen will, mit dem er zuletzt eine Sicherungsübereignung vereinbart hat,[494] hier also W.

Selbst wenn man mit Teilen der Lit.[495] darin einen Verstoß gegen den sachenrechtlichen Prioritätsgrundsatz sehen würde, wäre die Sicherungsübereignung an die Bank unter Umständen sittenwidrig. Jedenfalls wenn die Bank mit einer Verarbeitungsklausel durch Warenlieferanten rechnen musste, z.B. weil ein solcher branchenüblich ist, liegt darin eine Verleitung zum Vertragsbruch, ähnlich wie in den Fällen einer Kollision von verlängertem Eigentumsvorbehalt und Globalzession.

bb) Eigentumserwerb des W

Damit besitzt K für W, mit dem – jedenfalls konkludent – ebenfalls eine antizipierte Sicherungsübereignung mit antizipiertem Besitzkonstitut vereinbart wurde.

c) Auch nach Herstellung des Weins ist daher nach allen Auffassungen W Eigentümer des Weins. Entweder hat er ihn originär als Hersteller gemäß § 950 erworben oder er wurde ihm von K gemäß §§ 929 S. 1, 930 zur Sicherheit übereignet, sodass sich eine Streitentscheidung erübrigt.[496]

B. Was muss W unternehmen? **363**

Ein Eigentümer kann gemäß § 47 InsO Aussonderung seines Eigentums und Herausgabe gemäß § 985 verlangen. Ist der Wein durch den Insolvenzverwalter verwertet worden, steht ihm gemäß § 48 S. 2 InsO ein Ersatzaussonderungsrecht zu, nach dem er Herausgabe der Gegenleistung aus der Insolvenzmasse verlangen kann.

Der Sicherungseigentümer ist zivilrechtlich zwar Volleigentümer, wird im Insolvenzverfahren wegen der Funktion des Sicherungseigentums als besitzloses Pfandrecht aber gemäß § 51 Nr. 1 InsO wie ein Pfandgläubiger behandelt. Er kann nicht Aussonderung, sondern nur abgesonderte Befriedigung verlangen, d.h., die Sache wird durch den Insol-

493 BeckOK/Kindl § 950 Rn. 14.

494 BGH WM 1960, 1223, 1227; 1965, 1248, 1249; Staudinger/Heinze Anh. zu §§ 929–931 Rn. 279 ff.

495 Vgl. Giesen AcP 203 (2003), 233, 240.

496 Vgl. auch noch zu anderen Fallkonstellationen ausführlich Geibel WM 2005, 962 ff.

venzverwalter verwertet und der Erlös anschließend (gekürzt um die Kosten) an den Absonderungsberechtigten ausgezahlt, § 170 Abs. 1 S. 2 InsO.

Folgt man also der Rspr. und nimmt eine subjektive Bestimmbarkeit des Herstellerbegriffs an, ist W Volleigentümer des Weins geworden und kann Aussonderung verlangen. Nimmt man mit der überwiegenden Lit. eine antizipierte Sicherungsübereignung an, steht W lediglich ein Absonderungsrecht zu.

---

6. Verlängerter Eigentumsvorbehalt mit Vorausabtretungsklausel

364 Liefert der Verkäufer eine Sache unter Eigentumsvorbehalt, die zur **Weiterveräußerung** bestimmt ist, und will der Käufer den Kaufpreis erst aus dem von ihm erzielten Veräußerungserlös bezahlen, können die Parteien einen verlängerten Eigentumsvorbehalt mit Vorausabtretungsklausel vereinbaren. Der Vorbehaltskäufer muss seinem Abkäufer sofort das **Eigentum** verschaffen, wenn dieser den vollen Kaufpreis zahlt. Der Eigentumsübergang darf nicht davon abhängig sein, dass auch der ursprüngliche Vorbehaltsverkäufer wegen seiner Forderungen gegen den Vorbehaltskäufer befriedigt wird. Der Vorbehaltsverkäufer muss daher den Vorbehaltskäufer ermächtigen, über die Sache zu verfügen (§ 185 Abs. 1). Damit der Vorbehaltsverkäufer nicht ungesichert ist, tritt der Vorbehaltskäufer ihm die Kaufpreisforderung gegen seinen Abkäufer sicherungshalber ab. Das vorbehaltene Eigentum als Sicherungsmittel wird also durch eine Sicherungsabtretung ersetzt.

a) Vorausabtretungsklausel

365

- Der Verkäufer **verkauft** an den Käufer unter Eigentumsvorbehalt, §§ 433, 449.
- Der Verkäufer **überträgt das Eigentum** unter der aufschiebenden Bedingung der vollständigen Kaufpreiszahlung, §§ 929 S. 1, 158 Abs. 1.
- Der Vorbehaltskäufer wird zur **Weiterveräußerung** im gewöhnlichen Geschäftsverkehr **ermächtigt** (§ 185 Abs. 1). Er darf das Eigentum auf den Abkäufer übertragen oder an ihn zur Sicherung der Kaufpreisforderung unter Eigentumsvorbehalt liefern, sodass der Abkäufer bereits Eigentum erwirbt, wenn er die Kaufpreisforderung des Vorbehaltskäufers tilgt.
- Die Ermächtigung zur Weiterveräußerung steht jedoch unter der **Bedingung** (§ 158), dass der Vorbehaltskäufer – der Anwartschaftsberechtigte – dem Vorbehaltsverkäufer **seine Forderungen** gegen die Abkäufer aus der Weiterveräußerung abtritt, § 398.
- Der Vorbehaltsverkäufer **ermächtigt** den Vorbehaltskäufer wiederum, die Forderungen für ihn **einzuziehen** (§§ 362 Abs. 2, 185 Abs. 1) mit der Verpflichtung, den eingezogenen Betrag an den Vorbehaltsverkäufer weiterzuleiten.

366 *Der verlängerte Eigentumsvorbehalt mit Vorausabtretungsklausel hat eine besonders hohe Klausurrelevanz. In Klausursachverhalten wird der Inhalt eines verlängerten Eigentumsvorbehalts meist jedoch nicht wiedergegeben. Allein aus der Verwendung des Begriffs „verlän-*

gerter Eigentumsvorbehalt" ergeben sich konkludent die vorstehend aufgeführten Vereinbarungen, die Sie sich unbedingt einprägen müssen.

Eine in der Praxis übliche Vertragsformulierung, insbesondere in den AGB, lautet: 367

§ 7.1: Die gelieferten Gegenstände bleiben unser Eigentum (Vorbehaltsware) bis zur Erfüllung aller Forderungen, insbesondere auch der jeweiligen Saldoforderungen, die uns – gleich aus welchen Rechten – gegen den Besteller zustehen.
§ 7.2: Der Besteller darf die Vorbehaltsware nur im gewöhnlichen Geschäftsverkehr zu seinen normalen Geschäftsbedingungen und solange er nicht im Verzuge ist veräußern, jedoch mit der Maßgabe, dass die Forderungen aus der Weiterveräußerung gemäß der Bestimmung des § 7.3 auf uns übergehen. Zu anderen Verfügungen über die Vorbehaltsware ist er nicht berechtigt.
§ 7.3: Forderungen des Bestellers aus der Weiterveräußerung der Vorbehaltsware werden bereits jetzt an uns abgetreten. Sie dienen in demselben Umfang zur Sicherung wie die Vorbehaltsware. Der Besteller ist, solange er seine Vertragspflichten erfüllt, zur Einziehung dieser Forderungen berechtigt. Die eingezogenen Beträge sind an den Lieferanten abzuführen.[497]

Der verlängerte Eigentumsvorbehalt darf nicht verwechselt werden mit dem weitergeleiteten Eigentumsvorbehalt. Die „Verlängerung" des Eigentumsvorbehalts besteht nicht etwa darin, dass auch der Vorbehaltskäufer mit dem Drittkäufer einen Eigentumsvorbehalt vereinbart oder auf den bestehenden Eigentumsvorbehalt hinweist, sondern an die Stelle des vorbehaltenen Eigentums als Sicherungsmittel tritt eine Forderungsabtretung bzw. eine andere Sache. Einprägsamer wäre daher eigentlich die Formulierung ***„Eigentumsvorbehalt mit Vorausabtretungsklausel"*** *bzw.* ***„Eigentumsvorbehalt mit Verarbeitungsklausel"****.* 368

aa) Ermächtigung zur Weiterveräußerung

Der Vorbehaltsverkäufer – Eigentümer – erklärt sich mit der Weiterveräußerung **einverstanden**. Durch diese Ermächtigung erlangt der Vorbehaltskäufer das Recht, an seine Abkäufer zu übereignen oder ein Anwartschaftsrecht zu bestellen (§ 185 Abs. 1 Var. 1). 369

Gemäß § 183 ist die Ermächtigung – Zustimmung – bis zur Übereignung bzw. Einräumung des Anwartschaftsrechts **widerruflich**, soweit sich nicht aus dem ihrer Erteilung zugrunde liegenden Rechtsverhältnis ein anderes ergibt.

Aus dem der Ermächtigung zugrunde liegenden Rechtsverhältnis – dem verlängerten Eigentumsvorbehalt – ergibt sich, dass der Widerruf nur zulässig ist, wenn der Vorbehaltskäufer seine Vertragspflichten verletzt. Als Vertragspflichtverletzung kommen in Betracht:

- Der Vorbehaltskäufer gerät mit der Zahlung des Kaufpreises in Verzug.
- Der Vorbehaltskäufer gefährdet durch sein Verhalten die sachgerechte Abwicklung des Vertrags.

Die Ermächtigung zur Weiterveräußerung gemäß § 185 Abs. 1 gilt jedoch nur für den **ordnungsgemäßen Geschäftsverkehr**. Daran fehlt es, wenn der Vorbehaltskäufer die Ware erheblich unter Wert veräußert, um andere dringende Schulden zu tilgen.[498] Auch eine Sicherungsübereignung an andere Kreditgeber ist von der Ermächtigung nicht gedeckt.[499] 370

497 Zum Inhalt des verlängerten Eigentumsvorbehalts OLG Düsseldorf JuS 1999, 1129 ff.

498 BGH WM 1969, 1452.

499 BGH WM 1966, 1327, 1328.

371 Vereinbart der Vorbehaltskäufer mit seinem Abkäufer ein **Abtretungsverbot (§ 399 Var. 2)** mit der Folge, dass der Vorbehaltsverkäufer die Forderung aus dem Weiterverkauf nicht erwirbt, greift die Ermächtigung nach § 185 Abs. 1 nicht ein. Die Ermächtigung zur Weiterveräußerung steht nämlich unter der **Bedingung** (§ 158) einer wirksamen Vorausabtretung. Der Vorbehaltskäufer verfügt mangels wirksamer Ermächtigung als Nichtberechtigter.

Die Vereinbarung eines Abtretungsverbots in **AGB** verstößt grundsätzlich nicht gegen § 307 Abs. 1. Eine unangemessene Benachteiligung des Vertragspartners des Verwenders liegt nur vor, wenn berechtigte Belange das Interesse des Verwenders an dem Abtretungsverbot überwiegen. Dies ist nicht schon deshalb der Fall, weil das Abtretungsverbot die Sicherung eines Lieferanten bei einem verlängerten Eigentumsvorbehalt vereitelt.[500]

372 Beim **beiderseitigen Handelskauf** ist **§ 354a S. 1 HGB** zu beachten. Das Abtretungsverbot ist unwirksam. Da in diesem Fall der Vorbehaltsverkäufer die Forderung aus dem Weiterverkauf erwirbt, ist die Weiterveräußerung von der Ermächtigung gedeckt. § 354a HGB ist nicht analog auf Nichtkaufleute anzuwenden.[501]

373 Fehlt es an einer wirksamen Ermächtigung des Vorbehaltskäufers, kommt ein **gutgläubiger Erwerb** des Abkäufers gemäß §§ 932 ff. oder § 366 HGB in Betracht.[502] Muss der Erwerber nach den Umständen jedoch mit einem verlängerten Eigentumsvorbehalt des Vorlieferanten seines Vertragspartners rechnen, so handelt er grob fahrlässig, wenn er die Abtretung der Kaufpreisforderung vertraglich (wirksam) ausschließt und keine Erkundigungen über das Verfügungsrecht und/oder die Eigentumsverhältnisse an der Kaufsache einzieht.[503]

bb) Vorausabtretung der Kaufpreisforderung

374 Der Vorbehaltskäufer tritt seine Kaufpreisforderung gegen den Abkäufer aus der – künftigen – Weiterveräußerung sicherungshalber an den Vorbehaltsverkäufer ab. Der Vorbehaltsverkäufer soll auf diese Weise für den infolge der Weiterveräußerung entstehenden Eigentumsverlust eine andere Sicherheit erhalten. Damit diese Abtretung wirksam ist, muss die künftige Forderung **bestimmbar** sein.

Da die Verfügungswirkung im Fall der Abtretung erst eintritt, wenn auch die Forderung entsteht, genügt es, wenn zu diesem Zeitpunkt eine **Individualisierung** der Forderung möglich ist. Es ist nicht erforderlich, dass die Bestimmtheit bereits im Zeitpunkt der Abgabe der Erklärung vorliegt.[504]

- Verkauft der Vorbehaltskäufer eine vom Vorbehaltsverkäufer erworbene **Speziessache** an den Abkäufer, ist die erforderliche Bestimmtheit gegeben, weil Gläubiger, Schuldner und Schuldgrund feststehen.
- Wird eine **Gattungssache** vom Vorbehaltskäufer an den Abkäufer verkauft, ist für die Bestimmtheit nicht der Zeitpunkt des Entstehens der Forderung, sondern erst der

500 BGH NJW 2006, 3486 ff.
501 BGH NJW 2006, 3486 ff, a.A. Hopt § 354a Rn. 1 für Kleingewerbetreibende und Freiberufler.
502 BGH NJW 1989, 896 ff.
503 BGH NJW 1999, 425, 426.
504 BGHZ 7, 365, 368 f.; Baur/Stürner § 58 Rn. 19; MünchKomm/Roth § 398 Rn. 67, 79.

Zeitpunkt der Konkretisierung der Gattungsschuld auf einen bestimmten Gegenstand maßgebend.[505]

Beispiel: K bezieht von A 5.000 l italienischen Landwein Lambrusco unter verlängertem Eigentumsvorbehalt. Außerdem erwirbt er jeweils weitere 5.000 l Lambrusco von den Händlern B und C. K veräußert seinerseits 5.000 l Lambrusco weiter an D. Eine Woche später stellt er absprachegemäß den Wein des A zur Abholung durch D bereit.

I. Die Forderung aus dem Kaufvertrag K–D bzgl. der 5.000 l Landwein ist bereits mit Abschluss des Kaufvertrags entstanden.
II. Da es sich jedoch um einen Gattungskauf handelt, kann K seine Verpflichtung gegenüber D mit der Lieferung eines Lambrusco-Weins mittlerer Art und Güte erfüllen; er kann also den von A erworbenen Wein genauso liefern, wie den Wein von B oder von C, sodass bei Abschluss des Kaufvertrags mit D noch gar nicht feststeht, dass es gerade der Wein des A ist, der an D weiterveräußert wurde.
III. Zur Individualisierung der vorausabgetretenen Forderung ist mindestens erforderlich, dass sich das Schuldverhältnis zwischen K und D auf den von A erworbenen Wein konkretisiert. Dies war der Fall durch Aussonderung des Weins zum mit D vereinbarten Termin, § 243 Abs. 2.

Die Vorausabtretung einer Forderung kann nach § 138 unwirksam sein, wenn der Vorbehaltskäufer **geknebelt** wird oder eine ursprüngliche **Übersicherung** eintritt. 375

- Eine **Knebelung** ist gegeben, wenn der Vorbehaltsverkäufer in Wahrheit an die Stelle des Vorbehaltskäufers tritt und über die Geschäftsentwicklung an dessen Stelle entscheidet. Dies ist insbesondere der Fall, wenn der Vorbehaltsverkäufer den Weiterverkaufspreis bestimmt, die Preiskalkulation vornimmt oder darüber entscheidet, welche Kunden zu welchen Konditionen beliefert werden dürfen. Eine solche Knebelung hat die Nichtigkeit der Vorausabtretung zur Folge.[506] 376

- Eine **ursprüngliche Übersicherung** liegt vor, wenn bereits bei Vertragsschluss gewiss ist, dass im Verwertungsfall ein auffälliges Missverhältnis zwischen dem Wert der abgetretenen Forderung und dem Wert der gesicherten Forderung besteht. Die ursprüngliche Übersicherung führt zur Nichtigkeit der Abtretung gemäß § 138 Abs. 1, wenn sie auf einer verwerflichen Gesinnung des Sicherungsnehmers beruht.[507] 377

Eine ursprüngliche Übersicherung wird im Rahmen eines verlängerten Eigentumsvorbehalts aber eher selten anzunehmen sein. Sie setzt voraus, dass der Vorbehaltskäufer die Sache mit einem ganz erheblichen Gewinn weiterveräußert. Dies kann insbesondere der Fall sein, wenn die Kaufsache durch den Vorbehaltskäufer weiterverarbeitet wird.[508]

cc) Einziehungsermächtigung und Aufrechnung mit Gegenforderung

Weil der verlängerte Eigentumsvorbehalt nur der Sicherung des Vorbehaltsverkäufers 378
dient und gegenüber Abkäufern des Vorbehaltskäufers nicht offengelegt werden soll, wird der **Vorbehaltskäufer ermächtigt, die an den Vorbehaltsverkäufer abgetretene Kaufpreisforderung einzuziehen.** Der Abkäufer zahlt also an einen Nichtberechtigten; die Zahlung führt gemäß **§ 362 Abs. 2 i.V.m. § 185** aber gleichwohl zur Tilgung der Kaufpreisschuld des Abkäufers. Die Einziehungsermächtigung ist nur widerruflich,

505 MünchKomm/Roth/Kieninger § 398 Rn. 139.
506 BGHZ 26, 185, 190 f.
507 BGH NJW 1998, 2047.
508 Zu einem solchen Fall: OLG Köln OLGR 2009, 571 ff.

wenn der Vorbehaltskäufer seinen Pflichten nicht nachkommt, also mit der Zahlung des Kaufpreises in Verzug gerät. In diesem Fall wird der Vorbehaltsverkäufer die Zession gegenüber dem Abkäufer offenlegen und Zahlung an sich selbst verlangen.

379 Will der **Abkäufer** gegen die Kaufpreisforderung des Vorbehaltskäufers mit einer Gegenforderung **aufrechnen**, fehlt es eigentlich an der erforderlichen Gegenseitigkeit der Forderungen, § 387, da die Kaufpreisforderung ja an den Vorbehaltsverkäufer vorausabgetreten ist. Da der Abkäufer die Vorausabtretung – jedenfalls vor einer Offenlegung – aber nicht kennt, ist eine dem Vorbehaltskäufer erklärte Aufrechnung gegenüber dem Vorbehaltsverkäufer nach **§ 407 Abs. 1** wirksam.

§ 407 Abs. 1 setzt allerdings voraus, dass der Vorbehaltskäufer jedenfalls für eine juristische Sekunde Inhaber der Kaufpreisforderung war. Andernfalls würde die Aufrechnung nicht gegenüber dem **„bisherigen Gläubiger"** erfolgen. Ob die im Voraus abgetretene künftige Kaufpreisforderung unmittelbar in der Person des Zessionars (= Vorbehaltsverkäufers) entsteht (Direkterwerb), oder ob sie beim Zedenten (= Vorbehaltskäufer) entsteht und erst dann auf den Zessionar übergeht (Durchgangserwerb), ist umstritten.[509] Der Abkäufer ist jedoch auch dann schutzwürdig, wenn die Kaufpreisforderung direkt in der Person des Vorbehaltsverkäufers entsteht, sodass dann § 407 Abs. 1 jedenfalls analog anwendbar ist.[510]

380 Kennt der Abkäufer die Abtretung der Forderung, scheidet eine Aufrechnung gegenüber dem Vorbehaltskäufer gemäß § 407 Abs. 1 aus. Möglich ist in diesem Fall allerdings eine **Aufrechnung gegenüber dem Vorbehaltsverkäufer** nach **§ 406**. Für eine Aufrechnung gegenüber dem neuen Gläubiger kommt es nicht darauf an, ob der Abkäufer die Vorausabtretung im Zeitpunkt der Aufrechnung kennt, sondern ob er sie bei Erwerb der Gegenforderung (also der Forderung, mit der er aufrechnen möchte) bereits kannte.[511]

Merke: *§ 407 ermöglicht dem Schuldner eine Aufrechnung nach Abtretung gegenüber dem Zedenten (= Vorbehaltskäufer). § 406 ermöglicht dem Schuldner eine Aufrechnung nach Abtretung gegenüber dem Zessionar (= Vorbehaltsverkäufer).*

b) Kollision von Vorausabtretung und Globalzession

381 Häufig hat der Eigentumsvorbehaltskäufer bereits vor Abschluss des Kaufvertrags zur Sicherung etwa eines Betriebsmittelkredits alle gegenwärtigen und künftigen Forderungen gegen Dritte im Rahmen einer **Globalzession** an eine Bank oder aber auch an einen anderen Warenlieferanten abgetreten.[512] Diese Abtretungen kollidieren dann mit der Vorausabtretung im Rahmen eines verlängerten Eigentumsvorbehalts. Grundsätzlich gilt bei mehrfacher Abtretung einer Forderung das **Prioritätsprinzip**, wonach die zeitlich erste Abtretung wirksam ist. Dies gilt auch bei künftigen Forderungen. Demnach wäre in aller Regel die Globalzession zugunsten der Bank wirksam, während der verlängerte Eigentumsvorbehalt ins Leere geht.

509 Vgl. Grüneberg/Grüneberg § 398 Rn. 12.

510 BGH NJW 1969, 276.

511 Weitere Einzelheiten zum Schutz des Schuldners bei einer Abtretung im AS-Skript Schuldrecht AT 2 (2024), Rn. 413 ff.

512 Ausführlich zur Globalzession als Sicherungsmittel: AS-Skript Schuldrecht AT 2 (2024), Rn. 452 ff.

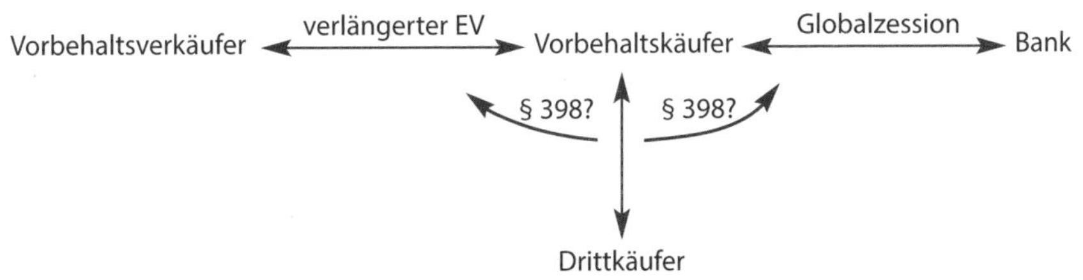

Die Globalzession kann in solchen Fällen jedoch gemäß § 138 Abs. 1 sittenwidrig und damit nichtig sein. Nach der Rspr. des BGH ist dies bei zur Kreditsicherung vereinbarten Globalzessionen wegen **Verleitung zum Vertragsbruch** in der Regel der Fall, **wenn sie nach dem Willen der Vertragsparteien auch solche Forderungen umfassen sollen, die der Schuldner seinen Lieferanten aufgrund eines verlängerten Eigentumsvorbehalts künftig abtreten muss.**[513] Um diese Folge zu vermeiden, muss zwischen Vorbehaltskäufer und Sicherungsnehmer eine **dingliche Teilverzichtsklausel** vereinbart werden, die dem verlängerten Eigentumsvorbehalt dinglichen Vorrang einräumt. Eine schuldrechtliche Freigabeklausel reicht insoweit nicht aus.[514] 382

c) Kollision von Vorausabtretung und Factoring

Veräußert der Vorbehaltskäufer seine Kaufpreisforderungen aus der Weiterveräußerung an einen Factor, kommt es ebenfalls zu einer Kollision mit der Vorausabtretungsklausel. Es ist zwischen echtem und unechtem Factoring zu unterscheiden: 383

Beim **echten Factoring (Forderungskauf)** verkauft der Vorbehaltskäufer die Forderung gegen seinen Abkäufer endgültig an den Factor. Auch bei Uneinbringlichkeit der Forderung trägt der Factor das Risiko. Der Vorbehaltskäufer erhält von dem Factor dafür einen Kaufpreis, der in der Regel 10–20 % unter dem Nennwert der Forderung liegt. Der Forderungsverkauf im Rahmen des echten Factoring ist nicht wegen Verleitung zum Vertragsbruch gemäß § 138 Abs. 1 sittenwidrig, weil die Interessen des Vorbehaltsverkäufers nicht beeinträchtigt werden. Der Vorbehaltskäufer darf den vom Factor bezahlten Betrag endgültig behalten, sodass er nicht anders steht, als hätte er den Kaufpreis unmittelbar von seinem Abkäufer erhalten.[515] 384

Beim **unechten Factoring** handelt es sich nur um eine **Inkasso-Zession**. Die Abtretung dient lediglich dazu, dass der Factor den Betrag vom Abkäufer einzieht und an den Vorbehaltskäufer weiterleitet. Dadurch werden die Interessen des Vorbehaltsverkäufers ebenfalls nicht beeinträchtigt, da es sich lediglich um eine treuhänderische Abtretung handelt und die Forderung wirtschaftlich im Vermögen des Vorbehaltskäufers bleibt. Meist wird das unechte Factoring aber mit Elementen der Kreditgewährung verbunden: Der Factor überweist den Kaufpreis bereits an den Vorbehaltskäufer, bevor er ihn von dem Abkäufer eingezogen hat. In diesem Fall dienen die abgetretenen Forderungen auch zur **Absicherung des Factors** vor etwaigen Forderungsausfällen. In diesem – mit der Globalzession vergleichbaren – Fall ist die Vorausabtretung ebenfalls wegen Verleitung zum Vertragsbruch sittenwidrig. 385

513 BGHZ 30, 149, 153; 72, 308, 310; BGH MDR 1999, 369, 370, JZ 1999, 404.

514 AS-Skript Schuldrecht AT 2 (2024), Rn. 455.

515 BGHZ 100, 353, 359.

B. Übergabe bzw. Übergabesurrogat

386 In aller Regel erfolgt eine Übergabe nach § 929 S. 1. Dabei ist allerdings eine Besonderheit zu beachten. Der Eigentumsvorbehaltskauf ist ein Besitzmittlungsverhältnis i.S.d. § 868, sodass der Vorbehaltsverkäufer und Veräußerer auch nach Aushändigung der Sache an den Vorbehaltskäufer mittelbarer Besitzer bleibt. Der Entstehung eines Anwartschaftsrechts steht dies aber nicht entgegen. Ein vollständiger Besitzverlust auf Veräußererseite – den die Übergabe nach § 929 S. 1 normalerweise voraussetzt – ist für die Entstehung des Anwartschaftsrechts nicht erforderlich.[516]

C. Berechtigung des Vorbehaltsverkäufers

387 Für das Entstehen eines Anwartschaftsrechts beim Vorbehaltskäufer und damit für den Eigentumsübergang im Zeitpunkt des Bedingungseintritts ist die **Berechtigung des Vorbehaltsverkäufers** erforderlich.

388 Es ist jedoch auch ein **gutgläubiger Erwerb** des Anwartschaftsrechts möglich. Liefert der nichtberechtigte Verkäufer dem im Zeitpunkt der Übergabe gutgläubigen Käufer die Kaufsache unter Eigentumsvorbehalt, dann erwirbt der Käufer entsprechend §§ 932 ff. ein Anwartschaftsrecht. Mit der Zahlung des Kaufpreises erwirbt der Käufer auch dann das Eigentum, wenn er inzwischen von der Nichtberechtigung des Verkäufers erfahren hat.

Beispiel: E hatte in einer großen Fabrikhalle des N Maschinen untergestellt. Von diesen Maschinen veräußerte N zwei unter Eigentumsvorbehalt an K und übergab sie K. K konnte davon ausgehen, dass N Eigentümer war. Bald darauf erfährt E davon und verlangt die Maschinen heraus. Daraufhin zahlt K an N den noch offen stehenden Restkaufpreis.

E kann gemäß § 985 die Maschinen nur herausverlangen, wenn er noch Eigentümer ist.
E kann sein Eigentum in der Weise verloren haben, dass N dem K ein Anwartschaftsrecht gemäß §§ 929 S. 1, 158 Abs. 1 übertragen hat und die Bedingung eingetreten ist.
I. K hat von N gemäß §§ 929 S. 1, 158 Abs. 1, 932 das Anwartschaftsrecht erworben:
1. N und K haben sich bedingt über den Eigentumsübergang geeinigt; das Eigentum sollte erst nach vollständiger Zahlung des Kaufpreises übergehen. Da N und K trotz der Nichtberechtigung des K einen wirksamen Kaufvertrag abgeschlossen haben, war der Eintritt der Bedingung möglich.
2. In Vollziehung der bedingten Einigung ist die Übergabe erfolgt, und da N als Besitzer als Berechtigter ausgewiesen und K gutgläubig war, sind die Erwerbsvoraussetzungen des § 932 gegeben.
II. Die Bedingung ist durch Zahlung des Kaufpreises eingetreten.
III. Im Zeitpunkt des Bedingungseintritts – der Zahlung – wusste K jedoch, dass N nicht Eigentümer war. Diese nachträgliche Bösgläubigkeit ist unschädlich. Wer ein wirksames Anwartschaftsrecht erlangt hat, kann sich darauf verlassen, dass mit dem Bedingungseintritt der Eigentumserwerb erfolgt.[517]

D. Möglichkeit des Bedingungseintritts

389 Das Anwartschaftsrecht kann nur bestehen, wenn der Eintritt der Bedingung möglich ist. Ist der Vorbehaltskaufvertrag unwirksam oder in ein Rückabwicklungsschuldverhältnis umgewandelt, kann die Bedingung der Erfüllung der Kaufpreisforderung durch vollständige Zahlung nicht mehr eintreten.

---

516 BGHZ 10, 69, 71; Grüneberg/Herrler § 929 Rn. 11.
517 BGHZ 10, 69, 72 ff.; Grüneberg/Herrler § 932 Rn. 16.

Beispiel: V verkauft dem Kaufmann K einen Lkw für 42.000 € mit der Abrede, dass das Eigentum erst übergehen soll, wenn der Kaufpreis vollständig bezahlt worden ist. K zahlt 12.000 € an. Der Rest soll in monatlichen Raten von 3.000 € getilgt werden. Nach drei Monaten tritt K wirksam vom Kaufvertrag zurück.

I. K kann gemäß §§ 929 S. 1, 158 Abs. 1 bedingtes Eigentum und damit ein Anwartschaftsrecht erworben haben.
1. Da der Eigentumsübergang erst nach Zahlung des Kaufpreises eintreten soll, liegt eine wirksame bedingte Einigung vor.
2. Übergabe: Der Erwerber K hat den Besitz erlangt, und zwar auf Veranlassung des Veräußerers V. Unschädlich ist, dass V aufgrund des Eigentumsvorbehaltskaufs mittelbarer Besitzer geblieben ist.
3. V war Berechtigter.
4. Vor dem Rücktritt des K vom Kaufvertrag war der Eintritt der Bedingung möglich. K hat zunächst ein Anwartschaftsrecht erworben.
II. Das Anwartschaftsrecht des K ist mit dem wirksamen Rücktritt erloschen, weil nunmehr die Bedingung, nämlich die Zahlung des Kaufpreises, nicht mehr eintreten kann.
V ist daher Eigentümer geblieben.

2. Abschnitt: Übertragung des Anwartschaftsrechts

Aufbauschema: Übertragung eines Anwartschaftsrechts
I. Einigung über die Übertragung des Anwartschaftsrechts
II. Übergabe bzw. Übergabesurrogat
III. Berechtigung des Veräußerers (wenn er Inhaber des Anwartschaftsrechts ist)
Falls (–), gutgläubiger (Zweit-)Erwerb des Anwartschaftsrechts gemäß §§ 932 ff. analog möglich
IV. Möglichkeit des Bedingungseintritts

A. Übertragung durch den Berechtigten analog §§ 929 ff.

Der Anwartschaftsberechtigte kann sein Anwartschaftsrecht **analog §§ 929 ff.** auf den Erwerber übertragen. **390**

Es besteht Einigkeit darüber, dass das Anwartschaftsrecht nicht durch Abtretung gemäß §§ 413, 398 übertragen werden kann.[518] Teilweise wird jedoch angenommen, eine Übertragung des Anwartschaftsrechts sei überflüssig. Der Vorbehaltskäufer könne sein künftiges Eigentum übertragen, diese Verfügung wird nach § 185 Abs. 2 S. 1 Var. 2 wirksam. Unterschiede können sich jedoch bei einer etwaigen Belastung der Sache mit Rechten Dritter ergeben (dazu unten Fall 17).

Der Anwartschaftsberechtigte und der Erwerber müssen sich über den Wechsel des Anwartschaftsrechts **einigen** und in Vollziehung der Einigung die Sache **übergeben** oder ein **Übergabesurrogat** vereinbaren. Der Erwerber tritt an die Stelle des Veräußerers, doch bleibt die schuldrechtliche Beziehung des Veräußerers zum Eigentümer davon unberührt. Mit der Zahlung des Kaufpreises an den Eigentümer tritt – unabhängig vom Zahlenden – die Bedingung ein. Der Erwerber wird nach h.M. ohne Zwischenerwerb des Veräußerers Eigentümer.

518 BGHZ 28, 16, 21; BGH NJW 1970, 699; Brox JuS 1984, 657, 661.

Fall 17: Durch oder direkt

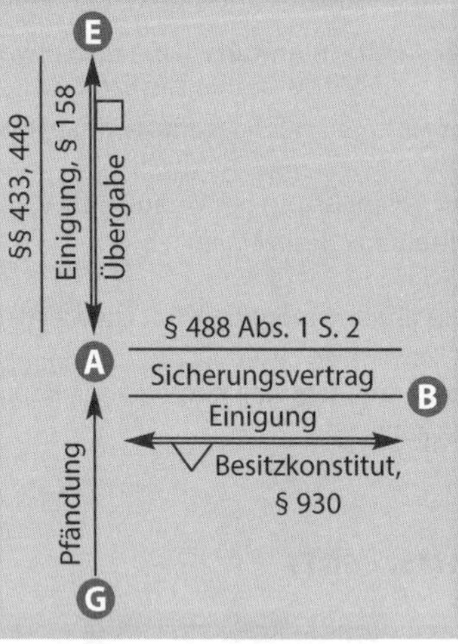

E hat A eine Werkzeugmaschine für 18.000 € unter Eigentumsvorbehalt verkauft und übergeben. A zahlt 3.000 € an, der Rest soll in Raten von 1.500 € monatlich gezahlt werden. A soll nicht berechtigt sein, über das Anwartschaftsrecht zu verfügen. Bald darauf gerät A in Vermögensschwierigkeiten. Die B-Bank gewährt A einen Kredit. A überträgt als Sicherheit das Anwartschaftsrecht auf B. Ein Gläubiger (G) des A pfändet die Maschine. Nunmehr zahlt B an E den noch offenstehenden Kaufpreis.

Kann die B-Bank gegen die Pfändung vorgehen?

391 Die B-Bank kann erfolgreich eine **Drittwiderspruchsklage gemäß § 771 ZPO** erheben, wenn sie unbelastetes Eigentum erworben hat.[519]

A. Der Eigentumserwerb ist eingetreten, wenn die B-Bank von A ein Anwartschaftsrecht erworben hat und dieses durch den Eintritt der Bedingung zum Vollrecht Eigentum erstarkt ist.

I. A und B haben sich darüber geeinigt, dass das Anwartschaftsrecht des A auf B übergehen soll (§ 929 S. 1 analog), und in Vollziehung der Einigung hat A mit B ein Besitzkonstitut (§ 930) begründet. Da A auch Berechtigter war, ist das Anwartschaftsrecht auf B übergegangen.

Die Vereinbarung zwischen E und A, dass A über das Anwartschaftsrecht nicht verfügen dürfe, hat nur schuldrechtliche Wirkung im Verhältnis E–A und ist im Verhältnis zu Dritten unbeachtlich. Für die rechtsgeschäftliche Verfügungsbeschränkung gilt § 137, d.h., sie hat im Verhältnis zu Dritten **keine dingliche Wirkung**.[520]

II. Mit der Zahlung des Kaufpreises an E ist die Bedingung eingetreten, weil zu diesem Zeitpunkt der Kaufvertrag E–A noch wirksam bestand. Fraglich ist, wie sich der Eigentumswechsel von E auf B vollzieht:

1. Teilweise wird die Auffassung vertreten, dass mit Zahlung der letzten Kaufpreisrate der Eigentumsvorbehaltskäufer als Ersterwerber für eine „juristische Sekunde" Eigentümer geworden ist und das Vollrecht anschließend sofort wieder an den Zweiterwerber weiterreicht, sog. **Durchgangserwerb**.

Danach wäre die Übertragung des Anwartschaftsrechts eigentlich überflüssig, da sich das gleiche Ergebnis unter Anwendung des § 185 Abs. 2 S. 1 Var. 2 erzielen ließe.

2. Nach der ganz h.M. erwirbt der Anwartschaftsberechtigte das Eigentum direkt, da das Eigentum unmittelbar beim Anwartschaftsberechtigten zum Vollrecht erstarkt, sog. **Direkterwerb**.

519 Zur Anwendbarkeit des § 771 ZPO s. Rn. 339 ff.

520 BGH NJW 1970, 699.

3. Stellungnahme: Es findet ein Direkterwerb statt. Nach der Übertragung des Anwartschaftsrechts sind mit dem Eigentümer und dem (neuen) Anwartschaftsberechtigten nur noch zwei dinglich Berechtigte vorhanden. Der Ersterwerber kann das Eigentum nicht für eine juristische Sekunde erwerben, da bei ihm nach der Übertragung des Anwartschaftsrechts keine dingliche Rechtsposition mehr verblieben ist.

Die Verpflichtung des Vorbehaltsverkäufers gegenüber dem Ersterwerber aus dem weiterhin fortbestehenden Kaufvertrag zur Eigentumsübertragung wird dadurch erfüllt, dass das Eigentum auf den Anwartschaftsberechtigten übergeht.

B. Da A zu keiner Zeit Eigentümer geworden ist, ist die Pfändung unwirksam.

B hat daher unbelastetes Eigentum erworben und kann gemäß § 771 ZPO die Drittwiderspruchsklage mit Erfolg erheben.

G hat auch nicht wirksam das Anwartschaftsrecht pfänden lassen, da dieses zum Zeitpunkt der Pfändung bereits auf B übertragen worden war. Im Übrigen ist nach h.M. zur Pfändung eines Anwartschaftsrechts eine Doppelpfändung[521] *(nach den Vorschriften der Rechts- und der Sachpfändung) erforderlich, die nicht erfolgt ist.*

Abwandlung:

E und A vereinbaren, nachdem das Anwartschaftsrecht auf B übertragen worden ist, dass noch weitere Forderungen des E gegen A gesichert werden sollen. Ist B nach Zahlung des Kaufpreises Eigentümerin geworden?

B ist nach Zahlung des Kaufpreises Eigentümerin geworden, wenn dadurch die aufschiebende Bedingung für die Eigentumsübertragung eingetreten wäre. **392**

I. Ursprünglich war als aufschiebende Bedingung die Zahlung des Restkaufpreises zwischen E und A vereinbart worden. Diese Bedingung ist eingetreten.

II. Mit der Abrede, dass mit dem vorbehaltenen Eigentum noch weitere Forderungen des E gegen A gesichert werden sollen, haben die Parteien jedoch einen **erweiterten Eigentumsvorbehalt** vereinbart. Das Eigentum soll nicht schon mit Tilgung der Kaufpreisforderung auf A übergehen, sondern erst dann, wenn alle in der Vereinbarung bezeichneten Forderungen des E gegen A erfüllt sind. Diese Vereinbarung kann grundsätzlich auch **nachträglich** erfolgen.

III. Doch zu dem Zeitpunkt, als E und A die Vereinbarung trafen, war A schon nicht mehr Inhaber des Anwartschaftsrechts. Er hatte es wirksam auf B übertragen. Diese Vereinbarung E–A ist im Verhältnis zu B unwirksam, denn durch die Abrede, dass weitere Forderungen durch den Eigentumsvorbehalt gesichert werden sollen, wird das Anwartschaftsrecht inhaltlich geändert. Diese **Inhaltsänderung** des Anwartschaftsrechts ist eine Verfügung über das Recht und kann ohne Zustimmung der Anwartschaftsberechtigten B keine Wirkungen entfalten.[522]

---

521 BGH NJW 1954, 1325; Erman/Bayer § 929 Rn. 22; a.A. Baur/Stürner § 59 Rn. 41, danach nur Rechtspfändung. Vgl. AS-Skript ZPO (2022), Rn. 478.

522 BGHZ 75, 221, 226.

Der Vorbehaltskäufer kann also nach Übertragung des Anwartschaftsrechts dieses nicht mehr zulasten des Dritten verändern. Allerdings kann der Vorbehaltskäufer den Eigentumserwerb des Dritten verhindern, indem er den ursprünglichen schuldrechtlichen Kaufvertrag zu Fall bringt. Tritt er wirksam zurück oder ficht er an, kann die für die Übereignung erforderliche Bedingung nicht mehr eintreten. Der Erwerber trägt das Risiko des Verlustes der Anwartschaft infolge Bedingungsausfalls. Dies ist die große Schwäche des Anwartschaftsrechts.[523]

---

393 Die Weiterübertragung einer unter Eigentumsvorbehalt erworbenen Sache gemäß §§ 929 ff. hat auch zur Folge, dass das Anwartschaftsrecht nicht in die Insolvenzmasse fällt, wenn die Übertragung vor Insolvenzeröffnung stattgefunden hat.[524]

Beispiel nach OLG Hamm: V erwirbt einen Pkw unter Eigentumsvorbehalt, den er zur Sicherung des Darlehensrückzahlungsanspruchs an die darlehensgebende Bank B nach §§ 929 S. 1, 930 überträgt. V überlässt das Fahrzeug an seinen Sohn, S, der sowohl die Darlehensraten als auch alle Unterhaltskosten des Fahrzeugs trägt. Kurz vor der Eröffnung des Insolvenzverfahrens über das Vermögen des V wird die letzte Rate durch S getilgt und V übergibt seinem Sohn – wie von Anfang an geplant – die von B übersandte Zulassungsbescheinigung.

In der Überlassung an S sah das OLG Hamm eine Übertragung des Anwartschaftsrechts von V an S. Die spätere Eröffnung des Insolvenzverfahrens hat auf das auf S übertragene Anwartschaftsrecht keinen Einfluss. Mit Zahlung der letzten Rate durch V erstarkt das Anwartschaftsrecht des S bei diesem zum Vollrecht.

Bei einer Kollision des Anwartschaftsrechts mit anderen Sicherungsrechten ist daher grundsätzlich derjenige schutzwürdig, dessen Rechtsposition zuerst begründet wurde; es gilt das Prioritätsprinzip.

I. Fehlgeschlagene Übereignung enthält Anwartschaftsrechtsübertragung

394 Wenn der Anwartschaftsberechtigte vorgibt, Eigentümer zu sein, und die Eigentumsübertragung fehlschlägt, dann enthält die **fehlgeschlagene Übereignung** die Übertragung des Anwartschaftsrechts, soweit die Voraussetzungen vorliegen.

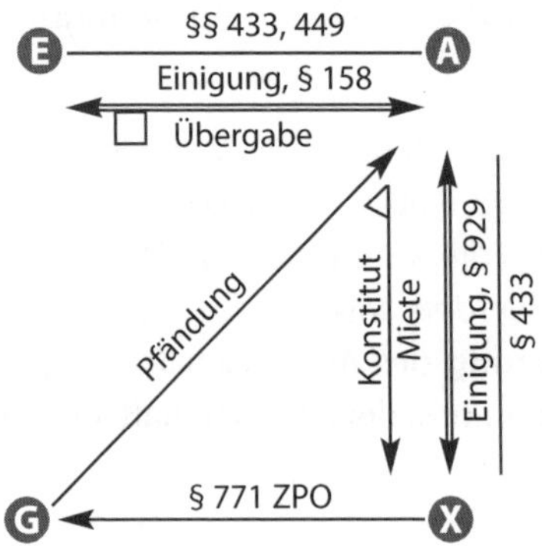

Beispiel: E verkauft A für dessen Waschsalon Wasch- und Trockenautomaten für 48.000 € unter Eigentumsvorbehalt. A zahlt 6.000 € an, der Rest soll in Raten gezahlt werden. Als A in Vermögensschwierigkeiten gerät, verkauft er die Maschinen für 40.000 € an X. X, der A gutgläubig für den Eigentümer hält, zahlt und vermietet sie an A für monatlich 600 €. Der Gläubiger G des A pfändet die Geräte. X widerspricht dieser Pfändung.

Mit Recht?

---

523 BeckOK/Kindl § 929 Rn. 79.

524 OLG Hamm, Urt. v. 20.06.2013 – 5 U 43/13, BeckRS 2013, 13028.

X kann gemäß **§ 771 ZPO** der Pfändung des G widersprechen, wenn ihm ein die Veräußerung hinderndes Recht zusteht.

I. X könnte Eigentum erworben haben. Ein Eigentumserwerb des X vom Nichtberechtigten A kann nur gemäß §§ 929, 930, 933 eingetreten sein. Doch da die Wasch- und Trockenautomaten nicht an X übergeben worden sind, scheidet ein Eigentumserwerb gemäß §§ 929, 930, 933 aus.
II. X kann jedoch ein **Anwartschaftsrecht** von A entsprechend §§ 929, 930 erworben haben.
1. Mit der Erklärung des A, das Eigentum übertragen zu wollen, bringt er dem X gegenüber zum Ausdruck, dass er seine dinglichen Rechte an den Maschinen übertragen will. Wenn der Anwartschaftsberechtigte vorgibt, Eigentümer zu sein, und die Eigentumsübertragung fehlschlägt, dann enthält die fehlgeschlagene Übereignung – **als Minus** – zumindest die Übertragung des Anwartschaftsrechts. Mit Rücksicht darauf nimmt die Rspr. an, dass in der Einigung, das Eigentum übertragen zu wollen, auch die Einigung zur Übertragung des Anwartschaftsrechts enthalten ist.[525] Im Schrifttum wird teilweise die Auffassung vertreten, dass die fehlgeschlagene Einigung in die Übertragung des Anwartschaftsrechts gemäß § 140 umzudeuten sei.[526] Im Ergebnis besteht also Einigkeit, dass in einer fehlgeschlagenen Einigung über die Eigentumsübertragung auch die Einigung über die Übertragung des Anwartschaftsrechts liegt.
2. Die erforderliche Besitzübertragung ist durch Vereinbarung eines Besitzkonstituts gemäß § 930 erfolgt.
3. A war Anwartschaftsberechtigter. E hat ihm gemäß §§ 929 S. 1, 158 Abs. 1 das Anwartschaftsrecht eingeräumt. Der Bedingungseintritt ist noch möglich. Das Anwartschaftsrecht ist ein Recht i.S.v. § 771 ZPO,[527] sodass X gegen die Pfändung Drittwiderspruchsklage erheben kann.

II. Übertragung des Anwartschaftsrechts nach § 929 S. 2 analog

Ein Anwartschaftsrecht kann auch nach § 929 S. 2 analog **„kurzer Hand"** übertragen werden. 395

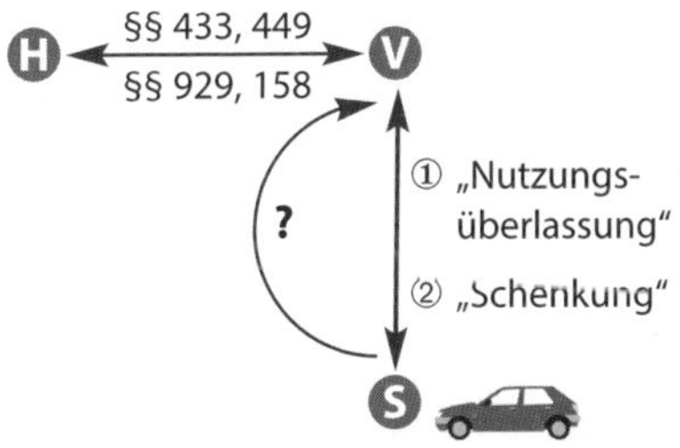

Beispiel: Vater V hat einen Pkw der Marke Nissan erworben und ihn seinem Sohn S zur Nutzung überlassen. Der Händler H hatte sich an dem Fahrzeug das Eigentum vorbehalten. Noch vor vollständiger Kaufpreiszahlung „schenkte" V seinem Sohn den Wagen; er solle nach Bezahlung ihm gehören. Nach Zahlung übersandte H dem V den Kfz-Brief (Zulassungsbescheinigung Teil II). S verlangt diesen heraus. Zu Recht?

S könnte gegen V einen Anspruch auf Herausgabe des Kfz-Briefs gemäß **§ 985** haben. Das Eigentum an dem Kfz-Brief könnte gemäß § 952 Abs. 2 analog auf S übergegangen sein. Dies würde voraussetzen, dass S Eigentümer des Nissan ist.
I. Unstreitig stand das Eigentum im Zeitpunkt der „Schenkung" noch H zu, sodass eine Übertragung des Eigentums an S gemäß § 929 S. 2 nicht in Betracht kommt. Auch ein gutgläubiger Erwerb gemäß § 932 Abs. 1 S. 2 kommt nicht in Betracht, da S wusste, dass der Wagen noch nicht bezahlt war und seinem Vater daher das Eigentum noch nicht zustand.
II. V stand jedoch an dem Wagen ein Anwartschaftsrecht zu. Dieses hat V nach den Regeln der §§ 929 ff. analog auf S übertragen, und zwar durch bloße Einigung nach § 929 S. 2, da sich das Fahrzeug bereits im Alleinbesitz des S befand.[528]
III. Nach Zahlung des Restkaufpreises ist das Anwartschaftsrecht bei S zum Vollrecht Eigentum erstarkt, sodass S Eigentümer ist.
IV. Dem Herausgabeanspruch des S könnte jedoch der Einwand von Treu und Glauben gemäß § 242 entgegenstehen, wenn er das Fahrzeug und den Fahrzeugbrief sofort wieder an V herausgeben müss-

525 BGHZ 50, 45, 48 ff.
526 Grüneberg/Herrler § 929 Rn. 45.
527 BGHZ 55, 20, 26; Grüneberg/Herrler § 929 Rn. 51.
528 BGH NJW 2007, 2844.

te. V könnte insoweit ein Herausgabeanspruch aus § 812 Abs. 1 S. 1 Var. 1 zustehen. Fraglich ist, ob für die Zuwendung des Fahrzeugs ein wirksamer Rechtsgrund besteht.
1. S und V haben sich darüber geeinigt, dass S den Wagen als Geschenk erhalten sollte.
2. Fraglich ist allerdings, ob diese Schenkung wirksam ist, da die Form des § 518 Abs. 1 nicht beachtet wurde. Im Fall einer Übertragung des Anwartschaftsrechts nach § 929 S. 2 liegt jedoch eine bereits bewirkte Schenkung i.S.d. § 516 Abs. 1 („Handschenkung") vor, sodass die Einhaltung der notariellen Form nicht erforderlich war.[529]
S hat gegen V einen Anspruch auf Herausgabe des Fahrzeugbriefs gemäß § 985. S ist Eigentümer des Nissan geworden, sodass gemäß § 952 Abs. 2 analog auch das Eigentum an dem Fahrzeugbrief auf ihn übergegangen ist

B. Übertragung des Anwartschaftsrechts durch einen Nichtberechtigten analog §§ 932 ff.

396 Ein **gutgläubiger Zweiterwerb** eines Anwartschaftsrechts unter den Voraussetzungen der §§ 932 ff. ist grundsätzlich möglich. Gemeint sind hiermit Fälle, in denen der Veräußerer nicht behauptet, Eigentümer zu sein, sondern ein Anwartschaftsrecht erworben zu haben. Hierbei ist allerdings zu differenzieren: Besteht das behauptete Anwartschaftsrecht überhaupt nicht, scheidet ein Gutglaubenserwerb nach den §§ 932 ff. aus. Der gute Glaube an eine schuldrechtliche Grundlage wird durch die §§ 932 ff. nicht geschützt. Besteht aber tatsächlich ein Anwartschaftsrecht, verfügt darüber jedoch ein anderer als der eigentliche Anwartschaftsberechtigte, finden die §§ 932 ff. nach h.M. grundsätzlich Anwendung.

Beispiel 1: E hat an K unter Eigentumsvorbehalt verkauft und die Sache übergeben. K überträgt durch Einigung und Übergabe sein Anwartschaftsrecht an A. Nunmehr stellt sich heraus, dass der Kaufvertrag E–K unwirksam ist.
Da mangels Wirksamkeit des Kaufvertrags der Bedingungseintritt unmöglich ist, hat A, selbst wenn er auf die Wirksamkeit des Kaufvertrags vertraut hat, kein Anwartschaftsrecht erworben. Der gute Glaube an das Bestehen einer Forderung ist nicht geschützt.

Beispiel 2: E veräußert eine Sache unter Eigentumsvorbehalt an K. Dieser leiht sie N, der vorgibt, Anwartschaftsberechtigter zu sein und sie an A weiterveräußert.
Vorliegend ist der Kaufvertrag E–K wirksam, die Bedingung kann also noch eintreten. Nach h.M. konnte A vom Nichtberechtigten N wirksam das Anwartschaftsrecht erwerben.[530] Dagegen wendet sich ein Teil der Lit. Die Möglichkeit eines gutgläubigen Zweiterwerbs eines Anwartschaftsrechts sei allgemein abzulehnen, denn die Behauptung des Verkäufers, Inhaber eines Anwartschaftsrechts zu sein, könne nicht als Träger eines Rechtsscheins anerkannt werden.[531]

3. Abschnitt: Belastung und Erlöschen des Anwartschaftsrechts

A. Belastung des Anwartschaftsrechts

397 Das Anwartschaftsrecht kann als wesensgleiches Minus gegenüber dem Eigentum ebenso wie das Eigentum mit einem Pfandrecht belastet werden.

Der Anwartschaftsberechtigte kann sein Recht entsprechend §§ 1204, 1205 durch **Einigung** und **Besitzübertragung** belasten.

---

529 BGH NJW 2007, 2844.

530 Jauernig/Berger § 929 Rn. 45.

531 BeckOK/Kindl § 929 Rn. 84.

Am Anwartschaftsrecht kann kraft Gesetzes – wie am Eigentum – ein Pfandrecht entstehen. 398

- Nach § 562 Abs. 1 erwirbt der Vermieter an den eingebrachten Sachen, an denen der Mieter ein **Anwartschaftsrecht** oder das Eigentum erlangt hat, ein **Vermieterpfandrecht**.

  Beispiel: V hat eine Wohnung an M vermietet. M erwirbt von X einen Kühlschrank unter Eigentumsvorbehalt und stellt ihn in die Wohnung. Nach § 562 Abs. 1 erwirbt V an dem Anwartschaftsrecht des M ein gesetzliches Vermieterpfandrecht.

- Nach § 647 erwirbt der Unternehmer an Sachen des Anwartschaftsberechtigten ein **Unternehmerpfandrecht**.

  Beispiel: K hat eine Maschine unter Eigentumsvorbehalt von V erworben. Er bringt sie zum U zur Reparatur.

  U erwirbt gemäß § 647 wegen seiner Werklohnforderung gegen K ein Unternehmerpfandrecht an dem Anwartschaftsrecht.

- Nach § 1120 erstreckt sich die **Hypothek** oder **Grundschuld** auch auf das Anwartschaftsrecht des Grundeigentümers am Zubehör.

  Beispiel: E hat G eine Grundschuld an seinem Hofgrundstück bestellt. E erwirbt von X einen Mähdrescher unter Eigentumsvorbehalt.

  Nach § 1120 (§ 1192) erstreckt sich die Grundschuld auf das Anwartschaftsrecht des E am Mähdrescher. Das Anwartschaftsrecht gelangt also in den Haftungsverband der Grundschuld.[532]

An dem Anwartschaftsrecht kann durch **Hoheitsakt** ein Pfändungspfandrecht begründet werden. Nach h.A. sind dazu sowohl eine Pfändung der Sache als auch eine Pfändung des Anwartschaftsrechts **(Doppelpfändung)** erforderlich.[533] 399

I. Zwangsvollstreckung durch Gläubiger des Vorbehaltskäufers

Möchte ein Gläubiger des Vorbehaltskäufers in die Sache vollstrecken, an der der Vorbehaltskäufer ein Anwartschaftsrecht hat, reicht nach h.M. eine Sachpfändung nach § 808 ZPO nicht aus. Zwar wird die Sache durch eine **Sachpfändung** wirksam verstrickt, es entsteht aber nach der herrschenden gemischt privatrechtlich-öffentlich-rechtlichen Theorie[534] kein Pfändungspfandrecht des Gläubigers, da es sich um eine schuldnerfremde Sache handelt. Der Vorbehaltsverkäufer könnte sich mit einer Drittwiderspruchsklage gemäß § 771 ZPO wehren oder gemäß § 812 Abs. 1 S. 1 Var. 2. Auskehr eines etwaigen Versteigerungserlöses verlangen.[535] 400

Allerdings kann der Gläubiger in dieser Situation gemäß § 267 Abs. 1 den Restkaufpreis zahlen, sodass der Vorbehaltskäufer das Eigentum und der Gläubiger gemäß § 185 Abs. 2 S. 1 Var. 2 analog das Pfändungspfandrecht erwirbt.[536] *Es besteht jedoch die Gefahr eines Widerspruchs des Schuldners gemäß § 267 Abs. 2.*

---

532 Einzelheiten zum gesetzlichen Pfandrecht im AS-Skript Schuldrecht BT 1 (2022) und BT 2 (2023) sowie zur Behandlung des Anwartschaftsrechts im Haftungsverband der Hypothek und Grundschuld im AS-Skript Sachenrecht 2 (2024) – Grundstücksrecht.

533 BGH NJW 1954, 1325; Erman/Bayer § 929 Rn. 22; a.A. Baur/Stürner § 59 Rn. 41, danach nur Rechtspfändung. Einzelheiten im AS-Skript ZPO (2022).

534 Vgl. AS-Skript ZPO (2022), Rn. 478.

535 Grüneberg/Herrler § 929 Rn. 52.

536 Grüneberg/Herrler § 929 Rn. 52.

Zur Pfändung des Anwartschaftsrechts ist daher eine **Rechtspfändung** nach §§ 857 Abs. 1, 828 ff. ZPO erforderlich.

Eine Rechtspfändung alleine reicht zur Pfändung des Anwartschaftsrechts nach h.M. allerdings ebenfalls nicht aus, da sich nach Bedingungseintritt das Pfändungspfandrecht am Anwartschaftsrecht an der Sache selbst fortsetzen soll, § 847 ZPO i.V.m. § 1287. Ein Pfändungspfandrecht an einer Sache soll aus Gründen der Publizität aber nur bei einer Sachpfändung entstehen, die eine Inbesitznahme durch den Gerichtsvollzieher erfordert, § 808 Abs. 1 ZPO. Zusätzlich ist daher die Pfändung der Sache selbst gemäß § 808 ZPO erforderlich.

II. Zwangsvollstreckung durch Gläubiger des Vorbehaltsverkäufers

401 Auch Gläubiger des Vorbehaltsverkäufers können ein Interesse an der Vollstreckung in die Vorbehaltssache haben, da diese noch im Eigentum des Vorbehaltsverkäufers steht. Eine Sachpfändung nach § 808 ZPO ist – da sich die Sache im Regelfall im Gewahrsam des Vorbehaltskäufers befinden wird – gemäß § 809 ZPO allerdings nur bei dessen Herausgabebereitschaft möglich.

Befindet sich die Vorbehaltssache im Gewahrsam des Vorbehaltsverkäufers kann der Anwartschaftsberechtigte nach h.M. Drittwiderspruchsklage gemäß § 771 ZPO erheben.[537]

III. Zwangsvollstreckung durch den Vorbehaltsverkäufer

402 Schließlich kann auch der Vorbehaltsverkäufer selbst in die unter Eigentumsvorbehalt gelieferte Sache vollstrecken. Gemäß § 811 Abs. 2 ZPO ist auch die Pfändung einer gläubigereigenen Sache zulässig.

Wenn der Vorbehaltskäufer seiner Pflicht zur Kaufpreiszahlung nicht nachkommt, wird ihn der Vorbehaltsverkäufer zunächst auf Zahlung verklagen. Will er die titulierte Forderung vollstrecken, kann es sein, dass der Vorbehaltskäufer keine anderen Vermögensgegenstände mehr hat, als die unter Eigentumsvorbehalt erworbene Kaufsache. Der Vorbehaltsverkäufer könnte jetzt zwar vom Kaufvertrag zurücktreten, §§ 449 Abs. 2, 323, und die verkaufte Sache nach § 985 herausverlangen. Zur Vollstreckung wäre dann allerdings ein anderer Titel, nämlich ein nach § 883 ZPO zu vollstreckender Herausgabetitel erforderlich. Einfacher ist es, mit dem bereits erstrittenen Zahlungstitel in die Vorbehaltssache zu vollstrecken und diese zu verwerten.

B. Erlöschen des Anwartschaftsrechts

403 Das Anwartschaftsrecht **erlischt**, wenn

- es durch Eintritt der Bedingung zum Vollrecht erstarkt;
- ein Dritter lastenfreies Eigentum erwirbt;
- der Bedingungseintritt nicht mehr möglich ist, weil die Erfüllung der Kaufpreisforderung infolge einer Rückabwicklung des Kaufvertrags unmöglich ist;
- es einverständlich aufgehoben wird oder der Anwartschaftsberechtigte darauf verzichtet.

---

537 BGHZ 55, 20; s. ausführlich zur Drittwiderspruchsklage AS-Skript ZPO (2022), Rn. 520 ff.

I. Aufhebung eines Anwartschaftsrechts, das mit dem Recht eines Dritten belastet ist

Ist das Anwartschaftsrecht mit einem **vertraglichen Pfandrecht** entsprechend §§ 1204 ff. belastet worden, kann das Anwartschaftsrecht gemäß § 1276 nicht ohne Zustimmung des Pfandgläubigers aufgehoben werden. 404

Ob das Anwartschaftsrecht, das gemäß § 1120 in den **Haftungsverband der Hypothek** gelangt ist, ohne Zustimmung des Hypothekengläubigers aufgehoben werden kann, ist umstritten. 405

Ein Teil der Lit. bejaht eine entsprechende Anwendung des § 1276 mit der Folge, dass für die Aufhebung des Anwartschaftsrechts die Zustimmung des Hypothekengläubigers erforderlich ist. Demgegenüber lehnt die h.M.[538] die analoge Anwendung des § 1276 ab. Dies wird von der Rspr. damit begründet, dass der Fortbestand der Haftung weitgehend der Einflussmöglichkeit des Hypothekengläubigers entzogen ist (vgl. § 1121 Abs. 2: Für Enthaftung ist Veräußerung und Entfernung ausreichend).

II. Aufhebung eines Anwartschaftsrechts, das der Käufer einem Dritten übertragen hat

Hat der Käufer das Anwartschaftsrecht gemäß § 929 S. 1 analog auf einen Dritten übertragen, kann er es nicht mehr im Einverständnis mit dem Verkäufer aufheben, da er nicht mehr Berechtigter ist. 406

Umstritten ist aber, ob die Vertragsparteien die Aufhebung des Kaufvertrags vereinbaren können mit der Folge, dass der Bedingungseintritt unmöglich wird und das Anwartschaftsrecht des Dritten erlischt. 407

- Ein Teil der Lit. verneint die Frage. Das einmal entstandene Recht des Dritten dürfe durch einen schuldrechtlichen Vertrag (Aufhebungsvertrag) nicht beeinträchtigt werden. Die Vertragsaufhebung stelle einen unzulässigen Vertrag zulasten Dritter dar.
- Andere lassen die Aufhebung des Kaufvertrags zu, da der Dritte die Schwäche des Anwartschaftsrechts, nämlich seine Abhängigkeit von dem schuldrechtlichen Vertrag, hinzunehmen habe. Dem Käufer dürfe nicht das Recht entzogen werden, über die von ihm geschlossenen Verträge zu disponieren.[539]
- Letztere Ansicht ist vorzuziehen: Sie berücksichtigt konsequent die Eigenart des Anwartschaftsrechts, untrennbar mit dem Bestehen des Kaufvertrags verbunden zu sein.

Unbenommen bleibt dem Vorbehaltskäufer jedenfalls, vom Kaufvertrag **zurückzutreten** oder ihn **anzufechten** mit der Folge, dass der Bedingungseintritt unmöglich wird und das Anwartschaftsrecht des Dritten erlischt.[540] 408

538 BGHZ 92, 280, 290; Ludwig NJW 1989, 1458.

539 MünchKomm/Westermann § 449 Rn. 48 ff.

540 BGHZ 75, 221; Grüneberg/Herrler § 929 Rn. 50.

4. Abschnitt: Schutz des Anwartschaftsrechts

409
- Der Anwartschaftsberechtigte kann als Inhaber „geminderten Eigentums" (wesensgleiches Minus) gegenüber **Dritten** die **Ansprüche** geltend machen, die dem Eigentümer zustehen (z.B. Herausgabe nach §§ 861, 1007 und § 985 analog, Schadensersatz gemäß § 823, Nutzungsersatz gemäß §§ 987, 812). Doch ist die **Mitberechtigung** des **Eigentümers** in die Wertung einzubeziehen.
- Der Anwartschaftsberechtigte ist vor **Zwischenverfügungen** des Eigentümers gemäß **§ 161** geschützt; allerdings ist ein gutgläubiger anwartschaftsrechtsfreier Eigentumserwerb eines Dritten möglich.
- Gegenüber dem Eigentümer hat der Anwartschaftsberechtigte in der Regel ein **obligatorisches Besitzrecht**; ob das Anwartschaftsrecht ein **dingliches Besitzrecht** vermittelt, ist umstritten.

A. Ansprüche des Anwartschaftsberechtigten gegenüber Dritten

I. Herausgabeansprüche

410 Wird dem Anwartschaftsberechtigten der Besitz an der Sache vorenthalten, kann er als früherer Besitzer **Herausgabe** nach den Besitzschutzvorschriften, §§ 861 und 1007, verlangen.

Im Verhältnis zu einem Dritten wird ganz überwiegend auch die Anwendung von **§ 985 analog** bejaht.

Beispiel: V verkauft eine Sache unter Eigentumsvorbehalt an K. Bevor der Kaufpreis vollständig gezahlt ist, wird die Sache bei K von D gestohlen.

I. Herausgabeansprüche des V gegen D?

1. Anspruch des V aus § 985?

V ist Eigentümer, D unrechtmäßiger Besitzer. Die Voraussetzungen des § 985 liegen damit vor. Fraglich ist jedoch, ob V Herausgabe an sich verlangen kann. Da im Zeitpunkt der Wegnahme der Sache durch D nicht V, sondern K berechtigter Besitzer war, ist es gerechtfertigt, diese Besitzlage wiederherzustellen und D in analoger Anwendung des § 986 Abs. 1 S. 2 zur Herausgabe an K zu verpflichten.[541]

2. Anspruch des V aus §§ 861, 869?

V kann als mittelbarer Besitzer gemäß § 869 S. 1 den Besitzschutzanspruch des § 861 geltend machen, der von den Voraussetzungen her gegeben ist. Der Anspruch richtet sich gemäß § 869 S. 2 aber nur auf Herausgabe an den unmittelbaren Besitzer, d.h. K.

3. Ferner steht V ein Anspruch aus § 1007 Abs. 1 zu. Auch nach Übertragung des unmittelbaren Besitzes auf K war V noch mittelbarer Besitzer. Diese besitzrechtliche Position ist ihm durch den bösgläubigen D entzogen worden. Gemäß § 1007 Abs. 3 S. 2 i.V.m. § 986 Abs. 1 S. 2 kann er jedoch nur Herausgabe an K verlangen.

II. Herausgabeansprüche des K gegen D?

1. Ein Anspruch des K aus § 985 besteht dem Wortlaut nach nicht, da K nicht Eigentümer der Sache ist. Zum Schutz des Anwartschaftsberechtigten wird jedoch überwiegend § 985 analog angewandt.[542] Die Gegenansicht[543] verneint einen Anspruch des Anwartschaftsberechtigten aus § 985; der Anwartschaftsberechtigte sei hinreichend geschützt, da er mit der Ermächtigung des Eigentümers nach § 185 Abs. 1 dessen Herausgabeanspruch geltend machen könne.

2. K als ehemaliger unmittelbarer Besitzer hat gegen D auch Herausgabeansprüche aus § 861 und § 1007 Abs. 1.

---

541 Grüneberg/Herrler § 929 Rn. 43.

542 Müller-Laube JuS 1993, 529, 531; Erman/Grunewald § 449 Rn. 36; Grüneberg/Herrler § 929 Rn. 43.

543 Brox JuS 1984, 657, 660.

II. Schadensersatzanspruch gemäß § 823 Abs. 1

Wird die Sache, an der ein Anwartschaftsrecht besteht, von einem Dritten beschädigt, 411
kann der Eigentümer **Schadensersatz** nach § 823 Abs. 1 verlangen. Das Anwartschaftsrecht ist als sonstiges Recht ebenfalls geschützt, sodass auch dem Anwartschaftsberechtigten ein Schadensersatzanspruch zusteht. Umstritten ist die Frage, in welcher Höhe Eigentümer und Anwartschaftsberechtigter Schadensersatz verlangen können:[544]

- Nach der Rspr. ist eine **Aufteilung des Schadens** zwischen Eigentümer und Anwartschaftsberechtigten entsprechend des bereits entrichteten Kaufpreises vorzunehmen.[545]
- Die h.Lit. nimmt eine **gemeinschaftliche Gläubigerschaft** an, die auf eine entsprechende Anwendung des § 432 oder des § 1281 gestützt wird.[546]

Fall 18: Zerstörtes Vorbehaltsgut

K kauft von V MP3-Player zum Preis von 10.000 € unter Eigentumsvorbehalt. Der Kaufpreis ist in Raten von 1.000 € zu tilgen. Nachdem K 6.000 € an V gezahlt hat, verursacht D in den Geschäftsräumen des K schuldhaft einen Brand, bei dem die eingelagerten MP3-Player zerstört werden. Ansprüche des V und des K gegen D?

A. Anspruch des V gegen D aus § 823 Abs. 1 412

D hat rechtswidrig und schuldhaft das Eigentum des V verletzt. Der haftungsbegründende Tatbestand des § 823 Abs. 1 ist gegeben. Rechtsfolge ist, dass D Schadensersatz nach den §§ 249 ff. leisten muss. Fraglich ist aber, ob und in welcher Höhe V ein Schaden entstanden ist.

I. Ein ersatzfähiger Vermögensschaden liegt vor, wenn der jetzige Wert des Vermögens des Geschädigten geringer ist als der Wert, den das Vermögen ohne das die Ersatzpflicht begründende Ereignis haben würde – Differenzhypothese.[547]

Da der K nach § 446 das Risiko für den Untergang der Sache trägt und den Kaufpreis weiterhin vollständig entrichten muss, könnte man einen Schaden des V verneinen. Vor Eintritt des schädigenden Ereignisses war der Kaufpreisanspruch des V jedoch durch sein Vorbehaltseigentum gesichert. Diese Sicherheit hat V durch das schädigende Ereignis verloren. Ein Vermögensschaden des V ist daher zu bejahen, obwohl V noch einen Anspruch auf den restlichen Kaufpreis hat.

II. Bei der Schadensermittlung könnten aber die schon an V gezahlten Raten in der Weise zu berücksichtigen sein, dass insoweit ein Schaden des V zu verneinen ist. Nach der Rspr. und einem Teil der Lit. ist der Schaden zwischen dem Eigentümer und dem Anwartschaftsberechtigten in dem Verhältnis der schon gezahlten Raten zu teilen.[548]

544 Fallbearbeitung bei Koch JA 2009, 263.

545 BGHZ 55, 20.

546 Brox JuS 1984, 657, 660; Baur/Stürner § 59 Rn. 45; Eichenhofer AcP 185 (1985), 162; Grüneberg/Herrler § 929 Rn. 43.

547 BGH NJW 1987, 50, 51; 1994, 2357, 2359; Grüneberg/Grüneberg Vorbem. v. § 249 Rn. 10.

548 BGHZ 55, 20, 31, 32; MünchKomm/Westermann § 449 Rn. 51.

Der V hätte einen Anspruch in Höhe der noch ausstehenden Raten, d.h. in Höhe von 4.000 €. Gegen diese Lösung spricht jedoch, dass dem Schädiger nicht zuzumuten ist aufzuklären, in welcher Höhe schon Raten gezahlt wurden. Außerdem bliebe bei einer Schadensaufteilung unberücksichtigt, dass K weiterhin zur Kaufpreiszahlung verpflichtet bleibt. Nach der in der Lit. ganz überwiegend vertretenen Auffassung hat daher der Verkäufer einen Schadensersatzanspruch in voller Höhe.[549]

V hat daher einen Schadensersatzanspruch nach § 823 Abs. 1.

B. Schadensersatzanspruch des K aus § 823 Abs. 1

I. Das Anwartschaftsrecht ist als sonstiges Recht nach § 823 Abs. 1 geschützt.[550]

D hat das Anwartschaftsrecht des K rechtswidrig und schuldhaft verletzt. Der haftungsbegründende Tatbestand des § 823 Abs. 1 ist daher gegeben.

II. Fraglich ist, in welcher Höhe D dem K Schadensersatz zu leisten hat. Nach der Rspr.,[551] die eine Aufteilung des Schadens zwischen Eigentümer und Anwartschaftsberechtigten vornimmt, hätte K einen Anspruch in Höhe der schon gezahlten Raten, d.h. in Höhe von 6.000 €. Bei einer solchen Schadensaufteilung bliebe jedoch unberücksichtigt, dass K nach § 446 weiterhin verpflichtet bleibt, die noch ausstehenden Raten an V zu zahlen. Die überwiegende Ansicht billigt daher (auch) dem Vorbehaltskäufer einen Schadensersatzanspruch in voller Höhe zu.

C. Auch wenn sowohl dem Vorbehaltsverkäufer V als auch dem Vorbehaltskäufer K ein Ersatzanspruch in voller Höhe zusteht, ist damit nicht gesagt, dass der Schädiger D zweimal Ersatz für die Sachen leisten muss.

Von der h.M. wird eine **gemeinschaftliche Gläubigerschaft** angenommen, die auf eine entsprechende Anwendung des § 432 oder des § 1281 gestützt wird.[552]

Der Schädiger hat den Substanzschaden an den Vorbehaltsverkäufer und den Vorbehaltskäufer als Anwartschaftsberechtigten gemeinschaftlich zu leisten. V und K können als gemeinschaftliche Gläubiger Schadensersatz von D verlangen.

III. Ansprüche des Anwartschaftsberechtigten nach den Vorschriften über den Eigentumsschutz

413 **1.** Der Anspruch auf **Nutzungsersatz** gemäß §§ 987, 812 steht dem Anwartschaftsberechtigten allein zu, weil er im Verhältnis zum Eigentümer alleiniger Nutzungsberechtigter ist.[553]

---

549 Grüneberg/Herrler § 929 Rn. 43; Brox JuS 1984, 657, 660; Eichenhofer AcP 185 (1985), 162; Erman/Grunewald § 449 Rn. 37; a.A. Müller-Laube JuS 1993, 529, 534 f., der allein dem Käufer einen Schadensersatzanspruch gewähren will; zum Streitstand Biletzki JA 1996, 288 ff.

550 BGHZ 55, 20, 25, 26; Baur/Stürner § 59 Rn. 45; MünchKomm/Westermann § 449 Rn. 51; Grüneberg/Herrler § 929 Rn. 43; Müller/Laube JuS 1993, 529, 530; Brox JuS 1984, 657, 660.

551 BGHZ 55, 20.

552 Baur/Stürner § 59 Rn. 45; Grüneberg/Herrler § 929 Rn. 43.

553 Grüneberg/Herrler § 929 Rn. 43.

2. Für den **Erlösanspruch** gemäß § 816 Abs. 1 S. 1 wegen einer wirksamen Verfügung über die Sache sowie den **Wertersatzanspruch** gemäß § 812 Abs. 1 S. 1 Var. 2 wegen einer Eingriffskondiktion gelten die §§ 432, 1281 entsprechend – wie beim Substanzschaden gemäß § 823 Abs. 1. **414**

B. Schutz des Anwartschaftsberechtigten gegenüber dem Eigentümer

I. Schutz des Anwartschaftsberechtigten vor Verfügungen

Der Eigentümer ist, auch wenn er ein Anwartschaftsrecht bestellt hat, weiterhin zur Verfügung über sein Eigentum **berechtigt**, sodass der Erwerber das Eigentum gemäß § 929 vom Berechtigten erlangt. Doch der Anwartschaftsberechtigte wird vor weiteren Verfügungen des Eigentümers gemäß **§ 161 Abs. 1 S. 1** geschützt. Danach ist eine Verfügung während der Schwebezeit unwirksam, soweit sie die von der Bedingung abhängige Wirkung, also den Erwerb des Eigentums, vereiteln würde. Erforderlich ist allerdings, dass die Bedingung (z.B. Zahlung des vollständigen Kaufpreises) auch tatsächlich eingetreten ist. **415**

Weil nach dem Wortlaut des § 161 Unwirksamkeit nur eintritt, soweit die Zwischenverfügung die von der Bedingung abhängige Wirkung vereiteln oder beeinträchtigen würde, könnte man meinen, dem Normzweck genüge eine relative Unwirksamkeit, wie sie etwa bei vormerkungswidrigen Verfügungen eintritt (§ 883 Abs. 2). Die h.M. nimmt jedoch **absolute** – also gegenüber jedermann wirkende – **Unwirksamkeit** an.[554]

Der Erwerber kann jedoch nach **§ 161 Abs. 3** gutgläubig „anwartschaftsrechtsfreies" Eigentum erwerben.

Fall 19: Geschützt bedingter Erwerb

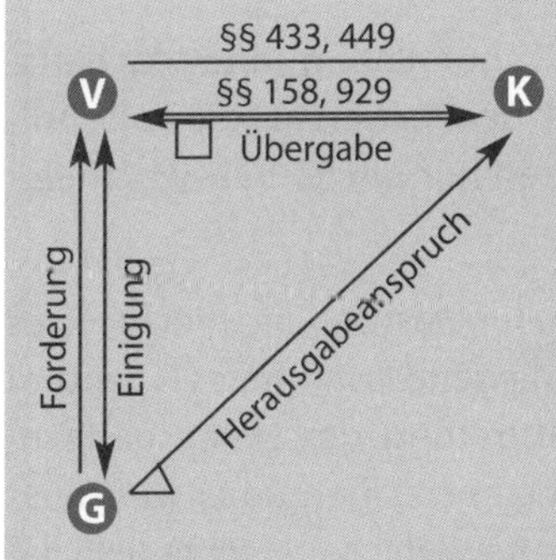

V verkauft K einen Lkw für dessen Betrieb mit der Abrede, dass das Eigentum erst nach vollständiger Zahlung des Kaufpreises übergehen soll. Der Kaufpreis soll in acht Raten entrichtet werden. Der Lkw wird K ausgehändigt. Bald darauf gerät V in Vermögensschwierigkeiten. Er veräußert den Lkw an seinen Gläubiger G zur Sicherung von Forderungen und tritt ihm den Herausgabeanspruch gegen K ab. Dabei versichert er glaubhaft, den Lkw an K nur verliehen zu haben. K zahlt weiter die Raten an V. Hat K mit Zahlung der letzten Rate das Eigentum erworben?

K hat das Eigentum erworben, wenn er ein **Anwartschaftsrecht** am Lkw erworben hat und die **Bedingung** eingetreten ist. **416**

A. K müsste ein **Anwartschaftsrecht** erworben haben.

I. K hat vom Berechtigten V gemäß §§ 929 S. 1, 158 Abs. 1 durch bedingte Einigung und Übergabe das Anwartschaftsrecht erworben.

554 Westermann § 161 Rn. 7 ff.

II. K hat das Anwartschaftsrecht im Zeitpunkt der Veräußerung des Lkw von V an G verloren, wenn G uneingeschränkt Eigentum gemäß §§ 929, 931 erlangt hat.

1. Einigung: V und G waren sich darüber einig, dass das Eigentum von V auf G übergehen sollte.

2. Übergabesurrogat, § 931: V müsste einen gegen K bestehenden Herausgabeanspruch an G abgetreten haben. Ein Herausgabeanspruch aus § 604 steht V gegen K nicht zu, da ein Leihvertrag nicht besteht, V steht jedoch ein bedingter Herausgabeanspruch aus §§ 449 Abs. 2, 346 zu. Dessen Abtretung würde für einen sofortigen Eigentumsübergang indes nicht ausreichen, da der Eigentumsübergang erst mit Anspruchsentstehung erfolgt.[555] Anders als z.B. Herausgabeansprüche nach Beendigung eines Miet- oder Leihvertrages, die mit Abschluss des Mietvertrages bereits entstehen, aber erst mit Vertragsende fällig werden, entsteht der Anspruch aus § 346 erst mit Ausübung der Rücktrittserklärung. Bei einer Übereignung nach § 931 reicht aber die Abtretung eines künftigen Anspruchs ebenso aus wie die Abtretung des Anspruchs aus § 985 bzw. die bloße Einigung (s.o. Rn. 160). Dass K bis zu einem Rücktritt durch V noch ein Recht zum Besitz zusteht, hindert die Übereignung nicht. Der Anspruch aus § 985 folgt dem Eigentum und ist ohnehin jedenfalls nicht isoliert abtretbar.

3. Berechtigung des V: V war im Zeitpunkt der Übereignung an G noch Eigentümer. Aus § 161 Abs. 1 ergibt sich, dass derjenige, der bedingt übereignet hat, weiterhin verfügungsberechtigt ist. Erst im Fall des Eintritts der Bedingung wird die Verfügung insoweit unwirksam, als sie die von der Bedingung abhängige Wirkung vereiteln oder beeinträchtigen würde.

Danach erwirbt der Erwerber durch die Verfügung des – noch – Berechtigten das Eigentum „belastet" mit dem Anwartschaftsrecht. Der Erwerber erlangt die Rechtsposition des Veräußerers.

4. Gemäß § 161 Abs. 3 i.V.m. §§ 932 ff. könnte G jedoch gutgläubig „anwartschaftsrechtsfreies" Eigentum erworben haben. Umstritten ist, ob der Verweis auf die Vorschriften über den gutgläubigen Erwerb vom Nichtberechtigten nur die §§ 932–935 meint oder auch § 936 erfasst wird.

a) Nach h.M. wird das Anwartschaftsrecht i.S.e. dinglichen Belastung als „Recht eines Dritten" i.S.d. § 936 Abs. 1. S. 1 verstanden,[556] sodass G vorliegend lastenfreies Eigentum erworben haben könnte, wenn er im Zeitpunkt der Abtretung des Herausgabeanspruchs gutgläubig war. Da V zum Zeitpunkt der Abtretung noch Eigentümer war, muss sich der gute Glaube gerade auf das Nichtbestehen eines Anwartschaftsrechts, also darauf, dass das Eigentum nicht „durch eine schwebende Bedingung beschränkt" war, beziehen.[557]

Anmerkung: *Wenn der Vorbehaltsverkäufer den bedingten Herausgabeanspruch gegen den Käufer aus §§ 449 Abs. 2, 346 ausdrücklich abgetreten hätte, wäre der Käufer bösgläu-*

555 Grüneberg/Herrler § 931 Rn. 5.

556 Grüneberg/Herrler § 936 Rn. 1.

557 Staudinger/Bork § 161 Rn. 15.

big: Wer einen Herausgabeanspruch aus einem Eigentumsvorbehaltskauf erwirbt, weiß, dass ein Anwartschaftsrecht eines Dritten besteht.

§ 936 Abs. 1 S. 3 schützt den Anwartschaftsberechtigten in diesem Fall zwar nicht, da der Veräußerer aufgrund des Besitzmittlungsverhältnisses zwischen ihm und dem Vorbehaltskäufer mittelbarer Besitzer der Sache ist.

Gemäß § 936 Abs. 3 bleibt das Anwartschaftsrecht als „Recht des dritten Besitzers" – nämlich des K – jedoch bestehen. Ein gutgläubiger „Wegerwerb" des Anwartschaftsrechtes kommt demnach nicht in Betracht.

b) Nach a.A. verweist § 161 Abs. 3 lediglich auf die §§ 932–935, sodass die Voraussetzungen des § 934 Alt. 1 vorliegen müssten.[558]

G könnte daher gutgläubig Eigentum gemäß § 161 Abs. 3 i.V.m. §§ 931, 934 entsprechend erworben haben. Da ihm ein Herausgabeanspruch tatsächlich abgetreten worden ist, hätte er danach gutgläubig Eigentum erworben. Allerdings ist auch nach dieser Auffassung § 936 Abs. 3 jedenfalls entsprechend anzuwenden. Wenn nach § 936 beschränkt dingliche Rechte gegenüber dem Erwerber bestehen bleiben, muss dies erst Recht für das Anwartschaftsrecht als Vorstufe zum Eigentum gelten.[559] Der unmittelbare Besitzer und Anwartschaftsberechtigte ist zudem schutzwürdiger als derjenige, an den nur der Herausgabeanspruch abgetreten wurde.[560]

Damit hat G zwar zunächst Eigentum erworben, dies aber „belastet" mit dem Anwartschaftsrecht des K.

B. Da K noch Anwartschaftsberechtigter war, ist mit der Zahlung des Kaufpreises an V die Bedingung eingetreten; K hat Volleigentum erworben. Gemäß § 161 Abs. 1 ist die Verfügung des V zugunsten des G ex nunc[561] unwirksam. G hat sein Eigentum verloren.

II. Anwartschaftsrecht als Recht zum Besitz?

- Der Anwartschaftsberechtigte ist **dem Vorbehaltsverkäufer gegenüber aus dem Kaufvertrag** obligatorisch zum Besitz berechtigt. Der Eigentumsvorbehaltskauf ist ein Rechtsverhältnis i.S.d. § 868, aus dem sich ein Herausgabeanspruch ergibt, und der Anwartschaftsberechtigte will für den Eigentümer besitzen. Dieses Besitzmittlungsverhältnis gewährt ein Recht zum Besitz gemäß § 986 Abs. 1 S. 1. **417**
- Bis zum Bedingungseintritt wirkt das **obligatorische Besitzrecht auch gegenüber Dritten**, die das Eigentum vom Vorbehaltsverkäufer erwerben, **§ 986 Abs. 2** (dazu Rn. 418 und Rn. 419).
- Umstritten ist, ob das Anwartschaftsrecht als solches ein **dingliches Recht zum Besitz** gibt (dazu Fall 20, Rn. 420).

558 Staudinger/Heinze § 936 Rn. 17.
559 Engelhardt JA 2013, 269, 272.
560 MünchKomm/Westermann § 161 Rn. 19; Döring NJW 1996, 1443, 1445 ff.
561 Staudinger/Bork § 161 Rn. 12; Grüneberg/Ellenberger § 161 Rn. 1.

Abwandlung 1 von Fall 19:
K hat den Kaufpreis noch nicht gezahlt und will ihn, soweit er noch nicht fällig ist, auch noch nicht entrichten. G verlangt die Herausgabe des Lkw.

418 Der Anspruch kann sich aus § 985 ergeben.

A. G hat das Eigentum gemäß §§ 929, 931 vom Berechtigten V erworben.

Zwar hatte V zugunsten des K wirksam ein Anwartschaftsrecht bestellt, doch dadurch ist seine Verfügungsbefugnis nicht beschränkt. Die Verfügung wird nach § 161 Abs. 1 unwirksam, wenn die Bedingung eintritt.

B. K braucht den Lkw jedoch nicht herauszugeben, wenn ihm ein Recht zum Besitz gemäß § 986 Abs. 1 S. 1 zusteht. Ob das Anwartschaftsrecht ein dingliches Recht zum Besitz gibt, ist umstritten (dazu unten Fall 20, Rn. 420).

K kann die Herausgabe jedoch gemäß § 986 Abs. 2 verweigern. Danach kann er dem neuen Eigentümer diejenigen Einwendungen entgegenhalten, die ihm gegenüber dem bisherigen Eigentümer (V) zustanden.

Gemäß § 449 Abs. 2 kann der Vorbehaltsverkäufer die Sache vom Vorbehaltskäufer nur herausverlangen, wenn er vom Vertrag wirksam zurückgetreten ist. Dem Vorbehaltskäufer steht daher ein Recht zum Besitz zu, das er gemäß § 986 Abs. 2 dem neuen Eigentümer entgegenhalten kann.

Erforderlich ist ein Rücktritt des Vorbehaltsverkäufers (§§ 323 ff.); bloßer Zahlungsverzug reicht nicht aus.

G kann von K die Herausgabe des Lkw nicht verlangen.

§ 986 Abs. 2 erweitert den Schutz nach § 404: Bei Abtretung eines Herausgabeanspruchs kann der Schuldner dem neuen Gläubiger bestehende Einwendungen nach § 404 entgegensetzen. Der Eigentumsherausgabeanspruch aus § 985 entsteht jedoch in der Person des neuen Eigentümers neu, sodass § 404 nicht eingreift. Diese Lücke im Schuldnerschutz schließt § 986 Abs. 2, der Einwendungen des Schuldners auch gegen den neu entstandenen Anspruch aus § 985 zulässt.

Abwandlung 2 von Fall 19:
V hat G den Lkw nicht unter Abtretung eines Herausgabeanspruchs übereignet, sondern durch Vereinbarung eines Besitzkonstituts. Kann G Herausgabe von K verlangen?

419 **A.** G hat das Eigentum gemäß §§ 929, 930 vom Berechtigten V erworben.

B. K kann nach dem Wortlaut des § 986 Abs. 2 in diesem Fall nicht die Einwendung eines schuldrechtlichen Besitzrechts aus § 449 Abs. 2 geltend machen, da die Veräußerung an G nicht gemäß § 931, sondern gemäß § 930 erfolgt ist.

Nach h.M. ist § 986 Abs. 2 auf eine Veräußerung nach §§ 929, 930 jedoch analog anzuwenden.[562] Andernfalls wäre § 986 Abs. 2 durch eine Veränderung der Übereignungskonstruktion zu leicht zu umgehen.

G kann von K die Herausgabe des Lkw nicht verlangen.

---

562 BGHZ 111, 142, 145 ff.; BeckOK/Fritzsche § 986 Rn. 24; Grüneberg/Herrler § 986 Rn. 9.

Fall 20: Dinglich gesichert?

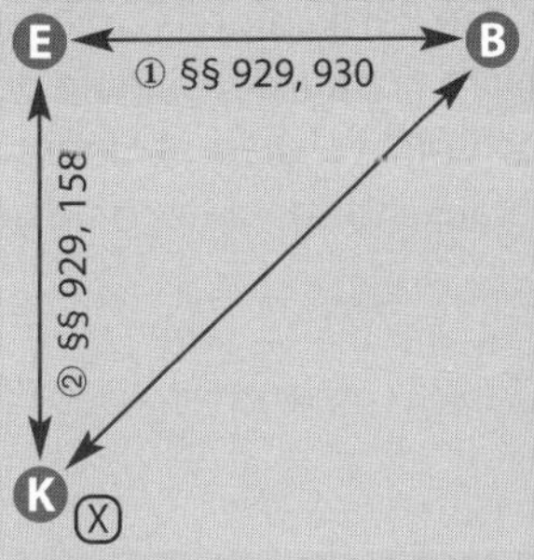

E übereignet eine Maschine zur Sicherheit an B unter Vereinbarung eines Besitzkonstituts. Dann veräußert er die Maschine unter Vereinbarung eines Eigentumsvorbehalts an K und übergibt sie ihm. K weiß von der Sicherungsübereignung nichts. Noch bevor K die letzte Rate bezahlt hat, tritt der Sicherungsfall ein und B macht ihr Sicherungseigentum geltend. Anspruch B gegen K aus § 985?

A. B hat das Eigentum gemäß §§ 929, 930 vom Berechtigten E erworben. **420**

B. K ist Besitzer der Maschine.

C. Fraglich ist, ob K ein Recht zum Besitz zusteht.

I. Im Verhältnis K–B besteht keine schuldrechtliche Beziehung, die dem K gegenüber B ein eigenes Besitzrecht i.S.d. § 986 Abs. 1 S. 1 Var. 1 gewährt.

II. Auch kann K kein von E abgeleitetes Besitzrecht i.S.d. § 986 Abs. 1 S. 1 Var. 2 zustehen, da E selbst nach Eintritt des Sicherungsfalls kein Besitzrecht mehr hatte.

III. Doch K hat gemäß §§ 929, 158, 932 gutgläubig ein Anwartschaftsrecht vom Nichtberechtigten E erworben. Der gute Glaube des Erwerbers muss nur im Zeitpunkt der Übergabe, nicht aber im Zeitpunkt des Bedingungseintritts vorliegen. Ob das Anwartschaftsrecht ein dingliches Recht zum Besitz gibt, ist jedoch umstritten:

1. Die Rspr. und ein Teil der Lit. lehnen ein Besitzrecht allein aufgrund des Anwartschaftsrechts ab, weil das Anwartschaftsrecht kein dingliches Recht sei.

Es sei im Gegensatz zu einem dinglichen Recht von dem schuldrechtlichen Grundgeschäft – dem Vorbehaltskauf – abhängig, da es nur so lange bestehe, wie der Bedingungseintritt möglich sei. Im Übrigen sei der Anwartschaftsberechtigte nicht schutzwürdig, weil er durch die Zahlung des Restkaufpreises den Erwerb des Volleigentums einseitig herbeiführen und damit den Anspruch des bisherigen Eigentümers aus § 985 vernichten könne.[563]

Im Einzelfall könne dem Herausgabeverlangen des Eigentümers allerdings § 242 entgegenstehen, etwa wenn die Zahlung der letzten Rate unmittelbar bevorstehe und die herausverlangte Sache sofort an den bisherigen Anwartschaftsberechtigten zurückgegeben werden müsste.[564]

2. Die Gegenansicht bejaht ein gegenüber jedermann wirkendes Besitzrecht des Anwartschaftsberechtigten. Dem Anwartschaftsberechtigten sei das im Eigentum enthaltene Recht zum Besitz und zur Nutzung schon übertragen worden. Auch sei der Erwerb des Anwartschaftsrechts für den Berechtigten nur sinnvoll, wenn er zugleich eine dingliche Sicherung erlange.[565]

563 BGHZ 10, 69, 72; MünchKomm/Baldus § 986 Rn. 9; Staudinger/Thole § 986 Rn. 13.

564 BGHZ 10, 69, 75; MünchKomm/Baldus § 986 Rn. 9.

565 Grüneberg/Herrler § 929 Rn. 41; Baur/Stürner § 59 Rn. 47.

3. Stellungnahme: Ein Recht zum Besitz sollte abgelehnt werden. Ein Anwartschaftsrecht dient dazu, den Eigentumserwerb zu sichern. Diese Sicherungswirkung tritt aber auch ein, wenn man ein Recht zum Besitz ablehnt. Sobald K den Restkaufpreis zahlt, erwirbt er das Eigentum an der Maschine. Es erscheint auch nicht richtig, den Schutz des Eigentümers (B) hinter dem Schutz des künftigen (aber noch nicht sicheren) Eigentümers (K) zurücktreten zu lassen. B hat einen Anspruch auf Herausgabe der Maschine gegen K aus § 985.

C. Schutz des Anwartschaftsrechts in der Insolvenz

421 Mit der Eröffnung des Insolvenzverfahrens werden die vor der Eröffnung geschlossenen gegenseitigen Verträge grundsätzlich umgestaltet. An die Stelle der gegenseitigen Erfüllungsansprüche tritt ein einseitiger Anspruch des Vertragspartners auf Schadensersatz wegen Nichterfüllung. Der Insolvenzverwalter hat aber das Recht, Erfüllung zu verlangen (§ 103 Abs. 1 InsO). Gemäß § 107 Abs. 1 S. 1 InsO kann der besitzende Käufer einer unter Eigentumsvorbehalt verkauften Sache ebenfalls die Erfüllung des Kaufvertrags verlangen.

Beispiel: V verkauft an K einen Lkw und liefert unter Eigentumsvorbehalt. Nach Eröffnung des Insolvenzverfahrens über das Vermögen des V verlangt der Insolvenzverwalter I von K Herausgabe.

Anspruch des I gegen K aus § 985: Der Gemeinschuldner V ist Eigentümer, K ist Besitzer. K hat ein Recht zum Besitz, wenn er einen Anspruch auf Übereignung aus dem Kaufvertrag hat. Grundsätzlich entfallen die beiderseitigen Erfüllungsansprüche mit Eröffnung des Insolvenzverfahrens. Gemäß § 107 Abs. 1 S. 1 InsO kann K aber die Erfüllung verlangen. Er hat ein Recht zum Besitz.

Anwartschaftsrecht an beweglichen Sachen

Entstehen

- Der **einfache Eigentumsvorbehalt**:
  - Bedingte Einigung: Bedingung ist die Zahlung des Kaufpreises.
  - Kann in den AGB getroffen werden:
    - Sie müssen in den Vertrag einbezogen worden sein.
    - Bei nachträglicher Aushändigung nur bei Empfangnahme durch eine zur Vertragsgestaltung zuständige Person, falls diese die Möglichkeit der Kenntnisnahme hat.
    - Bei widersprüchlichen AGB, wenn die Sache in Empfang genommen wird.
  - **Übergabe:** Der Veräußerer bleibt mittelbarer Besitzer.

Besondere Arten des Eigentumsvorbehalts

- Der **erweiterte** Eigentumsvorbehalt: Es können nicht nur die Kaufpreisforderung, sondern weitere Forderungen gesichert werden, soweit sie hinreichend bestimmt sind.
- Der **nachgeschaltete** Eigentumsvorbehalt: Der Anwartschaftsberechtigte vereinbart mit seinem Abkäufer einen Eigentumsvorbehalt zur Sicherung der Kaufpreisforderung.
- Der **nachträgliche** Eigentumsvorbehalt: Auch wenn das Eigentum schon übertragen worden ist, kann nachträglich noch ein Eigentumsvorbehalt vereinbart werden.
- Der **verlängerte Eigentumsvorbehalt**:
  - **Verarbeitungsklausel**
    Es wird vereinbart, dass der Vorbehaltsverkäufer Hersteller i.S.d. § 950 sein soll oder die neu hergestellte Sache antizipiert an den Vorbehaltsverkäufer sicherungsübereignet wird.
  - **Vorausabtretungsklausel**
    - Vorbehaltskäufer wird zur Weiterveräußerung im gewöhnlichen Geschäftsverkehr ermächtigt, § 185 Abs. 1
    - Bedingung ist Vorausabtretung der Forderung

Übertragungsmöglichkeiten

- Der Anwartschaftsberechtigte kann das Anwartschaftsrecht entsprechend § 929 übertragen.
- Mit der Zahlung geht das Eigentum unmittelbar – ohne Durchgangserwerb – auf den Erwerber über.
- Ein Erwerb vom Nichtberechtigten unter den Voraussetzungen der §§ 929–934 ist nur möglich, wenn auch der Eintritt der Bedingung noch möglich ist.

Belastung und **Erlöschen**

- Die **Belastung** des Anwartschaftsrechts durch ein Pfandrecht:
  - Durch ein vertragliches Pfandrecht gemäß §§ 1204 ff.
  - Kraft Gesetzes gemäß §§ 562 Abs. 1, 647, 1120
  - Durch ein Pfändungspfandrecht gemäß §§ 804 ff. ZPO – Doppelpfändung
- Das **Erlöschen** tritt ein,
  - wenn das Anwartschaftsrecht zum Vollrecht erstarkt,
  - ein Dritter lastenfreies Eigentum erwirbt,
  - der Bedingungseintritt nicht mehr möglich ist oder
  - das Anwartschaftsrecht aufgehoben bzw. ein wirksamer Verzicht erklärt wird.

Schutz

- Ansprüche gegen **Dritte**:
  - Herausgabeansprüche aus §§ 861 und 1007, nach h.A. auch entsprechend § 985
  - Schadensersatzansprüche aus §§ 823 und 989, 990
  - Nutzungsersatzansprüche aus §§ 987 ff., 812
  - Erlösansprüche aus § 816 und Wertersatzansprüche aus § 812
  - Diese Ansprüche bestehen mit Ausnahme des Nutzungsersatzanspruchs neben den Ansprüchen des Eigentümers.
- Schutz gegenüber dem **Eigentümer**:
  - Schutz vor Verfügungen des Eigentümers, § 161
  - Schutz in der Insolvenz gemäß § 107 Abs. 1 S. 1 InsO

7. Teil: Pfandrecht an beweglichen Sachen und Rechten

1. Abschnitt: Pfandrecht an beweglichen Sachen

422 An den beweglichen Sachen können außer dem Eigentum als Vollrecht die gesetzlich geregelten **beschränkt dinglichen Rechte** entstehen.

„Nach dem geltenden Sachenrecht kann der Eigentümer bestimmte, ihm zustehende Befugnisse abspalten und verselbstständigen. Diese Befugnis, einem Dritten beschränkt dingliche Rechte an seinem Eigentum einzuräumen, ist aber auf eine begrenzte Zahl fester Rechtstypen beschränkt. Außerhalb dieses numerus clausus der Sachenrechte ist dem Eigentümer die Begründung anderer dinglicher Rechte nicht möglich."[566]

Als Teilberechtigungen kommen also nur die im Gesetz geregelten Sachenrechte (Numerus clausus) und diese auch nur mit dem gesetzlich geregelten **Inhalt** (Typenzwang) in Betracht.

An beweglichen Sachen können als beschränkt dingliche Rechte der **Nießbrauch** (§§ 1030–1067) und das **Pfandrecht** (§§ 1204–1259) begründet werden.

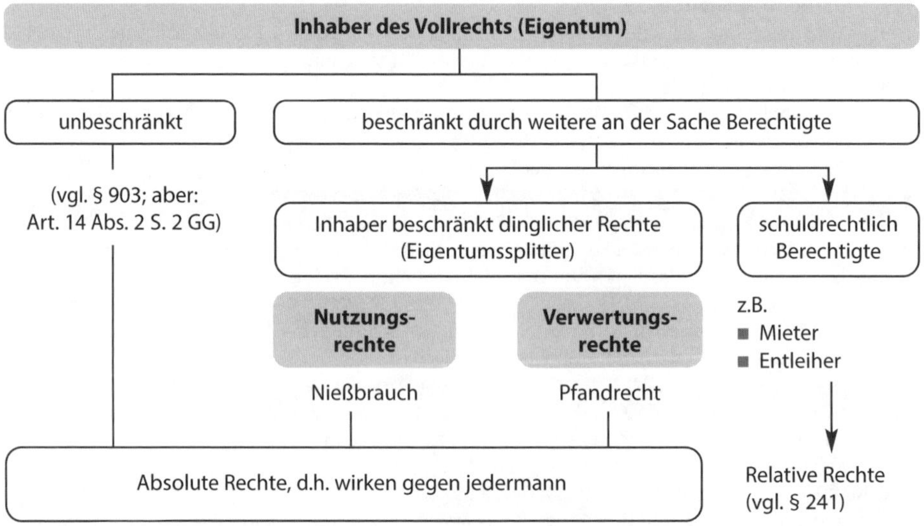

Da der Nießbrauch als unveräußerliches und unvererbliches Recht eine praktische Bedeutung nur im Grundstücksrecht hat, beschränkt sich die Darstellung der beschränkt dinglichen Rechte an beweglichen Sachen auf das Pfandrecht.

An beweglichen Sachen kann

- ein Pfandrecht durch **Vertrag** begründet werden oder
- **kraft Gesetzes** oder
- in der Vollstreckung (Begründung eines **Pfändungspfandrechts**).[567]

566 BVerfG NJW 1977, 2349, 2354.

567 Dazu im Einzelnen AS-Skript ZPO (2022), Rn. 402 ff.

A. Vertragliches Pfandrecht an beweglichen Sachen

Dem Gläubiger von Forderungen kann zur **Sicherung** ein **Pfandrecht** bestellt werden. Er erhält damit die Möglichkeit, im Fall der Nichtzahlung die verpfändete Sache zu verwerten und den Erlös aus der Verwertung zur Tilgung der Forderung zu verwenden. Die gesetzliche Regelung des Pfandrechts an beweglichen Sachen: **423**

- Das Pfandrecht **entsteht** unter den Voraussetzungen der §§ 1204–1208.
- Der Pfandgläubiger kann die Forderung **übertragen**, § 398, das Pfandrecht geht kraft Gesetzes mit über, § 1250.
- Vom Entstehen des Pfandrechts bis zur Verwertung besteht zwischen dem Pfandgläubiger und dem Besteller aufgrund eines **gesetzlichen Schuldverhältnisses** eine pflichtenbegründende Beziehung.
- Die Voraussetzungen für die **Verwertung** sind in den §§ 1228 ff., die Rechtsfolgen der Verwertung in den §§ 1242 ff. geregelt.
- Schließlich ist bestimmt, unter welchen Voraussetzungen das Pfandrecht **erlischt**.

I. Entstehen des vertraglichen Pfandrechts

- Die Voraussetzungen für das Entstehen sind in den §§ 1204–1208 geregelt. **424**
- Die Bestellung des Pfandrechts kann auch in den **AGB** erfolgen und
- es kann ein sog. **„irreguläres Pfand"** begründet werden.

1. Bestellung des Pfandrechts gemäß §§ 1204–1208

Aufbauschema: Das Entstehen des Vertragspfandrechts

I. **Einigung** zwischen Verpfänder und Gläubiger der Forderung mit dem Inhalt des § 1204

II. **Übergabe** oder **Vereinbarung eines Übergabesurrogats**, §§ 1205, 1206

III. **Bestehen der gesicherten Forderung**

Ohne eine Forderung kann ein Pfandrecht nicht entstehen. Es können auch künftige oder bedingte Forderungen gesichert werden (wie bei §§ 765 Abs. 2, 883 Abs. 1 S. 2; § 1113 Abs. 2).

IV. **Berechtigung** des Verpfänders oder **gutgläubiger Erwerb vom Nichtberechtigten**, § 1207

a) Einigung gemäß §§ 1204, 1205

Der **Verpfänder**, der nicht notwendig personengleich mit dem Schuldner sein muss, **425** und der Gläubiger müssen sich darüber **einigen**, dass dem Gläubiger ein **Verwertungsrecht** an einer **bestimmten** Sache zustehen soll, wenn die gesicherte **Forderung** nicht beglichen wird.

- **Belastungsgegenstand** kann immer nur eine **bestimmte** Sache sein, die einen **selbstständigen Wert** verkörpert. An Beweisurkunden oder Legitimationspapieren kann kein Pfandrecht begründet werden, weil sie nicht selbstständig verwertbar sind.

So kann z.B. ein Sparkassenbuch nicht verpfändet werden, sondern es kann nur die **Forderung** verpfändet werden, weil das Sparkassenbuch lediglich der Legitimation dient und nicht selbstständig verwertbar ist.

- Die Bestellung eines Pfandrechts an einer eigenen Sache ist – anders als bei Grundpfandrechten (vgl. z.B. § 1196 Abs. 1) nicht möglich.[568] Allerdings können Pfandrecht und Eigentum nachträglich zusammenfallen, § 1256 Abs. 1 S. 2, Abs. 2.

- Die zu sichernde **Forderung** muss **bestimmbar** sein:

  - Die Forderung braucht im Zeitpunkt der Bestellung durch Einigung und Übergabe noch nicht bestimmt zu sein. Es können auch künftige und bedingte Forderungen gesichert werden.

    Das Pfandrecht entsteht dann nach h.M. trotz der Akzessorietät des Pfandrechts schon im Zeitpunkt der Bestellung und nicht erst dann, wenn die Forderung entsteht, fällig wird oder die Bedingung eintritt.[569]

  - Die Forderung des Pfandgläubigers braucht sich nicht gegen den Verpfänder als Schuldner zu richten. Auch Forderungen gegen Dritte sind sicherungsfähig.

b) Übergabe und die Übergabesurrogate

426 - Die **Übergabe** gemäß § 1205 Abs. 1 S. 1 entspricht der Übergabe i.S.d. § 929 S. 1.

- Die **Übergabesurrogate** sind im Verhältnis zu den §§ 929–931 jedoch erheblich abgeändert.

  - Ein Pfandrecht kann nicht durch Begründung eines **Besitzkonstituts** gemäß § 930 entstehen („Faustpfandrecht").

    Mit Rücksicht auf diese gesetzliche Regelung ist das Sicherungseigentum entwickelt worden, um dem Schuldner einerseits die Möglichkeit zu geben, dem Gläubiger für dessen Forderungen Sicherheiten anzubieten, und andererseits dem Schuldner den Besitz zu erhalten.

  - Im Falle der **Abtretung des Herausgabeanspruchs** muss entgegen der Regelung in § 931 zusätzlich eine **Anzeige** erfolgen, § 1205 Abs. 2. Außerdem muss der Verpfänder tatsächlich **mittelbarer Besitzer** sein.

    Anders als in den Fällen des § 931 kann gemäß § 1205 Abs. 2 daher das Pfandrecht nicht begründet werden, wenn der Dritte **Eigenbesitzer** oder das **Besitzmittlungsverhältnis unwirksam** ist.[570]

  - Nach § 1206 ist – anders als in den §§ 929 ff. – ein Übergabesurrogat in der Form der Einräumung des **qualifizierten Mitbesitzes** möglich. Qualifizierter Mitbesitz liegt vor, wenn der Verpfänder und der Pfandgläubiger nur **zusammen** die tatsächliche Sachherrschaft ausüben können.[571]

---

568 Grüneberg/Wicke § 1204 Rn. 12.

569 BGH WM 1998, 2463; BeckOK/Sosnitza § 1204 Rn. 18.

570 Erman/Bayer § 1205 Rn. 8.

571 Grüneberg/Wicke § 1206 Rn. 2; BGHZ 86, 300 ff.

Beispiel: G verlangt von S Sicherheiten, als dieser bei Fälligkeit die Darlehensforderung i.H.v. 30.000 € nicht begleicht. S, der in seinem Banksafe Schmuck im Wert von 80.000 € aufbewahrt, verpfändet diesen Schmuck, indem er einen der beiden für die Öffnung des Safes erforderlichen Schlüssel an G übergibt.

Es ist ein wirksames Pfandrecht durch Einigung und Einräumung eines **qualifizierten Mitbesitzes** bestellt worden. Weder der Verpfänder noch der Pfänder können allein den Banksafe öffnen. Sie müssen zusammenwirken, um in den Besitz des Schmucks zu gelangen.

c) Bestehen der zu sichernden Forderung

Das Pfandrecht ist **streng akzessorisch**, setzt also das Bestehen der zu sichernden Forderung voraus. Entsteht die Forderung nicht oder ist sie – z.B. nach erfolgter Anfechtung – nichtig, entsteht auch kein Pfandrecht. Anders als z.B. bei einer Hypothek (§ 1138) ist bei einem Pfandrecht an einer beweglichen Sache auch **kein gutgläubiger (forderungsentkleideter) Zweiterwerb** möglich, wenn die Forderung nicht besteht. 427

Eine Ausnahme gilt gemäß **§ 1204 Abs. 2** lediglich für **künftige oder bedingte Forderungen**. Auch eine Hypothek kann gemäß § 1113 Abs. 2 zur Sicherung künftiger oder bedingter Forderungen bestellt werden. Gemäß § 1163 Abs. 1 S. 1 steht die Hypothek vor Valutierung jedoch dem Eigentümer als Eigentümergrundschuld zu (§ 1177 Abs. 1). Abgesehen von § 1256 kennen die §§ 1204 ff. jedoch kein Pfandrecht an eigenen Sachen. Nach h.M. entsteht das Pfandrecht daher im Fall des § 1204 Abs. 2 in der Person des Gläubigers nicht erst mit Entstehen der Forderung bzw. Bedingungseintritt, sondern unmittelbar mit Bestellung des Pfandrechts.[572] Dafür spricht auch § 1209, nach dem es für den Rang des Pfandrechts auch bei künftigen oder bedingten Forderungen auf den Zeitpunkt der Bestellung ankommt.

d) Berechtigung

Zum Entstehen des Pfandrechts ist wie im Fall der Eigentumsübertragung erforderlich, dass der Verpfänder **Berechtigter**, also im Regelfall verfügungsbefugter Eigentümer ist. 428

Doch ist gemäß § 1207 ein Erwerb vom Nichtberechtigten gemäß §§ 932, 934 möglich, es sei denn, es liegt ein Abhandenkommen i.S.d. § 935 vor. Nach § 1207 wird aber nur die **fehlende Berechtigung des Verpfänders** überwunden und **nicht** etwa das Nichtbestehen der gesicherten Forderung.

§ 1207 verweist nicht auf § 933, da eine § 930 entsprechende Erwerbsregelung fehlt.

Die Nichtberechtigung wird auch überwunden, wenn der Berechtigte gemäß § 185 Abs. 1 zustimmt.

Ist die Sache mit dem Recht eines Dritten belastet, geht das Pfandrecht diesem Recht vor, es sei denn, dass der Pfandgläubiger zur Zeit des Erwerbs des Pfandrechts in Ansehung dieses Rechts nicht in gutem Glauben ist (§ 1208).

572 BGH WM 1998, 2463; BeckOK/Schärtl § 1204 Rn. 64.

2. Erwerb eines Pfandrechts aufgrund einer AGB-Regelung

429 Hat der Gläubiger in den AGB, die Vertragsbestandteil geworden sind (§ 305), bestimmt, dass er an den in seinen Besitz gelangenden Sachen ein Pfandrecht erlangt, entsteht das Pfandrecht mit der Besitzergreifung, es sei denn, die AGB-Regelung ist überraschend (§ 305c Abs. 1) oder verstößt gegen § 307.

Beispiel: R betreibt eine Kfz-Reparaturwerkstatt. In seinen AGB vereinbart er ein Pfandrecht an den von ihm reparierten Fahrzeugen. Ist diese Klausel wirksam?

Die entsprechende Vertragsklausel könnte gemäß § 307 Abs. 2 Nr. 1 unwirksam sein, weil sie eine Abweichung von wesentlichen Grundgedanken der gesetzlichen Regelung des Werkunternehmerpfandrechts in § 647 enthält. Danach erlangt der Werkunternehmer ein Pfandrecht nur an Sachen, die im Eigentum des Bestellers stehen. Das AGB-Pfandrecht hat daher nur eine eigene Bedeutung, wenn es sich um bestellerfremde Sachen handelt. Dem Besteller – der nicht Eigentümer des von ihm zur Reparatur gebrachten Fahrzeugs ist – wird durch die Klausel eine Verpfändung einer ihm nicht gehörenden Sache zugemutet, auf die er sich individualvertraglich wahrscheinlich nicht eingelassen hätte.

Gegen diese Auffassung spricht jedoch, dass es nicht zum Inhalt der sachenrechtlichen Einigung gehört, in wessen Eigentum die Sachen stehen, an denen eine Berechtigung erworben werden soll. Dementsprechend verstößt die Klausel nach h.M. auch nicht gegen § 307.[573]

3. Irreguläres – unregelmäßiges – Pfandrecht

430 Die rechtliche Einordnung des sog. **Flaschenpfands** ist umstritten.

Soweit es um **Einheitsflaschen** geht, also solche, die weder durch Aufdruck bzw. Prägung oder eine bestimmte Erscheinungsform einem Hersteller zugeordnet werden können, hat der Lieferant regelmäßig kein Interesse an der Rückgabe der konkreten Flasche, während der Abnehmer davon ausgeht, frei über die Flaschen verfügen und sie ggf. auch einem anderen Lieferanten zurückbringen zu können. Das **Eigentum** an diesen Flaschen geht daher auf den Erwerber über und zwar auch ungeachtet entgegenstehender AGB.[574] Durch spätere Vermengung des Leerguts verschiedener Hersteller käme es ohnehin zu einem Eigentumsverlust nach §§ 948 Abs. 1, 947 Abs. 1. Da eine dabei entstehende Bruchteilsgemeinschaft der Flascheneigentümer nicht praktikabel wäre, ist bei Einheitsflaschen daher von einer Übereignung an den jeweiligen Erwerber auszugehen. **Schuldrechtlich** handelt es sich nach h.M. um einen Verkauf der Flaschen mit der Abrede, dass der Käufer Rückkauf dieser oder gleichwertiger Flaschen verlangen kann.[575] Ein Pfandrecht i.S.d. §§ 1204 ff. entsteht also nicht.

431 Bei **Individualflaschen**, die dauerhaft so gekennzeichnet sind, dass sie sich von Flaschen anderer Hersteller unterscheiden und eindeutig als Eigentum eines bestimmten Herstellers erkennbar sind, wird das Eigentum daran nicht auf den jeweiligen Erwerber des Flascheninhalts übertragen. Vielmehr **bleibt der Hersteller Eigentümer der Flaschen.**[576] Zunehmend wird allerdings angenommen, jedenfalls ein Endkunde erwerbe an diesen gutgläubig Eigentum.[577]

---

573 Erman/Ebbing Vor §§ 994 – 1003 Rn. 18 ff., insbesondere Rn. 22.

574 BGH RÜ 2007, 526.

575 BGH BeckOK/Schärtl § 1204 Rn. 6.5; offenlassend noch BGH RÜ 2007, 526.

576 BGH RÜ 2007, 526; Hellmann JuS 2001, 353.

577 Hartmann/Henn Jura 2008, 691; Faust JuS 2007, 1060, 1061 f.; Weber NJW 2008, 948 ff.; Schmitz/Goeckenjan/Ischebeck Jura 2006, 821, 822 f.

Schuldrechtlich stellt die Überlassung der Individualflasche entweder Miete oder – da zumeist unentgeltlich – eine Leihe oder ein Sachdarlehen dar.[578] Der dafür „zur Sicherheit" hingegebene Geldbetrag, das „Pfand", geht in das Eigentum des Lieferanten über, sodass es als **„irreguläres Pfand"** bezeichnet wird.

- Werden die Flaschen zurückgewährt, sodass der gesicherte Anspruch erlischt, kann der Empfänger den Geldbetrag zurückverlangen. Durch den Aufdruck „Pfand" oder „Pfandflasche" bringt der Vertreiber der Flasche zum Ausdruck, dass er sich zur Rückzahlung des Pfands an jeden Dritten – nicht nur an seinen Vertragspartner – verpflichtet, der im Besitz seiner Flaschen ist.[579]
- Wird der Rückforderungsanspruch nicht erfüllt, verwirkt der Empfänger eine Vertragsstrafe in Höhe des „Pfandes", sodass der Lieferant den Geldbetrag behalten kann.[580]

Ein Pfandrecht i.S.d. §§ 1204 ff. entsteht also auch hier nicht.

II. Übergang des vertraglichen Pfandrechts

Da das Pfandrecht die **Forderung sichern** soll und zwischen Forderung und Pfandrecht eine strenge Akzessorietät besteht, geht mit der rechtsgeschäftlichen Abtretung oder dem gesetzlichen Übergang der Forderung auch das Pfandrecht über. 432

1. Übergang des Pfandrechts bei Forderungsabtretung gemäß §§ 398, 401, 1250

Das Pfandrecht als solches kann durch Rechtsgeschäft nicht übertragen werden. Mit der Abtretung der gesicherten **Forderung** gemäß § 398 geht das Pfandrecht gemäß §§ 1250, 401 kraft Gesetzes auf den neuen Gläubiger der Forderung über (vgl. die Parallele zur Hypothek, § 1153). Anders als § 401 ist § 1250 nach h.M. nicht abdingbar.[581] 433

Zu beachten ist, dass zur Entstehung des Pfandrechts die Besitzübertragung der Sache erforderlich ist, nicht aber für die Übertragung des Pfandrechts. Der neue Gläubiger kann jedoch gemäß § 1251 die Herausgabe des Pfandes verlangen.

Scheitert der Forderungserwerb, scheitert auch der Pfandrechtserwerb. Wird die Forderung abgetreten, soll das Pfandrecht aber nicht übergehen, erlischt das Pfandrecht, weil eine Trennung von Pfandrecht und Forderung nicht möglich ist, § 1250 Abs. 2.

Wenn der Abtretende zwar Inhaber der **Forderung** ist, das Pfandrecht aber, egal aus welchen Gründen, **nicht besteht** und dem neuen Gläubiger die **„Pfandsache"** übergeben wird, dann erwirbt der neue Gläubiger nach h.A. kein Pfandrecht. § 1207 gilt nur für die Entstehung (Ersterwerb) und kann auch nicht entsprechend auf eine Übertragung (Zweiterwerb) angewendet werden.[582]

---

578 BeckOK/Rohe § 607 Rn. 5.

579 BGH NJW-RR 2010, 1432.

580 Grüneberg/Wicke, Überbl. v. § 1204 Rn. 7; Erman/Bayer § 1204 Rn. 4.

581 BeckOK/Schärtl § 1250 Rn. 1.

582 Baur/Stürner § 55 Rn. 32; Reinicke/Tiedtke JA 1984, 212; a.A. Wieling § 15 VI 1b, danach spricht für den Abtretenden, der die „Pfandsache" übergibt, der Rechtsschein des Besitzes.

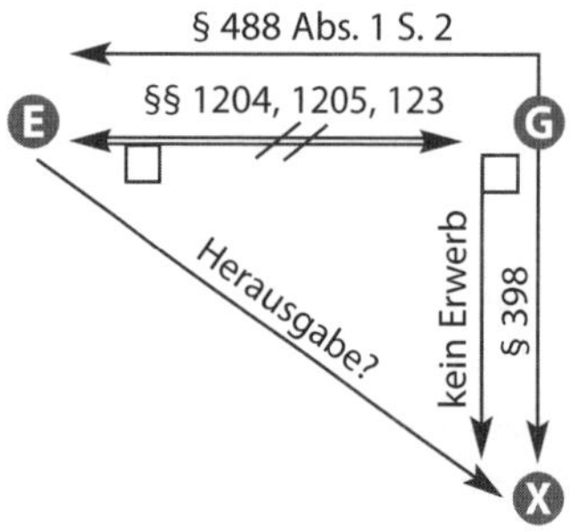

Beispiel: E hat G für eine Darlehensforderung eine kostbare Vase verpfändet. G tritt die Darlehensforderung an seinen Gläubiger X ab und übergibt ihm die Vase unter Hinweis auf das Pfand. Später ficht E dem G gegenüber die Pfandrechtsbestellung wirksam wegen Drohung an und verlangt von X die Herausgabe der Vase.

Anspruch aus § 985?

I. E ist immer Eigentümer geblieben.
II. X ist Besitzer.
III. Doch X kann den Anspruch aus § 985 abwehren, wenn ihm gemäß § 986 ein Recht zum Besitz zusteht. Dieses Besitzrecht besteht, wenn X ein wirksames Pfandrecht erworben hat.
1. G hat X die Forderung wirksam abgetreten, § 398. Ein bestehendes Pfandrecht ginge gemäß §§ 1250, 401 auf X über.
2. Da E die Pfandrechtsbestellung angefochten hat, war G von Anfang an (§ 142 Abs. 1) nicht Inhaber eines Pfandrechts, also Nichtberechtigter.
3. Der Erwerb eines Pfandrechts vom Nichtberechtigten ist gesetzlich nicht geregelt. Die Vorschrift des § 1207 greift nur für den Ersterwerb, aber nicht für die Übertragung ein. Auch eine entsprechende Anwendung des § 1207 wird von der h.M. abgelehnt.
X hat kein Recht zum Besitz. E kann von X gemäß § 985 Herausgabe verlangen.

2. Übergang des Pfandrechts bei gesetzlichem Forderungsübergang gemäß §§ 412, 401, 1250

434 In den Fällen, in denen **die Forderung kraft Gesetzes übergeht, geht** in der Regel auch das **Pfandrecht kraft Gesetzes mit über, §§ 412, 401 Abs. 1, 1250 Abs. 1**. Dies kann insbesondere der Fall sein, wenn der vom Schuldner verschiedene Verpfänder den Gläubiger befriedigt.

435 Ist der **Verpfänder** gleichzeitig **Eigentümer**, geht das Pfandrecht bei Zahlung gemäß § 1256 Abs. 1 S. 1 unter, es sei denn, dass die Forderung mit dem Recht eines Dritten belastet ist oder der Eigentümer ein rechtliches Interesse am Fortbestand des Pfandrechts hat (§ 1256 Abs. 2).

Wenn der **Verpfänder**, der nicht persönlicher Schuldner ist, zahlt, dann geht gemäß § 1225 S. 1 die **Forderung** und damit grundsätzlich auch gemäß §§ 412, 401 Abs. 1, 1250 Abs. 1 das Pfandrecht auf den Verpfänder über. Doch kann das nicht gelten, wenn der Verpfänder als Nichtberechtigter verfügt hat und der Pfandrechtserwerb durch den Pfandgläubiger gemäß § 1207 eingetreten ist. Es müssen die Regeln des Rückerwerbs vom Nichtberechtigten entsprechend herangezogen werden.[583]

Der Fall der Personenverschiedenheit von Verpfänder und Eigentümer, in dem der Verpfänder durch eigene Zahlung ein Pfandrecht erhält, dürfte damit recht selten sein. Praktisch wird es also meist so sein, dass das Pfandrecht untergeht, wenn der Verpfänder den Gläubiger befriedigt.

583 S. dazu Rn. 230.

Wenn ein zur **Ablösung Berechtigter** gemäß § 1249 zahlt, dann geht die Forderung auf ihn gemäß § 268 Abs. 3 S. 1 über. Mit der Forderung geht gemäß §§ 412, 401 Abs. 1, 1250 Abs. 1 auch das Pfandrecht auf ihn über. 436

Zur Ablösung berechtigt ist, wer durch die Veräußerung ein dingliches Recht an der Sache verlieren würde, also alle anderen Pfandgläubiger oder z.B. Nießbrauchsberechtigte.

Ist die Forderung durch ein **Pfandrecht** und eine **Bürgschaft** gesichert, erwirbt nach dem Wortlaut des Gesetzes der zuerst Zahlende die Forderung. Der Verpfänder, der nicht persönlicher Schuldner ist, würde sie gemäß § 1225 erwerben, und der Bürge gemäß § 774. Nach §§ 412, 401, 1250 würde daher der zuerst Zahlende auch das von dem anderen gewährte Sicherungsrecht erwerben: Der Verpfänder die Bürgschaft oder der Bürge das Pfandrecht. Es muss verhindert werden, dass es zu einem solchen **Wettlauf zwischen den Sicherungsgebern** kommt. Wird eine Forderung durch mehrere Personen gesichert – Bürge, Verpfänder, Hypothekenbesteller oder Grundschuldbesteller –, sind diese Sicherungsgeber nach ganz h.M. analog §§ 774 Abs. 2, 426 wie **Gesamtschuldner** zu behandeln, sodass der zuerst Zahlende grundsätzlich entgegen § 401 die Sicherheit des anderen nur anteilig erlangt.[584] 437

Unmittelbar regelt § 774 Abs. 2 nur den Fall, dass eine Forderung durch zwei Bürgen gesichert wird.

Wie die verschiedenen Sicherungsgeber zu behandeln sind, wenn sie das Sicherungsrecht in unterschiedlicher Höhe bestellt haben, ist umstritten. Nach wohl h.A. gilt das **„Quotenmodell"**.[585] Die Gegenmeinung hält an der Aufteilung nach Köpfen fest.

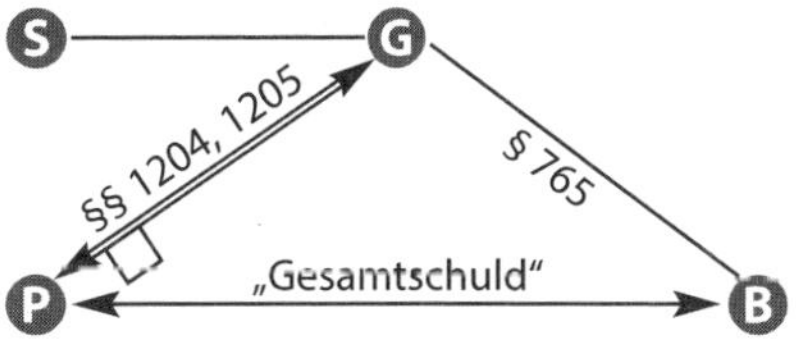

Beispiel: Zur Sicherung einer Forderung des G gegen S in Höhe von 20.000 € hat sich B in voller Höhe verbürgt. P hat G ein Pfandrecht an einer Sache im Wert von 5.000 € bestellt. S gerät in Verzug. B zahlt 20.000 € an G.

I. B hat gemäß §§ 1225, 1250 und entsprechend § 774 Abs. 2 eine durch Pfandrecht gesicherte Regressforderung gegen P in Höhe von dessen Haftungsbeitrag.
II. Nach dem Quotenmodell ist der Anteil des B wie folgt zu berechnen: B hat 100 % des Risikos übernommen, P dagegen nur 25 %. Also haften B und P im Verhältnis 1 zu 4. B hat somit 16.000 €, P 4.000 € zu übernehmen. Da B über seinen Anteil hinaus gezahlt hat, erwirbt er eine durch Pfandrecht gesicherte Regressforderung gegen P i.H.v. 4.000 €.

III. Rechte und Pflichten des Pfandgläubigers bis zur Verwertung

Von der **Bestellung** des Pfandrechts bis zur **Verwertung** ist der Pfandgläubiger vor Beeinträchtigungen geschützt. Er ist andererseits dem Verpfänder gegenüber kraft Gesetzes verpflichtet, die Pfandsache zu erhalten. 438

584 BGH RÜ 2009, 151; BGHZ 108, 179, 186; BGH NJW 1992, 3228 f.; Ehlscheid BB 1992, 1290 ff.; Staudinger/Heinze § 1225 Rn. 28–31.

585 Zuletzt für Bürgschaft und Grundschuld: BGH RÜ 2009, 151.

1. Beeinträchtigung des Pfandes

439 Der Pfandgläubiger kann gemäß § 1227 im Falle der **Beeinträchtigung des Pfandes** die gleichen Ansprüche geltend machen wie der Eigentümer im Falle der **Eigentumsbeeinträchtigung**.

- Er kann im Falle des Entzugs gemäß § 1227 entsprechend § 985 von jedem Besitzer, auch dem Eigentümer als Besitzer, Herausgabe verlangen, wenn dieser nicht zum Besitz berechtigt ist (§ 986).
- Er kann vom Schädiger gemäß § 1227 entsprechend § 823 Schadensersatz verlangen, wenn sein Pfandrecht rechtswidrig und schuldhaft verletzt worden ist. Jede Beschädigung der Sache enthält, soweit dadurch die Befriedigung des Pfandgläubigers infrage gestellt wird, auch eine Verletzung des Pfandrechts.
- Wenn der Schädiger im Zeitpunkt der schädigenden Handlung unrechtmäßiger Besitzer gewesen ist, kann der Pfandgläubiger gemäß § 1227 entsprechend den §§ 987 ff. Schadensersatz verlangen.
- Im Fall des Verbrauchs der Sachen durch einen Dritten ist der Pfandgläubiger nach den Regeln der Eingriffskondiktion, § 812 Abs. 1 S. 1 Var. 2, geschützt.
- Er kann bei Beeinträchtigung des Pfandes Beseitigungs- bzw. Unterlassungsansprüche gemäß § 1227 entsprechend § 1004 geltend machen.

2. Pflichten des Pfandgläubigers im Verhältnis zum Verpfänder

440 Zwischen dem Pfandgläubiger und dem Verpfänder – nicht unbedingt dem Eigentümer – kommt ein **gesetzliches Schuldverhältnis** zustande.[586]

- Der Pfandgläubiger kann gemäß § 1213 die Nutzungen ziehen, wenn ihm ein **Nutzungspfandrecht** eingeräumt worden ist.
- Der Inhalt des gesetzlichen Schuldverhältnisses ähnelt dem des Verwahrungsvertrags (§§ 1215–1221, 1223).

IV. Verwertung des Pfandes

441 Falls die Forderung bei Fälligkeit nicht beglichen wird, darf der Pfandgläubiger das Pfand verwerten lassen. Dies ergibt sich nicht erst aus einer gesetzlichen Vorschrift, sondern ist Inhalt der Parteivereinbarung bei der Bestellung des Pfandrechts. Es tritt mit der Fälligkeit der Forderung die **Pfandreife** ein. Bei der Verwertung, die unübersichtlich geregelt ist, empfiehlt es sich,

- zunächst festzustellen, **wer** zur Verwertung berechtigt ist, und sodann zu prüfen,
- **wie** diese zur Verwertung befugte Person bei der Verwertung verfahren darf und
- wie der bei der Verwertung erzielte **Erlös zu verteilen** ist.

1. Wer ist zur Verwertung befugt?

442 Im Regelfall ist gemäß §§ 1235 Abs. 1, 383 Abs. 3 nur eine zur Versteigerung zugelassene Person zur Verwertung befugt. Das sind der **Gerichtsvollzieher** und der **Auktionator**. Nach § 1245 können die Parteien vereinbaren, dass eine **Privatperson** die Verwertung durchführen darf.

586 Grüneberg/Wicke § 1204 Rn. 1.

2. Wie ist die Verwertung durchzuführen?

Im Regelfall erfolgt die Verwertung in **öffentlicher Versteigerung** nach den Regeln des BGB. Die versteigernde Person – Gerichtsvollzieher, Auktionator, Privatperson – wird als Vertreter des Pfandgläubigers tätig und hat die in § 1243 bestimmten Rechtmäßigkeits- und Ordnungsvorschriften zu beachten. **443**

Die **Rechtmäßigkeitsvorschriften** sind abschließend in § 1243 aufgeführt. **444**

Danach ist erforderlich:

- das Bestehen eines Pfandrechts,
- die Pfandreife (§ 1228 Abs. 2),
- das Verbot des Überverkaufs (§ 1230 S. 2),
- die Verwertung muss in öffentlicher Versteigerung erfolgen (§ 1235),
- die Versteigerung muss öffentlich bekannt gemacht werden (§ 1237 S. 1) und
- bei Gold- und Silberwaren muss der Metallwert erreicht werden (§ 1240).

Im Falle der Verletzung der Rechtmäßigkeitsvoraussetzungen handelt der Pfandgläubiger – vertreten durch den Versteigerer – als Nichtberechtigter, doch kann der Ersteigerer im Falle der Gutgläubigkeit unter den Voraussetzungen des § 1244 das Eigentum vom Nichtberechtigten erwerben.

Auch sind die **Ordnungsvorschriften** zu beachten. **445**

- Die Androhung des Pfandverkaufs (§ 1234 Abs. 1),
- die Benachrichtigung des Verpfänders von der Versteigerung (§ 1237 S. 2),
- die Einhaltung einer Monatsfrist zwischen Androhung und Verkauf (§ 1234 Abs. 2),
- die Mitteilung des Versteigerungsergebnisses an den Eigentümer (§ 1241) und
- Verkauf nur gegen Barzahlung und kassatorische Klausel (§ 1238 Abs. 1).

Die Verletzung der Ordnungsvorschriften lässt die Rechtmäßigkeit der Versteigerung unberührt. Doch kann der Eigentümer im Falle der schuldhaften Verletzung gemäß § 1243 Abs. 2 Schadensersatz verlangen.

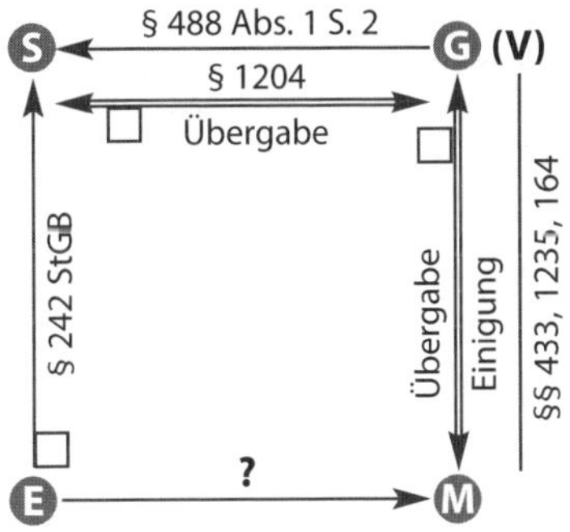

Beispiel: Die Versteigerung des gestohlenen Brillantrings

S verpfändet G zur Sicherung einer Darlehensforderung einen Brillantring. Nach Pfandreife lässt G den Ring ordnungsgemäß durch den Gerichtsvollzieher V öffentlich versteigern. M erwirbt den Ring. Nachträglich stellt sich heraus, dass der Ring E gestohlen worden war. Dies war S, G und auch M infolge leichter Fahrlässigkeit unbekannt. Ansprüche E gegen M?

I. Anspruch des E gegen M auf **Herausgabe** gemäß **§ 985**?
E kann sein Eigentum durch die Veräußerung des G, vertreten durch V, an M gemäß § 929 S. 1 verloren haben.
1. Eine Einigung zwischen G, vertreten durch V, und M ist erzielt und zur Vollziehung der Einigung ist die Pfandsache übergeben worden.
2. G war jedoch Nichtberechtigter, weil das Pfandrecht infolge Abhandenkommens des Rings nicht entstanden ist.

3. M hat jedoch gemäß § 1244 das Eigentum vom Nichtberechtigten erworben, weil der Ring als Pfand veräußert worden ist und der Erwerber M gutgläubig war.
Dass der Ring E gestohlen, also abhandengekommen ist, hindert den gutgläubigen Erwerb des M nach § 1244 nicht, denn in § 1244 wird nur auf die §§ 933–934 und 936 verwiesen, nicht aber auf § 935. M ist somit Eigentümer; E hat keinen Anspruch gemäß § 985.
II. E könnte gegen M einen **Anspruch auf Rückübereignung des Rings nach §§ 823, 249** haben. Durch die Ersteigerung des Rings hat M zwar das Eigentum des E beseitigt. Dies geschah auch schuldhaft, nämlich leicht fahrlässig. § 823 Abs. 1 kann aber dennoch keine Anwendung finden; denn anderenfalls wäre die Beschränkung der Bösgläubigkeit auf Vorsatz und grobe Fahrlässigkeit in § 932 Abs. 2 ohne Sinn, da dann auch bei leichter Fahrlässigkeit über §§ 823, 249 der (i.S.d. § 932 gutgläubige) Erwerber die Sache rückübereignen müsste.
III. Ein Anspruch aus **§ 816 Abs. 1 S. 2** scheidet aus, da M den Ring **entgeltlich** erworben hat.
IV. Ein Bereicherungsanspruch des E gegen M nach **§ 812 Abs. 1 S. 1 Var. 2** scheitert schon daran, dass hier M Besitz und Eigentum an dem Ring von G geleistet worden sind.[587]

446 Gemäß § 1245 können der Eigentümer und der Pfandgläubiger eine von den §§ 1234 bis 1240 **abweichende Art des Pfandverkaufs** vereinbaren. Sie können jedoch gemäß § 1245 Abs. 2 nicht vor dem Eintritt der Verkaufsberechtigung auf die Einhaltung des § 1235 (öffentliche Versteigerung), des § 1237 S. 1 und des § 1240 verzichten.

Wenn der Eigentümer eine unrechtmäßige oder nicht ordnungsgemäße Verwertung nachträglich genehmigt, hat diese Genehmigung ähnliche Wirkungen wie eine vorherige Vereinbarung i.S.d. § 1245: Verstöße gegen gesetzliche Rechtmäßigkeitsvoraussetzungen und Ordnungsvorschriften werden geheilt, und es tritt die Rechtslage ein, die bei ordnungsgemäßer Veräußerung bestehen würde.[588]

Wenn der Pfandgläubiger für sein Recht zum Verkauf einen **vollstreckbaren Titel** gegen den Eigentümer erlangt hat, kann er den Verkauf auch nach den für den Verkauf einer gepfändeten Sache geltenden Vorschriften bewirken lassen, § 1233 Abs. 2.

Nach § 1233 Abs. 2 kann der Pfandgläubiger gegen den Eigentümer auf Duldung der Zwangsvollstreckung klagen. Dann hat er die Wahl zwischen der Verwertung nach der ZPO und dem Verkauf nach §§ 1234–1240.

Der Pfandgläubiger kann auch gegen den Schuldner einen Zahlungstitel wegen der gesicherten Forderung erwirken und aufgrund dieses Vollstreckungstitels, den er mit Vollstreckungsklausel versehen und zustellen lässt, die Pfändung und Verwertung nach § 803 ZPO durchführen.

Für die Verwertung nach Vollstreckungsrecht gelten ausschließlich die Regeln des Vollstreckungsrechts, sodass der Gerichtsvollzieher in diesem Fall nicht als Vertreter des Pfandgläubigers tätig wird, sondern kraft Hoheitsakts. Der Erwerb durch den Ersteigerer tritt immer dann ein, wenn die Sache in öffentlicher Versteigerung veräußert wird. Es sind nicht die Rechtmäßigkeitsvoraussetzungen der §§ 1244 ff. zu beachten, sondern die Regeln der ZPO. Auch erwirbt der Ersteher das Eigentum unabhängig von seinem guten Glauben, und zwar kraft Hoheitsakts (s. Rn. 307).

Schließlich kann gemäß § 1246 jede Partei verlangen, dass ein Verkauf abweichend von den Vorschriften der §§ 1235–1240 erfolgt, soweit es nach billigem Ermessen den Interessen der Beteiligten entspricht.

587 Alternativität der Kondiktionen, BGHZ 40, 272, 278.

588 BGH NJW 1995, 1350, 1351.

3. Rechte am Versteigerungserlös gemäß § 1247

Wenn der Ersteher die Pfandsache erhalten und den Kaufpreis gezahlt hat, muss der Versteigerungserlös verteilt werden. **447**

Falls der **Pfandgläubiger** zur Verwertung **berechtigt** war, der erzielte Erlös nicht höher ist als die gesicherte Forderung und ihm keine Rechte vorgehen, gilt: **448**

Dem Pfandgläubiger gebührt gemäß § 1247 S. 1 der **Erlös**. Er kann ihn für sich behalten.

Der Pfandgläubiger erwirbt gemäß § 929 S. 1 das Eigentum an dem Geld, weil der Ersteher an ihn übereignen wollte und der Pfandgläubiger den Besitz willentlich vom Ersteher eingeräumt erhalten hat. Falls für den Pfandgläubiger eine zur Versteigerung zugelassene Person tätig geworden ist, hat diese bei der Einigung als Vertreter gehandelt, beim Besitzerwerb als Besitzmittler.

Die **gesicherte Forderung** erlischt durch Erfüllung, falls der persönliche Schuldner, der Verpfänder und der Eigentümer der Sache personengleich waren.

Bestand das Pfandrecht nicht, sind Rechtmäßigkeitsvoraussetzungen verletzt worden, gehen dem Pfandgläubiger Rechte vor oder übersteigt der Erlös die gesicherte Forderung, tritt gemäß § 1247 S. 2 die **dingliche Surrogation** ein, d.h.: **449**

1. Soweit dem Pfandgläubiger Rechte vorgehen, erwirbt der Eigentümer der Pfandsache das Eigentum an dem Erlös. An diesem Erlös setzen sich das Pfandrecht des vorgehenden Pfandgläubigers sowie das Pfandrecht des die Verwertung betreibenden Pfandgläubigers im Wege der dinglichen Surrogation fort.

2. Soweit der Erlös die Forderung übersteigt, ergibt sich: Der Pfandgläubiger erwirbt nach § 929 S. 1 durch Rechtsgeschäft das Eigentum an dem Erlös in Höhe seiner Forderung. Der Eigentümer erwirbt gemäß § 1247 S. 2 im Wege der dinglichen Surrogation das Eigentum an dem Geld, soweit der Erlös die Forderung übersteigt. Es tritt also Miteigentumserwerb ein.

3. Soweit dem „Pfandgläubiger" kein Pfandrecht zusteht, der Ersteher aber das Eigentum an der Pfandsache gutgläubig erworben hat, wird der Eigentümer der Pfandsache kraft dinglicher Surrogation Eigentümer des Geldes. Dem Pfandgläubiger gebührt nichts. Auch wenn der Ersteher ihm Geld nach § 929 S. 1 übereignet hat, treten die Wirkungen des § 929 S. 1 nicht ein, da § 1247 S. 2 den §§ 929 ff. vorgeht.[589] Er muss also gemäß § 985 den Erlös herausgeben. Falls der Erlös nicht mehr vorhanden ist, muss er Wertersatz in Höhe des Erlöses leisten.

4. Soweit dem Pfandgläubiger zwar ein Pfandrecht zusteht, es aber an sonstigen Rechtmäßigkeitsvoraussetzungen fehlt und der Ersteher gutgläubig das Eigentum an der Pfandsache erworben hat, wird der Eigentümer der Pfandsache kraft dinglicher Surrogation Eigentümer des Erlöses. Der Pfandgläubiger, dessen Pfandrecht nicht erloschen ist, hat ebenfalls kraft dinglicher Surrogation ein Pfandrecht am Erlös.

Wenn persönlicher Schuldner einerseits und Verpfänder und Eigentümer andererseits **personenverschieden** sind, dann geht die Forderung in Höhe des Erlöses auf den Eigentümer – Verpfänder über. Streitig ist nur, ob der Übergang entsprechend § 1225 oder entsprechend §§ 1249 S. 2, 268 Abs. 3 S. 1 erfolgt.

589 Baur/Stürner § 55 Rn. 29.

V. Erlöschen des Pfandrechts an beweglichen Sachen

450 Das rechtsgeschäftliche Pfandrecht an beweglichen Sachen erlischt

- durch Erlöschen der gesicherten Forderung (§ 1252; Folge der Akzessorietät);
- wenn feststeht, dass die künftige gesicherte Forderung nicht zur Entstehung gelangt;
- durch freiwillige Rückgabe des Pfands durch den Pfandgläubiger an den Eigentümer oder Verpfänder. Es genügt die tatsächliche Rückgabe, § 1253. Die Rückgabe ist keine Willenserklärung. Allein die tatsächliche willentliche Besitzaufgabe durch den Pfandgläubiger führt zum Untergang des Pfandrechts, selbst wenn sie nur vorübergehend sein soll (z.B. Leihe);
- durch einseitigen Verzicht des Pfandgläubigers zugunsten des Eigentümers oder Verpfänders (§ 1255);
- durch Vereinigung von Pfandrecht und Eigentum in einer Person (§ 1256 Abs. 1 S. 1, Ausnahmen § 1256 Abs. 1 S. 2 und Abs. 2);
- durch rechtmäßigen Verkauf (§ 1242 Abs. 2 S. 1);
- durch gutgläubigen lastenfreien Eigentumserwerb durch einen Dritten (§§ 936 Abs. 1, 945, 949, 973);
- durch gesetzlichen Eigentumserwerb bei Verarbeitung (§ 950 Abs. 2).

Bei der Übertragung der Forderung erlischt das Pfandrecht nur im Ausnahmefall, nämlich wenn der Ausschluss des Übergangs des Pfandrechts vereinbart worden war.

Vertragliches Pfandrecht an beweglichen Sachen

Entstehung

- Einigung, §§ 1204, 1205 Abs. 1 S. 1:
  - Bestimmte Sache – Bestimmtheitsgrundsatz –
  - Bestimmbare zu sichernde Forderung
- Übergabe, Übergabesurrogate:
  - Kein Besitzkonstitut, § 930
  - Anzeigepflicht bei Abtretung des Herausgabeanspruchs
  - Qualifizierter Mitbesitz
- **Berechtigung:** Verfügungsberechtigter Eigentümer oder Verfügungsmacht kraft Gesetzes; im Falle der Nichtberechtigung: Erwerb vom Nichtberechtigten möglich, § 1207

Übergang

- Abtretung der Forderung gemäß § 398; mit der Forderung geht kraft Gesetzes das Pfandrecht über (§§ 401, 1250 Abs. 1 S. 1)
- Nach h.M. kein Erwerb vom Nichtberechtigten
- Bei mehreren Sicherungsgebern analog § 426 nur teilweiser Übergang

Rechte und Pflichten

- Dem Pfandgläubiger stehen gemäß § 1227 die Rechte zu, die dem Eigentümer im Fall der Eigentumsbeeinträchtigung zur Seite stehen
- Zwischen dem Pfandgläubiger und dem Verpfänder besteht ein **pflichtenbegründendes gesetzliches Schuldverhältnis**, das der Verwahrung ähnelt

Verwertung

- Person des Verwertenden
  - Im Regelfall der Gerichtsvollzieher oder Auktionator
  - Wenn vereinbart, eine Privatperson
- Zu beachtende Verwertungsregeln:
  - Rechtmäßigkeitsvoraussetzungen, § 1243 Abs. 1, doch Erwerb vom Nichtberechtigten möglich, § 1244
  - Verletzung von Ordnungsvorschriften begründet Ersatzanspruch, § 1243 Abs. 2
- Der Pfandgläubiger kann die Verwertung auch nach den Regeln des Vollstreckungsrechts durchführen (§ 1233 Abs. 2)
- Die Erlösverteilung:
  - Der Pfandgläubiger erhält das Geld, soweit es ihm gebührt, § 1247 S. 1
  - Im Übrigen **dingliche Surrogation:** Rechte an der Sache setzen sich am Erlös fort, § 1247 S. 2

Untergang (Erlöschen)

- Wenn Forderung untergeht bzw. künftige Forderung nicht entsteht
- Durch freiwillige Rückgabe (§ 1253) oder Verzicht (§ 1255)
- Durch Vereinigung von Pfand und Eigentum in einer Person (§ 1256 Abs. 1)
- Durch rechtmäßigen Verkauf bzw. gutgläubigen lastenfreien Erwerb

B. Gesetzliches Pfandrecht an beweglichen Sachen

451 Das Gesetz lässt in einer Reihe von Fällen ein Pfandrecht entstehen, ohne dass eine auf die Entstehung des Pfandrechts gerichtete Einigung vorzuliegen braucht. Man spricht hier von gesetzlichen Pfandrechten.

Sinn und Zweck der gesetzlichen Regelung ist es, demjenigen Vertragsteil eine Sicherung zu geben, der, wenn auch nicht notwendig, so doch in der Regel vorzuleisten pflegt, wie etwa der Werkunternehmer, der die Arbeiten ausführt und erst später den Werklohn in Rechnung stellen kann. Das Pfandrecht des Vermieters (§ 562 Abs. 1) war ursprünglich ebenfalls wegen der Nachschüssigkeit der Mietzahlung (§ 551 a.F.) in das BGB aufgenommen worden. Seit dem 01.09.2001 ist diese zwar entfallen (§ 556b Abs. 1), das Pfandrecht wurde aber beibehalten. Es schützt den Vermieter vor Mietrückständen, da er in der Regel erst ab einem Rückstand von mindestens zwei Monatsmieten zur außerordentlichen Kündigung berechtigt ist (vgl. § 543 Abs. 2 Nr. 3). Für die Vorleistungen soll der Vorleistende eine Sicherheit an den Sachen erhalten, die in seinen Herrschaftsbereich gelangt sind. Das können einmal Sachen sein, die (zur Bearbeitung etc.) in seinen Besitz gelangt sind. Aber auch ohne Besitz des Vorleistenden kann ein Herrschaftsverhältnis begründet werden, so z.B. durch Einbringung der Sache auf das Grundstück des Gläubigers (beim Vermieter- u. Verpächterpfandrecht) oder in seine Betriebssphäre (Gastwirtspfandrecht).

Gesetzliche Besitzpfandrechte sind:

1. Das Pfandrecht des Werkunternehmers wegen seiner Lohnansprüche an den ihm zur Ausbesserung oder Herstellung übergebenen Sachen des Bestellers,	§ 647;
2. das Pfandrecht des Kommissionärs am Kommissionsgut,	§ 397 HGB;
3. das Pfandrecht des Spediteurs am Speditionsgut,	§ 464 HGB;
4. das Pfandrecht des Lagerhalters am Lagergut,	§ 475b HGB;
5. das Pfandrecht des Frachtführers am Frachtgut,	§ 441 HGB.

Gesetzliche besitzlose Pfandrechte sind:

1. Das Pfandrecht des Vermieters und Verpächters an den eingebrachten Sachen des Mieters und Pächters für die Ansprüche aus dem Miet- und Pachtverhältnis, § 562 Abs. 1, §§ 581, 592;
2. das Pfandrecht des Gastwirts an den eingebrachten Sachen des Gastes, § 704;
3. das Pfandrecht des Berechtigten bei der Hinterlegung von Geld oder Wertpapieren als Sicherheitsleistung, § 233.

I. Entstehung des gesetzlichen Pfandrechts

452
- Es muss die zu sichernde Forderung **bestehen**.
- Bei den Besitzpfandrechten muss der Gläubiger im Besitz der Sache sein. Bei den besitzlosen Pfandrechten genügt die **Einbringung der Sache**.
- Der Schuldner muss **Eigentümer** der Sache sein. Ist der Schuldner nicht Eigentümer, kann nach h.A. auch ein Besitzpfandrecht nicht vom Nichtberechtigten erworben werden; § 1207 findet keine, auch keine entsprechende Anwendung.[590] Lediglich gemäß § 366 Abs. 3 HGB können die gesetzlichen handelsrechtlichen Pfandrechte gutgläubig erworben werden.

Da es hier an einer Verfügung fehlt (das Pfandrecht entsteht kraft Gesetzes), muss sich der gute Glaube im Rahmen des § 366 Abs. 3 HGB weder auf das Eigentum noch

590 BGHZ 34, 122 ff. für das Werkunternehmerpfandrecht; Einzelheiten zum Entstehen des gesetzlichen Pfandrechts bei der Behandlung der Vorschriften über das Pfand im jeweiligen Rechtsgebiet.

auf die Verfügungsbefugnis beziehen. Erforderlich ist der gute Glaube daran, dass der Nichtberechtigte die entsprechenden Verträge abschließen darf, also z.B. das Gut in Kommission zu geben.

Etwas anderes gilt für Gut, das nicht Vertragsgegenstand ist; hier kommt es auf den guten Glauben an das Eigentum des Vertragspartners an.

II. Geltung der Regeln über Vertragspfandrechte, § 1257

Das bedeutet: 453

- Für die **Übertragung** des gesetzlichen Pfandrechts gilt § 1250. Mit der Übertragung der Forderung geht das gesetzliche Pfandrecht auf den Zessionar über.
- Für das **Erlöschen** des gesetzlichen Besitzpfandrechts ist – soweit nicht Sonderregeln eingreifen, z.B. § 441 Abs. 1, 2 HGB – die Vorschrift des § 1253 anwendbar.

  Das Pfandrecht des Werkunternehmers erlischt daher, wenn er die reparierte Sache vor der Bezahlung der Reparaturkosten an den Besteller zurückgibt.[591] § 1253 gilt nicht bei besitzlosen gesetzlichen Pfandrechten.

  In der Übergabe des Pfandes an den Pfandgläubiger kann die Aufhebung des gesetzlichen Pfandrechts unter Bestellung eines rechtsgeschäftlichen Pfandrechts liegen.[592]
- Die **Verwertung** des gesetzlichen Pfandrechts geschieht nach §§ 1228 ff., in der Regel also durch Privatverkauf im Wege der öffentlichen Versteigerung.

Unterschiede ergeben sich hinsichtlich der **gesetzlichen besitzlosen Pfandrechte**. 454
Während die Vorschriften über Vertragspfandrechte von unmittelbarem Besitz des Pfandgläubigers ausgehen, hat dieser bei den besitzlosen Pfandrechten zumeist keinerlei besitzrechtliche Beziehung zu den dem Pfandrecht unterliegenden **Sachen**.

Beim **Vermieterpfandrecht** hat der Pfandgläubiger (= Vermieter) daher nach Eintritt 455
der Pfandreife, also mit Fälligkeit seiner Forderung, einen Herausgabeanspruch aus §§ 562, 1231.[593] Nach Pfandreife hat er daher auch ein Recht zum Besitz an den dem Pfandrecht unterliegenden Sachen, darf diese allerdings nicht selbst an sich nehmen, da er andernfalls verbotene Eigenmacht verübt (§ 858).[594] Vor Pfandreife kann der Vermieter gemäß § 562b Abs. 1 die Entfernung der Pfandsachen im Wege der Selbsthilfe verhindern, sofern er nicht gemäß § 562a S. 2 zur Duldung verpflichtet ist. Das Pfandrecht erstreckt sich auf Fahrzeuge, die auf dem gemieteten Grundstück abgestellt werden. Es erlischt bei Durchführung einer Fahrt und entsteht nur, wenn das Fahrzeug wieder auf dem Grundstück abgestellt wird.[595] Sind Sachen ohne Wissen des Vermieters oder gegen seinen Willen entfernt worden, kann er gemäß § 562b Abs. 2 S. 1 Rückschaffung verlangen oder – wenn der Mieter bereits ausgezogen ist – sogar Herausgabe an sich.

Das **Gastwirtspfandrecht** gemäß § 704 verweist insoweit auf die Vorschriften über das 456
Vermieterpfandrecht. Das Gastwirtspfandrecht findet allerdings nur auf den Beherber-

591 BGHZ 87, 274, 280.
592 Grüneberg/Wicke § 1257 Rn. 7.
593 BeckOK/Ehlert § 562 Rn. 27.
594 S. dazu Rn. 45 ff.
595 BGH RÜ 2018, 146.

gungs-, nicht auf den reinen Speisegastwirt Anwendung.[596] Neben dem Gastwirtspfandrecht besteht kein zusätzliches Vermieterpfandrecht.

Beim Pfandrecht des Berechtigten bei der **Hinterlegung gemäß § 233** stellen sich keine besitzrechtlichen Fragen, da sich das hinterlegte Geld bzw. die hinterlegten Wertpapiere in einem öffentlich-rechtlichen Verwahrungsverhältnis befinden.

2. Abschnitt: Pfandrecht an Rechten und Forderungen

457 Im Sachenrecht ist nicht nur das Pfandrecht an **Sachen** – beweglichen Sachen und Grundstücken – geregelt, sondern nach den §§ 1273 ff. kann grundsätzlich an allen **übertragbaren Vermögenswerten** ein Pfandrecht **begründet** werden, das nach den Regeln der §§ 1274 ff. entsteht und abzuwickeln ist.

A. Entstehen des vertraglichen Pfandrechts an Rechten und Forderungen

458 Der **Grundsatz** lautet: Wie das Recht **übertragen** wird, wird es auch **verpfändet**, § 1274 Abs. 1 S. 1.

Ist ein Recht nicht übertragbar, kann an ihm auch kein Pfandrecht bestellt werden, § 1274 Abs. 2. Doch kann das Recht der Ausübung überlassen worden sein. In diesen Fällen ist der Überlassungsanspruch verpfändbar, ohne dass dadurch ein Pfandrecht am Recht selbst entsteht.[597]

I. Einigung

459 Der Verpfänder und Pfandgläubiger müssen sich – wie bei der Bestellung des Pfandrechts an beweglichen Sachen – darüber einigen, dass zur Sicherung bestimmbarer **Forderungen** dem Pfandgläubiger ein **Verwertungsrecht** an einem **bestimmten** Recht bzw. einer bestimmten Forderung zustehen soll.

Für die Forderung gilt der **Bestimmbarkeitsgrundsatz**.

Für das zu belastende Recht bzw. die zu belastende Forderung gilt der **Bestimmtheitsgrundsatz**.

- Auch künftige Rechte und Forderungen sind verpfändbar, wenn sie **abtretbar** sind. Es kann daher ein Pfandrecht an einem künftigen Recht zur Sicherung einer künftigen Forderung begründet werden.[598]
- Mit der wirksamen **Einigung** über das Entstehen des Pfandrechts an den Rechten, die durch bloße formlose Einigung übertragen werden können, entsteht das Pfandrecht an dem Recht. Weitere Voraussetzungen müssen nur dann gegeben sein,
  - wenn zur Abtretung des Rechts die **Übergabe** einer Sache erforderlich ist oder
  - wenn eine Forderung verpfändet wird; dann ist gemäß § 1280 die Anzeige durch den Gläubiger an den Schuldner erforderlich.

596 Grüneberg/Sprau § 704 Rn. 1.
597 Grüneberg/Wicke § 1274 Rn. 9.
598 Baur/Stürner § 62 Rn. 12.

II. Übergabe sowie Anzeigepflicht

- Soweit zur Übertragung des Rechts die **Übergabe** einer Sache erforderlich ist, gelten 460 nicht die §§ 929–931, sondern die Übergabe- und Übergabesurrogatsregeln der §§ 1205, 1206 (§ 1274 Abs. 1 S. 2).

  - Für die Hypothek, Grund- und Rentenschuld bedeutet das, dass neben der Einigung über die Verpfändung der gesicherten Forderung bzw. Grundschuld bei einem Briefrecht noch die schriftliche Verpfändungserklärung oder Eintragung im Grundbuch erfolgen muss und der Hypotheken- bzw. Grundschuld**brief** nach den §§ 1205, 1206 übergeben werden muss.
  - Die Verpfändung von Orderpapieren setzt gemäß § 1292 die Einigung des Gläubigers und des Pfandgläubigers und die **Übergabe** des indossierten Papiers voraus.
  - Das Pfandrecht an Inhaberpapieren wird gemäß § 1293 nach den Vorschriften über das Pfand an beweglichen Sachen, also durch Einigung und Übergabe bzw. Übergabesurrogate entsprechend §§ 1205, 1206 bestellt.

- Zwar genügt zur Abtretung einer Forderung gemäß § 398 die schlichte Abtretungs- 461 erklärung, doch zur Verpfändung der Forderung ist gemäß § 1280 erforderlich, dass der Gläubiger diese Verpfändung dem Schuldner anzeigt.

  Es soll also bei der Verpfändung einer Forderung auf jeden Fall eine Offenlegung erfolgen. Aus diesem Grund wird in der Praxis die Abtretung der Forderung als Sicherungsmittel bevorzugt.[599]

Fall 21: Verpfändung eines Sparguthabens

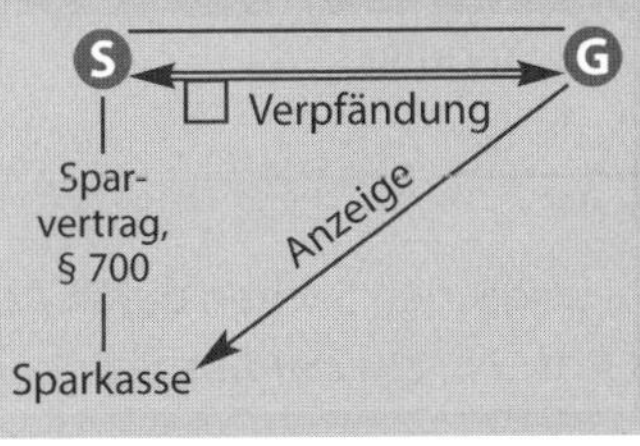

S will G ein Sparguthaben verpfänden. Der Verpfändungsvertrag wird schriftlich geschlossen. S übergibt G das Sparbuch. G zeigt – ohne dass dies mit S vereinbart war – der Sparkasse unter Vorlage der Verpfändungsurkunde und des Sparkassenbuchs die Verpfändung an. Ist eine wirksame Verpfändung erfolgt?

I. G und S haben sich über die Bestellung eines Pfandrechts an der Sparkassenforderung 462 geeinigt (§§ 700 Abs. 1 S. 1, 488 Abs. 1 S. 2).

II. Da für die Übertragung eines Sparguthabens die bloße Einigung (Abtretung, § 398) genügt und die Übergabe des Sparbuchs nicht erforderlich ist – das Eigentum am Sparbuch geht nach § 952 über[600] –, muss für die Verpfändung die Anzeige durch den Verpfänder an die Sparkasse hinzukommen, § 1280.[601]

1. Die Anzeige wird hier nicht deshalb entbehrlich, weil S eine Urkunde über die Verpfändung ausgestellt hat und G diese Urkunde der Sparkasse vorgelegt hat.

Zwar bestimmt § 409 Abs. 1 S. 2 für die Abtretung einer Forderung, dass es der Abtretungsanzeige gleichsteht, wenn der Gläubiger eine Urkunde über die Abtretung dem in der Urkunde bezeichneten neuen Gläubiger ausgestellt hat und dieser sie dem Schuldner vorlegt. Eine (analoge) Anwendung des § 409 Abs. 1 S. 2 für die Verpfändungsanzeige nach § 1280 verbietet sich aber deshalb, weil in § 1280 die Anzeige wesentliches Tatbestandserfordernis für die Entstehung des Rechts ist, während die Abtre-

599 Zur Sicherungsabtretung vgl. AS-Skript Schuldrecht AT 2 (2024), Rn. 438 ff.

600 Grüneberg/Herrler § 952 Rn. 1 f.

601 Grüneberg/Sprau § 808 Rn. 6; Grüneberg/Wicke § 1280 Rn. 2.

tung nach § 398 auch ohne die Anzeige wirksam ist und die Abtretungsanzeige nach § 409 Abs. 1 S. 1 nur dem Schuldnerschutz dient.[602] Ebenso wenig ersetzt die Übergabe des Sparbuchs die Anzeige.[603]

2. Die Anzeige nach § 1280 muss von dem verpfändenden Gläubiger der Forderung abgegeben werden, hier also von S. S selbst hat nicht angezeigt. Zulässig ist die Anzeige durch Stellvertreter, der auch der Pfandgläubiger sein kann.[604] Voraussetzung ist dann aber nach den allgemeinen Regeln des Stellvertretungsrechts, §§ 164 ff., dass der „Stellvertreter" im Namen und mit Vollmacht des Pfandgläubigers handelt. Dazu reicht es nicht aus, dass der Pfandgläubiger im Besitz einer Verpfändungsurkunde oder des Sparbuchs ist und diese dem Schuldner vorlegt.[605] Denn eine entsprechende Vorschrift zu § 409 Abs. 1 S. 2, wo die Vorlage der Urkunden als Ersatz für die Anzeige zugelassen ist, ist in § 1280 gerade nicht enthalten. Im vorliegenden Fall fehlt es somit an einer wirksamen Anzeige nach § 1280, da S dem G keine Vollmacht erteilt hat. Es ist daher für G kein Pfandrecht entstanden.

An dem zur Sicherheit übergebenen Sparbuch kann aber ein Zurückbehaltungsrecht begründet sein.[606]

III. Berechtigung des Verpfänders

463 Wie in den Fällen der Übertragung des Rechts muss der Verpfänder verfügungsberechtigter Rechtsinhaber sein. Soweit das Recht vom Nichtberechtigten erworben werden kann, ist auch ein Pfandrechtserwerb vom Nichtberechtigten möglich.[607]

B. Übertragung des Pfandrechts an Rechten

464 Das Pfandrecht an Rechten wird wie das Pfandrecht an beweglichen Sachen durch **Abtretung** der gesicherten Forderung übertragen, §§ 1273 Abs. 2 S. 1, 1250 Abs. 1 S. 1.

C. Rechte und Pflichten der Beteiligten

465 Zwischen dem Verpfänder und dem Pfandgläubiger besteht ein gesetzliches, pflichtenbegründendes Schuldverhältnis (§ 1273 Abs. 2 S. 1), sodass grundsätzlich die für das Pfandrecht an beweglichen Sachen geltenden Vorschriften entsprechende Anwendung finden.

D. Verwertung des Pfandrechts an Rechten und Forderungen

466 Anders als beim Fahrnispfand (Verwertung gemäß §§ 1228 ff. oder nach ZPO) erfolgt die Befriedigung des Pfandgläubigers, falls die Forderung nicht beglichen wird, grundsätzlich nur aufgrund eines **Vollstreckungstitels** im Wege der **Zwangsvollstreckung** (§ 1277).

---

602 RGZ 85, 431, 436.
603 RGZ 124, 217, 220 f.
604 RGZ 79, 306, 308; OLG Köln NJW-RR 1990, 485, 486.
605 RGZ 85, 431, 437; Erman/Bayer § 1280 Rn. 2.
606 Grüneberg/Wicke § 1280 Rn. 1.
607 Grüneberg/Wicke § 1274 Rn. 1.

Für die Verwertung von Forderungen gelten die §§ 1281 ff. **467**

- **Vor** der **Pfandreife** (vor der Fälligkeit der Forderung des Pfandgläubigers) können Pfandgläubiger und Gläubiger die Forderung nur gemeinsam geltend machen; der Einzelne kann nur Leistung an beide oder Hinterlegung fordern, der Schuldner darf nur an beide leisten, § 1281.

- **Nach** der **Pfandreife** (nach der Fälligkeit der Forderung des Pfandgläubigers) kann der Pfandgläubiger fällige Forderungen allein einziehen, der Schuldner darf nur an ihn leisten, § 1282. Folge der Leistung nach §§ 1281, 1282 ist das Erlöschen der Forderung, § 362 Abs. 1. Damit erlischt auch das akzessorische Pfandrecht an der Forderung. Dies geschieht aber nicht ersatzlos, sondern es tritt **dingliche Surrogation** nach § 1287 ein. Das bedeutet, dass der Gläubiger das Eigentum an dem geleisteten Gegenstand erwirbt. Der Pfandgläubiger erlangt kraft Gesetzes an dem geleisteten Gegenstand ein Ersatzpfandrecht.

  Beispiel: Der Schreinermeister S verpflichtet sich gegenüber G gegen Vorauszahlung von 2.000 € zur Herstellung eines Bücherschranks. Als G danach in Geldverlegenheit kommt, gewährt ihm P ein bis zum 01.04. zurückzahlbares Darlehen. Zur Sicherung dieser Darlehensforderung verpfändet G dem P gemäß §§ 1274, 1280 seinen Lieferungsanspruch gegen S.

  Nach der Fälligkeit seines Rückzahlungsanspruchs aus dem Darlehen – also nach dem 01.04. – verlangt der Pfandgläubiger P von dem Schuldner S die Lieferung des Schranks. Mit der Lieferung des Schranks an P wird G Eigentümer des Schranks, P erhält kraft dinglicher Surrogation ein besitzloses Pfandrecht an dem Schrank, § 1287. Dieses Pfandrecht kann P nach den Regeln über den Pfandverkauf – also in erster Linie durch öffentliche Versteigerung – verwerten.

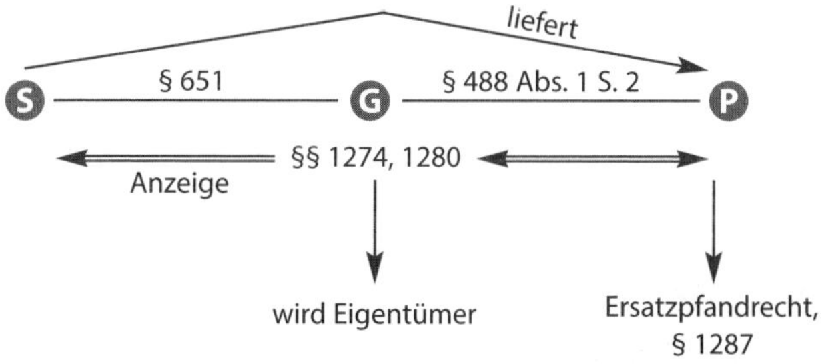

- Wird die Geldforderung vor der Pfandreife eingezogen, sind der Pfandgläubiger und der Gläubiger einander verpflichtet, dabei mitzuwirken, dass der eingezogene Betrag sachgerecht verwandt wird, § 1288.

Gemäß § 1291 gelten für die Grund- und Rentenschuld die Regeln über das Pfandrecht an Forderungen. Zwar gewähren Grund- und Rentenschuld keinen schuldrechtlichen Anspruch, sondern stellen ein Recht am Grundstück dar, doch sind sie auf Zahlung eines Geldbetrags gerichtet und daher mit einer Forderung vergleichbar.

E. Erlöschen des vertraglichen Pfandrechts an Rechten

Das Erlöschen des vertraglichen Pfandrechts an Rechten unterliegt den gleichen Grundsätzen, wie sie für das vertragliche Pfandrecht an beweglichen Sachen Gültigkeit haben, § 1273 Abs. 2 S. 1. Es gelten hier also insbesondere auch die §§ 1252 und 1256 entsprechend. **468**

8. Teil: Eigentumsherausgabeanspruch und Eigentümer-Besitzer-Verhältnis

469 Das Eigentum ist das umfassendste Recht des Zivilrechts. Der Eigentümer einer Sache kann grundsätzlich mit der Sache nach Belieben verfahren und andere von der Einwirkung ausschließen (§ 903). Im Übrigen hat er ein schutzwürdiges Interesse daran, dass er die ihm vorenthaltene Sache **zurückerhält**, dass er im Falle der Eigentumsverletzung **Schadensersatz** bekommt und dass ihm die **Vorteile** zuerkannt werden, die der Besitzer aus der Nutzung, der Veräußerung oder dem Verbrauch der Sache erlangt hat.

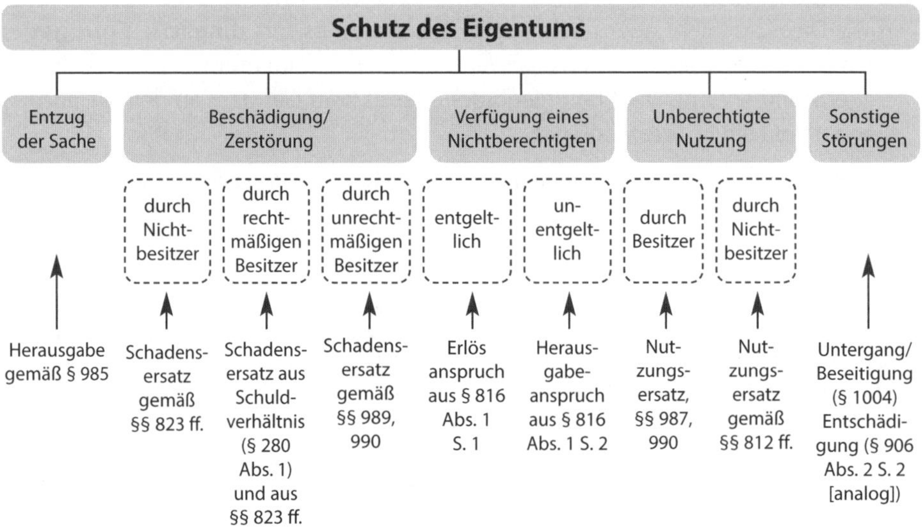

1. Abschnitt: Herausgabeanspruch gemäß § 985

Aufbauschema: Herausgabeanspruch aus § 985

I. Anspruchsteller ist **Eigentümer** einer Sache

II. Anspruchsgegner ist (mittelbarer oder unmittelbarer) **Besitzer**

III. Besitzer hat kein **Recht zum Besitz**, § 986
- Eigenes Besitzrecht, § 986 Abs. 1 S. 1 Var. 1
- Abgeleitetes Besitzrecht, § 986 Abs. 1 S. 1 Var. 2

A. Anspruchsberechtigter

I. Eigentümer

470 Anspruchsberechtigt ist derjenige, der im Zeitpunkt des Herausgabeverlangens Eigentümer der Sache (bewegliche Sache oder Grundstück) ist.

Unerheblich ist, worauf der Eigentumserwerb beruht. Der Eigentumserwerb kann eingetreten sein, weil

- der Anspruchsberechtigte das Eigentum durch Rechtsgeschäft bei beweglichen Sachen gemäß §§ 929 ff. bzw. bei einem Grundstück gemäß §§ 873, 925 oder
- kraft Gesetzes gemäß §§ 937 ff. oder
- kraft Hoheitsakts erworben hat.

Ferner darf der Anspruchsteller sein Eigentum nicht (wieder) verloren haben durch rechtsgeschäftlichen oder gesetzlichen Eigentumserwerb eines Dritten.

Nach ganz allgemeiner Ansicht steht der Herausgabeanspruch gemäß § 985 auch dem **Sicherungseigentümer** zu.[608] Der Sicherungseigentümer erlangt vollwertiges Eigentum: Der Zweck der Übereignung, nämlich die Sicherung einer Forderung, ergibt sich lediglich aus der schuldrechtlichen Vereinbarung der Parteien. Dem Sicherungsgeber steht allerdings – jedenfalls solange er seinen schuldrechtlichen Verpflichtungen nachkommt – ein Recht zum Besitz i.S.v. § 986 zu. **471**

Soweit der Sicherungseigentümer sein Herausgabeverlangen gegenüber einem Dritten (z.B. einem Dieb) geltend macht, kann er allerdings nicht Herausgabe an sich verlangen, da ihm ein Recht zum unmittelbaren Besitz nicht zusteht. In entsprechender Anwendung von § 986 Abs. 1 S. 2 kann der Sicherungseigentümer in diesem Fall nur Herausgabe der Sache an den Sicherungsgeber verlangen.[609] Unmittelbar ist § 986 Abs. 1 S. 2 nicht einschlägig, da ein Dieb dem früheren Besitzer keinen Besitz mittelt.

Auch bei **gemeinschaftlichem Eigentum** besteht ein Anspruch aus § 985. Insoweit ist zwischen der Gesamthandsgemeinschaft und der Bruchteilsgemeinschaft zu differenzieren: **472**

Beim **Gesamthandseigentum** steht jedem Eigentümer ein quotenmäßiger Eigentumsanteil zu. Der Gesamthandseigentümer ist **Eigentümer der ganzen Sache**, beschränkt durch das Eigentum der anderen Gesamthänder.[610] **473**

Gesamthandberechtigung besteht in folgenden Fällen:

- Mitglieder der Miterbengemeinschaft, § 2032 Abs. 1;
- Eheleute im Falle der Gütergemeinschaft, § 1416;
- überlebender Ehegatte und die gemeinschaftlichen Abkömmlinge im Falle der fortgesetzten Gütergemeinschaft, §§ 1485 ff.;
- Mitglieder des nichtrechtsfähigen Vereins, § 54;
- Gesellschafter einer GbR, §§ 705 ff.[611]

Zusätzliche Gesamthandsgemeinschaften können durch Rechtsgeschäft nicht begründet werden.[612]

Handelt es sich um **Gesamthandseigentum**, muss der Anspruch aus § 985 von allen Gesamthändern gemeinsam geltend gemacht werden. Nur im Fall der **Erbengemeinschaft** steht der Anspruch jedem Miterben allein zu (§ 2039 S. 1).

608 MünchKomm/Baldus § 985 Rn. 3; Staudinger/Thole § 985 Rn. 29; Schreiber Jura 2005, 30, 31.

609 Erman/Ebbing § 986 Rn. 30.

610 Vgl. Grüneberg/Herrler § 903 Rn. 3.

611 Grüneberg/Sprau § 705 Rn. 3.

612 Grüneberg/Herrler § 903 Rn. 3.

474 Beim **Bruchteilseigentum** gelten die §§ 741 ff., ergänzt und modifiziert durch §§ 1008 ff. **Bruchteilseigentum** bedeutet: Jedem steht eine Teilberechtigung zur freien Verfügung zu. Es besteht also ein **quotenmäßig bestimmter ideeller Anteil** an der einzelnen Sache.

Eine Bruchteilsgemeinschaft kann durch **Rechtsgeschäft** und kraft **Gesetzes** entstehen.

- Sie entsteht **durch Rechtsgeschäft**, wenn mehrere Personen eine Sache gemeinschaftlich erwerben, ohne dass diese Sache in ein Gesamthandsvermögen fällt.[613] Dieser Fall liegt aber selten vor, da regelmäßig ein gemeinsamer Zweck verfolgt wird, sodass eine Gesellschaft vorliegt, was Gesamthandseigentum zur Folge hat.
- Sie entsteht **kraft Gesetzes** in den Fällen des gesetzlichen Eigentumserwerbs nach §§ 947 f., 963, 984; §§ 10 ff. WEG sowie beim Pfandverkauf, wenn der Erlös dem Pfandgläubiger nicht ganz zusteht, § 1247 S. 2. Das Gleiche gilt für die Zwangsvollstreckung in bewegliche Sachen.

Handelt es sich um **Bruchteilseigentum**, kann jeder Miteigentümer den Anspruch geltend machen, der dann auf Einräumung von Mitbesitz (§ 866) oder Herausgabe der Sache an die Miteigentümer gerichtet ist.

475 § 985 verhilft dem Eigentümer zum Besitz an seiner Sache. Die Vorschrift wird deshalb entsprechend angewendet, wenn die Nutzung eines dinglichen Rechts Sachbesitz voraussetzt. Dies ist der Fall beim Pfandrecht an beweglichen Sachen (§ 1227), beim Nießbrauch (§ 1065), beim Wohnungseigentümer (§ 13 Abs. 1 WEG) und beim Erbbauberechtigten (§ 11 Abs. 1 ErbbauRG).

II. Eigentumsvermutung

476 Wird sein Eigentum bestritten, muss der Eigentümer behaupten und beweisen, dass ihm das Eigentum an der herausverlangten Sache zusteht. Im Falle der Nichtbeweisbarkeit greifen die gesetzlichen **Vermutungsregeln** ein. Im **Grundstücksrecht** gilt die gesetzliche Vermutung des § 891. Ist jemand als **Eigentümer** im Grundbuch eingetragen, so wird vermutet, dass ihm dieses Eigentumsrecht zusteht.

477 Bei **beweglichen Sachen** greift die Eigentumsvermutung des § 1006 ein. In § 1006 wird für bewegliche Sachen die widerlegbare Vermutung für das Eigentum des Besitzers aufgestellt. Es wird aber nicht – wie der Wortlaut des § 1006 es nahe legt – schlechthin vermutet, dass der Eigenbesitzer auch Eigentümer ist.

- Nach der heute ganz h.M. enthält § 1006 zunächst eine **Erwerbsvermutung**: § 1006 Abs. 1 S. 1 setzt voraus, dass der Besitzer beim Besitzerwerb Eigenbesitz erworben hat.
- Hinzu tritt nach § 1006 Abs. 2 eine **Bestandsvermutung**.[614]

Aus dem Gesamtzusammenhang der Vorschrift ergibt sich damit die Vermutung, dass die in Abs. 1–3 genannten Besitzer **bei Erwerb dieses Besitzes Eigenbesitz begründeten, dabei unbedingtes Eigentum erwarben und es während der Besitzzeit behielten**.[615]

613 Grüneberg/Sprau § 741 Rn. 2.
614 BGH NJW 2015, 1678, 1680; BeckOK/Fritzsche § 1006 Rn. 2.
615 BGH NJW 1994, 939, 940; Grüneberg/Herrler § 1006 Rn. 4.

Nach § 1006 wird nur die Behauptungs- und Beweislast des Besitzers erleichtert, nicht aber die materielle Rechtslage beeinflusst. Der Besitzer braucht nur den gegenwärtigen bzw. früheren unmittelbaren oder höchststufigen mittelbaren Besitz als Tatsachenbasis der Vermutung darzulegen und zu beweisen, nicht aber die den Eigentumserwerb begründenden Tatsachen wie Verfügungsbefugnis des Veräußerers, Unbedingtheit der Einigung usw.[616]

Nach § 1006 sind zu unterscheiden die Eigentumsvermutung zugunsten

- des **gegenwärtigen unmittelbaren Eigenbesitzers** gemäß § 1006 Abs. 1,
- des **früheren unmittelbaren Besitzers** gemäß § 1006 Abs. 2 und
- des **mittelbaren Besitzers** gemäß § 1006 Abs. 3, für den die Vermutungen des § 1006 Abs. 1 und Abs. 2 gelten.

§ 1006 wird im Verhältnis zu den Gläubigern eines Ehegatten für die vor und während der Ehe erworbenen Gegenstände von § 1362 verdrängt. Im Verhältnis der Ehegatten untereinander gilt § 1006.[617]

1. Eigentumsvermutung zugunsten des gegenwärtigen unmittelbaren Besitzers, § 1006 Abs. 1

Die Vermutung des § 1006 Abs. 1 erstreckt sich darauf, dass der gegenwärtige Besitzer **478** im Zeitpunkt der Begründung des unmittelbaren Eigenbesitzes auch das Eigentum erworben hat.[618]

§ 1006 Abs. 1 enthält demnach zwei Vermutungen zugunsten des gegenwärtigen Besitzers.

- Es wird für den unmittelbaren Besitzer einer beweglichen Sache vermutet, dass er mit der Erlangung des Besitzes Eigenbesitzer geworden ist, und
- es wird weiterhin vermutet, dass diese Eigenbesitzbegründung zum Eigentumserwerb geführt hat.

Greift die Vermutung des § 1006 Abs. 1 ein – genauer: ist die Vermutung nicht wider- **479** legt –, dann wird kraft der allgemeinen Rechtsfortdauerwirkung auch der Fortbestand des Eigentums vermutet.[619]

Die Vermutung, dass die Besitzbegründung zum Eigentumserwerb geführt habe, gilt **480** nicht gegenüber einem früheren Besitzer, dem die Sache gestohlen worden, verloren gegangen oder sonst abhandengekommen ist, § 1006 Abs. 1 S. 2.

Der Grund für diese Regelung liegt darin, dass ein späterer Erwerber an solchen Sachen (Ausnahme: Geld, Inhaberpapiere) das Eigentum auch nicht gutgläubig erwerben kann, vgl. § 935, sodass die Eigentumsvermutung zu seinen Gunsten gegenüber dem von dem Abhandenkommen Betroffenen unangemessen wäre.

---

616 Grüneberg/Herrler § 1006 Rn. 1.

617 BeckOK/Fritzsche § 1006 Rn. 18.

618 BGH NJW 1994, 939, 940; 1984, 1456, 1457; Grüneberg/Herrler § 1006 Rn. 4; Werner JA 1983, 617, 620.

619 Vgl. MünchKomm/Baldus § 1006 Rn. 25.

481 **Beispiel 1:**

A hat B eine Büromaschine gegen Barzahlung verkauft. Als A lieferte, versprach B, die Maschine alsbald zu bezahlen. Da B sein Versprechen nicht hält, verlangt A die Maschine heraus und behauptet, er habe unter Eigentumsvorbehalt geliefert. Dieses wird von B bestritten. Ob A unter Eigentumsvorbehalt geliefert hat und mangels Zahlung noch Eigentümer der Büromaschine ist, kann aufgrund der widersprüchlichen Aussagen nicht geklärt werden.
Zugunsten des B greift jedoch die Eigentumsvermutung des § 1006 Abs. 1 ein.
B hat von A gemäß § 854 Abs. 1 den unmittelbaren Besitz erhalten, sodass nach § 1006 Abs. 1 zugunsten des B vermutet wird, dass er Eigenbesitz begründet und damit auch das Eigentum erworben hat. Diese für B sprechende Vermutung wird auch nicht dadurch widerlegt, dass B den Kaufpreis nicht bezahlt hat. Denn sofern im Kaufvertrag bzgl. der Eigentumsverschaffungspflicht keine Vorbehalte gemacht werden, muss der Verkäufer, der sich abweichend vom Kaufvertrag später das Eigentum vorbehalten will, dies dem Käufer gegenüber spätestens bei der Besitzübergabe deutlich machen.[620]

482 **Beispiel 2:**

B ist im Besitz eines Klaviers, das sie von A erhalten hat. A verlangt das Klavier von B heraus mit der Behauptung, er habe B das Klavier nur geliehen. B verweigert die Herausgabe mit der Behauptung, A habe ihr das Klavier geschenkt. Es ist nicht zu klären, ob die Übergabe des Klaviers nur einer Überlassung auf Zeit – Leihe – diente oder ob damit die dauerhafte Besitzüberlassung zwecks Eigentumserwerbs beabsichtigt war.
Für B als unmittelbare Besitzerin des Klaviers spricht jedoch gemäß § 1006 Abs. 1 die Vermutung, dass sie mit der Besitzbegründung Eigenbesitz erlangt hat und dass diese Eigenbesitzbegründung auch zum Eigentumserwerb geführt hat. Da A die Vermutung bisher nicht widerlegt hat, wird zugunsten B auch der Fortbestand des Eigentums vermutet. Eine Herausgabeklage des A hätte daher keinen Erfolg.[621]

483 **Beispiel 3:**

M bestellte bei der B-AG ein Fahrzeug und ließ es für seine behinderte Ehefrau F behindertengerecht umbauen. Der Kaufpreis wurde aus Mitteln der F aufgebracht. In der Folgezeit nutzte M das Fahrzeug hauptsächlich für berufliche Fahrten. F fuhr mit dem Wagen nur selten. Nach Trennung der Eheleute behielt F das Fahrzeug. Einige Monate später klagte M auf Herausgabe. M und F seien sich einig gewesen, dass dies M's Fahrzeug sei. Demgegenüber trägt F vor, M habe schon immer gesagt, „Dies ist und bleibt dein Auto". Wird die Herausgabeklage Erfolg haben?

Ursprünglich war M Eigentümer des Autos. Er hat unstreitig den Kaufvertrag mit der B-AG in eigenem Namen geschlossen. Regelmäßig will der Verkäufer zur Erfüllung seiner Pflichten auch an seinen Kunden übereignen, sodass M Eigentümer geworden ist. Auch dass der Wagen aus Mitteln der F bezahlt worden ist, ändert daran nichts. Allerdings greift zugunsten F nach Trennung der Eheleute die Vermutung des § 1006 Abs. 1. Vor der Trennung hatten die Eheleute Mitbesitz an dem Wagen. Dafür spricht der behindertengerechte Umbau des Fahrzeugs. Jedenfalls bei Trennung der Eheleute hat F Alleinbesitz begründet. Auf die Begründung von Alleinbesitz ist § 1006 ebenfalls anwendbar, denn auch die Verstärkung der Besitzposition von Mitbesitz auf Alleinbesitz ist ein Besitzerwerb. § 1006 greift allerdings nicht ein, wenn Besitzbegründung und Eigentumsübergang auseinanderfallen. Vielmehr muss der Eigentumserwerb zeitgleich mit der Besitzbegründung erfolgen. Vorliegend beruft F sich darauf, schon vor Begründung des Alleinbesitzes Eigentümerin des Fahrzeugs gewesen zu sein. Dieser Vortrag ist jedoch unerheblich, da feststeht, dass zunächst M Eigentümer des Fahrzeugs war. Der von F behaupteten Aussage des M „Dies ist und bleibt dein Auto" lässt sich jedoch eine Einigungserklärung i.S.v. § 929 entnehmen, sodass Übereignung und Alleinbesitzbegründung zusammenfallen. Die Eigentumsvermutung wirkt zugunsten F und ist durch M auch nicht widerlegt, sodass die Herausgabeklage keinen Erfolg haben wird.[622]

---

620 BGH NJW 1975, 1269.

621 OLG Köln NJW-RR 1997, 1420.

622 Fall nach OLG Brandenburg NJW 2003, 1055 ff.

2. Eigentumsvermutung zugunsten des früheren unmittelbaren Besitzers, § 1006 Abs. 2

Für den früheren Besitzer spricht – unter den Voraussetzungen des § 1006 Abs. 1 im Zeitpunkt des Erwerbs – eine Vermutung, dass er während seiner Besitzzeit Eigentümer war. Diese Eigentumsvermutung wirkt auch für die Zeit nach dem Verlust des Besitzes fort, wenn die für den gegenwärtigen Besitzer sprechende Vermutung des § 1006 Abs. 1 S. 1 widerlegt ist und für niemanden eine bessere Vermutung aus § 1006 Abs. 2 spricht.[623] **484**

Es ist daher bei der Anwendung des § 1006 Abs. 2 wie folgt zu prüfen:

- Auszugehen ist zunächst von dem **Zeitpunkt**, zu dem der Besitzer **den unmittelbaren Besitz erworben** hat. Auf diesen bezieht sich die Vermutung des § 1006 Abs. 1 S. 1.
- Für den weiteren Zeitraum, in dem der Besitz fortdauerte, wird nun die Vermutung durch § 1006 Abs. 2 erweitert: Es wird vermutet, der Besitzer sei für die **gesamte Dauer des Besitzes Eigentümer** der Sache gewesen.
- Schließlich wird für den folgenden Zeitraum, die Zeit nach dem Besitzverlust, die Vermutung wiederum erweitert, diesmal über den Wortlaut des § 1006 Abs. 2 hinaus: Der frühere Besitzer habe auch **nach Besitzverlust das Eigentum nicht verloren**, es sei denn, es spricht die Vermutung des § 1006 Abs. 1 S. 1 für den gegenwärtigen Besitzer oder die des § 1006 Abs. 2 für den späteren Besitzer.

Beispiel: V vermietet eine Maschine, die er in Besitz hat und die E früher im Besitz gehabt hat, an M. M und V verhandeln nach einem Jahr über den Verkauf der Maschine. Die Maschine wird bei M gepfändet. Wer ist Eigentümer, wenn nicht geklärt werden kann, ob V die Maschine an M verkauft und übereignet hat und E geltend macht, er habe die Maschine unter Eigentumsvorbehalt an V geliefert? V habe bisher noch nicht gezahlt.

I. Es steht weder das Eigentum des E noch das des V fest, weil nicht festgestellt werden kann, ob die Maschine unter Eigentumsvorbehalt geliefert oder unbedingt übereignet worden ist.
II. Zugunsten des V greift aber die Eigentumsvermutung des § 1006 Abs. 2 ein, weil gemäß § 1006 Abs. 1 vermutet wird, dass er mit dem Erwerb des unmittelbaren Besitzes von E Eigenbesitz begründet und damit das Eigentum erworben hat. Des Weiteren wird gemäß § 1006 Abs. 2 vermutet, dass V während seiner Besitzzeit Eigentümer geblieben ist. Außerdem wird vermutet, dass er auch nach der Übertragung des unmittelbaren Besitzes auf M Eigentümer geblieben ist, weil M im Zeitpunkt des Besitzerwerbs auf der Grundlage des Mietvertrags unstreitig keinen Eigenbesitz begründet hat, sodass die Eigentumsvermutung des § 1006 Abs. 1 zu seinen Gunsten nicht eingreifen kann.[624] Demnach ist V Eigentümer.

3. Eigentumsvermutung zugunsten des mittelbaren Besitzers, § 1006 Abs. 3

Bei einem Besitzmittlungsverhältnis i.S.d. § 868 ist der unmittelbare Besitzer Fremdbesitzer, sodass die Eigentumsvermutung des § 1006 Abs. 1 u. Abs. 2 nicht eingreift. **485**

Ist es unstreitig oder nachgewiesen, dass der **unmittelbare** Besitzer **nicht Eigentümer** sein kann und will, und leitet er den Besitz von dem mittelbaren Besitzer ab, den er als

623 BGH NJW 2015, 1678; MünchKomm/Baldus § 1006 Rn. 64.
624 Vgl. BGH NJW 1984, 1456 f.; Wolf JuS 1985, 941 ff.

Eigentümer anerkennt, dann bleibt als Anknüpfungspunkt für die Eigentumsvermutung nur der mittelbare Besitz. Der mittelbare Besitzer muss Eigenbesitzer sein, was beim feststehenden oder nachgewiesenen mittelbaren Besitz vermutet wird. Die Eigentumsvermutung des § 1006 Abs. 1 und Abs. 2 gilt für den mittelbaren Besitzer über § 1006 Abs. 3 sowohl gegenüber Dritten als auch im Verhältnis zu Beteiligten des Besitzmittlungsverhältnisses.[625]

4. Eigentumsvermutung zugunsten eines Nichtbesitzers

486 Auf die Eigentumsvermutung des § 1006 kann sich nicht nur der durch die Vermutung begünstigte Besitzer selbst, sondern – im Verhältnis zu Dritten – jeder berufen, der sein Recht von dem Besitzer ableitet.[626]

Aus § 1006 Abs. 3 ergibt sich, dass die Eigentumsvermutung nur für den mittelbaren, nicht jedoch für den unmittelbaren Besitzer gilt. Nach dem Sinn der Norm muss sich jedoch erst recht der unmittelbare Besitzer gegenüber Dritten auf die zugunsten seines Oberbesitzers streitende Eigentumsvermutung berufen können, da er sonst seinen unmittelbaren Besitz nicht effizient verteidigen könnte. Eine derartige Eigentumsvermutung streitet z.B. für das Eigentum des Mieters eines Gebäudes an den von ihm in das Gebäude eingebrachten beweglichen Sachen, wenn sich der Vermieter auf das Vermieterpfandrecht beruft.[627]

5. Widerlegung der Eigentumsvermutung

487 Da § 1006 nur eine Vermutung aufstellt (und nicht etwa eine Fiktion), kann das Gegenteil bewiesen und die Vermutung damit widerlegt werden.

- Der Anspruchsteller kann nach § 1006 Abs. 1 S. 2 das **Abhandenkommen der Sache** beweisen.
- Der Anspruchsteller kann die **Erwerbsvermutung widerlegen**.

  Dies ist insbesondere der Fall, wenn der Anspruchsteller beweist,
  - dass der Besitzer bei Besitzerlangung Fremdbesitzerwillen hatte,
  - dass der Besitzer bei Besitzerlangung zwar Eigenbesitzerwillen hatte, trotzdem aber kein Eigentum erworben hat,
  - oder dass der (behauptete) Eigentumserwerb mit der Besitzerlangung zeitlich auseinanderfällt.

  Beispiel: K behauptet, die im Keller seines Arbeitgebers gelagerten Weinkisten, in denen sich eine erhebliche Menge Altzahngold befand, habe ihm ein verstorbener Freund und Zahnarzt geschenkt. Er habe sie aus Platzmangel unmittelbar im Keller des Arbeitgebers gelagert. Später – so trägt der K vor – habe er die Kisten an sich genommen und seiner Ehefrau E zur Aufbewahrung übergeben. Diese hat die Kisten – nach Scheidung der Ehe – an die Staatsanwaltschaft übergeben. Wird das Eigentum des K vermutet?

  Die Vermutung des § 1006 Abs. 2 greift nur ein, wenn der Anspruchsteller – hier K – geltend machen kann, im Zeitpunkt der Besitzerlangung auch Eigentümer geworden zu sein. Zunächst hatte jedoch der Arbeitgeber des K Besitz an den Kisten, da K im Verhältnis zum Arbeitgeber lediglich Besitzdie-

---

625 Staudinger/Thole § 1006 Rn. 18 ff.; Werner JA 1983, 617, 625 f.

626 BGH RÜ 2005, 62.

627 BGH RÜ 2017, 423.

ner war. Eigenbesitz hat K erst durch Mitnahme der Kisten begründet, was aber zeitlich mit der behaupteten Übereignung auseinanderfiel. Die Vermutung greift nicht ein.[628]

- Der Anspruchsteller kann die **Bestandsvermutung widerlegen**, indem er den Eigentumsverlust während oder nach der Besitzzeit beweist.

B. Anspruchsverpflichteter und die Rechtsfolge des § 985

Verpflichteter kann der **unmittelbare** oder **mittelbare** Besitzer oder der **Mitbesitzer** sein. 488

I. Herausgabeanspruch gegen den unmittelbaren Besitzer

Ist der in Anspruch Genommene **unmittelbarer** Besitzer, so muss er die Sache an den Eigentümer **übergeben** mit der Folge, dass der Eigentümer den unmittelbaren oder mittelbaren Besitz erlangt. Es muss also ein Wechsel in der Person des unmittelbaren Besitzers herbeigeführt werden. 489

Hat der Eigentümer die Sache auf einen mittelbaren Besitzer übertragen, sodass dieser ihm gegenüber zum Besitz berechtigt ist, so kann er von dem unmittelbaren Besitzer, der ihm gegenüber kein Besitzrecht hat, nur Herausgabe an den mittelbaren Besitzer, nicht jedoch an sich selbst verlangen (§ 986 Abs. 1 S. 2).[629] Einen Anspruch auf Herausgabe an sich selbst kann der Eigentümer nur geltend machen, wenn der mittelbare Besitzer den Besitz nicht übernehmen will oder kann oder wenn sein Besitzrecht entfallen ist.

Beispiel: E verkauft K unter Eigentumsvorbehalt eine Maschine und übergibt sie. K vermietet die Maschine an M. Als E davon erfährt, verlangt er von M die Herausgabe der Maschine.

I. E ist Eigentümer und M ist unmittelbarer Besitzer. Ihm steht kein abgeleitetes Recht zum Besitz gegenüber E zu, weil K unberechtigt an M vermietet hat. Doch da E unter Eigentumsvorbehalt an K verkauft hat und dieser Kaufvertrag fortbesteht, gebührt K der Besitz. Daher kann E von M nur Herausgabe der Maschine an K verlangen.
II. Ein unmittelbarer Anspruch des E gegen M auf Herausgabe der Maschine an ihn besteht nur dann, wenn E wirksam vom Kaufvertrag zurücktritt und damit die Besitzberechtigung des K entfällt oder wenn K den unmittelbaren Besitz nicht übernehmen kann oder will.

II. Herausgabeanspruch gegen den mittelbaren Besitzer

Der Eigentümer kann von dem mittelbaren Besitzer die Herausgabe des **mittelbaren Besitzes** durch Abtretung des Herausgabeanspruchs gegen den Besitzmittler verlangen (§ 870). 490

Umstritten ist, ob der Eigentümer vom mittelbaren Besitzer wahlweise auch die Verschaffung des **unmittelbaren Besitzes** verlangen kann. 491

- Dagegen spricht nach einer Mindermeinung, dass nach § 985 stets nur eine „Auskehrung" des vorhandenen Besitzes verlangt werden können soll.[630] Außerdem dürfe der mittelbare Besitzer, der sich gegenüber dem unmittelbaren Besitzer schuldrechtlich wirksam zur Überlassung des Besitzes verpflichtet hat, nicht zu einer ihm rechtlich unmöglichen Leistung verurteilt werden.[631]

628 Nach BGH NJW 2015, 1678.
629 Vgl. zur entsprechenden Anwendung von § 986 Abs. 1 S. 2 auf den Vorbehaltsverkäufer bereits oben Rn. 410.
630 Baur/Stürner § 11 Rn. 41 f.
631 Erman/Ebbing § 985 Rn. 22.

- Die vorzugswürdige h.M. gewährt aus Gründen der Praktikabilität und Prozessökonomie einen auf Herausgabe des unmittelbaren Besitzes gerichteten Anspruch: Wird der mittelbare Besitzer nur zur Abtretung seines Herausgabeanspruchs verurteilt, müsste der Eigentümer eine erneute Herausgabeklage aus abgetretenem Recht gegen den unmittelbaren Besitzer erheben.[632] Schwierigkeiten ergeben sich bei Verurteilung nur zur Abtretung des Herausgabeanspruchs zudem, wenn dem Schuldner die Sache von dem Besitzmittler zurückgegeben wird.[633] Lautet das Urteil hingegen auf Herausgabe des unmittelbaren Besitzes und befindet sich die Sache noch im Gewahrsam des Besitzmittlers, kann das Urteil nach § 886 ZPO vollstreckt werden, indem der Herausgabeanspruch gegen den unmittelbaren Besitzer gepfändet und dem Eigentümer zur Einziehung überwiesen wird (§§ 828 ff., 847 ZPO).

III. Herausgabeanspruch gegen den Mitbesitzer

492 Bei **einfachem Mitbesitz** muss der Mitbesitzer seinen Anteil an den Dritten herausgeben bzw. den Mitbesitz aufgeben, wenn der Herausgabeanspruch durch einen anderen Mitbesitzer geltend gemacht wird.[634] Bei **qualifiziertem Mitbesitz** (z.B. Bankschließfach mit zwei unterschiedlichen Schlössern) lag nach früher h.M. eine unteilbare Leistung i.S.d. § 431 und deshalb eine Gesamtschuld gegenüber dem Dritten vor.[635] Dies wird heute zu Recht abgelehnt, da auch beim qualifizierten Mitbesitz jeder Besitzer seinen Besitzanteil herausgeben kann. Eine darüber hinausgehende Herausgabe kann sogar verbotene Eigenmacht gegenüber dem Mitbesitzer darstellen.[636] Es handelt sich um eine gemeinschaftliche Schuld, sodass jeder Mitbesitzer die Herausgabe seines Mitbesitzes im Zusammenwirken mit den anderen Schuldnern schuldet.[637]

IV. Herausgabe von Geld

493 Gegenstand des Herausgabeverlangens kann auch Geld sein. Nach h.M. besteht der Anspruch jedoch nur, solange das Geld beim Besitzer **individualisierbar** vorhanden ist. Hat der Besitzer das Geld bereits gewechselt, in der Kasse mit anderem Geld vermischt, auf ein Konto eingezahlt usw., so entfällt der Anspruch aus § 985. Es kommen nur Ausgleichsansprüche nach den allgemeinen Regeln in Betracht (§§ 989, 990; §§ 951, 812).

In der Lit. wurde zum Teil die sogenannte **Geldwertvindikation** befürwortet, d.h., der bisherige Eigentümer des Geldes kann vom bisherigen Besitzer trotz der Weitergabe oder untrennbaren Vermischung die Verschaffung des Geldwerts verlangen, sofern dieser noch beim Besitzer vorhanden ist. Dies wird jedoch zu Recht abgelehnt, da eine derartige Privilegierung von Geldeigentümern gegenüber Eigentümern anderer Sachen nicht zu rechtfertigen wäre.[638]

---

632 BeckOK/Fritzsche § 985 Rn. 18 m.w.N.
633 MünchKomm/Baldus § 985 Rn. 33.
634 Staudinger/Thole § 985 Rn. 66.
635 BGH NJW 2005, 3786.
636 MünchKomm/Baldus § 985 Rn. 37; BeckOK/Fritzsche § 985 Rn. 21.
637 BeckOK/Fritzsche § 985 Rn. 21; zur gemeinschaftlichen Schuld vgl. Grüneberg/Grüneberg Vor § 420 Rn. 7.
638 Dazu Staudinger/Thole § 985 Rn. 90 ff.

C. Recht zum Besitz, § 986

Auch wenn die Voraussetzungen des § 985 vorliegen, ist der Herausgabeanspruch ausgeschlossen, wenn der Besitzer dem Eigentümer gegenüber ein Recht zum Besitz hat. Die Voraussetzungen des Besitzrechts hat der Besitzer darzulegen und zu beweisen. **494**

I. Eigenes Besitzrecht des Besitzers, § 986 Abs. 1 S. 1 Var. 1

1. Dingliches Besitzrecht

Der **Inhaber eines dinglichen Rechts** ist zum Besitz berechtigt, unabhängig davon, ob er die Sache vom Eigentümer erhalten hat oder nicht. **495**

Beispiel: Der Eigentümer E hat V eine Maschine geliehen. Als V Geld benötigt und dem G, der dem V nur gegen Sicherheit ein Darlehen geben will, keine anderen Sicherheiten bieten kann, verpfändet V dem G die dem E gehörende Maschine. Dabei geht G gutgläubig davon aus, dass V Eigentümer der Maschine ist. Als E hiervon erfährt, verlangt er von G die Maschine heraus.

E ist Eigentümer, G ist unmittelbarer Besitzer der Maschine. Die Voraussetzungen des § 985 liegen vor. G hat aber gemäß §§ 1204, 1205, 1207, 932 gutgläubig ein Pfandrecht an der Maschine erworben. Aufgrund dieses dinglichen Rechts ist G dem E gegenüber gemäß § 986 Abs. 1 S. 1 Var. 1 zum Besitz berechtigt. Er braucht die Maschine dem E nicht herauszugeben.

2. Obligatorisches Besitzrecht

Der Besitzer, der mit dem Eigentümer einen **schuldrechtlichen Vertrag** abgeschlossen hat, ist zum Besitz berechtigt, wenn ihm aufgrund des Vertrags die Sache auf Zeit überlassen worden oder der schuldrechtliche Vertrag auf Übertragung der Sache gerichtet ist. **496**

a) Wenn der schuldrechtliche Vertrag des Besitzers mit dem Eigentümer zum Inhalt hat, dass der Eigentümer die **Sache auf Zeit überlassen** muss, so ist die Besitzlage während dieser Vertragszeit gerechtfertigt. Ein Recht zum Besitz i.S.d. § 986 steht dem Besitzer nur dann zu, wenn er das Herausgabeverlangen aufgrund des Vertrags abwehren kann. **497**

Beispiel 1: Der Mieter/Pächter darf während der Vertragsdauer die Sache besitzen. Erst nach Ablauf der vertraglich vereinbarten Miet- oder Pachtzeit oder durch Kündigung endet das Besitzrecht.

Beispiel 2: Der Verwahrer hat kein Recht zum Besitz gemäß § 986, denn der Eigentümer kann jederzeit die Herausgabe verlangen (§ 695). Aus demselben Grund steht auch dem Entleiher kein Besitzrecht zu, wenn die Dauer der Leihe weder bestimmt noch aus dem Vertragszweck zu entnehmen ist, § 604 Abs. 3.

Beachte: *Diese Schuldverhältnisse berechtigen den Besitzer zwar nicht zum „Behalten" der Sache, aber zum „Haben". Zwar ist ein Herausgabeanspruch zu keiner Zeit ausgeschlossen, dennoch ist der Besitz bis zum Zeitpunkt der Herausgabe rechtmäßig und der Besitzer nicht den Ansprüchen aus §§ 987 ff. ausgesetzt.*[639]

Bei der Miete wirkt ein mit dem Vermieter (Eigentümer) geschlossener Vertrag auch gegenüber dem neuen Eigentümer, wenn die Voraussetzungen der §§ 566, 578 – Veräußerung bricht nicht Miete – vorliegen. Sind die Voraussetzungen nicht erfüllt, so hat der Besitzer gegenüber dem Erwerber des Grundstücks kein Recht zum Besitz.[640]

b) Es ist für die Frage des Rechts zum Besitz im Rahmen des § 986 nicht entscheidend, ob zwischen dem Eigentümer und dem Besitzer ein Besitzmittlungsverhältnis besteht. Maßgebend ist vielmehr, ob nach **498**

639 Staudinger/Thole § 986 Rn. 22; BeckOK/Fritzsche § 986 Rn. 8. – Näher dazu unten Rn. 532.

640 BGH NJW 2001, 2885.

den gesamten Umständen die Besitzlage im Verhältnis zum Eigentümer gerechtfertigt und der Besitzer zum Behaltendürfen berechtigt ist. Deshalb gewährt auch der schuldrechtliche **Anspruch auf Übertragung des Eigentums** an der Sache dem Besitzer ein Recht zum Besitz.

Beispiel: E hat K sein Auto verkauft und einige Tage später auch übereignet. Nachträglich stellt sich heraus, dass die Übereignung unwirksam war und E Eigentümer geblieben ist.

I. Die Voraussetzungen des § 985 liegen vor. E ist Eigentümer und K ist Besitzer des Autos.
II. K steht jedoch ein Recht zum Besitz gemäß § 986 zu, da E ihm das Auto (wirksam) verkauft und übergeben hat. Aufgrund des Kaufvertrags ist die Besitzlage gerechtfertigt.

3. Anwartschaftsrecht

499 Ob das Anwartschaftsrecht ein dingliches Recht zum Besitz gibt, ist umstritten:

Auf die Frage, ob ein Anwartschaftsrecht ein dingliches Recht zum Besitz gewährt, kommt es allerdings nur an, wenn derjenige, der vom Nichtberechtigten gutgläubig ein Anwartschaftsrecht erworben hat, seinen Besitz gegen den Eigentümer verteidigen will (s. dazu oben Fall 20, Rn. 420).

Soweit es um das Verhältnis zwischen Eigentumsvorbehaltsverkäufer und Eigentumsvorbehaltskäufer geht, besteht ohnehin ein obligatorisches Besitzrecht (aus dem bedingten Kaufvertrag). Auch ein Dritter, der das Anwartschaftsrecht nach § 931 erworben hat, kann dieses Besitzrecht gegenüber dem Eigentümer gemäß § 986 Abs. 2 geltend machen (oben Abwandlung 1 zu Fall 19, Rn. 418). Bei einem Erwerb nach § 930 findet § 986 Abs. 2 entsprechende Anwendung (oben Abwandlung 2 zu Fall 19, Rn. 419).

- Die Rspr. und ein Teil der Lit. lehnen ein Besitzrecht allein aufgrund des Anwartschaftsrechts ab, weil das Anwartschaftsrecht kein dingliches Recht sei. Es sei im Gegensatz zu einem dinglichen Recht von dem schuldrechtlichen Grundgeschäft – dem Vorbehaltskauf – abhängig, da es nur so lange bestehe, wie der Bedingungseintritt möglich sei. Im Übrigen sei der Anwartschaftsberechtigte nicht schutzwürdig, weil er durch die Zahlung des Restkaufpreises den Erwerb des Volleigentums einseitig herbeiführen und damit den Anspruch des bisherigen Eigentümers aus § 985 vernichten könne.[641]

- Die Gegenansicht bejaht ein gegenüber jedermann wirkendes Besitzrecht des Anwartschaftsberechtigten. Dem Anwartschaftsberechtigten sei das im Eigentum enthaltene Recht zum Besitz und zur Nutzung schon übertragen worden. Auch sei der Erwerb des Anwartschaftsrechts für den Berechtigten nur sinnvoll, wenn er zugleich eine dingliche Sicherung erlange.[642]

4. Sonstige eigene Besitzrechte

500 Ein eigenes Besitzrecht besteht auch dann, wenn der Besitzer den **Besitz von einem nichtberechtigten Dritten mit Zustimmung des Eigentümers** erlangt hat (entsprechend § 185).[643]

---

641 BGHZ 10, 69, 72; Staudinger/Thole § 986 Rn. 13.

642 Grüneberg/Herrler § 929 Rn. 41; Baur/Stürner § 59 Rn. 47.

643 RGZ 80, 395, 399; MünchKomm/Baldus § 986 Rn. 52.

Beispiel: Der Hausverwalter V vermietete B im eigenen Namen drei Räume im Hause des E. E war zwar damit einverstanden, dass die Räume in seinem Haus vermietet werden, er wollte aber nicht Mietvertragspartei werden, da er mit der Abwicklung des Mietvertrags nichts zu tun haben wollte. Nunmehr will E die Räume anderweitig benutzen.

I. E ist Eigentümer und B ist Besitzer.
II. Recht zum Besitz des B gemäß § 986?
1. Der Mietvertrag, den V im eigenen Namen mit B abgeschlossen hat, wirkt nicht im Verhältnis zum Eigentümer E. Dieser schuldrechtliche Vertrag bindet nur die Vertragsparteien. B hat gegenüber E also kein Besitzrecht aus dem Mietvertrag.
2. E hat sich jedoch damit einverstanden erklärt, dass V den Besitz auf B überträgt. Die Besitzübertragung hat verfügungsähnlichen Charakter, sodass § 185 Abs. 1 entsprechend angewendet werden kann, und B steht damit im Verhältnis zum E ein Recht zum Besitz zu.
Anders aber der BGH, wonach B nur den Einwand des Rechtsmissbrauchs geltend machen kann.[644]

Dem Besitzer kann aufgrund **gesetzlicher Vorschriften** gegenüber dem Eigentümer ein Besitzrecht zustehen. **501**

Beispiel: Besitzrecht des Insolvenzverwalters gegenüber dem Gemeinschuldner, § 148 Abs. 1 InsO.

Streitig ist, ob sich bei Zusendung unbestellter Ware aus **§ 241a Abs. 1** ein gesetzliches **Besitzrecht i.S.d. § 986** ergibt. Dies wird man im Ergebnis verneinen müssen, da andernfalls auch ein Dritterwerber ein von dem Verbraucher abgeleitetes Besitzrecht erwerben würde, § 986 Abs. 1 S. 1 Var. 2. § 241a Abs. 1 schließt nur den Rückforderungsanspruch des Eigentümers gegen den Empfänger aus.[645]

Auch aus **familien- und erbrechtlichen** Beziehungen können sich Besitzrechte ergeben. **502**

Beispiele: Besitzrecht der Eltern am Kindesvermögen, § 1626; Anspruch des Ehegatten auf Mitbesitz an den Haushaltsgegenständen des anderen Gatten aus § 1353;[646] Bestehen einer Wohnung;[647] Besitzrecht des Verwalters von Gesamtgut, § 1422 S. 1; Besitzrecht des Nachlassverwalters, § 1985 Abs. 1, und des Testamentsvollstreckers, § 2205 S. 2.

Weiterhin ergibt sich ein Besitzrecht aus **Geschäftsführung ohne Auftrag,** wenn bereits die Besitzbegründung berechtigt war.[648] **503**

Allerdings besteht – wie bei der zeitlich unbestimmten Leihe oder dem Verwahrungsvertrag (s. Beispiel oben Rn. 497) – eine jederzeitige Herausgabepflicht des Geschäftsführers nach § 681 S. 2, 667. Damit vermittelt auch die GoA nur ein Recht zum „Haben" und nicht zum „Behalten". Der Geschäftsführer kann dem Geschäftsherrn keine Einwendung i.S.d. § 986 entgegenhalten, aber er ist auch nicht unberechtigter Besitzer i.S.d. §§ 987 ff.

Kraft öffentlichen Rechts kann der Besitzer dem Eigentümer gegenüber zum Besitz berechtigt sein.[649] **504**

Beispiel: Die Polizeibehörde lässt den verkehrswidrig abgestellten Pkw des E vom Abschleppunternehmer U abschleppen.

U ist unmittelbarer Besitzer, die Polizeibehörde ist mittelbare Besitzerin. Die Polizeibehörde ist aufgrund des zwischen ihr und E bestehenden öffentlichen Rechtsverhältnisses[650] zum Besitz berechtigt.

---

644 BGHZ 84, 90, 94 f.; BGH NJW 1991, 1815 f.
645 Vgl. AS-Skript BGB AT 1 (2023), Rn. 163.
646 BGHZ 12, 380, 399.
647 BGH RÜ 2017, 21.
648 BeckOK/Fritzsche § 986 Rn. 10.
649 Erman/Ebbing § 986 Rn. 16.
650 Vgl. BGH NJW 1977, 628, 629; LG München NJW 1978, 48; BVerwG MDR 1978, 257; NJW 1993, 1258 f.

505 Umstritten ist, ob auch ein **Zurückbehaltungsrecht** nach § 273 oder § 1000 ein „Recht zum Besitz" i.S.d. § 986 begründet.

- Nach h.Lit. begründet ein Zurückbehaltungsrecht kein Recht zum Besitz, da neben der Befugnis zur Zurückbehaltung keine weiteren Rechte und Pflichten des Besitzers geregelt werden und seine Geltendmachung nicht zur Klageabweisung, sondern lediglich zur Verurteilung Zug um Zug führt.[651]

- Nach der Rspr. und einem Teil der Lehre begründet das Zurückbehaltungsrecht ein absolutes (§ 1000) oder relatives (§ 273) **„Recht zum Besitz"**.
  - Trotzdem sei dieses „Recht zum Besitz" immer **einredeweise** geltend zu machen und daher nur bei Berufen des Schuldners auf das Zurückbehaltungsrecht zu berücksichtigen, selbst wenn man im Übrigen das Recht zum Besitz i.S.d. § 986 als Einwendung ansieht (vgl. dazu unten Rn. 509).[652]
  - Das Zurückbehaltungsrecht soll auch nicht zur Abweisung des Anspruchs aus § 985 führen, sondern es ist **§ 274** anwendbar (Herausgabe Zug um Zug).[653]
  - Außerdem macht ein Zurückbehaltungsrecht auch nach der Rspr. den Besitzer nicht zwangsläufig zum rechtmäßigen Besitzer i.S.d. §§ 987 ff. Jedenfalls eine **analoge Anwendung der §§ 987 ff.** soll möglich sein, wenn das Rechtsverhältnis, aus dem sich die Besitzberechtigung ergibt, keine Regelungen über eine Nutzungsherausgabe bzw. einen Verwendungsersatz enthält.[654]

II. Abgeleitetes Besitzrecht des Besitzers, § 986 Abs. 1 S. 1 Var. 2

506 Die Besitzberechtigung kann sich aus einem Rechtsverhältnis ergeben, das zwischen dem Eigentümer und einem Dritten, von dem der jetzige Besitzer sein Besitzrecht ableitet, begründet worden ist.

Beispiel: Die Brauerei E hat eine Gaststätte an G verpachtet und G das Recht zur Unterverpachtung eingeräumt. Auch der Unterpächter U ist der Brauerei gegenüber zum Besitz berechtigt.

Abgeleitetes Besitzrecht, § 986 Abs. 1 S. 1 Var. 2
I. Der unmittelbare Besitzer leitet sein Besitzrecht von einem Dritten ab, der nicht Eigentümer ist.
II. Der Dritte – von dem der unmittelbare Besitzer sein Besitzrecht ableitet – ist dem Eigentümer gegenüber zum Besitz berechtigt.
III. Der Dritte ist zur Weitergabe des Besitzes befugt.

Der unmittelbare Besitzer muss sein Besitzrecht von einem Dritten, der nicht Eigentümer ist, ableiten. Entgegen dem Wortlaut des § 986 Abs. 1 S. 1 Var. 2 kommt es aber nicht darauf an, ob zwischen dem Besitzer und dem Dritten ein Besitzmittlungsverhältnis besteht, ausreichend ist eine „lückenlose Besitzrechtsbrücke".[655]

Beispiel: E verkauft ein Grundstück an D und übergibt es sofort. Die Eintragung des D als Eigentümer im Grundbuch ist aus formellen Gründen noch nicht erfolgt. Trotzdem verkauft und übergibt D das Grundstück bereits an B – auch hier ohne Eintragung. E verlangt von B nach § 985 das Grundstück heraus.

651 So BeckOK/Fritzsche § 986 Rn. 16; Grüneberg/Herrler § 986 Rn. 5.
652 BGH WM 1985, 1421 f.; Roussos JuS 1987, 606.
653 BGH WM 1985, 1421.
654 BGH NJW 2002, 1050, 1052; NJW 1995, 2627, 2628.
655 Ganz h.M.: BeckOK/Fritzsche § 986 Rn. 20; Staudinger/Thole § 986 Rn. 36 ff.

Die Voraussetzungen des § 985 sind gegeben. B hat jedoch gemäß § 986 Abs. 1 S. 1 Var. 2 ein Recht zum Besitz. Zwar ist B als Käufer nicht Besitzmittler des Verkäufers D. Dennoch hat er ein Recht zum Besitz gegenüber dem Eigentümer, da der Verkäufer D zum Weiterverkauf berechtigt war. Entscheidend ist, dass der Besitzstand des B der materiellen Rechtslage entspricht. Das ist immer dann der Fall, wenn der unmittelbare Besitzer sein Besitzrecht von jemandem ableitet, der seinerseits gegenüber dem Eigentümer besitzberechtigt war und den Besitz an einen Dritten überlassen durfte.[656]

Der Dritte – von dem der unmittelbare Besitzer sein Besitzrecht ableitet – muss dem Eigentümer gegenüber zum Besitz berechtigt sein.

Abwandlung: E ficht in dem vorhergehenden Beispiel seine auf Abschluss eines Kaufvertrages mit D gerichtete Willenserklärung an. Dann bestand nie eine Besitzberechtigung des D gegenüber E, da die Anfechtung ex tunc wirkt, § 142 Abs. 1.

B hat daher kein Recht zum Besitz mehr gegenüber E, selbst wenn der Kaufvertrag zwischen D und B wirksam bleibt.

Der Dritte muss dem Eigentümer gegenüber zur Weitergabe des Besitzes befugt sein.

Liegen die Voraussetzungen I. und II. vor, war der Dritte dem Eigentümer gegenüber aber zur Weitergabe des Besitzes nicht befugt, so kann der Eigentümer nach § 986 Abs. 1 S. 2 nur Rückgabe an den Dritten verlangen. Dies gilt über den Wortlaut hinaus auch dann, wenn der unmittelbare Besitzer dem Dritten keinen Besitz mittelt (z.B. Dieb). Ein Recht auf eigenen Besitz hat der Eigentümer hier ausnahmsweise nur dann, wenn der Dritte den Besitz nicht wieder übernehmen kann oder will.[657]

III. Sonderregelung § 986 Abs. 2: Schutz obligatorischer Besitzrechte bei Rechtsnachfolge

Ausnahmsweise kann der Besitzer die Herausgabe auch dann verweigern, wenn ihm gegenüber dem Eigentümer kein Recht zum Besitz zusteht: Nach § 986 Abs. 2 kann der Besitzer einer beweglichen Sache, die durch Abtretung des Herausgabeanspruchs gemäß §§ 929 S. 1, 931 veräußert worden ist, dem neuen Eigentümer ein Besitzrecht entgegenhalten, das dem abgetretenen Anspruch gegenüber besteht. Dies verstärkt den Schutz aus § 936 Abs. 3 desjenigen, der der Sache besitzrechtlich näher steht, und ergänzt den Schutz aus §§ 404 ff. (s. dazu bereits Rn. 160). 507

Bei einer Veräußerung nach §§ 929 S. 1, 930 gilt § 986 Abs. 2 analog, da der Besitzer ebenso schutzwürdig ist.[658]

Eine analoge Anwendung auf Grundstücke kommt nicht in Betracht, da eine dem § 936 Abs. 3 entsprechende Vorschrift fehlt und der Besitz für den Eigentumserwerb keine Bedeutung hat.

IV. Prozessuale Geltendmachung des Besitzrechts

Wenn der Eigentümer nach § 985 Herausgabe verlangt, so braucht er nur zu behaupten (und bei Bestreiten durch den Beklagten zu beweisen), dass er Eigentümer und der Beklagte Besitzer ist. Das Recht zum Besitz des Eigentümers folgt ohne weitere Begründung aus seinem Eigentum. Das Gegenrecht des Besitzers nach § 986 muss besonders begründet sein. Der Beklagte trägt hierfür die Behauptungs- und Beweislast.[659] 508

656 Staudinger/Thole § 986 Rn. 37.

657 Vgl. MünchKomm/Baldus § 986 Rn. 74.

658 BGHZ 111, 142, 146; Erman/Ebbing § 986 Rn. 34.

659 Vgl. BGHZ 82, 13, 17 f.

509 Umstritten ist, ob das Besitzrecht eine (von Amts wegen zu berücksichtigende) Einwendung oder eine (nur bei Geltendmachung zu berücksichtigende) Einrede darstellt.

Diese Frage hat z. B. für das Versäumnisverfahren bei Säumnis des Beklagten Bedeutung: Ein Versäumnisurteil gegen den Beklagten ergeht nach § 331 Abs. 1 S. 1 ZPO nur, wenn der Klagevortrag schlüssig ist. Handelt es sich bei dem Besitzrecht um eine Einrede, wird es nur berücksichtigt, wenn sich der Beklagte auf das Recht beruft. Dies ist aber wegen seiner Säumnis ausgeschlossen. Eine Einwendung wird dagegen auch berücksichtigt, wenn sie z.B. vom Prozessgegner vorgetragen wird.

- Teilweise wird unter Berufung auf den Wortlaut des § 986 Abs. 1 S. 1 – „kann verweigern" – die Auffassung vertreten, dass das Recht zum Besitz eine **Einrede** sei, weil der Gesetzgeber solche Formulierungen regelmäßig nur dann verwende, wenn dem bestehenden Anspruch ein Gegenrecht entgegengesetzt werden könne, z.B. §§ 214, 273.[660]
- Die h.M. sieht das Recht zum Besitz i.S.d. § 986 zu Recht als **Einwendung** an. Die Regelung müsse unter Berücksichtigung des Regelungszusammenhangs mit inhaltlich vergleichbaren Vorschriften ausgelegt werden. Der Anspruch des Eigentümers auf Unterlassung oder Beseitigung von Störungen ist nach § 1004 Abs. 2 ausgeschlossen, wenn Gegenrechte des Störers bestehen. Gleiches gilt nach §§ 1007 Abs. 3, 861 Abs. 2 bei Besitzentzug. Für ein Recht zum Besitz als „Gegenrecht" gegen den Anspruch des Eigentümers aus § 985 könne daher nichts anderes gelten.[661]

D. Sind allgemeine Vorschriften auf den Anspruch aus § 985 anwendbar?

510 Die allgemeinen Vorschriften des **Schuldrechts** sind auf den **dinglichen Anspruch** aus § 985 grundsätzlich nicht anwendbar. Der Inhalt des dinglichen Anspruchs erschöpft sich darin, die Sache vom Besitzer zurückzuerhalten. Entfällt der Besitz, so entfällt auch der Herausgabeanspruch, während der schuldrechtliche Anspruch sich aus einem rechtsgeschäftlichen oder gesetzlichen Schuldverhältnis ergibt, welches außer der Leistungsverpflichtung auch Sorgfaltspflichten auslöst. Gleichwohl besteht Einigkeit, dass einzelne schuldrechtliche Vorschriften auch auf dingliche Ansprüche anwendbar sind, solange keine entgegenstehenden Sonderregelungen im Sachenrecht bestehen.

Demgegenüber ist das EBV, aus dem die Ansprüche aus §§ 987 ff. folgen, ein Schuldverhältnis.

I. Erfüllungsort, § 269

511 Der Erfüllungsort ist beim Anspruch gegen den gutgläubigen und unverklagten Besitzer der Ort, an dem sich die Sache zum Zeitpunkt des Herausgabeverlangens befindet (§ 269); beim Anspruch gegen den bösgläubigen oder verklagten Besitzer der Ort, an dem sich die Sache bei Eintritt der Bösgläubigkeit bzw. im Zeitpunkt der Klageerhebung befand; beim Deliktsbesitzer (§ 992) der Ort, an dem der Besitz erlangt wurde.[662]

660 RGZ 127, 8, 9.

661 BGH NJW 1999, 3716, 3717; BGHZ 82, 13, 18; MünchKomm/Baldus § 986 Rn. 76 f.; Staudinger/Thole § 986 Rn. 1.

662 Grüneberg/Herrler § 985 Rn. 10.

II. Unmöglichkeit und Schuldnerverzug

Die schuldrechtlichen Unmöglichkeits- bzw. Verzugsregeln sind grundsätzlich nicht anwendbar, wenn der Besitzer zur Herausgabe nicht in der Lage ist oder in Verzug gerät. Die Unmöglichkeit und der Verzug sind hinsichtlich des Herausgabeanspruchs in den §§ 989–992 abschließend geregelt (Einzelheiten s. Rn. 529 ff.). 512

Fraglich ist, ob **§ 285** bei Weiterveräußerung der Sache an einen Dritten anwendbar ist. 513
Ist diese Veräußerung dem Eigentümer gegenüber wirksam, trifft § 816 Abs. 1 S. 1 eine abschließende Regelung.[663] § 285 findet aber ebenfalls keine Anwendung, wenn der unrechtmäßige Besitzer die Sache an einen Dritten weiterveräußert und diese Veräußerung dem Eigentümer gegenüber nicht wirksam ist.[664] Zwar ist in §§ 989–992 die Frage des Surrogats nicht geregelt. Eine Anwendung des § 285 für den Fall, dass die Herausgabe nach § 985 unmöglich ist, scheidet im Wesentlichen jedoch aus zwei Gründen aus:

- Der Eigentümer würde privilegiert, wenn ihm gegen den unrechtmäßigen Besitzer, der die Sache weiterveräußert hat, ein Anspruch aus § 285 zustehen würde. Er könnte den Erlös von dem Veraußerer herausverlangen und von dem Erwerber die Sache, da er Eigentümer geblieben ist.
- Der unrechtmäßige Besitzer, der die Sache weiterveräußert, würde benachteiligt. Er müsste nach § 285 den Erlös herausgeben und dem Erwerber Ersatz leisten, § 311a Abs. 2, da dieser die Sache herausgeben muss.

Im Übrigen kann der Eigentümer die Veräußerung gemäß § 185 Abs. 2 genehmigen und dann vom Veräußerer gemäß § 816 Abs. 1 S. 1 den Erlös herausverlangen.

Beispiel: Dem E ist eine wertvolle Uhr gestohlen worden. Der gutgläubige B veräußert die Uhr für 12.000 € an X.

I. E kann die Uhr von X gemäß § 985 herausverlangen, da ihm die Uhr abhandengekommen ist und somit X gemäß § 935 kein Eigentum erwerben konnte.
II. E kann den von B erzielten Erlös nicht gemäß § 285 herausverlangen, da § 285 auf den Herausgabeanspruch aus § 985 nicht anwendbar ist.
III. E kann jedoch die Veräußerung von B an X genehmigen. Dann verliert er zwar seinen Eigentumsherausgabeanspruch gegen X, er kann dann aber gemäß § 816 Abs. 1 S. 1 den Erlös von B herausverlangen.

Wenn man § 285 auf diesen Fall anwenden würde, hätte dies die Folge, dass E von B den Erlös herausverlangen kann und von X die Uhr, da er die Verfügung nicht genehmigen muss. B müsste den Erlös herausgeben und würde von X in Anspruch genommen, da dieser die Uhr herausgeben muss.

III. Annahmeverzug

Die Regeln über den Annahmeverzug gemäß **§§ 293 ff.** sind auf den Herausgabeanspruch anwendbar. Insbesondere hat der Schuldner während des Gläubigerverzugs gemäß § 300 Abs. 1 nur Vorsatz und grobe Fahrlässigkeit zu vertreten, was besondere Bedeutung für etwaige Schadensersatzansprüche nach §§ 989, 990 hat. 514

663 MünchKomm/Baldus § 985 Rn. 155.
664 Heute h.M. BeckOK/Fritzsche § 985 Rn. 28; RGZ 115, 31, 33; anders früher RGZ 105, 84, 88.

IV. Abtretung des Anspruchs aus § 985

515 Die h.M. lehnt zu Recht die selbstständige Abtretung des Herausgabeanspruchs aus § 985 ab, weil dieser Anspruch unlösbar mit dem Eigentum verbunden ist und daher keinen selbstständigen Wert hat.[665]

516 Dem Bedürfnis, einem anderen die Möglichkeit einzuräumen, den Herausgabeanspruch geltend zu machen, wird durch die **Ausübungsermächtigung** Rechnung getragen. Danach kann der Eigentümer entsprechend § 185 Abs. 1 einen Dritten ermächtigen, den Herausgabeanspruch in eigenem Namen geltend zu machen und die Herausgabe an sich zu verlangen.[666]

Beispiel: A ist ein Fernsehgerät gestohlen worden. Es wird später festgestellt, dass dieses Gerät in der Wohnung des B ist. Da A sich bereits ein anderes Gerät gekauft hat, vermietet er das gestohlene Gerät an M für monatlich 15 € und tritt M den Herausgabeanspruch aus § 985 ab.

Eine isolierte Abtretung des Herausgabeanspruchs aus § 985 ist zwar nicht möglich, doch die Abtretung kann gemäß § 140 in eine Ausübungsermächtigung umgedeutet werden.[667] M kann daher als Ermächtigter die Herausgabe des Geräts von B verlangen.

517 Der Eigentümer kann einen anderen ermächtigen, den Herausgabeanspruch im Klagewege in eigenem Namen geltend zu machen und Herausgabe an sich zu verlangen **– gewillkürte Prozessstandschaft –**.[668]

Die gewillkürte Prozessstandschaft setzt voraus:

- Der Eigentümer muss einen Dritten zum Geltendmachen des Herausgabeanspruchs aus § 985 ermächtigen.
- Der Ermächtigte muss ein berechtigtes Interesse an der Geltendmachung des Anspruchs haben.
- Die Rechtsstellung des Beklagten darf dadurch nicht beeinträchtigt werden.

518 Will der Eigentümer seine Sache unter Abtretung eines Herausgabeanspruchs nach §§ 929 S. 1, 931 veräußern – und ist er nicht mittelbarer Besitzer und hat auch keinen Anspruch aus § 812 oder § 823 etc. gegen den unmittelbaren Besitzer, den er abtreten kann – so genügt nach h.M. für die Übereignung ausnahmsweise die bloße Einigung.[669]

V. Schadensersatz statt der Leistung nach Fristsetzung, § 281

519 Umstritten ist, ob der Eigentümer seinen Vindikationsanspruch aus § 985 einseitig durch eine Fristsetzung in einen Schadensersatzanspruch gemäß §§ 280 Abs. 1 u. 3, 281 umwandeln kann.[670] Teilweise wird ein Vorgehen nach § 281 davon abhängig gemacht, dass der Vindikationsgegner bereits verschärft haftet.[671]

Für eine Anwendung von § 281 wird im Wesentlichen angeführt, dass der dinglich Berechtigte nicht schlechter stehen dürfe als der nur obligatorisch Berechtigte (z.B. Käufer).[672]

---

665 OLG München NJW RR 1996, 901; Staudinger/Thole § 985 Rn. 3; a.A. RG JW 1932, 1206.

666 BGH WM 1964, 426, 427; Baur/Stürner § 11 Rn. 44.

667 Vgl. Staudinger/Thole § 985 Rn. 3 m.w.N.

668 BGH NJW-RR 1986, 158; Staudinger/Thole § 985 Rn. 3.

669 S. bereits oben Rn. 160.

670 Verneinend MünchKomm/Baldus § 985 Rn. 149; Thole Jura 2004, 433; bejahend: BeckOK/Fritzsche § 985 Rn. 29.

671 OLG München, Endurt. v. 23.04.2008 – 15 U 5245/07, BeckRS 2008, 09857; OLG Rostock NJW-RR 2012, 222, 223; Grüneberg/Herrler § 985 Rn. 14; Hk-BGB/Schulte-Nölke § 985 Rn. 6.

672 BeckOK/Fritzsche § 985 Rn. 29.

Gegen eine Anwendung von § 281 wird vorgebracht, dass die Geltendmachung des Schadensersatzanspruchs gemäß § 281 Abs. 4 mit einem Untergang des Primäranspruchs verbunden sei. Weil Eigentum und Eigentumsherausgabeanspruch untrennbar miteinander verbunden sind, könne diese Rechtsfolge allerdings nicht eintreten. Faktisch liefe die Anwendung des § 281 daher auf einen „Zwangskauf" des unrechtmäßigen Besitzers hinaus. Für eine Anwendung des § 281 auf dingliche Herausgabeansprüche besteht ein praktisches Bedürfnis. Sofern die Geltendmachung des Primäranspruchs auf Herausgabe scheitert, muss der Eigentümer einfach auf einen Schadensersatzanspruch übergehen können. Bei einer fehlgeschlagenen Vollstreckung eines Herausgabetitels müsste er einen neuen Prozess auf die §§ 989, 990 gestützt führen. Diese auch einem rein schuldrechtlich berechtigten Gläubiger zustehende Möglichkeit, muss auch dem Eigentümer zustehen.[673]

Hinweis: *Prozessual kann der Eigentümer dann eine Herausgabeklage erheben und hilfsweise – für den Fall, dass der Schuldner die Sache nach einer vom Gericht gemäß § 255 ZPO bestimmten Frist herausgibt – bereits Schadensersatz geltend machen (vgl. § 259 ZPO). Dies sollte allerdings in der Weise geschehen, dass erst ein zusätzliches Schadensersatzverlangen nach Scheitern der Herausgabevollstreckung dem Primäranspruch untergehen und den Schadensersatzanspruch entstehen lässt.*[674]

Einschränkend ist allerdings zu berücksichtigen, dass die Wertungen der §§ 989, 990 nicht unterlaufen werden dürfen, sodass der Anspruch nur dem bösgläubigen oder verklagten Besitzer zustehen kann.[675]

Besonderer Vorteil für den Gläubiger bietet die Anwendung des § 281 im Hinblick auf den Vorenthaltungsschaden: Dieser ist nach den §§ 989, 990 nicht ersatzfähig, wohl aber nach §§ 280 Abs. 1 und Abs. 2, 286 bzw. nach §§ 280 Abs. 1 und Abs. 3, 281.

VI. Verjährung

Der Herausgabeanspruch des Eigentümers unterliegt der dreißigjährigen Verjährung, **520**
§ 197 Abs. 1 Nr. 2, seit Entstehung des Anspruchs (§ 200), also seit Eintritt der Vindikationslage.[676] Dies gilt jedoch nicht gemäß § 902 Abs. 1 S. 1 nicht hinsichtlich eingetragener Rechte, z.B. auf Herausgeben eines Grundstücks.

Die Verjährung des Anspruchs aus § 985 kann zu einem ***dauernden Auseinanderfallen*** *von Eigentum und Besitz führen.*

Beispiel: E hat 1965 ein Bild zum Restaurateur B gebracht, damit dieses gereinigt werde. Bald darauf zieht E um, ohne B dieses mitzuteilen. Im Jahre 1998 liest E in einer Kunstzeitschrift, dass die Bilder des Malers eine erhebliche Wertsteigerung erfahren haben.

I. E ist weiter Eigentümer des Bildes. B hat daran durch Ersitzung kein Eigentum erworben, weil er das Bild als Fremdbesitzer besessen hat.
II. Der Eigentumsherausgabeanspruch des E kann jedoch nicht durchgesetzt werden, wenn B die Einrede der Verjährung (§ 214 Abs. 1) erhebt. Der Eigentumsherausgabeanspruch des E ist gemäß § 197 Abs. 1 Nr. 2 verjährt.

---

673 BGH RÜ 2016, 625.

674 BGH RÜ 2018, 94.

675 BGH RÜ 2016, 625; Grüneberg/Herrler § 985 Rn. 14.

676 MünchKomm/Baldus § 985 Rn. 95; Staudinger/Thole § 985 Rn. 84.

E. Verhältnis des Herausgabeanspruchs gemäß § 985 zu anderen Herausgabeansprüchen

521 Dem Eigentümer können neben dem **dinglichen** Herausgabeanspruch gemäß § 985 auch Ansprüche aus Besitz oder Ansprüche aus einem gesetzlichen und vertraglichen Schuldverhältnis zustehen. Der dingliche Herausgabeanspruch schließt die Geltendmachung dieser Ansprüche grundsätzlich nicht aus.

522 Zwischen dem dinglichen Herausgabeanspruch gemäß § 985 und dem des Besitzers gemäß § 861 – dem possessorischen – und gemäß § 1007 – dem petitorischen – besteht eine echte Anspruchskonkurrenz, sodass ein Herausgabeverlangen aufgrund dieser drei Anspruchsgrundlagen gerechtfertigt sein kann.[677]

Man kann annehmen, dass eine zusätzliche Begründung des Anspruchs aus § 1007 überflüssig ist, wenn sich der Anspruch bereits aus § 985 oder § 861 ergibt. Medicus[678] rät, den § 1007 bei Zeitmangel in der Klausur wegzulassen, wenn § 985 begründet sei. Ergebe sich der Anspruch lediglich aus § 861, dann müsse § 1007 geprüft werden, da der Anspruch aus § 861 nur possessorischer Natur und damit nur vorläufig sei. Wir meinen: § 1007 in jedem Fall in der gebotenen Kürze ansprechen!

Der Eigentumsherausgabeanspruch gemäß § 985 steht in Konkurrenz zu den **Herausgabeansprüchen aus einem gesetzlichen Schuldverhältnis, §§ 812 ff. u. §§ 823 ff., 249.**

Beispiel: E ist von D ein Wagen gestohlen worden. Als die Polizei E mitteilt, dass der Wagen bei D stehe, verlangt E von D den Wagen heraus.

Hier sind die Tatbestandsvoraussetzungen für folgende Anspruchsgrundlagen gegeben:

- Die Ansprüche aus Besitz und Eigentum: §§ 861, 1007 Abs. 1 und Abs. 2, 985;
- der Anspruch aus ungerechtfertigter Bereicherung, Eingriffskondiktion, § 812 Abs. 1 S. 1 Var. 2;
- die Ansprüche aus unerlaubter Handlung nach § 823 Abs. 1, § 823 Abs. 2 i.V.m. § 242 StGB, § 826; §§ 249 ff.

Nach einhelliger Ansicht kann der Herausgabeanspruch hier auf alle Rechtsgründe gestützt werden.[679]

523 Umstritten ist, ob § 985 neben Rückabwicklungsansprüchen aus einem **vertraglichen Schuldverhältnis** anwendbar ist.

- Nach h.M. besteht zwischen dem Eigentumsherausgabeanspruch nach § 985 und einem Rückgabeanspruch aus Vertrag Anspruchskonkurrenz. Dem aus § 985 in Anspruch genommenen Besitzer gewährt § 986 dieselbe Rechtsstellung, in der er sich befindet, wenn der Herausgabeanspruch auf Vertrag gestützt wird. Daraus ergibt sich, dass die Ansprüche sich nicht ausschließen sollen, sondern nebeneinander bestehen.[680]
- Nach der Lehre vom Vorrang des Vertragsverhältnisses ist der Eigentumsherausgabeanspruch aus § 985 gegenüber Rückgabeansprüchen aus vertraglichen Schuldverhältnissen **subsidiär**. Das bedeutet, immer dann, wenn dem Eigentümer aus der

677 Vgl. Staudinger/Thole vor §§ 985–1007 Rn. 8.
678 Medicus BR Rn. 439.
679 Vgl. Staudinger/Thole Vorbem. zu §§ 985–1007 Rn. 8.
680 BGHZ 34, 122, 123 f.; Grüneberg/Herrler § 985 Rn. 1.

Abwicklung eines Schuldverhältnisses ein Rückgabeanspruch zusteht, ist der Anspruch aus § 985 nicht gegeben. Zur Begründung wird angeführt, der Eigentümer habe sein Eigentum schuldrechtlich beschränkt und müsse sich an die speziellen schuldrechtlichen Rückabwicklungsregeln halten. Dies soll sogar dann gelten, wenn der Besitzer die Sache an Dritte weitergibt.[681]

Beispiel: E verkauft D einen Pkw unter Eigentumsvorbehalt. Das Fahrzeug wird beschädigt. Im Auftrag des D repariert B den Wagen. E tritt von dem Kaufvertrag zurück und verlangt von B den Wagen heraus.

I. E hat gegen B keine vertraglichen Ansprüche.
II. Fraglich ist, ob E gegen B unmittelbar einen Anspruch aus § 985 hat.
1. Nach der Mindermeinung schließt das Bestehen eines schuldrechtlichen Rückabwicklungsanspruchs die Geltendmachung des § 985 aus. Vorliegend hat E gegen D einen schuldrechtlichen Rückgewähranspruch aus § 346 Abs. 1 Var. 1. E könnte sich allenfalls den werkvertraglichen Herausgabeanspruch des D gegen B abtreten bzw. gemäß § 886 ZPO überweisen lassen, um direkt gegen B vorzugehen.
2. Nach h.M. bestehen schuldrechtliche und dingliche Ansprüche nebeneinander. E kann gegen B unmittelbar gemäß § 985 vorgehen.[682]

681 Baur/Stürner § 11 Rn. 30; Schwerdtner JuS 1970, 64 ff.

682 Zu Verwendungsersatzansprüchen in dieser Konstellation auch unten Fall 28, Rn. 623.

Eigentumsherausgabeanspruch, §§ 985, 986

Der Herausgabeanspruch gemäß § 985

- Der **Anspruchsteller** muss sein **Eigentum** und den **Besitz des Anspruchsgegners** beweisen. Ist die Eigentumslage **unklar**, so greift die **Eigentumsvermutung** des § 1006 ein.
  - § 1006 Abs. 1: Es wird vermutet, dass der unmittelbare Besitzer beim Besitzerwerb Eigenbesitz begründet und damit das Eigentum erworben hat (doppelte Vermutung).
  - § 1006 Abs. 2: Zugunsten des früheren Besitzers wird vermutet, dass er beim Besitzerwerb Eigenbesitz begründet und damit Eigentum erworben hat (§ 1006 Abs. 1) und während der gesamten Besitzdauer Eigentümer geblieben ist und auch nach dem Besitzverlust das Eigentum nicht verloren hat, es sei denn, dass § 1006 Abs. 1 für den gegenwärtigen oder § 1006 Abs. 2 für einen späteren Besitzer eingreift.
  - § 1006 Abs. 3: Beim nachgewiesenen oder feststehenden mittelbaren Besitz wird vermutet, dass der mittelbare Besitzer Eigenbesitzer und damit Eigentümer ist, § 1006 Abs. 1 u. Abs. 2.
- Der **Anspruchsgegner** muss **Besitzer** sein.
  - Gegen den unmittelbaren Besitzer besteht der Anspruch auf Herausgabe des unmittelbaren Besitzes.
  - Gegen den mittelbaren Besitzer bestehen zwei Möglichkeiten:
    - Anspruch auf Abtretung des Herausgabeanspruchs;
    - h.M.: auch auf Verschaffung des unmittelbaren Besitzes.
- Der Anspruchsgegner darf kein **eigenes Recht zum Besitz** haben, § 986 Abs. 1 S. 1 Var. 1
  - Dinglich
  - Obligatorisch
  - Anwartschaftsrecht begründet kein Besitzrecht (sehr str.)
  - Besitzer hat Besitz mit Zustimmung des Eigentümers erlangt, § 185
  - Besitzrecht kraft gesetzlicher Vorschriften (z.B. § 1626) oder kraft öffentlichen Rechts
  - Str. ist, ob ein Zurückbehaltungsrecht ein Recht zum Besitz gibt oder nur ein sonstiges Gegenrecht.
  - § 241a gewährt nach h.M. kein Besitzrecht.
- Dem Anspruchsgegner kann ein **abgeleitetes Besitzrecht** gemäß § 986 Abs. 1 S. 1 Var. 2 zustehen. Dies setzt voraus:
  - Unmittelbarer Besitzer muss sein Besitzrecht von einem Dritten ableiten,
  - der Dritte muss dem Eigentümer gegenüber zum Besitz berechtigt sein,
  - der Dritte muss dem Eigentümer gegenüber zur Weitergabe befugt sein.
- Sonderfall § 986 Abs. 2: Obligatorisches Besitzrecht bei Rechtsnachfolge

Anwendung allgemeiner Vorschriften

- **Erfüllungsort**, § 269, ist bei gutgläubigen Besitzern der Ort, an dem die Sache sich befindet; bei bösgläubigen der Ort, an dem die Sache bei Eintritt der Bösgläubigkeit war; bei Deliktsbesitzern der Ort der Erlangung des Besitzes.
- Die zu vertretende **Unmöglichkeit** und der **Verzug** sind abschließend in den §§ 989 ff. geregelt. § 281 kann auf den verschärft haftenden Besitzer unter Berücksichtigung der Wertungen des EBV anwendbar sein, für eine Anwendung des § 285 besteht kein Bedürfnis.
- Der Herausgabeanspruch ist **nicht abtretbar**, aber es ist eine **Ausübungsermächtigung gemäß § 185 Abs. 1** möglich sowie gewillkürte Prozessstandschaft.

Konkurrenz zu den übrigen Herausgabeansprüchen

- Die Ansprüche des Besitzers aus § 861 und § 1007 gelten neben § 985.
- Vertragliche Herausgabeansprüche und der Anspruch aus § 985 können nebeneinander bestehen.
- Auch die gesetzlichen Herausgabeansprüche aus §§ 812 ff., §§ 823, 249 ff. sind neben dem Herausgabeanspruch aus § 985 anwendbar.

2. Abschnitt: Eigentümer-Besitzer-Verhältnis (EBV), §§ 987 ff.

A. Überblick

Die §§ 987 ff. regeln ein spezielles gesetzliches Schuldverhältnis zwischen dem Eigentümer und dem Besitzer einer Sache, wenn zwischen den Parteien kein vertragliches oder gesetzliches Schuldverhältnis besteht oder dieses unwirksam ist. Das EBV regelt im Verhältnis zwischen Eigentümer und dem unrechtmäßigen Besitzer allerdings nur drei Komplexe abschließend: 524

- Die **Schadensersatzpflicht** des unrechtmäßigen Besitzers bei Beschädigung, Zerstörung oder Unmöglichkeit der Herausgabe der Sache,
- die Pflicht des unrechtmäßigen Besitzers, gezogene **Nutzungen** zu ersetzen und
- die Pflicht des Eigentümers, dem unrechtmäßigen Besitzer einen Ausgleich für von ihm auf die Sache vorgenommene **Verwendungen** zu gewähren.

Nicht abschließend durch das EBV geregelt werden z.B. folgende Fallgestaltungen:

- Erlösherausgabe bei Veräußerung der Sache durch den unrechtmäßigen Besitzer (§ 816 Abs. 1 S. 1),
- Bereicherungsausgleich bei Verbrauch der Sache (§ 812 Abs. 1 S. 1 Var. 2).

Häufiger Klausurfehler: *Oft wird verallgemeinernd gesagt, „das EBV sperrt das Bereicherungsrecht". Dies stimmt in dieser Allgemeinheit nicht: Das Bereicherungsrecht wird nur im Anwendungsbereich des EBV – also hinsichtlich Nutzungen und Verwendungen – gesperrt. Insbesondere wenn es um Erlösherausgabe nach § 816 Abs. 1 geht, besteht aber keine Sperrwirkung!*

Ob und in welchem Umfang dem Eigentümer Ansprüche gegen den „Verletzer" zustehen, bestimmt sich danach, ob der Verletzer im Zeitpunkt der Verletzungshandlung **Besitzer** war oder nicht und ob der Besitz **rechtmäßig** oder **unrechtmäßig** war.

I. Haftung des Nichtbesitzers

Wer das Eigentum eines anderen **verletzt**, ohne im Besitz der Sache zu sein, haftet nach den Regeln der **unerlaubten Handlung**, §§ 823 ff., und der **Gefährdungshaftung**. 525

Beispiel: D fährt mit seinem Wagen gegen die Hausmauer des E und beschädigt diese erheblich.

I. E kann von D wegen der rechtswidrigen und schuldhaften Eigentumsverletzung gemäß § 823 Abs. 1 Schadensersatz verlangen.
II. Darüber hinaus ist D dem E gemäß § 7 und § 18 StVG verantwortlich.

Auch wenn eine Sache bereits bei der Besitzbegründung beschädigt oder zerstört wird, haftet der Verletzer unmittelbar nach § 823. Die Sonderregeln der §§ 987 ff. setzen eine ***bereits erfolgte Besitzbegründung*** *voraus. Dem unmittelbar aus Deliktsrecht haftenden Nichtbesitzer stellt das EBV nur den* ***Deliktsbesitzer*** *gleich, der sich den Besitz durch eine Straftat oder eine schuldhaft verbotene Eigenmacht beschafft hat. Für ihn verweist § 992 auf die §§ 823 ff., da er nicht schutzwürdig ist (Einzelheiten unten Rn. 527).*

II. Haftung des rechtmäßigen Besitzers

526 Ob und unter welchen Voraussetzungen der **rechtmäßige Besitzer** dem Eigentümer gegenüber auf Schadensersatz haftet oder Nutzungen herausgeben muss, bestimmt sich aus dem **zugrunde liegenden**, die Rechtmäßigkeit begründenden rechtsgeschäftlichen oder gesetzlichen **Schuldverhältnis**.

Beispiel 1:

E hat seinen Wagen an M vermietet. M verschuldet einen Unfall. Der Wagen wird zerstört.

I. E kann von M gemäß § 280 Abs. 1 bzw. gemäß §§ 280 Abs. 1 und 3, 283 wegen schuldhafter Pflichtverletzung Schadensersatz verlangen.[683]
II. E kann außerdem von M Schadensersatz gemäß § 823 Abs. 1 wegen verschuldeter Eigentumsverletzung und gemäß § 823 Abs. 2 i.V.m. § 1 StVO Schadensersatz wegen schuldhafter Verletzung eines Schutzgesetzes verlangen.

Beispiel 1 (Abwandlung):

E und M haben mit Rücksicht auf die Höhe der Miete vereinbart, dass M für leicht fahrlässig verursachte Schäden nicht haften soll. M fällt nur leichte Fahrlässigkeit zur Last.

Da aufgrund der vertraglichen Vereinbarung im Mietvertrag, der die Rechtmäßigkeit des Besitzes begründet, eine Haftung für leicht fahrlässiges Verhalten ausgeschlossen ist, braucht M dem E keinen Ersatz zu leisten.

Beispiel 2:

G rettet beim Brand der Scheune des E eine Kuh. Infolge leichter Fahrlässigkeit des G stürzt die Kuh, als sie aus dem brennenden Stall geführt wird, und muss notgeschlachtet werden.

I. Ein Anspruch aus § 280 Abs. 1 wegen Verletzung von Pflichten aus GoA – gesetzliches Schuldverhältnis – scheidet aus, weil gemäß § 680 der Geschäftsführer, der zum Zwecke der Abwendung einer dringenden Gefahr tätig wird, nur für Vorsatz und grobe Fahrlässigkeit bei der Ausführung der GoA haftet.
II. Ansprüche aus § 823 kommen ebenfalls mangels Verschuldens nicht in Betracht. Insoweit gilt der Haftungsmaßstab des § 680 auch hier.[684]

III. Haftung des unrechtmäßigen Besitzers

527 Ob und unter welchen Voraussetzungen ein **unrechtmäßiger Besitzer** haftet, ergibt sich nicht aus einem vorrangigen rechtsgeschäftlichen oder gesetzlichen Schuldverhältnis, da ein solches entweder nie bestand oder unwirksam ist. In den §§ 987 ff. hat der Gesetzgeber für den unrechtmäßigen Besitzer ein eigenes Haftungssystem geschaffen. Der Zweck der §§ 987 ff. besteht in erster Linie darin, den unrechtmäßigen Besitzer, der sich für den Eigentümer bzw. den berechtigten Fremdbesitzer hält, gegenüber den allgemeinen Vorschriften des Delikts- und Bereicherungsrechts zu **privilegieren**.

Beispiel: B kauft bei dem seriösen Händler H ein Auto, das dem Eigentümer E gestohlen wurde. Aufgrund leichter Fahrlässigkeit beschädigt B den Wagen. Bei Anwendung des § 823 Abs. 1 hätte E gegen B einen Schadensersatzanspruch, da B wegen § 935 nicht Eigentümer des Wagens geworden ist. Dem tragen die §§ 990 Abs. 1, 989 Rechnung: Für eine verschuldete Beschädigung haftet nur der bösgläubige Besitzer.

Die Haftung des bösgläubigen Besitzers wird demgegenüber **verschärft**, denn das EBV begründet ein gesetzliches Schuldverhältnis, sodass der bösgläubige Besitzer für Gehilfen gemäß § 278 und nicht nach § 831 haftet.

683 Vgl. Grüneberg/Weidenkaff § 546 Rn. 7.

684 Vgl. Grüneberg/Sprau § 680 Rn. 1.

Beispiel: D lässt in Kenntnis seines fehlenden Besitzrechts seinen Angestellten A das Auto des Eigentümers E reparieren. Dabei beschädigt der ansonsten zuverlässige und durch D sorgfältig ausgewählte und überwachte A das Auto fahrlässig. D selbst ist ein Verschulden nicht vorzuwerfen, sodass er nach § 823 Abs. 1 nicht haften würde. Auch eine Haftung nach § 831 würde ausscheiden, da D sich insofern exkulpieren kann. Allerdings haftet D gemäß §§ 990 Abs. 1, 989, da ihm das Verschulden des A nach § 278 zugerechnet wird.

Im Einzelnen enthält das EBV folgende Anspruchsgrundlagen für die Haftung des unrechtmäßigen Besitzers:

- Der unrechtmäßige **bösgläubige Besitzer** haftet dem Eigentümer:
  - auf **Schadensersatz** für den Schaden, den er durch eine von ihm verschuldete Beschädigung, Zerstörung oder Unmöglichkeit der Herausgabe der Sache verursacht hat, **§§ 989, 990 Abs. 1**;
  - auf **Nutzungsersatz** für von ihm während der Besitzzeit gezogene Nutzungen, **§§ 987, 990 Abs. 1**;
  - unter den Voraussetzungen des **Verzugs** mit der Herausgabe der Sache auch auf den durch die **Vorenthaltung der Sache entstandenen Schaden, §§ 990 Abs. 2, 286 ff.**; außerdem haftet der bösgläubige Besitzer ab Verzugseintritt auch für Zufall, **§ 287**.
- Der unrechtmäßige auf Herausgabe **verklagte Besitzer** haftet ebenfalls auf **Schadens- und Nutzungsersatz (§§ 987, 989)**, solange er nicht bösgläubig ist, jedoch nicht auf Ersatz des Vorenthaltungsschadens und nicht für Zufall.
- Der **Deliktsbesitzer** ist nicht schutzwürdig: Für ihn verweist § 992 auf das Deliktsrecht (§§ 823 ff.); seine Haftung ist im Vergleich zur unmittelbaren Deliktshaftung insbesondere dadurch verschärft, dass die §§ 987 ff. ein Schuldverhältnis begründen, also z.B. Verschulden eines Erfüllungsgehilfen nach § 278 zugerechnet wird.
- Der unrechtmäßige **gutgläubige Besitzer** wird gemäß § 993 grundsätzlich privilegiert: Er haftet nur auf Ersatz von ihm gezogener **Übermaßfrüchte** oder wenn er den Besitz **unentgeltlich** erlangt hat (§ 988).

  Eine darüber hinausgehende Haftung des gutgläubigen Besitzers kommt nur in Betracht, wenn er Fremdbesitzer ist: Besitzt er für einen vom Eigentümer verschiedenen mittelbaren Besitzer, haftet er gemäß § 991 Abs. 2 dem Eigentümer gegenüber so, wie er dem mittelbaren Besitzer gegenüber haften würde (Haftung des Fremdbesitzers im Drei-Personen-Verhältnis). Die Haftung des Fremdbesitzers, der für den Eigentümer besitzt, ist in den §§ 987 ff. nicht geregelt; nach h.M. haftet er ausnahmsweise aus §§ 823 ff.

IV. Verwendungsersatzansprüche des unrechtmäßigen Besitzers

Oft gibt ein unrechtmäßiger Besitzer – zumal wenn er sich gutgläubig für den Eigentümer hält – Geld für Reparaturen, Verbesserungen oder Umgestaltungen der Sache aus. **528** Verlangt der Eigentümer die Sache nach § 985 heraus, kommen ihm diese Verwendungen zugute. Der unrechtmäßige Besitzer möchte in so einem Fall die von ihm getätigten Investitionen ersetzt haben, während der Eigentümer in der Regel allenfalls Instandsetzungsmaßnahmen bezahlen möchte, die noch wertsteigernd vorhanden und für ihn nützlich sind. Die §§ 994 ff. sollen für einen angemessenen Interessenausgleich Sorge tragen.

- Der **gutgläubige** Besitzer kann nützliche (§ 996) und notwendige (§ 994) Verwendungen ersetzt verlangen.
- Dem **bösgläubigen** oder **verklagten** Besitzer sind die notwendigen Verwendungen unter den Voraussetzungen der GoA zu ersetzen (§ 994 Abs. 2).

*Die Vorschriften der §§ 987 ff. sind **nach** Ansprüchen aus **Vertrag** oder **GoA** zu prüfen, da sich daraus ein Recht zum Besitz ergeben kann. Sie enthalten bzgl. **Schadensersatzansprüchen, Nutzungsansprüchen** und nach h.M. auch bzgl. des **Verwendungsersatzes** eine **abschließende Sonderregelung**, sodass sie **vor** bereicherungsrechtlichen oder deliktischen Ansprüchen zu prüfen sind.*[685]

B. Die Haftung des unrechtmäßigen Besitzers

I. Schadensersatzanspruch gegen den bösgläubigen Besitzer, §§ 989, 990 Abs. 1

Aufbauschema: Schadensersatzanspruch gegen den bösgläubigen unrechtmäßigen Besitzer, §§ 989, 990 Abs. 1

I. Bestehen einer Vindikationslage im Zeitpunkt der Tatbestandsverwirklichung
  1. Anspruchsteller = Eigentümer
  2. Anspruchsgegner = Besitzer
  3. Kein Recht zum Besitz
II. Bösgläubigkeit des Besitzers
  - Kenntnis oder grob fahrlässige Unkenntnis des fehlenden Besitzrechts bei Besitzerwerb
  - Erlangung positiver Kenntnis des fehlenden Besitzrechts während der Besitzzeit

III. Verschlechterung, Untergang oder Unmöglichkeit der Herausgabe der Sache
IV. Verschulden (verschärfte Haftung bei Verzug mit der Herausgabe, §§ 990 Abs. 2, 287)
V. Rechtsfolge: Schadensersatz, §§ 249 ff.
  - Ersatzfähig ist der Wert der Sache
  - Ersatz des Vorenthaltungsschadens nur bei Verzug mit der Herausgabe, § 990 Abs. 2 i.V.m. §§ 280 Abs. 1, 2, 286 oder bei Fristsetzung §§ 280 Abs. 1, 3, 281.

1. Eigentümer-Besitzer-Verhältnis im Zeitpunkt der Tatbestandsverwirklichung

529 Die Haftung nach §§ 987 ff. setzt zunächst voraus, dass im Zeitpunkt der Tatbestandsverwirklichung (Beschädigung der Sache, Ziehung von Nutzungen) eine Vindikationslage bestand, der Eigentümer also einen Herausgabeanspruch gegen den Besitzer aus § 985 hatte. Wird eine Sache z. B. bereits bei der Besitzbegründung beschädigt oder zer-

685 Grüneberg/Herrler Vor § 987 Rn. 16.

stört, haftet der Verletzer unmittelbar nach § 823. Die Sonderregeln der §§ 987 ff. setzen ein EBV bereits im Zeitpunkt der Tatbestandsverwirklichung voraus.

Die §§ 987 ff. gelten **uneingeschränkt**, wenn der Besitzer **zu keiner Zeit** ein Recht zum Besitz hatte, er also jederzeit zur Herausgabe gemäß § 985 verpflichtet war. **530**

In folgenden Fallkonstellationen ist jedoch umstritten, ob die §§ 987 ff. anwendbar sind:

- Bei einem **rechtmäßigen Fremdbesitzer**, der die Grenzen seines tatsächlichen Besitzrechts überschreitet (**Exzess des rechtmäßigen Fremdbesitzers** – oder die Lehre vom **„Nicht-so-Berechtigten"**) – Rn. 531;
- bei einem **rechtmäßigen Fremdbesitzer**, der aber **jederzeit zur Herausgabe verpflichtet** ist (der **„Noch-Berechtigte"**) – Rn. 532;
- bei einem Besitzer, dessen früheres Besitzrecht erloschen ist (der **„Nicht-mehr-Berechtigte"**) – Rn. 533;
- bei einem Besitzer, der seinen **berechtigten Fremdbesitz in unberechtigten Eigenbesitz umwandelt** – Rn. 534 – und
- bei einem Besitzer, dem unbestellt Waren zugesendet werden und auf den § 241a keine Anwendung findet (der **„Noch-nicht-Berechtigte"**) – Rn. 535.

Zur Terminologie: *Der Begriff des „Fremdbesitzerexzesses" wird in der Lit. uneinheitlich verwendet. Überwiegend wird darunter nur der* ***gutgläubige unrechtmäßige Fremdbesitzer*** *verstanden, der sein vermeintliches Besitzrecht überschreitet (dieses Verständnis des Begriffs wird hier zugrunde gelegt – zum Fremdbesitzerexzess in diesem Sinne s.u. Rn. 584 ff.). Teilweise wird darunter aber auch der* ***rechtmäßige Fremdbesitzer*** *verstanden, der sein Besitzrecht überschreitet. Diese Fallgruppe des Exzesses des rechtmäßigen Fremdbesitzers bezeichnen wir daher mit der überwiegenden Lit. als Lehre vom* ***„Nicht-so-Berechtigten"****.*

a) Der „Nicht-so-Berechtigte"

Ist der Besitzer im Zeitpunkt der Tatbestandsverwirklichung aufgrund eines Vertrags rechtmäßiger Fremdbesitzer (sodass die §§ 987 ff. mangels Vindikationslage eigentlich nicht eingreifen), ist eine Beschädigung oder Zerstörung der Sache gleichwohl von dem Vertrag nicht gedeckt, sein Verhalten insoweit also „unrechtmäßig". Teilweise wird deshalb angenommen, der Teil der Besitzrechtsüberschreitung ließe sich als unrechtmäßiger Besitz deuten, der Besitzer sei eben „nicht so berechtigt". Die ganz h.M. lehnt die Lehre vom „Nicht-so-Berechtigten" zu Recht ab. Die Aufgliederung des Besitzes in einen unrechtmäßigen und einen rechtmäßigen Teil sei nicht durchführbar. Für die Anwendung der §§ 987 ff. besteht auch kein Bedürfnis, da sowohl vertragliche als auch deliktische Ansprüche dem Eigentümer hinreichenden Schutz gewähren.[686] **531**

Beispiel: Student A veranstaltet auf seinem möblierten Zimmer Budenzauber. Er schüttet Bier ins Klavier und schaukelt am Kronleuchter. Dabei beschädigt er wertvolle Einrichtungsgegenstände des V. Der Vermieter V verlangt Schadensersatz.

686 Offengelassen vom BGH NJW 2002, 60; Staudinger/Thole Vor §§ 987–993 Rn. 13; MünchKomm/Raff vor §§ 987–1003 Rn. 21 ff.

I. V steht gegen A ein Schadensersatzanspruch aus § 280 Abs. 1 zu, denn A hat die Pflicht aus dem Mietverhältnis, mit der Sache sorgsam umzugehen, schuldhaft verletzt.
II. Der rechtmäßige Besitzer A haftet gemäß § 823 unmittelbar. Daher muss A dem V Schadensersatz gemäß § 823 Abs. 1 und § 823 Abs. 2 i.V.m. § 303 StGB, §§ 249 ff. leisten.

Relevant wird die Fallgruppe des „Nicht-so-Berechtigten" allerdings bei der Frage nach der Herausgabe von Nutzungen. Im Fall der unberechtigten Untervermietung kann der Vermieter von seinem Mieter die aus der Untervermietung gezogenen Nutzungen weder nach §§ 535 ff. noch nach §§ 812 ff. (keine Bereicherung „auf Kosten" des Vermieters)[687] herausverlangen. Dies wäre nur mit der Lehre vom „Nicht-so-Berechtigten" nach den §§ 990 Abs. 1, 987 Abs. 1 möglich (dazu noch unten Rn. 533).

b) Der „Noch-Berechtigte"

532 Besteht zwischen Eigentümer und Besitzer ein Schuldverhältnis, aufgrund dessen der Besitzer **jederzeit** den Besitz auf Verlangen des Eigentümers herauszugeben hat (z.B. die zeitlich unbestimmte Leihe, Verwahrung, berechtigte GoA), so ist der Besitzer jedenfalls so lange rechtmäßiger Besitzer, bis der Eigentümer die Sache herausverlangt. Die §§ 987 ff. sind mangels Vindikationslage dann nicht anwendbar.[688] Die Rspr. wendet die §§ 987 ff. jedoch analog an, da ein Verwahrer mit einem jederzeitigen Herausgabeverlangen rechnen müsse.

Beispiel: A gibt der Firma B einen Pelzmantel zur Verwahrung. Als A den Mantel herausverlangt und ausgehändigt erhält, stellt sich heraus, dass der Mantel infolge unsachgerechter Lagerung von Motten angefressen ist. A verlangt Schadensersatz.

I. A kann von der Firma B aus § 280 Abs. 1 Schadensersatz verlangen.
II. Schadensersatz gemäß §§ 989, 990?
1. Nach h.A. war die Firma B rechtmäßige Besitzerin und haftet nicht nach den Regeln der §§ 989 ff., sondern nach §§ 823 ff. unmittelbar wegen einer rechtswidrigen schuldhaften Eigentumsverletzung.[689]
2. Nach der Rspr. des BGH[690] ist ein Anspruch zumindest aus §§ 989, 990 analog gegeben. B ist einem unrechtmäßigen Besitzer gleichzustellen und sie ist bösgläubig, weil sie als Verwahrer jederzeit damit rechnen musste, dass sie die Sache herausgeben musste. Sie steht daher einem verklagten Besitzer gleich. Da auch eine schuldhafte Verletzungshandlung gegeben ist, kann wegen der Beschädigung des Mantels Schadensersatz nach § 989 analog verlangt werden.

c) Der „Nicht-mehr-Berechtigte"

533 Weiterhin kann ein Besitzrecht nachträglich entfallen. Besteht dabei eine Rückwirkung (z.B. nach § 142 Abs. 1), sind die §§ 987 ff. ohne Weiteres anwendbar. Fraglich sind jedoch Fälle, in denen das Besitzrecht ex nunc entfällt. Dabei ist zwischen Tatbestandsverwirklichungen vor und nach Ende des Besitzrechts zu unterscheiden:

- Die §§ 987 ff. finden bei **Tatbestandsverwirklichungen vor Besitzrechtsende** eigentlich keine Anwendung, da es an einer Vindikationslage fehlt. Die Rspr. wendet die §§ 987 ff. jedenfalls dann entsprechend an, wenn das zugrunde liegende Rechtsverhältnis die relevanten Haftungsfragen nicht regelt. Ein zunächst berechtigter Besitzer dürfe nicht schlechter stehen als ein Besitzer, dem von Anfang an das Besitz-

687 BGHZ 131, 297.

688 Erman/Ebbing Vor §§ 987–993 Rn. 28; Staudinger/Thole § 986 Rn. 22; BeckOK/Fritzsche § 986 Rn. 8.

689 Staudinger/Thole Vor §§ 987–993 Rn. 17 m.w.N.

690 BGH LM Nr. 2 zu § 688 und Nr. 2 zu § 989; offenlassend allerdings BGHZ 31, 129, 132.

recht fehle.[691] Die Lit. lehnt dies ab und befürwortet eine Abwicklung nach Bereicherungs- oder Deliktsrecht.[692]

Beispiel:[693] K lässt den unter Eigentumsvorbehalt erworbenen Pkw in der Werkstatt des W reparieren. Die Reparaturrechnung bezahlt er nicht. Als er auch die Kaufpreisraten nicht mehr bezahlen kann, tritt Verkäufer V vom Kaufvertrag zurück. Kann W von V Ersatz seiner Verwendungen verlangen?

Im Zeitpunkt der Vornahme der Verwendungen stand W noch ein – von K abgeleitetes – Besitzrecht zu, sodass es an einer Vindikationslage fehlte. Das Besitzrecht ist erst durch den Rücktritt des V ex nunc entfallen. Nach Auffassung des BGH kann W seine Verwendungen gleichwohl nach den §§ 994 ff. ersetzt verlangen (zu Einzelheiten s. noch unten Rn. 627).

- Bei **Tatbestandsverwirklichungen nach Besitzrechtsende** finden die §§ 987 ff. jedenfalls Anwendung, soweit das Schuldverhältnis auf sie verweist (vgl. insbesondere **§ 292**). Im Übrigen ist streitig, ob die §§ 987 ff. durch vertragliche Rückabwicklungsansprüche verdrängt werden.[694]

Beispiel:[695] M hatte von V Gewerberäume angemietet und mit dessen Einverständnis an U untervermietet. V kündigt den Mietvertrag und erhebt Räumungsklage gegen M. Kann V von M die nach Klageerhebung erzielte Untermiete herausverlangen?

I. Anspruch aus §§ 546 Abs. 1, 292 Abs. 2, 987 Abs. 1?
1. Gemäß § 292 Abs. 2 haftet der zur Herausgabe einer Sache Verpflichtete ab Rechtshängigkeit des Herausgabeanspruchs – hier also ab Rechtshängigkeit der Räumungsklage – auf die Herausgabe von Nutzungen nach den Vorschriften des Eigentümer-Besitzer-Verhältnisses (§§ 987 ff.).
2. Zu den Nutzungen gehören gemäß §§ 100, 99 Abs. 3 u.a. die mittelbaren Sachfrüchte, d.h. die Erträge, die die Sache vermöge eines Rechtsverhältnisses gewährt. Das ist hier die Untermiete, die M durch die Untervermietung der herauszugebenden Mieträume erzielt hat.
II. Anspruch aus § 987 Abs. 1
1. Zwischen V und M müsste zur Zeit der Nutzziehung eine Vindikationslage vorgelegen haben.
a) V war Eigentümer und M (mittelbarer) Besitzer der Mieträume.
b) Nach wirksamer Kündigung des Mietvertrags stand M kein Recht zum Besitz i.S.d. § 986 zu.
aa) Teilweise wird jedoch angenommen, dass die Anwendung der §§ 987 ff. beim nachträglichen Wegfall eines Besitzrechts generell ausgeschlossen sei, da neben vertraglichen Rückabwicklungsansprüchen kein Bedürfnis für eine Abwicklung nach EBV bestünde. Die §§ 987 ff. könnten allenfalls eingreifen, wenn besondere Rückabwicklungsvorschriften fehlen.[696]
bb) Nach h.M. konkurrieren jedoch vertragliche Rückabwicklungsansprüche mit solchen aus EBV.[697]
2. M hat – wie dargelegt – nach Eintritt der Rechtshängigkeit Nutzungen in Form der Untermiete gezogen.
V steht gegen M auch ein Anspruch auf Herausgabe der Untermiete aus § 987 Abs. 1 zu.

Dieser Fall darf allerdings nicht mit der ***unberechtigten Untervermietung während der Laufzeit des Mietvertrags*** *verwechselt werden: Bei der unberechtigten Untervermietung steht dem Mieter während der Laufzeit des Mietvertrags ein Besitzrecht zu. Er darf die Sache nur nicht weitervermieten. Lehnt man die Lehre vom „Nicht-so-Berechtigten" ab, liegt kein EBV vor, sodass Bereicherungsrecht eingreifen kann.*

Allerdings kann der Vermieter die Bereicherung nicht abschöpfen, da die Untermiete nicht „auf seine Kosten" erzielt worden ist.
Ist jedoch der Mietvertrag – wie im vorstehenden Beispiel – beendet, besteht kein Besitzrecht des Mieters mehr, sodass EBV anwendbar ist. Ab Beendigung des Mietvertrags gebühren die Nutzungen der Mietsache wieder dem Vermieter.

691 BGHZ 34, 122; BGH NJW 1995, 2627, 2628; NJW 2002, 1050, 1052.
692 BeckOK/Fritzsche § 987 Rn. 14; Erman/Ebbing Vor §§ 987–993 Rn. 8; Grüneberg/Herrler Vorbem. v. § 987 Rn. 3.
693 BGHZ 34, 122.
694 Baur/Stürner § 11 Rn. 30; MünchKomm/Raff Vor §§ 987–1003 Rn. 18 f.
695 Nach BGH RÜ 2009, 622.
696 Baur/Stürner § 11 Rn. 30; Erman/Ebbing Vor §§ 987–993 Rn. 44.
697 BGH NJW 1995, 2627; NJW 2008, 221; Grüneberg/Herrler Vorbem. v. § 987 Rn. 10.

Abwandlung: V hat sein Einverständnis zur Untervermietung nie erteilt. M hat mittlerweile die Wohnung geräumt. U weigert sich beharrlich. V verlangt von U nunmehr eine Nutzungsentschädigung, die sich am objektiven Wert der genutzten Räume bemisst.

Mit Beendigung des Hauptmietvertrags endet das Besitzrecht des Hauptmieters und damit auch das hiervon abgeleitete Besitzrecht des (unberechtigten) Untermieters. Dem Vermieter steht dann ein Anspruch auf Nutzungsentschädigung gemäß §§ 987 ff. gegen den Untermieter zu.[698]

d) Umwandlung von berechtigtem Fremdbesitz in unrechtmäßigen Eigenbesitz

534 Die Rspr. nimmt an, dass ein berechtigter Fremdbesitzer, der sich zum unrechtmäßigen Eigenbesitzer „aufschwingt", durch den Willenswechsel neuen Besitz begründet und unrechtmäßiger Besitzer wird.[699] Die h.Lit. lehnt dies ab. Besitzerwerb sei die erstmalige Begründung der tatsächlichen Sachherrschaft, sodass eine spätere Willensänderung keine neue Besitzbegründung darstellen könne.[700]

Beispiel: E hat sein Klavier B geliehen. Als B erfährt, dass E verstorben ist, veräußert er das Klavier an X. Der Erbe des E fragt nach seinen Ansprüchen gegen B.

I. Der Erbe hat gegen B einen Schadensersatzanspruch aus §§ 280 Abs. 1 und 3, 283, 604, 1922, denn B hat die Unmöglichkeit der Herausgabe aus dem Leihvertrag zu vertreten.
II. Schadensersatz gemäß **§§ 989, 990**?
1. Nach dem BGH wird der rechtmäßige Fremdbesitzer, der **unberechtigt Eigenbesitz** begründet, unrechtmäßiger Eigenbesitzer und haftet nach den §§ 987 ff. Es werde zwar kein neues tatsächliches Herrschaftsverhältnis begründet, doch da der Besitzer den Besitz nicht mehr für einen anderen, sondern für sich selbst ausübe, liege eine unrechtmäßige Besitzbegründung vor. Fremdbesitz und Eigenbesitz seien so wesensverschieden, dass für jede dieser Besitzarten die Frage nach der Rechtmäßigkeit besonders beurteilt werden müsse.[701]
Danach kann der Erbe von B Schadensersatz gemäß §§ 989, 990 verlangen, weil B bösgläubiger Eigenbesitzer war.
2. Nach überwiegender Ansicht in der Lit. wird die Anwendung der §§ 987 ff. mit unterschiedlicher Begründung abgelehnt.[702] Durch die Umwandlung von Fremdbesitz in Eigenbesitz werde die Rechtmäßigkeit des Besitzes nicht berührt. Vielmehr müsse vor Geltendmachung eines Vindikationsanspruchs das Besitzrecht z.B. durch Kündigung beseitigt werden. Diese Umwandlung sei auch nicht als neue Besitzbegründung anzusehen, sodass auch bzgl. der Gutgläubigkeit hinsichtlich des Besitzrechts nicht auf den Zeitpunkt der Umwandlung abgestellt werden könne.
Danach haftet B dem Erben unmittelbar aus § 823 Abs. 1, weil B schuldhaft dessen Eigentum verletzt hat.

e) Der „Noch-nicht-Berechtigte"

535 Werden Waren von einem **Unternehmer** (§ 14) an einen **Verbraucher** (§ 13) unbestellt zugesandt, so ergibt sich aus § 241a, dass im Regelfall sowohl vertragliche als auch gesetzliche Ansprüche ausgeschlossen sind. Streitig ist, ob sich aus § 241a ein gesetzliches **Besitzrecht i.S.d. § 986** ergibt. Dies wird man im Ergebnis zwar verneinen müssen, da andernfalls auch ein Dritterwerber ein von dem Verbraucher abgeleitetes Besitzrecht erwerben würde, § 986 Abs. 1 S. 1 Var. 2.[703] Gleichwohl haftet der Verbraucher dem Un-

698 OLG Düsseldorf, Beschl. v. 26.11.2009 – 24 U 91/09, BeckRS 2010, 12229.
699 BGHZ 31, 129, 132 f.
700 BeckOK/Fritzsche § 987 Rn. 17; Erman/Ebbing § 990 Rn. 7.
701 BGHZ 31, 129, 132 f.; Grüneberg/Herrler Vorbem. v. § 987 Rn. 11; diff. Staudinger/Thole § 990 Rn. 27 f.
702 Zusammenfassend BeckOK/Fritzsche § 987 Rn. 17.
703 Schwarz NJW 2001, 1449, 1452.

ternehmer auch nicht nach §§ 987 ff. als unrechtmäßiger Besitzer, wenn er die Sache zerstört oder nutzt. Auch diese Ansprüche sind gemäß § 241a ausgeschlossen.

Werden Waren unbestellt an einen **Unternehmer** geliefert, greift § 241a nicht ein. Die Rechtsfolgen sind umstritten: **536**

- Überwiegend wird angenommen, durch das Zusenden unbestellter Waren werde eine Vindikationslage begründet, solange der angestrebte Vertrag noch nicht zustande gekommen ist.[704] Allerdings sei die Haftung des Empfängers analog § 300 Abs. 1 auf Vorsatz und grobe Fahrlässigkeit beschränkt.[705]
- Teilweise wird jedoch angenommen, der Empfänger sei gleichwohl berechtigter Besitzer, da er die Waren mit Willen des Eigentümers gerade im Hinblick auf den von ihm angestrebten Vertragsschluss erhalten habe.[706] Zwischen dem Eigentümer und dem Empfänger bestehe ein Rechtsverhältnis ähnlich dem Verwahrungsvertrag. Die (deliktische) Haftung des Empfängers sei analog § 690 auf eigenübliche Sorgfalt eingeschränkt. Eine Vindikationslage entstehe erst, wenn der Empfänger die Ware dem Zusender bei einem Abholversuch nicht herausgebe.[707]

2. Bösgläubigkeit des Besitzers

a) Bezugspunkt der Bösgläubigkeit

Der Bezugspunkt der Bösgläubigkeit ist in den §§ 987 ff. – anders als z.B. in § 932 Abs. 2 – nicht das Eigentum, sondern das **Besitzrecht**. Bösgläubig ist daher, wer weiß, dass er zum Besitz nicht berechtigt ist. Der Eigenbesitzer kennt seine fehlende Besitzberechtigung, wenn er weiß, dass er nicht Eigentümer ist. Der Fremdbesitzer ist bösgläubig, wenn er weiß, dass die Rechtsbeziehung, aus der er sein Besitzrecht ableitet, unwirksam ist oder ihm gar kein Besitzrecht vermittelt. **537**

b) Bewusstseinsgrad

Durch die Formulierung „nicht in gutem Glauben" verweist § 990 Abs. 1 S. 1 auf § 932 Abs. 2. Bösgläubig ist daher sowohl derjenige, der den Mangel seines Besitzrechts **beim Erwerb** des Besitzes **kennt** oder infolge **grober Fahrlässigkeit nicht kennt**. Sofern der Besitzer beim Erwerb gutgläubig ist, wird er später nur bösgläubig, wenn er positive Kenntnis von seinem mangelnden Besitzrecht erhält, § 990 Abs. 1 S. 2. **538**

Geht es z.B. um den Eigenbesitz an einem Kfz, gelten die gleichen Grundsätze wie bei § 932: Der Erwerber handelt grob fahrlässig, wenn er sich den Kfz-Brief nicht vorlegen lässt. Hinsichtlich des Fremdbesitzes (z.B. an einem Mietwagen) reicht es jedoch aus, sich den Kfz-Schein vorlegen zu lassen.[708]

704 BeckOK/Fritzsche § 987 Rn. 25; MünchKomm/Raff Vor §§ 987–1003 Rn. 31.
705 MünchKomm/Raff Vor §§ 987–1003 Rn. 31.
706 Staudinger/Thole Vorbem. zu §§ 987–993 Rn. 18.
707 Grüneberg/Herrler Vor § 987 Rn. 5.
708 BeckOK/Fritzsche § 990 Rn. 12 m.w.N.

c) Zurechnung der Bösgläubigkeit

539 In § 990 ist nur geregelt, unter welchen Voraussetzungen der Besitzer bösgläubig ist. Die §§ 987 ff. enthalten keine Regelung darüber,

- ob, wie und in welchem Umfang dem unrechtmäßigen Besitzer die **Bösgläubigkeit** von **Hilfspersonen** zugerechnet wird;
- ob in den Fällen, in denen ein Minderjähriger unrechtmäßiger Besitzer ist, die Bösgläubigkeit des **gesetzlichen Vertreters** oder des **Minderjährigen** entscheidend ist;
- ob und unter welchen Voraussetzungen dem Erben die Bösgläubigkeit des **Erblassers** zuzurechnen ist und
- wie einer **juristischen Person** das Wissen ihrer **Organe** zugerechnet wird.

Eine Parallelproblematik stellt sich bei der Haftung des bösgläubigen Bereicherungsschuldners in § 819 (s. dazu AS-Skript Schuldrecht BT 3 [2021], Rn. 172 ff.).

aa) Zurechnung der Bösgläubigkeit des Besitzdieners

540 Erlangt ein Besitzdiener die tatsächliche Gewalt über eine Sache, so ist Besitzer nach § 855 nur der Geschäftsherr. Steht diesem kein Recht zum Besitz zu, besteht zwischen dem Eigentümer und dem Geschäftsherrn ein EBV. Ist der Geschäftsherr hinsichtlich des Besitzrechts selbst gutgläubig, weiß der Besitzdiener jedoch, dass dem Geschäftsherrn kein Recht zum Besitz zusteht, so ist fraglich, wonach sich der Geschäftsherr diese Kenntnis zurechnen lassen muss.

541 ■ Nach § 166 Abs. 1 ist bei der Abgabe von **Willenserklärungen** die Kenntnis des Vertreters maßgebend. § 166 Abs. 1 findet keine unmittelbare Anwendung, da die Erlangung des Besitzes ein Realakt ist. Nach dem Normzweck des § 166 Abs. 1 soll sich der Geschäftsherr, der einen anderen **selbstständig** für sich handeln lässt, die Kenntnis des Handelnden jedoch zurechnen lassen. Es ist daher gerechtfertigt, die Vorschrift des § 166 Abs. 1 analog auf den Besitzdiener anzuwenden, der selbstständig und eigenverantwortlich darüber entscheidet, ob der Geschäftsherr den Besitz erwerben soll oder nicht.[709]

Nach anderer Ansicht findet § 166 Abs. 1 auf den Besitzdiener schlechthin Anwendung, unabhängig davon, ob er selbstständig oder unselbstständig für seinen Geschäftsherrn tätig wird. § 166 sei zu einer allgemeinen Vorschrift über die Wissenszurechnung weiterentwickelt worden,[710] sodass sie auch im Rahmen des § 990 für alle Fälle des Besitzerwerbs analog anzuwenden sei.[711]

Bei der Frage der Gutgläubigkeit im Rahmen des Eigentumserwerbs durch einen als Vertreter tätig werdenden Besitzdiener findet § 166 Abs. 1 selbstverständlich unmittelbare Anwendung (s. dazu bereits Rn. 216 und unten Rn. 546). Insofern scheint es naheliegend, für die Gutgläubigkeit hinsichtlich des Besitzrechts ebenfalls auf § 166 Abs. 1 abzustellen.

542 ■ Nach der Gegenansicht soll § 831 analoge Anwendung finden. Die §§ 987 ff. seien Sondervorschriften insbesondere zum Deliktsrecht, sodass die entsprechende An-

---

709 So die h.M.: BGHZ 55, 307, 311; Staudinger/Thole § 990 Rn. 47; BeckOK/Fritzsche § 990 Rn. 29.

710 BGHZ 135, 202, 203 ff.

711 Lorenz JZ 1994, 549, 551; ähnlich auch BeckOK/Fritzsche § 990 Rn. 29.

wendung deliktischer Vorschriften geboten sei.[712] Danach soll der Besitzherr wie ein bösgläubiger Besitzer gestellt werden, wenn es ihm nicht gelingt, sich hinsichtlich des wissentlich oder grob fahrlässig handelnden Besitzdieners zu entlasten.

§ 278 kommt demgegenüber als Zurechnungsnorm nicht in Betracht: § 278 setzt ein bereits bestehendes Schuldverhältnis voraus. Ein solches kommt mit dem EBV aber erst durch die Besitzbegründung zustande. Im Zeitpunkt der Besitzbegründung – auf den es bei der Gut- oder Bösgläubigkeit zumindest bei § 990 Abs. 1 S. 1 ankommt – greift § 278 daher noch nicht ein. Geht es später um die schuldhafte Beschädigung der Sache, kann ein Verschulden eines Erfüllungsgehilfen bei bestehender Vindikationslage natürlich über § 278 zugerechnet werden.

Merke also:

- Beim **Eigentumserwerb** wird dem Erwerber die Kenntnis des Vertreters gemäß **§ 166** zugerechnet.
- Zum **Zustandekommen des Eigentümer-Besitzer-Verhältnisses** wird die Bösgläubigkeit des selbstständig handelnden Besitzdieners dem Geschäftsherrn **analog § 166** zugerechnet.
- Ist das gesetzliche Schuldverhältnis gemäß §§ 987 ff. zustande gekommen, dann werden die **Verletzungshandlungen** des Besitzdieners als Erfüllungsgehilfen dem Geschäftsherrn gemäß **§ 278** zugerechnet.

bb) Bösgläubigkeit des Minderjährigen

Ein Minderjähriger ist jedenfalls bösgläubig, wenn sein gesetzlicher Vertreter den Besitzerwerb vollzieht und dabei bösgläubig ist. Sehr streitig ist allerdings, wie weit dem nicht voll geschäftsfähigen Besitzer auch die eigene Bösgläubigkeit schadet. 543

- Nach h.M.[713] ist zu differenzieren:
  - Muss der wegen der Minderjährigkeit des Vertragspartners **unwirksame Vertrag** rückabgewickelt werden, so ist für die Beurteilung der Bösgläubigkeit die Person des **gesetzlichen Vertreters** maßgebend. Der Grundgedanke der §§ 107 ff., dass ein Minderjähriger vor den Folgen seines eigenen rechtsgeschäftlichen Handelns geschützt werden muss, beansprucht hier Vorrang.
  - Hat der Minderjährige sich den **Besitz** durch **unerlaubte Handlung** verschafft, so gilt **§ 828** entsprechend.[714] Entscheidend ist in diesen Fällen, ob der Minderjährige nach seinem Entwicklungsstand die zur Erkenntnis der Verantwortlichkeit erforderliche Einsichtsfähigkeit hatte.
- Zum Teil wird generell die entsprechende Anwendung des § 828 bejaht.[715] Eine darüber hinausgehende Schonung des Minderjährigen sei unangebracht. Die §§ 107 ff.

---

712 Roth JuS 1997, 710, 711; Baur/Stürner § 5 Rn. 15; MünchKomm/Baldus, 6. Aufl. 2013, § 990 Rn. 17; ausdrücklich für die analoge Anwendung von § 166 Abs. 1 jetzt auch MünchKomm/Raff § 990 Rn. 23 ff.

713 BeckOK/Fritzsche § 990 Rn. 26; Staudinger/Thole § 990 Rn. 39.

714 Vgl. Staudinger/Thole § 990 Rn. 38 f. m.w.N.; Schreiber Jura 1992, 356, 362; BGHZ 55, 128, 136 f. (für den Parallelfall der Bösgläubigkeit im Bereicherungsrecht gemäß § 819).

715 MünchKomm/Raff § 990 Rn. 31; Erman/Ebbing § 990 Rn. 27; Ebenroth/Zeppernick JuS 1999, 209, 212.

wollten den verschuldensfähigen bösgläubigen Minderjährigen nicht vor Schadensersatz- oder Nutzungsherausgabeansprüchen schützen.

Beispiel: Der 17-jährige Kfz-Mechaniker B mietete unter Vorlage der Ausweispapiere seines 19-jährigen Bruders einen gebrauchten VW bei E. B verursacht infolge einer Unaufmerksamkeit einen Verkehrsunfall. Der VW wird stark beschädigt. E nimmt B auf Schadensersatz in Anspruch.

I. Da zwischen E und B mangels Genehmigung des gesetzlichen Vertreters kein Mietvertrag zustande gekommen ist, scheidet ein Anspruch aus § 280 Abs. 1 aus.
II. Auch eine Haftung des Minderjährigen aus §§ 280 Abs. 1, 311 Abs. 2, 241 Abs. 2 kommt nicht in Betracht, da diese Haftung vertragsähnlich ist.
III. Schadensersatz aus §§ 989, 990?
1. Zwischen E und B bestand im Zeitpunkt der Verletzungshandlung ein Eigentümer-Besitzer-Verhältnis, denn B hatte kein Recht zum Besitz am VW des E aus dem Mietvertrag.
2. Bösgläubigkeit des B?
Da B sich den Besitz durch Täuschung verschafft hat, ist seine Bösgläubigkeit entsprechend § 828 zu beurteilen. Er war bösgläubig, weil er wusste, dass ihm im Verhältnis zu E keine Besitzberechtigung zustand.
3. B hat aufgrund einer Unachtsamkeit den Wagen schuldhaft verschlechtert, sodass er gemäß §§ 989, 990 zum Schadensersatz verpflichtet ist.
IV. Als weitere Anspruchsgrundlage kommen die §§ 992, 823 in Betracht.
1. B hat sich durch eine strafbare Handlung, nämlich durch Betrug, den Wagen verschafft. Er hat sich durch Vorspiegelung falscher Tatsachen den Besitz von E übertragen lassen.
2. Da B eine schuldhafte Eigentumsverletzung begangen hat, ist er gemäß § 823 Abs. 1 und 2 i.V.m. § 263 StGB zum Schadensersatz verpflichtet.[716]

cc) Bösgläubigkeit des Erben

544 Mit dem Tod tritt der Erbe im Wege der Gesamtrechtsnachfolge gemäß § 1922 in die Rechtsstellung des Erblassers ein. Durch die Vorschrift des § 857 wird klargestellt, dass der Erbe auch in die **besitzrechtliche Position des Erblassers** einrückt, ohne dass besondere Erwerbshandlungen erforderlich sind. Bei der Frage, ob die **Bösgläubigkeit des Erblassers** dem Erben zugerechnet wird, ist nach h.M. zu differenzieren.

- Solange der Erbe nicht die tatsächliche Herrschaft ergreift, hat er gemäß § 857 die besitzrechtliche Stellung des Erblassers. War der Erblasser bösgläubig, gilt auch der Erbe als bösgläubig. Für Verschlechterungen der Sache vor Besitzergreifung haftet der Erbe. Die entstehenden Ansprüche sind Nachlassverbindlichkeiten.

- Sobald der Erbe die tatsächliche Sachherrschaft ergreift, bestimmt sich die Gut- und Bösgläubigkeit nach seinen persönlichen Kenntnissen. Für die nach „Besitzverdichtung" entstehenden Ansprüche haftet der Erbe persönlich.[717]

Beispiel 1: E vermietet B ein Klavier. Der Mietvertrag ist, wie B weiß, unwirksam. B stirbt. Der Erbe X hat die Nachlassgegenstände und auch das Klavier tatsächlich in Besitz genommen. Er geht gutgläubig davon aus, dass das Klavier B gehörte. Später beschädigt er durch Unachtsamkeit das Klavier. E verlangt von X Schadensersatz.

I. Zwar besteht ein Eigentümer-Besitzer-Verhältnis. X war aber bei der Beschädigung des Klaviers nach der von der h.M. vorgenommenen Differenzierung gutgläubiger Besitzer, denn nach Ergreifen der tatsächlichen Sachherrschaft ist auf seine persönlichen Kenntnisse abzustellen. Ein Schadensersatzanspruch aus §§ 989, 990 scheidet daher aus.

---

716 Ausführlich zur Haftung des Minderjährigen im Eigentümer-Besitzer-Verhältnis Ebel JA 1983, 296 ff.; vgl. auch AS-Skript Schuldrecht BT 3 (2024), Rn. 155 ff. zur Haftung im Bereicherungsrecht.

717 Wieling I § 12 II 3 c; a.A. Grüneberg/Herrler § 990 Rn. 7 – eine „Heilung" der Bösgläubigkeit des Erblassers durch die Gutgläubigkeit des Erben sei abzulehnen.

II. Da sich X den Besitz nicht durch verbotene Eigenmacht oder Straftat verschafft hat, liegen die Voraussetzungen der §§ 992, 823 nicht vor.
III. Eine unmittelbare Anwendung des § 823 auf den gutgläubigen X scheidet aus (§ 993).

Beispiel 2: Bestehen Ansprüche, wenn X weiß, als er das Klavier tatsächlich in Besitz nimmt, dass es dem E gehört und dass der Mietvertrag E – B unwirksam war? X beschädigt leicht fahrlässig das Klavier.

I. X haftet gemäß §§ 989, 990 auf Schadensersatz: X war im Zeitpunkt der Verletzungshandlung nach beiden Ansichten unrechtmäßiger bösgläubiger Besitzer, da er nach Ergreifung der tatsächlichen Sachherrschaft von seinem mangelnden Besitzrecht Kenntnis hatte und das Klavier schuldhaft beschädigt hat. X haftet persönlich. Eine Beschränkung der Haftung auf den Nachlass (vgl. §§ 1975, 1980, 1981, 1990) kommt nicht in Betracht.
II. Ein Anspruch aus §§ 992, 823 scheitert, weil B sich das Klavier nicht durch verbotene Eigenmacht bzw. Straftat beschafft hat.

dd) Bösgläubigkeit von juristischen Personen

Juristische Personen und besitzfähige Personengesellschaften sind selbst als Besitzer anzusehen. Ausgeübt wird der Besitz durch ihre Organe, die wegen ihrer besonderen Stellung nicht als Besitzdiener bezeichnet werden; es soll vielmehr die Rechtsfigur des Organbesitzes vorliegen (s. bereits oben Rn. 28). Das die Sachherrschaft ausübende Organ hat jedenfalls – ähnlich einem Besitzdiener – keinen eigenen Besitz an der Sache. Hinsichtlich der Bösgläubigkeit einer juristischen Person kommt es auf das Wissen ihrer Organe an, das ihr gemäß § 31 analog zugerechnet wird (ausführlich zur Wissenszurechnung in Organisationen AS-Skript BGB AT 1 [2023], Rn. 416).[718] 545

Zur Zurechnung der Bösgläubigkeit folgender Fall:

Fall 22: Der großzügige Platzmeister

E stellt Gusseisenplatten her. Eine Lieferung gelangt aufgrund eines Versehens zum Schrotthändler B. Der Platzmeister P des B lässt den Waggon entladen, obwohl die mit dem Entladen betrauten Arbeiter erklärt haben, da könne etwas nicht stimmen. Die Platten werden verschrottet. E verlangt von B Schadensersatz.

A. Anspruch auf Schadensersatz gemäß § 989, 990 546

I. Im Zeitpunkt des Verschrottens war E noch Eigentümer. In dem Übersenden der Gusseisenplatten ist kein Übereignungsangebot enthalten; B bzw. P als Vertreter des B konnte als sorgfältiger Empfänger nicht davon ausgehen, dass E ihm diese Platten übereignen wollte.

B war unrechtmäßiger Besitzer. Für B übte P die tatsächliche Sachherrschaft als Besitzdiener aus (§ 855).

II. B ist bösgläubig, wenn er sich die Bösgläubigkeit des P zurechnen lassen muss.

P war bösgläubig, weil er nach den gesamten Umständen davon ausgehen musste, dass diese Waggonladung nicht für B bestimmt war und dass B damit nicht besitzberechtigt war. Ihm ist der Vorwurf leichtfertigen Verhaltens zu machen.

718 BeckOK/Fritzsche § 990 Rn. 31.

1. Es fehlt eine Zurechnungsnorm, die bestimmt, dass sich der Geschäftsherr den bösen Glauben des Besitzdieners zurechnen lassen muss.

Nach § 166 Abs. 1 ist bei der Abgabe von **Willenserklärungen** die Kenntnis des Vertreters maßgebend.

In § 278 wird dem Geschäftsherrn das **schuldhafte Verhalten** des Erfüllungsgehilfen zugerechnet.

Unter den Voraussetzungen des § 831 muss sich der Geschäftsherr eine **objektiv rechtswidrige** unerlaubte Handlung des Verrichtungsgehilfen zurechnen lassen.

2. Die Regelungslücke ist durch die entsprechende Anwendung einer dieser Vorschriften auszufüllen.

a) Nach dem Normzweck des § 166 Abs. 1 soll sich der Geschäftsherr, der einen anderen **selbstständig** für sich handeln lässt, die Kenntnis des Handelnden zurechnen lassen. Es ist daher gerechtfertigt, die Vorschrift des § 166 Abs. 1 entsprechend auf den Besitzdiener anzuwenden, der selbstständig und eigenverantwortlich darüber entscheidet, ob der Besitzherr den Besitz erwerben soll oder nicht.[719]

b) Nach anderer Ansicht findet § 166 Abs. 1 auf den Besitzdiener schlechthin Anwendung, unabhängig davon, ob er selbstständig oder unselbstständig für seinen Geschäftsherrn tätig wird.[720]

c) Andere Autoren wenden § 831 entsprechend an. Danach soll der Besitzherr wie ein bösgläubiger Besitzer gestellt werden, wenn es ihm nicht gelingt, sich hinsichtlich des wissentlich oder grob fahrlässig handelnden Besitzdieners zu entlasten.[721]

Da B den P damit betraut hat, eigenverantwortlich darüber zu entscheiden, ob eine Besitzbegründung für ihn erfolgt oder nicht, und sich auch nicht entlastet hat, muss B sich die Bösgläubigkeit des P nach allen Ansichten zurechnen lassen. P hat infolge grober Fahrlässigkeit das mangelnde Besitzrecht nicht gekannt.

III. B hat die Unmöglichkeit der Herausgabe verschuldet. Zwar hat er selbst nicht schuldhaft gehandelt, doch muss er sich das schuldhafte Verhalten des P gemäß § 278 Abs. 1 S. 1 zurechnen lassen.

1. Zwischen B und E bestand das gesetzliche Schuldverhältnis gemäß § 989, 990, das B zur Sorgfalt verpflichtete.

2. P war Erfüllungsgehilfe des B (§ 278). Da P schuldhaft die Gussplatten zerstört hat, muss sich B dieses schuldhafte Verhalten zurechnen lassen.

IV. E kann von B den durch die Zerstörung der Gusseisenplatten entstandenen Schaden, also den objektiven Wert der Gusseisenplatten, ersetzt verlangen.

B. Ein Anspruch aus §§ 992, 823 besteht nicht, weil keine verbotene Eigenmacht oder Straftat gegeben ist. Eine unmittelbare Anwendung des § 823 Abs. 1 wird von der h.M. abgelehnt (dazu noch unten Rn. 553).

---

719 So die h.M.: BGHZ 55, 307, 311; Staudinger/Thole § 990 Rn. 47; BeckOK/Fritzsche § 990 Rn. 29; MünchKomm/Raff § 990 Rn. 23 ff.

720 Lorenz JZ 1994, 549, 551; ähnlich auch BeckOK/Fritzsche § 990 Rn. 29.

721 Roth JuS 1997, 710, 711; Baur/Stürner § 5 Rn. 15.

3. Verschlechterung, Untergang oder Unmöglichkeit der Herausgabe

§ 990 Abs. 1 verweist für die Schadensersatzhaftung des unrechtmäßigen bösgläubigen Besitzers auf § 989. Danach wird für eine Verschlechterung der Sache, ihren Untergang oder eine anderweitige Unmöglichkeit der Herausgabe gehaftet. Eine **Verschlechterung** kann auf einer Beschädigung, dem Unterlassen einer Reparatur oder auch der bloßen Abnutzung der Sache beruhen. Nach h.M. genügt im Übrigen jede **Unmöglichkeit der Herausgabe**. Dies ist insbesondere der Fall bei Verarbeitung, Vermischung, Verbrauch, Verlust der Sache oder Weitergabe an einen Dritten.[722] 547

4. Verschulden

Bei der Verweisung auf § 989 handelt es sich um eine **Rechtsgrundverweisung**, da auch das **Verschuldenserfordernis** des § 989 umfasst wird. Der bösgläubige Besitzer haftet also nur für eine von ihm **schuldhaft** herbeigeführte Verschlechterung oder anderweitige Unmöglichkeit der Herausgabe. Nach h.M. ist Verschulden im technischen Sinn erforderlich (§ 276),[723] während nach a.A. ein Verschulden des Besitzers gegen sich selbst ausreicht.[724] 548

*Für eine Haftung nach §§ 989, 990 Abs. 1 ist also ein **doppeltes Verschulden** erforderlich: Der Besitzer muss Kenntnis oder grob fahrlässige Unkenntnis von seinem fehlenden Besitzrecht haben und ihn muss ein Verschulden bzgl. der Verschlechterung oder der Unmöglichkeit der Herausgabe treffen, wobei insoweit auch leichte Fahrlässigkeit ausreicht.*

Das Verschulden eines Erfüllungsgehilfen ist dem Besitzer – anders als bei der Zurechnung der Bösgläubigkeit (s.o.) – nach **§ 278 Abs. 1 S. 1 Var. 2** zuzurechnen. Für Minderjährige gelten die §§ 827, 828.

5. Rechtsfolge: Ersatz des Substanzschadens

Zu ersetzen ist nach den §§ 249 ff. der durch die Verschlechterung oder Unmöglichkeit der Herausgabe entstandene Schaden. Dazu gehört nicht der durch die reine Vorenthaltung der Sache entstandene Schaden. Dieser ist nur nach den §§ 990 Abs. 2, 286 ff. unter den Voraussetzungen des Verzugs oder nach Fristsetzung gemäß §§ 280 Abs. 1, 3, 281 ersatzfähig.[725] 549

Den unrechtmäßigen bösgläubigen Besitzer, der mit der Herausgabe der Sache im **Verzug** ist, trifft gemäß **§ 990 Abs. 2** eine Haftungsverschärfung: Er haftet gemäß §§ 280 Abs. 1, 2, 286 auch auf den Vorenthaltungsschaden. Gleiches gilt nach Fristsetzung gemäß §§ 280 Abs. 1, 281 (dazu unten Rn. 556).

6. Konkurrenzen

- Wird die Herausgabe einer Sache unmöglich, da diese entgeltlich an einen Dritten **weiterveräußert** worden ist, konkurriert der Schadensersatzanspruch aus EBV mit 550

722 BeckOK/Fritzsche § 989 Rn. 7 ff.
723 Grüneberg/Herrler § 989 Rn. 5.
724 OLG Saarbrücken NJW-RR 1998, 1068, 1069.
725 BGH RÜ 2016, 625.

einem Anspruch auf Herausgabe des Veräußerungserlöses, **§ 816 Abs. 1 S. 1**. Dieser Rechtsfortwirkungsanspruch ist neben dem EBV anwendbar, da die Erlösherausgabe durch das EBV nicht geregelt wird, das EBV also keine vorrangige Spezialregelung enthält.[726]

Selbstverständlich wird auch der Anspruch gegen einen unentgeltlichen Erwerber gemäß § 816 Abs. 1 S. 2 nicht durch die Vorschriften des EBV verdrängt.

551 ■ Kennt der Besitzer das Fehlen seiner Besitzberechtigung **positiv**, erfüllt die **Weiterveräußerung** zugleich den Tatbestand der **angemaßten Eigengeschäftsführung** nach **§ 687 Abs. 2**. Die danach bestehenden Ansprüche (§§ 687 Abs. 2, 681 S. 2, 666: Auskunft und Rechenschaft; §§ 687 Abs. 2, 681 S. 2, 667: Herausgabepflicht des Geschäftsführers; §§ 687 Abs. 2, 678: Schadensersatz) werden durch das EBV ebenfalls nicht verdrängt.

552 ■ Wird die Herausgabe der Sache unmöglich, da diese durch **Verbindung, Vermischung oder Verarbeitung** ihre rechtliche Eigenständigkeit verloren hat, besteht neben dem Schadensersatzanspruch aus EBV ein Anspruch aus **§§ 951, 812 Abs. 1 S. 1 Var. 2**. Auch dieser Anspruch wird durch das EBV nicht verdrängt, da es sich um einen Rechtsfortwirkungsanspruch handelt, der an die Stelle des Anspruchs aus § 985 tritt.

Sehr umstritten ist allerdings, ob dem Besitzer gegen den Eigentümer neben den Verwendungsersatzansprüchen aus §§ 994 ff. ein Anspruch aus §§ 951, 812 ff. zustehen kann. Nach der Rspr. schließen **Verwendungsersatzansprüche nach den §§ 994 ff.** einen Anspruch nach §§ 951, 812 ff. aus. Dies sogar dann, wenn es sich nach dem engen Verwendungsbegriff der Rspr. gar nicht um Verwendungen gehandelt hat.[727] Die Lit. lässt demgegenüber Ansprüche des Besitzers gegen den Eigentümer aus §§ 951, 812 teilweise auch bei Vorliegen eines EBV zu.[728]

553 ■ Wird die Herausgabe der Sache unmöglich, da diese **beschädigt** oder **zerstört** worden ist, besteht ein Konkurrenzverhältnis zu den **§§ 823 ff.** § 993 Abs. 1 Hs. 2 bestimmt, dass der Besitzer „im Übrigen" nicht zum Schadensersatz verpflichtet ist. Unstreitig scheidet nach § 993 Abs. 1 Hs. 2 grundsätzlich eine Haftung des **gutgläubigen Besitzers** nach den §§ 823 ff. aus.[729] Umstritten ist jedoch, ob eine Haftung des **bösgläubigen Besitzers** nach den §§ 823 ff. in Betracht kommt.

- Nach einer Ansicht[730] bezieht sich § 993 Abs. 1 Hs. 2 auf den Hs. 1, in dem es heißt „Liegen die in den §§ 987 bis 992 bezeichneten Voraussetzungen nicht vor ...". Die Sperrwirkung des § 993 greife deshalb nur bei einem gutgläubigen und unverklagten Besitzer ein **(relative Sperrwirkung)**. Auch der Zweck des EBV – den gutgläubigen und unverklagten Besitzer zu schützen – gebiete keine Ausdehnung der Sperrwirkung auch auf den bösgläubigen Besitzer.
- Die h.M. liest § 993 Abs. 1 Hs. 2 isoliert und geht deshalb davon aus, dass § 823 im Anwendungsbereich des EBV überhaupt nicht anwendbar ist **(absolute Sperrwirkung)**. Dafür spricht, dass nach § 990 Abs. 2 ein Vorenthaltungsschaden nur bei Verzug ersetzt wird. Diese Regelung würde durch die Anwendung des § 823 Abs. 1 unterlaufen, da nach § 823 Abs. 1 ein Vorenthaltungsschaden ohne die Verzugsvoraussetzungen (insbesondere ohne Mahnung) ersetzt werden müsste. Außerdem soll der bösgläubige Besitzer im EBV gemäß § 990 Abs. 2 i.V.m. § 287 für Zufall nur bei Verzug haften; würde man § 823 anwenden, würde er gemäß § 848 immer für Zufall haften.

---

726 Grüneberg/Herrler Vor § 987 Rn. 15.

727 BGHZ 41, 147 ff; Einzelheiten unten Rn. 628 ff.

728 Canaris JZ 1996, 344, 346.

729 Zu Ausnahmen s. noch unten Rn. 582 f.

730 Müller JuS 1983, 516, 519; Kindl JA 1996, 115, 118.

*Anerkannt ist allerdings, dass eine Haftung des Besitzers nach **§ 826** durch das EBV nicht verdrängt wird; der vorsätzliche und sittenwidrige Schädiger ist nicht schutzwürdig.*[731] *Ebenso derjenige, der sein vermeintliches Besitzrecht überschreitet (dazu ausführlich Rn. 593 ff.).*

Zur Schadensersatzhaftung des bösgläubigen Besitzers folgender Fall: **554**

Fall 23: Gestohlene Geräte

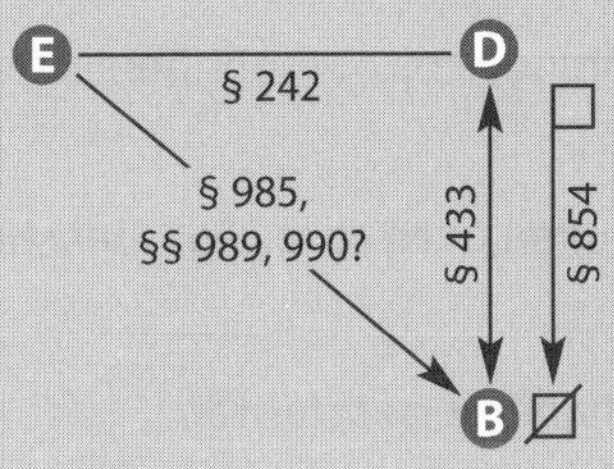

E werden von D Messgeräte im Wert von 65.000 € gestohlen. D veräußert diese Geräte für 45.000 € an B, der sich noch über den niedrigen Preis wundert, aber sich vorsichtigerweise nicht nach der Herkunft erkundigt. Bei einem durch Unvorsichtigkeit des B verursachten Brand werden die Geräte zerstört. E verlangt von B Schadensersatz, und zwar in Höhe von 80.000 €, weil er diese Geräte mit Gewinn hätte weiterveräußern können.

A. Anspruch gemäß §§ 989, 990 Abs. 1 auf Schadensersatz? **555**

I. E müsste im Zeitpunkt der Verletzungshandlung, als die Messgeräte verbrannten, Eigentümer gewesen sein. Dies wäre nicht der Fall, wenn D die Messgeräte nach §§ 929 S. 1, 932 wirksam an B übereignet hätte. Fraglich ist zunächst, ob B überhaupt gutgläubig war, § 932 Abs. 2. Er hat die Messgeräte zu einem äußerst günstigen Preis erworben, sodass Umstände vorlagen, die zur Vorsicht mahnten. B hätte Erkundigungen einziehen müssen, um sich zu vergewissern, dass D auch zur Eigentumsübertragung berechtigt war. Das Unterlassen der gebotenen Nachforschungen war leichtfertig und verletzte in ungewöhnlich hohem Maße die gebotene Sorgfaltspflicht. Ungeachtet dessen scheidet ein Eigentumserwerb des B jedenfalls gemäß § 935 aus, da die Sachen E gestohlen worden waren.

*Bei der Haftung eines **bösgläubigen** Besitzers sollte man auch bei einem Abhandenkommen in der Klausur nicht direkt auf § 935 „springen", da man zur Frage der Bösgläubigkeit auf jeden Fall Stellung beziehen muss (s.u.). Ein Eigentumserwerb scheitert in diesen Fällen meist nämlich schon an § 932 Abs. 2.*

II. B war unrechtmäßiger Besitzer, denn er hatte kein Recht zum Besitz gegenüber E. Hätte der Eigentümer E ihn auf Herausgabe nach § 985 in Anspruch genommen, so hätte B die Sachen herausgeben müssen, ohne sich auf ein Besitzrecht gemäß § 986 berufen zu können. Es bestand die Vindikationslage.

Dass die Geräte zerstört worden sind und damit das Eigentum untergegangen ist, hat keinen Einfluss auf den Schadensersatzanspruch aus §§ 989, 990.[732]

Auch braucht der Anspruchsteller im Zeitpunkt der Geltendmachung des Anspruchs nicht mehr Eigentümer zu sein; für die Anspruchsentstehung ist Eigentum im Zeitpunkt der **Verletzungshandlung** erforderlich.

731 BeckOK/Fritzsche § 987 Rn. 52.
732 Staudinger/Thole Vor §§ 987–993 Rn. 27.

III. B war bösgläubig, denn er hat bei Besitzerwerb den Mangel seines Besitzrechts grob fahrlässig nicht erkannt.

Die Gut- bzw. Bösgläubigkeit i.S.d. § 932 Abs. 2 und i.S.d. § 989 hat verschiedene Anknüpfungspunkte. Bei § 932 Abs. 2 kommt es darauf an, ob der Erwerber an das Eigentum des Veräußerers glaubt, und bei § 989, ob er gut- bzw. bösgläubig bzgl. seines Besitzrechts ist. Handelt es sich um einen ***Eigen****besitzer, sind die Anknüpfungspunkte allerdings wieder identisch.*

IV. B kann die Geräte nach ihrer Zerstörung infolge des Brandes nicht mehr herausgeben.

V. Die Unmöglichkeit der Herausgabe hat B auch verschuldet, weil er infolge Unachtsamkeit den Brand verursacht hat.

VI. B muss wegen der verschuldeten Nichtherausgabe Schadensersatz leisten.

1. Er muss den objektiven Wert der Messgeräte ersetzen, also 65.000 € zahlen.

2. Nach h.M. ist gemäß §§ 989, 990 nicht nur der objektive Wert zu ersetzen, sondern auch der **infolge der Beschädigung oder der Unmöglichkeit der Herausgabe entgangene Gewinn**. Es muss dem Eigentümer gemäß § 249 die Vermögenseinbuße ersetzt werden, die infolge des schadensbegründenden Ereignisses eingetreten ist.[733]

E kann somit insgesamt 80.000 € verlangen.

B. Weitere Ansprüche auf Schadensersatz?

I. Ein Schadensersatzanspruch gemäß § 990 Abs. 2 i.V.m. §§ 280 Abs. 1 u. 3, 286 ff. kommt nicht in Betracht, weil B sich im Zeitpunkt der Verletzungshandlung nicht im Verzug mit der Herausgabe der Geräte befand.

II. Ein Anspruch aus §§ 992, 823 scheitert, weil B sich den Besitz an den Geräten weder durch verbotene Eigenmacht noch durch eine Straftat verschafft hat.

III. § 823 Abs. 1

E könnte gegen B einen Anspruch auf Schadensersatz wegen der Zerstörung der Messgeräte aus § 823 Abs. 1 (Eigentumsverletzung) haben.

Streitig ist jedoch, ob § 823 Abs. 1 für den Bösgläubigen neben den §§ 987 ff. anwendbar ist.

1. Die **h.M.**[734] geht entsprechend dem Wortlaut des § 993 Abs. 1 Hs. 2 davon aus, dass § 823 **nicht direkt anwendbar** ist. Dafür spricht, dass nach § 990 Abs. 2 der Vorenthaltungsschaden bei Vorliegen der Voraussetzungen des § 990 Abs. 1 nur bei Verzug ersetzt wird. Diese Regelung würde durch die Anwendung des § 823 Abs. 1 unterlaufen, da nach § 823 Abs. 1 der Vorenthaltungsschaden ohne die Verzugsvoraussetzungen (insbesondere ohne Mahnung) ersetzt werden müsste. Aus § 990 Abs. 2 i.V.m. § 287 lässt sich außerdem herleiten, dass eine Haftung für Zufall im EBV nur eingreifen soll, wenn

---

733 BGH NJW-RR 1993, 626, 627 ff.; Grüneberg/Herrler § 989 Rn. 6; Staudinger/Thole § 989 Rn. 21 m.w.N.

734 BGHZ 56, 73, 77; BGH WM 1989, 1756, 1758; Staudinger/Thole Vor §§ 987–993 Rn. 61 f.; Roth JuS 1997, 710 f.

der Bösgläubige im Verzug ist, also gemahnt worden ist. Würde man § 823 Abs. 1 unmittelbar auf den Bösgläubigen anwenden, so würde er immer für Zufall haften, § 848.

2. Die **Gegenansicht**[735] **wendet § 823** beim bösgläubigen Besitzer **unmittelbar an.** § 993 Abs. 1 Hs. 2 sei nach seinem Sinn und Zweck so auszulegen, dass diese Vorschrift nur den gutgläubigen Besitzer schütze, da der Bösgläubige und der Verklagte nicht schutzwürdig seien.

3. Stellungnahme

Der h.M. dürfte zu folgen sein. Anderenfalls würde die Wertung des § 990 Abs. 2, der klarstellt, dass der Bösgläubige nur bei Verzug auf Ersatz des Vorenthaltungsschadens und für Zufall haftet, ausgehebelt. Für die h.M. spricht auch die Wertung des Gesetzgebers in § 992, wonach nur in Sonderfällen der Weg ins Deliktsrecht eröffnet ist. Außerdem würde § 993 Abs. 1 Hs. 2 zu einer völlig inhaltslosen Norm.

---

7. Verschärfte Verzugshaftung gemäß §§ 990 Abs. 2, 286 ff.

Der unrechtmäßige **bösgläubige** Besitzer, der mit der **Herausgabe** der Sache im Verzug ist, haftet gemäß §§ 990 Abs. 2, 280 Abs. 1 u. 2, 286 verschärft: 556

- Er muss nicht nur, wie in den Fällen des § 989, den Wert und den entgangenen Gewinn ersetzen, sondern hat auch den Vorenthaltungsschaden auszugleichen[736] und
- haftet gemäß § 287 für Zufall.

Gemäß § 990 Abs. 2 haftet nur der Bösgläubige nach den Verzugsregeln, nicht aber der Verklagte. Dies folgt aus der Systematik der §§ 989, 990: Andernfalls hätte die verschärfte Haftung in § 989 geregelt werden müssen. Eine Klageerhebung macht im Übrigen nicht notwendig bösgläubig, insbesondere wenn der Besitzer auch weiterhin an sein Besitzrecht glaubt.[737]

Fall 24: Gestohlenes Fotokopiergerät

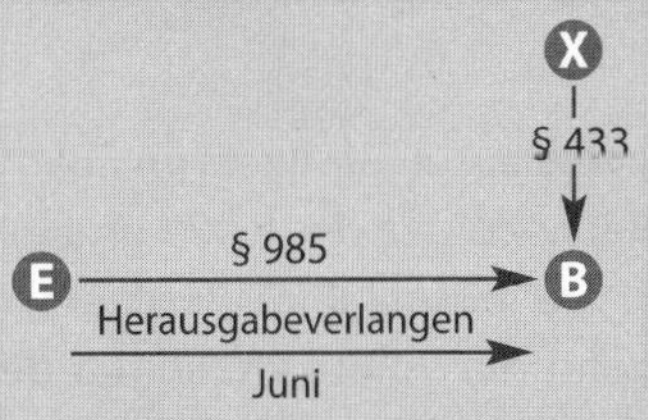

B erwirbt im Januar von X zu äußerst günstigen Bedingungen ein Fotokopiergerät, das E kurz zuvor gestohlen worden ist. Im Juni verlangt E das Gerät von B heraus, B weigert sich. Im Oktober bricht ohne Verschulden des B ein Brand in den Fabrikationsräumen aus. Das Gerät wird erheblich beschädigt, B gibt es an E zurück. E verlangt von B Ersatz dafür, dass er das Gerät zwischen Januar und Oktober nicht einsetzen konnte sowie Ersatz für die Beschädigung. Sind die Ansprüche gegeben, wenn B infolge grober Fahrlässigkeit nicht erkannt hat, dass das Gerät gestohlen war?

---

735 HK/Schulte-Nölke § 993 Rn. 2; Müller JuS 1983, 516, 519.

736 BGH NJW 2003, 3621; Bestätigung von BGHZ 120, 204, 214.

737 Grüneberg/Herrler § 990 Rn. 9.

557 **A.** Anspruch des E gegen B gemäß §§ 989, 990 Abs. 1?

I. Da B infolge grober Fahrlässigkeit nicht erkannt hat, dass das Kopiergerät gestohlen war, ist er unrechtmäßiger bösgläubiger Besitzer.

II. Die Beschädigung ist jedoch ohne Verschulden des B eingetreten, sodass die Voraussetzungen der §§ 989, 990 Abs. 1 nicht erfüllt sind.

III. Nach § 990 Abs. 2 bleibt eine weitergehende Haftung des Besitzers im Verzug jedoch unberührt, sodass er gemäß § 287 S. 2 auch für eine zufällige Verschlechterung der Sache haftet. Dazu müssten die Voraussetzungen des Verzugs vorliegen.

1. Mit dem Erwerb des Geräts im Januar entstand die Verpflichtung des B, das Gerät gemäß § 985 herauszugeben, sodass von diesem Zeitpunkt an ein fälliger dinglicher Anspruch auf Herausgabe des Geräts bestand.

2. Gemäß § 286 Abs. 1 S. 1 setzt Verzug grundsätzlich eine Mahnung voraus. Im Juni hat E die Herausgabe des Geräts von B verlangt und damit dringend die geschuldete Leistung angefordert. Er hat damit die Mahnung ausgesprochen.

3. B kann sich für die unterbliebene Herausgabe auch nicht exkulpieren, § 286 Abs. 4. Verzug ist damit jedenfalls im Juni eingetreten, sodass B sich bei Beschädigung des Fotokopierers im Oktober im Verzug befand.

IV. Rechtsfolge: B muss E den durch die Beschädigung entstandenen Schaden ersetzen. Der bloße Vorenthaltungsschaden wird von §§ 989, 990 jedoch nicht erfasst.

B. Anspruch des E gegen B gemäß §§ 990 Abs. 2, 280 Abs. 1 u. 2, 286

I. B war unrechtmäßiger bösgläubiger Besitzer.

II. B befand sich jedenfalls seit **Juni** mit der Herausgabe des Geräts in Verzug (s. A., III.).

III. Doch könnte der Verzug bereits im **Januar** ohne Mahnung eingetreten sein. § 990 Abs. 1 verweist hinsichtlich des bösgläubigen Besitzers auf § 989, der die Haftung des verklagten Besitzers regelt. Nimmt man diese „Fiktion der Rechtshängigkeit" wörtlich, wäre B so zu behandeln, also ob bereits im Januar eine Herausgabeklage gegen ihn erhoben worden wäre. Dann aber wäre nach § 286 Abs. 1 S. 2 Verzug durch die fingierte Klageerhebung auch ohne eine Mahnung eingetreten.

Eine derartige Gleichstellung des bösgläubigen und des verklagten Besitzers im EBV ist jedoch nicht möglich. § 990 Abs. 1 verweist nur auf die Rechtsfolgen des § 989 und begründet keine umfassende „Rechtshängigkeitsfiktion".[738] Der bösgläubige Besitzer soll nur dann verschärft nach den Verzugsregeln haften, wenn die Voraussetzungen des Verzugs auch tatsächlich vorliegen.[739] Damit ist Verzug nicht bereits ab Januar eingetreten.

Eine entsprechende „Rechtshängigkeitsfiktion" gibt es im Bereicherungsrecht. Nach § 819 Abs. 1 haftet der Bösgläubige wie im Falle der Rechtshängigkeit (§ 818 Abs. 4) nach allgemei-

738 Staudinger/Thole § 990 Rn. 99.

739 BGH NJW 1993, 389, 392; Staudinger/Thole § 990 Rn. 99.

nen Vorschriften. Hier ist jedoch umstritten, ob eine „automatische" Verzugshaftung des Bösgläubigen ohne das Vorliegen der Verzugsvoraussetzungen – unter der Voraussetzung des Verschuldens – eintreten soll.[740]

IV. Rechtsfolge: B hat gemäß §§ 280 Abs. 1 und 2, 286 den durch den Verzug entstandenen Schaden – den Verzögerungsschaden – zu ersetzen, also den Schaden, der durch die Vorenthaltung der Sache zwischen **Juni und Oktober** entstanden ist.

---

8. Haftung auf Schadensersatz statt der Leistung gemäß §§ 280 Abs. 1 und Abs. 3, 281 (EBV als Schuldverhältnis i.S.d. §§ 280 ff.)

Der unrechtmäßige bösgläubige Besitzer haftet nach Fristsetzung auf Schadensersatz statt der Leistung: 558

- Er hat den objektiven Sachwert zu ersetzen,
- ferner den **durch die Nichtherausgabe zum Zeitpunkt der Fälligkeit** entgangenen Gewinn.

Außerdem kann in prozessualer Hinsicht eine Herausgabeklage gemäß § 255 ZPO direkt mit einer Schadensersatzklage verbunden werden.

Abwandlung zu Fall 24

E setzt B eine angemessene Frist zur Herausgabe bis September und verlangt Ende September Schadensersatz. Im Oktober hätte E das Fotokopiergerät mit einem Gewinn von 1.000 € veräußern können. Das Gerät wird zwar nicht beschädigt, ist aber inzwischen wegen eines Nachfolgemodells wertlos. Kann E statt der Herausgabe den Wert des Gerätes, den es im Oktober hatte, ersetzt verlangen?

A. Anspruch des E gegen B gemäß §§ 989, 990 Abs. 1? 559

I. Da B infolge grober Fahrlässigkeit nicht erkannt hat, dass das Kopiergerät gestohlen war, ist er unrechtmäßiger bösgläubiger Besitzer (s. Ausgangsfall).

II. Der reine Vorenthaltungsschaden ist nach den §§ 989, 990 nicht ersatzfähig. Da das – zwar wertlose – Gerät tatsächlich noch herausgegeben werden kann, kommt ein Ersatzanspruch nach §§ 989, 990 Abs. 1 nicht in Betracht.

B. Anspruch des E gegen B gemäß §§ 280 Abs. 1, 3, 281?

I. Es müsste zunächst ein **Schuldverhältnis** zwischen E und B vorliegen. Da ein vertragliches Schuldverhältnis nicht besteht, kommt insoweit nur das zwischen ihnen bestehende gesetzliche Schuldverhältnis, das Eigentümer-Besitzer-Verhältnis, in Betracht. Fraglich ist, ob Vorschriften des allgemeinen Leistungsstörungsrechts auf den Herausgabeanspruch und das Eigentümer-Besitzer-Verhältnis anwendbar sind.

---

740 Verneinend: BeckOK/Wendehorst § 818 Rn. 86; bejahend: Erman/Westermann/Buck-Heeb § 819 Rn. 9.

1. Teilweise wird die Anwendbarkeit des allgemeinen Leistungsstörungsrechts grundsätzlich abgelehnt. Die Anwendung des § 281 führe zu einer Art „Zwangskauf" durch den Besitzer, da der primäre Herausgabeanspruch aus § 985 gemäß § 281 Abs. 4 mit dem Schadensersatzverlangen untergehe. Zudem sei dogmatisch nicht zu erklären, dass der Anspruch aus § 985 entfalle, das Eigentum aber unverändert bleibe.[741]

2. Überwiegend wird die Anwendung von § 281 auf den Vindikationsanspruch jedoch bejaht. Der bösgläubige oder verklagte Besitzer sei generell nicht schutzwürdig. Einschränkend seien allerdings die gesetzgeberischen Wertungen des Eigentümer-Besitzer-Verhältnisses zu beachten, weshalb ein Eigentümer über allgemeine Vorschriften des Leistungsstörungsrechts nur bei verschärfter Haftung in Anspruch genommen werden könne.[742]

3. Die letztgenannte Ansicht ist vorzugswürdig. Der Eigentümer darf nicht schlechter stehen, als ein nur schuldrechtlich berechtigter Gläubiger, der ebenfalls zum Schadensersatz nach Fristsetzung übergehen kann. Zudem besteht ein praktisches Bedürfnis, um den Eigentümer nicht erst zur Erhebung einer Herausgabeklage und – bei Scheitern der Vollstreckung – zur Führung eines Schadensersatzprozesses zu zwingen.[743]

II. B hat den **fälligen und durchsetzbaren Herausgabeanspruch** des E gemäß § 985 **nicht erfüllt**.

III. E hat dem B eine **angemessene Frist** gesetzt, die **fruchtlos verstrichen** ist.

IV. Das **Verschulden** des B wird gemäß § 280 Abs. 1 S. 2 **vermutet**; er hat sich **nicht exkulpiert**.

V. Rechtsfolge: B schuldet E Schadensersatz statt der Leistung. Danach ist derjenige Schaden zu ersetzen, der auf dem endgültigen Ausbleiben der Leistung beruht. Gemäß § 281 Abs. 4 ist der Primäranspruch mit dem Verlangen auf Schadensersatz ausgeschlossen. Zu ersetzen ist zum einen der objektive Sachwert, zusätzlich aber auch der durch die Nichtherausgabe zum Zeitpunkt der Fälligkeit entgangene Gewinn.

Hinweis: *Die genaue Abgrenzung des Schadensersatzes statt der Leistung (§§ 280 Abs. 1 u. 3, 281) vom Schadensersatz neben der Leistung in den Fällen des Verzögerungsschadens (§§ 280 Abs. 1 und 2, 286) ist komplex und umfassend im AS-Skript Schuldrecht AT 1 (2024), Rn. 207 ff. dargestellt.*

Der entgangene Gewinn ist als Schadensersatzanspruch neben der Leistung **(Verzögerungsschaden)** gemäß §§ 280 Abs. 1 u. 2, 286 (i.V.m. § 990 Abs. 2) nur bis zu demjenigen Zeitpunkt zu ersetzen, indem der Gläubiger gemäß § 281 Abs. 4 Schadensersatz statt der Leistung verlangt hat. Der nach diesem Zeitpunkt entgangene Gewinn fällt nach h.M. unter §§ 280 Abs. 1 u. 3, 281. Ein Verzug kann zu diesem Zeitpunkt nicht mehr bestehen, weil der Anspruch auf Leistung gemäß § 281 Abs. 4 erloschen ist und sich der Schuldner mit dessen Erfüllung folglich nicht mehr im Verzug befinden kann. Das Schadensersatzbegehren nach § 281 Abs. 4 wirkt verzugsbeendigend.

---

741 MünchKomm-BGB/Baldus § 985 Rn. 83 ff.; Erman/Ebbing Vor § 987 Rn. 90; Staudinger/Thole § 985 Rn. 82.

742 OLG München, Endurt. v. 28.01.2015 – 20 U 2910/14, BeckRS 2015, 07260; OLG Rostock NJW-RR 2012, 222, 223; Grüneberg/Herrler § 985 Rn. 14; Grüneberg/Grüneberg § 281 Rn. 4.

743 BGH RÜ 2016, 681 ff.

Vorliegend ist daher B verpflichtet, dem E den seinerzeitigen Wert des Fernsehgerätes einschließlich dem entgangenen Gewinn zu ersetzen.

C. Anspruch des E gegen B gemäß §§ 280 Abs. 1 u. 2, 286?

I. Die Voraussetzungen eines Ersatzanspruchs gemäß §§ 990 Abs. 2, 280 Abs. 1, 286 liegen vor (vgl. Ausgangsfall).

II. Der Vorenthaltungsschaden kann grundsätzlich ebenfalls auf Ersatz des Gewinns aus einer Weiterveräußerung gerichtet sein. Der Unterschied eines Vorgehens nach § 281 und nach § 286 liegt jedoch darin, dass Schadensersatz nach § 286 auch neben den Primäranspruch aus § 985 treten kann. Allerdings tritt ein Anspruch aus § 286 immer neben die eigentliche Primärleistung. Allein aufgrund dieser Vorschrift könnte E daher von B nicht auch Ersatz des Substanzwertes verlangen, solange eine Herausgabe in natura noch möglich ist.

II. Nutzungsersatzanspruch gegen den bösgläubigen Besitzer, §§ 987, 990 Abs. 1

Aufbauschema: Nutzungsersatzanspruch gegen den bösgläubigen unrechtmäßigen Besitzer, §§ 987, 990 Abs. 1

I. Bestehen einer Vindikationslage im Zeitpunkt der Nutzung

II. Bösgläubigkeit des Besitzers

- Kenntnis oder grob fahrlässige Unkenntnis des fehlenden Besitzrechts bei Besitzerwerb
- Erlangung positiver Kenntnis des fehlenden Besitzrechts während der Besitzzeit

III. Nutzung der Sache

IV. Rechtsfolge: Herausgabe der Nutzungen bzw. Wertersatz

V. Einschränkung im Drei-Personen-Verhältnis: Bösgläubigkeit auch des mittelbaren Besitzers erforderlich, § 991 Abs. 1

Der unrechtmäßige bösgläubige Besitzer muss zudem nach §§ 987, 990 Abs. 1 von ihm **560** gezogene Nutzungen herausgeben. Die Voraussetzungen des Nutzungsersatzanspruchs sind weitgehend identisch mit dem Schadensersatzanspruch gegen den bösgläubigen Besitzer. Der Nutzungsersatzanspruch ist aber verschuldensunabhängig.

1. Begriff der Nutzungen in den §§ 987 ff.

Nutzungen i.S.d. §§ 987 ff. sind die **Früchte** einer Sache sowie die **Vorteile**, die der Ge- **561** brauch der Sache gewährt.

*Zwar gehören zu den Nutzungen gemäß § 100 auch die **Früchte** und **Gebrauchsvorteile** eines Rechts, doch unterliegen Rechte nicht der Vindikation nach § 985 ff., sodass auch der Anwendungsbereich der §§ 987 ff. auf Sachen begrenzt ist. Der Nutzungsbegriff in den §§ 987 ff. ist damit enger als der in § 100.*

562 Bei den **Sachfrüchten** muss zwischen den unmittelbaren und mittelbaren Sachfrüchten unterschieden werden.

563 Zu den **unmittelbaren Sachfrüchten** i.S.d. § 99 Abs. 1 zählen:

- **Erzeugnisse** der Sache, also alle natürlichen Tier- und Bodenprodukte, soweit sie bis zur Trennung Bestandteile der Sache waren;

  Beispiele: Ferkel der Sau, Kalb der Kuh, Eier des Huhns, Wolle des Schafs, Früchte von Pflanzen, Getreide eines landwirtschaftlichen Grundstücks usw.

- **sonstige bestimmungsgemäße Ausbeute**, d.h. dasjenige, das aus der Sache ihrer Bestimmung gemäß gewonnen wird. Im Gegensatz zu den Erzeugnissen wird die Ausbeute der Substanz der Sache entnommen. Es handelt sich dabei regelmäßig um leblose Bestandteile der Sache.

  Beispiele: Ton aus der Tongrube, Kies aus der Kiesgrube, Kohle aus dem Bergwerk, Steine aus dem Steinbruch usw.

564 **Mittelbare Sachfrüchte** i.S.d. § 99 Abs. 3 sind die Erträge, die mittels der Sache aufgrund eines Rechtsverhältnisses erzielt werden: hauptsächlich (wiederkehrende) Gegenleistungen für die zeitweilige Überlassung einer Sache.

Beispiele: Miete bei Gebrauchsüberlassung, Pachtzins bei Überlassung zu Gebrauch und Fruchtgenuss, Entgelt für Nutzungen aufgrund eines Nießbrauchs usw.

565 **Gebrauchsvorteile** i.S.d. § 100 sind die Vorteile, welche der Gebrauch der Sache gewährt, ohne dass es sich dabei um Früchte i.S.d. § 99 handelt.

Beispiele: Gebrauch eines Kfz gewährt den Vorteil erleichterter Fortbewegung bzw. erleichterten Transports; Gebrauch der Wohnung den Vorteil des Wohnens. Die Gebrauchsvorteile von Geld bestehen in den Zinsen, zu den Gebrauchsvorteilen eines Grundstücks können auch die Nutzung als Sicherungsmittel und die dadurch ersparten Zinsen gehören.[744]

a) Der Gewinn eines Unternehmens als Nutzung?

566 Bei der Beurteilung der Frage, ob und inwieweit der Unternehmensgewinn eine **Nutzung** i.S.d. §§ 987 ff. darstellt, muss Folgendes beachtet werden:

- Der Gewinn, der aus dem Betrieb eines Unternehmens gewonnen wird, ist dem Wortsinn nach keine Nutzung der Sache, sodass § 987 direkt nicht anwendbar ist. Diese Vorschrift bezieht sich nur auf Nutzungen der Sachen, die gemäß § 985 herauszugeben sind. Dies sind zwar die Sachen, mit denen das Unternehmen betrieben wird, nicht aber das Unternehmen als Ganzes. Doch nach h.A. ist § 987 auf den Unternehmensgewinn entsprechend anwendbar.

- Der Gewinn eines Unternehmens wird allerdings nicht allein durch dessen Nutzung erzielt, sondern auch durch den persönlichen Einsatz des Betriebsinhabers. Doch können die §§ 987 ff. auf den erzielten Erlös zumindest insoweit entsprechend angewendet werden, als der erzielte Gewinn nicht auf persönlichen Leistungen und Fähigkeiten des Unternehmers beruht.[745] Wie hoch der Eigenanteil des Betreibenden anzusetzen ist, ist notfalls im Prozess nach § 287 ZPO zu schätzen.

---

744 Vgl. Grüneberg/Ellenberger § 100 Rn. 1.

745 BGHZ 63, 365, 368; Grüneberg/Herrler § 987 Rn. 3; a.A. MünchKomm/Raff § 987 Rn. 21 ff. und Staudinger/Thole § 987 Rn. 21.

Beispiel: E verpachtet an B eine Tankstelle mit einer Autowaschanlage. Nach sechs Monaten stellt sich die Unwirksamkeit des Pachtvertrags heraus. Kann E von B den mit dem Betrieb der Tankstelle erwirtschafteten Gewinn als Nutzung herausverlangen?

I. Der Gewinn, den B erzielt hat, ist nicht allein aufgrund der Nutzungen der Sachen, die zum Gewerbebetrieb gehörten, erzielt worden, sondern durch den persönlichen Einsatz des B beim Betrieb der Tankstelle nebst Autowaschanlage. Da nach § 985 nur die einzelnen Sachen und nicht der Betrieb als Ganzes herausverlangt werden können, ist eine Anwendung der §§ 987 ff. direkt nicht möglich. Denn nach den §§ 987 ff. können nur die Nutzungen der Sachen ersetzt verlangt werden, die der Eigentümer gemäß § 985 hätte herausverlangen können.
II. Nach h.M. sind jedoch die §§ 987 ff. auf die Herausgabe des erzielten Gewinns zumindest insoweit entsprechend anzuwenden, als der erzielte Gewinn nicht auf persönlichen Leistungen und Fähigkeiten des Betreibenden beruht (str., s.o.).
III. Da E dem B die Tankstelle rechtsgrundlos aufgrund eines unwirksamen Pachtvertrags überlassen hat, wendet die Lit. in diesen Fällen die Regeln der Leistungskondiktion an. Gemäß § 818 Abs. 1 müssen die Nutzungen des Unternehmens ersetzt werden.[746] Zu dem Verhältnis der §§ 987 ff. zur Leistungskondiktion (vgl. Rn. 598 ff.).

Eine Nutzung in Form des Gebrauchsvorteils stellt jedoch die tatsächlich erzielte Miete dar, auch wenn der unrechtmäßige Besitzer durch Verhandlungsgeschick eine sehr hohe Miete erzielt hat. Maßgeblich für die zu erzielende Miete sind nämlich in erster Linie die Mieträume als solche.[747]

b) Verbrauch der Sache

Von Nutzungen kann nur so lange gesprochen werden, wie die Muttersache erhalten bleibt. Der **Verbrauch** der Sache ist daher **keine Nutzung**. Im Fall des Verbrauchs wird Schadensersatz nach § 989 geschuldet.[748] **567**

Beispiele:

Der Verbrauch des Benzins, um einen Wagen benutzen zu können, stellt keine Nutzung des Benzins dar; das Fleisch einer geschlachteten Kuh stellt keine Nutzung der Kuh dar; der Abbruch eines bewohnbaren Hauses ist keine Nutzung des Hauses.

Allerdings sind Minderungen der Sachsubstanz dann als Nutzungen anzusehen, wenn sie im Rahmen einer bestimmungsgemäßen Ausbeute der Sache erfolgen (z.B. Steinbruch).

2. Rechtsfolge: Herausgabe oder Wertersatz

- Soweit die Nutzungen in Natur vorhanden sind, sind sie **herauszugeben**. Dies kann insbesondere bei den Sachfrüchten der Fall sein. **568**
- Soweit die Nutzungen nicht mehr vorhanden sind oder wie bei Gebrauchsvorteilen naturgemäß nicht herausgegeben werden können, muss in Höhe des objektiven Werts Ersatz geleistet werden.[749] Auf den Wegfall der Bereicherung kann sich der unrechtmäßige Besitzer nicht berufen, da § 987 Abs. 1 – im Gegensatz zu § 988 – keine Verweisung in das Bereicherungsrecht enthält.[750]
- Nach § 987 Abs. 2 sind auch die Nutzungen zu ersetzen, die infolge eines Verschuldens des unrechtmäßigen Besitzers nicht gezogen worden sind.

---

746 MünchKomm/Schwab § 818 Rn. 21 ff.

747 BGH RÜ 2009, 622, 623.

748 Grüneberg/Herrler § 987 Rn. 3.

749 BGHZ 63, 365, 368; Staudinger/Thole § 987 Rn. 15; MünchKomm/Raff § 987 Rn. 27.

750 MünchKomm/Raff § 987 Rn. 28.

3. Ausschluss im Drei-Personen-Verhältnis, § 991 Abs. 1

569 **Der bösgläubige Fremdbesitzer, der für einen Dritten besitzt**, haftet auf Herausgabe von Nutzungen nur, wenn auch der mittelbare Besitzer bösgläubig oder verklagt ist (§ 991 Abs. 1). Der Sinn und Zweck des § 991 Abs. 1 besteht darin, den mittelbaren Besitzer zu schützen. Wenn durch die Regelung der §§ 987 ff. der gutgläubige mittelbare Besitzer dem Eigentümer nicht haftet, soll er auch im Fall der Weitergabe an einen bösgläubigen unmittelbaren Besitzer nicht haften. Gäbe es die Vorschrift des § 991 Abs. 1 nicht, so würde der bösgläubige unmittelbare Besitzer dem Eigentümer gegenüber haften. Er könnte aber unter Umständen bei dem gutgläubigen mittelbaren Besitzer Regress nehmen, sodass dessen Schutz letztlich umgangen würde. Die Privilegierung des § 991 Abs. 1 greift nach h.M. aber nur ein, wenn tatsächlich Regressansprüche des unmittelbaren Besitzers gegen den mittelbaren Besitzer bestehen.

Hinweis: *§ 991 Abs. 1 verweist zwar nur auf § 990 BGB, in dem die Haftung des Besitzers bei Bösgläubigkeit geregelt ist. Durch den dort enthaltenen Verweis auf die §§ 987, 989 gilt § 991 Abs. 1 aber auch für den verklagten Besitzer.*

Beispiel: Der vermeintliche Erbe V verpachtet eine Sandgrube an B. B verkennt grob fahrlässig, dass das Testament nichtig war. Der wahre Erbe E verlangt später, nachdem er die Sandgrube zurückerhalten hat, von B Nutzungsersatz.

Anspruch gemäß §§ 987, 990?
I. Zwischen E und B bestand zum Zeitpunkt der Nutzungsziehung im Hinblick auf die Muttersache – die Sandgrube – ein Eigentümer-Besitzer-Verhältnis.
II. B war bösgläubiger unmittelbarer Besitzer. V als Verpächter war jedoch weder bösgläubig noch verklagt, sodass § 991 Abs. 1 mit der Folge eingreift, dass B die Nutzungen nicht herausgeben muss. Andernfalls hätte B gegen V gemäß §§ 581 Abs. 2, 536 (Rechtsmangel) einen Schadensersatzanspruch. Damit wäre V als redlichem mittelbarem Besitzer im Ergebnis der Schutz entzogen, den ihm § 993 Abs. 1 gewähren will.
Ein Anspruch des E gegen B nach §§ 987, 990 besteht daher nicht.

Abwandlung: B wusste schon bei Vertragsschluss positiv, dass V aufgrund des nichtigen Testaments nicht berechtigt war, ihm ein Nutzungsrecht einzuräumen.

I. Dem Wortlaut des Gesetzes nach haftet B auch in diesem Fall nicht, da ja der mittelbare Besitzer V gutgläubig war.
II. Allerdings ist zu beachten, dass der Schadensersatzanspruch des B gegen V vorliegend nach § 536b ausgeschlossen ist, da B von der Nichtigkeit des Testaments bereits bei Vertragsschluss positiv wusste. In diesem Fall besteht daher keine Gefahr, dass der redliche mittelbare Besitzer V einem Regressanspruch des B ausgesetzt ist. Deswegen wird eine teleologische Reduktion des § 991 Abs. 1 auf die Fälle angenommen, in denen tatsächlich Regressansprüche bestehen.[751]
B haftet als bösgläubiger Fremdbesitzer trotz Gutgläubigkeit des V entgegen § 991 Abs. 1 auf Herausgabe der Nutzungen nach §§ 987, 990.

4. Konkurrenzen

570 - Kennt der Besitzer das Fehlen seiner Besitzberechtigung **positiv**, erfüllt die **Sachnutzung** zugleich den Tatbestand der **angemaßten Eigengeschäftsführung** nach **§ 687 Abs. 2**. Danach besteht ein Anspruch auf Herausgabe der Nutzungen auch aus §§ 687 Abs. 2, 681 S. 2, 667.

751 So MünchKomm/Raff § 991 Rn. 7; Roth JuS 2003, 937, 941; a.A. Staudinger/Thole § 991 Rn. 3.

- Besonders umstritten ist, ob Nutzungen außer nach den Vorschriften des EBV auch aus **Bereicherungsrecht** herauszugeben sind, oder ob die §§ 987 ff. auch insoweit eine abschließende Sonderregelung (§ 993 Abs. 1 Hs. 2) enthalten.
  - Die Rspr. und Teile der Lit. sehen §§ 987 ff. als **erschöpfende Regelungen** auch für die Nutzungsherausgabe an, sodass eine Anwendung des Bereicherungsrechts vollständig ausgeschlossen ist.[752]

    Hat ein gutgläubiger Besitzer den Besitz rechtsgrundlos erlangt, sodass er nicht zur Nutzungsherausgabe aus §§ 987, 990 verpflichtet ist, wird eine Nutzungsherausgabe ausnahmsweise nach § 988 analog zugelassen (dazu unten Rn. 598 ff.).

  - Die vorzugswürdige h.Lit.[753] hält die §§ 987 ff. nicht für abschließend, soweit es um die Rückabwicklung fehlgeschlagener Verträge geht. D.h. die **Leistungskondiktion** ist neben den §§ 987 ff. unmittelbar anwendbar. Der Besitzer dürfe im Falle der Nichtigkeit von Verfügungs- und Verpflichtungsgeschäft (Doppelnichtigkeit) nicht besser stehen als im Fall nur der Nichtigkeit des Verpflichtungsgeschäfts, in dem die §§ 987 ff. nicht eingreifen und das Bereicherungsrecht nicht verdrängen.

III. Schadens- und Nutzungsersatzansprüche gegen den verklagten Besitzer, §§ 989, 987

Aufbauschema: Schadensersatzanspruch gegen den verklagten unrechtmäßigen Besitzer gemäß § 989

I. Bestehen einer Vindikationslage im Zeitpunkt der Tatbestandsverwirklichung

II. Rechtshängigkeit der Herausgabeklage

III. Verschlechterung, Untergang oder Unmöglichkeit der Herausgabe der Sache

IV. Verschulden (keine Haftungsverschärfung nach § 990 Abs. 2!)

V. **Rechtsfolge:** Schadensersatz, §§ 249 ff.

- Ersatzfähig sind der Wert der Sache und entgangener Gewinn
- Kein Ersatz des Vorenthaltungsschadens (§ 990 Abs. 2 gilt nur für den bösgläubigen Besitzer)

Aufbauschema: Nutzungsersatzanspruch gegen den verklagten unrechtmäßigen Besitzer gemäß § 987

I. Bestehen einer Vindikationslage im Zeitpunkt der Nutzung

II. Rechtshängigkeit der Herausgabeklage

III. Nutzung der Sache

IV. **Rechtsfolge:** Herausgabe der Nutzungen bzw. Wertersatz

752 BGHZ 7, 208, 218; 10, 350, 357; 32, 76, 94; 21, 216, 226; 109, 179, 190 f.

753 BeckOK/Fritzsche § 987 Rn. 51; Erman/Ebbing Vor §§ 987–993 Rn. 84; MünchKomm/Raff § 988 Rn. 8 f., § 993 Rn. 7.

571 Die Haftung des bösgläubigen und des verklagten Besitzers sind weitgehend identisch. Verklagt ist der Besitzer mit **Rechtshängigkeit der Klage auf Herausgabe der Sache**. Diese wird nach § 261 ZPO durch Klageerhebung begründet, was nach § 253 Abs. 1 ZPO die Zustellung der Klageschrift an den Beklagten erfordert.

Auf Nutzungen zwischen Anhängigkeit und Rechtshängigkeit erstreckt sich der Anspruch nicht. Auch § 167 ZPO findet keine Anwendung, da es nicht um die Wahrung einer Frist geht, sondern um die Frage, ob der Besitzer weiß, dass gegen ihn ein Herausgabeanspruch geltend gemacht wird.

572 Ein Unterschied in der Haftung des bösgläubigen und des verklagten Besitzers besteht nur bei der Verschärfung gemäß **§ 990 Abs. 2**: Danach haftet nur der Bösgläubige nach den Verzugsregeln auf den Vorenthaltungsschaden und für Zufall, nicht aber der (gutgläubige) Verklagte. Dies folgt aus der Systematik der §§ 989, 990: Andernfalls hätte die verschärfte Haftung in § 989 geregelt werden müssen. Eine Klageerhebung macht im Übrigen nicht notwendig bösgläubig, insbesondere wenn der Besitzer auch weiterhin an sein Besitzrecht glaubt.

IV. Schadens- und Nutzungsersatzansprüche gegen den deliktischen Besitzer, § 992

Die Haftung des deliktischen Besitzers, § 992

I. Eigentümer-Besitzer-Verhältnis im Zeitpunkt der Tatbestandsverwirklichung
1. Anspruchsteller = Eigentümer
2. Anspruchsgegner = Besitzer
3. Kein Recht zum Besitz

II. Besitzerlangung durch Straftat oder schuldhaft verbotene Eigenmacht

III. Schuldhafte und rechtswidrige Eigentumsverletzung, § 823

IV. Rechtsfolgen: Volle Schadensersatzhaftung nach §§ 249 ff.; nach h.M. auch Ersatz von Nutzungen, selbst wenn der Eigentümer diese nicht gezogen hätte (str.)

573 Der gutgläubige oder bösgläubige Besitzer, der sich den Besitz durch verbotene Eigenmacht oder Straftat verschafft hat (§ 992), haftet nach den Regeln der unerlaubten Handlung, §§ 823 ff. § 992 erleichtert damit die Haftung nur insoweit, als die Voraussetzungen des § 990 nicht vorliegen müssen, sondern die (schuldhaft) verbotene Eigenmacht genügt, um dann hinsichtlich der Beschädigung der Sache zu einer Schadensersatzhaftung nach § 823 Abs 1 zu kommen.

Ein deliktischer Besitzer kann durchaus gutgläubig sein: Auch wer annimmt, Eigentümer zu sein, darf sich die Sache nicht durch verbotene Eigenmacht beschaffen und haftet bei schuldhafter Eigentumsverletzung dann als „deliktisch gutgläubiger Besitzer".

Es sind also zwei Tatbestände zu verwirklichen.

- § 992: Danach muss eine **verbotene Eigenmacht** oder eine Straftat, also eine vorwerfbare **Besitzverschaffung** gegeben sein und
- § 823 Abs. 1: Der Handelnde muss eine schuldhafte rechtswidrige **Eigentumsverletzung** begangen haben.

Die Verweisung in § 992 auf die Regeln der unerlaubten Handlung enthält eine **Rechtsgrundverweisung**, sodass für die Haftung des unrechtmäßigen Besitzers der objektive und subjektive Tatbestand des § 823 Abs. 1 verwirklicht sein müssen.[754] Die zusätzliche Haftung des Deliktsbesitzers aus §§ 823 ff. neben derjenigen aus §§ 987 ff. ist unter folgenden Gesichtspunkten von Bedeutung:

- Der Deliktsbesitzer haftet schon bei leicht fahrlässig verursachter Verletzung des Eigentums auf Schadensersatz. Dass er **unredlich** (§ 990) oder **verklagt** (§ 989) ist, ist **nicht erforderlich**.

- Stellt schon die Besitzentziehung eine schuldhafte unerlaubte Handlung dar, haftet der Besitzer gemäß § 848 auch für eine **zufällige Eigentumsbeeinträchtigung**. Dass er unredlich ist und sich mit der Rückgabe der Sache in Verzug befindet (§§ 990 Abs. 2, 286, 280 Abs. 1 und 2), ist nicht erforderlich.

- Der Umfang des nach §§ 823 ff. geschuldeten Schadensersatzes bestimmt sich nach §§ 249 ff. und geht über den nach §§ 989, 990 geschuldeten hinaus. So hat der Deliktsbesitzer nach §§ 823 ff. auch den **Vorenthaltungsschaden** (das ist der Schaden, den der Eigentümer durch die Verspätung der Rückgabe erlitten hat) zu ersetzen. Dass er unredlich ist und sich mit der Rückgabe der Sache in Verzug befindet, ist nicht erforderlich.

Beispiel: B nimmt nach einem Restaurantbesuch den Regenschirm des E, den er für seinen eigenen hält, mit nach Hause, obwohl er hätte erkennen können, dass es nicht sein Schirm war. Am nächsten Tag lässt er ihn aus Unachtsamkeit in der Straßenbahn liegen. B schuldet E aus §§ 992, 858, 823 Schadensersatz, obwohl er gutgläubig ist.

1. Besitzverschaffung durch eine Straftat

- Eine Straftat i.S.d. § 992 setzt voraus, dass eine Strafnorm verletzt ist, die sich gegen die Art und Weise der **Besitzverschaffung** richtet. Diese Norm muss nicht den Schutz des Eigentums bezwecken. 574

  Als Strafnormen, die die Besitzverschaffung schützen, kommen in Betracht: Die Nötigung, § 240 StGB; der Diebstahl, §§ 242 ff. StGB; der Raub, §§ 249–252 StGB; die Erpressung, § 253 StGB; die Hehlerei, § 259 StGB; der Betrug, § 263 StGB.

  Die Unterschlagung gemäß § 246 StGB sowie die Untreue gemäß § 266 StGB sind nach h.M. nur dann Strafnormen i.S.d. § 992, wenn der Besitz durch diese Straftat erworben wird (z.B. Fundunterschlagung). Wird der Straftatbestand während der Besitzzeit verwirklicht, greift § 992 nicht ein.[755]

- Die gemäß § 823 Abs. 1 erforderliche schuldhafte rechtswidrige Eigentumsverletzung ist gegeben, wenn der Täter wusste bzw. infolge Fahrlässigkeit nicht wusste, dass er nicht Eigentümer ist. 575

  Beispiel: B hat als Hehler vier Zeichnungen von Picasso erworben, die E gestohlen worden waren. Bei einem von B nicht zu vertretenden Brand werden die Zeichnungen zerstört. Ansprüche des E gegen B auf Schadensersatz?

  I. B war unrechtmäßiger Besitzer und hat sich durch Straftat – Hehlerei – den Besitz an den vier Zeichnungen verschafft.

---

754 Staudinger/Thole § 992 Rn. 5; Grüneberg/Herrler § 992 Rn. 4; MünchKomm/Raff § 992 Rn. 5.

755 Grüneberg/Herrler § 992 Rn. 3; a.A. MünchKomm/Raff § 992 Rn. 8, der darin eine Umwandlung von Fremd- in Eigenbesitz sieht, die – wie bei § 990 – ebenfalls eine „Besitzbegründung" darstellt.

II. Mit der Besitzverschaffung hat B auch eine schuldhaft rechtswidrige Eigentumsverletzung begangen und den Tatbestand des § 823 Abs. 1 verwirklicht.
Da er sich den Besitz durch unerlaubte Handlung verschafft hat, haftet er gemäß § 848 auch für die zufällige Zerstörung.

2. Besitzverschaffung durch verbotene Eigenmacht

576 Nach h.M. muss der Besitzer – entgegen dem Wortlaut des § 992 – eine **schuldhaft** verbotene Eigenmacht begangen haben, um nach den Vorschriften der unerlaubten Handlung auf Schadensersatz zu haften.[756] Andernfalls bestünde ein Wertungswiderspruch zur Alternative der Besitzverschaffung durch eine Straftat. Eine schuldhaft verbotene Eigenmacht liegt vor, wenn der Handelnde weiß oder nur aus Fahrlässigkeit nicht weiß, dass er eine verbotene Eigenmacht begeht.[757]

Da es sich bei § 992 allerdings um eine Rechtsgrundverweisung auf § 823 handelt, haftet der Besitzer nur bei einer schuldhaften Eigentumsverletzung. Verschulden liegt aber nur vor, wenn der Besitzer fremdes Eigentum verletzt. Hat er also eine schuldlose verbotene Eigenmacht begangen, haftet er schon deshalb regelmäßig nicht nach §§ 992, 823.[758]

577 In der Praxis ist eine verbotene Eigenmacht insbesondere in den **„Verwechslungsfällen"** gegeben, in denen der Handelnde sich zu Unrecht für den Eigentümer hält.

578 **Nimmt der** Handelnde im Zeitpunkt des **Entzugs** an, **er sei Eigentümer**, so gilt:

- Die Verwirklichung des Tatbestands des § 992:

  Auch wer sich für den Eigentümer hält, darf dem Besitzer den Besitz nicht entziehen, und da er im Regelfall weiß bzw. wissen muss, dass die Besitzentziehung rechtswidrig ist, begeht er eine schuldhaft verbotene Eigenmacht.

  Nur dann, wenn er ohne Fahrlässigkeit darauf vertrauen durfte, dass der Besitzer ihm die Besitzergreifung gestattet hat oder er rechtmäßig im Besitz der Sache sei, entfällt ein Verschulden.

- Die Verwirklichung des Tatbestands des § 823 Abs. 1:
  - Wer sich beim Entzug der Sache für den Eigentümer halten durfte, begeht keine schuldhafte Eigentumsverletzung.
  - Erfährt der Besitzer nach der Verschaffung des Besitzes, dass er nicht Eigentümer ist, oder hätte er dieses erkennen können, so haftet er gemäß § 823 Abs. 1 wegen einer schuldhaften Eigentumsverletzung. Es ist also nicht erforderlich, dass die schuldhaft verbotene Eigenmacht und die Eigentumsverletzung zeitlich zusammenfallen.

    Beispiel 1: B zieht in der Gaststätte den Mantel der E an, der ihrem gleicht. Später beschädigt sie den Mantel durch Unachtsamkeit. Nunmehr stellt sich das Versehen heraus. E verlangt von B Schadensersatz.

    I. Wenn B nicht erkennen konnte, dass sie den Mantel der E anzog und somit – ohne fahrlässig zu handeln – angenommen hat, sie sei Eigentümerin und Besitzerin des Mantels, dann fehlt es an ei-

756 Grüneberg/Herrler § 992 Rn. 2; Ebenroth/Zeppernick JuS 1999, 209, 213; a.A. MünchKomm/Raff § 992 Rn. 5.

757 Staudinger/Thole § 992 Rn. 10.

758 Roth JuS 1997, 710, 712.

ner schuldhaften **Besitzentziehung**. § 992 greift nicht ein, sodass auch für die Beschädigung keine Verantwortlichkeit nach § 823 besteht.
II. Ein Schadensersatzanspruch aus §§ 989, 990 scheitert an der fehlenden Bösgläubigkeit im Zeitpunkt der Verletzungshandlung.

Beispiel 2: B hält sich schuldlos für den Eigentümer eines Fahrrads und nimmt es dem gegenwärtigen Besitzer E eigenmächtig weg. Zu Hause erkennt B infolge leichter Fahrlässigkeit nicht, dass es sich nicht um sein Fahrrad handelt. Er beschädigt das Fahrrad infolge Unachtsamkeit. Anspruch des E gegen B aus §§ 992, 823?

I. B hat sich das Fahrrad des E im Wege verbotener Eigenmacht verschafft. Diese war auch **verschuldet**, da er von einer Einwilligung des E in die Besitzergreifung nicht ausgehen durfte. Zwar hält sich B schuldlos für den Eigentümer des Fahrrads. Bzgl. der Besitzergreifung handelte er aber schuldhaft, da er dem gegenwärtigen Besitzer die Sache eigenmächtig wegnahm. Auch der Eigentümer einer Sache ist nicht ohne Weiteres berechtigt, dem Besitzer die Sache wegzunehmen.
II. Da B sich bei der Besitzverschaffung jedoch **schuldlos** für den Eigentümer hielt, fehlt es an einer schuldhaften Eigentumsverletzung im Zeitpunkt der Besitzverschaffung, doch liegt eine schuldhafte Eigentumsverletzung nach Besitzverschaffung vor. Bei der Beschädigung hätte er wissen können, dass es sich nicht um seine Sache handelte. Nach h.A. reicht es für die Haftung nach §§ 992, 823 aus, wenn die schuldhafte Eigentumsverletzung der verbotenen Eigenmacht nachfolgt.[759]

Weiß oder weiß **der Handelnde** infolge von Fahrlässigkeit nicht, dass er im Zeitpunkt des Entzugs **nicht Eigentümer** ist, so gilt: **579**

- Der Handelnde begeht eine schuldhaft verbotene Eigenmacht gemäß § 992, es sei denn, der Handelnde konnte davon ausgehen, dass der Besitzer ihm die Besitzergreifung gestattet hat.
- Mit dem Entzug verletzt der Handelnde auch schuldhaft und rechtswidrig das Eigentum, weil er hätte wissen können, dass er nicht Eigentümer ist und die Entziehung eine Verletzung des Eigentums darstellt.

  Da der Besitzer sich die Sache durch schuldhaft verbotene Eigenmacht verschafft hat, haftet er gemäß § 848 auch für Zufall.

Beispiel: B hat X zu Ausstellungszwecken eine alte wertvolle Taschenuhr geliehen. X übereignet die Uhr an den gutgläubigen Kunsthändler E. Als B die Uhr im Geschäft des E sieht, nimmt er sie trotz erheblichen Widerspruchs des E an sich. Die Uhr wird bei B infolge Zufalls zerstört.

I. B hat sich durch schuldhaft verbotene Eigenmacht den Besitz an der Uhr verschafft.
II. Mit dem Entzug der Uhr hat er auch eine Eigentumsverletzung begangen. Er hätte bei Anwendung der im Verkehr erforderlichen Sorgfalt erkennen können, dass er aufgrund eines gutgläubigen Erwerbs des E nicht mehr Eigentümer der Uhr ist.

Da er sich durch unerlaubte Handlung die Uhr verschafft hat, haftet er gemäß § 848 für Zufall.

3. Haftungsumfang des Deliktsbesitzers nach §§ 992, 823

- In § 992 ist ausdrücklich nur die **Schadensersatzhaftung** des deliktischen Besitzers geregelt. **580**
- Auf **Nutzungsherausgabe** haftet der deliktische Besitzer nach h.M. gemäß **§ 988**, da die deliktische Besitzerlangung **„unentgeltlich"** erfolgt (dazu ausführlich noch un-

759 Grüneberg/Herrler § 992 Rn. 4; BGH WM 1960, 1148.

ten Rn. 595). Allerdings enthält § 988 einen Rechtsfolgenverweis auf die §§ 818 f., sodass sich der Besitzer auf Entreicherung gemäß § 818 Abs. 3 berufen kann.

- Nach h.M. haftet der unrechtmäßige Besitzer, der sich die Sache durch schuldhaft verbotene Eigenmacht oder durch eine Straftat verschafft hat, auch gemäß **§§ 992, 823 ff.** auf Herausgabe von Nutzungen und auf Ersatz von Nutzungen, die er zwar nicht gezogen hat, die aber der Eigentümer gezogen hätte.

Beispiel: B hat im Frühjahr mehrere Fohlen mit Einverständnis des E auf dessen Weide getrieben. Im Herbst holt B die Pferde wieder ab. Infolge einer leicht fahrlässigen Verwechslung nimmt er ein wertvolles Jungtier des E mit. Dieses Pferd gewinnt später mehrere Preise. Als es einen Preis von 30.000 € gewinnt, stellt sich die Verwechslung heraus. E verlangt von B die Preise. B macht geltend, er habe das Geld bei Wetten verloren.

I. Ein Anspruch des E gemäß **§§ 990 Abs. 1, 987** scheidet aus, da B nur leicht fahrlässig gehandelt hat und daher nicht bösgläubig war.
II. Anspruch des E gemäß **§ 988?**
1. B war unrechtmäßiger gutgläubiger Eigenbesitzer.
2. Da er sich den Besitz verschafft hat, ohne dafür ein Entgelt zu entrichten, liegt ein unentgeltlicher Erwerb vor.
3. B muss die durch den Einsatz des Pferdes erzielten Preise gemäß §§ 812 ff. herausgeben, weil es sich dabei um Gebrauchsvorteile der Sache und somit um Nutzungen handelt.
Doch kann B sich gemäß **§ 818 Abs. 3** auf den Wegfall der Bereicherung berufen.
III. Anspruch des E gemäß **§§ 992, 823?**
1. B hat sich durch schuldhaft verbotene Eigenmacht den Besitz an dem Pferd verschafft.
2. B hat auch den objektiven und subjektiven Tatbestand des § 823 Abs. 1 verwirklicht. Er hat nämlich E das Pferd infolge Fahrlässigkeit entzogen.
3. B ist zum Schadensersatz verpflichtet. Dieser Ersatzanspruch umfasst auch die gezogenen Nutzungen.

581 Umstritten ist jedoch, ob dies auch dann gilt, wenn der Eigentümer die Nutzungen selbst nicht gezogen hätte, in dem Beispiel E also das Pferd selbst bei Rennen nicht eingesetzt hätte. Die wohl noch h.M. gewährt dem Eigentümer diesen Anspruch mit der Begründung, der deliktische Besitzer dürfe nicht besserstehen als ein unredlicher oder verklagter bzw. ein unentgeltlicher Besitzer.[760] Beachtliche Stimmen in der Lit. lehnen dies jedoch ab.[761] Eine Schadensersatzhaftung nach §§ 992, 823 ff. setze schon begrifflich einen Schaden voraus, der in diesen Fällen nicht gegeben ist. Außerdem bestehe kein praktisches Bedürfnis, da regelmäßig die Voraussetzungen des § 990 Abs. 1 oder des § 988 vorlägen.

Wie das vorstehende Beispiel zeigt, wird die Frage allerdings dann relevant, wenn sich der Besitzer auf eine Entreicherung gemäß § 818 Abs. 3 berufen kann.

V. Haftung des gutgläubigen unverklagten Besitzers

582 Der wesentliche Zweck des EBV besteht darin, den gutgläubigen Besitzer gegenüber einer unmittelbaren Haftung aus §§ 823 ff. und §§ 812 ff. zu privilegieren. Gleichwohl gibt es verschiedene Fälle, in denen auch ein gutgläubiger Besitzer dem Eigentümer gegenüber verpflichtet sein soll.

760 BGH WM 1960, 1148, 1150; Baur/Stürner § 11 Rn. 14.

761 Staudinger/Thole § 992 Rn. 26; BeckOK/Fritzsche § 992 Rn. 15; MünchKomm/Raff § 992 Rn. 15; Grüneberg/Herrler § 992 Rn. 6; Roth JuS 1997, 897, 900.

- Der **gutgläubige Eigenbesitzer**, der den Besitz **entgeltlich** erlangt hat, haftet gegenüber dem Eigentümer nicht.
- Der Eigentümer hat gegenüber dem **gutgläubigen Fremdbesitzer** jedoch einen Schadensersatzanspruch aus **§ 991 Abs. 2**, wenn dieser den Besitz einem Dritten mittelt und diesem Dritten gegenüber für einen von ihm verursachten Schaden verantwortlich wäre.
- Der Eigentümer hat gegenüber dem **gutgläubigen Fremdbesitzer** ausnahmsweise einen Schadensersatzanspruch unmittelbar aus **§§ 823 ff.**, wenn dieser unmittelbar für den Eigentümer besitzt und die Grenzen seines vermeintlichen Besitzrechts überschreitet (Fremdbesitzerexzess).
- Der Eigentümer kann auch von einem gutgläubigen Besitzer die **Übermaßfrüchte** nach § 993 herausverlangen.
- Gemäß § 988 steht dem Eigentümer gegen den gutgläubigen Besitzer ein Bereicherungsanspruch hinsichtlich der von ihm gezogenen Nutzungen zu, wenn der Besitzer den Besitz **unentgeltlich** erlangt hat.

1. Keine Schadensersatzhaftung des unrechtmäßigen gutgläubigen Eigenbesitzers

Derjenige, der ohne grobe Fahrlässigkeit annimmt, er sei Eigentümer der Sache, geht **583**
davon aus, dass er nach seinem Belieben auf die Sache einwirken, dass er sie beschädigen, zerstören und weitergeben darf (vgl. § 903). Daher haftet der gutgläubige Eigenbesitzer, dem die Sache ausgehändigt worden ist, überhaupt nicht auf Schadensersatz.[762]

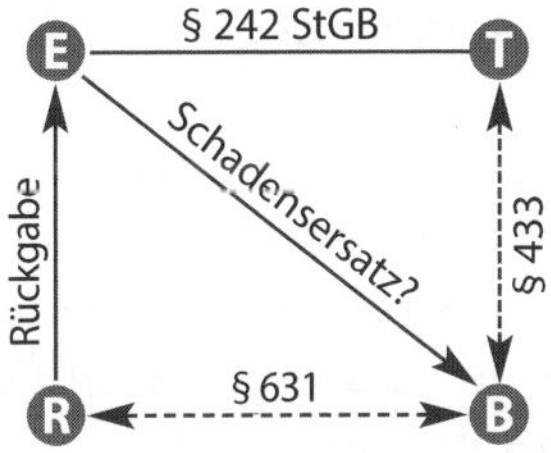

Beispiel: Der gutgläubige B erwirbt von T einen dem E gestohlenen antiken Schrank. B beschädigt den Schrank erheblich. Der Restaurateur R, der den Schrank instand setzen soll, stellt fest, dass es der Schrank ist, der E gestohlen wurde. E erhält den Schrank zurück und verlangt von B Schadensersatz wegen der Beschädigung.

I. Ein Schadensersatzanspruch aus **§§ 989, 990** scheitert an der Gutgläubigkeit des B bzgl. seines Besitzrechts.
II. Ein Schadensersatzanspruch aus unerlaubter Handlung gemäß §§ 992, 823 ff. kommt nicht in Betracht, weil B sich den Schrank nicht durch verbotene Eigenmacht oder eine Straftat verschafft hat.
III. Eine Schadensersatzpflicht nach den allgemeinen Regeln der §§ 823 ff. scheidet aus. Gemäß § 993 Abs. 1 Hs. 2 entfaltet das EBV hinsichtlich des **gutgläubigen** Besitzers unstreitig eine Sperrwirkung gegenüber dem Deliktsrecht. Wäre die Vorstellung des B zutreffend gewesen, so wäre er Eigentümer und damit rechtmäßiger Eigenbesitzer und für die Eigentumsverletzung nicht verantwortlich gewesen.

762 Staudinger/Thole Vorbem. zu §§ 987–993 Rn. 4; Baur/Stürner § 11 Rn. 9; Schreiber Jura 1992, 356, 360.

2. Schadensersatzhaftung des unrechtmäßigen gutgläubigen Fremdbesitzers

584 Die Haftung des unrechtmäßigen gutgläubigen **Fremdbesitzers** ist in den §§ 989 ff. **lückenhaft** und **unvollständig** geregelt.

- Im EBV geregelt ist die Haftung des Fremdbesitzers, der unmittelbar für einen Dritten und nicht für den Eigentümer besitzt, § 991 Abs. 2 (Fremdbesitzer im Drei-Personen-Verhältnis).
- Ob und in welchem Umfang der gutgläubige Fremdbesitzer, der unmittelbar für den Eigentümer aufgrund eines unwirksamen Vertrags den Besitz ausübt, haftet, ist nicht geregelt (Fremdbesitzer im Zwei-Personen-Verhältnis).

a) Haftung des gutgläubigen Fremdbesitzers im Drei-Personen-Verhältnis, § 991 Abs. 2

Aufbauschema: Schadensersatzanspruch gegen den gutgläubigen Fremdbesitzer im Drei-Personen-Verhältnis, § 991 Abs. 2
I. Bestehen einer Vindikationslage im Zeitpunkt der Tatbestandsverwirklichung
II. Gutgläubigkeit des Besitzers (sonst Haftung nach §§ 989, 990 Abs. 1)
III. Besitzer besitzt für einen anderen (ist Fremdbesitzer)
IV. Verschlechterung, Untergang oder Unmöglichkeit der Herausgabe der Sache
V. Verantwortlichkeit des unmittelbaren Besitzers gegenüber dem mittelbaren Besitzer
VI. Rechtsfolge: Schadensersatz, §§ 249 ff.

585 Der gutgläubige Besitzer haftet gemäß § 993 Abs. 1 Hs. 2 grundsätzlich gegenüber dem Eigentümer nicht auf Schadensersatz. Von diesem Grundsatz macht § 991 Abs. 2 eine Ausnahme: Besitzt der gutgläubige Fremdbesitzer die Sache nicht für den Eigentümer, sondern für einen Dritten, so soll er dem Eigentümer gegenüber haften, soweit er auch dem Dritten gegenüber aus dem Besitzmittlungsverhältnis auf Schadensersatz haften würde. In dieser Situation besteht kein schutzwürdiges Vertrauen des Besitzers, bei Beschädigung der Sache nicht einem anderen gegenüber haften zu müssen.

§ 991 Abs. 2 gilt allerdings ausdrücklich nur für die Schadensersatzhaftung, nicht hingegen für die Herausgabe von Nutzungen.

586 Für die Haftung des Besitzers gegenüber dem Eigentümer ist also maßgeblich, ob der Besitzer dem Dritten gegenüber haften würde:

- Der gutgläubige Fremdbesitzer, der aufgrund des mit dem Dritten – wirksam oder unwirksam – abgeschlossenen Vertrags, nach der **Vereinbarung** oder kraft **Gesetzes** nur beschränkt oder überhaupt nicht haftet, haftet auch dem Eigentümer nicht wegen einer Eigentumsverletzung.
- Der gutgläubige Fremdbesitzer, der für einen Dritten besitzt, haftet dem Eigentümer jedoch gem. § 991 Abs. 2, soweit er sein vermeintliches Besitzrecht überschreitet.[763]

763 Baur/Stürner § 11 Rn. 32.

Sinn und Zweck des § 991 Abs. 2 ist also: Der Fremdbesitzer, der für einen Dritten besitzt, soll auch dem Eigentümer gegenüber in jeder Hinsicht so gestellt werden, als wenn der Vertrag zwischen ihm und dem Eigentümer geschlossen wäre.

Fall 25: Weitervermietung

E verkauft O einen Farbkopierer unter Eigentumsvorbehalt und übergibt ihn an O. Obwohl er nach dem Kaufvertrag dazu nicht berechtigt ist, vermietet O den Kopierer an B, der O für den Eigentümer hält. B beschädigt infolge Unachtsamkeit das Gerät. Als E von der Weitervermietung erfährt, tritt er wirksam vom Kaufvertrag mit O zurück (§ 323) und verlangt von B Herausgabe des Kopierers und Schadensersatz.

A. E kann gemäß **§ 985** von B Herausgabe verlangen. Zwar hatte O aus dem Eigentums- 587
vorbehaltskauf ein Besitzrecht, war jedoch zur Weitervermietung nicht berechtigt. B steht deshalb kein Recht zum Besitz zu (arg. e § 986 Abs. 1 S. 2). Der Eigentümer kann im Regelfall nur Herausgabe an den mittelbaren Besitzer verlangen. Da jedoch E wirksam vom Kaufvertrag zurückgetreten ist, kann er Herausgabe an sich selbst verlangen.[764]

B. Schadensersatzanspruch des E gegen B aus §§ 991 Abs. 2, 989

I. B ist gutgläubiger **Fremdbesitzer**, der für O besitzt.

II. B müsste dem mittelbaren Besitzer O gegenüber **verantwortlich** sein. Eine Haftung aus § 991 Abs. 2 setzt wegen dieser einschränkenden Formulierung voraus, dass der unmittelbare Besitzer die Beschädigung gegenüber dem Oberbesitzer zu vertreten hat. Nicht erforderlich ist hingegen, dass der Oberbesitzer tatsächlich einen Schadensersatzanspruch gegen den unmittelbaren Besitzer hat, da ein solcher oft am fehlenden eigenen Schaden des Oberbesitzers scheitern würde.[765] Nach dem zwischen B und O bestehenden Mietvertrag war B verpflichtet, den Kopierer sorgfältig zu benutzen und ihn in unbeschädigtem Zustand zurückzugeben. B wäre O wegen der schuldhaften Beschädigung aus § 280 Abs. 1 ersatzpflichtig, einen Schaden unterstellt. Er haftet daher auch E gegenüber aus §§ 991 Abs. 2, 989.

Der gutgläubige Fremdbesitzer wird nur insoweit von der Haftung freigestellt, als er wegen des angenommenen Besitzrechts darauf vertrauen durfte, die schädigende Handlung vornehmen zu dürfen.

***Beachte:** § 991 Abs. 2 schließt nicht etwa die Haftung des unmittelbaren Besitzers gegenüber seinem Oberbesitzer aus. Soweit es sich um verschiedene Schadensposten handelt, stehen diese Ansprüche nebeneinander (der Oberbesitzer hat z.B. einen Schaden, weil er gegenüber dem Eigentümer keine Verwendungsersatzansprüche mehr geltend machen kann, und der Eigentümer hat den Substanzschaden).*

Soweit der Oberbesitzer dem Eigentümer seinerseits für den Substanzschaden verantwortlich ist, decken sich die beiden Schäden. Der Oberbesitzer kann dann vom unmittelbaren Besitzer als Schadensersatz Befreiung von seiner eigenen Schadensersatzverbindlichkeit verlangen. Durch Leistung des unmittelbaren Besitzers an den Eigentümer werden dann beide Ansprüche erfüllt.[766]

764 Grüneberg/Herrler § 986 Rn. 8.
765 Vgl. Staudinger/Thole § 991 Rn. 16.
766 Staudinger/Thole § 991 Rn. 10.

1. Abwandlung:

B und O vereinbaren, dass B nur für Vorsatz und grobe Fahrlässigkeit haftet. B hat infolge leichter Fahrlässigkeit den Kopierer beschädigt.

588 **A.** Ein Anspruch aus **§§ 991 Abs. 2, 989** besteht nicht, da B nach dem Inhalt des Vertrags mit O nicht für die Beschädigung des Kopierers verantwortlich ist. Die Haftungsbeschränkung mit dem Dritten wirkt auch gegenüber dem Eigentümer.[767]

B. E hat auch keinen Anspruch aus **§ 823 Abs. 1** gegen B. Nach h.M. findet § 823 Abs. 1 auch bei einem Fremdbesitzerexzess keine Anwendung, da im Drei-Personen-Verhältnis mit § 991 Abs. 2 eine ausdrückliche Regelung besteht.[768] Abgesehen davon hat B die Grenzen seines vermeintlichen Besitzrechts nicht überschritten, sodass ein Anspruch aus § 823 Abs. 1 in jedem Fall ausscheidet.

2. Abwandlung:

B und O haben vereinbart, dass B unabhängig von seinem Verschulden für jede Beschädigung verantwortlich sein soll. Der Kopierer wird durch einen von B nicht verschuldeten Brand beschädigt.

589 **Anspruch des E gegen B aus §§ 991 Abs. 2, 989**

I. Zwischen E und B bestand im Zeitpunkt der Verletzungshandlung ein EBV.

II. B war auch seinem Oberbesitzer verantwortlich. Die Haftung des B gegenüber O beruht allerdings nur darauf, dass O und B eine verschuldensunabhängige Haftung vereinbart haben. Ohne diese haftungserweiternde Vereinbarung wäre B dem O mangels Verschuldens nicht haftbar gewesen. Ob der gutgläubige Fremdbesitzer dem Eigentümer gemäß §§ 991 Abs. 2, 989 für einen Zufallsschaden haftet, wenn er seinem Oberbesitzer für Zufallsschäden verantwortlich ist, ist umstritten.

1. Teilweise wird vertreten, dass der unmittelbare gutgläubige Besitzer eine Haftungserweiterung, die dem Oberbesitzer gegenüber besteht, auch im Verhältnis zum Eigentümer gegen sich gelten lassen müsse, also dem Eigentümer auch für Zufall einzustehen habe, weil der Haftungsrahmen des § 991 Abs. 2 sich aus dem Schuldverhältnis mit dem Dritten ergebe. Danach kann § 991 Abs. 2 gegenüber der Haftung aus §§ 989, 990 Abs. 1 eine Verschärfung bedeuten, weil zwischen dem unmittelbaren Besitzer und dem Oberbesitzer Zufallshaftung vereinbart ist.[769]

2. Nach der h.M. bedeutet die Verweisung in § 991 Abs. 2 auf § 989 („... den im § 989 bezeichneten Schaden"), dass das subjektive Moment des § 989, das Verschulden des Besitzers, auch für § 991 Abs. 2 gelte. Der unmittelbare Besitzer hafte daher auch im Rahmen des § 991 Abs. 2 immer nur für Verschulden. Für Zufall hafte der Besitzer dem Ei-

767 Grüneberg/Herrler § 991 Rn. 2.

768 Staudinger/Thole § 991 Rn. 21.

769 Erman/Ebbing § 991 Rn. 14; MünchKomm/Raff § 991 Rn. 12.

gentümer gegenüber nach § 991 Abs. 2 auch dann nicht, wenn er selbst dem mittelbaren Besitzer dafür verantwortlich ist.[770]

3. Der letztgenannten Ansicht ist zuzustimmen, da anderenfalls der gutgläubige unrechtmäßige Fremdbesitzer aufgrund einer Vereinbarung mit dem Oberbesitzer dem Eigentümer gegenüber schlechter gestellt wäre als der bösgläubige Besitzer, der nach § 990 Abs. 1 nur bei Verschulden haftet. E kann daher von B keinen Schadensersatz nach § 991 Abs. 2, 989 verlangen.

3. Abwandlung:

Der Mietvertrag zwischen O und B ist unwirksam. B beschädigt den Kopierer schuldhaft.

Anspruch E gegen B aus §§ 991 Abs. 2, 989 590

Der gutgläubige Fremdbesitzer haftet dem Eigentümer gemäß § 989, wenn er dem Oberbesitzer „verantwortlich" ist. B haftet O gegenüber nicht aus Vertrag. O hat gegen B auch keinen Anspruch aus § 823 Abs. 1, da O nicht Eigentümer ist und B auch nicht den Besitz des O verletzt hat. Es könnte daher an der Verantwortlichkeit des B fehlen.

Doch die Auslegung des Begriffs „verantwortlich" ergibt unter Berücksichtigung von Sinn und Zweck der Vorschrift des § 991 Abs. 2, dass es nicht darauf ankommt, dass der Oberbesitzer wegen der Verletzungshandlung tatsächlich einen durchsetzbaren Anspruch gegen den Besitzmittler hat.[771]

Vielmehr ist maßgebend, dass die im – vermeintlichen – Besitzmittlungsverhältnis bestehende Verantwortlichkeit zum Maßstab für die Haftung gegenüber dem Eigentümer erhoben wird. Es ist demnach zu fragen: Wäre der Besitzmittler dem Oberbesitzer gegenüber verantwortlich, wenn der Vertrag wirksam wäre? Bei Wirksamkeit des Vertrags würde B dem O aus § 280 Abs. 1 haften. B haftet somit auch E gemäß §§ 991 Abs. 2, 989 wegen der schuldhaften Beschädigung auf Schadensersatz.

---

b) Haftung des gutgläubigen Fremdbesitzers im Zwei-Personen-Verhältnis

Die Haftung des gutgläubigen Fremdbesitzers, der unmittelbar für den Eigentümer be- 591
sitzt, ist im EBV nicht ausdrücklich geregelt. Der gutgläubige Fremdbesitzer, der aufgrund eines unwirksamen Vertrags für den Eigentümer besitzt, weiß aber, dass er dem Eigentümer gegenüber grundsätzlich für eine schuldhafte Eigentumsverletzung verantwortlich ist, sodass die Regelung in § 993 Abs. 1 Hs. 2, wonach der gutgläubige Besitzer nicht zum Schadensersatz und zur Herausgabe von Nutzungen verpflichtet ist, nicht gelten kann. Es ist deshalb inzwischen anerkannt, dass ein gutgläubiger Fremdbesitzer,

770 Grüneberg/Herrler § 991 Rn. 3; Staudinger/Thole § 991 Rn. 15.

771 Schreiber Jura 1992, 356, 361; a.A. Staudinger/Thole § 991 Rn. 16; danach ist die Wirksamkeit des Besitzmittlungsverhältnisses Voraussetzung für die Anwendung des § 991 Abs. 2. Der Besitzer haftet aber unmittelbar gemäß § 823 Abs. 1, wenn er sein vermeintliches Besitzrecht überschreitet (Fremdbesitzerexzess).

der die Grenzen seines vermeintlichen Besitzrechts überschreitet, unmittelbar nach §§ 823 ff. auf Schadensersatz haftet (sog. **Fremdbesitzerexzess**).[772]

592 Ist jedoch in dem – unwirksamen – Vertrag mit dem Eigentümer eine Haftungsbeschränkung bzw. ein Haftungsausschluss vereinbart worden oder besteht für den Vertrag – im Falle der Wirksamkeit – eine gesetzliche Haftungsbeschränkung, so darf der Besitzer darauf vertrauen, dass er nur für die Eigentumsverletzungen verantwortlich ist, für die er auch im Falle der Wirksamkeit des Vertrags haften würde.

Für die Haftung des gutgläubigen Fremdbesitzers ist also die Frage zu stellen, ob er im Falle der Rechtmäßigkeit des Besitzes nach §§ 823 ff. haften würde oder nicht.

Fall 26: Bedienungsfehler an der Hobelmaschine

E vermietet dem Tischlermeister B eine Hobelmaschine für 6.500 € jährlich. Die Maschine wird geliefert und aufgestellt. Infolge eines fahrlässigen Bedienungsfehlers des bei B tätigen X (den B aber sorgfältig ausgesucht und ausreichend angewiesen und überwacht hat) wird die Maschine erheblich beschädigt. Nunmehr ficht B seine auf Abschluss des Mietvertrags gerichtete Willenserklärung wegen arglistiger Täuschung an. Schadensersatzansprüche des E gegen B, wenn die Anfechtung wirksam ist?

593 **A.** Ansprüche aus **§§ 280 Abs. 1, 535**

Vertragliche Ansprüche scheiden aus, da B seine Willenserklärung angefochten hat und der Mietvertrag daher rückwirkend nichtig ist, § 142 Abs. 1.

*Streng genommen müsste auch ein Anspruch aus **§§ 280 Abs. 1, 311 Abs. 2 Nr. 3, 241 Abs. 2** geprüft und – in diesem Fall – bejaht werden: Auch ein nichtiger Vertrag begründet ein Schuldverhältnis zwischen den Parteien mit Pflichten zur Rücksichtnahme,[773] die der vermeintliche Mieter auch verletzt. Allerdings wird ein Anspruch aus §§ 280 Abs. 1, 311 Abs. 2 – soweit ersichtlich – bei einem Fremdbesitzerexzess in Fallbearbeitungen und Kommentaren nicht geprüft.[774] Die Prüfung bei einem Fremdbesitzerexzess dürfte daher viele Prüfer „überraschen", ist aber eigentlich richtig.*

B. Anspruch aus **§§ 991 Abs. 2, 989**

B war gutgläubiger Fremdbesitzer. Er besaß aber nicht für einen vom Eigentümer verschiedenen Dritten, sondern für den Eigentümer. Es fehlt damit an der Voraussetzung des § 991 Abs. 2, wonach der Besitzer einem mit dem Eigentümer nicht identischen Oberbesitzer verantwortlich sein muss. Die unmittelbare Anwendung des § 991 Abs. 2 setzt ein dreigliedriges Verhältnis voraus, an dem der Eigentümer, der vom Eigentümer verschiedene mittelbare Besitzer und der unmittelbare Besitzer beteiligt sind. Daran fehlt es hier.

---

772 BGHZ 24, 188, 196; 46, 140, 146; Staudinger/Thole Vor §§ 987–993 Rn. 28 ff.; weitergehend Baur/Stürner § 11 Rn. 32, danach soll neben der Haftung aus § 823 auch eine Haftung gemäß § 991 Abs. 2 analog eintreten.

773 BGH WM 2005, 1998.

774 Vgl. bspw. Chandra-Hoppe JuS 2019, 965.

C. Ein Schadensersatzanspruch gemäß **§§ 992, 823 ff.** scheitert daran, dass B sich den Besitz nicht durch verbotene Eigenmacht oder eine Straftat verschafft hat.

D. Anspruch aus **§ 831 unmittelbar**

Da zwischen E und B ein Eigentümer-Besitzer-Verhältnis bestand und die Voraussetzungen des § 992 nicht vorliegen, ist bei wortgetreuer Anwendung des § 993 Abs. 1 Hs. 2 eine unmittelbare Anwendung der §§ 823 ff. nicht möglich.

B wäre dann als gutgläubiger Fremdbesitzer nicht zum Schadensersatz verpflichtet, obwohl er im Falle der Wirksamkeit des Vertrags für eine schuldhafte Beschädigung durch seinen Erfüllungsgehilfen (§ 278) aus § 280 Abs. 1 und u.U. auch gemäß §§ 823 ff. verantwortlich gewesen wäre. Die Ablehnung jeder Ersatzpflicht des B bei einem unwirksamen Vertrag ist somit nicht interessengerecht. Die heute h.M. nimmt daher an, dass eine Haftung nach §§ 823 ff. direkt besteht, wenn der Fremdbesitzer sein vermeintliches Besitzrecht überschreitet – **Fremdbesitzerexzess.**[775]

Somit ist B aus **§ 831** verpflichtet, E Schadensersatz zu leisten. Er kann sich jedoch exkulpieren.

E. Fraglich ist, ob neben der unmittelbaren Anwendung der §§ 823 ff. auch eine Haftung **entsprechend §§ 991 Abs. 2, 989** in Betracht kommt.

In der Lit. wird für den Exzess des gutgläubigen unrechtmäßigen Fremdbesitzers, auf den die Voraussetzungen des § 991 Abs. 2 nicht zutreffen, teilweise eine zusätzliche Haftung durch eine entsprechende Anwendung der §§ 991 Abs. 2, 989 befürwortet.[776]

Gegen eine analoge Anwendung von § 991 Abs. 2 spricht, dass er auf ein Drei-Personen-Verhältnis zugeschnitten ist und die Haftung des unmittelbaren Besitzers gegenüber dem Eigentümer an seine Haftung aus einem wirksamen Vertrag mit dem mittelbaren Besitzer anknüpft. Er kann daher nicht auf Zwei-Personen-Verhältnisse übertragen werden, in denen eine solche vertragliche Haftungsgrundlage gerade fehlt.[777]

Die alleinige Anwendung der §§ 823 ff. hat für den Geschädigten jedoch Nachteile. Der nach §§ 823 ff. Verpflichtete kann sich für seinen Verrichtungsgehilfen exkulpieren (§ 831), während der Besitzer im Rahmen der §§ 987 ff. für seinen Erfüllungsgehilfen gemäß § 278 ohne Exkulpationsmöglichkeit haftet. Dass der gutgläubige unberechtigte Fremdbesitzer im Drei-Personen-Verhältnis schärfer haften soll als der gutgläubige unberechtigte Besitzer im Zwei-Personen-Verhältnis, erscheint nicht gerechtfertigt.

Folgt man dieser Meinung, so haftet B entsprechend §§ 991 Abs. 2, 989, da er sich das Verschulden des X über § 278 zurechnen lassen muss.

---

775 Staudinger/Thole Vor §§ 987–993 Rn. 28 m.w.N; Grüneberg/Herrler § 993 Rn. 4; Roth JuS 2003, 937, 939.

776 Erman/Ebbing vor §§ 987–993 Rn. 47; Baur/Stürner § 11 Rn. 32.

777 Staudinger/Thole Vor §§ 987–993 Rn. 32.

3. Nutzungsersatzanspruch gegen den gutgläubigen unentgeltlichen Besitzer, § 988

Aufbauschema: Nutzungsersatzanspruch gegen den gutgläubigen unentgeltlichen Besitzer, § 988

I. Bestehen einer Vindikationslage im Zeitpunkt der Nutzung

II. Gutgläubigkeit des Besitzers (sonst Haftung nach §§ 987, 990 Abs. 1)

III. Unentgeltlichkeit der Besitzerlangung (str., ob analoge Anwendung bei rechtsgrundloser Besitzerlangung)

IV. Nutzung der Sache

V. **Rechtsfolge:** Herausgabe der vor Rechtshängigkeit gezogenen Nutzungen bzw. Wertersatz nach §§ 812 ff. (ab Rechtshängigkeit greift § 987 ein)

594 Gemäß § 988 haftet der gutgläubige unentgeltliche Besitzer auf Herausgabe von Nutzungen. Dahinter steckt der Gedanke, dass der unentgeltliche Erwerb nicht so schutzwürdig ist wie ein entgeltlicher Erwerb. Der Besitzer hat kein „Opfer" für den Erhalt der Sache erbracht.

*Der gleiche Gedanke steckt übrigens hinter **§ 816 Abs. 1 S. 2**, nach dem bei einer unentgeltlichen Verfügung, die dem Berechtigten gegenüber wirksam ist, der unentgeltliche Erwerber das aus der Verfügung Erlangte herausgeben muss. Auch nach **§ 822** ist ein unentgeltlicher Empfänger zur Herausgabe des Erlangten verpflichtet.*

a) Unentgeltlichkeit

595 **Unentgeltlich** erlangt ist der Besitz bei Überlassung durch den Eigentümer aufgrund eines unentgeltlichen Rechtsgeschäfts, also insbesondere aufgrund von Schenkung oder Leihe. Unentgeltlich ist nach h.M. aber auch ein eigenmächtiger Besitzerwerb durch den Besitzer, da er für die Besitzerlangung keine Gegenleistung zu erbringen braucht. Auch derjenige, der sich den Besitz durch verbotene Eigenmacht oder Straftat verschafft, haftet daher nach § 988 auf Herausgabe der Nutzungen.

Der deliktische Besitzer haftet auf Schadensersatz und Nutzungsherausgabe also nach §§ 992, 823 ff. und auf Herausgabe von Nutzungen zusätzlich nach § 988 (s. dazu schon oben Rn. 580).

Beispiele:[778]

1. Der Besitzer hat die Sache als vermeintlich derelinquierte Sache an sich genommen.

2. Der Besitzer hat die Sache als Scheinerbe an sich genommen. Der Scheinerbe hat gegenüber dem wahren Erben unentgeltlich erworben (beachte aber den speziellen Anspruch nach § 2020).

3. Der Besitzer, der entschuldbar eine Sache vertauscht oder verwechselt, erwirbt den Besitz unentgeltlich.

---

778 BeckOK/Fritzsche § 988 Rn. 8.

b) Entsprechende Anwendung von § 988

Die Vorschrift des § 988 gilt dem Wortlaut nach nur für den **Eigenbesitzer** und den Besitzer, dem ein **dingliches Nutzungsrecht** zusteht. Über den Wortlaut hinaus wird § 988 auch in weiteren Fällen entsprechend angewendet: **596**

aa) Obligatorisch Nutzungsberechtigter

Über den Wortlaut des § 988 hinaus findet die Vorschrift auch auf den unentgeltlichen Besitzer Anwendung, der glaubt, aufgrund eines **obligatorischen** Nutzungsrechts besitzberechtigt zu sein.[779] **597**

Beispiel: D stiehlt E einen Pkw und verleiht ihn an den gutgläubigen B. Hat E gegen B einen Anspruch auf Ersatz der Nutzung nach § 988?

B ist unrechtmäßiger gutgläubiger Besitzer, und zwar aufgrund des Leihvertrags vermeintlicher obligatorischer Nutzungsberechtigter. B hat den Besitz unentgeltlich aufgrund des Leihvertrags erlangt und muss daher dem Eigentümer die Nutzungen ersetzen.

bb) Rechtsgrundloser Besitzer

Nach § 988 muss der Besitzerwerb **unentgeltlich** erfolgt sein. Dies ist der Fall, wenn in einem (wirksamen oder unwirksamen) Vertrag vereinbart worden ist, dass für die Leistung kein Entgelt zu zahlen ist oder wenn sich der Besitzer den Besitz eigenmächtig verschafft hat. Umstritten ist, ob § 988 analog auch auf den **rechtsgrundlosen** Erwerb anzuwenden ist. **598**

Hat der gutgläubige Besitzer die Sache vom Eigentümer aufgrund eines unwirksamen Vertrags erhalten, so liegen eigentlich die Voraussetzungen der **Leistungskondiktion** gem. § 812 Abs. 1 S. 1 Var. 1 vor. Da die Regeln des Eigentümer-Besitzer-Verhältnisses jedoch auch den **Nutzungsersatzanspruch** abschließend regeln, ist umstritten, ob § 988 analog anzuwenden ist oder ausnahmsweise ein Rückgriff auf die §§ 812 ff. möglich sein soll. **599**

- Bei rechtsgrundlosem Besitzerwerb im **Zwei-Personen-Verhältnis** kommen beide Ansichten zu gleichen Ergebnissen, sodass der Streit keine Auswirkungen hat (dazu der nachfolgende Fall 27).
- Bei rechtsgrundlosem Besitzerwerb im **Drei-Personen-Verhältnis** wäre eine analoge Anwendung des § 988 unbillig, da der gutgläubige Besitzer, der eine Gegenleistung an einen Dritten erbracht hat, dem Eigentümer gegenüber schutzlos wäre (dazu das Beispiel unten Rn. 601).

Fall 27: Der geschäftsunfähige Veräußerer

A verkauft und übergibt B seinen Hof. B wird als Eigentümer in das Grundbuch eingetragen. B bewirtschaftet den Hof einige Jahre, dann stellt sich heraus, dass A geschäftsunfähig war. Auf Verlangen des Betreuers V des A gibt B das Grundstück zurück und erteilt eine Berichtigungsbewilligung, sodass A wieder als Eigentümer in das Grundbuch eingetragen wird. Der Betreuer V verlangt namens des A von B nunmehr auch noch die Herausgabe der Nutzungen.

---

779 BGHZ 71, 216, 225; Staudinger/Thole § 988 Rn. 4; Grüneberg/Herrler § 988 Rn. 2.

600 **Anspruch aus § 988?**

B war gutgläubiger Eigenbesitzer des Hofes, als er ihn bewirtschaftete. Es fehlt jedoch an einer unentgeltlichen Besitzübertragung, denn nach der zwischen A und B getroffenen Vereinbarung war die Besitzübertragung nicht als unentgeltlich, sondern als entgeltlich gewollt.

I. Man könnte daher meinen, dass hier ein Nutzungsanspruch nicht bestehe, da keine der Anspruchsgrundlagen des Eigentümer-Besitzer-Verhältnisses eingreift und § 993 Abs. 1 a.E. bestimmt, dass der redliche Besitzer „im Übrigen ... weder zur Herausgabe von Nutzungen noch zum Schadensersatz verpflichtet" sei.

II. Dieses Ergebnis wäre unbillig, wenn man sich Folgendes vergegenwärtigt: Veräußert der Eigentümer eine Sache und ist der schuldrechtliche Vertrag nichtig, die Übereignung aber wirksam, so liegt kein Eigentümer-Besitzer-Verhältnis vor. Der Veräußerer kann dann von dem Erwerber nach §§ 812 Abs. 1 S. 1 Var. 1, 818 Abs. 1 die Sache zuzüglich Nutzungen herausverlangen. Wenn dagegen auch die Übereignung unwirksam ist, so liegt ein Eigentümer-Besitzer-Verhältnis vor. Würde man hier dem Eigentümer einen Anspruch auf Herausgabe der Nutzungen versagen, dann stünde der Eigentümer schlechter, als wenn er sein Eigentum verloren hätte. Das wäre insbesondere dann unbillig, wenn der Grund für die Nichtigkeit von obligatorischem Geschäft und Übereignung gerade darin besteht, den Eigentümer zu schützen (wie z.B. im Fall seiner Geschäftsunfähigkeit!).

Ein solch unbilliges Ergebnis wird vermieden, wenn man entweder den rechtsgrundlosen Erwerb dem unentgeltlichen Erwerb gleichstellt und § 988 analog anwendet oder wenn man hier trotz der „Sperre" des § 993 Abs. 1 a.E. die Anwendbarkeit der §§ 812 ff. bejaht.

1. Nach der **Rspr.** ist der rechtsgrundlose Besitzerwerb dem unentgeltlichen Besitzerwerb gleichzustellen und daher § 988 analog anzuwenden.[780]

Es ist dabei gleichgültig, ob der Vertrag von vornherein unwirksam war oder erst nachträglich durch Anfechtung rückwirkend (§ 142) vernichtet wurde.[781]

Der Grund für die Gleichstellung von „unentgeltlich" und „rechtsgrundlos" liegt darin, dass die §§ 987 ff. nach der Rspr. eine erschöpfende Sonderregelung bzgl. der Nutzungsersatzansprüche des Eigentümers gegen den Besitzer enthalten, sodass der Rückgriff auf die allgemeinen Regeln des Bereicherungsrechts ausgeschlossen ist.

Danach haftet B über **§ 988** auf Herausgabe der Nutzungen nach dem Bereicherungsrecht.

2. Die **h.L. lehnt die Gleichstellung** des rechtsgrundlosen Besitzerwerbs mit dem unentgeltlichen Erwerb ab und wendet die **§§ 812 ff. unmittelbar** an.[782]

Dafür spricht, dass die Regeln über die Leistungskondiktion auf dem Gedanken beruhen, dass fehlgeschlagene Geschäfte nach den §§ 812 ff. rückabzuwickeln sind. Das

780 St.Rspr., erstmals RGZ 163, 348 ff.; BGH NJW 1995, 2627, 2628 m.w.N.

781 Vgl. BGH WM 1977, 893, 894.

782 BeckOK/Fritzsche § 988 Rn. 19; Staudinger/Thole § 988 Rn. 8, Vor §§ 987–993 Rn. 43 ff.; ferner Schreiber Jura 1992, 533, 534 und Roth JuS 2003, 937, 942.

muss auch dann gelten, wenn die Geschäfte nicht nur schuldrechtlich, sondern darüber hinaus auch dinglich fehlgeschlagen sind, d.h. nicht einmal Eigentum übergegangen ist.

3. In Zwei-Personen-Verhältnissen ergeben sich zwischen einer analogen Anwendung des § 988 und der unmittelbaren Anwendung der §§ 812 ff. daher keine Unterschiede. B haftet gemäß **§§ 812 Abs. 1 S. 1 Var. 1, 818 Abs. 1** auf Nutzungsersatz, sodass der Streit nicht entschieden werden muss.

Problematisch ist die analoge Anwendung des § 988, wenn der gutgläubige Besitzer die Sache **rechtsgrundlos** von einem Dritten erhalten hat. **601**

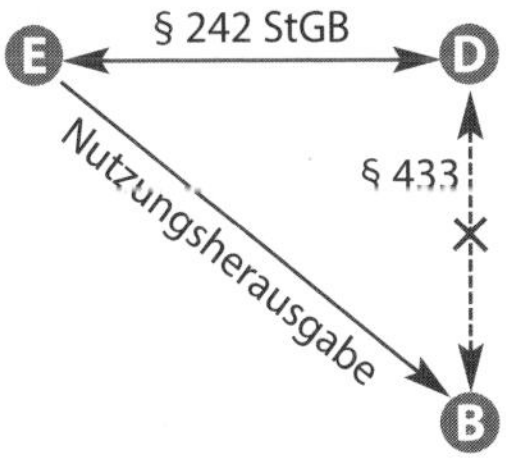

Beispiel: E wird ein Pkw gestohlen. Der Dieb D veräußert ihn unter Vorlage gefälschter Papiere für 8.000 € an den gutgläubigen B. Nach einem Jahr stellt sich bei einer Reparatur die Fälschung heraus. E erhält das Fahrzeug zurück. Er verlangt von B Nutzungsersatz, da B den Pkw als Vertreter täglich benutzt hat. Im Prozess stellt sich die Unwirksamkeit des Kaufvertrags zwischen D und B heraus.

I. Anspruch des E gegen B auf Nutzungsersatz aus § 988
1. Zwischen E und B bestand im Zeitpunkt der Nutzungen ein Eigentümer-Besitzer-Verhältnis. Da E der Wagen abhandengekommen war, konnte B nicht gutgläubig das Eigentum erwerben (§ 935). E war daher Eigentümer und B unrechtmäßiger Besitzer.
2. B ist gutgläubig.
3. Unentgeltlicher Besitzer?
a) B hat den Pkw von D käuflich erworben und dafür einen Kaufpreis entrichtet.
b) Doch da der Kaufvertrag mit D unwirksam ist, liegt ein **rechtsgrundloser** Besitzerwerb vor.
aa) Die Rspr., die im Zwei-Personen-Verhältnis den rechtsgrundlosen Erwerb dem unentgeltlichen gleichstellt, hat die Frage für das Drei-Personen-Verhältnis noch nicht entschieden.
bb) Nach überwiegender Ansicht der Lit. ist in den Fällen, in denen der Besitzer die Sache gegen Zahlung eines Entgelts von einem Dritten erworben hat, die Gleichstellung rechtsgrundlos = unentgeltlich nicht gerechtfertigt,[783] weil der Besitzer dann hinsichtlich seiner Aufwendungen für den Erwerb schutzlos bliebe. Durch eine Analogie zu § 988 würde der Schutz, den das EBV dem gutgläubigen Besitzer gewähren will, in sein Gegenteil verkehrt. Danach kann E von B mit der Lit. keinen Nutzungsersatz verlangen.
II. Auch ein unmittelbarer Anspruch des E gegen B auf Ersatz der Nutzungen gemäß §§ 812 Abs. 1 S. 1 Var. 2, 818 Abs. 1 kommt nicht in Betracht, weil B durch Leistung des D Besitz an der Sache erhalten hat und somit ein Erwerb in sonstiger Weise auf Kosten des E ausscheidet.

Abwandlung des Beispiels: B hat den Kaufpreis an D noch nicht entrichtet.

Es ist gerechtfertigt, in diesem Falle § 988 entsprechend anzuwenden, denn die Interessenlage des rechtsgrundlosen Besitzers ist mit der des unentgeltlichen Besitzers vergleichbar, und der Normzweck des § 988 deckt auch diese Fallgestaltung. Die Rechtslage entspricht dann der des § 816 Abs. 1 S. 2. Auch im Rahmen des § 816 Abs. 1 S. 2 ist eine Gleichstellung von unentgeltlich (= rechtsgrundlos) nach zutreffender Ansicht dann zu bejahen, wenn der Nichtberechtigte aufgrund eines unwirksamen Kausalgeschäfts verfügt und noch keine vermögenswerte Gegenleistung erlangt hat.[784]

---

783 BeckOK/Fritzsche § 988 Rn. 19.

784 BGHZ 37, 363.

c) Umfang des Nutzungsersatzanspruchs gemäß § 818 Abs. 1–3

602 § 988 enthält einen **Rechtsfolgenverweis** auf die **§§ 818 f.**, sodass der Besitzer sich unter anderem auch auf Entreicherung (§ 818 Abs. 3) berufen kann. Die bereicherungsrechtliche Haftung erstreckt sich allerdings nur auf vor Rechtshängigkeit oder Bösgläubigkeit gezogene Nutzungen. Danach haftet der Besitzer nach den §§ 987, 990 Abs. 1 ohne die Möglichkeit des Entreicherungseinwands.

603 Nach § 988 besteht die Verpflichtung, die Nutzungen herauszugeben. Da zu den Nutzungen auch die **Früchte** zählen, muss der gutgläubige Besitzer diese auch dann herausgeben, wenn er gemäß § 955 als gutgläubiger Eigenbesitzer das Eigentum daran erworben hat.

Beispiel: Der Hundezüchter A schenkt seinem Freund B eine wertvolle Hündin. Nachdem diese vier Jungtiere geworfen hat, bietet B diese in der Zeitung zum Kauf an. Nunmehr meldet sich E, dem die Hündin zuvor gestohlen worden war, wovon B keine Ahnung hatte. E verlangt Hündin und Jungtiere von B heraus.

I. Der Anspruch auf Herausgabe der Hündin ist gemäß § 985 begründet.
II. Anspruch auf Herausgabe der Jungtiere
1. Ein Anspruch aus § 985 kommt nicht in Betracht, da B gemäß § 955 das Eigentum an den Jungtieren erworben hat.
2. B muss die Jungtiere jedoch gemäß § 988 nach Bereicherungsrecht an den Eigentümer herausgeben: Zwischen E und B bestand bzgl. der Muttersache (Hündin) ein Eigentümer-Besitzer-Verhältnis. B war gutgläubig hinsichtlich seines Eigenbesitzes. Er hat die Muttersache unentgeltlich von dem Nichtberechtigten (A) erworben.
Da die Jungtiere Nutzungen i.S.d. §§ 100, 99 Abs. 1 sind, ist der Nutzungsersatzanspruch begründet.

604 Der Besitzer kann sich nach **§ 818 Abs. 3** auf **Entreicherung** berufen. Nach h.M. kann der unrechtmäßige Besitzer **alle mit dem Bereicherungsvorgang in einem unmittelbaren Zusammenhang stehenden Nachteile** absetzen.

Beispiel: E verkauft B notariell ein Grundstück mit einem Geschäftshaus und überträgt ihm den Besitz. Schon vor der Eigentumsumschreibung baut B das Geschäftshaus um und errichtet sechs Garagen. Sodann vermietet er das Geschäftshaus nebst Garagen für 5.000 € monatlich an M. Nach einem halben Jahr stellt sich heraus, dass der Kaufvertrag nichtig ist. B gibt das Grundstück an E heraus. E verlangt die erzielte Miete. B möchte die Baukosten ersetzt haben.
Anspruch des E auf Herausgabe der Nutzungen gemäß §§ 988, 818 Abs. 1?

I. B hat als gutgläubiger Eigenbesitzer das Grundstück rechtsgrundlos benutzt, indem er es vermietet hat.
II. Umfang des Nutzungsersatzanspruchs?
1. E kann nur den objektiven Wert der Gebrauchsvorteile für das von ihm überlassene Grundstück verlangen. **Werterhöhende** Investitionen des Besitzers dürfen bei der Bestimmung des objektiven Werts der Gebrauchsvorteile (= Nutzungen) nicht zugunsten des Eigentümers berücksichtigt werden.[785]
2. B kann von dem Nutzungsanspruch gemäß § 818 Abs. 3 alle Nachteile abziehen, die ihm im Zusammenhang mit dem Bereicherungsvorgang entstanden sind. Das ist bei Aufwendungen des Besitzers auf die Sache grundsätzlich der Fall. Ob er nach §§ 994 ff. vom Eigentümer Erstattung verlangen kann, ist für die Frage der Bestimmung des Umfangs seiner Verpflichtung zur Herausgabe von Nutzungen nach § 988 ohne Bedeutung. Unerheblich ist daher auch, ob der Anspruch des Besitzers auf Ersatz der Verwendungen fällig ist.[786]
Danach kommt es also nicht darauf an, ob es sich bei dem Umbau und der Errichtung der Garagen um notwendige oder nützliche Verwendungen (§§ 994, 996) handelte oder nicht. Diese Umbaukosten und

785 BGH NJW 1995, 2627, 2628.
786 BGH NJW 1998, 989, 991; JZ 1998, 685; WM 1998, 409, 411.

Garagen-Errichtungskosten stehen in einem inneren Zusammenhang mit der Nutzung der Sache durch Vermietung.

4. Herausgabe der Übermaßfrüchte gemäß § 993

Der gutgläubige Besitzer, der die Nutzungen nicht gemäß §§ 987, 988 herauszugeben hat, muss jedoch die nicht im Rahmen einer ordnungsgemäßen Wirtschaft gezogenen Früchte, die **Übermaßfrüchte**, nach den Regeln der ungerechtfertigten Bereicherung herausgeben. 605

Beispiel: V verpachtet an P ein Landgut, zu dem ein großer Wald gehört. Als die Holzpreise steigen, fällt P alle Bäume. Nunmehr stellt sich heraus, dass der Pachtvertrag unwirksam ist. V verlangt von P Wertersatz für die Bäume.

Der Anspruch auf Wertersatz ergibt sich aus §§ 993 Abs. 1 Hs. 1, 812, 818 Abs. 1 u. 2. Im Zeitpunkt der Fruchtziehung bestand zwischen V und P ein Eigentümer-Besitzer-Verhältnis, denn der Pachtvertrag war unwirksam. Das Fällen des gesamten Baumbestands ist als Ziehung von Übermaßfrüchten anzusehen (anders, wenn nur der schlagreife Bestand abgeholzt wird).

Beachte: *Der Anspruch ergibt sich in diesem Fall auch nicht etwa aus § 988 analog (vgl. dazu oben Rn. 598 ff.). Zwar liegt auch hier rechtsgrundloser Besitz des P vor, doch besitzt dieser nur obligatorisch aufgrund des vermeintlichen Pachtvertrags. § 988 findet unmittelbar aber nur auf den unentgeltlichen Eigenbesitzer bzw. den unentgeltlichen* ***dinglichen*** *Fremdbesitzer Anwendung. Der Anwendungsbereich wird zwar auch auf den unentgeltlich obligatorisch berechtigten Fremdbesitzer (z.B. Entleiher) ausgeweitet, nicht aber auf den entgeltlichen Fremdbesitzer (z.B. Mieter oder Pächter).*[787] *Wollte man § 988 auf den vorliegenden Pachtfall anwenden, läge eine doppelte Analogie vor, die § 993 Abs. 1 Hs. 1 jeden Anwendungsbereich nehmen würde.*

5. Einschränkung der Privilegierung beim Fremdbesitzerexzess

§ 993 verpflichtet auch den gutgläubigen Besitzer zur Herausgabe von Übermaßfrüchten. § 993 findet jedoch nur auf Früchte und nicht auf sonstige Nutzungen Anwendung. Zieht demnach der unrechtmäßige Besitzer Nutzungen, die ihm bei unterstellter Wirksamkeit des Besitzrechts gar nicht zugestanden hätten, soll er nicht besser stehen, als wenn das Besitzrecht wirksam gewesen wäre. Hier gilt der gleiche Gedanke der Durch brechung der Privilegierung des § 993 Hs. 2 wie beim Schadensersatz: Eine Haftungsprivilegierung nur wegen Unwirksamkeit des vermeintlichen Besitzrechts ist sachlich nicht zu rechtfertigen. Der Fremdbesitzer im Exzess haftet für Überschreitungen seines vermeintlichen Besitzrechts unmittelbar nach Delikts- und Bereicherungsrecht.[788] 606

787 Vgl. MünchKomm/Raff § 988 Rn. 3 f.

788 BeckOK BGB/Hau/Poseck § 993 Rn. 10.

Haftung des unrechtmäßigen Besitzers

Bösgläubiger Besitzer

- **Bösgläubigkeit**
  - Bösgläubig ist, wer beim Besitzerwerb wusste bzw. hätte wissen müssen, dass ihm kein Recht zum Besitz zusteht, oder wer später positive Kenntnis davon erlangt:
    - Für Hilfspersonen gilt § 166 Abs. 1 entsprechend;
    - beim Minderjährigen ist grundsätzlich die Bösgläubigkeit des gesetzlichen Vertreters erforderlich, es sei denn, der Minderjährige hat sich die Sache verschafft, dann § 828 entsprechend (str.);
    - für die Bösgläubigkeit des Erben gilt (str.):
    - Solange der Erbe nicht die tatsächliche Sachherrschaft ergreift, hat er gemäß § 857 nur die besitzrechtliche Stellung des Erblassers. Danach wird ihm die Bösgläubigkeit des Erblassers zugerechnet.
    - Sobald er die tatsächliche Sachherrschaft ergreift, bestimmt sich die Bösgläubigkeit nach seinen persönlichen Kenntnissen.
  - Für juristische Personen gilt: Das Wissen ihrer Organe wird gemäß § 31 analog zugerechnet.
- **Schadensersatz gemäß §§ 989, 990 Abs. 1**
  - Die Verletzungshandlung:
    - Beschädigung
    - Zerstörung
    - Veräußerung, Unmöglichkeit der Herausgabe
  - Schuldhaft: §§ 276, 278. Ist der Besitzer bösgläubig oder verklagt, so ist schon die vorwerfbare Unvorsichtigkeit als Verschulden anzusehen.
  - Umfang des Ersatzanspruchs:
    - Wertersatz bei Beschädigung, Zerstörung oder im Falle der Unmöglichkeit der Herausgabe
    - Entgangener Gewinn ist nach h.M. zu ersetzen
  - **Kein Vorenthaltungsschaden**
  - **Verjährung drei Jahre, § 195**
- **Verschärfte Verzugshaftung, §§ 990 Abs. 2, 286 ff.**
  - Verzug mit der Herausgabepflicht:
    - Mahnung erforderlich
    - zu vertreten; wird vermutet
  - Rechtsfolge:
    - §§ 280 Abs. 2, 286 Verspätungsschaden, hier also auch der Vorenthaltungsschaden
    - Haftung für Zufall, § 287
- **Nutzungsersatz, §§ 987, 990 Abs. 1**
  - Haftung auf **Herausgabe** oder **Wertersatz** für gezogene und schuldhaft nicht gezogene Nutzungen (§ 987 Abs. 2).
  - Nutzungen sind die unmittelbaren oder mittelbaren Sachfrüchte sowie die Gebrauchsvorteile (str. bei unternehmerischen Gewinn).
  - **Ausnahme:** Der bösgläubige Fremdbesitzer, der für einen Dritten besitzt, haftet nur, wenn auch der mittelbare Besitzer bösgläubig oder verklagt ist (§ 991 Abs. 1).

Verklagter Besitzer

- **Verklagt:** Rechtshängigkeit der Klage auf Herausgabe der Sache (Klageerhebung gemäß § 261 ZPO, also Zustellung der Klage, gemäß § 253 Abs. 1 ZPO – § 167 ZPO findet keine Anwendung).
- **Haftung** wie bösgläubiger Besitzer; **Unterschied:** § 990 Abs. 2 ist nicht anwendbar.
- Der gutgläubige Fremdbesitzer im Exzess haftet unmittelbar nach §§ 812 ff. auf Nutzungen, die er auch bei Wirksamkeit des Besitzrechts nicht hätte ziehen dürfen.

Deliktischer Besitzer

- Es muss eine **Besitzverschaffung gemäß § 992** vorliegen:
  - Eine Straftat, die den Besitz schützt, daher ist die Unterschlagung oder die Untreue, die während der Besitzzeit erfolgt, keine Straftat i.S.d. § 992.
  - Nach h.A. muss eine **schuldhaft** verbotene Eigenmacht vorliegen. § 992: Die schuldhaft verbotene Eigenmacht ist gegeben, wenn der Besitzer wusste bzw. infolge von Fahrlässigkeit nicht wusste, dass er den Besitz zu Unrecht entzieht.
    - Grundsätzlich weiß der Handelnde oder hätte wissen können, dass er nicht befugt ist, ohne Willen des Besitzers eine Sache an sich zu bringen.
    - Ausnahmen: Der Handelnde darf davon ausgehen, dass ihm die Besitzergreifung gestattet ist, oder es handelt sich um eine Sache, die sich bereits in seinem Besitz befindet.
- Der Handelnde muss eine schuldhafte rechtswidrige Eigentumsverletzung begangen haben. Nach h.M. enthält § 992 eine **Rechtsgrundverweisung**.
- § 823: Eine schuldhafte Eigentumsverletzung liegt vor, wenn der Besitzer beim Entzug oder später vom mangelnden Eigentum Kenntnis erlangt bzw. Kenntnis hätte nehmen können.
- §§ 992, 823 ff. umfassen die Herausgabe gezogener und den Ersatz vom Eigentümer nicht gezogener Nutzungen (nach h.M. sogar, wenn der Eigentümer die Nutzungen selbst nicht gezogen hätte).
- Nach h.M. besteht zudem ein Nutzungsersatzanspruch nach § 988, da auch der deliktische Besitz unentgeltlich ist.

Gutgläubiger Besitzer

- **Der gutgläubige und unverklagte Besitzer, der annimmt, Eigentümer zu sein, soll grundsätzlich nicht auf Schadens- oder Nutzungsersatz haften, § 993 Abs. 1 Hs. 2. Er darf mit der Sache nach Belieben verfahren. Ansprüche aus §§ 823 ff. bzw. §§ 812 ff. werden durch das EBV gesperrt.**
- **Ausnahmen:**
  - Der Eigentümer hat gegenüber dem **gutgläubigen Fremdbesitzer** jedoch einen Schadensersatzanspruch aus **§ 991 Abs. 2**, wenn dieser den Besitz einem Dritten mittelt und diesem Dritten gegenüber für einen von ihm verursachten Schaden verantwortlich wäre **(Fremdbesitzerexzess im Drei-Personen-Verhältnis)**.
  - Der Eigentümer hat gegenüber dem **gutgläubigen Fremdbesitzer** ausnahmsweise einen Schadensersatzanspruch unmittelbar aus **§§ 823 ff.**, wenn dieser unmittelbar für den Eigentümer besitzt und die Grenzen seines vermeintlichen Besitzrechts überschreitet **(Fremdbesitzerexzess im Zwei-Personen-Verhältnis)**.
  - Der Eigentümer kann auch von einem gutgläubigen Besitzer die **Übermaßfrüchte** nach § 993 Abs. 1 Hs. 1 herausverlangen.
  - Gemäß § 988 steht dem Eigentümer gegen den gutgläubigen Besitzer ein Bereicherungsanspruch hinsichtlich der von ihm gezogenen Nutzungen zu, wenn der Besitzer den Besitz **unentgeltlich** erlangt hat.
  - Nach § 988 analog kann der Eigentümer auch von einem rechtsgrundlosen Besitzer die Nutzungen ersetzt verlangen (a.A.: die §§ 812 ff. gelten in diesem Fall unmittelbar).

C. Die Gegenrechte des unrechtmäßigen Besitzers, §§ 994 ff.

607 Oft gibt ein unrechtmäßiger Besitzer – zumal wenn er sich gutgläubig für den Eigentümer hält – Geld für Reparaturen, Verbesserungen oder Umgestaltungen der Sache aus. Verlangt der Eigentümer die Sache nach § 985 heraus, kommen ihm diese Verwendungen zugute. Der unrechtmäßige Besitzer möchte in so einem Fall die von ihm getätigten Investitionen ersetzt haben, während der Eigentümer in der Regel allenfalls Instandsetzungsmaßnahmen bezahlen möchte, die noch wertsteigernd vorhanden und für ihn nützlich sind. Die §§ 994 ff. sollen für einen angemessenen Interessenausgleich Sorge tragen.

I. Anspruch des redlichen Besitzers auf Ersatz notwendiger Verwendungen, § 994 Abs. 1

Aufbauschema: Verwendungsersatzanspruch des redlichen Besitzers, § 994 Abs. 1
I. Bestehen einer Vindikationslage im Zeitpunkt der Verwendung
II. Redlichkeit des Besitzers (keine Bösgläubigkeit, keine Rechtshängigkeit)
III. Vornahme einer Verwendung
IV. Verwendung war notwendig
V. **Rechtsfolge:** Ersatz des objektiven Wertes der Verwendung (Kürzung um die gewöhnlichen Erhaltungskosten für die Zeit, in der dem Besitzer die Nutzungen verbleiben)

1. Verwendung

608 Verwendungen sind **freiwillige Aufwendungen** des Besitzers, die **der Sache zugutekommen**.

Beispiel: Der Besitzer repariert die Sache oder streicht sie an.

Werden Sachen des Besitzers zum Zwecke der Erhaltung, Verbesserung oder Wiederherstellung **eingefügt**, dann handelt es sich dabei um Verwendungen. Dies gilt unabhängig davon, ob der Besitzer mit der Einfügung das Eigentum an den eingefügten Sachen nach §§ 946 f. verloren hat oder nicht.[789]

Beispiel: Der Besitzer baut in das Auto einen neuen Motor oder eine neue Windschutzscheibe ein.

609 Der unrechtmäßige Besitzer muss die Maßnahmen nicht persönlich vornehmen. Er kann Dritte damit betrauen, sodass die **fremde Arbeitskraft** zur Durchführung der Maßnahme vom Verwendungsbegriff umfasst wird. Der unrechtmäßige Besitzer kann die Kosten, die ihm aufgrund eines Werkvertrags mit einem Dritten entstanden sind, als Verwendung geltend machen. Der unrechtmäßige Besitzer kann als Werkbesteller unstreitig Verwender sein.[790]

789 Belke JuS 1993, 295, 297 f.

790 Staudinger/Thole Vor §§ 994–1003 Rn. 20; Schwerdtner Jura 1988, 251, 254.

Umstritten ist allerdings, ob auch der Werkunternehmer – wenn er unrechtmäßiger Besitzer ist – als Verwender anzusehen ist. Von der h.M. wird dies bejaht (vgl. unten Fall 28, Rn. 624 f.).

Die **eigene Arbeitskraft** ist eine Verwendung, 610

- wenn dem Besitzer durch diese Arbeitsleistung ein anderweitiger Verdienst entgangen ist,[791]
- analog **§ 1877 Abs. 3** wenn die betreffende Arbeit in den Beruf oder das Gewerbe des Besitzers fällt[792] und
- nach der Rspr. sogar, wenn der Arbeitsleistung bei wertender Betrachtung ein objektiver Marktwert zukommt.[793]

Auch die **Transport-** bzw. **Aufbewahrungskosten zur Erhaltung der Sache** werden vom Verwendungsbegriff umfasst, nicht jedoch Transportkosten, die nur einem Ortswechsel dienen sollen, da sie nicht der Sache zugutekommen.[794] 611

Keine Verwendung ist der vom Besitzer an einen Dritten (z.B. an einen Dieb) gezahlte **Kaufpreis**, da dieser nicht der Sache zugutekommt.[795] 612

*Besonders umstritten ist, ob es sich bei Aufwendungen auf die Sache, die diese **grundlegend umgestalten**, um Verwendungen handelt. Dazu und zu den sich daraus ergebenden Konsequenzen unten Rn. 628 ff. und Fall 29 (Rn. 635 f.).* 613

2. Notwendigkeit

Notwendige Verwendungen sind die vermögenswerten Aufwendungen, die bei vernünftiger, wirtschaftlicher Betrachtungsweise – also objektiv – erforderlich sind, um die Sache in ihrem wirtschaftlichen Bestand einschließlich ihrer Nutzungsmöglichkeit zu sichern. Auch der Eigentümer hätte diese Maßnahmen zum Erhalt der Sache treffen müssen, hätte er diese im Besitz behalten. Die Maßnahmen hätten also auch sonst den Eigentümer treffen müssen und sie dienen nicht nur dem Sonderzweck des Besitzers.[796] 614

Nicht erforderlich ist ein fortdauernder Nutzen oder Erfolg der Maßnahme. Notwendig ist eine Maßnahme, die nach den zum Zeitpunkt ihrer Vornahme erkennbaren Umständen erforderlich war.[797]

Ersatzfähig sind grundsätzlich auch die **gewöhnlichen Lasten** sowie die **gewöhnlichen Erhaltungskosten**, §§ 994 Abs. 1 S. 1, 995 S. 1. Das sind die zur Erhaltung der Sache erforderlichen, regelmäßig wiederkehrenden Ausgaben.[798] 615

791 Staudinger/Thole Vor §§ 994–1003 Rn. 12.
792 MünchKomm/Raff § 994 Rn. 23.
793 BGHZ 131, 220, 225; Grüneberg/Herrler § 994 Rn. 2.
794 Grüneberg/Herrler § 994 Rn. 2.
795 BGH NJW 1980, 2245, 2247.
796 BGH NJW-RR 1996, 336; Grüneberg/Herrler § 994 Rn. 5; a.A. Haas AcP 176 (1976), 1, 3.
797 BGH NJW 1996, 921; MünchKomm/Raff § 994 Rn. 39.
798 MünchKomm/Raff § 994 Rn. 51; Staudinger/Thole § 994 Rn. 17.

Gewöhnliche Erhaltungskosten sind demnach z.B.

- bei **Fahrzeugen**: Inspektion, Ölwechsel, Reifenerneuerung;
- bei **Tieren**: die Fütterungskosten, die Kosten für die Stallung;
- bei **Maschinen**: die Kosten für besonders beanspruchte Ersatzteile, regelmäßig wiederkehrende Reinigungskosten usw.[799]

Nicht mehr als gewöhnliche Erhaltungskosten sind Instandsetzungen anzusehen, die über die laufende Abnutzung hinausgehende Schäden betreffen, z.B. die Ausbesserung schwerer Unfallschäden an einem Kfz oder die erhebliche Ausbesserung einer Hausfassade.

616 Gemäß § 994 Abs. 1 S. 2 sind dem Besitzer jedoch die gewöhnlichen Erhaltungskosten und gemäß § 995 S. 2 die gewöhnlichen Lasten für die Zeit, für welche ihm die Nutzung verbleibt, nicht zu ersetzen. Der **gutgläubige** und **unverklagte** Besitzer kann in aller Regel die gewöhnlichen Erhaltungskosten und Lasten daher **nicht** ersetzt verlangen, da er nicht verpflichtet ist, die Nutzungen herauszugeben. Etwas anderes gilt nur, wenn er (ausnahmsweise) die Nutzungen herausgeben muss, wie z.B. bei unentgeltlichem Besitzerwerb (§ 988).

Der Gedanke dieser Regelung ist: Wenn dem Besitzer der Gebrauchsvorteil der Sache verbleibt, dann soll er nicht auch noch zusätzlich die gewöhnlichen Kosten der Benutzung ersetzt verlangen können, denn dann stünde er besser, als wenn er tatsächlich ein Recht zum Besitz gehabt hätte.

617

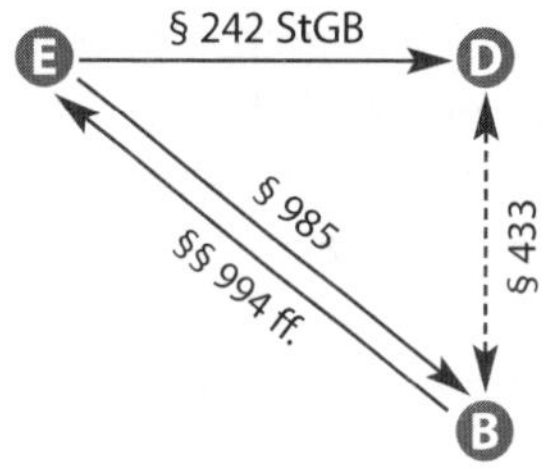

Beispiel: D veräußert im November an B einen dem E gestohlenen Mähdrescher. Der gutgläubige B lässt einen stärkeren Motor einbauen, die schadhaften Keilriemen, Antriebsketten, Zahnräder erneuern und den Mähdrescher mit einer Rostschutzfarbe anstreichen. Außerdem bringt er ein Sonnendach an. Nach Abschluss der Arbeiten im März verlangt E den Mähdrescher heraus, B Erstattung seiner Kosten.

Gegenüber dem Herausgabeanspruch des Eigentümers gemäß § 985 steht dem Besitzer B ein **Zurückbehaltungsrecht** gemäß § 1000 unter den Voraussetzungen der §§ 994 ff. zu.

I. B war **gutgläubiger Eigenbesitzer** und kann gemäß § 994 Abs. 1 die notwendigen Verwendungen ersetzt verlangen, doch muss er davon die gewöhnlichen Erhaltungskosten selbst tragen, sofern ihm die **Nutzungen** verbleiben.

1. Da B den Mähdrescher aufgrund eines **entgeltlichen** Vertrags von D erhalten hat und gutgläubig war, ist er dem Eigentümer **nicht** zur Herausgabe von Nutzungen gemäß § 988 verpflichtet.

2. Doch da der B während seiner Besitzzeit von November bis März den Mähdrescher überhaupt nicht nutzen konnte, ist es zweifelhaft, ob er die **Erhaltungskosten** tragen muss.

Nach h.M. kommt es nur darauf an, ob dem Besitzer die Nutzungen nach der Rechtsordnung verbleiben. Unerheblich ist, ob er tatsächlich die Nutzungen gezogen hat.[800]

Erforderlich ist allerdings, dass er die Nutzungen auch tatsächlich ziehen konnte. Insofern kommt es auf eine **objektive** Nutzungsmöglichkeit an.[801] Der Besitzer kann also die gewöhnlichen Erhaltungskosten als notwendige Verwendung ersetzt verlangen, wenn die Sache überhaupt keine Nutzung abwirft.[802]

---

799 Grüneberg/Herrler § 994 Rn. 7; Staudinger/Thole § 994 Rn. 17.

800 Staudinger/Thole § 994 Rn. 18.

801 Staudinger/Thole § 994 Rn. 19.

802 OLG Kassel OLGE 41, 160, 162: Fütterung eines Fohlens vor dessen Arbeitsfähigkeit; a.A. Staudinger/Thole § 994 Rn. 19.

Da von November bis März für einen Mähdrescher keine Nutzungsmöglichkeit besteht, kann B die notwendigen Verwendungen – einschließlich der gewöhnlichen Erhaltungskosten – ersetzt verlangen.
II. Durch den Einbau des stärkeren Motors und das Anbringen des Sonnendachs werden die Gebrauchsfähigkeit sowie der Wert des Mähdreschers erhöht. Es handelt sich dabei um **nützliche** Verwendungen, die dem gutgläubigen Besitzer gemäß § 996 zu ersetzen sind.
B steht somit ein Zurückbehaltungsrecht wegen der gemachten Verwendungen gemäß §§ 1000, 994 Abs. 1, 996 zu.

II. Anspruch des redlichen Besitzers auf Ersatz nützlicher Verwendungen, § 996

Aufbauschema: Verwendungsersatzanspruch des redlichen Besitzers, § 996
I. Bestehen einer Vindikationslage im Zeitpunkt der Verwendung
II. Redlichkeit des Besitzers (keine Bösgläubigkeit, keine Rechtshängigkeit)
III. Vornahme einer Verwendung
IV. Nützlichkeit der Verwendung
V. Rechtsfolge: Ersatz des objektiven Wertes der Verwendung

Nützliche Verwendungen sind alle Vermögensaufwendungen auf die Sache, die deren Wert steigern und/oder die Gebrauchsfähigkeit erhöhen. Es sind also nicht die tatsächlichen Kosten der vermögenswerten Maßnahme entscheidend, sondern die tatsächlich **eingetretene Wertsteigerung**, die für den Eigentümer **nützlich** ist.[803] 618

- Nach e.A. wird darauf abgestellt, inwieweit die Verwendung gerade für den Eigentümer – **subjektiv** – vorteilhaft ist.[804] Der Eigentümer solle keinen Verwendungsersatz für Verwendungen leisten müssen, die ihm nicht nützen.

- Nach wohl h.M. ist jedoch der – **objektive** – Verkehrswert entscheidend.[805] Beim Verwendungsersatzanspruch müsse das Entschädigungsinteresse des Besitzers beachtet werden. Der Eigentümer sei bei einem gutgläubigen und unverklagten Besitzer nicht einmal vor einer Zerstörung der Sache geschützt. Außerdem stelle § 994 Abs. 2 durch den Verweis auf die GoA auf das Interesse des Eigentümers ab. Im Umkehrschluss könne es bei § 994 Abs. 1 deshalb nur auf den objektiven Wert ankommen.

Beispiel:[806] Der redliche B dressiert den Wachhund des E mit hohen Kosten. Ein Zirkus würde für den Hund einen hohen Preis zahlen. E ist jedoch Bauer und braucht den Hund nur zur Bewachung. Objektiv ist eine erhebliche Wertsteigerung des Hundes eingetreten, während die Dressur subjektiv für E keinen Nutzen hat.

Nicht ersatzfähig sind demgegenüber sog. Luxusaufwendungen. Dabei handelt es sich im Regelfall um Verschönerungsmaßnahmen bzw. Anbringung von Prestigeobjekten. Bzgl. dieser Verwendungen steht dem unrechtmäßigen Besitzer jedoch ggf. gemäß § 997 Abs. 1 ein Wegnahmerecht zu. 619

803 BGH NJW 1980, 833, 835; OLG Celle NJW-RR 1995, 1527; Grüneberg/Herrler § 996 Rn. 1.
804 BeckOK/Fritzsche § 996 Rn. 8; Grüneberg/Herrler § 996 Rn. 2.
805 Staudinger/Thole § 996 Rn. 5 m.w.N.
806 Beispiel von Medicus BR Rn. 879.

III. Wegnahmerecht des Besitzers, § 997

620 Das Wegnahmerecht nach § 997 bietet dem Besitzer die Möglichkeit, den Beschränkungen bei der Geltendmachung seiner Verwendungsersatzansprüche zu entgehen. Er kann eine Sache, die er mit der Hauptsache des Eigentümers als **wesentlichen Bestandteil** verbunden hat, abtrennen und sich aneignen.

621 Der Eigentümer kann die Wegnahme gemäß § 997 Abs. 2 dadurch **abwenden**, dass er dem Besitzer den Wert ersetzt, den der Bestandteil nach der Wegnahme haben würde. Eine Wegnahme ist daher auch ausgeschlossen, wenn der Bestandteil für den Besitzer keinen Nutzen hätte, also wertlos wäre.

Ist eine Sache, die der Besitzer mit der Hauptsache des Eigentümers verbunden hat, nicht wesentlicher Bestandteil geworden, bedarf es keines Wegnahmerechts des Besitzers, da ihm der Eigentumsherausgabeanspruch aus § 985 zusteht.

Kommt es zu einer Wegnahme, trägt der Besitzer gemäß **§§ 997 Abs. 1 S. 2, 258** die Kosten der Wegnahme und die Kosten, die erforderlich sind, um die Sache des Eigentümers wieder in den Zustand vor Vornahme der Verwendungen zu versetzen.

IV. Verwendungsersatzanspruch des bösgläubigen oder verklagten Besitzers, § 994 Abs. 2

622 § 994 Abs. 2 verweist für Verwendungsersatzansprüche des bösgläubigen oder verklagten Besitzers auf die **GoA**. Dabei handelt es sich um eine **partielle Rechtsgrundverweisung**: Die Voraussetzungen der GoA müssen prinzipiell vorliegen, bis auf den Fremdgeschäftsführungswillen, da ansonsten die Verweisung praktisch kaum zu einem Anspruch führen würde.

Aufbauschema: Verwendungsersatzanspruch des bösgläubigen/verklagten Besitzers, § 994 Abs. 2

I. Bestehen einer Vindikationslage im Zeitpunkt der Verwendung

II. Bösgläubigkeit des Besitzers oder Rechtshängigkeit des Herausgabeanspruchs

III. Vornahme einer Verwendung

IV. Verwendung war notwendig

V. Voraussetzungen der GoA (insbesondere § 683 S. 1):

- **1.** Verwendung entspricht objektiv dem Interesse des Eigentümers
- **2.** Verwendung entspricht subjektiv dem tatsächlichen oder mutmaßlichen Willen des Eigentümers

VI. Rechtsfolge: Ersatz des Wertes der Verwendung, § 670
Falls Voraussetzungen des § 683 S. 1 nicht vorliegen: Herausgabe einer Bereicherung des Eigentümers nach §§ 684, 812

- Der **Bösgläubige** oder **Verklagte** erhält gemäß § 994 Abs. 2 die **notwendigen** Verwendungen nach den Regeln der GoA ersetzt, wenn sie dem Interesse und dem tatsächlichen oder mutmaßlichen Willen des Eigentümers entsprechen.

- Sind die Verwendungen **nicht interessen- und willensgemäß**, so kann der bösgläubige Besitzer Ersatz der Verwendungen gemäß §§ 994 Abs. 2, 684 nach den Regeln des Bereicherungsrechts verlangen (Rechtsfolgenverweis).
- Der bösgläubige oder verklagte Besitzer erhält regelmäßig auch die **gewöhnlichen Erhaltungskosten und Lasten** ersetzt, da ihm die Nutzungen der Sache gerade nicht verbleiben (§§ 987, 990).
- Hat der Besitzer mit der Sache eine andere Sache als **wesentlichen Bestandteil verbunden**, so kann er sie abtrennen und sich aneignen, es sei denn, es liegt ein Ausschlussgrund gemäß § 997 Abs. 2 vor.

Zum Verwendungsersatzanspruch des gut- bzw. bösgläubigen Besitzers folgender Grundfall: **623**

Fall 28: Verwendungen auf den Lkw

V verkauft K einen gebrauchten Lkw. K, der Automechaniker ist, erneuert die Bremsbeläge, tauscht einen schadhaften Reifen aus, baut ein Radio ein und bringt einen verchromten Kühlergrill an. Nach einem halben Jahr stellt sich heraus, dass das Fahrzeug E gestohlen worden war. K waren gefälschte Papiere vorgelegt worden; er hatte keine Anhaltspunkte für den Diebstahl. K gibt den Lkw an E heraus. Die Radioanlage ist defekt. K verlangt Verwendungsersatz.

I. Anspruch aus **§ 994 Abs. 1** auf Ersatz der **notwendigen Verwendungen** (Bremsbeläge und Reifen) **624**

1. Es bestand im Zeitpunkt der Maßnahmen des K ein EBV. K war unrechtmäßiger Besitzer und E war Eigentümer, da ihm der Lkw abhandengekommen war (§ 935).

2. Nach § 994 Abs. 2 bestimmen sich die Ansprüche des bösgläubigen oder verklagten Besitzers nach den Vorschriften über die GoA. Daraus ergibt sich im Umkehrschluss, dass § 994 Abs. 1 voraussetzt, dass der Besitzer gutgläubig und unverklagt ist. Bei K war dies der Fall.

3. Bei der Erneuerung der Bremsbeläge und dem Austausch des schadhaften Reifens handelt es sich um notwendige Verwendungen. Diese Maßnahmen waren zur Erhaltung des Lkw objektiv erforderlich.

Nach OLG Celle[807] sind jedoch Verwendungen zur „Runderneuerung" eines altersschwachen Pkw, die dessen Fahrtüchtigkeit erst wiederherstellen, keine notwendigen Verwendungen. Dies ist sicher dann zutreffend, wenn es wirtschaftlich sinnvoller ist, das Fahrzeug zu verschrotten.

4. Von den notwendigen Verwendungen sind gemäß § 994 Abs. 1 S. 2 die gewöhnlichen Erhaltungskosten insoweit abzuziehen, als dem Besitzer die Nutzungen verbleiben.

a) Da K den Lkw aufgrund eines entgeltlichen Vertrags von V erhalten hat und gutgläubig war, ist er E nicht zur Herausgabe der Nutzungen gemäß § 988 verpflichtet.

b) Gewöhnliche Erhaltungskosten sind regelmäßig wiederkehrende Verwendungen, also die unter Berücksichtigung der Verkehrsanschauung voraussehbaren, regelmäßig

807 NJW-RR 1995, 1527.

wiederkehrenden Aufwendungen zur laufenden Unterhaltung der Sache (vgl. oben Rn. 615).

Hier gehören beide Maßnahmen, die Erneuerung der Bremsbeläge und der Austausch des Reifens, zu den gewöhnlichen Erhaltungskosten. Die darauf beruhenden Kosten sind K für die Zeit, in der ihm die Nutzungen verbleiben, d.h. für ein halbes Jahr, nicht zu ersetzen. Von den Kosten ist daher ein Abzug für die Nutzungsdauer vorzunehmen.

5. Der Anspruch ist gemäß § 1001 fällig geworden, da E den Lkw zurückerhalten hat.

II. Anspruch aus **§ 996** auf Ersatz der **nützlichen Verwendungen** (Radio)

1. Im Zeitpunkt des Einbaus des Radios bestand ein EBV.

2. Der Einbau des Radios ist eine nützliche Verwendung.

3. K war bei Einbau gutgläubig und unverklagt.

4. Ein Verwendungsersatzanspruch für den Einbau des Radios besteht aber nicht, weil dieses bei Herausgabe an K defekt und daher nicht mehr wertsteigernd vorhanden war.

III. Die Anbringung eines verchromten Kühlergrills ist weder eine notwendige noch eine nützliche Verwendung, sondern nur eine Luxusverwendung. Ein Verwendungsersatzanspruch besteht insoweit nicht.

IV. Ein Anspruch aus **§§ 951 Abs. 1 S. 1, 812** besteht schon deswegen nicht, weil die §§ 994 ff. nach h.M. eine abschließende Sonderregelung bzgl. der Verwendungsersatzansprüche des unrechtmäßigen Besitzers gegenüber dem Eigentümer darstellen (dazu ausführlich gleich unter Rn. 632).[808]

Nach a.A. ist § 951 neben §§ 994 ff. anwendbar, wie sich aus dem Wortlaut des § 951 Abs. 2 ergebe. Die §§ 994 ff. regelten nur Verwendungen, die der Eigentümer dem Besitzer ersetzen muss, um trotz § 1000 seine Sache zu erhalten. Demgegenüber regelten die §§ 951, 812 die davon zu unterscheidende Frage, ob der Eigentümer die durch die Verwendungen bewirkte Wertsteigerung seiner Sache ersatzlos behalten dürfe.[809]

Für die h.M. spricht neben dem Wortlaut des § 996 („nur insoweit") auch die Erwägung, dass durch den Rückgriff auf §§ 951, 812 das differenzierte Ersatzsystem der §§ 994, 996 unterlaufen würde.

V. Nach **§ 997 Abs. 1** besteht ein Wegnahmerecht für Verwendungen, wenn sie mit der herauszugebenden Sache als wesentlicher Bestandteil verbunden worden sind. Wesentliche Bestandteile sind gemäß § 93 solche, die von der Sache nicht getrennt werden können, ohne dass die eine oder andere zerstört oder in ihrem Wesen verändert wird. Keine der von K gemachten Verwendungen ist wesentlicher Bestandteil des Lkw geworden. Bremsbeläge und Reifen sind lediglich einfache Bestandteile.[810] Bei dem Radio und dem Kühlergrill handelt es sich um Zubehör i.S.d. § 97.

VI. Da die eingebauten Sachen nicht wesentliche Bestandteile des Lkw geworden sind, hat K das Eigentum an ihnen nicht gemäß § 947 Abs. 2 verloren. Er kann nach **§ 985** He-

808 BGH NJW 1996, 52 f.; Grüneberg/Herrler Vor § 994 Rn. 15; Staudinger/Thole Vor § 994 Rn. 43; Roth JuS 1997, 1087, 1089, 1090.

809 Canaris JZ 1996, 344, 346 f.; MünchKomm/Medicus, 4. Aufl., § 996 Rn. 9 ff.; anders inzwischen MünchKomm/Raff § 996 Rn. 13 ff.

810 Grüneberg/Grüneberg § 93 Rn. 8.

rausgabe verlangen. Dieser Anspruch ist entsprechend § 997 Abs. 2 zu beschränken. Da K nach § 994 Abs. 1 S. 2 für die Bremsbeläge und den Reifen als gewöhnliche Erhaltungskosten keinen Ersatz verlangen kann, besteht insoweit auch kein Herausgabeanspruch. K kann das Radio und den Kühlergrill herausverlangen, ist dann aber gemäß §§ 997 Abs. 1 S. 2, 258 zur Wiederherstellung des vor dem Einbau bestehenden Zustands verpflichtet.

Abwandlung: K ist bösgläubig.

I. K kann als bösgläubiger Besitzer notwendige Verwendungen nur nach den **§§ 994 Abs. 2, 677 ff.** ersetzt verlangen. 625

1. Die Erneuerung der Bremsen und der Austausch des Reifens sind notwendige Verwendungen. § 994 Abs. 2 ist nach h.M. partielle Rechtsgrundverweisung auf die Geschäftsführung ohne Auftrag, sodass deren Voraussetzungen vorliegen müssen. Allerdings ist ein Fremdgeschäftsführungswille entbehrlich, da der Eigenbesitzer sonst nach § 994 Abs. 2 nie Ersatz verlangen könnte.[811]

2. Diese Maßnahmen entsprechen dem Interesse und dem mutmaßlichen Willen des E, § 683 (anderenfalls: §§ 684, 812).

3. K kann nach § 670 Ersatz der tatsächlichen Aufwendungen verlangen. Für den Anspruch aus §§ 994 Abs. 2, 677 ff. gilt § 994 Abs. 1 S. 2 entsprechend.[812] Soweit dem Besitzer die Nutzungen verbleiben, kann er also die gewöhnlichen Erhaltungskosten nicht ersetzt verlangen. Als bösgläubiger Besitzer ist K jedoch nach §§ 987, 990 zum Nutzungsersatz verpflichtet.

K kann zwar die notwendigen Verwendungen in vollem Umfang ersetzt verlangen, da er aber auch Nutzungsersatz leisten muss, steht er im Ergebnis nicht besser als im Falle der Gutgläubigkeit.

II. Dem bösgläubigen Besitzer K steht ein Ersatzanspruch für nützliche Verwendungen nicht zu (§ 996).

III. Das Wegnahmerecht aus § 997 Abs. 1 und der Herausgabeanspruch aus § 985 bestehen unabhängig von der Gut- oder Bösgläubigkeit des Besitzers.

V. Begrenzungen und Erweiterungen des Verwendungsersatzanspruchs

1. Begrenzung beim gutgläubigen Fremdbesitzer

Der unrechtmäßige gutgläubige **Fremdbesitzer**, der mit dem Eigentümer im – unwirksamen – Vertrag eine Verwendungsersatzabrede getroffen hat oder im Falle der Recht- 626

811 Ganz h.M., vgl. BeckOK § 994 Rn. 61.

812 Grüneberg/Herrler § 994 Rn. 8.

mäßigkeit des Besitzes kraft Gesetzes nicht alle Verwendungen ersetzt erhält, kann Verwendungen nur im „vereinbarten" oder gesetzlich bestimmten Umfang geltend machen. Er kann als unrechtmäßiger Besitzer nicht besser stehen als im Falle der Rechtmäßigkeit des Besitzes.

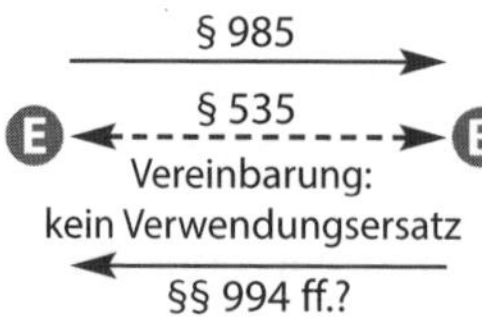

Beispiel: E vermietete B eine Drehbank für fünf Jahre. Mit Rücksicht auf den günstigen Mietpreis wurde bestimmt, dass Verwendungen nicht ersetzt werden. Als die Drehbank sechs Monate nach Überlassung wegen eines Getriebeschadens nicht mehr funktionierte, ließ B das defekte Getriebe durch ein neues ersetzen. Kurz darauf stellte sich heraus, dass der Mietvertrag unwirksam war. B gibt die Drehbank an E zurück und verlangt die Instandsetzungskosten.

Anspruch des B gegen E gemäß §§ 994 Abs. 1, 1001
I. Die Tatbestandsvoraussetzungen des § 994 Abs. 1 sind erfüllt: B hat als gutgläubiger Fremdbesitzer notwendige Verwendungen gemacht.
II. Der Anspruch ist gemäß § 1001 S. 1 fällig geworden, da B die Drehbank zurückgegeben hat.
III. E muss B die Verwendungen ersetzen. Fraglich ist, in welchem Umfang der Anspruch besteht.
1. Nach der h.M.[813] kann der gutgläubige Fremdbesitzer die Verwendungen nur in dem Umfang ersetzt verlangen, wie er sie auch als rechtmäßiger Besitzer beanspruchen könnte. Der unrechtmäßige Besitzer darf bzgl. der Verwendungen nicht besser gestellt werden, als er im Fall der Rechtmäßigkeit gestanden hätte. Allerdings ist zu berücksichtigen, dass B als rechtmäßiger Besitzer auch das Recht gehabt hätte, die Mietsache fünf Jahre lang zu nutzen. Die Verwendungen sind dem Besitzer nur insoweit zu ersetzen, wie sie den Wert der Nutzungsmöglichkeit übersteigen. Da hier B schon kurz nach Ablauf eines halben Jahres bei einer vorgesehenen Vertragsdauer von fünf Jahren die Sache herausgeben musste, kann er anteilig Ersatz der Verwendungen verlangen.
2. Die Gegenansicht[814] lehnt eine Beschränkung des Verwendungsersatzanspruchs des Fremdbesitzers ab. Der Besitzer mache die Verwendungen, um die Sache aufgrund seines vermeintlichen Besitzrechts selbst nutzen zu können. Wenn sich diese Erwartung zerschlage, gäbe es keinen Grund für eine Beschränkung des Verwendungsersatzes.

2. Erweiterung beim Nicht-mehr-berechtigten Besitzer?

627 Grundsätzlich ist für die Anwendung der §§ 994 ff. eine Vindikationslage im Zeitpunkt der Verwendung erforderlich.

- Die Rspr. und ein Teil der Lit. bejahen die Anwendbarkeit der §§ 994 ff. auch für den Fall, dass der Besitzer zunächst **rechtmäßiger** Besitzer war, jedoch bis zum Zeitpunkt des Herausgabeverlangens **unrechtmäßiger** Besitzer geworden ist. Ein zunächst berechtigter Besitzer dürfe nicht schlechter stehen als ein Besitzer, dem von Anfang an das Besitzrecht fehle (sog. **Nicht-mehr-berechtigter Besitzer**).[815] Ausreichend sei eine Vindikationslage im Zeitpunkt des Herausgabeverlangens. Dies gilt allerdings nur, wenn das das Besitzrecht begründende Rechtsverhältnis Ansprüche auf Verwendungsersatz nicht abweichend regelt.

- Die überwiegende Lit. lehnt dies ab und befürwortet eine Abwicklung nach Bereicherungs- oder Deliktsrecht.[816] Die Privilegierungen des gutgläubigen Besitzers pas-

813 BGH NJW 1979, 716; Grüneberg/Herrler Vorbem. v. § 994 Rn. 5; Baur/Stürner § 11 Rn. 56; Staudinger/Thole Vor §§ 994 bis 1003 Rn. 36 ff.

814 MünchKomm/Raff § 994 Rn. 67.

815 BGHZ 34, 122, 132; BGH NJW 1995, 2627, 2628; NJW 2002, 1050, 1052.

816 BeckOK/Fritzsche § 987 Rn. 14; Erman/Ebbing Vor §§ 987–993 Rn. 8; Grüneberg/Herrler Vorbem. v. §§ 994 ff. Rn. 2; Volzmann JA 2005, 264, 267 m.w.N.

sen – wie dargestellt, vgl. Rn. 533 – schon auf den Fremdbesitzer nicht und werden auf das Maß des vermeintlichen Besitzmittlungsverhältnisses beschränkt. Erst recht dürften die §§ 994 ff. daher nicht auf einen im Zeitpunkt der Vindikation berechtigten Besitzer angewandt werden.

VI. Konkurrenzen und Sonderprobleme

1. Konkurrenz zu §§ 951, 812 bei Umgestaltungsaufwendungen

Verwendungen sind grundsätzlich **freiwillige Aufwendungen** des Besitzers, die **der Sache zugutekommen**. Ob jedoch alle Maßnahmen, die der Sache irgendwie zugutekommen, vom Verwendungsbegriff umfasst werden, ist umstritten: 628

- Nach dem **engen Verwendungsbegriff** der Rspr. sind Verwendungen alle Maßnahmen, die darauf abzielen, den Bestand der Sache zu **erhalten, wieder herzustellen oder zu verbessern, ohne die Sache dabei grundlegend zu verändern oder umzugestalten.**[817] Die Rspr. begründet ihren Standpunkt damit, dass Aufwendungen, die zu einer Umgestaltung der Sache führen, schon nach dem Sprachgebrauch von dem Begriff der „Verwendung" nicht erfasst seien.[818] Der Eigentümer soll ferner vor allzu hohen „aufgedrängten" Aufwendungen geschützt werden. 629

- In der Lit. wird demgegenüber die Auffassung vertreten, **dass alle Vermögensaufwendungen, die der Sache zugutekommen, Verwendungen** i.S.d. §§ 994 ff. **sind**, auch dann, wenn die Sache grundlegend verändert oder umgestaltet wird **(weiter Verwendungsbegriff).**[819] Sinn und Zweck der §§ 994 ff. sei es, einen angemessenen Ausgleich zwischen Eigentümer und Besitzer zu schaffen. Selbst dem gutgläubigen, unverklagten Besitzer bleibe nur das – wirtschaftlich wegen § 258 zumeist wertlose – Wegnahmerecht des § 997 Abs. 1. Vor aufgedrängten Bereicherungen könne sich der Eigentümer nach § 1001 schützen, sodass nach dem engen Verwendungsbegriff der Eigentümer unangemessen bevorzugt würde. 630

*Nach der Rspr. erhält der Besitzer Umgestaltungsaufwendungen nach den §§ 994 ff. also **gar nicht** ersetzt, während nach der Lit. der gutgläubige und unverklagte Besitzer Ersatz nach § 996 verlangen kann (nicht jedoch der verklagte oder bösgläubige Besitzer, da es sich bei Umgestaltungsaufwendungen nie um notwendige Verwendungen i.S.d. § 994 handeln kann).*

Soweit der Besitzer seine Umgestaltungsaufwendungen nicht schon nach §§ 994 ff. verlangen kann, stellt sich die Frage, ob ein Bereicherungsanspruch aus §§ 951, 812 in Betracht kommt: 631

§ 993 Abs. 1 Hs. 2 regelt nur eine Sperrwirkung des EBV im Hinblick auf Schadens- und Nutzungsersatz. Das Verhältnis der Verwendungsersatzansprüche zum Bereicherungsrecht ist nicht ausdrücklich geregelt.

817 BGH WM 1996, 599, 600; Grüneberg/Herrler § 994 Rn. 2.

818 BGHZ 41, 157, 160.

819 Staudinger/Thole Vor §§ 994–1003 Rn. 5 f.; BeckOK/Fritzsche § 994 Rn. 21; Schreiber Jura 1992, 533, 535 f.; Roth JuS 1997, 1087, 1089.

632 ▪ Nach der Rspr. und Teilen der Lit. enthalten die §§ 994 ff. eine **abschließende Sonderregelung** bzgl. der Verwendungsersatzansprüche des unrechtmäßigen Besitzers gegenüber dem Eigentümer. Durch eine ergänzende Anwendung der §§ 812 ff. würde das differenzierte Haftungssystem der §§ 994 ff. unterlaufen. Während der Besitzer nach Bereicherungsrecht auch bei grober Fahrlässigkeit Wertersatz verlangen könnte, kommt nach § 994 Abs. 2 nur ein Ersatz für notwendige Verwendungen in Betracht.

- Auf Grundlage der h.Lit. bedeutet dies: Der gutgläubige unverklagte Besitzer erhält seine Umgestaltungsaufwendungen nach § 996 auf Grundlage des weiten Verwendungsbegriffs ersetzt. Demgegenüber kann der bösgläubige oder verklagte Besitzer Umgestaltungsaufwendungen weder nach §§ 994 ff. noch nach §§ 951, 812 ff. ersetzt verlangen. Ihm steht damit nur ein Wegnahmerecht nach § 997 zu.
- Auf Grundlage der Rspr. bedeutet dies, dass auch der gutgläubige und unverklagte Besitzer keinen Anspruch auf Ersatz von Umgestaltungsaufwendungen verlangen kann.

633 ▪ Ein Teil der Lit. geht demgegenüber davon aus, dass neben den §§ 994 ff. jedenfalls **§§ 951, 812** anwendbar sind. Es sei nicht gerechtfertigt, den unrechtmäßigen Besitzer, der Verwendungen tätigt, schlechter zu stellen als den nicht besitzenden Verwender.[820] Ferner sei es unbillig, wenn der Eigentümer vor Kondiktionsansprüchen verschont bleibe, obwohl er die eingetretene Wertsteigerung realisiere.[821] Zudem verfolgten Bereicherungsrecht (Abschöpfung einer rechtsgrundlosen Vermögensmehrung beim Bereicherten) und Verwendungsersatz (Ausgleich einer Vermögensminderung beim Verwender) unterschiedliche Regelungsziele.

634 Zum **engen** und **weiten Verwendungsbegriff** und der **Konkurrenz der §§ 994 ff. zu den §§ 951, 812 ff.** folgender Fall:

Fall 29: Bebauter Garten

E erbt eine alte Villa mit großem Gartengrundstück. Im hinteren Teil des Gartens lässt er einen Pavillon für 100.000 € errichten. Bei der Einweihungsfete, zu der auch der im Ausland arbeitende Nachbar N eingeladen worden ist, stellt sich heraus, dass E leicht fahrlässig nicht bemerkt hat, dass der hintere Teil des Gartens, auf dem der Pavillon steht, zum Nachbargrundstück des N gehört. N freut sich und verlangt Herausgabe. E beruft sich auf ein Zurückbehaltungsrecht. Er möchte gerne seine Aufwendungen in Höhe von 100.000 € ersetzt haben. N weigert sich, da die objektive Wertsteigerung nur 50.000 € beträgt.

635 Anspruch des N gegen E auf Herausgabe des Pavillons aus § 985

I. N ist Eigentümer des Grundstücks und, da der Pavillon wesentlicher Bestandteil des Grundstücks ist, auch Eigentümer des Pavillons, §§ 946, 93, 94.

II. E ist Besitzer.

III. E dürfte kein **Recht zum Besitz** haben. E hat durch den Bau des Pavillons Aufwendungen gemacht, die ein Zurückbehaltungsrecht nach § 1000 begründen könnten. Un-

820 Medicus BR Rn. 897.
821 Canaris JZ 1996, 344, 347.

abhängig davon, ob die Voraussetzungen des Zurückbehaltungsrechts aus § 1000 hier im Einzelnen gegeben sind, führt dieses Recht nicht dazu, dass der Besitzer, der sich darauf beruft, ein Besitzrecht i.S.d. § 986 hat (vgl. oben Rn. 505). Ein Zurückbehaltungsrecht begründet nur ein selbstständiges Gegenrecht, das zwar zum „Haben" berechtigt, nicht aber zum „Behalten".

IV. Der Durchsetzung des Herausgabeanspruchs steht ein **Zurückbehaltungsrecht** gemäß § 1000 entgegen, wenn E gegen N einen Verwendungsersatzanspruch gemäß § 996 hat.

1. Im Zeitpunkt des Baus, also dem Zeitpunkt der Verwendung, bestand ein Eigentümer-Besitzer-Verhältnis.

2. E war gutgläubig, da er nur leicht fahrlässig nicht erkannte, dass der Pavillon auf dem Grundstück des N errichtet wurde.

Wer bewusst im Bereich der Grundstücksgrenze baut, handelt jedenfalls dann grob fahrlässig, wenn er vor der Bauausführung nicht feststellt, ob der für die Bebauung vorgesehene Grund auch ihm gehört, dies während der Bauausführung überwacht und ggf. einen Vermessungsingenieur hinzuzieht.[822]

3. Verwendungen sind **freiwillige Aufwendungen** des Besitzers, die **der Sache zugutekommen.** Ob jedoch alle Maßnahmen, die der Sache irgendwie zugutekommen, vom Verwendungsbegriff umfasst werden, ist umstritten:

a) Nach dem **engen Verwendungsbegriff** der Rspr. sind **Verwendungen alle Maßnahmen**, die darauf abzielen, den **Bestand der Sache zu erhalten, wieder herzustellen** oder **zu verbessern, ohne die Sache dabei grundlegend zu verändern oder umzugestalten.**[823] Die Rspr. begründet ihren Standpunkt damit, dass Aufwendungen, die zu einer Umgestaltung der Sache führen, schon nach dem Sprachgebrauch von dem Begriff der „Verwendung" nicht erfasst seien.[824] Der Eigentümer soll ferner vor allzu hohen „aufgedrängten" Aufwendungen geschützt werden.

Legt man den engen Verwendungsbegriff hier zugrunde, so ist der Bau eines Pavillons keine Verwendung auf das Grundstück, da der Garten auf diesem Teil des Grundstücks nicht erhalten bleibt, sondern grundlegend verändert wird.

b) In der Lit. wird demgegenüber die Auffassung vertreten, **dass alle Vermögensaufwendungen, die der Sache zugutekommen, Verwendungen** i.S.d. §§ 994 ff. **sind**, auch dann, wenn die Sache grundlegend verändert oder umgestaltet wird **(weiter Verwendungsbegriff).**[825] Sinn und Zweck der §§ 994 ff. sei es, einen angemessenen Ausgleich zwischen Eigentümer und Besitzer zu schaffen. Selbst dem gutgläubigen, unverklagten Besitzer bliebe nur das – wirtschaftlich wegen § 258 zumeist wertlose – Wegnahmerecht des § 997 Abs. 1. Vor aufgedrängten Bereicherungen könne sich der Eigentümer nach § 1001 schützen, sodass nach dem engen Verwendungsbegriff der Eigentümer unangemessen bevorzugt würde.

822 BGH NJW 2003, 3621.

823 BGH WM 1996, 599, 600; Grüneberg/Herrler § 994 Rn. 2.

824 BGHZ 41, 157, 160.

825 Staudinger/Thole Vor §§ 994–1003 Rn. 5 f.; BeckOK/Fritzsche § 994 Rn. 21; Schreiber Jura 1992, 533, 535 f.; Roth JuS 1997, 1087, 1089.

Folgt man dem weiten Verwendungsbegriff, so ist der Bau des Gartenpavillons eine Verwendung, da es sich um eine Vermögensaufwendung handelt, die der Sache zugutekommt.

c) Stellungnahme: Für eine Einschränkung des Verwendungsbegriffs gibt es keinen Grund, da die Regeln über das Eigentümer-Besitzer-Verhältnis dem Schutz des gutgläubigen unrechtmäßigen Besitzers dienen, und der Eigentümer selbst die Zerstörung der Sache durch den gutgläubigen Besitzer ersatzlos hinnehmen muss.[826] Mit der Lit. ist daher der weite Verwendungsbegriff zugrunde zu legen. Die Verwendungen für den Bau des Gartenpavillons sind nicht notwendig, da sie nicht dem Erhalt der bisherigen Nutzungsmöglichkeit dienen. Da es sich jedoch um eine nützliche, also wertsteigernde Verwendung handelt, kann E in Höhe der Wertsteigerung (50.000 €) Verwendungsersatz nach § 996 verlangen.

V. In Betracht kommt außerdem ein Zurückbehaltungsrecht nach **§ 273 Abs. 2**. Dies ist gegeben, wenn E gegen N ein Anspruch auf Ersatz der Kosten für den Umbau aus **§ 951 Abs. 1 i.V.m. § 812** zusteht. Fraglich ist, ob auch bei einem Eigentümer-Besitzer-Verhältnis die §§ 951, 812 anwendbar sind.

1. Nach der **Rspr.** ist das **Eigentümer-Besitzer-Verhältnis abschließende Sonderregelung für alle Maßnahmen, die im Hinblick auf die Sache getroffen werden**. Ein Rückgriff auf das Bereicherungsrecht ist auch dann ausgeschlossen, wenn es um Aufwendungen geht, die nach dem engen Verwendungsbegriff keine Verwendungen sind, da die §§ 994 ff. auch insoweit eine „quasi negative" Regelung enthalten.[827] Nach der Rspr. erhält damit der gutgläubige Besitzer seine „weiten" Verwendungen weder nach § 996 noch nach §§ 951, 812 ersetzt.

Auch die Rspr. gewährt dem Besitzer allerdings einen Bereicherungsanspruch, sofern es nicht um eine reine Kondiktion der Verwendungen geht. Baut ein Besitzer auf fremdem Boden in der begründeten Erwartung späteren Eigentumserwerbs, steht ihm ein Bereicherungsanspruch aus § 812 Abs. 1 S. 2 Var. 2 (Zweckverfehlung) zu, der durch die §§ 994 ff. nicht verdrängt wird.[828]

2. Auch nach der h.Lit. stellt das EBV eine **abschließende Sonderregel** hinsichtlich des Verwendungsersatzes dar. Beim **gutgläubigen Besitzer** sei ein Rückgriff auf die §§ 951, 812 ff. ohnehin entbehrlich, da dieser sämtliche Aufwendungen auf die Sache auf Basis des **weiten Verwendungsbegriffs** nach § 996 ersetzt bekommt. Der bösgläubige oder verklagte Besitzer solle hingegen nicht über die §§ 951, 812 Rückgriff beim Eigentümer nehmen können, da dieser nicht schutzwürdig sei und ihm das Wegnahmerecht des § 997 zustehe.

3. Nach einem Teil der Lit. sind bei einem Eigentümer-Besitzer-Verhältnis ergänzend die §§ 951, 812 anwendbar. Es sei nicht gerechtfertigt, den unrechtmäßigen Besitzer, der Verwendungen tätigt, schlechter zu stellen als den nicht besitzenden Verwender.[829] Ferner sei es unbillig, wenn der Eigentümer vor Kondiktionsansprüchen verschont blei-

826 Häublein Jura 1999, 419, 420.
827 BGHZ 41, 157, 162.
828 BGH NJW 2001, 3118 f.
829 Medicus BR Rn. 897.

be, obwohl er die eingetretene Wertsteigerung realisiere.[830] Zudem verfolgten Bereicherungsrecht (Abschöpfung einer rechtsgrundlosen Vermögensmehrung beim Bereicherten) und Verwendungsersatz (Ausgleich einer Vermögensminderung beim Verwender) unterschiedliche Regelungsziele. Schließlich fehle für Verwendungen eine dem § 993 Abs. 1 Hs. 2 vergleichbare Sperranordnung.[831] Dass die §§ 951, 812 neben den §§ 994 ff. anwendbar seien, ergebe sich zudem aus § 951 Abs. 2 S. 1, wonach die Vorschriften über den Verwendungsersatz unberührt bleiben.
Legt man diese Auffassung zugrunde, so hat hier E ein Zurückbehaltungsrecht aus §§ 273 Abs. 2, 951, 812.

4. Stellungnahme: Die §§ 994 ff. sind als umfassende und abschließende Vorschriften über den Verwendungsersatz nur dann sinnvoll, wenn auch alle der Sache zugutekommenden Aufwendungen erfasst werden. Vorzugswürdig ist es daher, dem weiten Verwendungsbegriff zu folgen (und – wie hier – auch Umgestaltungsaufwendungen nach § 996 für ersatzfähig zu halten), dann aber eine parallele Anwendung der §§ 951, 812 abzulehnen. Der dadurch einzig benachteiligte verklagte oder bösgläubige Besitzer ist nicht schutzwürdig und auf sein Wegnahmerecht nach § 997 verwiesen.

VI. Ergebnis: E ist zur Herausgabe des Pavillons nach § 985 wegen eines Zurückbehaltungsrechts gemäß § 1000 nur Zug um Zug gegen Zahlung von 50.000 € verpflichtet.

---

2. Konkurrenz zur GoA und zur Leistungskondiktion des Fremdbesitzers

Hat der Besitzer im Rahmen eines unwirksamen Vertragsverhältnisses die Verwendungen geleistet, stellt sich die Frage der Konkurrenz der §§ 994 ff. zur GoA und zur Leistungskondiktion. „Examensklassiker" in diesem Zusammenhang ist die Reparatur einer fremden Sache auf Grundlage eines Werkvertrags. Zum besseren Verständnis muss differenziert werden, ob Besteller der Werkleistung und Eigentümer identisch oder personenverschieden sind: 636

a) Besteller und Eigentümer sind identisch

Hat der Werkunternehmer als gutgläubiger Fremdbesitzer die Sache vom Eigentümer aufgrund eines **unwirksamen Vertrags** erhalten, so erfolgt die Rückabwicklung des unwirksamen Werkvertrags nach wohl h.L. nach den Regeln der **Leistungskondiktion** und nicht nach §§ 994 ff. Verfolge der Besitzer mit der Verwendung zugleich eine Leistung, trete der in diesem Zusammenhang erlangte Besitz in den Hintergrund. 637

830 Canaris JZ 1996, 344, 347.
831 Differenzierend BeckOK/Fritzsche § 994 Rn. 36.

Beispiel: E gibt seinen Wagen in die Werkstatt des B zur Reparatur. Der Werkvertrag ist nichtig. B verlangt Ersatz der Verwendungen.

I. Anspruch aus **§§ 677, 683, 670**
1. Nach st.Rspr. sind die §§ 677 ff. auch bei einem unwirksamen Vertrag anwendbar.[832] Mit der Reparatur führt B ein objektiv fremdes Geschäft. Dass er aufgrund eines vermeintlichen Vertrags mit E tätig wird, schließt seinen Fremdgeschäftsführungswillen nicht aus („auch fremdes Geschäft"). B handelt auch „ohne Auftrag", denn der Werkvertrag ist unwirksam. Da die Reparatur dem Interesse und dem Willen des E entspricht (§ 683) ergibt sich ein Anspruch aus §§ 677, 683, 670.
2. In der Lit. wird ein Anspruch aus GoA bei einem unwirksamen Vertrag überwiegend zu Recht verneint. Der von der Rspr. angenommene Fremdgeschäftsführungswille sei reine Fiktion; außerdem seien die §§ 812 ff. für die Rückabwicklung nichtiger Verträge spezieller.[833]
II. B könnte ein Anspruch auf Verwendungsersatz aus **§ 994 Abs. 1** zustehen.
1. Soweit man mit der Rspr. einen Anspruch aus GoA bejaht, sind die §§ 994 ff. ausgeschlossen. Die berechtigte GoA gibt jedenfalls dann ein Recht zum Besitz, wenn die Inbesitznahme mit der Übernahme der Geschäftsführung zusammenfällt.[834] Jedenfalls sind die §§ 677 ff. aber spezieller.[835]
2. In der Lit. wird teilweise angenommen, dass die §§ 994 ff. unanwendbar sind, wenn die Verwendungen eine Leistung i.S.d. Bereicherungsrechts an den Eigentümer darstellen. In diesem Fall seien die §§ 994 ff. durch die Regeln der Leistungskondiktion ausgeschlossen.[836] § 814 könnte sonst durch einen Verwendungsersatzanspruch aus § 994 Abs. 2 umgangen werden. Auch würde das Wegnahmerecht aus § 997 nicht in die bereicherungsrechtliche Rückabwicklung passen.
3. Nach der wohl h.M. schließt die Leistungskondiktion Ansprüche aus den §§ 994 ff. nicht aus.[837] Das Argument bzgl. § 814 treffe nicht zu, da der unredliche Besitzer in der Regel nicht an den Eigentümer leisten wolle. Es ist dann allerdings weiter umstritten, ob der Werkunternehmer überhaupt Verwender i.S.d. §§ 994 ff. ist, was die wohl h.M. bejaht. Danach stünde B gegen E ein Anspruch auf Verwendungsersatz aus § 994 Abs. 1 zu.
III. Anspruch des B auf Ersatz der Verwendungen aus **§ 812 Abs. 1 S. 1 Var. 1**
1. Ein Anspruch aus den §§ 812 ff. ist ausgeschlossen, soweit man mit der Rspr. einen Anspruch aus §§ 677, 683, 670 bejaht hat. Die berechtigte GoA ist Rechtsgrund i.S.d. § 812.[838]
2. In der Lit. wird überwiegend ein Anspruch aus § 812 Abs. 1 S. 1 Var. 1 bejaht. Für diejenigen Autoren, die einen Vorrang der Leistungskondiktion vor den §§ 994 ff. bejahen,[839] stellt sich ein Anwendbarkeitsproblem insoweit nicht. Andere halten die Leistungskondiktion neben §§ 994 ff. für anwendbar.[840] Demnach hat B dem E die Reparatur ohne Rechtsgrund geleistet. E muss nach § 818 Abs. 2 Wertersatz leisten. Dabei kommt es, anders als nach den §§ 994 ff., nicht darauf an, ob die Reparatur notwendig oder nützlich war.

b) Besteller und Eigentümer sind personenverschieden

638 Hat der Werkunternehmer als gutgläubiger Fremdbesitzer die Sache von einem **Dritten** aufgrund eines wirksamen Vertrags erhalten, so stellt sich die Frage, ob der gutgläubige Fremdbesitzer **nur aus Werkvertrag** von seinem Vertragspartner die Verwendungen ersetzt erhält oder **nur vom Eigentümer** gemäß §§ 994 ff. oder ob er berechtigt ist, den **Eigentümer** und den **Vertragspartner** in Anspruch zu nehmen.

---

832 BGH NJW 1993, 3196.
833 Jauernig/Mansel § 677 Rn. 7; Lorenz NJW 1996, 883 ff.
834 Grüneberg/Sprau Vor § 677 Rn. 12; Staudinger/Thole Vor §§ 994–1003 Rn. 51.
835 Staudinger/Thole Vor §§ 994–1003 Rn. 51.
836 Staudinger/Thole Vor §§ 994–1003 Rn. 45; Kindl JA 1996, 201, 204.
837 Erman/Ebbing Vor §§ 994–1003 Rn. 42.
838 BGH NJW 1993, 3196; Grüneberg/Sprau Vor § 677 Rn. 10.
839 Staudinger/Thole Vor §§ 994–1003 Rn. 45; Kindl JA 1996, 201, 204.
840 Erman/Ebbing Vor §§ 994–1003 Rn. 42.

Fall 30: Wagenreparatur für Dritte

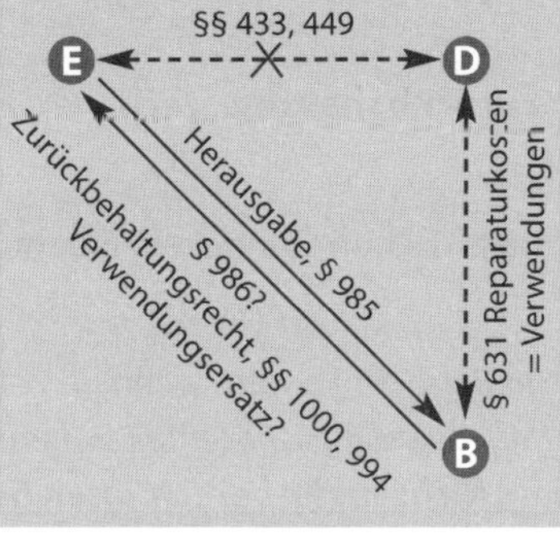

E verkauft D einen Pkw unter Eigentumsvorbehalt. Das Fahrzeug wird beschädigt. Im Auftrag des D repariert B den Wagen. B weiß, dass das Auto E gehört und dass E den Wagen an D unter Eigentumsvorbehalt geliefert hat. Der Vertrag E–D ist von Anfang an unwirksam. Der Vertrag D–B ist wirksam. E verlangt von B den Wagen heraus. B will seine Reparatur bezahlt haben.

A. E kann vom Besitzer B gemäß § 985 Herausgabe verlangen.[841] Da D dem E gegenüber nicht zum Besitz berechtigt ist, richtet sich der Anspruch des E gegen B auf Herausgabe unmittelbar an sich (§ 986 Abs. 1 S. 2 a.E.). **639**

B. Gegenrechte des B gegenüber dem Herausgabeverlangen des E?

I. B steht gegenüber dem Herausgabeverlangen des E aus § 985 kein Recht zum Besitz gemäß §§ 986, 647 zu, weil D nicht Eigentümer des Wagens war und somit nicht kraft Gesetzes gemäß § 647 ein Pfandrecht entstanden ist.[842]

Die h.L. lehnt selbst dann, wenn B glaubte, D sei Eigentümer, einen gutgläubigen Erwerb des Werkunternehmerpfandrechts ab, weil das Werkunternehmerpfandrecht ein ***gesetzliches*** *Pfandrecht ist.*[843]

Teilweise wird angenommen, ein Werkunternehmerpfandrecht könne aufgrund einer Verfügungsermächtigung analog § 185 Abs. 1 erworben werden, welche regelmäßig vorliegen soll, wenn der Kaufvertrag die Vornahme notwendiger Reparaturen vorsieht.[844] Die h.M. lehnt eine Verfügungsermächtigung analog § 185 Abs. 1 ab, da man in gesetzliche Folgen schon grundsätzlich nicht einwilligen könne.[845]

Allerdings kann der Werkunternehmer gutgläubig ein vertragliches Pfandrecht erwerben. Dies gilt auch, wenn die Vereinbarung des Pfandrechts auf einer Pfandklausel des Werkunternehmers in AGB beruht.[846]

II. Ein abgeleitetes Recht zum Besitz gemäß § 986 Abs. 1 S. 1 Var. 2 steht B nicht zu, weil zwischen E und D angesichts des unwirksamen Kaufvertrags kein Rechtsverhältnis besteht, das D zum Besitz berechtigt.

C. Zurückbehaltungsrecht des B

I. Ein Zurückbehaltungsrecht gemäß §§ 273 Abs. 2 i.V.m. §§ 677, 683, 670 steht B nicht zu, weil er bei der Reparatur von der Wirksamkeit des Kaufvertrags E–D ausging und da-

---

841 Zu der Anwendbarkeit von § 985 neben vertraglichen Herausgabeansprüchen s.o. Rn. 523.

842 OLG Karlsruhe NJW-RR 2012, 1442.

843 BGH NJW 1983, 2140, 2141; Grüneberg/Sprau § 647 Rn. 3; a.A. § 1207 analog: Baur/Stürner § 55 Rn. 40; s. dazu bereits oben Rn. 452.

844 Roth JuS 1997, 518, 521.

845 BGHZ 34, 122, 125; Volzmann JA 2005, 264, 265 f. mit zahlreichen weiteren Argumenten.

846 Vgl. ausführlich Erman/Ebbing Vor §§ 994–1003 Rn. 18 ff., insbesondere Rn. 22.

her neben der eigenen Verpflichtung aus dem Werkvertrag allenfalls ein Geschäft des D, aber kein Geschäft des E besorgen wollte. B handelte nicht mit Fremdgeschäftsführungswillen für E.

II. B steht unter den Voraussetzungen der §§ 994 ff. ein **Zurückbehaltungsrecht** gemäß § 1000 zu.

1. Im Zeitpunkt der Durchführung der Reparatur bestand zwischen E und B ein Eigentümer-Besitzer-Verhältnis.

*Umstritten ist, ob ein Anspruch aus §§ 994 ff. auch dann in Betracht kommt, wenn im Zeitpunkt der Verwendung noch keine Vindikationslage vorlag, allerdings später bei Geltendmachung des Herausgabeanspruchs aus § 985 (Figur des **„Nicht-mehr-berechtigten Besitzers"**).*
Das OLG Karlsruhe hat dies im Falle eines berechtigten Besitzers, der den Auftrag für den Eigentümer veranlasst hat, abgelehnt und allein auf den Zeitpunkt der Erbringung der Arbeiten abgestellt. Zu diesem Zeitpunkt (vor dem späteren Herausgabeverlangen) bestand keine Vindikationslage, da der Eigentümer mit der Reparatur einverstanden war.[847]
Dazu kann es auch beim Kauf unter Eigentumsvorbehalt kommen, wenn der Kaufvertrag – anders als im hier vorliegenden Fall – im Zeitpunkt der Verwendung noch besteht und der Werkunternehmer deshalb zunächst ein Besitzrecht hat, dieses aber durch Rücktritt des Verkäufers gemäß § 449 nach Vornahme der Verwendung entfällt.

2. Fraglich ist allerdings, ob der Werkunternehmer B als Besitzer Verwendungen gemacht hat oder ob nur der Werkbesteller D als Verwender i.S.d. §§ 994 ff. anzusehen ist.

a) Ein Teil der Lit. lehnt die Anwendung der §§ 994 ff. auf den Werkunternehmer ab: Der Werkunternehmer sei nicht Verwender; zudem mache er die Verwendungen nicht in eigenem Interesse, um die Sache weiter nutzen zu können, sodass die Verwendungen nicht durch den Besitz veranlasst sind und die §§ 994 ff. schon typologisch nicht anwendbar seien.[848]

b) Die h.M. wendet die §§ 994 ff. auch auf den **Fremdbesitzer** an, der die Verwendungen aufgrund eines Vertrags mit einem Dritten macht.[849]

Zur Begründung wird angeführt, dass eine Einschränkung der Anwendbarkeit der §§ 994 ff. weder vom Wortlaut noch von der Interessenlage her geboten sei. Nach BGH[850] „kann ein zwischen dem Besitzer und einem Dritten abgeschlossener schuldrechtlicher Vertrag seiner Natur nach das rein sachenrechtliche Verhältnis zwischen dem Eigentümer und dem Besitzer nicht berühren und dem Besitzer kraft Gesetzes gegebene sachenrechtliche Ansprüche nicht nehmen".

3. B war gutgläubig, da er ohne grobe Fahrlässigkeit annehmen konnte, dass D zur Besitzüberlassung zum Zwecke der Reparatur berechtigt war.

Zwar wusste B, dass nicht D, sondern E Eigentümer war. Der Vorbehaltskäufer hat jedoch ein Recht zum Besitz und ist befugt, den Wagen zwecks Reparatur an Dritte zu übergeben. Im Rahmen der §§ 994 ff. kommt es nur auf den guten Glauben an ein Besitzrecht an.

---

847 OLG Karlsruhe NJW-RR 2012, 1442.

848 Staudinger/Thole Vor §§ 994–1003 Rn. 20; Grüneberg/Herrler Vor § 994 Rn. 10.

849 BGHZ 34, 122, 129; 51, 250, 251; Volzmann JA 2005, 264, 267; Hager JuS 1987, 877, 881.

850 BGHZ 34, 122, 130/131.

4. B kann die Reparaturkosten als **notwendige** Verwendungen insgesamt ersetzt verlangen. Er braucht die gewöhnlichen Erhaltungskosten nicht zu tragen, weil ihm kein Nutzungsrecht eingeräumt worden ist. Er sollte den Wagen lediglich reparieren.

B steht somit ein Zurückbehaltungsrecht gemäß §§ 1000, 994 zu.

D. Anspruch des B gegen den Vertragspartner D aus § 631

B und D haben einen wirksamen Werkvertrag abgeschlossen, der D verpflichtet, die vertraglich geschuldete **Vergütung** zu zahlen.

E. B kann wählen, ob er den Verwendungsersatzanspruch gemäß § 994 Abs. 1 gegen den Eigentümer verfolgen oder ob er seinen Anspruch aus Werkvertrag gegen D durchsetzen will.

VII. Durchsetzung des Verwendungsersatzanspruchs

1. Zurückbehaltungsrecht gemäß § 1000

Sobald der unrechtmäßige Besitzer Verwendungen gemacht hat, die ihm gemäß §§ 994 ff. zu ersetzen sind, entsteht das **Zurückbehaltungsrecht** gegenüber dem Herausgabeanspruch aus § 985. Er kann jedoch noch nicht **Zahlung** verlangen (§ 1001 S. 1). Umstritten ist die dogmatische Grundlage: Teilweise wird angenommen, der Anspruch sei nicht klagbar bzw. nicht fällig,[851] herrschend ist jedoch die Auffassung, dass der Verwendungsersatzanspruch durch § 1001 aufschiebend (und durch § 1002 auflösend) bedingt ist.[852] 640

Macht der unrechtmäßige Besitzer von seinem Zurückbehaltungsrecht Gebrauch, so erfolgt nur eine **Zug-um-Zug-Verurteilung**.

Umstritten ist, ob das Zurückbehaltungsrecht nach § 1000 ein Recht zum Besitz i.S.d. § 986 begründet (s.o. Rn. 505). Nach der zutreffenden h.Lit. ist dies nicht der Fall, da es zu einer Zug-um-Zug-Verurteilung und nicht zu einer Klageabweisung kommt.

2. Selbstständige Geltendmachung des Verwendungsersatzanspruchs, § 1001

Einen selbstständigen, einklagbaren Anspruch auf Ersatz der Verwendungen hat der Besitzer erst dann, wenn der Eigentümer entweder die Sache **wiedererlangt** oder die Verwendung **genehmigt** hat, § 1001 S. 1. 641

Bis zur Wiedererlangung bzw. Genehmigung durch den Eigentümer kann der Besitzer weder mahnen (§ 286) noch aufrechnen (§ 387) noch nach § 273 Abs. 2 zurückbehalten, und die Verjährung kann noch nicht beginnen (§ 199).

---

851 MünchKomm/Raff § 1001 Rn. 26.

852 Vgl. BeckOK/Fritzsche § 1001 Rn. 1.

a) Wiedererlangung

642 Eine Wiedererlangung i.S.d. § 1001 wird fast einhellig angenommen, wenn der Eigentümer den unmittelbaren Besitz an der Sache, gleichviel auf welche Weise, erlangt und der Verwendungsberechtigte seinen Besitz verloren hat.[853]

Darüber hinaus ist davon auszugehen, dass für die Wiedererlangung auch die eigenmächtige Wegnahme, Fund oder Erwerb von einem Dritten genügt.[854]

643 Ob die Herausgabe der Sache an einen **Besitzmittler des Eigentümers** generell für die Annahme der Wiedererlangung ausreicht, ist umstritten.

Nach der h.L. reicht der Erwerb des mittelbaren Besitzes durch den Eigentümer nur dann aus, wenn der Besitzmittler befugt ist, mit Wirkung für den Eigentümer die in § 1001 genannten Entscheidungen zu treffen.[855]

Nach dem BGH und einem Teil der Lit. steht die Herausgabe an den Besitzmittler der Herausgabe an den Eigentümer gleich, sodass Wiedererlangung i.S.d. § 1001 vorliegt.[856]

Besonders relevant ist dieser Streit für die Herausgabe an den Sicherungsgeber im Rahmen einer Sicherungsübereignung, z.B. im Fall der Kfz-Reparatur durch einen Werkunternehmer.[857]

644 Keine Wiedererlangung liegt vor, wenn der Eigentümer zwar den Mehrwert der Verwendungen realisiert, nicht aber tatsächlich in den Besitz der Sache gelangt.

Beispiel: Mieter M baut das von Eigentümer E gemietete Haus in Erwartung eines späteren Kaufs aufwendig um. E verkauft das Haus jedoch zu einem hohen Preis an D, der von M unmittelbar den Besitz erhält.

Ein Anspruch des M gegen E aus § 994 Abs. 1 besteht nicht, obwohl E den Mehrwert durch den hohen Kaufpreis realisiert hat, da E den unmittelbaren Besitz an der Sache nicht wiedererlangt und die Verwendungen auch nicht genehmigt hat. M kann seine Verwendungen gemäß § 999 Abs. 2 (nach h.M. ein Fall der gesetzlichen Schuldübernahme) jedoch von D ersetzt verlangen.[858]

Solange der Eigentümer die Verwendung noch nicht genehmigt hat, kann er sich von dem Verwendungsersatzanspruch durch Rückgabe der Sache befreien (§ 1001 S. 2).

b) Genehmigung

645 Die Genehmigung ist eine einseitige empfangsbedürftige Willenserklärung und bedeutet die Billigung der Verwendungen. Der Eigentümer muss sich mit den im Interesse der Erhaltung bzw. der Verwendbarkeit der Sache getroffenen Maßnahmen einverstanden erklären, was ausdrücklich oder konkludent erfolgen kann.[859] Sie kann nachträglich als wirkliche Genehmigung (§ 184), aber auch schon vor Vornahme der Verwendung als Einwilligung (§ 183) erteilt werden.[860] Treffender wäre daher die Bezeichnung „Zustimmung" gewesen.

646 Die Genehmigung **gilt als erteilt**, wenn der Eigentümer die ihm von dem Besitzer unter Vorbehalt des Anspruchs angebotene Sache annimmt (§ 1001 S. 3).

---

853 Vgl. Staudinger/Thole § 1001 Rn. 2.

854 Vgl. Staudinger/Thole § 1001 Rn. 2; Grüneberg/Herrler § 1001 Rn. 2.

855 Grüneberg/Herrler § 1001 Rn. 2; OLG Köln NJW 1957, 224, 225.

856 Vgl. BGHZ 87, 274, 278; 51, 250, 253.

857 BeckOK/Fritzsche § 1001 Rn. 3.

858 BGH NJW 1996, 52.

859 MünchKomm/Raff § 1001 Rn. 17 ff.; Staudinger/Thole-Thole § 1001 Rn. 13 ff.

860 BGH NJW 2002, 2875.

Diese Rechtsfolge tritt auch dann ein, wenn der Eigentümer zugleich eine gegenteilige Erklärung abgibt, z.B. die Sache unter Protest entgegennimmt.[861] Nur wenn der Wille beider Parteien übereinstimmend entgegensteht, tritt die Genehmigungswirkung nicht ein. Das bloße Dulden eines vertragswidrigen Zustands genügt dagegen regelmäßig nicht, z.B. Duldung von Bauten, die der Mieter vertragswidrig auf dem Mietgrundstück errichtet.[862] Die Genehmigungsfiktion ist nicht wegen Rechtsfolgenirrtums anfechtbar; die Regeln über Willenserklärungen gelten aber ansonsten analog.

Sowohl hinsichtlich der Wiedererlangung als auch hinsichtlich der Genehmigung kommt es nach heute ganz h.M. nur auf die Person des wirklichen Eigentümers an, nicht dagegen auf denjenigen, den der Besitzer für den Eigentümer hält und halten darf.[863] **647**

c) Erlöschen

Nach § 1002 **erlischt** der Anspruch auf Ersatz der Verwendungen mit Ablauf eines Monats, bei Grundstücken mit Ablauf von sechs Monaten nach der Herausgabe der Sache durch den Besitzer an den Eigentümer. Diese Rechtsfolge tritt nicht ein, wenn der Eigentümer die Verwendungen genehmigt hat oder wenn zuvor die gerichtliche Geltendmachung erfolgt ist. **648**

d) Fristsetzung

Der Besitzer kann den Eigentümer gemäß § 1003 Abs. 1 S. 1 unter Angabe des als Ersatz verlangten Betrags **auffordern**, sich innerhalb einer von ihm bestimmten **angemessenen** Frist darüber zu erklären, ob er die Verwendungen genehmige. Nach dem fruchtlosen Verstreichen der Frist ist der Besitzer berechtigt, Befriedigung aus der Sache nach den Vorschriften über den Pfandverkauf zu suchen (vgl. § 1003 Abs. 1 S. 2). **649**

3. Verwendungsersatzanspruch des Rechtsnachfolgers, § 999 Abs. 1

Nach § 999 Abs. 1 kann der Besitzer für die Verwendungen seines Vorbesitzers, dessen Rechtsnachfolger er geworden ist, in demselben Umfang Ersatz verlangen, in welchem ihn der Vorbesitzer fordern könnte, wenn dieser die Sache herauszugeben hätte. **650**

Fall 31: Das restaurierte Gemälde

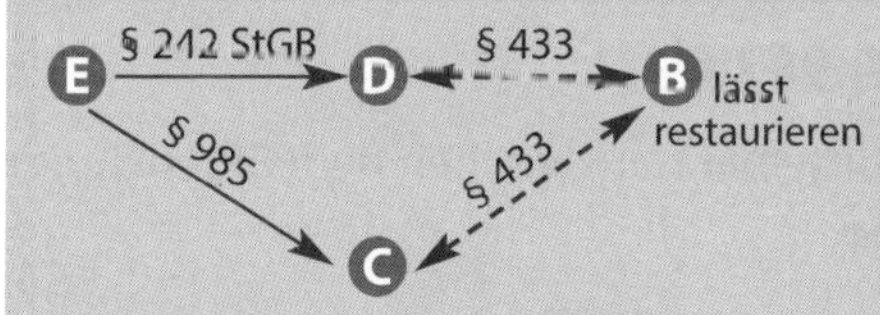

E ist ein wertvolles Gemälde gestohlen worden. Der Dieb D veräußert es an den gutgläubigen B, der das Gemälde restaurieren lässt: Kosten 2.000 €. B veräußert an C. E verlangt es von C heraus.

I. Die Voraussetzungen für einen **Herausgabeanspruch** des E nach **§ 985** liegen vor. E ist Eigentümer geblieben (§ 935), C ist Besitzer, ohne ein Recht zum Besitz gegenüber E. **651**

II. C könnte ein Zurückbehaltungsrecht gemäß §§ 1000, 996, 999 haben.

861 BGH NJW 1959, 528.

862 Vgl. MünchKomm/Raff § 1001 Rn. 19.

863 BeckOK/Fritzsche § 1001 Rn. 7.

1. B steht gemäß § 996 ein Verwendungsersatzanspruch zu. B war gutgläubiger unrechtmäßiger Besitzer. Bei der Restauration handelt es sich jedenfalls um eine nützliche Verwendung, die noch wertsteigernd vorhanden ist.

Bei § 999 Abs. 1 handelt es sich entgegen dem Wortlaut um einen Fall der cessio legis. Verlangt C von B Rückzahlung des Kaufpreises, da B ihm kein Eigentum an dem Gemälde verschaffen konnte (§§ 346 Abs. 1, 323, 326 Abs. 5, 275), kann B Zug um Zug Rückabtretung der Verwendungsersatzansprüche verlangen.

2. C müsste Rechtsnachfolger des B sein. Diese Rechtsnachfolge ist zum einen gegeben bei der **Gesamtrechtsnachfolge** – Erbgang –, zum anderen liegt sie bei der **Sonderrechtsnachfolge** vor, wenn zwischen dem Vorbesitzer und dem jetzigen Besitzer ein Veräußerungsgeschäft getätigt worden ist; es muss eine **endgültige Besitzübertragung** gewollt sein.

Da hier eine Veräußerung des B an C vorliegt, ist C Rechtsnachfolger des Besitzers B. Der Verwendungsersatzanspruch des B ist daher auf C übergegangen. C hat also ein Zurückbehaltungsrecht gemäß §§ 1000, 996, 999.

---

4. Verwendungsersatzansprüche gegen den Rechtsnachfolger, § 999 Abs. 2

652 § 999 Abs. 2 regelt die Rechtsnachfolge aufseiten des Eigentümers. Eine solche Regelung ist erforderlich, da wegen §§ 1000 ff. der Verwender im Fall der Übereignung keine Verwendungsersatzansprüche geltend machen könnte (der Eigentümer hat die Verwendungen nicht genehmigt und die Sache auch nicht wiedererlangt, § 1001, und gegenüber dem neuen Eigentümer bestand im Zeitpunkt der Verwendung keine Vindikationslage). In dieser Situation hilft § 999 Abs. 2: Der neue Eigentümer haftet auch für die Verwendungen, die vor seinem Eigentumserwerb gemacht wurden, wenn der Eigentumserwerb während der Vindikationslage stattgefunden hat.[864]

Dogmatisch handelt es sich bei § 999 Abs. 2 um einen Fall der gesetzlichen Schuldübernahme.

D. Entsprechende Anwendung der §§ 987 ff.

653 Die §§ 987 ff. gelten nach ihrem Wortlaut unmittelbar nur zwischen dem **Eigentümer** einer Sache und dem unrechtmäßigen **Besitzer**.

Die §§ 987 ff. sind jedoch in folgenden Fällen entsprechend anwendbar:

- Sofern durch **Vertrag** oder **Gesetz** auf die §§ 987–1003 verwiesen wird;
- zwischen dem (wahren) **Eigentümer eines Grundstücks** und dem nicht besitzenden **Bucheigentümer**;
- zwischen dem durch eine **Vormerkung** gesicherten Käufer und dem besitzenden **Zweiterwerber**;

---

864 BeckOK/Fritzsche § 999 Rn. 8 f.

- zwischen dem Inhaber eines **dinglichen Vorkaufsrechts** und dem **besitzenden Käufer** eines Grundstücks sowie
- zwischen dem **Eigentümer** und dem **rechtmäßigen Besitzer**, dessen Besitzrecht zwischenzeitlich entfallen ist.

I. Gesetzliche Verweisung

- Hat der Schuldner einen bestimmten Gegenstand herauszugeben, so richtet sich der Anspruch des Gläubigers auf Schadens- und Nutzungsersatz gemäß **§ 292 Abs. 1** nach den §§ 987 ff. und der Verwendungsersatzanspruch des Schuldners gemäß **§ 292 Abs. 2** nach den §§ 994 ff. Hauptanwendungsfall ist das Bereicherungsrecht, da § 818 Abs. 4 auf § 292 verweist. **654**
- Zwischen dem früheren „besser berechtigten Besitzer" und dem jetzigen Besitzer finden die §§ 987 ff. kraft Verweisung in **§ 1007 Abs. 3 S. 2** Anwendung. **655**
- Für Ansprüche des Pfandgläubigers gegen den unrechtmäßigen Besitzer verweist **§ 1227** auf die §§ 987 ff. **656**

II. Verhältnis zwischen Eigentümer und nicht besitzendem Bucheigentümer

Fall 32: Grundstücksverschlechterung

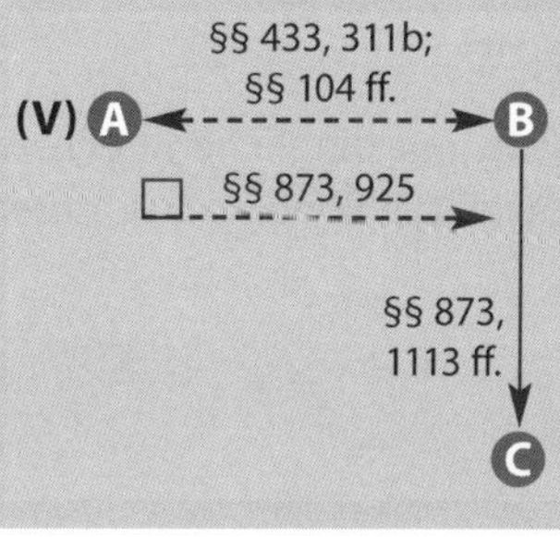

A, der wegen einer psychischen Erkrankung geschäftsunfähig ist, verkauft sein Grundstück an B. B hatte vom Ausmaß der Erkrankung des A Kenntnis. Er wird im Grundbuch eingetragen und bestellt zugunsten des gutgläubigen C eine Hypothek i.H.v. 10.000 €. A bleibt Besitzer des Grundstücks. Der Betreuer V des A verlangt nunmehr von B, nachdem dieser die Wiedereintragung des A bewilligt hat, Beseitigung der Hypothek.

A. Als Anspruchsgrundlage kommen die §§ 989, 990 analog in Betracht. **657**

I. Es müsste zwischen A und B ein Eigentümer-Besitzer-Verhältnis bestehen. A ist weiterhin Eigentümer des Grundstücks geblieben. B war zwar nicht Besitzer des Grundstücks, doch darauf kann es nicht ankommen. Denn B hat die Hypothek nicht in seiner Eigenschaft als Besitzer des Grundstücks aufgenommen, sondern als buchmäßiger Eigentümer, der nicht Besitzer zu sein braucht. Die Stellung, in der sich der **Bucheigentümer** dem wirklichen Eigentümer gegenüber befindet, ist mit der Stellung des Besitzers gegenüber dem Eigentümer so wesensverwandt, dass die entsprechende Anwendung der §§ 989, 990 geboten ist.[865]

B hat diese Position auch unrechtmäßig inne, da die Erklärungen des A wegen dessen Geschäftsunfähigkeit gemäß §§ 104 Nr. 2, 105 Abs. 1 nichtig waren.

865 BGH WM 1964, 677 f.; Staudinger/Thole-Thole § 989 Rn. 9.

II. Bösgläubigkeit des B?

Da B von der Geschäftsunfähigkeit des A wusste und somit den Mangel seiner Berechtigung kannte, war er bösgläubig.

III. Es ist daher ein Anspruch entsprechend §§ 989, 990 gegeben, wenn B das Grundstück des A schuldhaft verschlechtert hat. Durch die Belastung mit einer Hypothek wird das Grundstück in seiner Substanz nicht beeinträchtigt, sondern es erleidet lediglich die rechtliche Verfügungsmöglichkeit des Eigentümers eine Einbuße. Trotzdem besteht Einigkeit, dass die Belastung als schuldhafte Verschlechterung des Grundstücks anzusehen ist.

IV. A kann also nach §§ 989, 990 von B die Beseitigung der Hypothek verlangen. B kann jedoch die Hypothek nicht herausgeben, da C sie gutgläubig erworben hat.

Die primär geschuldete Naturalrestitution scheitert, wenn die Verschlechterung des Grundstücks in der Belastung mit einem Grundpfandrecht besteht, in der Regel an der fehlenden Mitwirkungsbereitschaft des Pfandgläubigers.

Deshalb muss der Schadensersatz nach h.M. hier die eingetretene Wertminderung ausgleichen, die sich zunächst am Nominalbetrag des Grundpfandrechts orientiert. Um eine Überentschädigung zu vermeiden, ist in diesem Fall aber der Vindikationsgegner von seiner persönlichen Haftung gegenüber dem Dritten (C) zu befreien.[866]

A kann also – vertreten durch V – von B 10.000 € Zug um Zug gegen Befreiung von der Verbindlichkeit des B gegenüber C verlangen.

B. Kommt **§ 1004** als weitere Anspruchsgrundlage in Betracht?

Nach einhelliger Ansicht fällt die Belastung des Grundstücks mit dinglichen Rechten durch einen Nichtberechtigten nicht unter § 1004, da insoweit die Sondervorschriften der §§ 987 ff. eingreifen.[867]

III. Verhältnis zwischen Vormerkungsberechtigtem und besitzendem Zweiterwerber

658

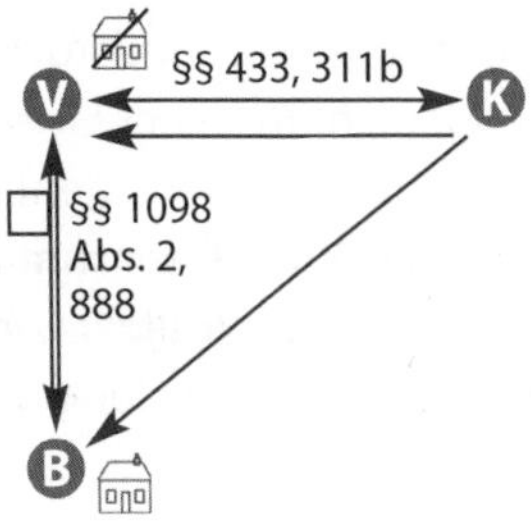

Beispiel: V verkauft sein mit einem Mietobjekt bebautes Grundstück an K. Zur Sicherung des Auflassungsanspruchs wird zugunsten des K eine Auflassungsvormerkung eingetragen. Danach veräußert V das Grundstück an B, weil er der Auffassung ist, der Kaufvertrag mit K sei unwirksam. B wird als Eigentümer eingetragen. K bezahlt den Kaufpreis an V und verklagt ihn auf Auflassung des Grundstücks. In der Folgezeit vereinnahmt B die Mieten. K verlangt von B die Erteilung der Zustimmung zur Eigentumsübertragung und Herausgabe der Mieterlöse.

866 BGHZ 112, 376, 381; Canaris NJW 1991, 2513, 2517 f.

867 Staudinger/Thole-Thole § 1004 Rn. 84 ff.

I. Ein Anspruch des K gegen B aus **§ 888** ist gegeben, weil K Vormerkungsberechtigter ist und das Eigentum des B den vorgemerkten Anspruch des K gemäß § 433 Abs. 1 S. 1 beeinträchtigt (ausführlich AS-Skript Sachenrecht 2 [2024], Rn. 150 ff., insbesondere Rn. 164).

II. Anspruch des K gegen B auf Herausgabe der Mieterlöse

1. Anspruch gemäß **§§ 987, 990**

Dann müsste K Eigentümer und B unrechtmäßiger Besitzer gewesen sein. B war Besitzer des Grundstücks. Ein Anspruch unmittelbar aus §§ 987, 990 scheidet trotzdem aus, da im gesamten Zeitraum, für den der Nutzungsersatzanspruch geltend gemacht wird, B auch Eigentümer des Grundstücks war, sodass es schon an einer Vindikationslage fehlte. Auch der spätere Eigentumserwerb des K wirkt nicht auf den Zeitpunkt der Vormerkung zurück.

2. Anspruch gemäß **§ 292 analog**

Gemäß § 292 Abs. 2 kann der Gläubiger einer Herausgabepflicht ab Rechtshängigkeit des Herausgabeanspruchs von dem Schuldner Nutzungsersatz nach den Vorschriften der §§ 987 ff. verlangen. K hat gemäß § 433 Abs. 1 S. 1 einen Anspruch auf Auflassung und Übergabe des Grundstücks, den er auch gerichtlich geltend gemacht hat. Allerdings richtet sich dieser Anspruch gegen seinen Vertragspartner V und nicht gegen den Zweiterwerber B, sodass eine unmittelbare Anwendung von § 292 ausscheidet.

Zwar muss auch der Zweiterwerber B wegen der im Grundbuch eingetragenen Vormerkung jederzeit damit rechnen, das Grundstück wieder herausgeben zu müssen, § 292 setzt jedoch für eine Pflicht zum Nutzungsersatz zusätzlich die Rechtshängigkeit dieses Anspruchs voraus. Insoweit verbietet sich auch eine entsprechende Anwendung, da B bislang von niemandem gerichtlich in Anspruch genommen worden ist. Zudem ist § 292 lediglich auf ein Zwei-Personen-Verhältnis zugeschnitten und berücksichtigt nicht ausreichend die Interessen der Parteien in Drei-Personen-Verhältnissen.

3. Anspruch gemäß **§§ 987, 990 analog**

a) Zu dem Zeitpunkt, als B die Mieten erzielte, war er Eigentümer. Gemäß § 883 Abs. 2 S. 1 ist sein Erwerb K gegenüber jedoch relativ unwirksam, sodass das Eigentum materiell eigentlich V zustand und von V an K übertragen werden musste. Die Stellung des B ist daher mit derjenigen eines besitzenden Bucheigentümers vergleichbar. Für das Verhältnis zwischen Eigentümer und besitzendem Bucheigentümer ist jedoch eine entsprechende Anwendung der §§ 987 ff. anerkannt (vgl. den vorhergehenden Beispielsfall).

b) Dann müsste K aber auch wie ein Eigentümer zu behandeln sein. Tatsächlich war B Eigentümer. Er verliert seine Eigentümerstellung zwar später an K, doch wirkt dessen Eigentumserwerb nicht auf den Zeitpunkt des Vormerkungserwerbs zurück.

aa) Nach früherer Rspr. des BGH[868] ist jedoch entscheidend, dass K durch die dinglich wirkende Vormerkung eine gesicherte Rechtsposition auf Eigentumserwerb hatte, sodass er wie ein Eigentümer zu behandeln ist.

bb) Diese Entscheidung ist in der Lit.[869] kritisiert worden: Trotz dinglicher Sicherung habe der Vormerkungsberechtigte lediglich einen schuldrechtlichen Anspruch auf Eigentumsverschaffung, sodass sich eine Gleichstellung mit dem Eigentümer verbiete. Aus dem Gedanken des § 446 S. 2 ergebe sich zudem, dass dem vormerkungsberechtigten Käufer (K) auch gegenüber dem Auflassungsschuldner (V) die Nutzungen erst dann gebühren, wenn es zu einer tatsächlichen Übergabe gekommen ist.

cc) In einer neueren Entscheidung hat der BGH[870] diese Kritik berücksichtigt. Er hält die §§ 987 ff. deshalb nur dann für entsprechend anwendbar, wenn dem Vormerkungsberechtigten (hier K) auch gegenüber dem Auflassungsschuldner (hier V) die Nutzungen gebühren. Dann habe er gegenüber beiden Schuldnern die bessere Rechtsposition, sodass er eine der dinglichen Rechtsstellung ähnliche Position habe. Auch greife dann der Einwand des § 446 S. 2 nicht ein. Vorliegend hatte K den V bereits auf Auflassung und Herausgabe des Grundstücks aus § 433 Abs. 1 S. 1 gerichtlich in Anspruch genommen. Ab diesem Zeitpunkt gebühren K dann aber auch gemäß § 292 Abs. 2 die Nutzungen im Verhältnis zu V, sodass die §§ 987 ff. entsprechend anwendbar sind.

B muss K die Mieten gemäß §§ 987, 990 analog herausgeben.

868 BGH NJW 1980, 833, 834.

869 Thole JR 1984, 3, 6; Kohler NJW 1984, 2849, 2857.

870 BGHZ 144, 323.

IV. Verhältnis zwischen Vorkaufsberechtigtem und dem besitzenden Käufer

659

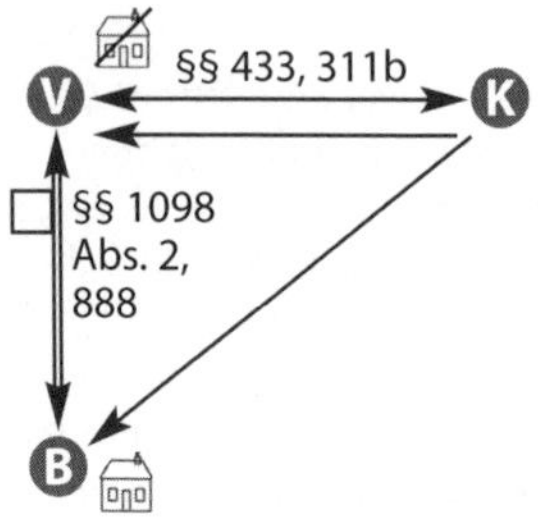

Beispiel: K ist Inhaber eines dinglichen Vorkaufsrechts am Grundstück des V. V veräußert das Grundstück an B. B wird als Eigentümer eingetragen und beginnt mit Instandsetzungsarbeiten. Nachdem K sein Vorkaufsrecht ausgeübt hat, verlangt er von B die Erteilung der Zustimmung zur Eigentumsübertragung. B verlangt seine Verwendungen ersetzt.

Anspruch K gegen B aus **§§ 1098 Abs. 2, 888** ist gegeben. K ist Vorkaufsberechtigter. Dritten gegenüber wirkt das dingliche Vorkaufsrecht wie eine Vormerkung. Das Eigentum des B beeinträchtigt den Anspruch des K, sodass er Zustimmung zur Eigentumsübertragung verlangen kann (ausführlich AS-Skript Sachenrecht 2 [2024], Rn. 455 ff., 524)

Zurückbehaltungsrecht des B gemäß §§ 1000, 994?

I. Im Zeitpunkt, als B die Verwendungen machte, war er Eigentümer. Gemäß § 883 Abs. 2 S. 1 ist sein Erwerb K gegenüber jedoch relativ unwirksam, sodass das Eigentum materiell eigentlich V zustand, der an K übertragen muss. Seine Stellung ist daher mit der eines Bucheigentümers vergleichbar.
II. K war zwar im Zeitpunkt, als B die Verwendungen machte, noch nicht Eigentümer, aber er hatte – wie der Vormerkungsberechtigte – eine gesicherte Rechtsposition auf Eigentumserwerb, sodass er mit dem Eigentümer gleichgestellt werden kann. Daher ist nach Auffassung des BGH[871] auch insoweit eine entsprechende Anwendung der §§ 987 ff. gerechtfertigt.
III. Allerdings war B bösgläubig, da sich das Vorkaufsrecht des K aus dem Grundbuch ergab, sodass er Ersatz seiner notwendigen Verwendungen gemäß § 994 Abs. 2 nur unter den Voraussetzungen der §§ 677 ff. verlangen kann.

871 BGH NJW 1983, 2024; 1980, 833, 834; zustimmend: Grüneberg/Herrler § 888 Rn. 8.

Verwendungsersatzansprüche des unrechtmäßigen Besitzers

Verwendungsarten

- **Notwendige** Verwendungen sind Aufwendungen, die objektiv erforderlich sind, um die Sache zu erhalten (gewöhnliche Erhaltungskosten und weitere notwendige Verwendungen).
- **Nützliche** Verwendungen sind Aufwendungen, die den Sachwert steigern oder die Gebrauchsfähigkeit erhöhen.

Allgemeine Voraussetzungen

- **Klagbarkeit, § 1001**
  - Eigentümer hat Sache **wiedererlangt** (wenigstens mittelbaren Besitz – eine Realisation des Mehrwerts, z.B. durch Veräußerung, ist nicht ausreichend!)
  - Eigentümer hat Verwendung **genehmigt** (die Verwendung gilt als genehmigt, wenn Eigentümer die unter Vorbehalt des Verwendungsersatzanspruchs angebotene Sache angenommen hat)
- **Kein Erlöschen gemäß § 1002** (ein Monat nach Herausgabe bzw. bei Grundstücken sechs Monate)

Gutgläubiger Besitzer

- **Notwendige Verwendungen** gemäß § 994 Abs. 1
- Nützliche Verwendungen gemäß § 996 nur, wenn noch werterhöhend vorhanden
- Bei gutgläubigem **Fremdbesitzer** ggf. Kürzung nach vertraglichen Vorgaben
- **Anspruchskürzung** um **gewöhnliche Erhaltungskosten** für die Zeit, in der dem Besitzer die Nutzungen verbleiben

Bösgläubiger Besitzer

- Ersatz **der notwendigen Verwendungen** nach den Vorschriften der **GoA (partielle Rechtsgrundverweisung)**
  - Erforderlich ist: Fremdes Geschäft/ohne Auftrag/Geschäft entspricht Interesse und (mutmaßlichem) Willen des Geschäftsherrn
  - Entbehrlich ist: Fremdgeschäftsführungswille (sonst könnte der Eigenbesitzer nie Ersatz verlangen)

Begriff der Verwendung im EBV

- **Verwendung** = Aufwendung auf die Sache
- **Aufwendung** = freiwilliges Vermögensopfer

Eine Verwendung i.S.d. EBV liegt vor, wenn die Maßnahme getroffen wurde, um die Sache

zu erhalten	zu verbessern	wiederherzustellen	umzugestalten (str.)

Enger Verwendungsbegriff: Ersatz von Umgestaltungsaufwendungen weder nach §§ 994 ff. noch nach §§ 951, 812 ff.

Weiter Verwendungsbegriff: Der redliche unverklagte Besitzer kann auch Umgestaltungsaufwendungen nach §§ 994 ff. ersetzt verlangen.

- **Konkurrenz zum Bereicherungsrecht: §§ 951, 812 ff.:**
  - Der **redliche Besitzer** erhält gemäß §§ 994 ff. auch Umgestaltungsaufwendungen, sodass sich regelmäßig keine Konkurrenz ergibt.
  - Der **unredliche Besitzer** erhält allerdings nur notwendige Verwendungen, sodass hier ein Konkurrenzproblem besteht: Nach einem Teil der Literatur sollen die §§ 951, 812 ff. auch beim EBV anwendbar sein, da der unrechtmäßige besitzende Verwender nicht schlechter stehen soll als der unrechtmäßige besitzlose Verwender.

Stichwortverzeichnis

Die Zahlen verweisen auf die Randnummern.